D1868407

HANDBUCH
DIE ANDERE MEDIZIN

Die Andere Medizin

Nutzen und Risiken sanfter Heilmethoden

STIFTUNG WARENTEST
und
Verein für Konsumenteninformation (VKI)

In Zusammenarbeit mit
Krista Federspiel und Vera Herbst

© Copyright 1994 by
STIFTUNG WARENTEST, Berlin
4. überarbeitete und erweiterte Auflage 1996
Alle Rechte vorbehalten. Ohne Genehmigung der Herausgeberin ist es nicht gestattet,
das Buch oder Teile daraus nachzudrucken oder auf fototechnischem Weg zu vervielfältigen,
zu übersetzen oder in elektronische Systeme einzuspeisen.

öS 349,–
ISBN: 3-901359-04-4

Impressum

Herausgeber und Verlag:
STIFTUNG WARENTEST
Lützowplatz 11-13, 10785 Berlin,
Telefon: 030/26 31-0, Telefax: 030/2631-2422

Vorstand:
Dr. jur. Werner Brinkmann

Weitere Mitglieder der Geschäftsleitung:
Dr. Hans-Dieter Lösenbeck (Publikationen)
Prof. Dr. Carl-Heinz Moritz (Dienstleistungen, Planung, Marketing)
Dr.-Ing. Peter Sieber (Warentest)

Mitherausgeber:
Verein für Konsumenteninformation
Mariahilfer Straße 81
A–1061 Wien
Telefon: 0 22 2/5 88 77 0
Telefax: 0 22 2/5 87 85 65
Geschäftsführung:
Dipl. Ing. Hannes Spitalsky, Dr. Martin Prohaska

Autorinnen:
Dr. phil. Krista Federspiel, Freie Journalistin und Buchautorin
Vera Herbst, Pharmazeutin, Freie Journalistin und Buchautorin

Beraterinnen und Berater:
PD Dr. Martin R. Berger, Heidelberg
Prof. Dr. Jürgen H. Bernhardt, Neuherberg
Dr. Barbara Burkhard, München
Prof. Dr. Joachim Chrubasik, Heidelberg
Prof. Dr. Curt Diehm, Karlsbad/Karlsruhe
Dr. Michael Elies, Laubach
Dr. Rainer Etzel, Possenhofen
Dr. Werner Fritsche, Bielefeld
Christoph Görtz, Paderborn
Prof. Dr. Rudolf Hänsel, München
Prof. Dr. Hans-Dieter Hentschel, Bad Wörishofen
Prof. Dr. Wolfgang Hopff, Zürich
Dr. Heinz Kofler, Hall
Dr. Walter König, Wien
Prof. Dr. Peter Kröling, München
Prof. Dr. Claus Leitzmann, Gießen
Franz Mecklenbeck, Heidelberg
Prof. Dr. Irmgard Oepen, Marburg
Dr. Wolf Rieh, Bremen
Prof. Dr. Wolfgang Schnizer, Bad Griesbach
Dr. Wolfgang Schultz-Zehden, Berlin
Dr. Jürgen Schürholz, Filderstadt
Dr. Nikola Seichert, München
Dr. Ilse Sokal, Wien
Karoline von Steinaecker, Berlin
Prof. Dr. Hans Tilscher, Wien
DDr. Bernd Uehleke, Würzburg
Dr. Karin Weigang-Köhler, Nürnberg
Friedrich Wiedemann, Frankfurt
Egmont Zoller, Köln

Lektorat:
Ingrid Burghardt-Falke

Lektoratsassistenz:
Petra Gottschalk

Layout:
Karin Siemoneit

Herstellung/Satz/DTP:
Karin Siemoneit, Ulli Steinke, Kerstin Uhlig,

Titel:
Christian Braunwald und Lutz-Olaf Walter, Berlin

Illustrationen:
Bernd Altvater, Düsseldorf

Litho:
Type Design GmbH, Berlin

Druck:
westermann druck GmbH, Braunschweig
(gedruckt auf umweltschonendem Papier – Anteil der recycelten Fasern: 50 Prozent)

Vertrieb:
ZENIT-PRESSEVERTRIEB, Stuttgart

Einzelbestellung:
STIFTUNG WARENTEST
Vertrieb, Postfach 81 06 60, 70523 Stuttgart
Telefon: 01 80/2 32 13 13
Telefax: 07 11/72 52-3 40

Vertrieb/Einzelbestellung in Österreich:
Verein für Konsumenteninformation
Mariahilfer Straße 81
Postfach 440
A–1061 Wien
Telefon: 0 22 2/5 87 28 07 und
0 22 2/5 87 86 86-40

Liebe Leserin, lieber Leser!

Das Buch, das Sie gerade in Händen halten, ist eigentlich eine Publikation der deutschen STIFTUNG WARENTEST. Wir haben uns trotzdem dazu entschlossen, „Die Andere Medizin" auch in Österreich herauszugeben, weil die Situation bei uns jener in Deutschland sehr ähnlich ist. Sämtliche aufgelistete Verfahren werden auch bei uns angeboten. Und wie bei unserem Nachbarn ist das Interesse an allen diesen „Naturheilmethoden" enorm.

Nur ein schmaler Textbereich (S. 25 bis 35) befaßt sich ausschließlich mit deutschen Verhältnissen. Die Situation bei der Ärzteausbildung, den Kosten für alternative Verfahren und ihre Übernahme durch die Krankenkassen ist in Deutschland anders als in Österreich.

Überhaupt keine Gemeinsamkeiten gibt es dagegen in Sachen Heilpraktiker. Dieser Beruf war in Österreich nur während des Zweiten Weltkriegs zugelassen, seit 1947 ist seine Ausübung verboten. Wer sich trotzdem einschlägig betätigt, macht sich der Kurpfuscherei schuldig und wird gerichtlich verfolgt. Auch ausländische Heilpraktiker dürfen nicht in Österreich arbeiten.

Worauf Sie achten müssen, wenn Sie sich hierzulande für eine alternative Heilmethode entschieden haben, zeigt Ihnen unser kurzer Überblick:

- ◆ Fragen Sie Ihren Arzt, ob es sich um eine anerkannte Diagnose oder Therapiemethode handelt.
- ◆ Auskünfte über anerkannte Methoden erhalten Sie bei den Ärztekammern und chefärztlichen Stellen der Sozialversicherungen.
- ◆ Seien Sie skeptisch bei Versprechen von ungewöhnlichen Heilerfolgen oder bei auffällig hohen Kosten.

Apropos Kosten. In den letzten Jahren haben die Krankenkassen einige alternative Behandlungen in ihren Leistungskatalog aufgenommen. Viele Verfahren werden aber nach wie vor nicht bezahlt, vor allem dann nicht, wenn der Nachweis Ihrer Wirksamkeit fehlt. Möchten Sie so eine Behandlung, geht das auf Ihre private Rechnung. (Nur in Ausnahmefällen können Sie mit einer Kostenübernahme durch Ihre Krankenkasse rechnen.) Den Preis für privat durchgeführte Behandlungen können Arzt und Patient frei vereinbaren. Zwar gibt es Tarifempfehlungen von der österreichischen Ärztekammer, doch diese sind nicht verbindlich. Um Überraschungen und Konflikte zu vermeiden, sollten Sie folgendes beachten:

◆ Sprechen Sie ausführlich über den Preis, und zwar noch bevor Sie mit der Behandlung beginnen.

◆ Lassen Sie sich einen Behandlungs- und Kostenplan erstellen (inkl. MwSt.) Er sollte Ihren Namen, Datum, Diagnose, erbrachte Leistung sowie das Behandlungsergebnis umfassen und das Honorar aufschlüsseln.

◆ Verlangen Sie eine Quittung oder zahlen Sie per Erlagschein.

◆ Haben Sie nach Abschluß der Behandlung den Verdacht, daß die Honorarforderung weit überhöht ist oder verrechnete Leistungen überhaupt nicht erbracht wurden, wenden Sie sich an die Ärztekammer.

Egal, welche Alternativtherapie Sie ausprobieren möchten, ein Gespräch mit Ihrer Krankenkasse macht immer Sinn. Zwar ist es oft recht mühsam, herauszufinden, ob der Versicherungsträger überhaupt etwas zahlt, und wenn ja, wieviel, aber besser, Sie werden einmal abgelehnt, als Sie haben es erst gar nicht versucht. Wenn Sie krankenzusatzversichert sind, nehmen Sie auf jeden Fall mit Ihrem zuständigen Sachbearbeiter Kontakt auf. Nur so können Sie klären, ob die Kosten für die gewünschte Behandlung vertraglich abgedeckt sind. Bleiben Sie in Gesprächen hartnäckig. Ein gewisses Durchhaltevermögen hat bei schwierigen Verhandlungen noch nie geschadet.

Viel entscheidender als Preise, Kostenerstattung, bürokratische Hürden sind aber fogende Fragen:

◆ Was sind eigentlich die Grundlagen der sogenannten sanften Verfahren?

◆ Wie hoch sind die Risiken?

◆ Mit welchen Nebenwirkungen muß man rechnen?

Daß seriöse Antworten darauf nicht gerade auf der Straße liegen, versteht sich von selbst. Wer diese Methoden propagiert, wird gerne darauf verzichten, ausgerechnet das Problematische in den Vordergrund zu stellen. Und was von vorneherein das Etikett „natürlich" trägt, wird kaum in Zweifel gezogen. Dementsprechend hoch der Prozentsatz der Enttäuschten: Jeder zweite, der „Alternatives"probiert hat, wendet sich frustriert wieder davon ab.

Dem wachsenden Bedürfnis nach Information und Orientierungshilfe stellt sich dieses Buch. Es gibt Interessierten Kriterien an die Hand, damit sie entscheiden können, ob sie sich überhaupt „anders" behandeln lassen wollen:

◆ Wie ist die Kosten-Nutzen-Relation der natürlichen Heilweisen beziehungsweise der alternativen Heilverfahren?

◆ Welches Mittel verspricht Hilfe und ist tatsächlich wirksam?

Das Handbuch „Die Andere Medizin" ist eine Zusammenfassung aller Erkenntnisse, die nach heutiger Sicht über Naturheilmethoden und Alternativverfahren möglich sind. Es gibt damit eine Antwort auf die drängenden Fragen derjenigen, die sich dieser Medizin anvertrauen wollen.

An alle alternativen Therapien, die Sie in diesem Buch aufgelistet finden, werden dieselben strengen Maßstäbe angelegt. Sämtliche Aussagen stützen sich auf den derzeit geltenden Stand des medizinischen Wissens. Der herrschende Streit innerhalb der Wissenschaft kann in diesem Rahmen allerdings nicht ausgetragen werden. Wo aber der eindeutige wissenschaftliche Nachweis fehlt, daß ein „neues" Heilverfahren – wie behauptet – wirksam ist, oder wenn es Hinweise gibt, daß seine Anwendung Risiken mit sich bringt, kann es auch nicht uneingeschränkt empfohlen werden.

Diese kritische und konsequente Sicht wird „Der Anderen Medizin" von manchen Anbietern aus der Branche sicher heftige Kritik eintragen. Doch Nebenwirkungen und Gefahren dürfen nicht verschleiert werden. Und wer Heilversprechungen macht, muß auch den Beweis ihrer Richtigkeit antreten.

Inhalt

Therapien auf einen Blick

Zur Methodik

Dieses Buch hat sich die Aufgabe gestellt, die verschiedenen Fakten und Meinungen zusammenzutragen und zu erläutern, die es über Sinn, Wirksamkeit und die Risiken von Naturheilverfahren gibt. Es umfaßt nach Möglichkeit das gesamte Spektrum von Befürwortern und Gegnern.

In Deutschland und Österreich ist die Zahl der unter dem Begriff „Naturheilmethoden" angebotenen Heilverfahren besonders groß. Einige haben sich hierzulande entwickelt und weit verbreitet, andere sind nur regional bekannt. Manche Verfahren beruhen auf Traditionen aus dem fernen Osten, andere stammen ursprünglich aus den USA. Ausgewählt wurden Verfahren, die sich auf dem deutschen und österreichischen Markt einen Namen gemacht haben und deren Anwendung dokumentiert ist.

Als klassische Naturheilverfahren werden hier solche bezeichnet, die sich natürlicher Mittel bedienen, sich seit langem bewährt haben und deren Wirksamkeit erwiesen ist. Sie sind von der naturwissenschaftlichen Medizin anerkannt. Ihre Reihenfolge im Buch entspricht ihrer therapeutischen und historischen Bedeutung. Da Kuren alle naturheilkundlichen Prinzipien und Methoden in sich vereinigen, stehen sie am Ende des Kapitels über klassische Naturheilverfahren.

Ein eigener Abschnitt stellt fremde Medizinsysteme dar, die sich in ihrem kulturellen Hintergrund und religiösen Gedankengebäude von unserer Medizintradition wesentlich abheben.

Als alternative Medizinsysteme werden in sich geschlossene Konzepte beschrieben, die sich als selbständige Methoden etabliert haben und auch als besondere Therapierichtungen anerkannt sind.

Als „unkonventionell" werden solche Heilmethoden eingestuft, die wissenschaftlich (noch) nicht oder nicht mehr anerkannt sind. Daß immer wieder über Heilerfolge mit diesen Verfahren berichtet wird, reicht nicht aus, um sie generell zu akzeptieren: Als wirkungsvoll gilt eine Methode dann, wenn ihre Wirksamkeit eindeutig nachgewiesen ist.

In der Medizin wird das dann angenommen, wenn ein Verfahren bei einer ausreichend großen Anzahl von Patienten einen eindeutigen Heilerfolg gebracht hat und dieses Ergebnis in zwei weiteren unabhängigen Studien wiederholt werden konnte.

Für die Einstufung „unkonventionell" kommt auch zum Tragen, inwieweit in sich schlüssig begründet werden kann, warum das Verfahren so wie angegeben arbeitet, auf welchen Gedanken die Auswahl und Herstellung seiner Mittel beruht und ob es mit unbestreitbaren Naturgesetzen oder allgemein akzeptierten medizinischen Erfahrungen in Konflikt kommt.

Die unkonventionellen Verfahren können uralt sein oder aktuelle „Erfindungen", sie haben sehr unterschiedliche Wurzeln und sind von unterschiedlicher Bedeutung. Um eine wertfreie Darstellung zu geben, werden sie in alphabetischer Reihenfolge behandelt.

Als eigene Gruppe zusammengefaßt sind unkonventionelle Methoden, die zur Diagnostik eingesetzt werden. Manche von ihnen dienen zugleich der Therapie. Auch hier soll die alphabetische Reihung das Auffinden der Methoden erleichtern.

Manche Verfahren werden von einer Vielzahl von Gesellschaften und Institutionen vertreten. Die unter **Adressen** angegebenen Anschriften sind Beispiele. Sie wurden unter dem Gesichtspunkt ausgewählt, soweit wie irgend möglich seriöse Anbieter zu nennen. Anschriften der Hersteller von Geräten oder Arzneimitteln erscheinen in dieser Rubrik nicht.

Die **Empfehlungen** wurden unabhängig davon abgegeben, ob derjenige, der das Verfahren oder Mittel anwendet,

- von der Wirksamkeit überzeugt ist oder
- wissentlich ein Placebo anwendet, um die Zuversicht des Leidenden zu stärken und damit die Selbstheilungskräfte des Körpers zu unterstützen.

Als **empfehlenswert** bewertet sind Heilverfahren mit natürlichen Mitteln, die sich bewährt haben, deren Wirksamkeit erwiesen ist und deren Nebenwirkungen gering sind.

Außerdem Verfahren, für die nachgewiesen ist, daß sie bestimmte Krankheiten heilen und Beschwerden lindern können. Dabei muß der Nutzen das Risiko überwiegen.

Nicht empfehlenswert sind therapeutische Verfahren,

- die nachweislich nicht wirken,
- deren spezifische Wirkung bei Krankheiten nicht ausreichend dokumentiert ist,
- deren Konzept nachweislich falsch ist,
- deren Anwendung keinen Vorteil bringt oder mit bedeutenden Nebenwirkungen verbunden ist.

Ihre Anwendung ist nur gerechtfertigt, wenn es keine effektiven Behandlungsalternativen gibt. Die möglichen Nebenwirkungen müssen dabei sorgfältig abgewogen werden.

Abzulehnen sind Verfahren,

- die keinen oder nur geringen Nutzen bringen und deren Risiko nicht abschätzbar ist sowie solche,
- die mit hohen Risiken verbunden sind.

Bewertet wurden die Heilmethoden nach dem derzeit geltenden medizinisch-wissenschaftlichen Standard, der den therapeutischen Nutzen einer Heilmethode definiert. Demnach genügen anekdotische Erfolgsberichte nicht als Beweis der Wirksamkeit. Denn Einzelerfolge schließen nicht aus, daß die besondere Beziehung zwischen Therapeut und Patient die „heilende Wirkung" hervorgebracht hat: Überzeugte Behandler können die Zuversicht des Leidenden stützen und seine Selbstheilungskräfte in vielen Fällen derart stärken, daß die Wahl der Methode keine Rolle spielt.

Als Quellen des Buches dienten die Veröffentlichungen der Anbieter, die zugängliche Literatur und – soweit vorhanden – die wissenschaftliche Auseinandersetzung mit den Angeboten. Zusätzlich waren einige Eigenrecherchen notwendig. Ein Team von Beratern und Beraterinnen, das ein breit gefächertes Spektrum von Fachrichtungen abdeckt, war bei der Suche und Auswahl der seriösen Fachliteratur und bei der Bewertung und Formulierung der Aussagen behilflich.

Gesundheit in eigener Hand

Die Natur heilt. Viele Krankheiten kommen und gehen von selbst, und es sind die Selbstheilungskräfte, die einen kranken Menschen wieder gesunden lassen. Allerdings kann der Therapeut dazu einen Anstoß geben.

Gesundheit in eigener Hand ist das Ziel aller „natürlicher Heilverfahren". Sie unterstützen den Organismus und aktivieren ihn, wenn die Organe nicht richtig funktionieren und die Regelsysteme aus dem Rhythmus gekommen sind.

Naturheilverfahren nutzen naturgegebene Mittel, wenden physikalische und diätetische Maßnahmen an und verzichten auf synthetische Arzneimittel. Naturheilweisen locken den Organismus aus der Reserve, trainieren und kräftigen ihn (siehe Grundprinzipien der Verfahren, Seite 36).

Doch auch der Patient muß etwas zum Gesundwerden beitragen: Er muß geduldig warten, bis sich sein Körper umgestellt hat, und die Disziplin aufbringen, die Anwendungen regelmäßig durchzuführen. Nur so kann er seine Selbstheilungskräfte trainieren.

Eine solche Behandlung setzt voraus, daß der Arzt den Kranken genau kennt, ihn stützt und ihm hilft, wieder zu sich selbst zu finden.

Erfahrungsheilkunde

Naturwissenschaftliche Medizin und Naturheilkunde entspringen den gleichen Wurzeln: Dem Wunsch, zu heilen, der Erfahrung, daß bestimmte Methoden Erfolg versprechen, und dem Streben, die Rätsel von Gesundheit und Krankheit zu ergründen. Im 19. Jahrhundert setzte sich die naturwissenschaftlich ausgerichtete Medizin durch: Seither gilt eine Heilmethode als wirksam, wenn der Erfolg nicht nur bei einem bestimmten Menschen eintritt, sondern überprüfbar und wiederholbar ist. Für solche Prüfungen haben sich mittlerweile internationale Standards etabliert, die alle westlich ausgerichteten, am naturwissenschaftlichen Denken orientierten Medizinsysteme akzeptieren. Das verweist die Heilkundigen, die allein der Erfahrung vertrauen, in die Randzonen der Heilkunst.

Im vorigen Jahrhundert bildeten sich zwei voneinander getrennte Lager, die einander ablehnten. Das Wort von der „Schulmedizin" wurde 1880 zum Kampfbegriff. In den letzten Jahrzehnten versuchen beide Medizinrichtungen, sich einander wieder anzunähern.

Parallel zur industriellen Revolution entstanden Strömungen, die für gesundheits- und naturgemäße Lebensweise eintraten. In Krisenzeiten erfuhren diese Naturbewegungen immer wieder einen großen Aufschwung.

Ähnlich ist die Situation heute: Der Fortschrittsglaube ist erschüttert, gegen die Selbstzerstörung der technischen Zivilisation wachsen Umweltbewußtsein und Naturnostalgie.

Zwar haben akute Krankheiten, Verletzungen und Infektionen dank medizinischer Kunst ihren Schrecken weitgehend verloren, aber immer mehr Menschen leiden an Störungen des Wohlbefindens und chronischen Erkrankungen – die Antwort des Organismus auf Überforderung durch Lärm, Gestank, Streß, Lieblosigkeit, Rauchen, Alkohol und vieles andere mehr.

Zugleich mit dem Lebensstandard steigt auch der Anspruch an die Gesundheit. Es wächst die Angst vor Nebenwirkungen von Medikamenten und der Unmut gegenüber einer „Drehtürmedizin", die den Befund ernst nimmt, aber nicht das Befinden, und die Krankheiten behandelt, aber den Kranken aus dem Auge verliert.

30 bis nahezu 90 Prozent der Bundesbürger verlassen den Rahmen der Schulmedizin gelegentlich und vertrauen sich anderen Heilverfahren an, die Hälfte der Bevölkerung wendet regelmäßig „Naturheilmittel" an. Diese Zahlenangaben sind sehr breit gestreut, weil jeder unter „Naturheilmitteln" etwas anderes versteht.

Die meisten Patienten geben an, daß sie sich von der Alternativmedizin eine Unterstützung und Ergänzung der sonstigen Behandlung erwarten, eine Stärkung ihres Immunsystems und geringe Nebenwirkungen erhoffen. Nicht zuletzt bewegt sie der Wunsch, aktiv an ihrer Gesundung mitwirken zu können.

Die englische Universität Southampton unterhält ein Zentrum für das Studium alternativer Therapien. Dort wurde einmal analysiert, welchen medizinischen Weg die Patienten gegangen sind, bevor sie sich dorthin gewandt haben. Bei 83 Prozent waren mangelhafte Erfolge der konventionellen Behandlung der Grund für den Wechsel; 31 Prozent waren unzufrieden über das fehlende Verständnis der behandelnden Ärzte, 29 Prozent klagten über eilige Abfertigung. Nach achtwöchiger Behandlung im Zentrum fühlten sich 91 Prozent der Patienten gebessert. Die Wirksamkeit der Behandlung entsprach dem Grad, mit dem der Erfolg erwartet wurde.

Etikettenschwindel

Beliebt sind Therapiekonzepte, die sich „biologisch, sanft und stärkend" geben. Aber nicht alle Angebote sind tatsächlich Naturheilverfahren. Viele „Alternativen" sind weit davon entfernt. Sie wenden keine naturbelassenen Mittel an (siehe Enzymtherapie, Seite 228), die Verfahren sind keineswegs sanft, sondern greifen in den Körper ein und verletzen ihn (siehe Baunscheidtieren, Seite 72).

Die positive oder auch nur unkritische Berichterstattung in den Medien sorgt für einen großen Bekanntheitsgrad aller populärer Verfahren. Zusätzlich werben manche Vertreter unkonventioneller Methoden in der bunten Presse. Als Aushängeschild dienen ihnen Prominente, die angeblich geheilt wurden. Häufig steht „naturgemäß" für „wissenschaftlich nicht anerkannt". Andere Naturheiler schmücken sich mit unechten Professorentiteln oder bilden Gesellschaften mit klingenden Namen wie „Internationales Forschungsinstitut für ...", die den Eindruck erwecken, es handle sich um anerkannte wissenschaftliche Einrichtungen.

Falschinformation und Mund-zu-Mund-Propaganda machen glauben, daß solche Methoden nebenwirkungsfrei sind und Wunder wirken können.

Unkonventionelle Therapeuten sprechen vor allem Kranke an, die von chronischen Beschwerden gequält werden, zum Beispiel bei Rheuma, Migräne oder Allergien. Sie wenden sich an Menschen, deren Krankheitsursachen wahrscheinlich im Psychischen gründen, und an Eltern, die sich um ihr entwicklungsgestörtes Kind sorgen. Sie versprechen Hilfe bei Krebs, multipler Sklerose oder Aids, also bei Krankheiten, deren Leiden von der Schulmedizin nur gelindert werden kann, gegen deren Ursache sie jedoch kein sicher wirkendes Mittel kennt. Dachte man früher, mit alternativen Verfahren solche Leiden heilen zu können, bietet man sie heute eher als begleitende Behandlung an und nennt sie auch ergänzende, „komplementäre" Medizin. Mit den Stichworten „immunstärkend" oder „Abwehr anregend" wird ihnen eine pauschale, weder zu beweisende noch zu widerlegende Wirkungserklärung zugeschrieben.

Von den Grenzen der Schulmedizin hat jeder schon gehört: Wohl jeder kennt einen Kranken, der diese Grenzen schmerzlich erlebt hat. Daß auch Naturheilweisen nicht allmächtig sind oder daß unkonventionelle Verfahren Risiken und Nebenwirkungen mit sich bringen, ist weithin unbekannt. Erst die Erfahrung macht klüger: Jeder zweite, der eine unkonventionelle Methode ausprobiert hat, ist davon enttäuscht.

Placeboeffekte

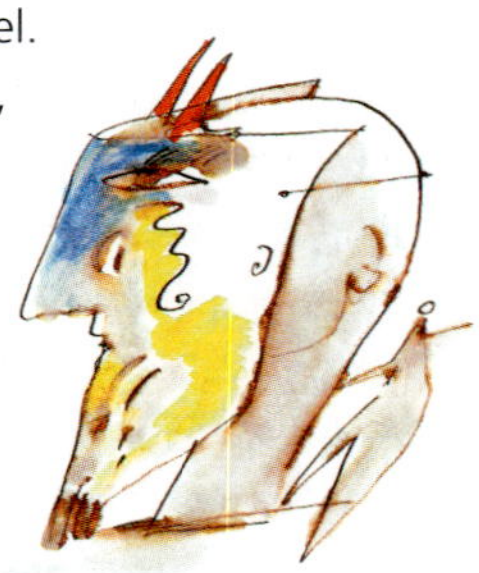

Placebos sind Scheinarzneimittel. Sie enthalten keinen Wirkstoff, entfalten aber trotzdem eine Wirkung. Placebos können im Körper meßbare Veränderungen bewirken und sogar Nebenwirkungen verursachen. An jeder Heilung und an jeder Besserung ist der Placeboeffekt beteiligt – gleichgültig, welche Art von Medizin angewandt wurde.

Krankheiten und Beschwerden, die auf der Wechselwirkung von Körper und Seele beruhen, sind Placeboeffekten besonders zugänglich. Verschiedene Studien haben dies eindrucksvoll gezeigt.

Als Placebo kann vieles wirken: Zuckerpillen ohne arzneiliche Wirkung oder Medikamente mit tatsächlicher pharmakologischer Wirkung.

Doch nicht nur Mittel, auch Menschen wirken auf Kranke. So können allein das, was der Arzt seinen Patienten sagt, und die Art, wie er sie berät, Besserung bewirken. Am Effekt einer jeden medizinischen Behandlung sind der Glaube des Arztes an seine Therapie und das Vertrauen des Patienten zu seinem Arzt beteiligt. Beides verstärkt einander und ist nicht voneinander zu trennen. Das Geheimnis des Erfolgs einer jeden Therapie liegt in dem Vertrauensverhältnis. Mit seiner Zuwendung stärkt der Behandler die Hoffnung des Kranken auf Genesung.

Zusätzlich wirkt bei jeder Behandlung auch das „Arrangement“: Eindrucksvolle Geräte, komplizierte Dosierungspläne, schwierige Verhaltensanweisungen und der Glaube, daß das Medikament besonders wirksam sei, können die Ansprechrate eines Placebos von 25 auf 75 Prozent steigern.

Hierbei wirken Placebos in dem Sinn, wie es Behandler und Patient erwarten: lindernd, heilend. Doch auch genau das Umgekehrte ist möglich: Placebos verstärken Schmerzen, wo sie sie lindern sollten, sie putschen auf, wo sie beruhigen sollten und so weiter. Ebenso, wie wirksame Arzneimittel auch unerwünschte Nebenwirkungen mit sich bringen können, kann bei einem Placebo auch ein Nocebo-Effekt auftreten: Placebos können als Nebenwirkung den Blutdruck steigern, Schwitzen oder Hautausschläge verursachen und anderes mehr.

Der Anteil des Placeboeffekts bei der Linderung oder Heilung von Krankheitszuständen wird etwa zwischen 20 und 70 Prozent beziffert. Das gilt für die übliche medizinische Behandlung mit Medikamenten ebenso wie für die „alternativen“ Therapien. Entscheidender Faktor für den Grad positiver Placebowirkungen ist die hoffnungsvolle Erwartungshaltung, mit der der Patient seinem Behandler begegnet.

Jede geglückte Behandlung enthält Placebokomponenten, und jeder gute Therapeut nutzt sie bewußt. Daß viele alternativmedizinische Verfahren den Patienten fremd sind und der Heilkundige ihnen das Prinzip erst erklären muß, daß zudem viele Verfahren auf ein intensives einleitendes Gespräch zwischen Heilkundigem und Patient setzen, begünstigt den vertrauensvollen Kontakt zwischen Behandler und Hilfesuchenden. Außerdem sind die meisten „alternativen“ Verfahren als private Behandlung ausgelegt. Die Heiler können sich also Zeit für die Kranken nehmen und ihnen das Gefühl geben, als leidende Menschen ernst genommen zu werden. Für seinen Zeitaufwand wird der Behandler bezahlt – anders als in der Kassenarztpraxis, in der solche Beratungen pauschal vergütet werden.

Und nicht zuletzt stärkt der Preis, den die Patienten für ihre Behandlung selbst entrichten müssen, den Wunsch, daß das finanzielle Opfer nun auch einen gesundheitlichen Nutzen haben möge.

Überprüfbarkeit

Auch im Medizinbetrieb gibt es wechselnde „Moden". Verfahren, die gestern hochgelobt wurden, sind heute vergessen. Zum Schutz der Patienten ist zu fordern, daß jede Behandlungsart mit ihrem Nutzen und ihren Risiken so intensiv und objektiv wie möglich erforscht wird. Das gilt für die Schulmedizin ebenso wie für die „alternativen" Verfahren.

Bei vielen unkonventionellen Verfahren fehlen eine Dokumentation der Befunde und ein Vergleich, ob sie ebenso wirksam oder gar wirksamer sind als konventionelle Behandlungen. Die positive Erfahrung genügt vielen Anwendern als Erfolgsnachweis.

Viele Vertreter von neuen Methoden überlassen es der geschmähten Schulmedizin, zu prüfen, ob ihr Verfahren tatsächlich eine zweckmäßige Therapie ist. Sie streiten Zwischenfälle ab oder führen sie auf „unsachgemäße Technik" zurück, kreiden sie also dem Therapeuten an, damit sie nicht der Methode angelastet werden.

Ist die Unwirksamkeit des Verfahrens aber wissenschaftlich nachgewiesen oder das Risiko dokumentiert, ignorieren manche Verfechter das oft oder verschweigen dieses Wissen ihren Patienten.

Manche unkonventionelle Therapeuten haben sich von den unhaltbaren Anteilen ihres Systems befreit und sich von Außenseitern in ihren Reihen distanziert.

Im Rahmen der Homöopathie und der anthroposophischen Medizin wurde wissenschaftliche Erprobung früher als „unethisch" abgelehnt, weil sie das Individuum nicht ausreichend beachte. Um jedoch eine allgemeine Anerkennung zu erreichen, arbeiten Anthroposophen derzeit daran, eine Methodik zu entwickeln, die die Belange der besonderen Medizinrichtungen berücksichtigt, aber trotzdem den Anspruch nach einem akzeptablen und wiederholbaren Wirksamkeitsnachweis befriedigt. Erhebliche Forschungsgelder wurden bereits investiert, um das von der Homöopathie behauptete Wirkprinzip zu belegen, daß hochpotenzierte Homöopathika an den Körper „Information" übertragen. Der Nachweis ist bislang nicht gelungen. Über die therapeutische Wirkung homöopathischer Mittel liegen Studien vor, doch sie sind von unterschiedlicher Qualität und erbrachten widersprüchliche Ergebnisse.

Ganzheitliche Medizin

In den 80er Jahren brach eine „Wendezeit" gegenüber dem seit der Aufklärung vorherrschenden Denken in der Sicht des Menschen und der Gesundheit an: Wie in vorwissenschaftlichen Zeiten betrachtet man den Menschen wieder als Teil des Kosmos, der sich Gesundheit nur erhalten kann, wenn er „im Gleichklang mit dem Kosmos und der Natur" ist. Schlüsselbegriffe dieser Weltsicht, die sich „New Age" nennt, sind „Ganzheit" und „Spiritualität" – ein alles durchdringender Geist. Diese Ideen beleben alte Gottesvorstellungen aus Kulturen des Mittleren und Fernen Ostens neu, variieren und verwässern sie. New Age will Gegensätze vereinen und propagiert ein „neues Bewußtsein", das alle bisherigen Erkenntnisse in ein System höherer Ordnung bringen soll.

Bei genauerer Betrachtung stellt sich jedoch heraus, daß diese Denkrichtungen oftmals viel linearer einem Ursache-Wirkung-Denken folgen als die naturwissenschaftliche Medizin. Ihre Erklärungsmodelle mögen wohl anders sein, die Absolutheit, mit der sie auf ihrer Sicht der Welt beharren, überschreitet jedoch oft die Grenze zum Dogmatismus.

Die neuen Gesundheitslehren nennen sich „ganzheitlich" oder „holistisch". Sie geben an, das subjektive Befinden stärker zu beachten als apparative Diagnosen, und sie wollen die Ursachen der Disharmonie zwischen Körper und Seele beseitigen. Sie versprechen viel mehr als Gesundheit und zielen damit auf die Sehnsucht vieler Menschen ab, die nach Heilung auch in einem geistigen Sinne suchen.

Diese Lehren greifen auf okkulte Techniken, wie Astrologie, Pendel und Kirlian-Fotografie, zurück und wenden sich alten, unkonventionellen Verfahren wie der Spagyrik zu. Sie vermuten „Schwingungen", „Rhythmen" und „Resonanzen" im kranken Körper und wollen mit Geistheilung und Handauflegen diese Energie „modulieren". Sie wenden Methoden an, die über das Ich „hinausführen" sollen. Entspannung und Meditation werden als gesundheitsfördernd angesehen, mit positivem Denken will man Krebs und sogar Aids besiegen.

Das therapeutische Repertoire dieser „Ganzheitsmedizin" ist kaum wirksam und muß – wenn ausschließlich angewendet – als gefährlich eingestuft werden. Zudem setzen Naturheiler unter dem Mantel des Begriffs „ganzheitlich" gern eine ganze Palette unterschiedlicher Verfahren und verschiedener Produkte ein. Was dann wie wirkt oder auch nicht, kann niemand mehr herausfinden. Auf diese Weise wird es sehr schwer, einem einzelnen Verfahren Risiken, Nebenwirkungen oder seine Unwirksamkeit zu attestieren.

Konsum und Apparategläubigkeit

Der Trend geht in eine gefährliche Richtung: Heiltourismus greift nach der Sensation exotischer Angebote. Man importiert und konsumiert fremdartige Medizin ohne Rücksicht darauf, daß sich beim Wechsel von einer Kultur in die andere auch ihre Inhalte ändern. Esoterikinstitute und Versandhandel bieten zu stattlichen Preisen Amulette und „Abschirmgeräte" gegen (angeblich) schädliche Strahlen an. Unzählige Bücher verbreiten eigenwillige, verunsichernde Theorien und unsinnige Anleitungen für die Selbsttherapie. Und man beruft sich auf die höchstmögliche Instanz: „Apotheke Gottes" nannte Maria Treben ihre Heilpflanzen-Rezeptesammlung. Der Markt der Alternativtherapien boomt und macht Umsätze in Milliardenhöhe.

Auf den Kongressen der Ganzheitsmedizin präsentiert man komplizierte Diagnose- und Therapieapparate, die nichts feststellen und nichts bewirken können. „Meßdaten", die Allergien feststellen, Vergiftung oder gar Neigung zu Krebs beweisen sollen, führen zu einschneidenden therapeutischen Konsequenzen. Eine neue Apparatemedizin prunkt mit technischem Outfit, das jedoch den Wirksamkeitsnachweis nicht ersetzen kann. Diese Angebote kommen einer unter Patienten verbreiteten Konsumhaltung entgegen.

Viele Menschen, die sich nicht wohl fühlen, begeben sich auch zum „alternativen" Arzt, als gingen sie in eine Werkstatt. Der Heiler soll ihre Gesundheit wiederherstellen und sie wieder funktionieren lassen. Nur wenige sind bereit, ihr Leben naturgemäß zu gestalten. Eigeninitiative und Selbstverantwortung für sich und seine Gesundheit sind jedoch die Grundlagen echter Naturheilverfahren.

Medikamente der Natur- und Alternativmedizin

Die Contergan-Katastrophe hat die Arzneimittellandschaft in ihren Grundfesten erschüttert. Noch nie waren so viele Menschen durch ein Medikament zu Schaden gekommen, auf dessen Sicherheit sie vertraut hatten.

In Deutschland mündete diese Erfahrung 1978 in die Verabschiedung eines neuen Arzneimittelgesetzes, das die Zulassung von Arzneimitteln auf dem deutschen Markt regelt. Anders als früher müssen die Mittel nun mit pharmakologisch-toxikologischen und klinischen Untersuchungen ihre Wirksamkeit und Unbedenklichkeit dokumentieren; die zuständige Behörde muß diese Unterlagen als glaubwürdig und ausreichend beurteilen.

Die Medikamente, die bis dahin auf dem Markt waren, wurden nun Schritt für Schritt „nachzugelassen": Die Herstellerfirmen mußten die erforderlichen Unterlagen beibringen, sie wurden begutachtet und akzeptiert oder abgelehnt. Da abzusehen war, daß es besonders für die Mittel der Homöopathie, Anthroposophie und Phytotherapie kaum möglich sein würde, ihre Wirksamkeit zu belegen, schuf man für sie Ausnahmeregelungen. Diese Mittel sind nun als „Mittel besonderer Therapierichtungen" zugelassen, wobei für die Bewertung ihrer Wirksamkeit nicht nur Studien akzeptiert wurden, die internationalem wissenschaftlichem Standard entsprechen, sondern es konnte auch die Erfahrung berücksichtigt werden, die mit diesen Mitteln in langen Jahren der Anwendung gemacht wurde.

Das Verlangen, mit wissenschaftlich akzeptierten Studien den Nutzen von Zubereitungen und Präpa-

raten zu belegen, hat die Forschung im Bereich der „besonderen Therapierichtungen" sehr aktiviert. Für einige Pflanzen haben sich hinsichtlich ihrer Inhaltsstoffe und ihrer Wirkungen neue Erkenntnisse ergeben.

Dennoch blieb eine große Zahl von Mitteln der alternativen Medizin übrig, die nicht die erleichterten Zulassungsbedingungen als „Mittel besonderer Therapierichtungen" in Anspruch nehmen konnten und die auch der Begutachtung durch die Behörde nicht standhielten. Viele verschwanden daraufhin vom Markt. Immer noch ist jedoch ein sehr großer Teil von ihnen „fiktiv zugelassen" auf dem Markt. Die Produkte dürfen weiter verkauft werden, weil über sie noch nicht abschließend befunden wurde. Dieser Nachzulassungsprozeß ist selbst 1996 noch nicht abgeschlossen. Alle Produkte, für die bis Ende 1996 ein Antrag auf Nachzulassung gestellt wurde, sollen unabhängig vom Ausgang des Zulassungsverfahrens noch bis Ende des Jahres 2004 weiter verkauft werden können.

Diese rechtlichen Bestimmungen haben manchen Arzneimitteln eine erstaunliche „Karriere" beschert: Manche änderten ihre Zusammensetzung mehrmals, um die Stoffe herauszunehmen, die von den Experten negativ bewertet worden waren; sie änderten ihre Anwendungsgebiete, weil sie für die beanspruchten Indikationen keinen Wirksamkeitsnachweis beibringen konnten; sie versuchten, als „Mittel besonderer Therapierichtungen" anerkannt zu werden, um in den Genuß erleichterter Zulassungsbedingungen zu kommen.

Zusätzlich ergaben sich Veränderungen dadurch, daß die Krankenkassen die Kosten für eine Reihe von Substanzen, so zum Beispiel die aus tierischen Zellen und Geweben, nicht mehr erstatteten. Obwohl „fiktiv zugelassene" Altarzneimittel weiterhin verkauft werden dürfen, gilt für sie, daß weder ihre Wirksamkeit noch ihre Unbedenklichkeit nachgewiesen sind.

Die Interventionen der Pharmahersteller, der großen Gesellschaften für Naturheilverfahren und manch anderer Stellen haben zudem eine Reihe weiterer Ausnahmeregelungen herbeigeführt. Was als straffes Instrument der Arzneimittelsicherheit gedacht war, auf das die Konsumenten hätten vertrauen können, ist in seinen Randbereichen erheblich aufgeweicht worden. Mittlerweile gibt es mehrere Typen von Mitteln zum Gesundbleiben und Gesundwerden mit ganz unterschiedlichen Ansprüchen an den Nachweis ihrer Wirksamkeit.

Naturheiler und ihre Ausbildung

Wer eine Alternative zur schulmedizinischen Behandlung sucht, hat in Deutschland mehrere Möglichkeiten: Er geht zu einem Arzt für Naturheilverfahren und/oder Homöopathie (siehe Seite 25) oder zu einem Heilpraktiker (siehe Seite 26).

Die Liste ließe sich noch verlängern, weil sich auch Vertreter anderer medizinischer Berufe, wie zum Beispiel Physiotherapeuten, Bewegungspädagogen und Psychotherapeuten bestimmte Verfahren aneignen und dann anwenden. Eine generelle Aussage, welcher Behandler welches Verfahren am ehesten qualifiziert durchführt, ist nicht zu machen.

Allerdings ist anzunehmen, daß Mediziner auch für „natürliche" Verfahren am besten ausgebildet sind. In einer Umfrage gaben jedoch zwei Drittel der Ärzte an, daß sie ihre Kenntnisse im Eigenstudium erworben hatten, etwa 60 Prozent benannten Seminare als Informationsquelle, nur knapp 17 Prozent konnten auf eine entsprechende Zusatzausbildung verweisen. Ob Sie bei dem Therapeuten, den Sie sich ausgewählt haben, in guten Händen sind, können Sie unter anderem an Hand der folgenden Liste prüfen:

Kennzeichen seriöser Heiler

Achten Sie auf die Berufsbezeichnung.

Für jeden seriösen Therapeuten gilt das Folgende, wenn er Kranke behandelt:

◆ Er dokumentiert seinen beruflichen Werdegang und ist bereit, entsprechende Fragen zu beantworten. (Achtung: Im Ausland erworbene Titel und Diplome müssen nicht automatisch den deutschen gleichwertig sein. Manche ausländische Universitäten verkaufen ihre Titel sogar, manche angeführte Titel beziehen sich auf Universitäten, die es gar nicht gibt.)

◆ Es gibt feste Praxiszeiten. Manche Heiler leben von diesem Beruf, für andere ist es eine Nebentätigkeit.

◆ Er fragt, ob ein (anderer) Mediziner bereits eine Diagnose gestellt hat und läßt sich diese mitteilen.

◆ Er fragt nach Beschwerden, Lebensumständen und Arbeitsbedingungen.

◆ Er fragt, ob und wie die Beschwerden bisher behandelt wurden.

◆ Er untersucht Ihren Körper und bespricht mit Ihnen das Untersuchungsergebnis.

◆ Er teilt mit, welchen Behandlungsweg er einschlagen möchte.

◆ Er zeigt eventuelle Behandlungsalternativen auf und begründet, warum er gerade zu dieser Therapie rät.

◆ Wenn sein Verfahren zur Behandlung nicht geeignet ist, empfiehlt er schulmedizinische Therapie. Bei gleichzeitiger Behandlung durch den Hausarzt empfiehlt er, diesen zu konsultieren.

◆ Er bespricht, wie Sie sich hinsichtlich der Medikamente verhalten sollen, die Ihnen andere Behandler verordnet haben.

◆ Er erstellt einen Behandlungsplan (siehe Seite 25).

◆ Er holt Ihre Zustimmung ein, bevor er vom besprochenen Behandlungsplan abweicht.

◆ Er bespricht mit Ihnen die Finanzierung der Behandlung und eine eventuelle Kostenübernahme durch die Krankenkasse.

Das erscheint suspekt

◆ Der schnelle Rat zu einer teuren Serienbehandlung, aber nur wenig Zeit für das Erstgespräch.

◆ Die Behandlung muß unbedingt sofort beginnen, obwohl es kein Akutfall ist.

◆ Die Prophezeiung einer schweren Krankheit oder gar des Todes, wenn Sie die Behandlung ablehnen.

◆ Manipulationen an Ihnen, noch bevor Sie genau wissen, was geschehen soll, und bevor Sie dem zugestimmt haben.

◆ Ablehnung Ihres Wunsches, sich vor der Behandlung noch mit jemand anderem zu beraten.

◆ Die Behauptung, die Behandlung heile alles und jedes, sei risikolos und nebenwirkungsfrei.

◆ Die Forderung, alle anderen Medikamente abzusetzen.

◆ Ablehnung Ihres Wunsches nach Information und einem genauen Behandlungsplan.

◆ Unwirsche Reaktion auf die Bitte, Barzahlungen zu quittieren.

◆ Das Verlangen von Vorauszahlungen für eine länger dauernde Behandlung.

◆ Abfällige Bemerkungen gegenüber schulmedizinischen Behandlungsmethoden.

Möglicherweise ist Ihr Therapeut nicht von vornherein sehr gesprächig. Vielleicht haben Sie auch einiges von dem, was er gesagt hat, nicht verstanden, eventuell ist Ihnen etwas unklar geblieben. In jedem Fall sollten Sie über die untenstehenden Fragen Bescheid wissen, wenn Sie die Praxis verlassen: Kaum ein Patient kennt einen Behandlungsplan. Doch wer eine unübliche Behandlung vornehmen lassen will, sollte sich mit einem solchen Papier vertraut machen. Der Plan dient Ihrer Absicherung. Mit diesem Schriftstück soll der Behandler exakt Weg und Ziel seines Vorgehens dokumentieren. Sie können damit – in gewissen Grenzen – überprüfen, ob alles den vorgesehenen Weg geht oder ob der Behandler an Ihnen planlos „herumdoktert". Im Falle eines Rechtsstreits kann dieses Papier eine wichtige Argumentationshilfe sein.

Fragen an den Behandler

- Worin besteht der wesentliche Unterschied dieser Behandlung zu der, die die etablierte Medizin machen würde?
- Welche Nebenwirkungen und welche Risiken bringt die Behandlung mit sich?
- Welches sind die Anzeichen, daß sich die Krankheit trotz Behandlung verschlimmert?
- Was tun bei Verschlimmerung?
- Kann man diese Behandlung mit schulmedizinischer Behandlung kombinieren?
- Was soll mit den bisher eingenommenen Medikamenten geschehen?
- Was geschieht mit den Krankenunterlagen und ähnlichem nach Abschluß der Behandlung?

Angaben im Behandlungsplan

- Was ist das Ziel der Behandlung?
- In welchen Einzelschritten wird sie voraussichtlich ablaufen?
- Was will der Behandler konkret tun, und was will er damit erreichen?
- Wie lange wird die Behandlung voraussichtlich dauern?
- Welche Wirkungen und Nebenwirkungen sind zu erwarten?
- Was wird sie voraussichtlich kosten (Behandlungskosten, Arzneimittel und anderes)?
- Wie beziehungsweise nach welcher Gebührenordnung berechnet der Behandler seinen Arbeitsaufwand?
- Sind außer den genannten Kosten noch weitere zu erwarten?
- Hat der Therapeut Erfahrungen, ob die Krankenkasse zumindest teilweise die Kosten übernimmt?

Arzt für Naturheilverfahren und Homöopathie

Schätzungsweise sieben von zehn Praxisärzten wenden „sanfte" Medizin zumindest gelegentlich an. Viele allerdings ohne besondere Ausbildung, obwohl es die Zusatzbezeichnung „Naturheilverfahren" schon seit 1956 gibt. Zusatzbezeichnung heißt, daß sich ein Arzt nach seinem Examen mit einem bestimmten Medizinbereich intensiver beschäftigt hat, als es die übliche Ausbildung vorsieht. Für diese Weiterbildung und die Veranstaltungen dazu sind die Landesärztekammern zuständig. Solche ärztlichen Zusatzbezeichnungen gibt es für verschiedene Bereiche, unter anderem für Naturheilverfahren und auch für Homöopathie. Ärzte, die in beidem ausgebildet sind, können beides auf ihr Praxisschild schreiben.

Seit 1993 haben diese Verfahren auch einen in den Prüfungsordnungen verankerten Stellenwert bekommen: Angehende Mediziner müssen in ihrem Examen zeigen, daß sie auch über die Grundlagen, Möglichkeiten und Grenzen von Naturheilverfahren und

Homöopathie Bescheid wissen. Für Forschung und Lehre in Sachen Naturheilverfahren gibt es bislang in Deutschland zwei Lehrstühle, und zwar in Berlin und Ulm. Zwei weitere Lehrstühle sind in den vergangenen Jahren im europäischen Ausland eingerichtet worden: einer in Exeter und einer in Zürich. Beide wurden mit deutschen Professoren besetzt.

Heilpraktiker

Eine solche Besonderheit gibt es nur in Deutschland: Personen, die ohne qualifizierte Ausbildung medizinisch tätig sein dürfen. Und das kam so:

Bis zum Jahre 1939 durfte im Deutschen Reich jeder, der sich zum Heilen berufen fühlte, seine Dienste anbieten. Das dann geschaffene Heilpraktikergesetz gebot, die damals über 10 000 statistisch erfaßten Heilbehandler auf ein Mindestwissen hin zu überprüfen. So sollte sichergestellt werden, daß sie „der Volksgesundheit nicht schadeten". Neue Heiler wollte man nur noch in Ausnahmefällen zulassen. Was als Übergangsregelung gedacht war, bis sich das Problem der „Barfußärzte" auf natürliche Weise von selbst erledigt hätte, wurde 1957 ins Gegenteil verkehrt: Die Zulassungsbeschränkung auf Ausnahmen fiel. Das Ergebnis: Heute praktizieren in Deutschland wieder etwa 9 000 Heilpraktiker.

Diejenigen, die sich Heilpraktikern anvertrauen, wissen jedoch oft nicht, wie es um deren Ausbildung und Mindestqualifikation bestellt ist.

Die Ausbildung von Heilpraktikern ist nicht gesetzlich geregelt

Heilpraktiker ist kein Ausbildungsberuf. Wohl gibt es Heilpraktikerschulen, und manche sehen auch eine Prüfung am Schluß der Ausbildung vor. Diese privaten Unternehmen arbeiten jedoch ohne staatliche Vorgaben. Angehende Heilpraktiker können an solchen Schulen, im Fernstudium, in Abend- oder Wochenendkursen ihr Wissen erwerben. Manche Institutionen halten 5 000 Stunden Unterricht für erforderlich, anderen erscheinen 200 Stunden ausreichend. Um als Heilpraktiker zu arbeiten, muß man keine geregelte Ausbildung durchlaufen. Man muß sein Wissen und Können nicht in einer Prüfung beweisen. Wer darauf baut, klug genug zu sein, kann auch ohne Ausbildung als Heilpraktiker tätig werden. Unter einer Voraussetzung: Jeder Heilpraktiker muß beim Gesundheitsamt eine Überprüfung auf seine „Kenntnisse und Fähigkeiten" bestehen.

Für Heilpraktiker gibt es keine Prüfungsordnung

Mal ist es ein Amtsarzt, der bei der „Überprüfung" abfragt, was er für notwendig hält, mal eine Kommission. Im allgemeinen sind Grundkenntnisse über Bau und Funktion des menschlichen Körpers und medizinische Gesetzeskunde gefragt – doch gesetzlich gefordert ist das nicht.

Ein Mitglied des Bremer Überprüfungsausschusses äußerte sich erstaunt darüber, wieviel die Bewerber nicht wußten. Dementsprechend fiel das Ergebnis aus: Nur gut einem Fünftel wurde die Zulassung erteilt. Von den 103 Prüflingen, die 1994 im Raum Frankfurt/Wiesbaden zugelassen werden wollten, bestanden nur neun die schriftliche Überprüfung. Üblicherweise liegt die Durchfallquote bei 70 Prozent.

Besteht ein Interessent die Überprüfung nicht, kann er sie beliebig oft wiederholen. Meint jemand, die Überprüfung sei ihm in einem Bundesland zu schwierig, kann er in ein anderes umziehen und dort sein Glück erneut versuchen.

Heilpraktiker ist ein typischer Zweitberuf. Etwa die Hälfte von ihnen arbeitete zunächst im Gesundheitsbereich, der Rest hatte eine medizinfremde Profession. Gemäß einer Eigendefinition in der „Berufskunde für Heilpraktiker" ist für die Berufswahl die individuelle Begabung entscheidend, Krankheiten und Leiden zu erkennen, zu heilen oder zu bessern.

Heilpraktiker können nahezu uneingeschränkt tätig werden

Einige Tätigkeiten sind Heilpraktikern per Gesetz verboten, und ihr Wissen muß ausreichen, um diese Grenzen zu erkennen.

Kennzeichen seriöser Heilpraktiker

◆ Vorsicht vor werbenden Anzeigen! Wer seriös ist, hat keinen Grund, auf diese Weise auf sich aufmerksam zu machen.

◆ Vorsicht vor Heilpraktikern, deren besondere Fähigkeiten in Zeitungsartikeln hoch gelobt werden. Seriöse Heiler brauchen keine Werbung.

◆ Der seriöse Heilpraktiker beantwortet Ihre Fragen klaglos und erfüllt die Forderungen, die Ihrer Absicherung dienen, wie zum Beispiel das Erstellen eines Behandlungsplans (siehe Seite 25).

◆ Er verpflichtet sich schriftlich zu der von Ihnen geforderten Verschwiegenheit.

◆ Er erstellt seine Diagnosen nicht mit obskuren Methoden wie Irisdiagnostik (siehe Seite 315), Pendeln (siehe Seite 321) oder Angewandte Kinesiologie (siehe Seite 301).

◆ Er behandelt Sie nicht mit Verfahren, bei denen lebensbedrohliche Zwischenfälle möglich sind (Frischzellentherapie, Seite 261; Enzym-Injektionen, Seite 229; Ozontherapie, Seite 281; Chelattherapie, Seite 217) – es sei denn, er wäre darin ausgebildet, solche Krisen zu meistern, und hätte die dazu notwendigen Einrichtungen.

◆ Er rät nicht dazu, die medizinische Behandlung abzubrechen oder Medikamente abzusetzen.

◆ Er beendet die Behandlung und schickt Sie zu einem Arzt, sobald er merkt, daß er mit seiner Kunst am Ende ist.

◆ Er nimmt sich Zeit für Sie und Ihre Beschwerden.

◆ Die Berechnung der Leistungen orientiert sich am „Gebührenverzeichnis für Heilpraktiker", das die Heilpraktikerverbände in Deutschland herausgegeben haben.
Adresse: Ernst-Grote-Straße 13; 30916 Isernhagen.

◆ Heilpraktiker dürfen keine meldepflichtigen Infektionskrankheiten behandeln (zum Beispiel Keuchhusten, Malaria, Masern, Scharlach, Virushepatitis. Außerdem keine Krätze, Röteln, Windpocken und keinen Mumps).

◆ Sie dürfen keine Zahn-, Mund- und Kieferkrankheiten behandeln.

◆ Sie dürfen Geschlechtsorgane weder untersuchen noch behandeln.

◆ Sie dürfen keine Geburtshilfe leisten.

◆ Sie dürfen keine Röntgenbilder anfertigen und keine verschreibungspflichtigen Medikamente oder Betäubungsmittel verordnen.

◆ Sie dürfen keine Totenscheine ausstellen.

Ansonsten ist der Handlungsspielraum von Heilpraktikern weit. Sie dürfen, was ausgebildeten Krankenschwestern nicht erlaubt ist: in die Vene spritzen, die Wirbelsäule an Stellen manipulieren, wo jeder Fehlgriff eine Lähmung bedeuten könnte, Knochenbrüche behandeln. Im Prinzip könnte ein Heilpraktiker operieren oder eine Klinik leiten.

Und die Verpflichtungen?

Ein Heilpraktiker muß wissen und erkennen ob seine Fähigkeiten und Kenntnisse für den „Fall" ausreichen, den er sich anschickt zu behandeln. Im Prinzip darf er sämtliche Diagnose- und Heilverfahren anwenden – gleichgültig wie gefährlich sie sind.

Letztlich entscheidet jeder Patient selbst, wie er sich behandeln lassen möchte. Doch die Informationen, die er für diese Entscheidung braucht, muß ihm sein Behandler geben. Ob Arzt oder Heilpraktiker – beide müssen besonders sorgfältig auf Nutzen und Risiko hinweisen, bevor sie eine Behandlung vornehmen, die schulmedizinisch nicht anerkannt ist. Dazu gehört, daß der Patient genau Bescheid weiß, wie die „normale" Medizin sein Problem angehen würde und worauf er sich einläßt, wenn er einen anderen Weg beschreitet. Üblicherweise haben Heilpraktiker die dafür notwendige Ausbildung nicht.

Die Schweigepflicht ist für Heilpraktiker längst nicht so streng gefaßt und so weit ausgedehnt wie bei Ärzten.

Noch mehr Heiler

Um die Verwirrung komplett zu machen, gibt es unter den Heilpraktikern auch Personen mit hochqualifizierter therapeutischer Ausbildung. Wer in Deutschland als Psychotherapeut arbeiten will, ohne Arzt zu sein, also zum Beispiel ein Psychologe, muß seine Zulassung nach dem Heilpraktikergesetz beantragen – selbst wenn er eine jahrelange psychotherapeutische Ausbildung vorweisen kann und nicht die Absicht hat, Außenseitermethoden bei seinen Patienten anzuwenden.

Unter der Überschrift „Beratung" bietet schließlich ein bunt zusammengewürfeltes Völkchen seine Dienste an. Wenn zum Beispiel eine staatlich geprüfte Krankengymnastin Feldenkrais-Arbeit (siehe Seite 233) offeriert, heißt das noch lange nicht, daß sie in Sachen Feldenkrais geprüft ist. Bei einer Masseurin bezieht sich das „staatlich geprüft" auf nachweislich wirksame Verfahren, aber nicht auf die Fußreflexzonenmassage (siehe Seite 236), die sie vielleicht anbietet.

Allerdings müssen diese Behandler unaufgefordert darüber informieren, was sie selbst können und dürfen und was nicht.

Die Grenzen zwischen diesen qualitativ völlig unterschiedlichen Berufsgruppen sind für den Laien kaum zu erkennen.

Rechtliche Aspekte

Mit Zustimmung des Patienten kann jeder Therapeut grundsätzlich die Behandlung durchführen, die er für richtig hält. Allerdings nicht ohne weiteres jede beliebige. Die Rechtsprechung setzt dem Mediziner Grenzen, um Kranke vor falschen Behandlungen oder gar Schaden zu schützen.

◆ Grundsätzlich muß der Arzt eine spezifisch wirksame Methode wählen (Österreich: die sich am letzten Stand der Wissenschaft orientiert).

◆ Der Arzt darf nicht mit Methoden behandeln, die für die Krankheit ungeeignet sind.

◆ Der Arzt darf Behandlungsmethoden, deren sicheres Risiko den geringen oder nicht erwiesenen Nutzen übersteigt, oder die gar untauglich sind, auch dann nicht anwenden, wenn er selbst darüber anderer Meinung ist.

◆ Der Arzt darf keine Maßnahmen durchführen, von denen die allgemeine Medizin mit einigem Recht annimmt, daß sie erfolglos sein werden. Er darf zum Beispiel keine gesunden Zähne ziehen, weil er annimmt, daß sie eine Krankheit verursacht hätten.

◆ Er muß die Behandlung so vornehmen, wie es die Regeln der Heilkunst (lege artis) vorgeben. Was das konkret bedeutet, sollte jedem Arzt bekannt sein und ist in der Rechtsprechung immer wieder klargelegt worden.

◆ Erweist sich im Verlauf der Behandlung die Methode als nutzlos, muß der Arzt sie abbrechen.

◆ Erkennt der Behandler, daß er mit der Behandlung der Krankheit überfordert ist, muß er den Patienten an einen versierteren Kollegen überweisen.

◆ Nutzen und Risiko einer Behandlung lassen sich nur bestimmen, wenn eine eingehende Untersuchung und die üblichen Diagnoseverfahren vorausgegangen sind.

◆ Methoden, die die wissenschaftliche Medizin nicht anerkennt, dürfen nur unter besonderen Voraussetzungen angewendet werden. An diese Regeln müssen sich auch Heilpraktiker halten.

◆ Der Anwender muß sich in schulmedizinischen Behandlungen genügend auskennen und über die Wirksamkeit von Alternativen Bescheid wissen. Nur dann ist er in der Lage, Nutzen und Risiko der in Frage kommenden Verfahren gegeneinander abzuwägen.

◆ Dem Patienten muß deutlich gesagt werden, daß er mit einer schulmedizinisch nicht anerkannten Methode behandelt werden soll.

◆ Der Behandler muß seinem Patienten die schulmedizinischen und alternativen Verfahren mit ihren Vor- und Nachteilen darstellen und begründen, warum er von dem sonst Üblichen abweichen will.

◆ Der Arzt muß darauf hinweisen, daß die gesetzlichen oder privaten Krankenkassen die Kosten für die Behandlung nicht oder nur zum Teil übernehmen, so daß der Patient möglicherweise selbst zur Kasse gebeten wird.

Kosten

Auf dem alternativen Heilmarkt in Deutschland werden jährlich viele Milliarden DM umgesetzt. Wie viele davon von der Gemeinschaft der Krankenversicherten aufgebracht werden, ist nicht bekannt. Für 1993 wurde der Umsatz von Arzneimitteln mit fraglicher Wirksamkeit mit 6,6 Milliarden DM angegeben.

Die Bismarcksche Idee, mit einer Versicherung allen Arbeitenden eine Krankheitsbehandlung zu ermöglichen, ist in den Hintergrund getreten. Heute fordern die Versicherten von ihrer Krankenkasse einen möglichst umfassenden Gesundheitsschutz, und daß ihnen zusätzlich zu den wissenschaftlich anerkannten Behandlungsmethoden auch unkonventionelle Verfahren zur Verfügung stehen. Entgegen den Argumenten der Befürworter dieser Therapien verbilligen diese Verfahren jedoch die Behandlung nicht. Im Gegenteil: Sie verteuern sie dadurch, daß sie zusätzlich zu den allgemein üblichen Therapien angewandt werden.

In den vergangenen Jahren haben eine ganze Reihe einschneidender Verfügungen begonnen, das Gesundheitswesen von Grund auf zu verändern. Der Wettbewerb zwischen den privaten Krankenkassen, die schon immer die gut verdienenden, jungen Menschen mit geringen Krankheitskosten an sich binden wollten, und den Ersatz- und RVO-Kassen, in denen die weniger Betuchten versichert waren, hat neue Formen angenommen, nachdem seit 1996 auch die Pflichtversicherten ihre Krankenkasse wählen können. Nun buhlen auch die RVO-Kassen und die Ersatzkassen um Mitglieder. Zum einen locken sie mit niedrigen Versicherungsbeiträgen, zum anderen, indem sie bestimmte Leistungen betonen. Für dieses konkurrierende Profilierungsbemühen bietet sich der Markt der alternativen Heilmethoden geradezu an.

Gesetzliche Krankenversicherung

Wer von seinem Arzt „auf Karte" behandelt wird, braucht sich um die Finanzierung keine Sorgen zu machen. Wenn die Krankenkasse eine verordnete Therapie nicht bezahlt, wird sie sich an dem Arzt schadlos halten. Den Patienten berührt das nicht.

Um solche Regressansprüche der Krankenkasse zu verhindern, vereinbaren viele Ärzte von vornherein mit ihren Patienten eine private Behandlung, wenn es sich um wissenschaftlich nicht anerkannte Verfahren handelt, die zudem oft so teuer sind, daß sie nach dem Gebot der Wirtschaftlichkeit vom Arzt eigentlich gar nicht verordnet werden dürften. Oft erhalten die Versicherten dann den Hinweis, sie könnten die Rechnung bei der Krankenkasse einreichen und versuchen, dort zumindest einen Teilbetrag erstattet zu bekommen.

Wissenschaftlich anerkannte Naturheilverfahren, zu denen die ab Seite 48 beschriebenen klassischen Verfahren gehören, bezahlen die gesetzlichen Krankenkassen anstandslos. Sie erstatten auch die Kosten für Arzneimittel bei den Krankheiten, für die die Medikamente zugelassen sind, sofern sie nicht aus der Leistungspflicht der gesetzlichen Krankenversicherung herausgenommen wurden (Negativliste). Hierzu gehören zum Beispiel Mittel gegen banale Erkältungen, Abführmittel oder Vitaminpräparate, von definierten Ausnahmen abgesehen.

Auf die Frage, ob die gesetzliche Krankenkasse die Kosten für „alternative" Behandlungen übernimmt, gibt es mehrere Antworten. Die Richtlinien sagen klar:

Sie bezahlen, was hinsichtlich Qualität und Wirksamkeit dem allgemeinen Stand der medizinischen Erkenntnisse entspricht und was den medizinischen Fortschritt berücksichtigt. Doch die Praxis zeigt, daß zum Beispiel eine homöopathische Behandlung, die immer noch zu den wissenschaftlich nicht anerkannten Verfahren gehört, anstandslos durchgeht. Außerdem hat die Rechtsprechung der vergangenen Jahre die Krankenkassen in Einzelfällen zu bestimmten Leistungen verpflichtet.

Manches andere bezahlen die Kassen kulanterweise. In beiden Fällen geschieht das aber nicht automatisch: Man muß sich selbst darum kümmern und seine Forderungen gut begründen. Grundvoraussetzung für die Bezahlung einer Behandlung durch die gesetzliche Krankenkasse ist, daß ein Vertragsarzt tätig wird. Die Arbeit eines Heilpraktikers finanziert sie nicht.

Neue Verfahren

Über lange Zeit wurde zugunsten der „alternativen" Verfahren damit argumentiert, daß sie eben noch nicht so lange im Einsatz seien, um schon alle Anforderungen an allgemein übliche Verfahren erfüllen zu können. Für die Forderung nach Kostenübernahme ist dieses Argument nun allerdings nicht mehr einsetzbar.

Zwischen Ärzten und Krankenkassen gibt es die Vereinbarung, sich an die sogenannten NUB-Richtlinien zu halten. Dieses sind Vereinbarungen über neue Untersuchungs- und Behandlungsmethoden, die in regelmäßigen Abständen immer wieder überprüft werden. Die NUB-Richtlinien geben an, welche noch nicht ausreichend erprobten Verfahren die Krankenkassen zu bezahlen bereit sind und welche Voraussetzungen die Ärzte erfüllen müssen, die das Verfahren anwenden wollen. Die NUB-Richtlinien benennen aber auch die Verfahren namentlich, die in der vertragsärztlichen Versorgung nicht angewandt werden dürfen und dementsprechend von der Bezahlung durch die Krankenkassen ausgeschlossen sind. Hierzu gehören zum Beispiel die Elektroakupunktur nach Voll (siehe Seite 308), die Sauerstoff-Mehrschritt-Therapie (siehe Seite 285), die Bioresonanzdiagnostik (siehe Seite 304) und vieles andere mehr. Für die in den NUB-Richtlinien nicht anerkannten Verfahren besteht prinzipiell keine Möglichkeit, sie „ausnahmsweise" doch zu erstatten. Und trotzdem hindert das manche Krankenkassen nicht, im Einzelfall der Kostenübernahme dennoch zuzustimmen.

Zahlungspflicht

Die Krankenkassen sind zur Bezahlung wissenschaftlich nicht anerkannter Behandlungen verpflichtet, wenn mehrere der folgenden Bedingungen zutreffen:

◆ Es gibt keine anderen Behandlungsmöglichkeiten. Beispiel: Sie dürfen die sonst üblichen Medikamente nicht einnehmen, vertragen sie nicht, oder diese wirken bei Ihnen nicht.

◆ Die medizinischen Möglichkeiten sind genügend lange versucht worden, aber ohne Erfolg geblieben.

◆ Mit der „alternativen" Methode erscheint ein Erfolg medizinisch-wissenschaftlich möglich, beziehungsweise die Behandlung hat in einer hinreichend großen Anzahl von Fällen bewiesen, daß sie wirkt. Der therapeutische Erfolg muß dabei statistisch relevant nachweisbar gewesen sein. Es genügt nicht mehr, daß die Methode in Einzelfällen geholfen hat.

◆ Die Ursache der Krankheit ist unbekannt (zum Beispiel bei multipler Sklerose und Krebs). Dann kann ein „alternatives" Verfahren auch nicht beweisen, ob es ursächlich wirkt oder nicht. Allerdings muß der Arzt aus wissenschaftlich ernstzunehmenden Gründen den Erfolg der Therapie für möglich halten. (Achtung, nicht verwechseln: Eine Krankheit, deren Ursache unbekannt ist, ist etwas anderes als die Erkrankung eines Menschen, bei der die Ärzte aber nicht herausfinden können, was es ist.)

In diesen Fällen bezahlt die gesetzliche Krankenkasse eine wissenschaftlich nicht anerkannte Behandlung, wenn sie anstelle der schulmedizinischen Behandlung durchgeführt wird. Beide nebeneinander anzuwenden hieße einzugestehen, daß die Möglichkeiten der Schulmedizin doch noch nicht ausgereizt sind.

Voraussetzung für die Erstattung ist, daß der Arzt einen Befund- und Behandlungsbericht schreibt, aus dem das hervorgeht, was die Krankenkasse in diesem Einzelfall zur Beurteilung braucht (siehe Seite 34).

Nun muß der Patient aber nicht erst die ganze Behandlungsmühle durchlaufen, bevor der Arzt andere Therapiemethoden auf Kosten der Krankenkasse anwenden darf. Wenn es möglich erscheint, daß eine Außenseitermethode bei einer bestimmten Krankheit erfolgreich ist, kann der Arzt damit die Behandlung auch schon beginnen.

„Kulanz-Zahlungen"

Sehr viel unübersichtlicher sind die „Kann-Leistungen" der Krankenkassen. Wer mit seinem Antrag auf Kostenübernahme oder Kostenerstattung zu seiner Krankenkasse geht, gerät zunächst an einen Sachbearbeiter. Stimmt er zu, ist die Angelegenheit für den Versicherten erledigt.

Der Sachbearbeiter kann sich vor seiner Entscheidung Hilfe vom Medizinischen Beratungsdienst der Krankenkassen holen, muß das aber nicht tun. Der Beratungsdienst beurteilt Nutzen und Risiko und die Wahrscheinlichkeit, ob die Therapie in diesem besonderen Fall wirksam sein kann, nach vornehmlich naturwissenschaftlichen Kriterien. In aller Regel resultiert daraus eher eine ablehnende Haltung als bei dem einzelnen Sachbearbeiter.

Die Praxis zeigt, daß viele gesetzliche Krankenkassen mittlerweile wissenschaftlich nicht anerkannte Verfahren, wie zum Beispiel Homöopathie, anstandslos bezahlen. Immer häufiger übernehmen sie auch die Kosten für Arzneimittel wie zum Beispiel die der Enzymtherapie (siehe Seite 228). Teilweise erstatten sie sogar die Kosten für vom Heilpraktiker verordnete Medikamente, wenn diese bei einer ärztlichen Verordnung auch bezahlt würden.

Manche Therapieverfahren werden auch regional unterschiedlich beurteilt. Die anthroposophische Medizin beispielsweise ist im Stuttgarter Raum ganz anders etabliert und frequentiert als in Norddeutschland. Das wirkt sich auch auf die Beurteilung der Kostenübernahme durch die Krankenkassen aus.

Ein Entscheidungsfaktor ist auch die Behandlungsdauer. Die Kassen sind eher bereit, kulanterweise eine kurzdauernde Therapie oder einige wenige Arzneimittel aus dem wissenschaftlich nicht anerkannten Bereich zu bezahlen, als eine Therapie, von der zu erwarten ist, daß sie sich über Jahre hinziehen wird. Allerdings übernehmen die Krankenkassen die Kosten nur dann, wenn ihrer Meinung nach keine anerkannte schulmedizinische Therapie zur Verfügung steht.

Grauzone

Mancher Kassenpatient hat schon von seinem Arzt eine eigentlich unübliche Behandlung „auf Karte" erhalten, über die der Arzt eines anderen sagt: „Das zahlt die Kasse nicht".

Eine Erklärung dafür könnte sein, daß der „großzügige" Arzt der Krankenkasse Tätigkeiten in Rechnung gestellt hat, die für dieses Verfahren nicht vorgesehen sind, die er aber als „analog" einsetzbar ansieht. Das ist zwar nicht erlaubt, geschieht aber immer wieder.

Manchen Ärzten gelingt es auch, den Befund- und Behandlungsbericht so abzufassen, daß er in die Nähe der „austherapierten Fälle" rückt. Dann kommen die Krankenkassen an der Bezahlung meist nicht vorbei, weil die Sozialgesetzgebung sie verpflichtet hat, in solchen Fällen eine unkonventionelle Behandlung zu bezahlen (siehe Seite 30).

Kostenerstattung

Selbst wenn die Krankenkasse bereit ist, die Kosten einer zunächst privat bezahlten Therapie zu übernehmen, bedeutet das nicht automatisch, daß der Versicherte den gesamten Betrag zurückbekommt.

Für privat bezahlte Leistungen dürfen Ärzte ohne besondere Begründung bis zum 2,3fachen des in der Gebührenordnung für Ärzte festgelegten Satzes berechnen. Im allgemeinen tun sie das auch. Die gesetzlichen Krankenkassen zahlen aber nur das, was ihrem Kassensatz entspricht. Damit bleiben dem Versicherten üblicherweise Restkosten.

Private Krankenversicherung

Die privaten Krankenversicherer hielten sich bei ihren Leistungen seit jeher nicht so eng an den Begriff „wissenschaftlich allgemein anerkannte Methode". Zum Beispiel bezahlten viele von ihnen Homöopathie und Akupunktur, lange bevor das für die gesetzlichen Krankenkassen ein Thema wurde. Andererseits verweigerten viele Versicherungen auch die Zahlung von Alternativmethoden mit dem Hinweis, es handle sich um wissenschaftlich nicht allgemein anerkannte Untersuchungs- und Behandlungsmethoden. Diese Praxis allerdings hat der Bundesgerichtshof gestoppt: Die Versicherer müssen auch Außenseitermethoden bezahlen, wenn ihre Erfolge der Schulmedizin vergleichbar sind. Welche Verfahren die Versicherung im einzelnen finanziert, geht aus dem Leistungskatalog hervor beziehungsweise muß erfragt werden.

Bei der privaten Berechnung seiner Leistungen muß sich der Arzt an die Gebührenordnung für Ärzte (GOÄ) halten. Den darin aufgeführten Betrag kann er ohne besondere Begründung bis zum 2,3fachen überschreiten. Erst wenn er meint, für seine Leistungen ein noch höheres Honorar fordern zu müssen, muß er das unaufgefordert begründen.

Die private Verrechnung nach der GOÄ kennt den Begriff der „analogen Bewertung". Das heißt, daß der Arzt anstelle von Leistungen, die nicht im Gebührenverzeichnis stehen, andere berechnen kann, die er für gleichwertig hält. Der Arzt darf nur Leistungen berechnen, die nach den Regeln der ärztlichen Kunst und der Naturheilkunde für eine medizinisch notwendige Versorgung erforderlich sind. Darüber hinausgehende Leistungen darf er nur berechnen, wenn sie auf Verlangen erbracht worden sind. Gleichzeitige Behandlung mit verschiedenen Methoden (Polypragmasie), wie sie bei vielen Naturheilern üblich sind, gilt als nicht gerechtfertigt.

Manche privaten Krankenversicherungen übernehmen auch die Kosten für Leistungen von Heilpraktikern.

Beihilfefähigkeit

Für deutsche Bundesbeamte regeln im Krankheitsfall die Beihilfevorschriften des Bundes (BhV zu Paragraph 79 des Bundesbeamtengesetztes BBG) die Gewährung von Beihilfen. Sie gelten in einigen Bundesländern, zum Beispiel in Bayern und Berlin. Andere Bundesländer, wie etwa Bremen und Hessen, haben eigene Regelungen, die künftig jedoch angepaßt werden sollen.

Als beihilfefähig gelten Aufwendungen für Untersuchung und Behandlung, die dem Grunde nach notwendig und der Höhe nach angemessen sind. Der Bundesminister des Inneren kann den Kostenersatz von Aufwendungen für wissenschaftlich nicht allgemein anerkannte Methoden begrenzen oder diese ganz aus der Beihilfefähigkeit ausschließen. Die entsprechende Liste umfaßt derzeit über 40 unkonventionelle Verfahren. Aufwendungen für Leistungen von Heilpraktikern werden bis zum Mindestsatz vergütet.

Gerichtsurteile

Die Verpflichtung der Krankenkassen, unter bestimmten Bedingungen die Kosten auch für nicht allgemein anerkannte Behandlungsmethoden zu übernehmen, hat in den vergangenen Jahren einige Anbieter solcher Behandlungsmethoden veranlaßt, ihrer Klientel zu helfen, solche „bestimmten Bedingungen" für sich zu formulieren. Mit der allgemeinen Information über das Verfahren erhalten die Interessenten zugleich Angaben über die Kostenerstattung und den Hinweis, sich sofort an die Firma zu wenden, wenn die Krankenkasse die Kostenübernahme verweigert. Der Hersteller stellt bereitwillig alles zur Verfügung, was notwendig ist, um die Krankenkasse zum Einlenken zu bewegen, einschließlich der juristischen Argumente, mit denen der Widerspruch gegen die Ablehnung der Krankenkasse begründet werden kann.

Mit der gutachterlichen und juristischen Schützenhilfe von Herstellerfirmen im Rücken wurde bereits eine ganze Reihe von Prozessen durchgefochten, in denen die Krankenkassen letztlich zur Kostenübernahme verpflichtet wurden. Für die Unternehmen resultiert daraus ein doppelt positiver Effekt: Allein die Androhung eines Prozesses veranlaßte schon manche Krankenkasse zur Kostenübernahme im Einzelfall. Mehrere solcher Einzelfälle kann die Firma nun berechtigterweise zu der Aussage nutzen, die Krankenkassen bezahlten die Behandlung. Mit einer solchen Kostenübernahme verbindet sich jedoch beim Konsumenten der – falsche – Gedanke, daß die Wirksamkeit des Verfahrens dann wohl erwiesen sei.

Hinweise zur Bezahlung „alternativer" Behandlungen durch gesetzliche oder private Krankenversicherungen

Es ist unbedingt ratsam, die Kostenübernahme mit den Krankenkassen zu besprechen, bevor Sie selbst größere Summen auslegen.

◆ Informieren Sie sich bei Ihrer Krankenkasse, welche nichtschulmedizinischen Methoden sie bereit ist zu bezahlen, bevor Sie Ihren Behandler wählen.

◆ Lassen Sie sich von Ihrem Arzt einen Befund- und Behandlungsbericht geben, und reichen Sie diesen vor der Behandlung bei Ihrer Krankenkasse ein.

◆ Zu Fragen, welche Arzneimittel zu Lasten der Krankenkassen verordnungsfähig sind, gibt der Vertrauensapotheker Auskunft, den es bei großen Krankenkassen gibt.

◆ Die Leistung ist oftmals Verhandlungssache.
Lassen Sie sich von einem ersten abschlägigen Bescheid nicht entmutigen, sondern versuchen Sie, Ihren Wunsch bei der nächsthöheren Instanz durchzusetzen, wenn die auf Seite 31 genannten Voraussetzungen zutreffen. Fügen Sie Ihrem Einspruch einen Bericht Ihres Arztes oder Heilpraktikers bei.

◆ Wundern Sie sich nicht über Nachfragen. Nicht jeder Sachbearbeiter kennt sich in allen Bereichen gleich gut aus. Helfen Sie dem Angestellten mit Zusatzinformationen.

◆ Seitdem die Leiter der Geschäftsstellen der Krankenkassen für ihre Entscheidungen zur Kostenübernahme haftbar gemacht werden können, sind positive Entscheide nicht mehr so leicht zu erreichen. Stellen Sie sich auf einen langdauernden Entscheidungsprozeß ein, in dem wahrscheinlich der Medizinische Dienst der Krankenkassen um ein Gutachten gebeten wird. Die dortigen Gutachter orientieren sich in aller Regel am allgemeinen Standard der naturwissenschaftlich ausgerichteten Medizin.

◆ Gegen eine schriftliche Ablehnung, begründet mit den Vorschriften der jeweiligen Kassensatzung („Verwaltungsakt"), können Sie Widerspruch einlegen. Wenn die Widerspruchsstelle die Ablehnung als rechtmäßig bestätigt, bleibt nur noch die Klage beim Gericht. Zuständig sind das Sozialgericht für Pflicht-, das Zivilgericht für Privatversicherte.

Der Befund- und Behandlungsbericht sollte enthalten:

- Die genaue Diagnose mit allen dazugehörigen Belegen.
- Die Begründung, warum eine schulmedizinische Behandlung nicht angebracht ist.
- Angaben darüber, welche Therapien bisher durchgeführt wurden (Namen der Arzneimittel, Dosierung, Dauer der Behandlung und so weiter).
- Angaben über den Erfolg, beziehungsweise woran sich der Mißerfolg zeigt.
- Eine Begründung, warum der Arzt nach den ihm vorliegenden Unterlagen erwarten kann, daß die von ihm vorgeschlagene Behandlung bei der bestehenden Krankheit erfolgreich sein wird.
- Eine Berechnung der für die vorgesehene Behandlung zu erwartenden Kosten.

Im Streitfall

Wenn der Kostenträger die Bezahlung Ihrer Alternativbehandlung definitiv nicht übernimmt, bleibt Ihnen letztlich nur der Weg zum Gericht. Für einen Rechtsstreit mit den gesetzlichen Krankenkassen sind dann die Sozialgerichte zuständig, für Privatversicherte sind es die Zivilgerichte.

Es ist ratsam, vor einem solchen Streit, der relativ teuer werden kann, abzuklären, wie die Chancen für einen Erfolg stehen. Hilfe geben dabei die Verbraucherzentralen in Berlin und Hamburg, die 1996 als einzige Verbraucherorganisation eine Patientenberatung anbieten.

Kompetente Berater sind oft auch die Selbsthilfeorganisationen bestimmter Krankheiten. Sie haben die Erfahrungen gesammelt, die viele Betroffene im Laufe der Jahre mit Krankenkassen gemacht haben. Vielfach gibt es bei ihnen eine Dokumentation über Gerichtsurteile, die zur Behandlung dieser Krankheit mit verschiedenen Verfahren ergangen sind, und auf die man sich als Argumentationshilfe stützen kann.

Schaden durch alternative Therapie

Es hat nur selten strafrechtliche Konsequenzen, wenn schwere Erkrankungen aufgrund untauglicher Diagnostik unerkannt bleiben oder mit unwirksamen Methoden behandelt werden. Der Grund liegt darin, daß die Anforderungen der Justiz an die Verknüpfung von Ursache und Wirkung sehr viel enger gefaßt sind als in der Medizin. Solche Eindeutigkeiten, wie sie die Justiz für eine Verurteilung fordert, kann die Medizin nur selten liefern. Es kommt hinzu, daß Gutachter häufig aus den Reihen der überzeugten Anwender unkonventioneller Methoden und nicht aus der der Kritiker bestellt werden.

Nur wenn eine schwere Verletzung oder der Tod eindeutig als Folge einer Alternativbehandlung identifiziert sind und wenn der Behandler für schuldig befunden wurde, haben Betroffene oder Hinterbliebene eine Chance auf Anerkennung ihrer Schadenersatzansprüche.

Bei den Haftpflicht-Versicherungen der Ärzte lassen sich manchmal auf dem Verhandlungsweg finanzielle Abgeltungen für den erlittenen Schaden erzielen. Das kann Vorteile bringen: Gerichtsverfahren sind langwierig, und nur wenige Patienten, die Schadenersatz einfordern, halten bis zum Ende des Prozesses durch. Allerdings werden die Gefahren der Methoden häufig nur dadurch öffentlich bekannt, daß Anwender verurteilt werden. Bei einer einvernehmlichen Lösung bleibt der Allgemeinheit das Risiko verborgen.

Sogar die Gesundheitsämter scheuen Sanktionen, wenn Außenseiterbehandlungen Schaden angerichtet haben. Wo Therapien offenkundig mit möglichen Risiken verbunden sind, wie zum Beispiel bei der Herstellung autologer Mittel (Mittel, die aus körpereigenen Produkten erzeugt werden, siehe Seite 207), können auch fehlende Gesetze das Eingreifen verhindern. Nicht immer sind sich Bund und Länder einig, wo gesetzliche Grenzen gezogen werden sollten. Deshalb können Therapiezulassungen in den einzelnen Ländern unterschiedlich gehandhabt werden, wie etwa bei der Frischzellentherapie (siehe Seite 261).

Manche Anbieter haben ihrerseits gelernt, sich dem Zugriff der Behörden zu entziehen, wenn sie von Patienten ungerechtfertigt Geld nehmen: Ärzte, die für „Wundermittel" Wucherpreise verlangen, rechnen die Mittel häufig nicht direkt ab, sondern gründen „Institute" oder „GmbHs", die dann abkassieren. Der Arzt kann dann – laut Auskunft der Behörden – nicht belangt werden.

Adressen

Auskunft, für welche Krankheit es eine Selbsthilfegruppe gibt:

Deutsche Arbeitsgemeinschaft Selbsthilfegruppen e. V.
Friedrichstraße 28
D-35392 Gießen
Tel.: 06 41/7 02 24 78

Fonds Gesundes Österreich
Laxenburgerstraße 36
A-1100 Wien
Tel.: 02 22/7 11 72 - 43 67

Kostenberatung:

Verbraucherzentrale Berlin
Tel.: 0 30/2 14 85-0

Verbraucherzentrale Hamburg
Tel.: 0 40/2 48 32-0

Beratung in Schadensfragen:

Deutsche Patienten-Schutz-Gemeinschaft e. V.
Hans-Watzlik-Ring 4
D-94315 Straubing
Tel.: 0 94 21/5 05 12

Wiener Patientenanwaltschaft
Prof. Dr. Viktor Pickl
Schönbrunner Straße 7
A-1040 Wien
Tel.:02 22/56 36 99

Grundprinzipien der Verfahren

Reiz- oder Regulationstherapie

Geschichte

Die meisten Verfahren der Reiz- oder Regulationstherapie sind uralt. Um das Wissen, wie sie anzuwenden und bei welchen Krankheiten sie nützlich sind, haben sich in den vergangenen Jahrzehnten jedoch nur noch wenige Ärzte bemüht.

Die Situation heute

Der gegenwärtige Trend zu naturgemäßer Lebensführung und Medizin hat viele Naturheilverfahren wieder ins Blickfeld gerückt. Sie werden vermehrt als Selbstbehandlung, in der Praxis von niedergelassenen Ärzten und in Kliniken angewendet.

Das System dahinter

Jeder Mensch hat Fähigkeiten und Kräfte, sich gesund und lebendig zu erhalten. Diese Selbstheilungskräfte regulieren alle Körpervorgänge und sorgen für die Anpassung an veränderte Umstände. Für diese Anpassungsleistung braucht der Körper allerdings Zeit. Soweit die Kraft reicht, werden Belastungen ausgeglichen und Verbrauchtes erneuert.

Immer wiederkehrende Belastungsspitzen nimmt der Körper aber übel. Die Abwehrkraft, mit der er für seine Selbstheilung sorgt, scheint zu erlöschen, wenn Streßfaktoren übermächtig werden. Dann kommt es zu Streßerkrankungen.

Was der gesunde Menschenverstand einem Kranken raten würde, sind auch die drei Grundpfeiler aller Naturheilverfahren: Schonung, Normalisierung und Kräftigung, wobei Naturärzte die Normalisierung und Kräftigung durch eine Reiz- und Regulationstherapie oder immunmodulierende Verfahren (siehe Seite 41) einzuleiten oder zu beschleunigen versuchen.

Schonung

Ruhe ist bei Krankheit die erste Patientenpflicht. Das kann, aber muß nicht immer Bettruhe bedeuten. In jedem Fall heißt es Abstinenz von allem, was den Körper belastet: zu reichhaltiges Essen, Kaffee, Nikotin, Alkohol, Drogen, zu viel Arbeit bei zu wenig Entspannung, Reizüberflutung zum Beispiel durch Lärm und Fernsehen (siehe Ordnungstherapie, Seite 45).

Während der „Schonzeit" wird der Körper von überflüssigen Belastungen freigehalten, so daß sich seine Selbstheilungskräfte darauf konzentrieren können, die Krankheit zu überwinden.

Normalisierung

Überreaktionen von Körper und Seele klingen ab, Fehlanpassungen bilden sich zurück. Die Abwehrkraft beginnt, sich wieder dem Zustand vor der Erkrankung anzunähern.

Kräftigung

Die Belastbarkeit und Widerstandskraft gegenüber Infektionen und anderen Erkrankungen kann man trainieren. Dazu wird der Körper regelmäßig mittelstarken Reizen ausgesetzt, die man schrittweise steigert.

Allerdings ist diese Anpassungsarbeit des Körpers nicht unbegrenzt steigerungsfähig – weder durch körperliches Training, noch durch Arzneimittel. Und sie ist nur möglich, wenn der Körper noch Reserven hat.

Die Mittel

Als Reizmittel, um die Selbstheilungskräfte des Körpers anzuregen, dient vieles, was in der Natur vorkommt: Wärme und Kälte, Wasser, Licht, Luft und Klimawechsel. Auch Bewegung zum Beispiel in Form eines Lauf- oder Schwimmtrainings (Bewegungstherapie, siehe Seite 86) oder die Atemtherapie (siehe Seite 139) sind Reizmittel.

Das Fasten (siehe Seite 103) oder eine Umstellung der Ernährung können dem Körper den Anstoß geben, seine Selbstheilungskräfte zu mobilisieren. Von immunstimulierenden Pflanzenmitteln (siehe Seite 127) erhofft man sich einen ähnlichen Effekt, und auch die Homöopathie gilt als Reiz- und Regulationstherapie.

Uralte einheimische und fremdländische Verfahren nutzen sogar Schmerzen als Reiz – zum Beispiel indem sie die Haut verletzen –, um die geschwächte Selbstheilungskraft umzustimmen.

Viele „reizende" Effekte bringt zum Beispiel der Tapetenwechsel mit sich, etwa in Form einer Kur (siehe Seite 150). Eine fachkundige Anleitung sollte dabei genügend Anreize geben, das bisherige Leben zu überdenken und eventuell neu zu ordnen.

Behandlung und Selbstbehandlung

Die für den jeweiligen Menschen richtige Dosis ist bei Reiztherapien genauso wichtig wie sonst in der Medizin. Hier wie da muß das Lebensalter berücksichtigt werden. Zu mancher Tageszeit sind einige Reize effektiver als zu anderer Zeit. Auch die Anwendungsdauer muß entsprechend richtig bemessen werden. Der positive Effekt einer Reizbehandlung hält nach dem Absetzen noch für einige Zeit an, er „verbraucht" sich dann allerdings auch.

Erklärung der Wirkung

Auf Reize

- reagiert der Teil des Körpers, der direkt betroffen ist: Knochen, Sehnen und Muskeln brauchen zum Beispiel den Reiz der Bewegung, um nicht zu verkümmern und sich zu erneuern;
- reagieren jener innere Körperbereich und seine Organe, die mit dem gereizten Hautareal über Nervenbahnen verbunden sind. So kann zum Beispiel Wärme am unteren Rücken Regelbeschwerden lindern;
- reagieren Regelkreise des gesamten Körpers: Kalt-Warm-Wechselbehandlungen können das unter- oder übererregte vegetative Nervensystem anstoßen oder beruhigen, die Durchblutung verbessern, die Wärmeregulation ausbalancieren und das Hormonsystem beeinflussen.

Die Organreaktionen erklären jedoch nur einen Teil der Wirkung. Wahrscheinlich ist die „Feinerklärung" in der Arbeit des Immunsystems zu finden (siehe Seite 41).

Wärme
Der Körper stellt die Blutgefäße weit, um von der größeren Oberfläche mehr Wärme abstrahlen zu können.

Kälte
Die Blutgefäße verengen sich, damit der Körper möglichst wenig abkühlt.

Wechselt man in rascher Folge Kälte- und Wärmereize miteinander ab, trainiert das die Gefäße. Der Effekt: Die Wärmeregulation des Körpers verbessert sich (siehe Wärme- und Kältetherapien, Seite 50).

Wasser
Es dient vornehmlich als Mittler von Temperaturreizen (siehe Wasseranwendungen Seite 59).

Licht
Das Sonnenlicht belebt die Seele, weil wir Helligkeit und Farben sehen und die Sonnenwärme uns wohltut. Die Haut reagiert beim Sonnenbad auf das ultraviolette Licht mit angeregtem Stoffwechsel und Bräunung (siehe Lichttherapie, Seite 74).

Höhenklima
In der Höhe enthält die Luft weniger Sauerstoff und weniger Wasser. Damit das Gewebe genügend Sauerstoff bekommt, bildet der Körper vermehrt rote Blutkörperchen und stellt den Zellstoffwechsel um. Er durchblutet die Schleimhäute besser, damit sie nicht austrocknen (siehe Kuren, Seite 150).

Bewegung
Bei anstrengender Bewegung vertieft sich die Atmung, und der Sauerstoff wird besser ausgenutzt (siehe Bewegungstherapie, Seite 86). Die Erschöpfung versucht der Körper, mit einer Umstellung des Kreislaufs aufzufangen.

Schmerz
Schmerz in einer Hautregion wirkt auf Schaltkreise des Nervensystems und kann so chronische Schmerzen im Körper „überdecken" und den Schmerzkreislauf durchbrechen. Überdies regen Schmerzen das vegetative Nervensystem an (siehe Ausleitende Verfahren, Seite 67; Eigenbluttherapie, Seite 224; Akupunktur, Seite 165; Neuraltherapie, Seite 254; Massagen, Seite 77).

An eine systematisch gesteigerte Belastung paßt sich der Organismus schrittweise an (Adaptation). Über längere Zeit durchgeführt, ergibt das einen „Abhärtungs- oder Trainingseffekt".

Anwendungsbereiche

Reizbehandlungen gelten allgemein der Vorbeugung von Krankheiten. Sie sollen chronische Erkrankungen, Befindlichkeitsstörungen und Schmerzen lindern. Reizbehandlungen spielen auch in der Rehabilitation eine begleitende Rolle.

Grenzen der Anwendung
Reizbehandlungen können nur einen Körper stimulieren, der noch reagieren kann. Die Grenzen dieser Verfahren sind erreicht, wenn die Abwehrkraft des Körpers zu erschöpft ist oder Organe oder Gewebe zerstört sind. Hier kann die zusätzliche Belastung einer Reiztherapie dem Körper sogar schaden.

Reizverfahren sind für Notfälle nicht geeignet. Sie können weder notwendige Operationen, noch lebenswichtige Stoffe ersetzen, die dem Körper fehlen, wie zum Beispiel bei Diabetikern das Insulin.

Kritik

Bei vielen Reiztherapien kennt man eine „Erstverschlimmerung". Das heißt, daß sich die Krankheit, die sie bessern sollen, zunächst zu verschlechtern scheint. Viele Therapeuten nehmen das als Zeichen, daß die Behandlung wirkt.

Kritiker halten es für schwierig zu unterscheiden, ob diese „Erstverschlimmerung" im Rahmen dessen bleibt, was akzeptabel ist, ob sie darüber hinausgeht und man intervenieren muß, oder ob die zunehmenden Beschwerden gar das Zeichen dafür sind, daß sich der Zustand des Patienten verschlechtert.

Empfehlung

Reiztherapien sind geeignet, den Körper weniger krankheitsanfällig zu machen. Bei bestehenden Krankheiten können sie helfen, den Konsum an Hilfsmitteln oder Medikamenten zu reduzieren.

Immunmodulation

Geschichte

Die Beschreibung klingt schaurig: die Haut mit Glüheisen brennen, um die Syphilis zu vertreiben. Doch die aus der Erfahrung geborene und im Mittelalter praktizierte Behandlungsmethode hat einen sinnvollen Kern: das Abwehrsystem reizen. Nach demselben Prinzip behandelte *Carl Baunscheidt* (1809–1874) Erkältungen bei Kindern: Er ritzte die Haut an und rieb ein Reizmittel in die Wunden ein (siehe Seite 72).

Auch andere, zunächst erstaunliche Erfahrungen erklären sich heute durch das, was wir über die Funktion des Immunsystems wissen. Ende des 19. Jahrhunderts beobachtete *Robert Koch,* daß Menschen mit einer chronischen Infektionskrankheit, wie zum Beispiel Tuberkulose, nur selten eine zweite, schwere Infektion dazubekamen. Während des Zweiten Weltkriegs schützte die „Dreckimmunisierung" viele Menschen lange Zeit vor Infektionen. Heute gibt es Hinweise darauf, daß ein Immunsystem, das in der Kindheit viele Infektionen bewältigen mußte, von diesem „Training" für die Zukunft profitiert: Solche Kinder erkranken deutlich seltener an Leukämie, einer bösartigen Krankheit der Blutbildung, als andere.

Das System dahinter

Bakterien und Viren, Pilze und einzellige Urtiere – gemessen an der Zahl unserer Gegner sind wir Menschen arm dran. Haut, Schleimhaut oder Magen sind bei Gesunden Barrieren für Angreifer. Gegen alles Fremde, das diese Grenzen überwunden hat, wehrt sich der Körper mit zwei Mechanismen: dem unspezifischen Abwehrsystem mit seinen angeborenen Reaktionen und dem spezifischen Abwehrsystem, das lebenslang dazulernt. In beiden Systemen tun diese Arbeit Zellen, die zur großen Gruppe der weißen Blutkörperchen gehören, und andere Botenstoffe, die im Blut schwimmen.

Bei jedem Fremdkontakt wird als erstes die unspezifische Abwehr aktiv. Ihre „Freß"- und „Killerzellen" vernichten Eindringlinge oder greifen sie zumindest an. Sie nehmen sich aber auch körpereigener Zellirrtümer, der Krebszellen, an.

Was wir als Entzündungszeichen kennen – Rötung, Wärme, Schwellung –, entsteht durch kaskadenartig ineinander übergehende Vorgänge in diesem System.

Interferone gehören zum unspezifischen Abwehrsystem und stoppen die Verbreitung von Viren in den Körperzellen. Sie hemmen die Vermehrung normaler Zellen und Tumorzellen und bremsen oder aktivieren Reaktionen des spezifischen Abwehrsystems. Die Interferone alfa, beta und gamma sind in den vergangenen Jahren neu als Arzneimittel zur Behandlung schwerer Virusinfektionen und einiger Krebsarten zugelassen worden.

Die Tätigkeit des zweiten Schutzwalls, des spezifischen Abwehrsystems, ist für das verantwortlich, was wir „Immunität" nennen.

Das spezifische Abwehrsystem reagiert auf körperfremde Substanzen, die „Antigene". Diese tragen an ihrer Oberfläche ein „Erkennungsmerkmal", auf das die B-Lymphozyten reagieren. B-Lymphozyten sind weiße Blutkörperchen, die bestimmte Aufgaben im Immunsystem erfüllen. Der Kontakt des Antigens mit B-Lymphozyten löst die Produktion von Immunglobulinen aus. Immunglobuline verbinden sich mit dem Antigen und können es unschädlich machen. Deshalb heißen sie auch Antikörper.

Aus dem Kontakt von Antigen und B-Lymphozyten entstehen aber auch „Gedächtniszellen", die das Antigen noch nach Jahren wiedererkennen. Aufgrund dieses „Gedächtnisses" können wir gegen Krankheiten „immun" werden. Erkennen die Gedächtniszellen einen bekannten Störenfried, veranlassen sie Unglaubliches: Pro Sekunde produziert jede der alarmierten und dafür zuständigen Zellen etwa 2 000 Antikörper. Diese Antikörper fangen die Antigene ab und sorgen so dafür, daß der Mensch gar nicht erst „richtig" krank wird.

Eine andere Gruppe von Zellen der spezifischen Abwehr sind die T-Lymphozyten. Das „T" steht dabei für Thymus, eine Drüse, in der diese Blutkörperchen für ihre immunologische Aufgabe geschult werden (siehe

Seite 265). Eine Unterart der T-Lymphozyten geht gegen fremdartige Zellen vor. Darauf beruhen zum Beispiel die Abstoßungsreaktion nach einer Transplantation und die Abwehr von Tumorzellen. Eine andere Untergruppe hemmt das gesamte Immungeschehen. Bei der Immunschwächekrankheit Aids ist dieser hemmende Zelltyp ungebremst in der Überzahl.

Diese Darstellung des Abwehrsystems ist stark vereinfacht. Doch schon sie läßt ahnen, welch komplizierte Wechselwirkungen dort stattfinden. Ein so vernetztes und vielfältig beeinflußbares System ist natürlich anfällig für Störungen. Eine solche Störung ist zum Beispiel die Allergie, eine Überempfindlichkeit auf Antigene. Ein anderer Störfall sind Autoimmunkrankheiten. Bei solchen Krankheiten hat der Körper seine Fähigkeit verloren, zwischen eigen und fremd zu unterscheiden. Er greift nun auch körpereigene Substanzen und Gewebe an und zerstört sie. Bei vielen Krankheiten, deren Ursachen sich bisher nicht eindeutig festmachen ließen, vermutet man eine selbstzerstörerische Komponente. So sind zum Beispiel entzündliches Rheuma (chronische Polyarthritis), Typ-I-Diabetes, multiple Sklerose und die Überfunktion der Schilddrüse Autoimmunkrankheiten.

Verknüpfung mit anderen Körpersystemen

Das Abwehrsystem ist eines der größten Organe des Körpers. Es arbeitet im Wechselspiel mit anderen Körpersystemen, wie dem Nervensystem und dem Hormonsystem. In diesem Räderwerk greift eins ins andere; eine Veränderung an einer Stelle zieht unweigerlich eine an anderer Stelle nach sich.

Wie diese verschiedenen Systeme zusammenspielen, ergründen zwei noch recht junge Forschungsrichtungen, die zwischen Medizin und Psychologie angesiedelt sind, die „Psycho-Neuro-Endokrinologie" und die „Psycho-Neuro-Immunologie". In diesen Disziplinen wird untersucht, wie sich Empfinden, Erleben und Verhalten als Äußerungen des Nervensystems dem Gehirn mitteilen, welche Auswirkungen das im Hormon- und/oder Immunsystem hat, und wie Reaktionen dieser Körpersysteme andererseits wieder auf das Befinden zurückwirken.

Verbindungselemente dieser verschiedenen Systeme sind Nervenbahnen und Nervenschaltstellen. So sind die Organe des Immunsystems – Milz, Knochenmark, Thymusdrüse, Lymphknoten und Lymphbahnen – über Nervenfasern direkt mit dem Gehirn verbunden. Viele Zellen des Immunsystems liegen dicht neben Nervenzellen.

Die Kommunikation zwischen diesen drei Systemen geschieht mittels Signalstoffen. Meist handelt es sich dabei um Hormone oder hormonähnliche Substanzen, die in den hormonproduzierenden Drüsen des Gehirns und denen des Körpers gebildet werden. Eine zweite Gruppe Überträgerstoffe sind die Neuro-Transmitter und Neuropeptide.

Setzen die Nervenzellen einen Signalstoff frei, reagiert das Hormonsystem; die dort gebildeten Hormone bewirken wiederum Reaktionen im Immunsystem. Wenn die Signale des Nervensystems im Körper zum Beispiel „Streß" vermelden, schüttet die Nebenniere größere Mengen Kortisol aus. Das hat eine Wirkung, die bei Streß sehr erwünscht ist: Es befähigt den Körper, große Belastungen über längere Zeit zu bestehen. Im Immunsystem wirkt sich ein hoher Kortisolspiegel jedoch negativ aus: Er hemmt die Bildung von Antikörpern und Killerzellen. Das Ergebnis: Das Immunsystem ist in seiner Abwehrbereitschaft geschwächt, Infektionskrankheiten können leichter Fuß fassen. So erklärt sich, warum Menschen, die unter hohem Druck leben, leichter krank werden als solche mit einem geruhsamen Lebensstil. Zudem gibt es Hinweise darauf, daß sich aufgrund einer kontinuierlichen oder über lange Zeit wiederholenden Überlastung des Körpers auch Autoimmunkrankheiten wie Arthritis, Diabetes oder Schilddrüsenüberfunktion oder auch Krebserkrankungen eher entwickeln.

In der Gegenrichtung, also die Abwehrkräfte aufbauend, wirkt alles, was gut tut, stärkt und den Menschen wieder spüren läßt, welche inneren Kräfte er hat. Wer sich einer Krankheit offensiv entgegenstellt, handelnd eingreift, wird eher gesund als derjenige, der still leidet. Kaum etwas lähmt Geist und Körper mehr als das Gefühl, ohnmächtig ausgeliefert zu sein. Auch die positiven Einflüsse von

Befinden und Verhalten, zum Beispiel von Freude und Optimismus, lassen sich als biochemische Reaktionen, als Konzentration von Nervensignalstoffen und so weiter bestimmen.

Viele überlieferte Medizinsysteme erklären die Zusammenhänge zwischen Gesundheit und Krankheit und die Heilwirkung von Maßnahmen auf eine Weise, die wir heute so nicht mehr nachvollziehen können. Schlüssig sind sie nur auf der Basis des damals noch sehr bescheidenen Wissens über Aufbau und Funktion des Körpers. Allerdings zieht sich durch viele dieser Medizinsysteme der Gedanke, daß gesund zu leben bedeutet, verschiedene gegenläufige Komponenten miteinander auszugleichen. Im Zen-Buddhismus sind das Yin und Yang; im Ayurveda Vata, Pitta und Kapha; bei den Anthroposophen Körper, Geist, Seele und Ich. Möglicherweise ist das, was die moderne Forschung über die Zusammenhänge von Nerven-, Hormon- und Immunsystem aufdeckt, die naturwissenschaftliche Entsprechung dessen, was die alten Medizinrichtungen auf ihre Weise und ihrem Wissensstand entsprechend beschrieben haben.

_Die Mittel

Zu Großmutters Zeiten hieß Immunmodulation „Abhärtung", und man kam mit dem aus, was allerorten zur Verfügung stand (siehe Reiztherapie, Seite 38 und Kuren, Seite 150). Heute tendiert man zur bequemeren Version, schluckt „Umstimmungsmittel" oder „Immunstimulantien" als Medikament oder läßt sich Entsprechendes spritzen.

Immunmodulation ist eine Behandlung mit Reizen, die Körper und Seele gleichermaßen ansprechen. Ausgewogene Ernährung, sportliche Tätigkeit, Entspannung, Wassertreten oder häufige Saunabesuche, Freude und Zufriedenheit sind nur einige Beispiele dafür, wie man die Abwehr stimulieren kann.

Im Gegensatz dazu zehren seelische Belastungen, unerwünschter Streß und extreme körperliche Beanspruchungen an der Kraft des Immunsystems.

Viele pflanzliche und tierische, organische und anorganische Produkte wirken auf das Immunsystem. In Zellkulturen oder im Tierexperiment ist das meßbar. Allerdings ist für alle Verfahren noch ziemlich unklar, wo die Grenze liegt zwischen nützlichem Reiz und schädlicher Überreizung. Sie ist individuell verschieden, nicht zu jeder Zeit gleich, und für die verschiedenen Reize gelten immer wieder unterschiedliche Bedingungen. In jedem Fall reagiert das Immunsystem weitaus differenzierter, als man es üblicherweise erwartet. Zu den pflanzlichen Immunstimulantien siehe Seite 127.

_Behandlung und Selbstbehandlung

Zwei Ziele stehen bei der Immunstimulation im Vordergrund: Entweder soll Krankheiten vorgebeugt, oder sie sollen intensiver bekämpft werden. Das geschieht, indem man entweder die Leistung des Abwehrsystems direkt anregt, oder man spricht etwas an, was seinerseits auf das Immunsystem zurückwirkt.

Die üblichen Empfehlungen lauten, ein- bis zweimal jährlich mit einer „Kur" die Abwehrbereitschaft zu stärken. Welche Art von Kur und welches Mittel eingesetzt werden soll, ist je nach Überzeugung der Ratgebenden verschieden. Das Repertoire reicht vom Kneippen bis zur Thymustherapie, vom Aderlaß bis zu Eigenblutinjektionen.

_Erklärung der Wirkung

Jeder spontane Reiz, wie etwa kaltes Wasser (siehe Kneipptherapie, Seite 56), und jede Verletzung aktivieren das Abwehrsystem. Injektionsbehandlungen ganz allgemein nutzen diesen Effekt (siehe Akupunktur, Seite 165, Neuraltherapie, Seite 254).

Entzündungen, auch künstlich gesetzte, tun das gleiche (siehe Baunscheidtieren, Seite 72).

Solche Wirkungen richten sich nicht gegen definierte Erreger. Die Reize trainieren das unspezifische Abwehrsystem, so daß Angreifer auf eine gut vorbereitete Verteidigung treffen.

Viele Substanzen und Maßnahmen verstärken daneben auch die spezifischen Abwehrreaktionen, wirken also auf beide Systeme.

Zugleich wirken solche Behandlungen auf der psychischen Ebene. Wer sich nach Zeiten passiven Leidens entschließt, „etwas für sich zu tun", nimmt das Geschehen wieder selbst in die Hand. Zudem geht er die Behandlung mit der Hoffnung an, sie möge nun endlich die Wende bringen.

Sehr viele alternative Heilmethoden und ihre Vertreter, aber natürlich auch Schulmediziner, die sich dem kranken Menschen zuwenden, aktivieren den „Faktor Hoffnung" oder den Faktor „eingreifendes Handeln". Sehr wahrscheinlich beruht ein Teil der spontanen Erleichterungen, auf die verschiedene Heilverfahren immer wieder verweisen können, darauf, daß sie diese Faktoren aktivieren.

Risiken und Kritik

Viele Einzelfaktoren des Immunsystems sind meßbar geworden. Man kann Lymphozyten zählen, den Antikörpergehalt des Blutes bestimmen, die Konzentration an Interleukinen messen und so weiter. Was das jedoch im Gesamtsystem bedeutet, ist nicht vollständig geklärt.

◆ Immunstimulation ist eine Reiztherapie. Um wirksam sein zu können, muß das System noch funktionsfähig sein und ausreichend auf den Reiz reagieren können.

◆ Für die Wirkung sind wesentlich: Dosis, Art, Dauer und Zeitpunkt der Anwendung. Das Immunsystem reagiert unterschiedlich je nachdem, ob man es vor, gleichzeitig oder nach dem Kontakt mit dem, wogegen man es stärken will, anregt.

◆ Die individuelle Dosis herauszufinden, ist schwierig. Das Sportprogramm, das dem einen guttut, beeinträchtigt einen anderen.

◆ Beobachtet, aber unerklärlich sind paradoxe Effekte: Ein Medikament, das die Immunabwehr unterdrückt, steigert gleichzeitig die Produktion gewisser Antikörper.

◆ Wirksame immunstimulierende Maßnahmen haben Nebenwirkungen. Jede Methode hat ihr eigenes, spezielles Risiko (siehe pflanzliche Immunstimulantien, Seite 127).

◆ Bei Mitteln oder Methoden, die als völlig risikolos gelten, ist der Verdacht berechtigt, daß sie auch nicht wirken.

◆ Die komplexen Regelkreise der Abwehr sind derzeit noch viel zu wenig überschaubar. In sie einzugreifen, ähnelt eher blindem Probieren als einer gezielten Therapie. Wer seine Abwehrkräfte stärken möchte, sollte darum Methoden wählen, deren vorhersehbares Risiko möglichst gering ist.

◆ Risikoreiche Verfahren sollten nur von einem Arzt, nicht vom Heilpraktiker ausgeführt werden.

Empfehlung

Von den Immuntherapien können nur jene empfohlen werden, die mit einem geringen Risiko verbunden sind.

Von risikoreicheren Verfahren, bei denen etwas in den Körper hineingebracht wird – sei es geschluckt, sei es gespritzt –, wird abgeraten.

Risikoarme immunmodulierende Verfahren
Alle physikalischen Verfahren, zum Beispiel Kälte (siehe Seite 50), Wärme (siehe Seite 50), Wechselduschen (siehe Seite 62), Sauna (siehe Seite 52), Klimatherapie (siehe Seite 153), Bewegung (siehe Seite 86), vollwertige Kost (siehe Seite 94), Entspannung (siehe Seite 131), Massage (siehe Seite 77).

Risikoreichere immunmodulierende Verfahren
Fasten (siehe Seite 103), Baunscheidtieren (siehe Seite 72), Pflanzenpräparate zum Schlucken oder injiziert (siehe Seite 127), injizierbare Mittel wie Bakterienpräparate (siehe Seite 257).

Ordnungstherapie

Geschichte

Schamanen, Medizinmänner und Ärzte der Frühzeit heilten nicht nur mit Medikamenten und operativen Eingriffen, sondern auch mit Ritualen, Musik und Tanz, Trance, Hypnose und Heilschlaf. Therapeutisches Tun war immer eingebunden in die soziale Gemeinschaft, war Teil ihrer religiösen Vorstellungen und ihrer Kultur. Es nahm Einfluß auf das Verhalten und die Einstellung der Kranken. In der Antike galt als guter Arzt, wer sich um die seelischen und geistigen Bedürfnisse der ihm Anvertrauten ebenso kümmerte wie um die körperlichen. Diese umfassende Sicht der Medizin ist in den letzten 150 Jahren abhanden gekommen. Die Erinnerung daran hat sich in dem idealisierten Bild vom „Hausarzt" erhalten, der einen Einblick hinter die Kulissen der Familie hat, alle Nöte seiner Patienten kennt und sein Handeln darauf abstimmt.

Vor einem halben Jahrhundert hat der Schweizer Arzt *Maximilian Oskar Bircher-Benner,* der das Müsli (siehe Seite 97) kreierte, auch den Begriff der Ordnungstherapie geprägt. Dieser bezieht sich auf die antike Idee der „Diaita", aus der sich das Wort „Diät" entwickelt hat, und auf Gedanken von *Sebastian Kneipp* (siehe Seite 56). Ordnung in diesem Sinne heißt: eine gesunde Lebensführung in allen Bereichen. Dazu gehört der maßvolle und kluge Gebrauch von Speise und Trank (siehe Ernährung, Seite 93). Die Haut soll Sonnenlicht aufnehmen und von wechselnden Temperaturen „umfächelt" sein, die Lunge mit frischer Luft gefüllt werden. Es ist die Aufgabe des Menschen, auf die eigene „innere Uhr" Rücksicht zu nehmen und Phasen von Arbeit und Freizeit, Anstrengung und Ruhe, Schlafen und Wachen im naturgemäßen Rhythmus zu halten. Der Mangel an körperlichen Reizen und Bewegungsarmut soll durch körperliche Belastung ausgeglichen werden (siehe Bewegungstherapie, Seite 86).

Bircher Benner war davon überzeugt, wer die Ordnungsgesetze „liebend und freudig befolgt", wird auch eine gesunde Seele haben und die Gemütsbewegungen beherrschen.

Die Ordnungstherapie bildet das Kernstück der Naturheilweisen. Ihre Grundsätze finden sich in der Kurmedizin (siehe Seite 150) wieder. Diese fordert die Selbstverantwortung des Kranken heraus und betont die Rolle des Arztes als Mittler.

Die Situation heute

Das Aufkommen der Psychosomatik in der Medizin ist Ausdruck für das wiedererwachende Bewußtsein, daß Körper und Seele zusammenwirken, daß körperliche Störungen und Beschwerden Ausdruck seelischer, sozialer und zwischenmenschlicher Probleme sein können und in welchem Maß Krankheiten und körperliche Leiden auf die Seele zurückwirken. Für Ärzte gibt es in Deutschland seit kurzem die Möglichkeit, sich in „psychosomatischer Grundversorgung" weiterzubilden. Hier lernen sie, im Gespräch mit den Patienten mögliche Zusammenhänge von Beschwerden mit den Lebensumständen zu erkennen und sie darin zu unterstützen, eingefahrene, krankmachende Einstellungen und Verhaltensmuster zu verändern. In der Ausbildung zur klinischen Psychologie und in der Verhaltensmedizin können Psychologen und Psychotherapeuten spezifische Techniken erlernen, um Kranke in diesem Sinne zu beeinflussen. Ihre Methoden eignen sich auch, um Patienten das Leben mit einer Krankheit zu erleichtern und das Verständnis ihrer Angehörigen zu heben.

Bei der Zusatzausbildung in Naturheilkunde (siehe Seite 25) stehen die Ziele Ausgleich der Körperfunktionen und Gleichklang im persönlichen Verhalten im Vordergrund.

Idee und Erklärung der Wirkung

Vegetatives System und Psyche bedingen einander im Wechselspiel. Wissenschaftliche Belege verdichten sich, daß der seelische Zustand sogar die Funktion von Nerven, Hormonen und Abwehrkräften beeinflußt (siehe Immunmodulation, Seite 41). Es ist bekannt, daß eine positive Haltung Leiden und Schmerzen schwinden läßt, daß die Beschwerden aber in einer dauerhaft depressiven Stimmung und unter Druck unerträglich empfunden werden.

Ist man im Kreislauf von Hektik und Schlaflosigkeit, Reizüberflutung, Ablenkungs-, Aufputsch- und Beruhigungsmitteln gefangen, scheint ein Ausstieg unmöglich.

Im entspannten – oder im tranceähnlichen – Zustand ist es möglich, die Störfaktoren zu erkennen, sich zu besinnen und Impulse für eine Umorientierung anzunehmen. Der Behandler sorgt dafür, daß der Patient diesen Weg wählen kann.

Die Mittel

Das grundlegende Mittel ist das vertrauensvolle Gespräch des Behandlers mit dem Patienten.

In 99 von 100 Fällen bringen ärztliche Belehrungen jedoch keinen ausreichenden Anstoß zur Verhaltensänderung, wenn nicht tiefere Persönlichkeitsschichten angesprochen werden. Patienten können erlernen, sie auch selbst zu erschließen. Verschiedene Wege können zu diesem Ziel führen: Entspannungstechniken (siehe Seite 131) und Atemtherapie (siehe Seite 139), in beschränktem Ausmaß Hypnose (siehe Seite 142), unter besonderen Umständen Meditation (siehe Seite 135), Kunst und künstlerischer Ausdruck (siehe anthroposophische Medizin, Seite 186, Musiktherapie, Seite 145 sowie Tanztherapie, Seite 148).

Durchführung

Viele Kranke kennen die Zusammenhänge zwischen Krankheit, Lebensstil und seelischer Verfassung nicht oder neigen dazu, sie zu verdrängen. Es ist Aufgabe des Behandlers, ihre Aufmerksamkeit für diese Wechselwirkung zu schärfen und sie zu ermuntern, auf den eigenen Körper und die eigenen Gefühle zu hören.

Durch gezielte Fragen hilft der Behandler dem Patienten, Raubbau und Überforderung zu erkennen. In motivierenden Gesprächen zeigt er ihm Möglichkeiten auf, wie er gegensteuern kann.

Es gelingt nicht von heute auf morgen, Risikofaktoren wie Streß oder Übergewicht abzubauen, und sich von Gewohnheiten wie Bewegungsarmut, Reizüberflutung oder Genußgiften zu trennen.

Zuerst versucht der Behandler, die Grundfunktionen des Organismus wie Atmung, Wärmehaushalt, Verdauung, Schlaf und Abwehr wieder zu normalisieren und zu kräftigen.

Meist gelingt es parallel dazu, den Alltag dem eigenen, inneren Rhythmus anzupassen. Der Erfolg wird häufig zum Anstoß für eine bewußtere Ernährung, und man überwindet die Bequemlichkeit. Erkennt man dann, wie die vollwertige Zusammenstellung der Kost (siehe Vollwerternährung, Seite 94) den Geschmack verbessert, wie der regelmäßige Spaziergang oder die sportliche Betätigung (Bewegungstherapie, siehe Seite 86) das Lebensgefühl steigert und eventuell beim Abnehmen hilft, bleibt man auch auf Dauer motiviert.

Erlebt man bewußt, welchen Einfluß die innere Einstellung und die Stimmung auf die Beschwerden haben, ist es leichter, diese im positiven Sinne zu ändern. Häufiger als üblicherweise angenommen, ist es auch möglich, belastende Lebensumstände zu ändern oder zu lernen, sie leichter zu ertragen.

Voraussetzung für das Gelingen ist die Motivation, das Leben umzustellen. Bei all diesen Bemühungen gibt es jedoch immer wieder Rückfälle – der Behandler wird dabei helfen, sie zu überwinden. Er muß Schritt für Schritt ermutigen, kontrollieren und zur Eigenaktivität, eventuell zum Erlernen einer Entspannungstechnik anregen. Ziel der Ordnungstherapie ist die ausgewogene Lebensführung.

Anwendungsbereiche

Ordnungstherapie ist bei Erschöpfungszuständen, bei allen vegetativen und funktionellen Störungen, psychosomatischen und chronischen Erkrankungen sinnvoll. Sie legt den Grundstein für ein Leben, das für das körperliche und seelische Befinden gesund und wohltuend ist. Sie kann Erkrankungen vorbeugen, Beschwerden lindern und nach überstandenen Krankheiten stärken.

Grenzen der Anwendung

Ordnungstherapie kann bestehende Krankheiten nicht heilen.

Kritik

◆ Nach dem Motto: Der Lebensstil bestimmt die Gesundheit und die Lebenserwartung, haben Naturheiler aller Epochen das ausgeglichene, „gesunde Leben" propagiert. Diese Lehren lassen jedoch außer acht, daß genetische, soziale, politische und ökologische Umstände die Gesundheit mitbestimmen – Schichtarbeit, Gifte, Lärm und Hetze in Arbeitswelt und Umwelt, Schicksalsschläge, Beziehungsprobleme. All das macht ebenfalls krank. Nicht alle diese Belastungen kann man selbst beeinflussen.

◆ Gelingt es nicht, in „Selbstverantwortung" krankmachende Gewohnheiten zu ändern, kann dies als „Schuld" empfunden werden und seinerseits krank machen.

◆ Der Lebensstil ist auch gesellschaftlich geprägt. Aus sozialen Gründen ist es nicht immer möglich, „gegen den Strom zu schwimmen".

Empfehlung

Ordnungstherapie ist empfehlenswert, wenn die Lebensweise Beschwerden mitverursacht oder wenn Erkrankungen den Lebensrhythmus empfindlich beeinflussen. Sie ist sinnvoll zur Vorbeugung und zur Nachsorge von Krankheitszuständen.

Klassische Therapieverfahren

Wärme- und Kältetherapien

Geschichte

Wer sich nicht wohl fühlt, zieht sich ins Bett zurück und überläßt sich der Wärme. Ruhe und Wärme waren immer Hausmittel gegen Kranksein. Wie man schmerzende Wunden im klaren Wasser kühlt, kann man sich bei den Tieren abschauen. Heilkundige und die Ärzte der Frühzeit haben Wärme und Hitze zum Kurieren eingesetzt. Wechselanwendungen von Wärme und Kälte nutzten unsere Vorfahren schon früh als Mittel zur Reinigung und Abhärtung (siehe Sauna, Seite 52).

Idee und Erklärung der Wirkung

Wärme

Was die Erfahrung lehrt, kann die Wissenschaft heute erklären.

Wärme weitet die Blutgefäße, fördert die Durchblutung und entspannt die Muskeln. Das befreit schmerzleitende Nervenbahnen von Druckreizen. Die in der Haut liegenden, wärmeempfindlichen Nervenenden leiten die Wärmereize über die Schaltstellen im Rükkenmark und im Gehirn an das Schmerzzentrum weiter. Dort werden chemische Prozesse ausgelöst, die das Schmerzempfinden zusätzlich dämpfen. Wärme regt den Zellstoffwechsel an. Und sie wärmt immer auch die Seele.

Überwärmungstherapie

Sie will dem Körper jene Wärmemenge zuführen, die er braucht, aber selbst nicht produzieren kann. Sie hebt die Körperkerntemperatur leicht an. Mit Schwitzen versucht der Körper, Überwärmung auszugleichen. Das bringt zusätzlich einen reinigenden Effekt für das Körpergewebe.

Fiebertherapie

Fieber ist der Versuch des Körpers, eingedrungene Krankheitserreger durch Überwärmung abzutöten. Deshalb ist es nicht sinnvoll, Fieber immer sofort zu senken. Nur wenn das Fieber so hoch ansteigt, daß es zu einem „inneren Hitzschlag" kommt (über 40,5°C), oder so lange andauert, daß es den Körper sehr schwächt, sollte man etwas unternehmen. Der Körper benötigt offenbar den kräftigen „Impuls" des Fiebers: Menschen, die selten fiebern, leiden häufig an immer wiederkehrenden Infekten, die nicht ausheilen.

Fiebertherapie beruht auf der Idee, mit Medikamenten künstlich hohes Fieber zu erzeugen, wenn der Körper eines Kranken nicht imstande ist, heilsam hoch zu fiebern. Fiebertherapie setzt den Mechanismus des Körpers, der die Wärme reguliert, außer Kraft.

Kälte

Blutgefäße ziehen sich bei Kälte zusammen, die Muskeln spannen sich kurz an, um sich dann wieder zu entspannen. Zugleich verschwinden Schmerzen, denn die für den Kältereiz zuständigen Nerven senden ihre Botschaften rascher zum Gehirn als die schmerzleitenden Nervenbahnen. Ist ein Hautgebiet stark unterkühlt, spürt man weder Kälte noch Schmerz.

Kälte regt den Herzschlag an: Das rascher arbeitende Herz soll dafür sorgen, daß die Körperkerntemperatur nicht sinkt. Kälte hemmt vorübergehend die Tätigkeit der Drüsen, regt den Darm an und dämpft entzündungsbedingte Schmerzen. Sie wirkt blutstillend und läßt Ödeme zurückgehen. Der Kältereiz auf Reflexzonen der Haut (siehe Seite 80) wirkt über die Reflexbahnen auch auf entfernte Körperbereiche. Auch dort wird die Muskelspannung erhöht, die Durchblutung gesenkt. Kälte regt das vegetative Nervensystem an.

Durchführung

Wärme

Wärme braucht einen „Vermittler", um ausreichend lange an der Haut einwirken zu können. Ideal dafür sind Tücher, Wasser und Peloide, also Moore und Erden. Sie halten die Wärme besonders lange. Aber auch durchblutungsfördernde Salben, Wärmestrahler, eine Wärmflasche und auch Bettwärme können Schmerzen lindern und den Heilungsprozeß fördern.

Vom Alter und von der Hautdicke hängt es ab, wie stark Wärme wirkt. Aber auch die Tageszeit spielt bei der Wärmeanwendung eine Rolle.

Folgende Verfahren nutzen die Wirkung von Wärme: warme Wickel (siehe Seite 65), Wasseranwendungen (siehe Seite 59), Bäder (siehe Seite 62), Sauna und Dampfbad (siehe Seite 52), Massagen (siehe Seite 77) und Lichttherapie (siehe Seite 74).

Überwärmungstherapie

Mit einem wärmenden Ganzkörperwickel (siehe Seite 65) oder einem Überwärmungsbad (siehe Seite 62) werden die äußeren Schichten erwärmt und die Körperkerntemperatur um ein Grad angehoben. Es wird also leichtes Fieber „simuliert". Auch Sauna und Dampfbad (siehe Seite 52) erhöhen in der Zeit des Aufwärmens die Körperkerntemperatur. In der Abkühlungsphase wird sie wieder gesenkt. Diese Wechselwirkung trainiert alle Funktionskreise des Körpers.

Fiebertherapie

Der Behandler injiziert ein immunstimulierendes Mittel (zum Beispiel Mistelpräparate, siehe Seite 129, oder auch ein Mittel aus Bakterienbestandteilen), das den Körper fiebern läßt. Dabei steigt die Temperatur im Körperinneren um einige Grade an.

Kälte

Kältebehandlungen kann man mit brunnenkaltem Wasser (etwa 12 bis 15°C) als kalten Guß, Wechselbad und Wechseldusche oder beim Wassertreten und Schneetreten nutzen (siehe Seite 63). Man kann Kältepackungen mit Eis herstellen oder Gelpackungen verwenden, die auf minus 18 Grad Celsius gekühlt und dann aufgelegt werden (Packungen, siehe Seite 66).

Anwendungsbereiche

Wärme

Wärme hilft bei vielen Alltagsbeschwerden, Erkältungen, Grippe, Unterleibschmerzen, Ischias, Muskelverspannungen, Nervenentzündungen, nicht entzündlichem Rheuma und anderen Krankheiten.

Überwärmungstherapie

Sie soll dem Körper bei der Abwehr von Erkältungskrankheiten und Grippe helfen.

Fiebertherapie

Sie soll chronische Infektionen, Allergien und Darmerkrankungen und sogar Krebs bekämpfen.

Grenzen der Anwendung

Leicht geröteter Kopf und starkes Schwitzen sollten kein Grund sein, Wärmebehandlungen abzubrechen. Wenn allerdings die Körpertemperatur plötzlich ansteigt, wenn man nicht schwitzt, sich aber Kopfschmerzen und Brechreiz einstellen, besteht das Risiko, ohnmächtig zu werden. Dann sollte man sich mit kalten Güssen abkühlen, und danach, ohne sich abzutrocknen, gut zugedeckt ruhen.

Im Bereich von erkrankten Venen darf keine Behandlung mit Wärme durchgeführt werden, sie würde das Gefäßleiden verschlimmern. Auch bei Sehnenscheidenentzündungen und anderen akuten und chronischen Entzündungen sind Wärmeanwendungen nicht angebracht.

Kälte

Kälte hilft gegen Schwellungen, kann Blutungen stillen und lindert Schmerzzustände. Sie kann bei akuten Entzündungen hilfreich sein. Kurzdauernde Kältereize bewirken eine länger anhaltende reaktive Wärme. Der Wechsel von Kälte und Wärme dient dem Kreislauftraining. Vor jeder Kälteanwendung sollten Blase und Darm entleert sein. Nach der Kältebehandlung muß der Körper wieder gut durchwärmt werden.

Grenzen der Anwendung

Kälte darf nur angewendet werden, wenn der Körper gut durchwärmt und der Raum nicht unter 20 Grad Celsius temperiert ist. Wenn sich die Haut während der Behandlung nicht rötet oder weiß wird sowie bei

Frösteln, muß man sich sofort aufwärmen. Das kann im Bett geschehen – eventuell mit einer Wärmflasche – oder durch Bewegung.

Bei akuten Infektionskrankheiten besonders der Harnwege, bei schweren Herz-Kreislauf-Erkrankungen und wenn das Kälteschmerzgefühl gestört ist, dürfen keine Kälteanwendungen gemacht werden.

Grundsätzlich gilt, daß chronische Erkrankungen mit Wärme oder mit kurzdauernder Kälte, akute und sehr schmerzhafte Krankheitszustände mit Kälte behandelt werden sollten.

Risiken

Wärme

Manche Menschen vertragen aufgrund ihrer Konstitution keine Wärmebehandlung.

Überwärmungstherapie

Starke Wärme belastet das Herz – der Arzt sollte vor der Anwendung abklären, ob sie angebracht ist.

Fiebertherapie

Ist die Überhitzung einmal eingeleitet, kann sich der Körper nicht mehr selbst wehren, und das Fieber klettert ungebremst hoch. Temperaturen über 42 Grad Celsius belasten Herz und Kreislauf extrem und schaden den Geweben. Entstehen – etwa bei Hitzschlag oder Sonnenstich – Temperaturen zwischen 41 und 43 Grad Celsius im Gehirn, werden Nervenzellen zerstört. Delirium und Krämpfe treten auf, das Bewußtsein schwindet.

Kälte

Bleiben industriell gefertigte Kältepackungen zu lange auf der Haut, kann sie erfrieren. Haut und darunterliegende Gelenke sollten immer durch ein Tuch vor direkter Kälteeinwirkung geschützt werden.

Kritik

Wärme-, Kälte- und wechselwarme Anwendungen sind bei richtiger Handhabung bei den oben genannten Beschwerden sinnvolle und nebenwirkungsarme Therapien. Sie gehören zu den klassischen Reiztherapien, die den Körper abhärten (siehe Kneipptherapie, Seite 56).

Fiebertherapie

Die Wirksamkeit bei den angegebenen Erkrankungen ist wissenschaftlich nicht erwiesen. Die Nebenwirkungen – Übelkeit, Kreislaufprobleme, Thrombosen, Lungenembolien, allergische Reaktionen – sind unangenehm und gefährlich, das Risiko ist hoch. Selbst unter ärztlicher Überwachung ist es bei Fiebertherapien bereits zu Todesfällen gekommen.

Empfehlung

Wärme- und Kältetherapien sind empfehlenswert zur Vorbeugung und als Regulationstherapie, sie sind geeignet als Selbsthilfemittel gegen Alltagsbeschwerden und Schmerzen (siehe Kneipptherapie, Seite 56). Fiebertherapie ist abzulehnen.

Sauna und Dampfbad

Geschichte

Sauna

Das Wort „baden" bedeutet ursprünglich „wärmen". Schwitzbäder sind schon aus der Urgeschichte bekannt. Die Skythen Kleinasiens reinigten sich nach dem Begräbnis eines Toten, indem sie den Innenraum dichter Zelte mit heißen Steinen aufheizten. Diese Art der Körperreinigung war bei asiatischen Völkern verbreitet und ging von dort aus um die Welt: Die Völker, die über die Behringstraße in den amerikanischen Kontinent einwanderten, nahmen sie dorthin mit.

In Kleinasien haben die Griechen das trockenheiße Schwitzbad kennengelernt und entsprechende Räume in ihren Häusern eingebaut. Von den Spartanern übernahmen die Römer das Bad und entwickelten eine vielfältige Bäder- und Thermenkultur. Wassermangel ließ die Bäder untergehen, als die Aquädukte durch Kriege zerstört wurden.

Seit der Jahrtausendwende wurden in Mitteleuropa in Ritterburgen und Klöstern, später auch auf Bauernhöfen Badstuben eingerichtet und zu Heilzwecken genutzt.

Aus ihrer asiatischen Urheimat haben die Finnen die Kunst des hocherhitzten, trockenen Baderaums vor etwa 2 000 Jahren nach Europa mitgebracht und die Tradition ungebrochen bis heute fortgesetzt. In anderen europäischen Ländern war das Heißbad in den letzten zweihundert Jahren praktisch vergessen. Erst um 1920 wurde die Sauna durch finnische Sportler in Europa wieder bekannt und hat sich seit dem Zweiten Weltkrieg stark verbreitet.

Dampfbad

In Rußland sind seit Hunderten von Jahren bis heute die „Banjas" üblich: Auf erhitzten Steinen läßt man viel Wasser verdampfen, so daß sich der Raum, der nicht heißer als 45 Grad Celsius gehalten wird, mit Nebel füllt. Unser Dampfbad entspricht diesen russischen Banjas und nicht dem türkischen Bad, in dem zwar feuchtwarme Luft, aber keine Nebelschwaden erzeugt werden.

Was Sie vermeiden sollten

◆ Kein Saunabesuch in Hetze, unmittelbar nach anstrengendem Sport, nach ausgiebiger Mahlzeit. Aber auch nicht mit hungrigem Magen (Kollapsgefahr).
◆ Nach der Saunakammer nicht warm duschen, nicht im Pool oder erwärmten Becken nachschwitzen, nicht ohne Abkühlung in die Dampfkammer.
◆ In der Abkühlphase kein Aufenthalt in warmer Halle, aber auch kein kaltes Fußbad, kein Wassertreten.
◆ Nur zugedeckt ruhen.
◆ UV-Lichtbäder sind nicht sinnvoll, nach dem Schwitzen ist die Haut besonders empfindlich gegen ultraviolette Strahlen.
◆ Keine Seife am Schluß des Bades anwenden, damit der Säureschutzmantel der Haut erhalten bleibt.

Die Situation heute

Jeder zehnte Erwachsene in Deutschland nutzt derzeit die angenehme und gesundheitsfördernde Wirkung der Sauna in öffentlichen oder privaten Anlagen. Weniger verbreitet ist das Dampfbad.

Die Mittel

Saunaanlagen bestehen aus einer Kammer zum Aufwärmen und Räumen zur Wasseranwendung – mit Gußschlauch, Dusche, Kaltwasser-Tauchbecken und warmem Fußbad – und einem Ruheraum. Wichtig ist der Zugang ins Freie zum Luftbaden.

In der Saunakammer sollte an der Decke eine Temperatur von 100 Grad Celsius herrschen. In Bodennähe liegt sie bei etwa 40 Grad Celsius.

Im Dampfbad darf die Temperatur nicht mehr als 45 Grad Celsius erreichen.

Durchführung

Sauna oder Dampfbad?

Sauna und Dampfbad wirken sehr ähnlich. Man kann je nach Vorliebe wählen. Der Vorteil der Sauna liegt darin, daß der gewünschte Effekt – Entspannung, Überwärmung und Ausschwemmung – rascher eintritt. Manche ziehen jedoch die feuchte Luft der Dampfkammer wegen der angenehmen Wirkung auf Schleimhäute, Atemwege und Haut vor.

Erklärung der Wirkung

Sauna und Dampfbad überwärmen den Körper: In der Sauna schlägt sich der heiße Dampf mit entsprechender Kondenswärme auf der Haut nieder, im Dampfbad verhindert die hohe Luftfeuchtigkeit, daß der Schweiß verdunsten kann.

Der Wechsel zwischen Hitze und anschließender Kühlung zwingt den Körper zu vielseitigen Reizantworten (siehe Seite 38) und reinigt Haut und Körpergewebe: Durch das Schwitzen wird das Blut eingedickt. Um dies auszugleichen, werden Wasser und mit ihm Stoffwechselabbauprodukte, Schwermetalle und

Krankheitsstoffe aus dem Körpergewebe in das Blut überführt. Sie verlassen den Körper durch Schweißdrüsen und über die Nieren. Trinkt man während des Saunabads, so wird dieser Reinigungsprozeß unterbrochen, weil das Blut die Flüssigkeit aus dem Darm beziehen kann. Sauna und Dampfbad trainieren Herz und Kreislauf, fördern das „Gefäßspiel", regulieren den Wärmehaushalt, normalisieren den Blutdruck, verbessern die Atmung, regen die Schleimsekretion in der Nase an, fördern den Stoffwechsel, aktivieren die Hormonproduktion und das Immunsystem, regulieren das vegetative System und dienen der Rehabilitation.

Bewährte Regeln für Sauna und Dampfbad

- Vor dem Benutzen eines gemeinschaftlichen Schwitzbades duschen und den Körper wieder abtrocknen, das Gesicht anfeuchten. Ein warmes Fußbad oder Hautbürsten vor dem Saunieren fördert das Schwitzen.
- Im Feuchtraum der Dampfkammer nie länger bleiben, als es angenehm ist. Das sind meist 10 bis 15 Minuten. Anschließend ausreichend wie bei Sauna abkühlen.
- Zum Aufwärmen in der Heißluftkammer der Sauna auf der zweiten oder dritten Stufe liegen oder entspannt sitzen – Füße in Sitzhöhe. Nur so lange bleiben, wie es angenehm ist. Das sind 8 bis 12 Minuten, höchstens 15 Minuten.
- Ein Aufguß erhitzt die Haut noch stärker, ist aber entbehrlich, denn auch ein Saunabad ohne Aufguß ist voll wirksam.
- Der Aufguß ist richtig, wenn man nur geringe Mengen Wasser auf die heißen Ofensteine gießt und die Dampfstöße mit einem Handtuch oder – wie in Finnland üblich – Birkenlaubzweigen rasch verteilt. Dem Aufguß können ätherische Öle zugesetzt werden. Bewährt haben sich Fichtennadel und Latschenkiefer (siehe Badezusätze, Seite 63). Mit Alkohol aufzugießen, gilt als ungesund.
- In der Saunakammer keine Muskelarbeit verrichten oder Gymnastik machen, auch nicht viel reden, denn die Luft enthält nur so viel Sauerstoff wie in 2 500 Meter Höhe.
- In der Kammer die Haut nicht bürsten und den Schweiß nicht abschaben.
- Vor dem Aufstehen und Verlassen der Sauna sich langsam aufsetzen, anpassen, nicht rasch aufstehen (Ohnmachtgefahr).
- Nach Verlassen der Saunakabine auf kurzem Weg in das Frischluftbad. Kräftig ausatmen, ruhig einatmen, auf- und abgehen oder sitzen, nicht stehen. Bevor man zu frösteln beginnt, in den Abkühlraum.
- Anschließend mit Kaltwasser abgießen – von der Peripherie zum Herzen hin.
- Wer will, kann den ganzen Körper kurz ins Kaltwasserbecken eintauchen.
- Während des anschließenden Sitzens eventuell warmes Fußbad – vier bis fünf Minuten.
- Diese Vorgänge – Abgießen beziehungsweise Eintauchen mit anschließenden Fußwarmbädern – mehrmals wiederholen. Das fördert das „Gefäßtraining".
- Nicht zurück in die Saunakammer, bevor der Körper wieder im Gleichgewicht ist. Das dauert etwa 20 Minuten.
- Insgesamt zwei bis drei Saunagänge, das genügt. Saunieren ist kein Leistungssport. Weitere Wiederholungen bringen keinen zusätzlichen Nutzen, ermüden aber sehr. Bei täglichem Saunabesuch nur einmal in die Sauna- oder Dampfkammer. Die beste Zeit für Anfänger ist vormittags, für Geübte zwischen 15 und 21 Uhr.
- Eine Massage zwischen zwei Saunagängen fördert das Schwitzen.
- Am Ende des Bades vor dem Ankleiden ausreichend abkühlen. Eventuell noch eine halbe Stunde Liegeruhe.
- Füße sorgfältig abtrocknen, so kann man Fußpilz vermeiden. Desinfektionsmittel verhindern ihn nicht.
- Bei jedem Aufguß verliert man etwa einen halben bis eineinhalb Liter Schweiß. Trotzdem erst nach Abschluß des Saunabades trinken. Geeignet sind Mineralwasser, Fruchtsäfte, eventuell ein Glas Leichtbier oder saure Milch, mit Mineralwasser aufgegossen. Kein Alkohol.

Ihre vorbeugende Wirkung gegen Infekte kann Sauna dann entfalten, wenn man sie richtig und regelmäßig wöchentlich nutzt. Das entspricht auch dem biologischen Rhythmus.

Richtiges Saunieren belastet das Herz nicht über die Maßen. Es muß wegen der Überwärmung zwar mehr arbeiten, aber die erweiterten Gefäße leisten dem Blutstrom weniger Widerstand. Das kalte Tauchbad erhöht den Blutdruck nur für einen Moment, und das ist unschädlich.

Anwendungsbereiche

Sauna entspannt und bereitet Vergnügen, bringt Erholung für Körper und Seele.

Sie regt den Kreislauf an, lindert Beschwerden bei chronischen Erkrankungen der Atemwege, steigert die Widerstandsfähigkeit gegen Atemwegsinfekte und die Konzentrationsfähigkeit. Sie ist günstig bei chronischem, nicht aktivem Rheuma, bei peripheren Durchblutungsstörungen, bei Blutdruckproblemen und kann bei Depressionen helfen.

Kinder können schon ab zwei bis drei Jahren die Sauna besuchen. Bei Schulkindern bewährt sich Sauna gegen Nervosität, Konzentrationsschwäche und Schlafstörungen. Sie ist empfehlenswert für Schwangere, sie macht die Geburtswege elastisch. Bis ins hohe Alter sind Saunabesuche möglich, nach dem 70. Lebensjahr sollte man jedoch nicht mehr damit beginnen.

Regelmäßiger Besuch in Sauna oder Dampfbad ist eine ideale Entspannung und als unspezifisches Reizmittel geeignet zur Vorbeugung und Rehabilitation.

Grenzen der Anwendung

Wer so krank ist, daß er ins Bett gehört, sollte nicht saunieren. Erkrankte mit Fieber, mit Entzündungen innerer Organe und an den Blutgefäßen, mit nicht ausgeheilter Tbc, akut Krebskranke, Patienten mit Anfallskrankheiten, mit hochgradigen Gefäßveränderungen des Gehirns und Herzens sowie Kreislaufkranke dürfen nicht in die Sauna.

Risiken

- Wer zu Nierensteinen neigt oder an Hyperurikämie leidet, sollte nach dem Saunieren viel trinken. Wer ein Glaukom hat oder an der Ménièrschen Krankheit leidet, sollte Flüssigkeit langsam und in kleinen Portionen zu sich nehmen.
- Übertreibungen bei Wärme- und Kaltreizen, zusätzliche Belastungen sowie Schwimmen oder Alkohol, mangelhafte Abkühlung können zur Überreizung führen. Abgeschlagenheit und schlechter Schlaf sind die Folge.
- Schweißtreibender Leistungssport in Verbindung mit Entwässerungsmedikamenten und überdosierter Sauna kann lebensgefährlich sein. Gewarnt wird vor Saunakabinen, die bei hoher Feuchte nur auf 45 bis 50 Grad Celsius aufgeheizt werden, in denen man aber – laut Werbung – 30 bis 120 Minuten ohne Abkühlungsphase verweilen soll. Das kann zur Überhitzung des Körpers und damit zum Kreislaufkollaps führen.

Empfehlung

Saunabaden ist bei richtiger und vernünftiger Anwendung empfehlenswert.

Kosten

Die Krankenkassen bezahlen Saunabaden nicht. Die Kosten eines Saunabesuchs in öffentlichen und privaten Bädern liegen bei etwa 20 bis 30 DM.

Adressen

Informationen über das richtige Saunieren und „Richtlinien für den Saunabau":
Deutscher Sauna-Bund e.V.
Kavalleriestraße 9
D-33602 Bielefeld
Tel.: 05 21/17 81 34, 6 92 77

Kneipptherapie

Geschichte

Er war ein armer Webersohn, der sich beim Lernen überanstrengte und ein Lungenleiden bekam. Im Garten des Priesterseminars in München nahm er heimlich die Gießkanne und verabreichte sich kalte Güsse, im Winter stieg er in die eiskalte Donau – und allmählich genas er. *Sebastian Kneipp* (1821–1897), der Theologiestudent, hatte sich nach Anleitung der „Wasserhähne" kuriert. Die zwei schlesischen Ärzte, Vater und Sohn mit gleichem Vornamen *Johann Sigmund Hahn,* hatten im 18. Jahrhundert die Behandlung mit kaltem Wasser publik gemacht.

Die Wurzeln der Hydrotherapie reichen bis in die Antike zurück, in der es eine hohe Kultur der Wasserbehandlungen gab. Im Mittelalter wieder vergessen, wurden sie im 17. Jahrhundert von England aus wieder bekannt. Zu Kneipps Lebzeiten waren Kaltwasserbehandlungen regelrecht in Mode, und der Landwirt *Vinzenz P. Prießnitz* (1790–1851) ist bereits Jahrzehnte vor Kneipp als „Wasserdoktor" berühmt geworden.

Kneipp erprobte Güsse und Bäder an sich selbst und entwickelte daraus sein Behandlungssystem. Im Laufe der Zeit verfeinerte er die ursprünglich recht derben Reize zu milderen Verfahren. In Wörishofen wurde 1880 eine eigene Badeanstalt errichtet, wo er im Beisein von Ärzten seine Sprechstunden abhielt. Der Pfarrer Kneipp hatte eine besondere Ausstrahlung und zog das Publikum in Bann. Schon 1890 gründeten Anhänger seiner Ideen vom naturgemäßen Leben die ersten Kneipp-Vereine, seine Bücher erreichten Millionenauflagen.

Kneipp machte Badezusätze aus Heilkräutern, wechselwarme Bäder, das Wassertreten und das Barfußlaufen im taunassen Gras oder im Schnee populär. Er propagierte körperliche und geistige Bewegung. Auf „fünf Säulen" ruht der Erfolg seiner Methode: Wasseranwendung, Heilpflanzen, Bewegungstherapie, einfache Ernährung und Lebensordnung (siehe Seite 45). Damit war Kneipp einer der ersten ganzheitlich orientierten Naturheiler.

Die Situation heute

Entstaubt von veralteten Gedanken, auf den Stand der Wissenschaft gebracht, sind diese Verfahren heute die Grundlage der Naturheilkunde: Zuwendung im ärztlichen Gespräch, Motivation zur gesunden Lebensführung, pflanzliche Mittel, Licht, Luft, Wasser und Bewegung als Reize zur Stärkung des Organismus.

Die Wirksamkeit Kneippscher Heilverfahren ist von der Naturwissenschaft bestätigt worden und wird von der Medizin genutzt. In Deutschland gibt es inzwischen über 50 Kneipp-Heilbäder, über 100 000 Bundesdeutsche haben sich in 550 Kneipp-Vereinen zusammengeschlossen.

Die Idee dahinter

Ursprünglich stellte man sich vor, die kranken Säfte müßten aus dem Körper entfernt werden: über Darm, Nieren und Haut. Fasten, schwitzen, Wasser, Kräuter und frische Luft sollten diese „Reinigung" des Körpers fördern (siehe ausleitende Verfahren, Seite 67).

Kneipp erkannte, daß die starken Reize, die das Wasser auf die Haut ausübt, auf den ganzen Organismus einwirken (siehe Wärme- und Kältetherapien, Seite 50), und daß wechselwarme Behandlungen den Körper trainieren.

Wasser- und Wärme/Kälteanwendungen entsprechen den Grundsätzen der physikalischen Medizin. Erst die wiederholte Anwendung bewirkt die Umstellungsprozesse im Körper. Die Heilwirkung geht nicht von einer einzelnen, sondern vom Zusammenwirken der verschiedenen Behandlungsformen aus.

Untersuchung und Behandlung

Der Behandlung sollte eine ärztliche Untersuchung vorangehen. Je nach Bedarf und Beschwerden werden die therapeutischen Mittel ausgewählt und zusammengestellt.

Wasseranwendungen

Es gibt ungefähr hundert verschiedene Wasseranwendungen: Waschungen, Güsse, Druckstrahlmassagen, Wassertreten, Wickel, Packungen, Heusack, Teilbäder oder Vollbäder, Kräuterbäder, Sauna. Die Skala reicht von schwachen, kaum belastenden Reizen, wie der Waschung eines Armes oder dem Fußbad, bis zu anstrengenden Maßnahmen, zum Beispiel dem Blitzguß-Massagebad (die wichtigsten Wasseranwendungen siehe Seite 59).

Die große Auswahl macht es möglich, daß je nach Konstitution, Kreislaufleistung und Reaktionsfähigkeit ein individuell dosiertes Programm zusammengestellt werden kann, das langsam ansteigend den Organismus aktiv trainiert.

Phytotherapie

In der Kneipptherapie werden pflanzliche Mittel äußerlich, als Zusätze zu Umschlägen, Bädern, Inhalationen und Dampfbädern, als Einreibungen in Ölen und Salben angewendet. Sie werden aber auch als Tees getrunken und in Form von Säften oder Dragées eingenommen (siehe Pflanzenheilkunde, Seite 115).

Bewegungstherapie

Kneipp ließ seine Kurgäste seinerzeit noch Holz hacken oder riet zu einer Stunde Hausarbeit als Bewegungstraining.

Heute gehören mehrstündige tägliche Spaziergänge – die „Terrainkur" (siehe Seite 153) – zum Kneippen. Wasseranwendungen lassen sich mit Bewegungstherapie kombinieren. Nach kleinen Reizen sollte sofort Bewegung folgen, nach großen vor der Bewegung eine Ruhepause von einer Stunde eingelegt werden. Je nach Leistungsfähigkeit kann man gehen, laufen, schwimmen, Gymnastik oder leichten Sport betreiben (siehe Bewegungstherapie, Seite 86). Auch Atemtherapie (siehe Seite 139) wird empfohlen.

Ernährung

Kneipp liebte die damalige bayerische Hausmannskost, wenn er auch für „mäßiges Essen" eintrat. Heutige Grundsätze gesunder Ernährung siehe Seite 93.

Ordnungstherapie

In die Grundfunktionen des Organismus sollte Ordnung kommen: Atmung, Wärmehaushalt, Verdauung, Schlaf und Schadensabwehr sollten im Gleichklang mit dem Lebensrhythmus ablaufen – anstelle von Hetze, Reizüberflutung und Genußgiften sollten Lebensfreude und -kultur treten.

Als Pfarrer kümmerte Kneipp sich auch um das seelische Wohl der ihm anvertrauten Menschen. Lange bevor der Begriff der „psychosomatischen Medizin" entstand, hatte er erfaßt, daß nur gesunden kann, wer mit sich selbst und der Umwelt im reinen ist – das therapeutische Gespräch sollte den Grundstein dazu legen. In diesem Sinn kann Kneippen als ganzheitliche Therapie bezeichnet werden.

Heute ist Ordnungstherapie ein wesentlicher Grundsatz in der Naturheilkunde, und ihr stehen wirksame Verfahren zur Verfügung (siehe Seite 45).

Als Motto aller Kneipp-Anwendungen gilt: Untätigkeit schwächt, Übung stärkt, Überlastung schadet. Der Arzt sollte klären, wann welche Anwendung angezeigt und sinnvoll ist.

Erklärung der Wirkung

Wasseranwendungen

Hydrotherapie nutzt die Reaktion des ganzen Körpers auf Wärme- und Kältereize und auf den Wasserdruck oder die sanfte Berührung der Haut. Je nach Temperatur, Ort, Fläche, Dauer und Tages- beziehungsweise Jahreszeit wirken Reize unterschiedlich.

Die Haut eines Erwachsenen spannt sich über fast zwei Quadratmeter Fläche und ist das größte Organ, das Reize und Stoffe aufnehmen, weiterleiten und ausscheiden kann.

Die Temperatur- und Berührungssensoren in der Haut und in tiefergelegenen Schichten an der Grenze zu den Muskeln nehmen die ankommenden Reize auf und leiten die Impulse über das Nervensystem an innere Organe des entsprechenden Körperabschnitts weiter. Über die Schaltzentrale Hypothalamus im Gehirn wird die Hormonproduktion angeregt und das Immunsystem stimuliert. Die Nebennieren schütten das „Streßhormon" Adrenalin aus und beleben das vegetative Nervensystem.

Eine systematische Behandlung mit wechselnden, ansteigenden Reizen über mindestens drei Wochen stärkt den Organismus. Er kann auf Streßreize aller Art besser reagieren als vorher:

- Stoffwechsel, Kreislauf, Herztätigkeit und Schmerzempfindlichkeit werden reguliert.
- Die inneren Organe funktionieren harmonischer.
- Eine übertriebene Streßhormonausschüttung wird normalisiert.
- Der Organismus kann Belastungen besser verarbeiten und Infekte besser abwehren.
- Wärmereize heben das Wohlbefinden.

Beispiele: Ein ansteigendes warmes Fußbad weitet die Gefäße und hebt die Temperatur der gesamten Körperhaut. Bei einem kalten Knieguß oder einem Armbad ziehen sich die Gefäße zusammen und dehnen sich anschließend wesentlich über die ursprüngliche Weite hinaus. Das fördert die Durchblutung des ganzen Organismus und belebt.

Bei Wasseranwendungen spielt die „Uhr" des Körpers eine wichtige Rolle: Ein kalter Guß wirkt in der morgendlichen Aufwärmphase wesentlich stärker als in der abendlichen Entwärmungsphase.

Anwendungsbereiche

Kneipptherapie härtet ab, beugt Krankheiten vor und eignet sich zur Rehabilitation nach akuten Krankheiten. Sie kann funktionelle Störungen und psychovegetative Beschwerden beseitigen und chronische Leiden oft erheblich mildern.

Wasseranwendungen können nicht selten auch bei akuten Erkrankungen helfen. Sie können Schmerzen lindern und helfen, Schmerzmittel einzusparen. Wassertherapie erhält die Beweglichkeit bei Verschleißkrankheiten, lindert Fieber und Entzündungen, beeinflußt Kreislauf- und Herzkrankheiten, bessert Durchblutungsstörungen und Verdauungsprobleme.

Grenzen der Anwendung

Voraussetzung der Therapiewirkung ist die Reaktionsfähigkeit des Organismus. Schwere akute Krankheiten schließen Kneippkuren aus.

Kuren

Bei Kneippkuren lernt man, sich aktiv um seine Gesundheit zu kümmern. Man erlebt, daß gesunde Lebensweise nicht Einschränkung bedeutet und Reizbelastung erhöhte Lebensfreude bringen kann.

Besonderheiten der Behandlung

Der Körper braucht drei bis vier Stunden, bis seine Reaktion auf einen Reiz vollständig abgelaufen ist. Frühestens dann erst darf ein neuer Reiz erfolgen, damit es nicht zu unerwünschten Wirkungen kommt – etwa zu einer Unterkühlung, wenn der Abstand zwischen zwei Kaltwasserbehandlungen zu kurz ist. Je häufiger Wärme oder Kälte auf ein Hautareal einwirken, desto schwächer reagiert es. Damit die Reize weiterhin wirken, muß der Behandler die Flächen öfter wechseln.

Wichtig ist, für jede Behandlung die richtige Tageszeit zu wählen, zum Beispiel:

Morgens:	Kaltwaschung
Vormittags:	trockenbürsten, warmes Fußbad, Heißgüsse
Nachmittags:	kaltes Armbad
Abends:	Wassertreten oder Knieguß
	kalte Wickel
	Schwimmen, Sauna

Kneippkuren sind sinnvoll bei Erschöpfung, vegetativen Störungen, in den Wechseljahren, bei Herz-, Kreislauf- und Gefäßerkrankungen, rheumatischen Krankheiten, Migräne, Hautallergien, Asthma.

Risiken

Die Risiken hängen von der Krankheit ab. Die Durchführung der Kneippkur muß der Arzt genau vorschreiben. Das gilt auch für Anwendungen, die man zu Hause vornehmen möchte.

Kritik

Kneipptherapie ist ein anerkanntes Naturheilverfahren. Doch manche von Kneipp vor hundert Jahren empfohlenen Rezepte sind heute überholt. So hat zum Beispiel die Johannisbeere keine Wirkung auf Gicht, die Anwendung von Haferstroh in Bad und Tee ist zweifelhaft. Für einige der empfohlenen pflanzlichen Mittel fehlt bis jetzt der Wirksamkeitsnachweis.

◆ Auch wenn viele Verfahren und deren gleichzeitige Verwendung als sinnvoll erscheinen, fehlt in etlichen Bereichen noch die Bestätigung durch wissenschaftliche Studien nach heutigem Standard.

◆ Heusack und Heubad können – je nach Herkunft des Heus – bei disponierten Menschen allergische Reaktionen auslösen. Das gilt nicht für das Heu-Kräuterölbad.

Empfehlung

Kneipptherapie ist – eine ärztliche Diagnose vorausgesetzt – empfehlenswert zur Vorbeugung von inneren Krankheiten und Erkältungskrankheiten, zur Linderung von chronischen Leiden und Schmerzen und zur Rehabilitation.

Kosten

Die Krankenkassen bezahlen vom Arzt verordnete Wasseranwendungen und eine verordnete Kneippkur. Eine Kneippkur zur Gesundheitspflege für Menschen, die Entspannung und Erholung suchen, bleibt eine Eigenleistung (siehe Kuren, Seite 150). Vom Arzt angeratene Kneippanwendungen lassen sich daheim leicht und preiswert durchführen.

Adressen

Kneipp Ärzte Bund e.V.
Baumgartenstraße 4
D-86825 Bad Wörishofen
Tel.: 0 82 47/70 01

Österreichischer Kneippbund
Kunigundenweg 10
A-8700 Leoben
Tel.: 0 38 42/21 68 20

Wasseranwendungen

Die Wirkung von Hydrotherapie beruht auf thermischen Reizen (siehe Wärme- und Kältetherapien, Seite 50), auf Wasserdruck und Hautberührung. Die Reize auf Haut und tiefer gelegene Schichten werden in innere Körperbereiche weitergeleitet: So werden Kreislauf, Stoffwechsel und das Immunsystem angeregt, der Organismus abgehärtet und Schmerzen gelindert. Allerdings können die einzelnen Anwendungen individuell unterschiedlich stark wirken. Bleibt die Wirkung aus, sollte ein Arzt die anhaltenden Beschwerden abklären.

Bei Menschen mit gestörtem Temperaturempfinden sollten Wasseranwendungen mit Vorsicht durchgeführt werden.

Hydrotherapie eignet sich zur Selbstanwendung, die Anleitung durch eine geschulte Person ist empfehlenswert.

Durchführung

Als Motto für den Reiz gilt: So mild wie möglich, so stark wie nötig. Je akuter die Krankheit, desto vorsichtiger muß man vorgehen. Vor den Wasseranwendungen soll die Haut erwärmt sein. Man sollte vor, während und nach den Wasseranwendungen nicht rauchen.

Nach Teilbädern und Güssen das Wasser abstreifen, nur Gesicht und Hände abtrocknen. Danach anziehen und sich trockengehen beziehungsweise -laufen.

Nach ansteigenden großen Teil-Wannenbädern, heißen Nacken- und Rückengüssen und Druckstrahlmassagen ist eine Stunde Bettruhe notwendig.

Wasseranwendungen: Temperatur und Dauer

Wassertemperatur	
Kalt (Leitungs- oder Brunnenwasser):	12 bis 18°C
Lau	30 bis 33°C
Warm	36 bis 39°C
Heiß	40 bis 42°C
Reizdauer	
Bäder	10 bis 20 Minuten
Wechselbäder und Wechselgüsse	in zweimaliger Folge 5 Minuten warm 8 bis 15 Sekunden kalt
Dämpfe	5 bis 15 Minuten
Heupackung	20 bis 45 Minuten
kalter Wickel, wärmeentziehend	bis zur Erwärmung der Wickeltücher 5 bis 10 Minuten Pause, dann wiederholen
warmer Wickel, wärmestauend	45 Minuten
warmer Wickel, schweißtreibend	zwei bis drei Stunden
Güsse	8 bis 30 Sekunden; immer herzfern beginnend, zum Herzen hin
Druckstrahlmassagen, Wasser- und Schneetreten	so lange, bis es als unangenehm empfunden wird

Waschungen

Wie man's macht

Mit grobem, feuchtem Leinentuch unter leichtem Druck Oberkörper, Unterkörper beziehungsweise den ganzen Körper abreiben. Man beginnt jeweils an den Gliedmaßen außen und streicht zum Rumpf hin, erst die Rückseite, dann die Vorderseite. Anschließend reibt man den Körper ab: Achselhöhle, Hals und Brust, dann Leib und Rumpf von oben nach unten. Dem Wasser ein wenig Essig zugegeben, erhöht den Reiz auf die Haut. Nachher nicht abtrocknen, in Schlafkleidung im Bett trockendämpfen.

Wann es hilft

Abreibungen regen morgens den Kreislauf an, mehrmals hintereinander durchgeführt, können sie Fieber senken. Zur Abhärtung gegen Infekte, bei Kreislaufstörungen, Lymphstauungen, Krampfadern.

Güsse

Güsse kann man mit der Gießkanne oder mit einem Schlauch durchführen, der einen Durchmesser von zwei Zentimetern hat. Man kann auch ein spezielles Gußstück anstelle des Brausekopfs verwenden. Es ist im Fachhandel erhältlich.

Wie man's macht

Der Druck soll so eingestellt werden, daß der Wasserstrahl aus dem senkrecht nach oben gehaltenen Schlauch fünf Zentimeter hoch sprudelt. Der Strahl wird langsam aus geringer Entfernung immer von außen zum Herzen hin geführt: von den Händen zu den Ellenbogen, von den Füßen zum Knie. Er soll wie ein Mantel breit über den begossenen Körperteil fließen.

Man beginnt meist mit wechselwarmen Güssen, später macht man nur kalte.

Nachher Wasser abstreifen, anziehen und kräftig bewegen.

► *Vorsicht:* Bei Krampfadern und Stauungen sind nur kalte Güsse erlaubt, bei arteriellen Verschlüssen Güsse nur nach Rücksprache mit dem Arzt. Nur in warmen Räumen und nicht mit vollem Magen durchführen.

Knieguß

Wie man's macht

Beginnend an der rechten kleinen Zehe Wasserstrahl über die Außenseite von Fuß und Unterschenkel bis über die Kniekehle führen, dort kurz verweilen, über die Wadeninnenseite zurück, dasselbe am linken Bein. Dann die Unterschenkelvorderseite, von der rechten Kleinzehe bis über die Kniescheibe, dort kreisend verweilen, dann zurück über die Innenseite bis zur großen Zehe, zuletzt die Fußsohle. Dasselbe am linken Bein.

Wann es hilft

Bei Spannungskopfschmerz und Migräne, niedrigem Blutdruck, Schlafstörungen, bei Krampfadern und Prellungen. Beugt Gefäßschäden vor und reguliert die Funktion von Verdauungs- und Geschlechtsorganen.

► *Vorsicht:* Nicht durchführen bei Reizblase, Harnweginfekten, Ischias und während der Menstruation.

Schenkelguß

Wie man's macht

Wie Knieguß, einschließlich der Oberschenkel.

Wann es hilft

Bei Krampfadern, Muskelrheumatismus und Hüftgelenkbeschwerden.

► *Vorsicht:* Nicht anwenden bei Reizblase, Harnweginfekten, Ischias und während der Menstruation.

Unterguß

Wie man's macht

Wie Schenkelguß, einschließlich des Unterleibs.

Wann es hilft

Bei Blähungen, Gallenblasenproblemen, Leberschwellung und Diabetes mellitus.

► *Vorsicht:* Nicht anwenden bei Reizblase, Harnweginfekten, Ischias und während der Menstruation.

Armguß

Wie man's macht

Von der rechten Hand außen führt man den Strahl zur Schulter hoch, nach kurzem Verweilen innen zurück. Anschließend dasselbe am linken Arm.

Wann es hilft

Bei Abgeschlagenheit, Abgespanntheit und Herzklopfen, bei nervösen Störungen, Kopfschmerzen, Schwindelgefühl, kalten Händen, Beschwerden am und um Ellenbogen, bei Schnupfen und Halsentzündung. Verlängerter Guß bis zum Hals bei Schulterbeschwerden.

Brustguß

Wie man's macht

Wie Armguß, beginnend vom rechten Arm, von der Achselhöhle aus in Schleifen über die Brust, dann dasselbe am linken Arm durchführen.

Wann es hilft

Bei chronischer Bronchitis, Bronchialasthma und Angina pectoris.

► *Vorsicht:* Bei Neigung zu Gefäßkrämpfen wechselwarm durchführen.

Oberguß

Wie man's macht

Wie Brustguß, zusätzlich den Rücken begießen.

Wann es hilft

Bei Bronchitis, Bronchialasthma und zur Anregung von Atem- und Herztätigkeit, bei Kehlkopferkrankungen, Krampfadern und Nervosität.

► *Vorsicht:* Nicht anwenden bei Blutstauungen im Lungenkreislauf.

Rückenguß

Wie man's macht

An den Außenseiten des rechten Fußes beginnend bis zum Gesäß, innen zurück; vom linken Fuß aufwärts bis zum Gesäß, auf die rechte Seite wechseln und den Rücken außen hoch bis zur Schulter, dann rechte Rückenseite flächig heruntergießen und den Vorgang auf der linken Seite wiederholen.

Beim heißen Rückenguß wird zickzackförmig von der Schulter abwärts gegossen.

Wann es hilft

Bei Bronchialasthma, Lungenerkrankungen, geschwächter Rückenmuskulatur, Rückenschmerzen.

► *Vorsicht:* Nicht anwenden bei Schwächezustand und Nervosität.

Gesichtsguß

Wie man's macht

Von der rechten unteren Schläfenseite abwärts bis zum Kinn und aufwärts bis zur linken Schläfe gießen. Dann über die Stirn von rechts nach links, anschließend mehrmals von der Stirn abwärts zum Kinn. Zuletzt noch ein kreisender Guß über das Gesicht.

Wann es hilft

Bei Kopfschmerzen, Migräne und Zahnschmerzen, bei Infektneigung und zur Wärmeregulation. Anregend für die Durchblutung des Gesichts, entspannend bei ermüdeten Augen.

► *Vorsicht:* Die Augen geschlossen halten.

Heißer Nackenguß

Wie man's macht

Vornübergebeugt läßt man den heißen Wasserstrahl auf die Nackenregion fließen und erhöht die Temperatur bis zur Verträglichkeitsgrenze.

Wann es hilft

Bei Nackenschmerzen und Kopfschmerzen, Migräne und depressiver Verstimmung.

► *Vorsicht:* Nicht anwenden bei Arteriosklerose, Vorsicht bei Ischialgie.

Blitzguß

Wie man's macht

Man braucht einen Schlauch mit einem Stahlrohrende von einem halben Zentimeter Durchmesser. Der Wasserstrahl wird mit einem Druck von ein bis drei atü aus etwa vier Metern Entfernung über den ganzen Körper gelenkt. Hier kommt zum thermischen Reiz noch der mechanische Druckreiz. Am häufigsten wird der heiße Rückenblitzguß angewandt.

Wann es hilft

Regt Herz und Kreislauf ebenso wie den Stoffwechsel besonders stark an.

► *Vorsicht:* Nicht für Herz- und Kreislaufkranke.

Wechselduschen

Wie man's macht

Wechselduschen reizen die Haut anders als der Kneippsche Gußschlauch: mit feinen Berührungen aus der Brausedüse. Am besten wirken Wechselduschen morgens nach leichter Bewegung. Man führt die Dusche immer von außen zum Herzen hin, beginnt immer heiß und schließt nach mehrmaligem Wechseln mit einer kalten Dusche ab.

Wann es hilft

Wechselduschen härten ab und sind eine ideale Selbstbehandlung bei Erschöpfung und rheumatischen Verschleißerkrankungen. Sie können Erkältungskrankheiten vorbeugen.

Teil- und Vollbäder

Sie sind kalt, warm sowie mit an- und absteigender Temperatur möglich.

Man kann dem Badewasser pflanzliche Zusätze beigeben. Dazu eignen sich Tees, Extrakte, Öle oder Salze. Ihre Aromen werden eingeatmet und entfalten so ihre Wirkung. Aber auch die Haut nimmt bei warmen und wechselwarmen Bädern, die über 15 Minuten dauern, ätherische Öle aus dem Wasser auf, die dann ähnlich wirken wie bei Einnahme. Auf die Haut selbst wirken vor allem Gerbstoffe und Milch-Molke-Bäder.

► *Vorsicht:* Bei Kamille-, Fichtennadel- und Heublumenbädern sind allergische Reaktionen möglich.

Bäder mit Badezusätzen verbieten sich bei nässenden, großflächigen Ekzemen und Hautverletzungen, bei schweren fieberhaften und infektiösen Erkrankungen, bei schweren Herzerkrankungen und ausgeprägtem Bluthochdruck.

Kaltes Fußbad

Wie man's macht

Das Wasser soll bis gut zur Wadenhöhe reichen.

Nur bei warmen Füßen und so lange durchführen, bis man einen Kälteschmerz empfindet oder das Gefühl entsteht, das Wasser sei nicht besonders kalt. Wasser abstreifen, anziehen und trockengehen oder -laufen.

Wann es hilft

Bei Überhitzung, Krampfadern, Ödemneigung, Kopfschmerzen, niedrigem Blutdruck, Einschlafstörungen,

Pflanzliche Badezusätze (Extrakte, Tees, Öle) und ihre Wirkungen

Pflanze/Salz	Wirkung
Baldrian	beruhigend, schlaffördernd
Eichenrinde	zusammenziehend, bei nässenderHaut, Juckreiz, Afterwunden, Hämorrhoiden
Eukalyptus	erfrischend, antibakteriell
Fichtennadel	schleimlösend, durchblutungsfördernd, entspannend
Heublumen	durchblutungsfördernd, muskelentspannend, schmerzlindernd
Hopfen	beruhigend, schlaffördernd
Kamille	entzündungshemmend, dämpft allergische Reaktionen, bei Hautkrankheiten
Kleie	hinterläßt juckreizlindernden Film auf der Haut. Nicht abspülen. Bei Hautallergien und Psoriasis
Lavendel	ausgleichend, anregend
Lindenblüten	hautpflegend, ausgleichend
Melisse	beruhigend
Milch-Molke	hautpflegend, wie Kleie
Rosmarin	entspannend, schmerzdämpfend, durchblutungsfördernd
Thymian	schleimlösend, antibakteriell
Wacholder	durchblutungsfördernd, muskelentspannend
Zinnkraut	zusammenziehend, bei schlechtheilenden Wunden, Ekzemen, Geschwüren, Erkrankungen von Harnwegen und Geschlechtsorganen
Salz	hautreizend, durchblutungsfördernd

Kräuterölbäder sind besonders hautpflegend und verteilen die ätherischen Öle gleichmäßig im Wasser. Kräuterbadesalze wirken darüber hinaus mild hautreizend. Allergische Reaktionen sind bei Heublume, Kamille, Fichtennadel möglich.

Beachten Sie, daß die Haut beim Bad sehr aufnahmefähig ist und daher auch unerwünschte Stoffe aufnehmen kann. Besorgen Sie sich Tees, Auszüge, Öle und Salze nur im Reformhaus oder in der Apotheke, auch wenn Sie dafür tiefer in die Tasche greifen müssen. Sie haben damit eine höhere Sicherheit, daß die Pflanzenmittel von guter Qualität sind. Überdies können Sie sich dort über die richtige Zubereitung und Dosierung beraten lassen.

Kreislaufstörungen, Neigung zu Infekten, Fußschweiß, Prellungen im Fuß- und Knöchelbereich.

► *Vorsicht:* Nicht anwenden bei kalten Füßen, Reizblase, Harnweginfekten, starkem Bluthochdruck, Ischias, Gefäßverschlüssen.

Wassertreten

Wie man's macht

Wassertreten richtig durchzuführen heißt: nur mit warmen Füßen und im Storchengang – bei jedem Schritt zieht man das Bein ganz aus dem kalten Wasser. Das ist mit einer rutschfesten Matte in der Badewanne möglich. Man kann auch im Sitzen Wassertreten.

Aufhören, wenn man die Kälte unangenehm spürt. Wasser abstreifen, anziehen, trockengehen oder -laufen. Wassertreten auf Kieselboden oder trockengehen auf einem Profilboden verstärken die Reaktion.

Die beste Zeit für Wassertreten ist nachmittags oder abends. Morgendliches Tau- und Schneetreten sind Varianten des Wassertretens.

Wann es hilft

Es gelten dieselben Anwendungsbereiche wie beim kalten Fußbad.

Warmes Fußbad

Wie man's macht

Füße bis über die Knöchel 10 bis 15 Minuten lang in Wasser bei 38 Grad oder ansteigender Temperatur bis zu 40 Grad Celsius eintauchen. Dem Wasser können Badezusätze wie Thymian oder Melisse beigefügt werden. Das warme Fußbad kann täglich durchgeführt werden.

Wann es hilft

Bei kalten Füßen, beginnenden Infekten, zur Entspannung und Rekonvaleszenz.

► *Vorsicht:* Keinesfalls durchführen bei Krampfadern, Ödemen, Lymphstauungen.

Wechselwarmes Fußbad

Wie man's macht

Fünf bis zehn Minuten warm, fünf bis zehn Sekunden kalt durchführen. Maximal zweimal wechseln, Badezusätze beifügen.

Wann es hilft

Zur Regulation und bei Arteriosklerose.

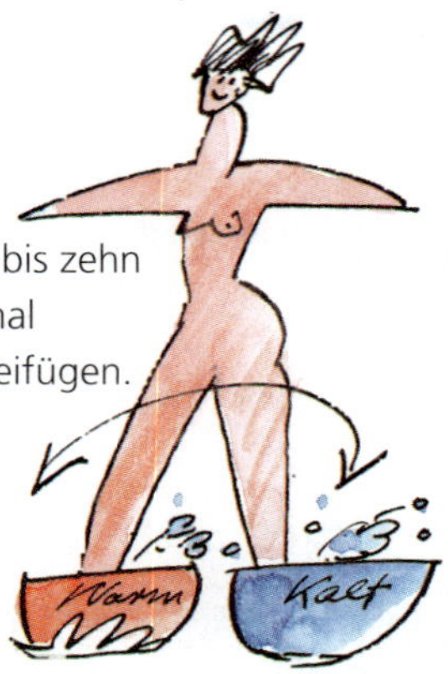

Armbäder

Wie man's macht

Im Waschbecken läßt man so viel Wasser ein, daß es einige Zentimeter über den Ellenbogen reicht.

Wann es hilft

Kaltes Armbad: bei Herzklopfen, Kopfschmerzen, Durchschlafstörungen.

Wechselwarmes Armbad: bei Durchblutungsstörungen an Fingern und Händen, bei Kopfschmerzen.

Ansteigendes Armbad: Temperatur von 35 Grad auf 40 Grad Celsius ansteigen lassen. Am wirksamsten ist es vormittags. Bei Bronchitis, Asthma, beginnenden Atemweginfekten, Durchblutungsstörungen, Angina pectoris.

► *Vorsicht:* bei Herz- und Kreislauf-Erkrankungen.

Wannenbäder

Wie man's macht

Warmes Bad mit Badezusätzen bis 20 Minuten, danach kalter Abguß mit Schlauch oder Brause, vom rechten Fuß aufwärts zum Rumpf, dann linkes Bein, Gesäß, Bauch, rechter Arm, linker Arm, Brust, Ge-sicht, Rücken. Danach abtrocknen, eine Stunde Bettruhe.

Wann es hilft

Wannenbäder entspannen Muskulatur und Psyche, belasten aber das Herz-Kreislauf-System.

Kaltes Halbbad: Leitungswasser, fünf bis zehn Sekunden, bei Spannungszuständen, Krampfadern, abends bei Einschlafstörungen; eventuell Baldrianzusatz.

Ansteigendes Halbbad: bis 20 Minuten, ansteigend von 35 Grad auf 39 bis 41 Grad Celsius, bei beginnenden oder abklingenden Infekten, Ischias, Rückenschmerzen.

Als Badezusätze eventuell Thymian, Rosmarin, Heublume (siehe Seite 63).

► *Vorsicht:* bei Herz- und Kreislauf-Erkrankungen, bei Krampfadern und Hämorrhoiden.

Kopfdampf

Wie man's macht

Einige Liter Wasser werden in einem Topf bis zum Dampfen erhitzt. Vorsicht: Der Dampftopf muß einen sicheren Stand haben, um Verbrühungen zu vermeiden.

Mit entblößtem Oberkörper beugt man sich zehn Minuten lang über den dampfenden Topf, zeltartig mit Badetuch und Decke zugedeckt. Anschließend einwickeln, und eine halbe Stunde Bettruhe halten. Dann einen kalten Gesichts- oder Oberkörperguß. Zur Steigerung der Wirkung können dem Wasser Kochsalz oder Tee aus Kamillen, Lindenblüten oder Pfefferminze zugesetzt werden.

Wann es hilft

Bei beginnenden Infekten, Nasennebenhöhlenentzündung, Tubenkatarrh, Bronchitis, chronischen Kopfschmerzen und Migräne.

Sitzdampf

Wie man's macht

Man sitzt nackt auf einem Stuhl mit Lattenrost, unter dem der Topf mit dampfendem Wasser steht. Laken und Wolldecke schirmen die Zugluft ab, nur der Kopf bleibt frei. Nach 10 bis 15 Minuten für eine halbe Stunde ins Bett, anschließend Unterkörper kalt abduschen. Dem Dampftopf kann Zinnkrauttee zugesetzt werden.

Wann es hilft

Bei Reizblase, Störungen der Blasenentleerung, Prostataleiden und nach gynäkologischen Eingriffen.

▶ *Vorsicht:* nicht bei Hämorrhoiden anwenden.

Bürstenbad

Wie man's macht

Mit einem Sisalhandschuh die trockene Haut bis zur Hautrötung abbürsten. Von außen zum Herzen hin: erst den rechten Fuß, das rechte Bein, dann linker Fuß, linkes Bein, Gesäß, Bauch, rechter Arm, linker Arm, Brust, Rücken. Anschließend in warmes Badewasser setzen, dem kaltes Wasser zuläuft; eventuell Rosmarinzusatz. Zuletzt kalter Abguß, Wasser abstreifen, anziehen, kurze zügige Bewegung im Freien.

Wann es hilft

Bei niedrigem Blutdruck und Kreislaufstörungen.

Wickel und Packungen

Wickel

Wickel und Packungen können kalt, temperiert und warm angewandt werden. Vorher sollten Kranke eine halbe Stunde im Bett liegen, damit der Körper warm ist.

Wie man's macht

Ein grobes Leinentuch mit kaltem Wasser (bei Atemwegerkrankungen mit warmem Wasser) anfeuchten, gut auswringen und straff an der entsprechenden Körperregion anlegen. Darüber ein trockenes, luftdurchlässiges Leinen- oder Baumwolltuch ziehen, das breiter ist als die nasse Kompresse. Es wird mit Sicherheitsnadeln fixiert und dann mit einem weiteren Tuch aus Wolle oder Flanell umwickelt.

Nach dem Anlegen eines Wickels sollte man den Kranken ganz in ein Leinentuch und eine warme Decke hüllen und darauf achten, daß der Raum gut temperiert ist und es nicht zieht. Nun wird der Wickel 45 bis 60 Minuten belassen, danach rasch abgenommen. Anschließend sollte der Kranke eine halbe Stunde ruhen.

Nach einer Viertelstunde sollte der Wickel als warm empfunden werden, andernfalls kann man durch eine Wärmflasche aufwärmen. Fühlt sich der Wickel unbehaglich an, sollte er abgenommen werden.

Wärmeentziehende Wickel

Zum Wärmeentzug Wickel so lange einwirken lassen, bis er aufgewärmt ist, dann sofort abnehmen oder erneuern. Fröstelt der Kranke, muß der Wickel entfernt werden.

Wärmestauende Wickel

Zum Wärmestau Wickel eine Stunde bis eineinhalb Stunden angelegt lassen. Wird der Wickel als kalt empfunden, zusätzlich Wärmflasche oder warme Getränke geben.

Schweißtreibende Wickel

Zum Schweißtreiben bleiben Wickel (Brust-, Lenden-, Kurz- und Ganzwickel) etwa zwei Stunden liegen. Vorsicht: den Kranken überwachen. Wenn Übelkeit oder Schwindel auftritt, Wickel entfernen.

Nach dem Abnehmen des Wickels den Körperteil mit einem Handtuch trockenreiben.

Wann es hilft

Wadenwickel: Wadenwickel entziehen Wärme bei Fieber und Venenentzündung, wirken gegen Lymphstauungen und Ödeme. Heilerde, Lehm sowie Quark können die Wirkung bei Krampfadern erhöhen.

Lendenwickel: Vom Oberschenkel bis zu den Waden angelegt, beruhigen sie bei Darmreizung, BauchkrämpfenBauchschmerzen, Magengeschwürleiden, bei Entzündungen von Gallenblase und Gallenweg, bei Übererregbarkeit und Einschlafstörungen; sie senken Bluthochdruck.

Leibauflage: Das Auflagetuch, das vom Rippenbogen bis zum Schambein reicht, hilft bei Fieber, Magen-Darmstörungen, Krämpfen, vegetativen Störungen und Einschlafstörungen.

Rumpfwickel: Vom Schambein bis zu den Achselhöhlen angelegt, helfen sie bei hohem Fieber.

Hüftwickel: Zwischen den Beinen durchgezogen, lindern sie Entzündungen der Scheide, der Prostata, helfen bei Hämorrhoiden, Analekzem und Entzündungen im Beckenraum.

Brustwickel: Sie helfen bei Bronchitis, Lungenerkrankungen und Neuralgien.

Halswickel: lindern Angina und Halsschmerzen.

Gelenkwickel: wirken schmerzlindernd bei Arthritis und Arthrose.

► *Vorsicht:* Größere Wickel dürfen nicht bei vollem Magen angelegt werden. Nicht für Herzkranke.

Packungen

Kalte Packungen und Eispackungen

Wie man's macht

Man streicht auf das Wickeltuch dicken Lehmbrei – erhältlich in der Apotheke – oder Quark. Oder man taucht ein Leinentuch in zehnprozentige Salzlake, wringt es aus und läßt es im Tiefkühlfach gefrieren. Das Tuch bleibt verformbar. Als Ersatz kann eine Eispackung dienen: Eiswürfel in einen Plastikbeutel geben und durch Klopfen zerkleinern.

Man legt die kalte Packung eine Minute lang auf, entfernt sie für vier Minuten und wiederholt insgesamt fünfmal.

Mehrfach verwendbare Kühlkompressen sind in der Apotheke erhältlich.

Wann es hilft

Bei arthritischen Reizungen der Gelenke, bei Gichtanfällen, Prellungen, Überdehnungen, offenen Geschwüren und Brustfellentzündung. Eisbeutel oder Streichungen mit Eiswürfeln helfen gegen Muskelverspannungen. Im Nacken wirken sie ausgezeichnet gegen Kopfschmerzen.

► *Vorsicht:* Kalte Wickel dürfen nicht angelegt werden, wenn der Patient kalte Füße hat oder fröstelt. Bei Eispackungen sollte ein dünnes Tuch vor Kälteschäden schützen. Nicht anwenden bei Menschen mit gestörtem Temperaturempfinden.

Warme Packungen

Wie man's macht

Das Wickeltuch kann man vor dem Anlegen in einen heißen Absud überbrühter Kamille (wirkt entzündungshemmend), aus Eichenrinde (wirkt zusammenziehend) oder Heublumen (wirkt durchblutungsfördernd, schmerzlindernd, beruhigend) tauchen und auswringen.

Wickel halten die Wärme besser, wenn man zusätzlich eine Wärmflasche auflegt oder erhitzte Erden oder Schlamm auf das Tuch streicht. Das Wickeltuch kann auch in Wasser getaucht werden, in dem Senfmehl angesetzt wurde. Wie man das macht, wird in der Apotheke, wo man es besorgen kann, erklärt. Wegen der Gefahr von Hautreizungen sollten Senfmehlwickel jedoch nur von geschulten Personen angelegt werden.

Noch länger hält ein Heusackdie Wärme. Dazu werden Heublumen in einen Leinensack gefüllt, der über Dampf erhitzt wird. (Achtung, Allergie möglich.) Der Heusack gibt die Wärme langsamer ab als gewöhnliche Wärmepackungen und solche mit Lehm, Fango und anderen Peloiden.

Lehm, Erden, Schlamm und Heublumen sind in der Apotheke erhältlich.

Wärmewickel bleiben etwa 45 Minuten liegen, der Kranke wird warm zugedeckt. Nach dem Entfernen eine halbe Stunde Bettruhe, abschließend temperiert waschen. Ideal sind warme Packungen vor dem Essen oder gleich danach.

Wann es hilft

Warme Packungen lindern Beschwerden bei chronischen Erkrankungen, zum Beispiel Arthrose, bei Nieren- oder Blasenerkrankungen, helfen bei nervösen Magen-, Bauch- oder Kopfschmerzen und Migräne. Spätabends im Lendenbereich aufgelegt, wirken sie durchblutungsfördernd.

► *Vorsicht:* Vor dem Anlegen der Packung mit der Pulsseite des Handgelenks prüfen, ob die Temperatur erträglich ist. Bei Kranken mit Bluthochdruck, Herzschwäche und Atemstörungen nicht straff anlegen. Eingepackte nie allein lassen.

Ausleitende Verfahren

Geschichte

Aus der Volksmedizin stammt die Vorstellung, daß bei Krankheiten „üble Säfte" durch den Körper zirkulieren und daß sie den Körper verlassen müßten, damit er gesund werden kann. Seinen Ursprung hat dieser Gedanke in Versuchen, Krankheiten zu erklären: Sie wurden als Folge einer falschen Mischung der Körpersäfte (Dyskrasie) gesehen. Auch der große griechische Arzt *Hippokrates von Kos,* (460–377 v. Ch.) war der Meinung, daß gesteigerte Ausscheidung den Krankheitsprozeß beendet. Im Schweiß, in der Stuhl- und Harnentleerung, in Auswurf, Blutungen, Eiter und Hautausschlägen sah er Mittel der Selbstheilung. Diese Vorstellung war die Grundlage aller abendländischen Krankheitslehren von der Antike bis ins 19. Jahrhundert, bis sie durch die neuen wissenschaftlichen Erkenntnisse *Rudolf Virchows* (1821–1902) abgelöst wurden.

Der Wiener Gynäkologe und Kliniker *Bernhard Aschner* (1883–1960) hat die alten ausleitenden Verfahren in den 20er Jahren in seine Konstitutionstherapie übernommen und auch nach seiner Emigration nach Amerika in Arthritis-Polikliniken angewendet. Neben gängigen Methoden, die Blase und Darm leeren und den Schweiß anregen (siehe Überwärmungstherapie, Seite 51, Sauna, Seite 52), empfahl er Behandlungen, die wie Bilder aus einem Gruselkabinett erscheinen: gewaltsame Brechverfahren, die Einnahme giftiger Stoffe und das Setzen künstlicher Wunden.

Die Situation heute

Zu den ausleitenden Verfahren zählen: der Einlauf (siehe Colonhydrotherapie, Seite 218), Aderlaß (siehe Seite 68), Blutegeltherapie (siehe Seite 69), Schröpfen (siehe Seite 70), Baunscheidtieren (siehe Seite 72), das Cantharidinpflaster (siehe Seite 73) und Fontanelle und Heilseil – Methoden, bei denen eine tiefe künstliche Wunde erzeugt wird.

Die Ärzte unter den Anhängern Aschners verzichten meist auf ausleitende Verfahren, die mit erheblichen Hautverletzungen arbeiten. Unter den Heilpraktikern sind diese Methoden nach wie vor verbreitet.

Die Idee dahinter

Zivilisationsschäden sollen zur Folge haben, daß der Körper seinen natürlichen Ausscheidungsaufgaben nicht nachkommen kann, deshalb müßten diese gefördert werden. Wenn nicht anders möglich, so die Überlegung, müsse man den „üblen Säften" eine künstliche Öffnung schaffen. Das soll den Körper reinigen und seine innere Ordnung wiederherstellen.

Erklärung der Wirkung

Die Säftelehre gilt in der Medizin als überholt. Heute weiß man, daß viele der alten „ausleitenden Therapien" auf anderen Wegen wirken, die zusammenfassend mit dem englischen Begriff „counterirritation" bezeichnet werden:

◆ Hautreize können über die Reflexbahnen (siehe Seite 80) auf innere Organe wirken. Dabei wird nicht, wie ursprünglich angenommen, Blut von den Organen „abgeleitet", sondern im Gegenteil, es wird ihnen mehr Blut zugeleitet. Diese Wirkung machen sich Massagen (siehe Seite 77), Wärme- und Kältebehandlungen (siehe Seite 50) und alle ausleitenden Verfahren zunutze.

◆ Künstliche Schmerzreize an der Haut (zum Beispiel durch Kratzen, Brandwunden, Hautstechen) können Schmerzen in anderen Bereichen überlagern und damit für längere Zeit „löschen". Wie diese zentrale Schmerzhemmung funktioniert, ist noch nicht in allen Details geklärt. Dieses Effekts bedienen sich viele Verfahren, zum Beispiel TENS (siehe Seite 294), Akupunktur (siehe Seite 165), Moxibustion (siehe Seite 171) und Neuraltherapie (siehe Seite 254).

◆ Künstlich erzeugte Entzündungen an der Haut können chronisch entzündliche Prozesse im Körper „unterbrechen": Das Abwehrsystem kann sich sozusagen nicht beiden Krankheitsprozessen zugleich widmen und wendet sich dem neuen zu.

◆ Hautreize wirken als unspezifische Reiztherapie: Sie regen den Organismus zur Umstimmung an, das heißt, sie stimulieren das Immunsystem (siehe Immunmodulation, Seite 41). Dazu tragen auch die besonderen Gerüche der eingesetzten Einreibemittel bei.
◆ Die Blutentziehung bei Aderlaß, Schröpfen und Blutegelbehandlung ist in diesem Sinn ebenfalls eine Reiztherapie (siehe Seite 38). Sie regt die Mikrozirkulation an und entlastet bei „überschießender Durchblutung" im Bereich von Entzündungen.

Aderlaß

Geschichte

Schon die Ärzte der Antike und des indischen Kulturkreises haben ihren Patienten die Haut geritzt und sie „zur Ader gelassen": Man wollte das erkrankte Organ entlasten oder den Blutstrom in einen anderen Körperbereich umlenken. Weit verbreitet waren „Aderlaßmännchen", von denen man die Lage der richtigen Punkte ablesen konnte. Bis ins 18. Jahrhundert nahmen die Heilkundigen den Kranken recht wahllos und bei nahezu allen Beschwerden Blut ab in der Vorstellung, damit zugleich die krankmachenden Stoffe zu entfernen. Der französische Dichter *Jean Babtiste Molière* (1622–1673) machte sich in seiner Komödie „Der eingebildete Kranke" darüber lustig, daß Ärzte ihr blutiges Geschäft oft aus Ratlosigkeit oder Gewinnsucht betrieben. Mit dem Fortschritt der Medizin wurden die Heilanzeigen des Aderlasses ab 1850 allmählich eingeengt.

Die moderne Medizin setzt zu speziellen Zwecken Verfahren ein, wie zum Beispiel die Hämodilution, die dem Aderlaß verwandt sind.

Idee und Erklärung der Wirkung

Ein Aderlaß soll den Körper „umstimmen" (siehe Immunmodulation, Seite 41), das Blut verdünnen, die Sauerstoffaufnahme fördern und von krankmachenden Stoffen befreien. Die veränderten Fließeigenschaften des Blutes sollen viele Krankheiten positiv beeinflussen.

Untersuchung und Behandlung

Beim Aderlaß setzt der Arzt eine Flügelkanüle an und läßt 50 bis maximal 500 Milliliter Blut in ein Meßgerät tropfen. Das dauert 15 bis 30 Minuten. Während dieser Zeit sollte man liegen. Anschließend wird die gleiche Menge physiologischer Kochsalzlösung infundiert. Nach 15 Minuten Ruhe kann man wieder den gewohnten Geschäften nachgehen.

Anwendungsbereiche

Heute wenden manche Therapeuten den Aderlaß bei Durchblutungsstörungen an, um die Mikrozirkulation des Blutes zu fördern. Er gilt als Reiztherapie bei Regelstörungen und Bluthochdruck. Bei akuten Entzündungen und Infekten soll die Blutabnahme antientzündlich wirken.

Grenzen der Anwendung

Bei Durchblutungsstörungen im Gehirn und Blutgerinnungsstörungen darf kein Aderlaß vorgenommen werden. Bei niedrigem Blutdruck, während der Menstruation oder bei Durchfällen, bei Herzrhythmusstörungen, Angina pectoris, Anämien und vegetativer Labilität ist er nicht sinnvoll.

Risiken

◆ Häufiger Aderlaß schwächt den Körper.
◆ Einige Therapeuten infundieren nach dem Aderlaß Plasmaersatz. Das ist nicht notwendig, aber gefährlich, es kann einen allergischen Schock auslösen.

Kritik

◆ Medizinisch notwendig ist der Aderlaß nur bei zwei seltenen Blutkrankheiten (Polyzythämie mit Überzahl an roten Blutkörperchen und Eisenspeicherkrankheit), für die es keine andere wirksame Behandlung gibt.

◆ Als allgemeine Reiztherapie sollten andere, weniger eingreifende Verfahren vorgezogen werden wie zum Beispiel Kneipptherapie, Massagen oder andere Methoden der physikalischen Medizin.

Empfehlung

Der Aderlaß ist bei den beiden genannten seltenen Blutkrankheiten empfehlenswert. Nicht empfohlen werden kann er als allgemeine Reiztherapie.

Kosten

Die Krankenkassen bezahlen diese Behandlung. Nach ihren Richtlinien können Heilpraktiker für eine Aderlaßbehandlung 25 DM verlangen.

Blutegeltherapie

Geschichte

Die Methode ist uralt. Sie wurde früher zur Behandlung von allem und jedem eingesetzt und erlebte ihren Höhepunkt zu Beginn des 19. Jahrhunderts, als der französische Arzt *Francois J. V. Broussais* (1772–1838), der die Patienten in seiner Klinik bei entzündlichen Krankheiten „coup par coup" bis zum Kollaps zur Ader gelassen hatte, auf Blutegel umstieg: 1827 wurden für diese Zwecke aus Böhmen und Ungarn 33 Millionen Blutegel importiert, weil die heimischen Teiche längst erschöpft waren.

Diese damals als „Vampirismus" bezeichnete blutige Methode der Medizin bot unter anderem den Hintergund für die Verbreitung der im Gegensatz dazu als sanft empfundenen homöopathischen Heilkunst (siehe Seite 190).

Im letzten Jahrhundert aus der Mode gekommen, wird das Verfahren seit einigen Jahren wieder beworben und von Heilpraktikern und niedergelassenen Ärzten sowie in einigen Rheumakliniken angewendet.

Die Mittel

Die medizinischen Blutegel (Hirudines) gehören zu den Ringelwürmern, die üblicherweise im Süßwasser leben. Sie tragen drei Kiefer im Schlund, die mit scharfen Zähnen besetzt sind und deren Biß eine Wunde in Form eines dreistrahligen Sterns erzeugt. Ihr Speichel enthält Hirudin. Es macht das Blut an der Saugwunde ungerinnbar. Hirudin wird heute gentechnisch hergestellt und in der modernen Medizin bei der Therapie von Thrombosen eingesetzt.

Blutegel werden heute meistens aus Ungarn importiert, wo sie in Zuchtanstalten kultiviert werden, und sind in Apotheken erhältlich. Man bewahrt sie in einem Glas kaltem Leitungswasser auf.

Untersuchung und Behandlung

Während der Behandlung muß man liegen. Die Blutegel werden mit den Kopfenden auf die Hautstellen gesetzt, die zuvor mit einem Skalpell angeritzt wurden. Blutegel können acht bis zehn Milliliter Blut saugen und fallen nach einer Stunde von selbst ab. Falls sich die Egel nicht lösen, bestreut man sie mit Salz. Zum Abtöten werden sie in Essig oder Salz gelegt.

Nach der Behandlung muß man Bettruhe wahren, denn die Wunde blutet noch etwa 24 Stunden lang nach. Dabei gehen weitere 40 Milliliter Blut verloren. Je nach Beschwerde und Körperregion werden zwei bis zehn Blutegel angesetzt.

Erklärung der Wirkung

Anwender nennen die Egel „blutreinigend, entgiftend, entstauend, krampflösend und beruhigend".

Wahrscheinlich beruht die Wirkung der Egel darauf, daß die Stoffe, die das Blut an der Saugwunde ungerinnbar machen, mit dem Blut auch in den Körper fortgetragen werden. Dadurch wird es „dünnflüssiger" und Entzündungen werden gehemmt.

Überdies kann Blutegeltherapie auf dem reflektorischen Weg auf einzelne Körperregionen einwirken (siehe Reflexzonenmassage, Seite 80).

Anwendungsbereiche

Anwender raten zur Egeltherapie bei rheumatischen Entzündungen aller Art, Schwellungen, Venenentzündungen mit Thrombosen, Stauungen in Venen und Lymphgefäßen, Migräne und Nebenhöhlenentzündung. Die Egel werden darüber hinaus für alles und jedes an fast allen Körperstellen angesetzt.

Blutegel können dazu beitragen, den Einsatz gerinnungshemmender Mittel zu verringern.

Grenzen der Anwendung
Bei Bluterkrankungen, an Krampfaderknoten und bei Gangrän (Wundbrand) darf kein Egel gesetzt werden.

Risiken

◆ Blutegel können Krankheitskeime aufnehmen und übertragen. Sie dürfen deshalb nur einmal angesetzt werden.
◆ Bei denjenigen, die an Gerinnungsstörungen leiden, besteht die Gefahr verlängerter Nachblutung.
◆ Gelegentlich treten an den Bißstellen Allergien auf.

Kritik

Es fehlen klinische Studien, die die Wirksamkeit von Blutegeln für die angegebenen Anwendungen eindeutig belegen.

Empfehlung

Blutegelbehandlung ist bei oben genannten Beschwerden nur empfehlenswert, wenn andere Behandlungsmethoden nicht helfen.

Bei anderen Erkrankungen ist von ihrem Einsatz abzuraten.

Kosten

Die Krankenkassen bezahlen diese Behandlung. Nach ihren Richtlinien können Heilpraktiker für das Setzen von Egeln 20 bis 60 DM verlangen.

Schröpfen

Geschichte

Das Schröpfen war in früheren Zeiten eine typische ärztliche Handlung. Wie gebräuchlich sie war, zeigt sich daran, daß die Ärzte in ihrem Siegel einen Schröpfkopf trugen. Und: „Schröpfen" bedeutet schon lange, daß jemand für eine Leistung einen besonders hohen Preis bezahlen soll.

Das Prinzip des Schröpfens wurde bereits vor 3 000 Jahren in Mesopotamien beschrieben, es war im indischen Kulturkreis genauso gebräuchlich wie im alten Südamerika. Es wurden Schröpfköpfe aus Kuhhorn, Bronze, Silber und Glas benutzt. Blutiges Schröpfen wurde schon im Mittelalter als nicht der ärztlichen Ethik entsprechend betrachtet – damals haben Bader und Steinschneider ihre Kunden „geschröpft" –, und *Paracelsus* (1493–1541) hat den Brauch kritisiert.

Die Mittel

Wenn Ärzte die Haut an vielen Stellen anritzen, nennt man das Skarifikation. Dementsprechend heißt das, was sie zum Ritzen der Haut vor dem blutigen Schröpfen gebrauchen, Skarifikationsapparat. Als Schröpfköpfe werden glockenförmige Glaskuppeln mit etwa sechs Zentimeter Durchmesser oder Plastikschröpfglocken eingesetzt.

Untersuchung und Behandlung

Unblutiges Schröpfen
Vor der Behandlung wird die Haut des liegenden Patienten mit Rotlicht aufgewärmt. Dann werden auf seinem Rücken sechs bis zehn Schröpfköpfe aufgesetzt. Dabei erzeugt der Behandler durch Abbrennen eines benzingetränkten Wattebauschs oder mit einer Absaugvorrichtung ein Vakuum im Schröpfkopf. Durch den Sog auf die Haut weiten sich die feinen Kapillaren der Blutbahn, es entstehen nach wenigen Minuten blaue Flecken und nach längerer

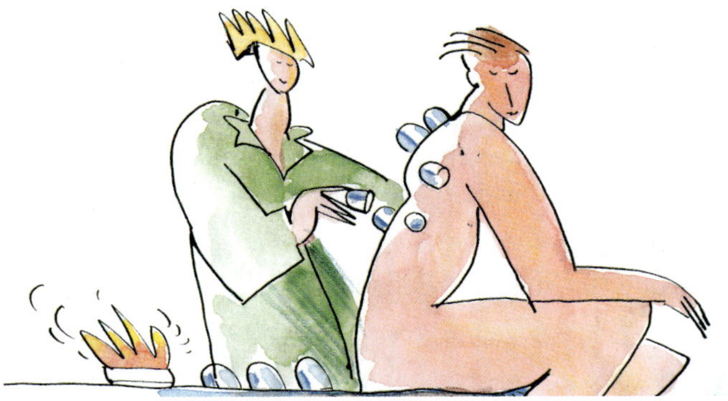

Zeit erbsengroße Blasen. Die Behandlung dauert 10 bis 15 Minuten.

Saugmassage

Bei dieser Variante des unblutigen Schröpfens wird die Haut zunächst mit Öl eingefettet. Der Behandler verschiebt auf dieser Hautzone einige Minuten lang eine kleine Schröpfglocke mit Vakuum, bis sich ein Bluterguß bildet.

Blutiges Schröpfen

Die Haut wird kreuzförmig eingeritzt. Beim Aufsetzen füllen sich die Schröpfköpfe aus den etwa ein Zentimeter großen Schnitten mit Blut. Innerhalb von 10 bis 20 Minuten werden auf diese Weise bis zu 300 Milliliter Blut abgeleitet. Die Behandlung ist schmerzhaft.

Erklärung der Wirkung

Manche Anwender deuten die Wirkung der Schröpfköpfe nach den Vorstellungen der TCM (siehe Seite 160) als Ausgleich der Energiebalance. Traditionell besteht die Vorstellung, daß sulzige Eindellungen (Gelosen) an der Haut beginnende Krankheiten anzeigen würden und daß man deren Entwicklung durch Schröpfen aufhalten könne.

Tatsächlich kann Schröpfen als unspezifische Reiztherapie (siehe Seite 38) angesehen werden.

Anwendungsbereiche

Unblutiges Schröpfen und Saugmassage

Schröpfen kann Schmerzen lindern. Nach herkömmlicher Vorstellung jedoch wird dem Körper durch Schröpfen bei „Krankheiten der Leere" angeblich „Blut, Wärme und Kraft" zugefügt. Das soll gegen Durchblutungsstörungen und Verhärtungen in Haut und Unterhautgewebe, Muskelschmerzen, -verspannung und -knoten, chronischem Kopfweh, Rückenschmerzen, rheumatischen Schmerzen, bei Ohrenklingen, Ausbleiben der Regel, Asthma und Tuberkulose helfen. Und es soll den Körper „umstimmen" (siehe Immunmodulation, Seite 41).

Blutiges Schröpfen

Es soll angeblich „Blutfülle, Hitze und Schmutzstoffe" innerer Organe bekämpfen.

Grenzen der Anwendung

Bei Nierenschwäche und über Wirbeln soll nie geschröpft werden.

Risiken

◆ Wer an Erkrankungen mit Blutungsneigung leidet, darf nicht geschröpft werden.

◆ Wenn der Apparat zum Ritzen der Haut nicht sorgfältig desinfiziert wird, besteht die Gefahr von Infektionen.

Kritik

◆ Ein gesicherter Nachweis über die angegebene Wirksamkeit fehlt.

◆ Die Anwender behaupten Beziehungen zwischen Hautzonen und inneren Organen, die über die Reflexzonen (siehe Seite 80) hinausgehen, und vermuten Einfluß auf die im Körper zirkulierende „Energie". Das ist ebenso umstritten wie die von manchen Anwendern behauptete Auswirkung des Schröpfens auf den Druck der Gehirnflüssigkeit.

◆ Blutiges Schröpfen verletzt die Haut ohne medizinische Notwendigkeit. Zur Linderung von Muskel- und Rückenschmerzen stehen heute mit Massagen und den verschiedenen Methoden der physikalischen Medizin weniger eingreifende, wirksame Verfahren zur Verfügung. Diese sind als unspezifische Reiz- und Schmerztherapie auch dem unblutigen Schröpfen vorzuziehen.

Empfehlung

Unblutiges Schröpfen und Saugmassage können nicht empfohlen werden.

Blutiges Schröpfen ist abzulehnen.

Kosten

Die Krankenkassen bezahlen diese Behandlung. Heilpraktiker können nach ihren Richtlinien bis 20 DM für die Saugmassage, bis 15 DM für trockenes und bis 40 DM für blutiges Schröpfen verlangen.

Baunscheidtieren

Geschichte

Als „Erfinder der natürlichen Heilkunst und des Lebensweckers" bezeichnete sich *Carl Baunscheidt* (1809–1873), von Beruf Mechaniker. Durch falsche Ernährung hatte er sich ein Gichtleiden zugezogen, das seinen rechten Arm versteifte. Als ihn eines Tages Mücken an der rechten Hand stachen, rötete sich die Haut – und einige Tage später war der Arm geheilt. Daraufhin erfand Baunscheidt 1848 ein Gerät, mit dem man die Haut ritzen konnte. Das Baunscheidt-Verfahren faßte an Universitäten Fuß und war als „Baunscheidtismus" bald auch in Laienkreisen in aller Welt bekannt. Napoleon III. war ein begeisterter Anhänger dieser Behandlung.

Die Mittel

Der Baunscheidtsche Apparat ist ein Stichelgerät, das mit feinen Nadeln gespickt ist.

Das Rezept des Baunscheidt-Einreibemittels wurde früher geheimgehalten. Heute werden hautreizende Stoffe wie zum Beispiel Cantharidin, Wacholder- oder Senföl, Euphorbiumsaft und anderes benutzt.

Untersuchung und Behandlung

Der Behandler rollt den Baunscheidtschen Apparat über mehrere Hautpartien des Patienten, wobei die Nadeln ein bis zwei Millimeter tief in die Haut eindringen. Meistens werden diese feinen Wunden mit hautreizenden Salben bestrichen.

Als Reaktion auf die Behandlung bilden sich eitrige Pusteln. Werden größere Hautregionen gestichelt, soll der Patient einen Tag Bettruhe halten, reichlich trinken und sich einige Tage nicht waschen.

Die Behandlung ist schmerzhaft.

Anwendungsbereiche

Hat man früher noch fast alle Leiden mit Baunscheidtieren behandelt, so gilt es heute bei seinen Anwendern als Verfahren für die „allgemeine Umstimmung", soll bei Nervenentzündungen, hormonellen Störungen, bei Erkrankungen des Bindegewebes und bei „schlaffen Organen" helfen.

Grenzen der Anwendung

Bei Hautentzündungen oder Neigung zu Allergien darf nicht gestichelt werden.

Risiken

- Die Behandlung kann auf der Haut Narben hinterlassen.
- Das Risiko von Infektionen ist groß. Die Behandlung in der Nähe von Gelenken und Wirbeln kann zu Komplikationen führen.
- Das von Baunscheidt ursprüngliche verwendete Mittel enthielt Crotonöl. Crotonöl ist das stärkste Ko-Karzinogen, ein Mittel, das die krebserregende Wirkung anderer Stoffe vielfach verstärkt. Es ist rezeptpflichtig, Heilpraktiker dürfen es nicht anwenden.
- Nach Baunscheidtscher Behandlung ist es durch Infektionen zu mehreren schweren Zwischenfällen und Todesfällen gekommen.

Kritik

Die Vorstellung, daß durch die Bläschen „schlechte Stoffe" ausgeschieden würden, ist falsch. Das Verfahren ist eine unspezifische Reiztherapie (siehe Seite 38), aber risikoreich.

Empfehlung

Baunscheidt-Behandlung ist aus den genannten Gründen abzulehnen.

Kosten

Die Krankenkassen bezahlen das Baunscheidtieren nicht. Für Selbstzahler berechnet der Arzt die Kosten nach der Gebührenordnung für Ärzte (siehe Seite 32). Heilpraktiker können nach ihren Richtlinien für diese Behandlung 40 DM und mehr verlangen.

Cantharidinpflaster und Fontanelle

Geschichte

Der Volksmedizin galt und gilt bis heute die „Spanische Fliege" – zerrieben und als Pulver eingenommen – als Potenzmittel. Dieser Irrtum hat bereits einigen Menschen das Leben gekostet. Als erotisches Stimulans wurde auch die hautreizende Wirkung des Mittels genutzt. Die Naturmedizin setzt Cantharidin als „blasenziehendes" Mittel zur Behandlung schmerzender Entzündungen ein, das den Körper von üblen Säften befreien soll.

Die Idee dahinter

Hautreizende und blasenziehende Pasten (Vesikanzien) rufen an der Hautoberfläche eine Entzündung hervor, die die Entzündung tiefer gelegener Gelenke und Organe „ausleiten" soll. Dieser künstlich gesetzte Hautschaden soll den Körper „umstimmen" (siehe Immunmodulation, Seite 41), vermutete Stoffwechselschlacken abbauen und die Durchblutung anregen.

Die Mittel

Cantharidin wird aus der getrockneten, pulverisierten Spanischen Fliege gewonnen; das Cantharidinpflaster enthält dieses hautreizende Mittel in der Auflage.

Andere, ebenfalls langsam wirkende hautreizende Mittel sind Capsicum und Terpentin. Senföl, Kampfer und Ameisenspiritus lösen dagegen rasch Hautreize aus. Diese Mittel sind in der Apotheke erhältlich.

Untersuchung und Behandlung

Cantharidinpflaster

Der Arzt markiert eine Hautpartie von etwa fünf bis sechs Zentimeter Durchmesser, auf die das Cantharidinpflaster aufgelegt wird. Zunächst brennt es auf der Haut, nach 24 Stunden hat sich eine mit Flüssigkeit gefüllte Brandblase hochgewölbt. Der Behandler punktiert sie und entzieht ihr die Flüssigkeit, dann versorgt er die Stelle mit sterilem Verband. Nach 10 bis 14 Tagen heilt die Entzündung ab. Danach kann die Behandlung wiederholt werden.

Am ersten Tag schmerzt die Behandlung sehr. Anschließend steigt die Körpertemperatur, und man fühlt sich abgeschlagen. Dies ist die von den Anwendern positiv eingeschätzte „Umstimmungsreaktion".

Manche Anwender reinjizieren dem Patienten die entnommene Blasenflüssigkeit, um diese Reaktion zu verstärken.

Fontanelle

Die durch Cantharidinpflaster entstandene Blase wird abgetragen, die Haut unempfindlich gemacht und Salpetersäure aufgetragen. Daraufhin bildet sich ein Schorf, der wieder abfällt. In den Wundtrichter setzt der Behandler eine Glaskugel oder einen anderen Fremdgegenstand, der einige Tage in der Wunde bleibt und deren Entzündung der Behandler so lange fördert, bis diese kleine „Quelle" (das bedeutet das Wort Fontanelle) eitrige Flüssigkeit absondert. Erst nach einigen Tagen wird die Wunde so versorgt, daß sie heilen kann.

Erklärung der Wirkung

Hautreizende Mittel beeinflussen darunterliegendes Gewebe reflektorisch, regen die Durchblutung in den Kapillaren an, und die Entzündung an der Haut unterbricht den Ablauf der ursprünglichen Entzündung.

Anwendungsbereiche

Cantharidinpflaster

Es soll bei Rheuma, Gicht, Arthritis, chronischen Rückenschmerzen, Depressionen und Mittelohrentzündungen helfen.

Grenzen der Anwendung

Bei Entzündung der harnableitenden Organe wird von der Behandlung abgeraten. Cantharidin darf nicht auf entzündete Gelenke, offene Wunden oder auf Schleimhäute aufgetragen werden.

Fontanelle

Dieses Verfahren soll der Entschlackung dienen und gegen „Stoffwechselentgleisungen" und „herdbedingte Erkrankungen" (siehe Seite 254) wirken.

Risiken

- Nach der Behandlung können Pigmentflecken oder Narben zurückbleiben. Außerdem verführt der Juckreiz zum Kratzen.
- Cantharidin ist ein Nierengift. Vier Tropfen, eingenommen, sind tödlich. Das Gift wirkt auch durch die Haut.
- Cantharidin verstärkt die Wirkung von krebserregenden Stoffen.
- Die Fontanelle bringt die Gefahr von Infektionen mit sich.
- Beide Verfahren widersprechen hygienischen und medizinischen Grundsätzen.

Kritik

- Die Vorstellung, daß dem Körper mit der Wundflüssigkeit die üblen Säfte entzogen werden könnten, ist überholt.
- Es fehlt ein ausreichender Nachweis der behaupteten Wirksamkeit.
- Das Risiko dieser Behandlung ist größer als ihr Nutzen. Es gibt weniger eingreifende Verfahren der Reiztherapie (siehe Seite 38).

Empfehlung

Die Behandlung mit Cantharidin ist abzulehnen. Das gilt auch für die Fontanelle.

Kosten

Die Krankenkassen bezahlen die Behandlung mit Cantharidinpflaster, nicht aber die der Fontanelle. Nach ihren Richtlinien können Heilpraktiker für diese Behandlung und für die Fontanelle 20 DM und mehr verlangen.

Lichttherapie

Geschichte

In dem Roman „Der Zauberberg" fing *Thomas Mann* die morbide Stimmung seiner Zeit ein – die Lungenheilstätte war ihm Sinnbild der gesellschaftlichen Situation. Zu Beginn des 20. Jahrhunderts waren unzählige Luftkurorte und Lungenheilstätten entstanden: Die Entdeckung, daß UV-Licht bakterientötend wirkt, gab Tuberkulosekranken neue Hoffnung.

Schon die Ärzte der Antike wußten das Licht der Sonne zu Heilzwecken zu nutzen. Doch diese Tradition geriet in Vergessenheit und wurde erst gegen

Ende des 18. Jahrhunderts in Frankreich wiederbelebt. *Christoph Wilhelm Hufeland* (1762–1836), der Leibarzt des preußischen Königs Friedrich Wilhem III., verordnete seinen Patienten Lichtbäder. 1801 entdeckte der deutsche Physiker *Johann Wilhelm Ritter* den unsichtbaren Teil des Sonnenlichts – das infrarote (IR-) und das ultraviolette (UV-) Licht. Damit begann die medizinische Erforschung dieser Lichtstrahlenanteile. Die Entdeckung der desinfizierenden Wirkung von Licht führte zu dem Gedanken, es gegen Infektionskrankheiten einzusetzen. In der Folge versuchten Ärzte, mit UV-Licht nicht nur die Haut, sondern auch Körperhohlräume und Blut (siehe HOT/UVB, Seite 278) zu bestrahlen.

Die Situation heute

Lichtbaden ist seit jeher Teil vieler Kurbehandlungen (siehe Seite 150). Etabliert ist auch die Lichtbehandlung der Gelbsucht Neugeborener und die UV-Licht-Bestrahlung bei Psoriasis und Neurodermitis. Weitgehend anerkannt ist die Lichtbehandlung bei Schlafstörungen. Die Weißlichtbehandlung der Winterdepression gilt noch als umstritten. Vom Einsatz der UV-Strahlen als Desinfektionsmittel ist man heute abgerückt. Wie gefährlich bestimmte UV-Strahlen sind, ist mittlerweile nicht nur in Fachkreisen bekannt. Trotzdem gilt Sonnenbräune nach wie vor als Zeichen von Fitneß und Gesundheit, und viele Menschen geben sich der „Bronzezeit" an Stränden und in Sonnenstudios nahtlos hin.

Die Idee dahinter

Am Sonnenlicht haben Naturheilkundige immer seine wohltuende Wirkung auf das Gemüt, auf die Widerstandskraft und auf die Haut geschätzt.

Untersuchung und Behandlung

Je nach der ärztlichen Diagnose rät der Behandler zu Sonnenbad, UV-Licht-Bestrahlung oder Bestrahlung mit weißem Licht ohne UV-Anteil.

Bei Sonnenbädern wird der ganze Körper oder werden einzelne Hautareale der direkten oder indirekten Sonnenstrahlung ausgesetzt. Üblicherweise beginnt man mit zweimal zehn Minuten am Tag, wiederholt alle zwei bis drei Tage und steigert die Dosis um zwei bis fünf Minuten pro Behandlung.

Auch UV-Bestrahlungen werden langsam ansteigend dosiert.

Weißlichtbestrahlungen werden in Kliniken durchgeführt, und zwar täglich morgens oder abends etwa eine Stunde lang. Diese Behandlung bei Schlafrhythmusstörungen dauert meist zwei Wochen.

Besonderheiten der Behandlung

- Beim Sonnenbaden den Kopf wegen der Gefahr eines Sonnenstichs nie direkt der Sonne aussetzen.
- Die Augen durch eine Brille mit getönten Gläsern schützen, die kein UV-Licht durchlassen. Optiker können nachprüfen, ob die Sonnenbrille diese Eigenschaft hat.
- Die Haut nicht länger dem Sonnenlicht aussetzen, als es der Empfindlichkeit des Hauttyps entspricht (das ist jene Zeit, die es braucht, um die Haut zu röten. Als Faustregel gilt: Je heller die Brustwarze, desto empfindlicher reagiert die Haut).
- Ausreichend trinken.

Erklärung der Wirkung

Sonnenlicht steigert das psychische Befinden, weil es die Produktion von körpereigenen Schmerzhemmern anregt. Es stimuliert die Hirnanhangdrüse und das Immunsystem und senkt den Blutdruck.

Das Sonnenlicht besteht aus Strahlen verschiedener Wellenlänge: aus dem sichtbaren Licht, aus Ultraviolettstrahlen (UV) verschiedener Wellenlänge und aus Infrarotstrahlen (IR).

Je nach Wellenlänge wirken die verschiedenen UV-Strahlen unterschiedlich: UV-A1 regt die Pigmentierung der Haut an. UV-B und UV-A2 produzieren in der Haut Vitamin D und wirken bakterizid. Langanhaltende Bräune ist eine Abwehrantwort der Haut auf UV-B-Strahlen, die Sonnenbrand hervorrufen.

Anwendungsbereiche

Befürworter setzen Lichtbehandlung ein bei Infektneigung, schlecht heilenden Hautwunden, Akne, Pilzinfektion, zur Vorbeugung von Sonnenbrand, zur Förderung der Knochenheilung nach Brüchen und anderem mehr.

Grenzen der Anwendung

Menschen mit Sonnenallergie und Pigmentmangel, mit vielen Muttermalen, Ekzemen, Entzündungen aller Art, Überfunktion der Schilddrüse, akuten Infektionskrankheiten, Magen- und Zwölffingerdarmgeschwür, Übererregbarkeit und Herz-Kreislauf-Schwäche sollten sich nicht der direkten Sonne aussetzen. Sonnenverbot haben auch diejenigen, die üblicherweise nach wenigen Minuten Sonnenbrand bekommen.

Risiken

◆ Direktes Sonnenlicht schadet der Horn- und Bindehaut des Auges und zerstört Sinneszellen der Netzhaut.

◆ UV-B- und UV-A2-Strahlen verursachen Sonnenbrand und schädigen Hautzellen. Starker Sonnenbrand kann mit Fieber einhergehen. Aus geschädigten Hautzellen kann sich Krebs entwickeln.

◆ Nur kurz ist die Zeit, in der sich die Haut selbst vor UV-Strahlen schützen kann. Sie beträgt je nach Hauttyp zwischen 10 und 20 Minuten, über den Tag verteilt. Sonnenschutzmittel mit Lichtschutz („Sunblocker") verlängern die individuelle Zeit, bis es zum Sonnenbrand kommt, um den jeweils angegebenen Faktor. Bei Sonnenschutzfaktor fünf bedeutet das, daß man fünfmal länger, also 50 bis 100 Minuten, in der Sonne bleiben kann.

◆ Die wärmenden Infrarotstrahlen, die UV-A1-Strahlen und wahrscheinlich sogar künstliches Licht verstärken die Schädlichkeit von UV-C- und UV-B-Strahlen. Licht aus Halogenlampen ohne Abdeckscheibe enthält ebenfalls schädliche UV-Strahlen.

◆ Je öfter es zu einem Sonnenbrand kommt, desto größer ist die Wahrscheinlichkeit, daß man gegerbte „Seemannshaut" bekommt und um so größer ist die Gefahr von Hautkrebs.

◆ Die Ozonschicht in der Atmosphäre hält einen Teil der ultravioletten Strahlen (den UV-C-Anteil) zurück. Diese Schutzschicht wird ständig dünner, die Löcher in der Ozonschicht wachsen. Daher sind wir immer mehr schädlichen UV-Strahlen ausgesetzt. In den letzten Jahren haben Hautkrebserkrankungen besorgniserregend zugenommen, auch die Häufigkeit von Sonnenallergien steigt.

Im Freien ist der Aufenthalt im Schatten sinnvoller als in der Sonne. Vor jedem Sonnenbrand muß gewarnt werden.

Kritik

◆ Licht wirkt aufhellend bei depressiven Menschen, es kann Rachitis vorbeugen und die Hautkrankheiten Neurodermitis und Psoriasis positiv beeinflussen. Es kann Schlafrhythmusstörungen bessern. Möglich, aber nicht erwiesen, ist ein günstiger Effekt des infraroten Lichtanteils auf Geschwürbildungen.

◆ Auch andere behauptete Heilwirkungen mit Lichttherapie sind nicht erwiesen.

◆ Nutzen und Risiko der Lichttherapie mit UV-Anteil sind schlecht abschätzbar.

Empfehlung

Bestrahlung mit blauem Licht ist bei der Gelbsucht Neugeborener unter ärztlicher Beratung empfehlenswert, ebenso die Bestrahlung mit UV-Licht bei Psoriasis und Neurodermitis . Dasselbe gilt für die Therapie mit Weißlicht in Kliniken bei Schlafrhythmusstörungen.

Lichttherapie zu anderen Zwecken kann nicht empfohlen werden.

Kosten

Die Krankenkassen erstatten die Kosten ärztlich verordneter UV- und Lichtbehandlung.

Klassische Massagen

Geschichte

Berührung ist wohl die älteste Form des Heilens: Instinktiv greifen wir an eine schmerzende Stelle, drücken oder reiben sie. Aus Berührungen haben sich in allen Kulturen Heilmassagen entwickelt, die speziell auf bestimmte Beschwerden abgestimmt wurden und auch der Geburtserleichterung dienten. Sie waren zugleich ein Versuch, krankmachende Dämonen auszutreiben. Deshalb wurden sie ursprünglich von Medizinmännern und Heilerinnen zusammen mit magischen Handlungen durchgeführt.

Die ältesten schriftlichen Anweisungen für Heilmassagen entstanden vor viereinhalbtausend Jahren und stammen aus China.

Die Griechen befreiten die Massagen von magischem Zauber. Sie massierten Sportler und Kranke mit duftenden Ölen und Salben. Über die römischen Bäder wurde diese Therapie in arabischen Kulturen bekannt.

In der christlichen, körperfeindlichen Kultur ging das volksheilkundliche Wissen über Massagetechniken fast verloren. Es wurde erst im 17. Jahrhundert wiederbelebt.

Die Situation heute

Die Vielzahl verschiedener Massagearten, die auf dem Heilmarkt angeboten werden, ist verwirrend, und keineswegs ist alles Gold, was da glänzt. Nachweislich wirksam ist die

klassische Massage: Sie wurde im vorigen Jahrhundert vom schwedischen Heilgymnasten *Per Henrik Ling* und dem holländischen Arzt *J. Georg Metzger* zu der heute gültigen Form entwickelt.

Reflexzonenmassage, bei der Handgriffe an bestimmten Hautzonen innere Organe beeinflussen können.

Diese Techniken wurden erst in den letzten Jahrzehnten entwickelt und wissenschaftlich untersucht. Die Fußreflexzonenmassage gehört nicht zu diesen Techniken, sie gilt als Außenseitermethode (siehe Seite 236).

Massagen zählen zu den ganzheitlichen Behandlungsformen, weil sie Körper und Seele gleichermaßen wohltun.

Die klassischen und die Reflexzonen-Massagearten werden von staatlich geprüften Masseuren, Krankengymnasten und Physiotherapeuten beherrscht.

Auf dem Markt der Heilmoden wird darüber hinaus eine Vielzahl unkonventioneller Massagen angeboten. Es sind Mischformen aus der klassischen Massage und aus Techniken fernöstlicher Tradition. Diese beruhen auf der Vorstellung von Energie, die im Körper zirkuliert und in Fluß gehalten werden muß (siehe Seite 165). Manche Massagespielarten sind versetzt mit magischen und esoterischen Ideen. Sie zielen meist auf die psychische Wirkung und erheben oft auch den Anspruch, „ganzheitliche Massagen" zu sein. Sie werden vor allem in privaten Instituten und New-Age-Zentren erlernt und von ihnen verbreitet. Zugelassen zur Ausbildung sind auch Personen ohne medizinische Vorkenntnisse; eine Qualitätssicherung der dann meist privat durchgeführten Arbeit gibt es nicht (siehe Auramassage, Seite 204 und Reiki, Seite 274).

Idee und Erklärung der Wirkung

Massage ist eine Reiztherapie: Der gesamte Organismus reagiert dynamisch auf ihren Reiz, der alle seine Funktionen und Selbstheilungskräfte belebt.

Die Massage beeinflußt die Nervenenden in Haut und Unterhaut. Diese leiten Empfindungen wie Wärme, Berührung, Druck, Zug, Streichen und Schmerz weiter. Schmerzhafte Griffe setzen einen „Gegenreiz", der bestehende Schmerzen für einige Zeit „auslöschen" kann. Anscheinend veranlaßt dieses Alarmsignal das Gehirn, Endorphine – das sind körpereigene, schmerzlindernde Stoffe – zu aktivieren. Zugleich fördern Massagen den Abtransport schmerzerzeugender Stoffe aus der verspannten Muskulatur. Mit Kneten und Reiben fördert der Masseur die Durchblutung, reguliert die Muskelspannung, regt den Lymphfluß und die Produktion von Gewebehormonen an.

Über Reflexbahnen wirken Reibungswärme und Druckimpulse auch ausgleichend auf die Funktion der zugehörigen inneren Organe. Massageserien regulieren die inneren Drüsen und das vegetative System. Es wird vermutet, daß Massagen auch das Immunsystem positiv beeinflussen. Menschen, deren Körpergefühl durch körperfeindliche Erziehung, verletzende Erfahrungen oder Vereinsamung gestört ist, können durch die Berührung und die Zuwendung des Behandlers neues Selbstvertrauen gewinnen.

Die Mittel

Massage ist die Sprache der Hände. Weil ein guter Masseur auch geringfügige Störungen und Verspannungen erspürt, kann er die Massage individuell gestalten und die von ihm erfühlten Gewebeveränderungen unmittelbar mit entsprechenden Griffen beeinflussen. Außerdem kann er auf die Persönlichkeit des Patienten eingehen. Massagegeräte können die tastend-fühlende Hand und die Zuwendung eines Menschen nicht ersetzen.

Hautfreundliche Öle lassen die Hände auf der Haut besser gleiten. Ätherische Zusätze sind nicht sinnvoll, sie können unter Umständen die Haut reizen.

Untersuchung und Behandlung

Jeder Massage, die zu Heilzwecken durchgeführt wird, muß eine ärztliche Untersuchung und Verschreibung vorangehen. Bei Sportmassagen und Massagen, die das Wohlbefinden steigern sollen, ist dies nicht vorgeschrieben.

Ruhe, Konzentration und Entspannung unterstützen den Erfolg jeder Massage. Der Raum soll ausreichend temperiert sein, und der Patient muß sich warm fühlen.

Die klassische Massage besteht aus fünf verschiedenen Griffarten. Mit groß- und kleinflächigen Streichungen nimmt der Masseur Kontakt zum Patienten auf. Mit Hand und Knöcheln arbeitet er immer von den Randzonen zum Körperzentrum hin. Reibend erwärmt er die Haut.

Knetende, dehnende und rollende Griffe arbeiten das Fettgewebe der Unterhaut und die Muskulatur durch. Streichungen schließen diese Phase ab. Nun folgen gezielt „eindringliche" Reibtechniken (Friktionen). Sie erreichen Muskeln, Sehnen und Bänder und lösen Verklebungen und narbige Verletzungsfolgen. Friktionen und Streichungen wechseln einander ab. Das Klopfen mit der Handkante, der hohlen Hand oder den Fingern regt das Gewebe an. Vibrationen mit der flachen Hand oder Schüttelungen runden die Massage eines Körpergebiets ab. Sie lindern Schmerzen bei

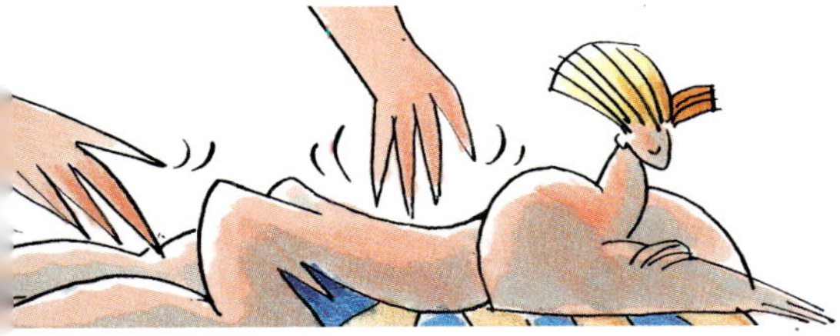

überspannten Muskeln und beruhigen. Erst dann wird das nächste, dem Körperzentrum nähere Areal behandelt. Mit streichenden Griffen beendet der Masseur jede Massage.

Manche Massage, die helfen soll, kann bisweilen schmerzen und auch kleine blaue Flecke hervorrufen. Dosiert der Masseur seine Griffe jedoch entsprechend der Konstitution des Behandelten, werden diese Erscheinungen im Verlauf einer Massageserie immer geringer werden.

Es ist wichtig, die einzelnen Massagen zu Serien von möglichst dreimal wöchentlicher Behandlung zusammenzufassen. Erst mehrere Wochen nach einer Serie spricht der Körper wieder auf Massagen an. Eine durchgehende monatelange Massagebehandlung ist nicht sinnvoll.

Massagen können andere Behandlungen – wie zum Beispiel Kuren (siehe Seite 150), physikalische Therapien oder Atemtherapie (siehe Seite 139) – unterstützen.

Zur Vorbereitung einer Massage sind wenig anstrengende Bewegungsübungen zu empfehlen. Beliebt sind jedoch Wärmebestrahlungen, heiße Packungen, Dampfbäder oder Saunabesuche. Das ist nicht sehr sinnvoll, weil sie die korrekte Massage erschweren und ihre Wirkung abschwächen. Dagegen fördern Wärmepackungen im Anschluß an die Massage deren entspannenden Effekt. Manche Patienten empfinden es als wohltuend, ihren Atem bewußt an jene Körperstellen zu lenken, die der Masseur behandelt, manche entspannen leichter bei ruhiger Musik.

Ausbildung der Behandler

Die Behandlung von Kranken ist Heilmasseuren nur unter ärztlicher Aufsicht erlaubt. Die Ausbildung zum staatlich geprüften Masseur dauert in Deutschland zweieinhalb Jahre. Sie wird mit einem Zertifikat abgeschlossen. In Österreich kann die Ausbildung zum Heilmasseur, die 210 bis 270 Stunden umfaßt und mit einer staatlichen Prüfung abgeschlossen wird, auch in Intensivkursen absolviert werden.

Die wesentlich kürzere Ausbildung zum Sportmasseur erlaubt nur die Massage an Gesunden und nur unter Aufsicht eines gewerblichen Masseurs. Wochenkurse in Masseurschulen dienen ausschließlich Hobbyzwekken, sie berechtigen nicht zur Massage in gewerblichem Rahmen.

Anwendungsbereiche

Die klassische Massage lindert Schmerzen bei rheumatischen Erkrankungen, Hexenschuß und tiefen Rükkenschmerzen, löst Verspannungen und heilt narbige Muskelveränderungen. Sie beschleunigt die Rehabilitation nach Operationen und Verletzungen am Bewegungsapparat und bei Lähmungen. Massage bessert Fehlatmung, Herzleiden, Bluthochdruck, Migräne und fördert die körperliche Entwicklung bei Kindern. Sie führt zu intensiver Entspannung und seelischer Gelöstheit und kann psychisch bedingte Funktionsstörungen der Organe heilen.

Grenzen der Anwendung

Akute Schmerzzustände im Hals-Nackengebiet dürfen nicht kräftig und hart massiert, sondern müssen zart und vorsichtig behandelt werden.

Massage darf nicht erfolgen bei Fieber, Entzündungen, Geschwüren, Hauterkrankungen, Tumoren, Bluterkrankungen, bei Thrombosegefahr, frischem Herzinfarkt, ausgeprägter Herzschwäche, im Gebiet von Arterienverschlüssen und bei starker Arteriosklerose.

Bei Fasten- und Bewegungskuren kann Massage die Struktur des Gewebes verbessern. Masseure können jedoch – entgegen der verbreiteten Meinung – nicht die Fettpolster unter der Haut beseitigen.

Variante:
Lymphdrainage

Die Lymphdrainage ist eine Variante der klassischen Massage. Sie wird mit sanft kreisendem Druck durchgeführt und hat zum Ziel, gutartige Schwellungen, die durch gestaute Lymphflüssigkeit entstehen, zu behandeln. Sie muß immer gemeinsam mit anderen physikalischen Entstauungsmethoden, wie Bandagierungen, Hautpflege, aktiven Bewegungsübungen, entstauenden Lagerungen und anderem mehr eingesetzt werden.

Die Therapie wird je nach Bedarf zweimal pro Woche bis täglich durchgeführt und umfaßt meist eine Serie von zehn Behandlungen. Sie sollte nur nach ärztlicher Anleitung und von ausgebildeten Masseuren ausgeführt werden.

Anwendungsbereiche

Bei Blutergüssen und Knochenbrüchen, nach Unfällen und chirurgischen Eingriffen, bei Ödemen und nach Thrombosen, bei Menstruationsbeschwerden und bei rheumatischen Beschwerden ist Lymphdrainage sinnvoll.

In der Nachsorge von Brustkrebsoperationen kommt der Lymphdrainage eine wichtige Rolle zu.

Grenzen der Anwendung

Lymphdrainage darf nicht angewendet werden bei akuten Entzündungen, akuten Thrombosen, bei Tuberkulose und bösartigen Erkrankungen.

Sie wird oft auch für eine Vielzahl anderer Erkrankungen wie etwa „Heufieber“, Haarausfall, Ekzeme, Neuralgien, Osteoporose und anderes mehr angeraten. Bis jetzt fehlen allerdings Belege, daß sie in diesen Fällen hilft.

Variante:

Unterwasser-Druckstrahlmassage

Mit einem Druckstrahl aus einer Wasserdüse massiert der Behandler den Patienten, der entspannt im warmen Wasserbad liegt. Bei einem Druck von 0,5 bis 1,5 atü aus kleinen Düsen wirkt der Wasserstrahl in die Tiefe des Gewebes. Mit größerem Düsenquerschnitt bis zu zwölf Millimeter ist die Massage flächig und sanfter. Der Wasserstrahl wird von der Körperperipherie allmählich Richtung Herz geführt.

Anwendungsbereiche

Hartnäckige Muskelschmerzen und -verspannungen, verzögerte Heilung nach Unfällen und funktionelle Einschränkung der Bewegung werden mit dem Wasserstrahl wesentlich gebessert.

Grenzen der Anwendung

Bei Herzschwäche, deutlichem Bluthochdruck, Arteriosklerose, Krampfadern und Thrombosen eignet sich diese Therapie nicht.

Reflexzonenmassagen

Idee und Erklärung der Wirkung

1893 entdeckte der englische Neurologe *Henry Head,* daß kranke Organe über den Weg von Nerven- und Blutbahnen Veränderungen an bestimmten Hautgebieten erzeugen. Diese klar umgrenzten Hautzonen, heute Headsche Zonen oder Dermatome genannt, schmerzen mehr als andere Hautareale. Nerven, die diese Headschen Zonen mit bestimmten inneren Organen verbinden, entspringen jeweils dem gleichen Abschnitt (Segment) im Rückenmark. Behandelt oder reizt man die Headschen Zonen, beeinflußt man über diese Nervenverbindung die zugehörigen Organe reflexiv (Segmenttheorie). Neuere Forschungen weisen darauf hin, daß darüber hinaus bestimmte Abschnitte im Gehirn mit diesen Reflexverbindungen im Zusammenhang stehen könnten: Die Schmerzforschung geht davon aus, daß im Umfeld der vierten Gehirnkammer (Hirnventrikel) gleichsam ein räumliches Abbild des Nervensystems (ein Schmerzhomunculus) besteht, und daß durch Reizung der entsprechenden Stelle an diesem Körperabbild Schmerzfreiheit in der zugeordneten Körperregion erreicht werden kann.

Diese Zusammenhänge nutzen nicht nur die Reflexzonenmassagen, zu denen die Bindegewebsmassage, die Muskelreflexzonenmassage, die Periostmassage und die Kolonmassage gehören, sondern auch Kälte-

und Wärmeanwendungen (siehe Seite 50), die Neuraltherapie (siehe Seite 254) und TENS (siehe Seite 294). Die Akupunktur- (siehe Seite 165), Moxibustion- (siehe Seite 171), Akupressur- und Shiatsubehandlungen (siehe Seite 172) aktivieren zum Teil solche Areale.

Anwendungsbereiche

Bindegewebsmassage

Fährt man bei einem Menschen, der an Magengeschwüren, einer koronaren Herzkrankheit oder an einer anderen Organerkrankung leidet, mit den Fingern über den Rumpf, so kann man – besonders am Rükken – bestimmte Zonen entdecken, die sich anders anfühlen als ihre Umgebung. In diesen Bindegewebszonen sind Haut und Unterhaut fester miteinander verbunden, manchmal sogar „verbacken". Die Krankengymnastin *Elisabeth Dicke* hat das 1929 an sich selbst festgestellt, als sie an arteriellen Durchblutungsstörungen der Beine litt. Diese Entdeckung führte zur Entwicklung der Bindegewebsmassage.

Typisch für diese Technik sind tiefe, ziehende Griffarten, die einen schneidenden Schmerz erzeugen. Die Massageserie beginnt stets in der Kreuzbeingegend, führt allmählich in Richtung Kopf und setzt sich schließlich vom Rumpf zu den Gliedmaßen hin fort.

Bindegewebsmassage eignet sich bei funktionellen Störungen innerer Organe und des Bewegungsapparates, bei Durchblutungs- oder Regelstörungen.

Wenn nach vier bis sechs Behandlungen keine Besserung erreicht ist, bringt sie keinen Erfolg.

Grenzen der Anwendung
Bindegewebsmassage darf nicht durchgeführt werden bei allen akuten Entzündungen, kurz nach einem Herzinfarkt, bei Tumoren und Psychosen.

Muskelreflexzonenmassage

Sie vereint die Bindegewebsmassage mit dem Massieren der mitbetroffenen verspannten Muskelpartien, den Maximalpunkten.

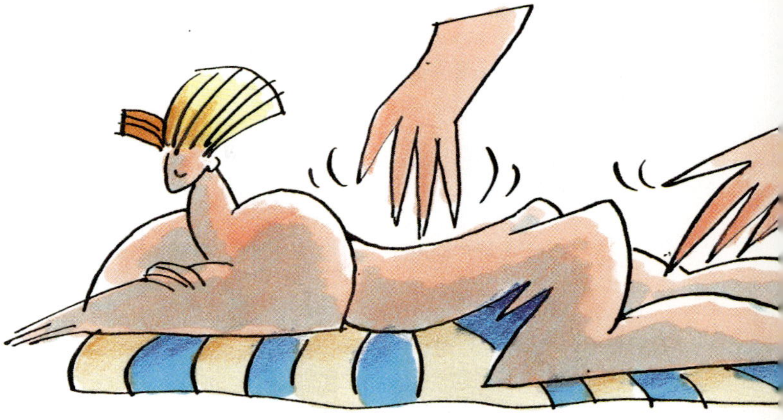

Periostmassage

Sie nutzt Reflexbahnen, die zwischen Organen und bestimmten Flächen auf der Knochenhaut (dem Periost) bestehen. Der Behandler drückt diese Stellen mit dem Fingerknöchel mit rhythmisch an- und abschwellendem Druck drei Minuten lang. So können akute Schmerzen bei Arthrosen, verschieden verursachte Rückenschmerzen und Unterschenkelgeschwüre behandelt werden und sich Krisen bei Herzkrankheiten und Magengeschwüren, Koliken der Galle und des Harntrakts bessern.

Grenzen der Anwendung
Bei Osteoporose und Tumorleiden ist Periostbehandlung fehl am Platz.

Kolonmassage

Im Rhythmus mit dem Atem des Kranken massiert der Behandler mit kreisender Bewegung fünf bestimmte Stellen des Dickdarms zwei bis vier Minuten lang. Diese Massage regt die Beweglichkeit des Darmes an und beeinflußt oftmals Verstopfung und Blähbauch günstig.

Grenzen der Anwendung
Nicht durchgeführt werden darf die Kolonbehandlung bei Entzündungen im Darm oder Bauchraum, bei Tumoren und in der Schwangerschaft.

In welchen Fällen welche Massage ?

Störungen im Bereich von Muskeln, Sehnen, Bändern	Klassische Massage
Lymphödeme	Lymphdrainage
vegetative Störungen	Bindegewebsmassage
Funktionsstörung innerer Organe	Reflexzonenmassage
lokalisierte Schmerzen	Periostbehandlung
Verstopfung, Blähungsneigung	Kolonbehandlung
Erfrischung, Vorbeugung, Kopfschmerzen, Muskelkater, geringe Organstörungen, Beschwerden bei Weichteilrheumatismus	klassische und fernöstliche Massagen (Akupressur, Shiatsu, siehe Seite 172)

Behandlung

Eine Teilmassage erkrankter Körperpartien sollte zwölf Minuten, eine Massage großer Körperpartien etwa 15 bis 20 Minuten dauern. Dieselbe Zeitspanne sollte man nachher gut zugedeckt ruhen, damit sich die Wirkung richtig entfalten kann.

Bei Fehlhaltungen sind oft viele Partien des Körpers in Mitleidenschaft gezogen. In diesen Fällen sind Großmassagen angezeigt. Sie dauern etwa eine halbe bis dreiviertel Stunde, anschließend sollte man ebenfalls ruhen.

Massagen sind Reiztherapien, deshalb reicht eine einzelne Massage kaum für eine langanhaltende Wirkung. Sollen die Körperfunktionen nachhaltig reguliert werden, müssen zwei bis drei Massagen wöchentlich durchgeführt werden. Meist sind bei klassischen Massagen mindestens sechs, bei Lymphdrainage und Reflexzonenmassagen zwölf und mehr Behandlungen notwendig.

Bei einer Behandlungsserie kann es im Rhythmus von jeweils sieben Tagen zu „Krisen" kommen – ähnlich der aus Kuren bekannten Badereaktion (siehe Seite 154).

Um auf eine neuerliche Massageserie reagieren zu können, braucht der Körper eine Ruhephase von einigen Monaten.

Massagen können bei Schmerzen mithelfen, den Bedarf an Medikamenten zu senken, sie regen den Körper zur Selbstheilung an.

Empfehlung

Medizinische Massagen sind empfehlenswert bei den oben genannten Beschwerden.

Entspannende Massagen sind empfehlenswert als Vorbeugemaßnahme.

Kosten

Die Krankenkassen übernehmen nur die Kosten ärztlich verordneter Massagen zu Heilzwecken. Massagen bei niedergelassenen Fachkräften, die keinen Kassenvertrag haben, können je nach Dauer und Angebot zwischen 30 und 100 DM kosten (Richtpreis: 1 DM pro Minute und mehr). Sie müssen privat bezahlt werden.

Adressen

Verband Physikalische Therapie
Vereinigung für physiotherapeutische Berufe e.V.
Hofweg 15
D-22085 Hamburg
Tel.: 0 40/2 20 12 36

BFI - Berufsförderungsinstitut Wien
Lehrkuranstalt Theresienbad
Hufelandstraße 3
A-1120 Wien
Tel.: 02 22/8 13 33 31

Manuelle Medizin (Osteopathie, Chiropraktik)

_Geschichte

Das Heilen mit dem Handgriff an Wirbelsäule und Gelenken ist aus vielen Kulturen bekannt. In der Volksheilkunst gaben und geben „Gliedersetzer" und „Ziehleute" ihr Wissen von einer zur anderen Generation weiter. In der medizinischen Literatur gehen Berichte über Grifftechniken bis in die chaldäische Kultur zurück.

Im vorigen xJahrhundert geriet die Kunst, mit Handgriffen zu heilen, in der europäischen Medizin in Vergessenheit. In den USA gründete 1894 der Knocheneinrichter *Andrew Taylor Still* (1828–1917) die Schule der Osteopathie. Ihn traf das Unglück, daß drei seiner Kinder an Gehirnhautentzündung starben, und er entwickelte die bizarre Theorie, daß alle Krankheiten auf Strukturfehler in Gelenken und Wirbelsäule zurückgehen. Seine Lehre breitete sich rasch aus, entwickelte sich und wird inzwischen an acht Universitäten in den USA unterrichtet. Der osteopathische Doktorgrad (D.O.), den derzeit etwa 20 000 Personen tragen, ist in den USA dem der konventionellen Universitäten (M.D.) gleichgestellt.

Daneben entwickelte sich nach 1895 in den Vereinigten Staaten eine Handgrifftechnik nach Ideen des Gemischtwarenhändlers *Daniel David Palmer* (1845–1913): die Chiropraktik. Diese Schule agierte sektenhaft und mit medizinisch unhaltbaren Vorstellungen vom „Einrenken" fehlstehender Wirbel. Erst 1987, nach weitgehenden Korrekturen ihrer Theorien, haben die Chiropraktoren – derzeit etwa 45 000 – in den USA ihre staatliche Anerkennung durchgesetzt. Kontrollen ergaben jedoch, daß von dieser Berufsgruppe häufig Fehldiagnosen gestellt werden.

Die Wirren des Zweiten Weltkriegs brachten Heilpraktiker aus Skandinavien und Deutschland, Osteopathen aus England und Chiropraktoren aus den USA mit deutschen Ärzten zusammen. Die manuelle Medizin verbreitete sich, und in den 50er Jahren gründeten sich in der Bundesrepublik zwei Vereine, die auch ostdeutsche Ärzte und Krankengymnastinnen ausbildeten. Sie favorisierten unterschiedliche Techniken und machten einander Konkurrenz. Das hat die wissenschaftliche Auseinandersetzung mit der manuellen Technik gefördert. Heute sind drei Ärzte-Fachgesellschaften im Dachverband „Deutsche Gesellschaft für Manuelle Medizin" zusammengeschlossen, die sich 1992 auf eine gemeinsame Lehre einigten. Man grenzt sich von Außenseitern ab und sucht, die Methode wissenschaftlich zu erforschen.

Die Situation heute
Manuelle Therapie hat sich in Europa als ein Zweig der Orthopädie oder der physikalischen Medizin etabliert. Seit 1973 wird sie an wenigen Hochschulen gelehrt, seit 1979 gibt es in Deutschland die Zusatzbezeichnung „Arzt für Chirotherapie". Die Chirotherapie wird als eine Methode der Schmerzlinderung und Mobilisierung von etwa 5 500 Therapeuten in Praxen und in orthopädischen, rheumatologischen und Rehabilitationskliniken angewendet. Auch in Österreich ist die manuelle Therapie anerkannt und verbreitet.

_Die Idee dahinter

Lange dachte man irrtümlich, daß Wirbel und Gelenke „ausgerenkt" oder „verschoben" seien, und daß sie mit bestimmten ruckartigen Griffen wieder in die richtige Position zu bringen wären. Heute erklärt man die Blockierung der Gelenke mit dem Bild einer Schublade, die „klemmt": Verspannte Muskeln halten die „Gelenkpartner" – die Knochen, die das Gelenk bilden – fest und behindern sie in ihrer Bewegung. Das kann auch zu Beeinträchtigungen von Gefäßen und Nervenleitungen führen.

Untersuchung und Behandlung

Der Therapeut muß Patienten vor der Behandlung über die möglichen Risiken und über alternative Therapiemöglichkeiten informieren.

Bevor der Arzt beziehungsweise Behandler „Hand anlegen" kann, muß er sich durch ein Röntgenbild über die Beschaffenheit der Gelenke informieren.

Für die Untersuchung ist es nötig, sich zu entkleiden: Die Haltung und Bewegungen des Körpers geben Auskunft über Gelenkblockaden, die der Untersucher durch Abtasten genau diagnostizieren kann.

Der Chirotherapeut kann verschiedene Behandlungstechniken wählen:

Weichteiltechniken (osteopathische Technik)

Sie werden mit dem Ziel angewendet, die verspannten Muskelgruppen zu entspannen. Dazu drückt der Behandler mit den Fingerkuppen eine Minute lang auf die tastbaren Muskelhärten – erst mit zunehmendem, dann wieder nachlassendem Druck. Zusätzlich dehnt er überspannte Muskeln längs und quer zu ihrer Faserrichtung.

Mobilisationen

Der Behandler bewegt Gelenke behutsam in ihre eingeschränkte Bewegungsrichtung. Dabei fixiert er einen Gelenkpartner und zieht die Gelenkflächen auseinander, bewegt sie parallel zueinander oder in ihrer normalerweise vorgesehenen Bewegungsweite. Dies geht langsam, rhythmisch und schmerzlos vor sich und wird so lange wiederholt, bis der „Spielraum" des Gelenks merkbar größer geworden ist. Diese Technik kann an allen Wirbelgelenken und Gelenken der Gliedmaßen durchgeführt werden.

Bei einer speziellen Technik, den Isometrics, wird der Muskel zehn Sekunden lang gegen Widerstand aktiviert und in der Entspannungsphase sanft gedehnt. Mehrmals wiederholt, beseitigt diese Form Hartspann und Bewegungseinschränkung. Zur Unterstützung können diese Übungen mit spezieller Atemtechnik kombiniert werden. Isometrics kann man unter Anleitung des Arztes lernen und selbst anwenden.

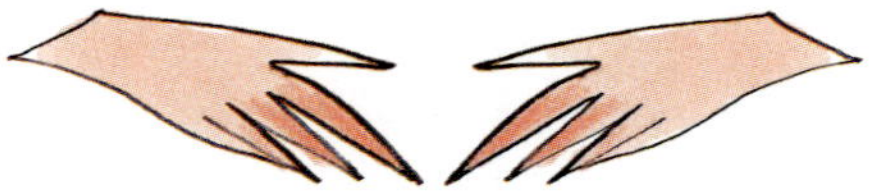

Manipulationen (chirotherapeutische Technik)

Diese Methode ist am bekanntesten. Charakteristisch ist das hörbare „Knacksen", obwohl der Arzt nur geringe Kraft aufwendet. Er gibt mit kleiner Bewegung einen raschen Impuls an das Gelenk ab. Der Impuls von nur etwa vier Kilopond Kraft wirkt auf die Nervenenden im Gelenk, in Muskeln und Sehnen, unterbricht ihre durch die Schmerzen bedingte Übererregung und löst die Blockade. Damit die Manipulation nur das gestörte Gelenk erreicht und sich nicht auch auf die umliegenden funktionierenden Gelenke auswirkt, müssen sie durch entsprechende Griffe „verriegelt" werden.

Wenn die Behandlung richtig durchgeführt wird, darf sie nicht schmerzen. Meist tritt die Erleichterung recht schnell oder im Laufe des Tages ein. Üblicherweise genügen ein bis zwei Behandlungen.

Die chirotherapeutische Manipulation sollte höchstens viermal, jeweils im Abstand von einigen Tagen wiederholt werden.

Ist das Gelenk durch drei bis vier Manipulationen nicht beweglicher geworden, sollte der Arzt die Behandlung abbrechen.

Ausbildung der Behandler

Chirotherapie wird an Universitäten kaum unterrichtet, die Ausbildung liegt in den Händen der privaten Deutschen Gesellschaft für Manuelle Medizin. Sie bildet Ärzte sowie medizinische Hilfskräfte, wie Masseure oder Krankengymnastinnen, nicht aber Heilpraktiker aus. Masseuren ist Chirotherapie verboten. Krankengymnastinnen, die ein Zertifikat erworben haben, dürfen auf ärztliche Verordnung manuelle Therapie anwenden, aber nicht eigenständig Manipulationsgriffe an der Wirbelsäule setzen.

Heilpraktikern hingegen ist die Durchführung von chiropraktischen Handgriffen erlaubt.

Erklärung der Wirkung

Gelenke und Sehnen werden von Muskeln bewegt. Sind diese übermäßig angespannt, ist das Gelenk blockiert. Die Spannung ist die Folge einer Übererregung des Sympathikusnerven. Mit dem kurzen Druck, Ruck oder der Drehung wird die überschießende Nervenerregung abgestellt, die Spannung der Muskeln sinkt, das Gelenk wird frei. Der chirotherapeutische Handgriff ist eine Art Startimpuls, der die Normalisierung anregt. Genauso wirken auch die Druckbehandlung und die sanfte Dehnung der Gelenke.

Gelenksperren führen zu Verspannungsschmerzen im Umfeld. So können vom verspannten Hals Kopfschmerzen, Schwindelgefühle, Sehstörungen oder Armkribbeln ausgehen. Da die Wirbelsäule über Nervenschaltungen mit den inneren Organen verbunden ist, können blockierte Brustwirbel auch „Pseudo-Herzschmerzen" oder Bauchbeschwerden auslösen.

Manche Chiropraktiker führen beinahe alle Beschwerden auf Probleme der Wirbelsäule zurück und glauben, sie alle über Manipulationsgriffe behandeln zu können.

Anwendungsbereiche

Chirotherapie kann helfen, wenn die Beweglichkeit des Rückens und der Glieder eingeschränkt ist. Rückenschmerzen, Muskelverspannungen und auch Beschwerden bei Tennisarm, Knie- und Hüftarthrosen lassen sich manuell mildern.

Grenzen der Anwendung

Nicht durchgeführt werden dürfen Manipulationen

◆ ohne vorhergehende Röntgenuntersuchung,

◆ wenn keine Blockierung besteht,

◆ wenn Gelenke oder Wirbelsäule krankhaft verändert, überbeweglich oder entzündet sind und hoch akut schmerzen,

◆ wenn Gelenke von einer Verletzung betroffen waren (zum Beispiel die Halswirbelsäule vom „Peitschenschlag" bei einem Auffahrunfall),

◆ bei Schwindel und bei psychisch bedingtem Leiden.

◆ Manipulationen an der Halswirbelsäule sind risikoreich und daher bedenklich.

Risiken

Weichteiltechniken und Mobilisierung sind risikoärmer als Manipulationen.

◆ Die Manipulationstechnik an der Halswirbelsäule bringt das Risiko mit sich, daß die Arterie vertebralis, die das Stammhirn versorgt, eingeengt und dieser Teil des Gehirns weniger durchblutet wird. In der Folge kann es zu Schwindel kommen und zu Erscheinungen wie nach einem Schlaganfall: zu Seh-, Sprach- und Bewußtseinsstörungen, zu Lähmungen und Tod. Das Risiko schwerer Komplikationen liegt neueren Schätzungen zufolge bei 1:100 000. Nur 10 Prozent der meist jüngeren Betroffenen erholen sich völlig, 10 bis 20 Prozent sterben und bei zwei Dritteln bleiben Dauerschäden zurück.

◆ Bei Behandlung der übrigen Wirbelsäule treten seltener Probleme auf. Bekannt geworden sind Wirbelversetzung, -bruch, Bandscheibenvorfall, Nervenlähmungen und Verschlimmerung bestehender Leiden. International sind über 30 Todesfälle bekannt geworden. Die Deutsche Gesellschaft für Manuelle Medizin hat 1979 Richtlinien zur Verhinderung von Zwischenfällen herausgegeben.

Kritik

◆ Bei Rückenschmerzen ist der Wert der Manipulationen über den Placebo-Effekt hinaus nicht belegt – sie verlaufen wechselnd und haben eine hohe Selbstheilungsrate. 40 bis 50 Prozent der Patienten sprechen nicht auf diese Therapie an.

◆ Daß viele Ärzte, Chiropraktiker, Masseure und Heilpraktiker Hand an Gelenke legen, ohne Röntgenbilder davon zu kennen oder sie richtig interpretieren zu können, erhöht das Risiko von Fehlbehandlungen. Die Lehrbücher spielen das Risiko herunter.

◆ Es fehlt der Nachweis, daß manuelle Therapien, wie von manchen Chiropraktikern behauptet wird, „ganzheitliche" Wirkung haben.

◆ Bei starker Verspannung sollte Chirotherapie sinnvollerweise durch Massagen, physikalische Behandlungen, therapeutische Lokalanästhesie und Krankengymnastik ergänzt beziehungsweise ersetzt werden. Diese Grenzen setzen sich nicht alle Chirotherapeuten.

Empfehlung

Die manuellen Therapien sind empfehlenswert, um die Gelenke der Wirbelsäule und Gliedmaßen wieder zu mobilisieren, die Muskeln zu entspannen und Schmerzen zu lindern.

Kosten

Die Krankenkassen bezahlen chirotherapeutische Behandlung beim Arzt. Bei Heilpraktikern, niedergelassenen Masseuren und Physiotherapeuten muß man mit Kosten von etwa 50 DM und mehr pro Behandlung rechnen.

Adressen

Deutsche Gesellschaft für Manuelle Medizin e.V.
Ärzteseminar Hamm-Boppard (FAC) e.V.
Heerstraße 162
D-56154 Boppard
Tel.: 0 67 42/59 17

Dr. Karl Sell Ärzteseminar Neutrauchburg
(MWE) e.V.
Am Moos 3
D-88316 Isny-Neutrauchburg
Tel.: 0 75 62/52 11

Österreichische Ärztegesellschaft für
Manuelle Medizin
Orthopädisches Krankenhaus
Speisinger Straße 109
A-1134 Wien
Tel.: 02 22/8 01 82-5 34

Bewegungstherapie

In Hunderttausenden von Jahren des Sammler- und Jägerdaseins hat der Mensch täglich 20 bis 30 Kilometer zurückgelegt und seinen Körper an hohe Beanspruchung gewöhnt. Erst vor 15 000 Jahren lernte er, seßhaft zu werden. Entwicklungsgeschichtlich ist dieser Zeitraum sehr kurz, so daß eine Anpassung der menschlichen Konstitution nicht stattfinden konnte. Dazu kommt, daß das Leben noch nie so bewegungsarm war wie heute: Mit dem Auto zur Arbeit, dort am Schreibtisch sitzen oder an der Maschine stehen, beim gemütlichen Umtrunk an der Theke lehnen, mit dem Auto heim, mit dem Aufzug in die Wohnung, das Knabbergebäck in der Hand im Fernsehsessel versinken – das hat seinen Preis.

Schlaffe oder verspannte Muskeln, ein „Faulenzer-Herz", Kreislauferkrankungen, Stoffwechselstörungen, vegetative Störungen, Haltungsfehler, Übergewicht und Schäden an Bändern, Sehnen und Knochen sind die Krankheiten unserer Zeit. Je weniger wir uns bewegen, desto geringer wird unsere Leistungsreserve.

Geschichte

Ein gesunder Geist wohnt im gesunden Körper – das war der Wahlspruch der Bildungsbürger in der Antike, die in ihren Gymnasien gleichermaßen Denken und Körper trainierten. Als erster deutscher Orthopäde erkannte *Daniel Gottfried Moritz Schreber* (1808–1861), daß der Mangel an Bewegung krank macht und des Ausgleichs bedarf. Er war als Reisearzt russischer Aristokraten dick geworden und bekämpfte die Korpulenz mit regelmäßigem Turnen. Schreber gründete einen Turnverein zur körperlichen Ertüchtigung der Jugend und entwickelte spezielle gymnastische Übungen für orthopädisch Kranke. Seine Heilanstalt genoß bald Weltruf. Und im „Schrebergarten", der seine „Erfindung" war, genießen auch heute noch Kleingärtner die Früchte der gesunden Bewegung in frischer Luft.

Bewegungstherapie wurde ein Prinzip der Naturheilkunde. Aus der rigiden Leibeserziehung von Turnvater *Friedrich Ludwig Jahn* (1778–1852) und der Ertüchtigungsbewegung des vorigen Jahrhunderts wuchs die freie Körperkultur der Zwischenkriegszeit. Sie mündete schließlich in den Körperwahn der Nationalsozialisten.

In der Nachkriegszeit wurde Sport zur dominierenden Freizeitbeschäftigung und boomte in den 80er Jahren.

Die Situation heute

Inzwischen haben In-Sportarten die Massenbewegung abgelöst, passive Erlebnisformen des Körperkults verdrängen die Eigenaktivität. Nur noch 38 Prozent der Bevölkerung betreiben regelmäßig oder gelegentlich eine Sportart. Leider hören viele mit der sportlichen Betätigung auf, bevor sie richtig begonnen haben.

Je größer der allgemeine Bewegungsmangel, desto höheren (Unterhaltungs)Wert genießt der Sport in unserer Gesellschaft: Leistungssportler siegen in den Stadien stellvertretend für die Zuschauer und kämpfen als Werbeträger eher für den Absatz der modischen Ausrüstungen als für die Freude an der Bewegung. Daneben hat sich, aus Amerika kommend, die Fitneß-Welle verbreitet. In Fitneß-Centern und auf Jogging-Strecken trimmt man häufig mehr „auf Leistung" als auf Kondition.

Der Leistungssport befriedigt auf Dauer nur wenige und fördert Verletzungen. Deshalb raten immer mehr Ärzte zu Ausdauertraining. Richtig betrieben, ist es ein ideales Mittel für dauernde Fitneß und Lebensfreude. Überdies kann es einer Vielzahl von Krankheiten vorbeugen und damit auch die Allgemeinheit entlasten: Die verbreiteten Bewegungsmangelkrankheiten verschlingen heute bereits 20 Prozent der gesamten Gesundheitskosten.

Kranken- bzw. Heilgymnastik

Sie dient weniger der Vorbeugung und dem Gegensteuern von Zivilisationskrankheiten als der gezielten Behandlung und Linderung bei bereits bestehenden akuten oder chronischen Erkrankungen beziehungsweise der Rehabilitation nach Unfall, Krankheit oder Operation. Sie wird unter Anleitung von Krankengymnasten und ausgebildeten Physiotherapeuten durchgeführt. Unter wissenschaftlicher Kontrolle hat sie sich zu einer Säule der modernen Medizin (Physiotherapie) entwickelt. Die Krankengymnastik umfaßt planmäßig abgestufte

- passive Maßnahmen, wie etwa bestimmte Lagerung, Massage (siehe Seite 77) und passive Dehnübungen, sowie
- aktive körperliche Bewegungsübungen, um Schäden des Bewegungsapparates vorzubeugen und zu beseitigen, Kreislauf- und Lungenfunktionen zu unterstützen, das Rückfallrisiko zu verringern und bei Herzinfarkt und Schlaganfall den Alltag besser zu bewältigen. Die Übungen tragen auch zur Besserung neurologischer Probleme bei, helfen bei zerebralen Bewegungsstörungen von Kindern, bei chronischer Verstopfung und Harninkontinenz. Sie können in der Schwangerschaft und im Wochenbett unterstützen.

Spezielle Formen sind zum Beispiel die Atemgymnastik (siehe Seite 140), Unterwassergymnastik und die Reittherapie gegen Haltungsschäden und bei Bewegungsstörungen.

Die Idee dahinter

Je besser eigenaktive Bewegung in den persönlichen Lebensstil eingepaßt wird, desto wirkungsvoller für die Gesundheit. Wer mit dem Fahrrad statt dem Auto unterwegs ist, wer das Treppensteigen der Fahrt mit dem Aufzug vorzieht, wer sich regelmäßig mit Gartenarbeiten beschäftigt und den Halbstundenspaziergang in den Tagesablauf integriert, sorgt bereits für ein gerüttelt Maß an Fitneß. Bewegung sollte zur lieben Gewohnheit werden. Das gilt schon für das Kinderalter, denn unter den Zehnjährigen leidet bereits jedes fünfte Kind unter Haltungsschäden.

Ziel des Bewegungstrainings ist nicht die Spitzenleistung, sondern die allgemeine Steigerung der körperlichen Leistung und Anpassungsfähigkeit.

Mittel und Ziele

Gesunden Menschen verlangt Bewegungstherapie Vernunft und Weitblick ab, fordert eine neue, aktive Haltung und braucht ausreichend Motivation zum Durchhalten. Wichtig ist die richtige Dosierung: angemessene Bewegung fördert, Übertreibung schadet.

Für die Gesunderhaltung müssen Ausdauer, Kraft, Koordination und Beweglichkeit trainiert werden.

Ausdauertraining: Ihm kommt besondere Bedeutung zu. Es soll den Muskel so belasten, daß er seinen Sauerstoffbedarf gerade noch aus dem Blut decken kann. (Das wird aerober Stoffwechsel genannt.) Der „Muskelkater" nach Überlastung ist eine Entzündungsreaktion der Muskelfibrillen auf eine ungewohnt hohe Belastung. Die Belastung muß also dem jeweiligen Trainingszustand angepaßt werden.

Die Trainingsabstände müssen so gewählt werden, daß mindestens drei- bis viermal pro Woche eine Belastung über wenigstens 20, besser 30 Minuten erfolgt, weil nur bei dieser Zeitdauer der gewünschte Effekt auf den (Fett-)Stoffwechsel (und den gewünschten Anstieg des HDL-Cholesterins) erreicht wird. Nur so erwirbt man die für den Körper wichtigen Verbesserungen tatsächlich.

Koordination: Die Geschicklichkeit und Gewandtheit unserer Bewegungen nimmt ohne Training schon vom ersten Lebensjahrzehnt an kontinuierlich, im Alter deutlich ab. Trainiert man die Koordination der Bewegungen, ist man länger vor Stürzen und anderen Unfällen geschützt.

Beweglichkeit: Ob Gelenke mobil bleiben, hängt von ihrer Beschaffenheit ab, vom Umfang und der Dehnungsfähigkeit der Muskeln, Bänder und Sehnen. Ist die Gelenkigkeit eingeschränkt, können einfache Arbeiten wie das Zubinden der Schnürsenkel zur Qual werden. Ausdauertraining erhält die Beweglicheit, mit gezielter Krankengymnastik kann sie gefördert werden.

Tempo und Kraft: Schnelligkeitstraining ist für die Gesunderhaltung von Muskeln, Herz und Lunge nicht wesentlich. Auch Krafttraining bringt kaum etwas, wichtig ist aber die Kräftigung bestimmter Muskelgruppen, zum Beispiel der die Wirbelsäule tragenden Rücken- und Bauchmuskeln bei Rückenschmerzen. Das gelingt ebenfalls mit Ausdauertraining und gezielter regelmäßiger Krankengymnastik.

Durchführung

Bevor man mit dem Training beginnt, sollte man sich ärztlich untersuchen lassen – zumindest, wenn man an einer chronischen Erkrankung leidet, gerade eine Krankheit überstanden hat, nach langer Pause und jenseits des 35. Lebensjahres neu einsteigt. Es sollte die Funktion der Muskeln, der Lunge und des Herzens untersucht werden.

Mit der Belastung auf dem Fahrradergometer stellt der Arzt die Sporttauglichkeit fest. Hierbei werden Blutdruck, Puls und Herzrhythmus gemessen.

Der Pulsschlag ist der einfachste Hinweis für die Grenzen der individuellen Belastbarkeit. Als Maßeinheit für die Ausdauerbelastung von mindestens zehn Minuten gilt die Pulsfrequenz von 190 minus Lebens-

Ausdauertraining richtig gemacht

◆ Wärmen Sie sich vor dem Training mit Dehnungsübungen auf, und beginnen Sie langsam.

◆ Vermeiden Sie übertriebenen Ehrgeiz. Brechen Sie das Training ab, wenn Sie erschöpft sind, auch wenn Sie Ihr „Pensum" noch nicht erreicht haben. Ihre Kondition ist nicht jeden Tag gleich gut.

◆ Verzichten Sie bewußt auf Spurts, lassen Sie die Bewegung langsam ausklingen, und sorgen Sie für ausreichende Ruhepausen.

◆ Die Stärke des Trainings ist richtig gewählt, wenn die Pulsfrequenz zunächst ansteigt und dann auf dem Niveau bleibt. Messen Sie den Puls fünf Minuten nach Trainingsbeginn und am Ende jeweils eine Minute lang. Der Puls läßt sich am einfachsten an der Halsschlagader oder am inneren Handgelenk messen. Unter den elektronischen Meßgeräten sind jene am besten, die man als Armbanduhr tragen kann, und bei denen eine Elektrode auf der Brust befestigt wird. Ein Ergometer für zu Hause muß nur zwei Funktionen erfüllen: Es muß laufend die Pulsfrequenz messen, und die Wattzahl muß regulierbar sein.

◆ Übungen, die weniger als sechs Minuten dauern, sind sinnlos, täglich zehn Minuten sind empfehlenswert.

◆ Je häufiger und länger Sie trainieren, desto leistungsfähiger werden Sie. Sie können die Anforderungen nach jeder Leistungssteigerung entsprechend erhöhen.

◆ Die günstigen Auswirkungen des Trainings auf die Gesundheit lassen sich nicht „konservieren". Sie sollten das Trainingspensum kontinuierlich durchführen.

alter, nur bei unter Dreißigjährigen darf der Puls auf 220 Herzschläge minus Lebensalter ansteigen.

Als Maß für die Belastbarkeit hat sich die Formel bewährt: „Lerne laufen ohne zu schnaufen." Das Tempo wird also so gewählt, daß man sich beim Laufen mit dem Partner gemütlich unterhalten kann.

Erklärung der Wirkung

Ausdauertraining wirkt auf den gesamten Organismus. Es verbessert schon nach wenigen Wochen die Aufnahme von Sauerstoff in den Muskeln und vergrößert das Muskelvolumen. Es stärkt auch den Herzmuskel und verlangsamt den Herzschlag, verbessert die Durchblutung des Herzens wie der Lunge. Der Fettstoffwechsel wird durch den Anstieg des schützenden HDL-Cholesterins günstig beeinflußt. Bänder und Sehnen werden reißfester, der gesamte Stützapparat wird gestärkt, die Gefahr von Knochenbrüchen sinkt.

Ausdauertraining beruhigt das vegetative Nervensystem und reduziert die Ausschüttung von Streßhormonen. Im Körper des Trainierten ist die Leberfunktion gestärkt, sind die insulinproduzierenden Zellen der Bauchspeicheldrüse entlastet, werden die Hormone sparsamer verbraucht. Trainierte ertragen die täglichen Belastungen und Streß leichter; ihre geistige Leistungsfähigkeit nimmt zu, altersbedingter Abbau der Hirnleistungsfähigkeit wird deutlich verlangsamt.

Ausdauertraining wirkt heilsam bei Krankheiten: Es lindert bei Rheuma die Morgensteifigkeit und Verkrümmung der Finger; bei Diabetes mellitus kann es den Blutzuckerspiegel senken und erhöhte Blutfettwerte reduzieren; Depressivität und nervöse Störungen schwinden, die Stimmung wird ausgeglichen.

Ausdauertraining beugt den negativen Erscheinungen des Alterns vor: Die Sinnesorgane bleiben länger fit, die Beweglichkeit hält länger an, das Osteoporoserisiko geht zurück.

Anwendungsbereiche

Ausdauertraining kann den gesamten Organismus für größere Belastungen wappnen und nach überstandenen Krankheiten wieder in Schwung bringen, das Risiko nach einem Herzinfarkt oder Schlaganfall verringern und den Körper bei bestehenden Beeinträchtigungen oder altersbedingtem Abbau möglichst leistungsfähig halten. Das neu gewonnene Körpergefühl kann sich auch auf Geist und Seele positiv auswirken.

Die in der Auswahlliste genannten Sportarten beanspruchen große Anteile der Gesamtmuskulatur, lassen sich leicht nach dem persönlichen Bedarf dosieren und sind relativ risikoarm. Um fit zu bleiben, genügen dreimal in der Woche je 30 Minuten Ausdauersport, dem persönlichen Vermögen angepaßt.

Es ist zu empfehlen, das Training unter Anleitung ausgebildeter Fachleute zu beginnen.

Maßnahmen zur Rehabilitation sollten so früh wie möglich eingesetzt werden.

Ausbildung der Trainer

Die Ausbildung in Krankengymnastik ist in Deutschland in der Ausbildung zum Physiotherapeuten integriert, in Österreich als ein eigener, mehrjähriger, staatlich geregelter Lehrgang organisiert. Sie wird mit einer staatlichen Prüfung abgeschlossen. Die anspruchsvolle Ausbildung zum Sportlehrer ist ebenfalls geregelt und findet an Sporthochschulen statt. Sporttrainer werden von Sportvereinen und verschiedenen privaten Institutionen ausgebildet, ihre Qualifikation ist entsprechend unterschiedlich.

Welche Sportart ist geeignet?

◆ Wählen Sie die Sportart, auf die Sie am meisten Lust haben, und teilen Sie Ihre Freude daran mit Freunden – das hält Sie am ehesten „bei der Stange". Auch Ihr Alter, Gesundheits- und Trainingszustand bestimmen, welche Sportart für Sie die beste ist.

◆ Gymnastik sollte zum täglichen Übungsprogramm gehören. Mindestens sechs bis zehn Minuten.

◆ Für Neu- und Wiedereinsteiger ab dem vierten Lebensjahrzehnt eignen sich am besten sportliches Wandern, Bergwandern und Dauerlauf beziehungsweise „Trimm-Trab". Das ist ein langsamer Lauf, der aufbauend alle 3, 6, 12, 30 und 60 Minuten von dreiminütigen Gehphasen unterbrochen wird.

Beim Laufen über zehn Kilometer – die Geschwindigkeit spielt kaum eine Rolle – verbraucht man 700 Kilokalorien, beim Gehenderselben Strecke etwa die Hälfte.

In Deutschland gibt es über 2 500 Lauftreffs, in denen Übungsstunden nach den Grundsätzen der Sportmedizin zusammengestellt werden und in Gruppen traininert wird.

◆ Leistungsorientiertes „Joggen" ist dagegen nicht zu empfehlen.

◆ Radfahren und Schwimmen sind ideale Ausdauersportarten.

◆ Skilanglauf, Rudern, Schlittschuhlaufen, Rollschuhfahren, Inline-Skaten und Gymnastik mit Dauercharakter sind ebenfalls günstig.

Gehen und laufen

Beides ist gut für Ungeübte, die ihren Kreislauf fit halten und die Laune heben wollen. Wichtig ist die Strecke, nicht die Zeit, in der man sie schafft. Festes Schuhwerk mit griffiger Sohle und stabilem Fersenteil geben dem Fuß Halt. Gehen und laufen auf weichem Wald- und Wiesenboden schonen den Stützapparat und steigern die körperlichen Anforderungen ebenso wie den Erlebniswert.

Radfahren

In der Ebene läßt sich erst dann ein Trainingseffekt erzielen, wenn man sehr schnell fährt, das Überwinden von Steigungen ist wirksamer. Radfahren beeinflußt die Stimmung günstig, wirkt Streßbelastungen entgegen und fördert die Tätigkeit des Kreislaufs. Dabei schont es Hüft-, Knie- und Fußgelenke sowie den Stützapparat. Allerdings belastet es das Herz (Vorsicht Herzkranke) und Menschen, die ein Wirbelsäulenleiden haben. Empfohlen werden Räder, die eine eher aufrechte Sitzhaltung ermöglichen.

Schwimmen

Schwimmen wirkt auf den gesamten Organismus, es entspannt und hebt das Lebensgefühl.

Der Kältereiz des Wassers stimuliert die Durchblutung und die Temperaturregulation. Durch den Auftrieb gelingt jede Bewegung im Wasser besser, deshalb ist Schwimmen bei allen degenerativen Gelenk- und Muskelerkrankungen besonders günstig und beugt dem allgemeinen Verlust der Leistungsfähigkeit vor. Es erleichtert Asthmakranken die Atmung und hilft gegen Krampfadern. Allerdings: Diese Sportart belastet den Kreislauf stärker als bisher vermutet. Deshalb sollten Herzkranke und ältere Menschen mit Maß schwimmen. Auch falsche Schwimmtechnik kann schaden: Besonders beim Brustschwimmen können die Wirbelsäule und – durch die Grätsche – die Kniegelenke fehlbelastet werden.

Skilanglauf

Skiwandern beansprucht fast alle Muskelgruppen in gleichmäßiger Weise und beeinflußt vor allem den Stützapparat günstig, es beugt Schäden an der Wirbelsäule und an Füßen vor. Streß, Nervosität und Aggressionen werden abgebaut. Der Erlebniswert dieser Bewegung im verschneiten Gelände ist hoch, der Sport läßt sich auch in späteren Jahren leicht ausüben. Vorsicht vor der neuen Technik des Skatings, bei der man die Beine nicht nach vorne bewegt, sondern sich nach der Seite abstößt. Sie bringt die Gefahr von Zerrungen und Hüftgelenkschäden mit sich.

Gymnastik

Das gymnastische Turnen hat heute modisch klingende Namen wie Aerobic, Callanetics, Stretching und viele andere mehr. Meist werden in Fitneß-Kursen zu lauter, rhythmischer Musik unterschiedlich schwierige Übungen durchgeführt, häufig werden Gymnastikübungen mit tänzerischen Elementen kombiniert.

Je nachdem, ob die Bewegungsabläufe einseitig gestaltet sind oder alle Muskelpartien beschäftigen, ob sie abrupt oder geschmeidig durchgeführt werden, ob sie die Gelenke und Muskeln gezielt beanspruchen oder überdehnen, zerren und in ihre Grenzbereiche hinein belasten, kann das Training die Geschmeidigkeit erhöhen und die Gesundheit fördern oder aber zu Überlastungen und Verletzungen führen. Es ist also wichtig, daß ausgebildete Sportlehrer oder Physiotherapeuten (Heilgymnasten) das Training leiten. In der Gruppe und unter der Führung anspornender Trainer ist die Motivation nachweislich höher als beim Turnen daheim. Doch gymnastische Übungen lassen sich auch sehr gut in den normalen Tagesablauf einbauen, zumal keine weitere Ausrüstung notwendig ist. Tonkassetten oder Videobänder können Alleinturner anspornen. Turnen im Freien erhöht den Effekt und Erlebniswert.

Regelmäßige Gymnastik fördert die Durchblutung und baut Körperfett ab. Gezielte Übungen können bestimmte Muskelpartien stärken, den Bewegungsspielraum der Gelenke erweitern und Haltungsschäden entgegenwirken. Regelmäßiges Fitneßtraining entspannt, wappnet gegen Streß und hilft bei Depressivität.

Risiken

◆ Neueinsteiger sollten keinesfalls ohne ärztliche Gesundheitskontrolle mit Ausdauersport beginnen, Untrainierte sollten keinen anstrengenden Gelegenheitssport betreiben, Volksläufe oder Sportabzeichenprüfungen mitmachen.

◆ Die einen behaupten, Sport sei eine Garantie für längeres Leben, die anderen sagen: „Sport ist Mord". Beides ist übertrieben. Ausdauertraining erhält gesund, trägt zur Rehabilitation bei und hebt Lebensgefühl und Lebensqualität. Kleinere Verletzungen lassen sich vermeiden, wenn man seine individuellen Besonderheiten berücksichtigt.

Mannschaftsspiele bergen eine Verletzungsgefahr. Tödliche Zwischenfälle sind bei Gesundheitssport, der nach den Vorsichtsregeln durchgeführt wird, extrem selten.

Empfehlung

Ausdauertraining ist empfehlenswert. Mannschaftsspiele können nur für Trainierte empfohlen werden. Von Wettkampfspielen wird abgeraten.

Kosten

Die Krankenkassen beziehungsweise Rentenversicherungen übernehmen die Kosten ärztlich verschriebener Krankengymnastik, von Ausdauertraining nur im Rahmen von Kuraufenthalten. Die Landessportverbände und die Kassen geben Auskunft über die landesspezifischen Regelungen im Rahmen des Präventions- und Rehabilitationssports.

Die Kosten für Lauftrainings, Wandern und Schwimmen sind gering. Bei den anderen Ausdauersportarten sind die Ausrüstungen preisgünstig. Wer sich der Wahl der Sportart nicht sicher ist, kann sich zum Ausprobieren Geräte leihen.

Adressen

Auskunft über Ausdauersportarten, Vorsichtsmaßnahmen und richtiges Trainieren geben die regionalen Sektionen des Deutschen beziehungsweise des Österreichischen Leichtathletikverbands sowie

Deutscher Sportärztebund,
Handschuhsheimer Landstraße 82
D-69121 Heidelberg
Tel.: 0 62 21/40 24 21

Deutsche Gesellschaft für Physikalische Medizin und Rehabilitation
Medizinische Hochschule Hannover
Konstantin Gutschow Straße 8
D-30625 Hannover
Tel.: 05 11/5 32 - 41 01

Österreichische Gesellschaft für Physikalische Medizin und Rehabilitation
Hanuschkrankenhaus
Heinrich-Collin-Straße 30
A-1140 Wien
Tel.: 9 10 21/23 72

Ernährung

Geschichte

„Richtige" Ernährung war und ist eine der Säulen aller Medizinsysteme – im Westen wie im Osten, im Mittelalter so wie heute. Und immer wird geraten, eine Behandlung mittels Ernährung mit Bewegungs- und Entspannungsübungen zu kombinieren. Das bewußte Umgehen mit Körper, Geist und Seele soll letztlich zu innerer Ordnung – Gesundheit im allumfassenden Sinn – und äußerer Ordnung führen, dem Leben in Übereinstimmung mit der Umgebung. Das schließt sowohl Mitmenschen als auch die Natur ein.

Die Situation heute

Von der klassischen „Diaita" mit philosophischem Hintergrund hat sich die Diätetik, die heute als medizinisches Fachgebiet gelehrt wird, weit entfernt. Sie entwickelt vornehmlich Formen von Schon- und Krankenkost.

Daneben gibt es die Ernährungswissenschaft. Hier wird unter anderem erforscht, wie aus Speis und Trank Speckrollen werden und was das zum Beispiel mit Herzinfarkt und Diabetes zu tun hat. Was als „richtige" Ernährung gilt, ist das Produkt dieser Forschungen: eine Ernährung, die nach dem heutigen Stand des Wissens die Bedürfnisse von Körper und Psyche befriedigt, ohne Krankheiten zu begünstigen.

Den Weg zu dieser „Vollwertkost" haben Männer wie *Kollath, Bircher-Benner* und *Schnitzer* gezeigt, deren Namen mit bestimmten Ernährungsformen verbunden sind.

„Vollwertkost", „vollwertige Ernährung", „Bio", „Öko" und ähnliche Begriffe haben sich zu einem unüberschaubaren Durcheinander verwirrt. Es gibt eine ganze Reihe von vollwertorientierten Ernährungsformen, teilweise verbunden mit dem Namen desjenigen, der sie „erfunden" hat *(Bruker, Waerland, Anemueller, Evers).* Auch die Deutsche Gesellschaft für Ernährung hat Richtlinien für eine „vollwertige Ernährung" zusammengestellt. Im Unterschied zur „Vollwert-Ernährung" berücksichtigt sie jedoch nicht die ökologischen und sozialen Bedingungen, die mit dem Faktor Ernährung untrennbar verbunden sind.

Doch sollte es heutzutage niemandem mehr egal sein, ob das Nahrungsmittel, das den Eiweißbedarf großer Bevölkerungsgruppen deckt, über Tausende von Kilometern transportiert wird oder im Lande wächst. Ernährungsempfehlungen können auch die Frage beeinflussen, ob bäuerliche Landwirtschaftsbetriebe weiterhin existieren können oder nicht.

Ein in jeder Hinsicht umfassend ausgearbeitetes Ernährungskonzept ist das der „Vollwert-Ernährung" nach *v. Koerber, Männle* und *Leitzmann*. Es ist die Grundlage für die nachfolgend genannten Ernährungsempfehlungen.

Vollwert-Ernährung

Idee und Erklärung der Wirkung

Richtige Ernährung erhält und stabilisiert Grundfunktionen des Körpers wie Stoffwechsel, Kreislauf und Abwehrsystem. Gegebenenfalls muß sie diese auch erst wieder voll funktionstüchtig machen.

Falsche Ernährung trägt viel zur Entstehung von Stoffwechsel- und Kreislaufstörungen bei. Bleibt die harmonische Ordnung im Stoffwechsel gestört, entstehen chronische Krankheiten.

Stoffwechselvorgänge bestimmen auch die Immunabwehr. Lange bevor Veränderungen im Körper meß-, spür- oder sichtbar werden, hat das Immunsystem bereits auf eine Ernährung reagiert, die in irgendeiner Weise minderwertig war. Welche bedeutende Rolle die Ernährung bei der Entstehung aller Krankheiten spielt, wird klar, wenn man sich vor Augen führt, daß bestimmte Krankheiten nur Fuß fassen können, nachdem die körpereigene Immunabwehr überwunden ist.

Auch in einem weniger naturwissenschaftlichen Sinn kann man Sich-Ernähren als einen Beitrag zum Leben betrachten. Unveränderte Nahrungsmittel sind etwas Ganzes, Geordnetes, Gestaltetes. Es ist denkbar, daß sie auf den Organismus anders wirken als ihre synthetisch nachgebildeten Inhaltsstoffe, weil sie vielleicht Substanzen enthalten, deren Eigenschaften noch nicht bekannt sind. Der positiven Wirkung der sogenannten „sekundären Pflanzenstoffe" ist man beispielsweise erst in den letzten Jahren auf die Spur gekommen. Dieses sind Inhaltsstoffe von Nahrungsmitteln, die nur in sehr geringer Menge vorkommen, die aber offenbar einen nicht unerheblichen Anteil der gesundheitlichen Wirkung von pflanzlicher Nahrung ausmachen. So wirken zum Beispiel das Allicin im Knoblauch und die Isothiocyanate in Kohlgemüsen antibakteriell. Die Flavonoide, die in allen Gemüsen vorkommen, und ein Inhaltsstoff des Brokkoli sind, können krebserregende Substanzen entgiften.

Vielleicht bewirkt die Vielfalt von Substanzen, die ein Nahrungsmittel in sich vereinigt, auch anderes, als für jeden einzelnen Stoff nachzuweisen ist.

Durchführung

Vollwert-Ernährung ist die Kost, die einen Durchschnittsbürger mit jener Menge an Nährstoffen, Vitaminen und Spurenelementen versorgt, die er braucht, um gesund und leistungsfähig zu bleiben, ohne seine Gesundheit jedoch durch ein Zuviel zu gefährden. Im Idealfall stammen die Zutaten zur „Vollwert-Ernährung" aus ökologisch-kontrolliertem Anbau.

Bei der Zusammenstellung des täglichen Speiseplans hilft die auf Seite 95 abgedruckte Tabelle, die die üblichen Lebensmittel nach den Gesichtspunkten der Vollwert-Ernährung bewertet. Vollwertig zu essen bedeutet gleichzeitig: die richtige Menge. Die wiederum ist für jeden Menschen anders und hängt vor allen Dingen von der körperlichen Belastung und dem Alter ab.

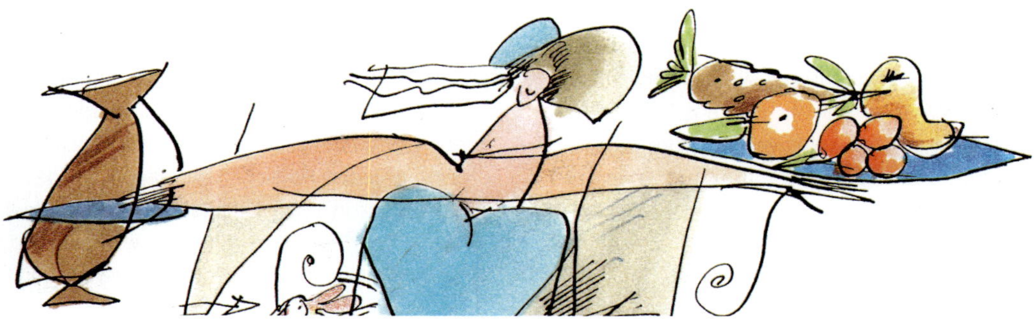

Einteilung von Lebensmitteln nach Wertstufen

Sehr empfehlenswert Etwa die Hälfte der Nahrung sollte aus diesen Lebensmitteln bestehen:	**Empfehlenswert** Etwa die Hälfte der Nahrung sollte aus diesen Lebensmitteln bestehen:	**Weniger empfehlenswert** Nicht täglich verzehren:	**Nicht empfehlenswert** Möglichst vermeiden:
Nicht erhitzte Lebensmittel	**Erhitzte Lebensmittel**	**Stark verarbeitete Lebensmittel**	**Isolierte Bestandteile von Lebensmitteln**
Gekeimtes Getreide, rohes Vollkornschrot (z.B. Frischkornmüsli)	Vollkornprodukte (z.B. Vollkornbrot, -gebäck, -nudeln)	Produkte aus Auszugsmehl (z.B. Weißbrot, Graubrot, Weißer Reis)	Stärke, Eiweißprodukte, Ballaststoffe
Rohes oder milchsaures Gemüse, rohes Obst, gekeimte Hülsenfrüchte	Erhitztes Gemüse, Gemüse- und Obstsäfte, Kartoffeln, erhitzte Hülsenfrüchte	Gemüse-, Obstkonserven, Nektare, Kartoffelprodukte	Zucker, Vitamine
Nüsse, Samen, kaltgepreßte, unraffinierte Öle, ungehärtetes Kokosfett	Ungehärtete Pflanzenmargarine mit hohem Anteil kaltgepreßter Öle	Extrahierte, raffinierte Fette und Öle	Süßigkeiten, Nährstoffpräparate, Schlankheitspräparate
Vorzugsmilch, Rohmilchprodukte	Pasteurisierte Milch(-produkte), Butter (mäßige Menge)	H-Milch, Milchpulver	Sterilmilch
–	Fisch. Wenn Eier und Fleisch, dann mäßig	Fleisch- und Wurstwaren, Fleischkonserven	Innereien, Schweineschmalz
Mineralwasser	Leitungswasser, Kräutertee, Früchtetee, Malz-, Getreidekaffee, ungezuckerter Kakao	Schwarzer Tee, Kaffee, Bier, Wein	Fruchtsaftgetränke, Limonaden, Cola-Getränke, Instant-Getränke, Spirituosen
Frische Kräuter und Samen, wenig jodiertes Meersalz	Erhitzte Kräuter und Samen, Meersalz, wenig jodiertes Kochsalz	Gewürzextrakte	Aromastoffe, Kochsalz
Rohes, süßes Obst, eingeweichtes Trockenobst	Verdünnt und in mäßiger Menge Honig, Apfel-, Birnendicksaft	Zuckerrübensirup, Melasse, Ahornsirup	Zucker, Süßstoffe

In Schlagzeilen lesen sich diese Empfehlungen so:

- Täglich viel Rohkost: Obst, Gemüse, Salat, Kräuter
- Getreide als Vollkornprodukte
- Weniger Fleisch, Wurst und Eier
- Weniger Fett
- Weniger Alkohol
- Weniger Süßes
- Weniger Kochsalz
- Für die meisten gilt generell: insgesamt weniger essen.

Etwa die Hälfte der Nahrungsmittel sollte in rohem Zustand verzehrt, die andere so schonend wie möglich zubereitet werden – das erhält auch den besonderen Geschmack jedes Nahrungsmittels.

Anwendungsbereiche

Der Weg zur Gesundheit führt nicht unbedingt durch die Apotheke, sondern sehr oft und oft sehr viel besser durch die Küche.

Vorbeugend: Eine vollwertige Kost beugt ernährungsbedingten Krankheiten vor. Dazu gehören: Übergewicht, Diabetes, Gicht, Nierensteine, Arterienverkalkung, Bluthochdruck, Erkrankungen der Verdauungsorgane, Karies.

Es gibt Hinweise, daß einige Krebsarten bei Menschen mit bestimmten Ernährungsgewohnheiten häufiger auftreten: Brust- und Darmkrebs bei fettreicher Ernährung; Darmkrebs auch bei ballaststoffarmer Ernährung.

Alles in allem resümiert die Deutsche Gesellschaft für Ernährung, daß mit einer veränderten Ernährung – mehr Obst und Gemüse, weniger Fett, weniger Fleisch, weniger Genußgifte – ein Gutteil der Krebsleiden vermieden werden könnte.

Therapeutisch: Für manche Krankheiten ist die „richtige" Ernährung die einzig sinnvolle, ursächliche Behandlung. Dazu gehören Gicht und Typ-II-Diabetes (Altersdiabetes). Speziell zusammengestellte Ernährungsformen sollen Verdauungsorgane, Stoffwechsel und Kreislauf entlasten – entweder indem sie bestimmte Nahrungsbestandteile vermeiden (zum Beispiel Fetthaltiges bei Arteriosklerose), oder indem sie einige gezielt einsetzen (zum Beispiel Ballaststoffhaltiges bei Verstopfung).

Besonders vom Fasten (siehe Seite 103) vermutet man, daß es das Immunsystem anregt. Menschen mit entzündlichem Rheuma profitieren davon, wenn sie eine Zeitlang fasten.

Eine „Krebsdiät" – welcher Art sie auch immer sein mag –, die als alleinige Maßnahme die Krankheit heilt, gibt es nicht. Im Gegenteil: Eine Radikalkost, bei der bestimmte Nahrungsmittel komplett gemieden oder bestimmte Nährstoffe im Übermaß zugeführt werden, kann manchmal das Tumorwachstum sogar noch fördern (siehe Krebstherapien, Seite 341).

Risiken

Schadstofffreie Nahrungsmittel gibt es nicht mehr. Aber durch die besonderen Bedingungen, denen sich die Produzenten in der ökologisch-kontrollierten Landwirtschaft unterwerfen, versuchen sie, die Belastung so gering wie möglich zu halten.

Folgende Maßnahmen verringern für den einzelnen die Belastung durch Schadstoffe:

◆ Jahreszeitenbezogen einkaufen, das heißt, Obst und Gemüse zu der Zeit essen, in der es im Land geerntet wird. Im Treibhaus gezogenen Produkten fehlt das Sonnenlicht, um möglichst viel Nitrat abzubauen.

◆ Nahrung abwechslungsreich zusammenstellen.

◆ Putzen, waschen, schaben und schälen entfernen etwa 80 Prozent des auf der Oberfläche abgelagerten Bleis.

◆ Innereien möglichst selten essen. In ihnen speichern sich vor allem Kadmium und Blei.

◆ Möglichst wenig tierisches Fett essen. In ihm speichern sich die organischen Halogenverbindungen zum Beispiel aus Spritzmitteln.

Empfehlung

Eine Vollwert-Ernährung ist für jeden gesunden Erwachsenen empfehlenswert. Für Säuglinge, Kinder, Schwangere, Stillende und Kranke muß diese Kostform teilweise abgewandelt werden.

Adressen

Deutsche Gesellschaft für Ernährung
Im Vogelsgesang 40
D-60488 Frankfurt/M.
Tel.: 0 69/97 68 03-0

Österreichische Gesellschaft für Ernährung
Zaunergasse 1
A-1030 Wien
Tel.: 02 22/71 21 21

Ernährung nach Kollath

Geschichte

„Laßt unsere Nahrung so natürlich wie möglich." Dieser Leitsatz stammt von dem Hygieniker und Mikrobiologen *Werner Kollath* (1892–1970). Er schuf sein Konzept einer gesunden Ernährung auf der Grundlage von Experimenten und wissenschaftlichen Untersuchungen. Seine Arbeit wurde von späteren Forschern bestätigt, weiterentwickelt und gilt als Basis der heutigen Vollwert-Ernährung (siehe Seite 94).

Die Idee dahinter

Kollath ging von der Voraussetzung aus, daß das ursprüngliche, unveränderte Produkt das Maximum an lebenswichtigen Bestandteilen enthalte. Dementsprechend teilte er Nahrungsmittel in sechs Wertstufen ein, je nachdem inwieweit sie naturbelassen oder durch Bearbeitung verändert sind. Aus dieser Einteilung ging die Tabelle auf Seite 95 hervor, die sich auf vier Wertstufen beschränkt.

Durchführung

Kollath rät, für die tägliche Ernährung vorwiegend Lebensmittel der Wertstufen eins und zwei auszuwählen. Diese Ernährungsform entspricht sowohl in der Auswahl als auch in der Zusammensetzung der Nahrungsmittel der empfohlenen Vollwert-Ernährung.

Empfehlung

Eine Ernährung nach Kollath ist empfehlenswert.

Bircher-Benner-Diät

Geschichte

Maximilian Bircher-Benner (1867–1939) „erfand" das Wahrzeichen einer ganzen Generation: das Müsli. Das Rezept dazu entlieh der Arzt einem Senn der Schweizer Berge. Ein am eigenen Leib erlebter Heilerfolg brachte Bircher-Benner dazu, pflanzliche Rohkost als „Heilnahrung par excellence" anzusehen.

Die Idee dahinter

Bircher-Benner entwickelte ein Konzept, mit dem er Energie bewertete. Sonnenlicht stand dabei an oberster Stelle, Wärme aus verbrannten Kalorien an unterster. Für ihn stellte die frische Pflanze die wertvollste Nahrung dar, weil sie das Sonnenlicht am direktesten erfahren hat und noch am meisten davon in sich trägt. Von den tierischen Nahrungsmitteln gilt nur die Milch als besonders wertvoll, weil sie die Nachkommen nährt.

Bircher-Benner sah besonders in rohen Vegetabilien eine „Ordnungsnahrung", die zusammen mit einer insgesamt „geordneten" Lebensführung Krankheiten vorbeugen und heilen könne.

Durchführung

Sie wird nach demselben Schema durchgeführt wie die Vollwert-Ernährung (siehe Seite 94).

Kritik

Die Idee von der Sonnenenergie als wertgebendem Element für Nahrungsmittel ist heutzutage nicht mehr haltbar. Allerdings entwickelte Bircher-Benner seine Ideen, noch bevor die Vitamine bekannt waren.

Insgesamt sind die Ernährungsvorstellungen von Bircher-Benner eher von dem Gedanken: „Natur ist gut" getragen als von heutigen ernährungswissenschaftlichen Erkenntnissen.

Die Diät entspricht aber sowohl in der Auswahl als auch in der Zusammensetzung der Nahrungsmittel der empfohlenen Vollwert-Ernährung (siehe Seite 94).

Empfehlung

Die vollwertige Ernährung nach Bircher-Benner ist empfehlenswert.

Schnitzer-Kost

Geschichte

Als Zahnarzt bekam der 1930 in Deutschland geborene *Johann-Georg Schnitzer* aus erster Hand zu Gesicht, was falsche Ernährung anrichten kann. In einer Gegenreaktion entwickelte er zwei rein pflanzliche Kostformen: „Intensivkost" und „Normalkost".

Die Idee dahinter

Aus der Beschaffenheit des Kauapparats schloß Schnitzer, daß die „Urnahrung" des Menschen pflanzlich gewesen sei. Also müsse auch heute noch eine rein pflanzliche Ernährungsweise die beste sein. Andere Produkte – allen voran das Fleisch – sollten die Ursache sämtlicher „Zivilisationskrankheiten" sein.

Durchführung

Bei der Schnitzer-Kost sollen grundsätzlich Nahrungsmittel aus ökologisch-kontrolliertem Anbau bevorzugt werden.

Intensivkost: Kalorienreduzierte pflanzliche Rohkost – gar nichts Gekochtes, kein Brot, keine Milch. Statt dessen soll das Frühstücksmüsli mit einem Mineralstoffpulver angereichert werden.

Nach Schnitzer sollen alle Kranken mit Intensivkost ernährt werden. Diese Kost müssen die Patienten dann doppelt so lange beibehalten, wie sie brauchen, um völlig gesund zu werden. Schnitzer zufolge soll man von dieser Kost jahrelang leben können.

Normalkost: Wie Intensivkost, aber mit Vollkornbrot und -gebäck, Käse, Vorzugsmilch, daraus hergestellter Sauermilch, Eiern, Vollreis und Kartoffeln auf den normalen Kalorienbedarf erweitert. Nur in geringer Menge erlaubt, noch besser aber zu meiden sind Obst- und Gemüsesäfte sowie Milchprodukte, die nicht aus Vorzugsmilch hergestellt sind.

Anwendungsbereiche

Schnitzer verspricht mit seiner Kost nicht nur Vorbeugung und Heilung bei sämtlichen „Zivilisationskrankheiten" einschließlich insulinpflichtigem Diabetes, sondern auch Glück und Zufriedenheit.

Risiken und Kritik

◆ Die Intensivkost birgt – auf Dauer gesehen – die typischen Risiken einseitiger Kost: Mangel an Eiweiß, Kalzium, Eisen, Jod, Vitamin B_{12}.
◆ Es gibt keinen Nachweis dafür, daß ein Typ-I-Diabetiker auf sein Insulin verzichten kann, wenn er sich mit der Intensivkost ernährt. Im Gegenteil: Dieser Anspruch kann Diabetikern ausgesprochen gefährlich werden. Das gleiche gilt für ähnliche Heilversprechen bei schweren Krankheiten.
◆ Die Normalkost ist eine Vollwert-Ernährung, wenn man auf Fleisch und Fisch entweder nicht komplett verzichtet oder die Nahrung sehr sorgfältig zusammenstellt (siehe Vegetarismus, Seite 100).

Empfehlung

Als Dauernahrung ist die Intensivkost abzulehnen. Die Normalkost ist eingeschränkt empfehlenswert.

Bruker-Kost

Geschichte

Der Internist *Max-Otto Bruker* propagiert eine Vollwertkost, die er mit eigenen und zum Teil eigenwilligen Interpretationen seiner Meinung nach „zeitgemäß" gestaltet hat.

Besonders bekannt geworden ist Bruker durch seine absolute Ablehnung des Zuckers.

Die Idee dahinter

Ähnlich der auf Seite 95 angegebenen Tabelle teilt auch Bruker Lebensmittel nach Wertstufen in drei Gruppen ein, allerdings nennt er sie anders. „Lebensmittel" sind das, was ihm als lebendig und natürlich gilt und die von ihm so genannten „Vitalstoffe" enthält: Vitamine, Spurenelemente, Mineralien, Enzyme, hoch ungesättigte Fettsäuren, Ballaststoffe, Aromastoffe. „Nahrungsmittel" und „Präparate" enthalten ihm zufolge keine „Vitalstoffe" mehr, sind „tot" und gesundheitsschädlich.

Durchführung

Wie Vollwert-Ernährung (siehe Seite 94), aber mit wesentlich strengeren Einschränkungen: Milch, Produkte daraus und Eier sollen nur beschränkt verzehrt werden. Verarbeitetes und Konserviertes sind zu meiden. Fett dagegen erscheint Bruker unbegrenzt zuträglich – wenn es nur das Richtige ist, wie zum Beispiel Butter.

Anwendungsbereiche

Bruker führt eine Vielzahl von Krankheiten ausschließlich auf falsche Ernährung zurück und erhebt den Anspruch, allein seine Vollwertkost könne Übergewicht und Verstopfung beseitigen, Rheuma, Diabetes, Leber- und Gallenerkrankungen bessern, Herz-Kreislauf-Erkrankungen und Allergien vermeiden.

Risiken und Kritik

◆ Es gibt keine „tote" Nahrung. Lebensmittel, die für Bruker durch Bearbeitungsvorgänge als „tot" gelten, sind bei Kollath teilweise in Wertstufe zwei eingeordnet (siehe Seite 95). Sie sind wichtige Bestandteile des Speiseplans. Für manche Menschen sind sie bekömmlicher als Rohprodukte.

◆ Ein Lebensmittel, das Brukers Maximalansprüchen nicht genügt (zum Beispiel H-Milch), ist noch lange nicht gesundheitsgefährdend. Das gilt auch für Zucker.

◆ Brukers Aussage: „Fett macht nicht fett" ist falsch. Die Menge macht's.

◆ Rohe Eier sind nicht gesünder als gekochte. Wenn sie mit Salmonellen infiziert sind, gilt sogar das Gegenteil: Mit rohen Eiern kann man sich infizieren; erst wenn Eiweiß und Eigelb völlig durchgegart sind, kann man sicher sein, daß alle eventuell vorhandenen Salmonellen abgetötet sind.

◆ Brukers Ablehnung aller Medikamente außer den „natürlichen" kann die Menschen gefährden, die auf solche Arzneimittel angewiesen sind. Diabetiker, Hochdruckkranke und Asthmatiker sollten sich zum Beispiel nicht auf die Wirkung der Brukerschen Ernährung verlassen, sondern weiterhin ihre Medikamente nehmen.

◆ Brukers Empfehlung, bei Zöliakie (eine Erkrankung, bei der der Darm auf einen bestimmten Getreideanteil allergisch reagiert) weiterhin Vollkornprodukte zu essen, gefährdet die Betroffenen.

◆ Bruker-Diät bringt die Gefahr mit sich, daß bei Krankheiten notwendige Behandlungsmaßnahmen versäumt werden.

Empfehlung

Die Ernährung nach Bruker ist nur für Gesunde und nur eingeschränkt empfehlenswert.

Vegetarismus

Geschichte

Die Dreiecksberechnungen des griechischen Philosophen Pythagoras (6. Jh. v. Chr.) haben unsere Mathematikstunden angereichert. Den Speisezettel hingegen haben seine Ideen eher verkürzt. Er gilt als Begründer der vegetarischen Lebensweise.

Die Idee dahinter

Früher waren es meist religiös-ethische Einstellungen, die Vegetarier veranlaßten, keine getöteten Tiere zu essen. Zunehmend häufiger kommen jetzt politische und ökologische Begründungen hinzu. Es mag nicht mehr jeder mitverantworten, daß die reichen Länder Unmengen pflanzlicher Nahrungsmittel an Tiere verfüttern, um sie dann in der „veredelten" Form ausgesuchter Fleischstücke zu verzehren, während in anderen Teilen der Welt Menschen verhungern. Der Anbau von riesigen Mengen Futtermitteln beansprucht Land, dessen Erträge sonst viel mehr Menschen satt machen könnten. Ausscheidungen (Gülle) und Darmgase (Ammoniak, Methan) der Viehherden tragen wesentlich zur Zerstörung unserer Lebensgrundlagen bei.

Durchführung

Es gibt drei Grundformen von Vegetarismus:

Ovo-Lacto-Vegetarier essen weder Fleisch noch Fisch, aber Eier und Milch sowie damit oder daraus hergestellte Produkte.

Lacto-Vegetarier meiden außer Fleisch und Fisch auch Eier.

Veganer verzichten auf jedes von Tieren stammende Produkt, auch auf Butter und Honig.

Anwendungsbereiche

Eine vegetarische Ernährung erhebt nicht den Anspruch, Krankheiten zu heilen. Doch es hat sich gezeigt, daß diese Art, sich zu ernähren, Risikofaktoren verringert.

- Vegetarier haben gegenüber Fleischessern ein um 30 bis 70 Prozent verringertes Risiko, koronare Herzkrankheiten zu erleiden. Ihr Magen-Darm-Trakt ist weniger krankheitsanfällig, Gicht ist seltener, Nierenfunktionsstörungen kommen weniger vor, an Krebs sterben nur etwa die Hälfte bis ein Drittel Vegetarier im Vergleich zur sich anders ernährenden Bevölkerung.
- Sie sind viel öfter idealgewichtig.
- Ihre Blutdruckwerte sind auffallend niedriger.
- Ihre Blutfettwerte sind niedriger.
- Die Milch von Frauen, die jahrelang vegetarisch gelebt haben, ist erheblich weniger mit Schadstoffen belastet als die anderer Frauen.

Risiken und Kritik

Vegetarier – und in stärkerem Maße die Veganer – müssen den Nährstoffgehalt der einzelnen Lebensmittel gut kennen, um keinen Mangel zu riskieren. Schwangere, Stillende und Kleinkinder sollten nicht vollkommen auf tierisches Eiweiß verzichten. Für Heranwachsende ist eine ovo-lacto-vegetabile Ernährung nur dann unproblematisch, wenn der Speiseplan hinsichtlich des Nährstoffgehalts sorgfältig zusammengestellt wird.

Eiweiß: Wer Eier und/oder Milch zu sich nimmt, deckt seinen Eiweißbedarf leicht. Vegetarier sollten öfter Hülsenfrüchte essen: Es sind die eiweißreichsten pflanzlichen Nahrungsmittel. Besonders Soja ist eine gute Eiweißquelle. Allerdings wächst die Sojabohne nicht in unseren gemäßigten Breiten, so daß die Produkte importiert werden müssen.

Eisen: Das in Pflanzen vorkommende Eisen kann der Körper schlechter aufnehmen als das aus tierischen Produkten. Trotzdem haben Männer aufgrund einer vegetarischen Lebensweise normalerweise keinen Eisenmangel. Bei vegetarisch lebenden Frauen liegt der Eisengehalt des Blutes etwa zehn Prozent unter dem von Fleischesserinnen. Trotzdem sind sie weniger anfällig für Krankheiten. Da der Eisenspeicher im Körper solcher Frauen jedoch nur schwach gefüllt ist, können sie in Zeiten erhöhten Eisenbedarfs, zum Beispiel während einer Schwangerschaft, in ein nicht mehr tolerierbares Defizit geraten.

Kalzium: Für Veganer kann die Kalziumversorgung kritisch werden.

Vitamin B_{12}: Es ist nur in tierischen und milchsauren Produkten (zum Beispiel Sauerkraut) enthalten. Allerdings haben selbst Veganer nur selten Vitamin B_{12}-Mangel. Insgesamt aber kann veganische Ernährung risikoreich sein.

Empfehlung

Vegetarische Ernährung ist empfehlenswert, wenn die Nahrung mit Bedacht zusammengestellt wird.

Die veganische Ernährung kann nicht empfohlen werden.

Haysche Trennkost

Geschichte

Eine neue Gesundheitsära – das versprachen der Amerikaner *Howard Hay* und mit ihm sein deutscher Übersetzer *Ludwig Walb* mit ihrer Ende des 19. Jahrhunderts aufgestellten Ernährungstheorie.

Idee und Erklärung der Wirkung

Hay entwickelte seine eigenen „chemischen Verdauungsgesetze". Für ihn braucht Eiweiß saure Verdauungssäfte, Kohlenhydrate benötigen basische. Werden beide Nahrungsbestandteile gleichzeitig gegessen, bleiben nach seiner Auffassung die Kohlenhydrate unverdaut und gären im Darm. Nach Hays Vorstellung entstehen dabei Säuren, und die sollen eine der wichtigsten Krankheitsursachen sein.

Fleisch, Fisch und Milch sind nach Hay konzentriert eiweißhaltige Nahrungsmittel. In diese Gruppe gehört seiner Meinung nach auch saures Obst. Kohlenhydratreiche Nahrungsmittel sind Getreideprodukte, Kartoffeln, Zucker und zuckerhaltige Lebensmittel. Als „neutral" gelten Fette, viele Gemüse und Gewürze.

Hay unterteilt Lebensmittel zudem in „basenüberschüssige" (Obst, Gemüse, Milch, Buttermilch, Joghurt, Sahne) und „säureüberschüssige" (Käse, Quark, Fisch, Fleisch, Eier, Getreideprodukte). Er meint, nur eine Ernährung im Verhältnis 80 (basisch) zu 20 (sauer) sei richtig.

Durchführung

Nach Hay dürfen bei einer Mahlzeit entweder kohlenhydratreiche und neutrale oder eiweißreiche und neutrale Lebensmittel kombiniert werden. Keinesfalls dürfen konzentriert Kohlenhydrathaltiges und konzentriert Eiweißhaltiges gleichzeitig gegessen werden.

Anwendungsbereiche

Hay versteht seine Trennkost als Krankheitsvorbeugung – auch gegen Krebs – und Heilnahrung für Kranke. Die Trennkost wird auch als Diabetes-Therapie und für Kinder empfohlen.

Risiken und Kritik

- Die von Hay postulierte Nährstofftrennung gibt es nur in seiner Theorie. Die Natur hält sich nicht daran. Sie mischt munter alle Nährstoffe.
- Was nach Hay nicht möglich ist, nämlich Eiweiß und Kohlenhydrate gleichzeitig zu verdauen, geschieht permanent im Magen-Darm-Trakt jedes Menschen.
- Die Aussage, bestimmte Krankheiten allein mit Hayscher Trennkost heilen zu können, ist nicht haltbar.
- Haysche Trennkost macht es kompliziert, sich zu ernähren, ohne daß die Mühe einen nachgewiesenen medizinischen Nutzen hätte. Eine ausgewogene Vollwert-Ernährung erhält die Gesundheit auf einfachere Weise (siehe Seite 94).

Empfehlung

Die Haysche Trennkost kann nicht empfohlen werden.

Makrobiotik

Geschichte

Makrobiotik ist Weltanschauung. Sie basiert auf der Philosophie des Zen-Buddhismus. Bekannt wurde diese Ernährungsform im Westen durch die Japaner *George Ohsawa* (1893–1966) und *Michio Kushi*.

Ohsawa entlehnte Ideen aus der Lehre des Zen-Buddhismus, die Ernährungsphilosophie ist jedoch seine eigene Erfindung. Die buddhistische Religion kennt derartiges nicht.

Idee und Erklärung der Wirkung

Zentrale Begriffe im Buddhismus sind Yin und Yang. Sie stehen für zwei einander entgegengesetzte, doch voneinander abhängige Prinzipien der Welt. Erst beide gemeinsam machen das Ganze aus. Das dynamische Gleichgewicht zwischen Yin und Yang ist Harmonie, Glück, Frieden, Gesundheit.

Auch Nahrungsmittel werden nach ihrem Yin- oder Yang-Charakter eingeteilt. Entscheidend für die Zuordnung sollen ihr Gehalt an Kalium beziehungsweise Natrium sein, aber auch ihr Wassergehalt, Farbe und Form, Zeit und Geschwindigkeit des Wachstums und so weiter.

Für Makrobiotiker ist die Ernährung dann optimal zusammengestellt, wenn das Verhältnis von Yin zu Yang fünf zu eins beträgt. Vollkorngetreide soll dieses Verhältnis aufweisen und gilt darum als ideales Nahrungsmittel.

Die ursprüngliche Form der Makrobiotik Ohsawas gipfelte in der Forderung, sich ausschließlich von Getreide zu ernähren. Es ist das Verdienst seines Schülers Kushi, daß diese extreme Ernährung zugunsten einer ausgewogeneren Vollwertkost aufgegeben wurde.

Durchführung

Die makrobiotische Standardernährung nach Kushi ähnelt in ihrer mengenmäßigen Zusammensetzung der Vollwert-Ernährung (siehe Seite 94). Allerdings lehnt Kushi viele Lebensmittel ab: Fleisch, Eier, Milch und ihre Produkte, Obst und Gemüse aus den Tropen und Subtropen, wozu auch Kartoffeln, Paprika, Auberginen und Tomaten zählen, sowie Süßungsmittel. In der Makrobiotik gilt das Gebot: Nur bei Durst trinken. Die Lebensmittel sollen aus ökologisch-kontrolliertem Anbau, möglichst aus der Umgebung stammen.

Zur makrobiotischen Ernährung von Säuglingen und Kleinkindern gibt es unter dem Namen „Kokoh" ein Gemisch aus gemahlenem Getreide, Sesamsamen und Azukibohnen zu kaufen.

Anwendungsbereiche

Makrobiotische Kost verspricht Gesundheit und ein langes Leben, Vorbeugung und Heilung aller Krankheiten, einschließlich Krebs.

Risiken und Kritik

- Eine zu geringe Flüssigkeitsaufnahme birgt die Gefahr von Nierenfunktionsstörungen.
- Wird zugleich viel Kochsalz aufgenommen, kann das lebensgefährlich sein.
- Die ausschließliche Ernährung mit „Kokoh" bringt Säuglinge und Kleinkinder in Lebensgefahr.

Die Aussagen über Gesunderhaltung und Krankheitsbekämpfung sind unhaltbar:

- Roher Reis vertreibt keine Parasiten.
- Schimmelige Nahrungsmittel sind nicht günstig für den Magen, sondern können einen der stärksten krebserregenden Stoffe enthalten.
- Makrobiotische Kost kann keinen Krebs heilen.
- Eine makrobiotische Vollwert-Ernährung ist nur möglich, wenn die Nahrung sehr sorgfältig zusammengestellt wird.

Empfehlung

Die makrobiotische Ernährung nach Kushi kann nicht empfohlen werden.

Für Kleinkinder ist die Kostform abzulehnen.

Fasten

Geschichte

Manche Religionen kennen eine Fastenzeit. Mit diesen Gebräuchen wurde oft das Wissen, was Menschen guttut, zur religiösen Forderung erhoben.

Nach solchen Regeln leben heute nur noch wenige Europäer. Doch viele haben das Nichtessen als Methode wiederentdeckt, um schnell an Gewicht zu verlieren. Diese Null-Diät – noch dazu auf eigene Faust – hat mit gesundheitsbezogenem Fasten nur wenig gemeinsam. Beim Fasten für Gesunde steht der Gedanke der körperlichen Reinigung und Umstimmung im Vordergrund, der auch mit einer geistigen Neuorientierung verbunden sein kann. Beim Heilfasten soll diese Umstimmung zusätzlich bestehende Krankheiten zumindest günstig beeinflussen, wenn nicht gar heilen.

Pionier des Heilfastens war der deutsche Arzt *Otto Buchinger*(1882–1970).

Die Idee dahinter

Fastenärzte sehen im Fasten eine biologische Entgiftung. Es soll den Effekt einer „Operation" haben, nur ohne Messer.

Eine der wichtigsten Grundideen für die Wirksamkeit des Fastens ist die der „Schlacken". Die universitäre Medizin verweist immer wieder darauf, daß es keinen Nachweis für solche Ablagerungen gibt. Auch wenn Schlacken im Mikroskop nicht sichtbar sind, so ist doch unstrittig, daß eine Fehlernährung im Körper Verhältnisse schafft, die ihm nicht guttun. In diesem Sinne soll „Entschlackung" bedeuten, Körperzellen von einem Zuviel an Eiweiß, Wasser, Säure und Giftstoffen zu befreien.

Hinsichtlich der Schlacken stellen sich Naturheilärzte folgendes vor:

Den Raum zwischen den Organen füllt das „Grundgewebe" aus. Es ist ein zellreiches, weiches Bindegewebe, in dem der Austausch zwischen den kleinsten Blutgefäßen, den Kapillaren, den Nervenzellen und den Organzellen stattfindet. In diesem Fasernetz soll der Körper alle übermäßig anfallenden Schadstoffe speichern. Mit zunehmendem Alter wird die Grundsubstanz dann zu einer Stoffwechsel-Mülldeponie. In diesen Ablagerungen sehen die Befürworter dieser Theorie die Ursache vieler chronischer Gelenk-, Gewebe- und Gefäßentzündungen.

Die Ablagerungen sollen die Transitstrecken zwischen Kapillaren und Zellen verlängern. Dadurch könnten Reaktionen häufiger werden, die sonst nicht auftreten. Angeblich begünstigt das Entstehung und Wachstum von Tumoren.

Durchführung

Die Umstimmung ist am größten, wenn sich Fasten und Kureffekt paaren – heraus aus dem Alltag, keine Arbeit, keine Familie, viel Beschäftigung mit sich selbst.

In Deutschland verlaufen Fastenkuren in etwa nach folgendem Schema:

Drei Übergangstage mit kalorienreduzierter Kost. Am ersten Fastentag „Darmreinigung", entweder mit einem Glaubersalztrunk oder als Kamilleneinlauf. Das wiederholt sich jede Woche dreimal. Hungergefühle beruhen angeblich auf einem nicht komplett entleerten Darm. Außerdem soll das Abführen verhindern, daß der Körper verstärkt Darmgifte aufnimmt.

Zwei bis drei Liter kalorienfreie beziehungsweise -arme Flüssigkeit pro Fastentag müssen sein.

Nach den ersten Tagen der Eingewöhnung belebt sich der Tagesablauf durch Gymnastik, Wandern, Schwimmen und – je nach Bedarf – physikalischen Anwendungen wie Massage, Wasseranwendungen, Elektrotherapie und so weiter. Mittags sind zwei Stunden Bettruhe Pflicht, möglichst mit heiß-feuchter Leibauflage, um die Entgiftungsarbeit der Leber zu unterstützen.

Therapeutisches Fasten soll etwa 21 Tage dauern. Übergewichtige können es erheblich länger ausdehnen. Ein normalgewichtiger Mensch überlebt ohne Nahrung etwa 60 Tage.

Unverzichtbar nach so langer Nahrungskarenz ist das Nachfasten. Am besten macht es noch einmal ein Drittel der Fastenzeit aus. In dieser Zeit wird in kleinen Schritten eine ausgewogene Vollwert-Ernährung aufgebaut.

Fastenärzte empfehlen jährlich eine Fastenkur. Das kann in Kliniken geschehen oder zu Hause unter ambulanter Betreuung durch einen Fastenarzt.

Erklärung der Wirkung

Der Körper hat eine Art Notprogramm für nahrungslose Tage. Er stellt sich auf „innere Verdauung" um. Die Hauptarbeit leisten dabei Leber und Nieren. Aber auch das Hormonsystem paßt sich dem Motto: „Energie sparen" an. Wenn die Kohlenhydratreserven verbraucht sind, greift der Körper auf sein Fett zurück. Weil sich das aber nur langsam mobilisieren läßt, müssen auch die Eiweißreserven den Energiebedarf decken. Die Gewichtsabnahme beträgt 350 bis 450 Gramm pro Tag.

Der Körper entnimmt seinen Geweben viel Flüssigkeit. Infolge der verringerten Flüssigkeitsmenge funktioniert der Kreislauf besser, das Herz hat leichtere Arbeit, und der Blutdruck sinkt. Der durch den leeren Magen geringere Druck erleichtert das Atmen.

Fasten soll aber auch den gesamten Raum des Grundgewebes „öffnen", so daß die darin abgelagerten Schlacken verdaut beziehungsweise ausgeschieden werden können.

Regelmäßiges Fasten soll die Lebenskräfte ökonomisieren und die Abwehrkräfte stärken.

Anwendungsbereiche

„Angegessene" Risikofaktoren verringern sich, und Krankheiten bessern sich beim Fasten, weil nicht mehr einwirkt, was nicht guttut. Erfolge durch Fasten wurden vermeldet bei Übergewicht, rheumatischen Krankheiten, degenerativen Gelenkerkrankungen, Bluthochdruck, Herz-Kreislauf-Erkrankungen, erhöhten Blutfettwerten, Allergien, Typ-II-Diabetes (Altersdiabetes), Gicht und Hautkrankheiten.

Bei entzündlichem Rheuma überrascht der positive Effekt von Fastenkuren immer wieder Ärzte und Patienten – ohne daß es dafür eine wissenschaftlich zufriedenstellende Erklärung gäbe.

Das Selbstbewußtsein bekommt Auftrieb, wenn jemand erlebt, daß er sich über eine so lange Zeit unter Kontrolle haben kann. Die intensive Betreuung beim stationären Fasten tut das Ihre dazu, um Fastende seelisch zu stabilisieren.

Risiken

Wer völlig kalorienfrei fastet, verliert in den ersten beiden Wochen erhebliche Mengen Eiweiß. Erst danach hat sich der Körper so umgestellt, daß er mehr Fett als Eiweiß abbaut. Über das Risiko, das die zum Teil erheblichen Eiweißverluste bedeuten können, sind sich die Mediziner nicht ganz einig.

Begleiterscheinungen beim Fasten sind:

- ◆ Alte Leiden und Beschwerden können wieder, unbekannte Befindlichkeitsstörungen neu auftreten.
- ◆ Schlafstörungen gehören zum Fasten. Die oft beunruhigend intensiven Träume können ein begleitendes Gespräch notwendig machen.
- ◆ Die Konzentration der Harnsäure im Blut steigt an. Gichtanfälle sind dadurch möglich.
- ◆ Die Monatsblutung kann sich verzögern.

Es sollten nicht fasten:

Menschen mit Blutungsneigung, mit schweren Organerkrankungen, Schilddrüsenüberfunktion, Durchblutungsstörungen des Gehirns, Typ-I-(insulinpflichtige) Diabetiker, Krebskranke, Schwangere und stillende Frauen, Kinder unter zehn Jahren.

Ältere Menschen und Kinder, Personen mit Organschäden und häufigen Infektionen sowie seelisch Belastete sollten besser eine der Fastenarten wählen, die unter „Varianten" aufgeführt sind.

Kritik

- ◆ Fastenkuren machen aus Molligen nur selten Mannequinfiguren. Da man beim Nichtsessen nicht lernt, sich ausgewogen zu ernähren, sind Langzeiterfolge selten. Allzu Schwergewichtige kann der schnelle Gewichtsverlust allerdings zum Einstieg ins ernährungsbewußte Leben motivieren.

◆ Kritiker halten eine „Entschlackung" für unbewiesen, weil sich auch die „Schlacken" nicht auffinden ließen.

◆ Daß Fasten die körperlichen Abwehrkräfte steigert, ist nicht eindeutig nachgewiesen.

◆ Die „Darmreinigung" erscheint Fastenärzten in anderen Ländern unnütz. Eine „Selbstvergiftung" durch rückresorbierte Darmgifte ist nicht nachzuweisen. Manchen Kritikern scheint, daß dieses „außen und innen Reinsein" neurotische Züge trägt.

◆ Häufige Einläufe und das mancherorts zum Abführen eingesetzte „Darmbad" bergen Gesundheitsrisiken (siehe Colonhydrotherapie, Seite 218).

Empfehlung

Fasten ist für Gesunde als Einstieg zu bewußter Ernährung eingeschränkt empfehlenswert.

Unter ärztlicher Leitung ist Fasten empfehlenswert, um Risikofaktoren zu mindern und die unter „Anwendungsbereiche" genannten Krankheiten zu lindern.

Kosten

Die Krankenkassen sind nicht verpflichtet, eine Fastenkur im Krankenhaus zu bezahlen – es sei denn, das Abnehmen müßte aus gesundheitlichen Gründen ganz besonders schnell geschehen.

Der Preis für den Aufenthalt in einer Fastenklinik richtet sich nach der Zimmerkategorie und den gewünschten Anwendungen. Pro Tag ist mit etwa 200 bis 300 DM zu rechnen.

Adresse

Ärztlicher Arbeitskreis Heilfasten
Wilhelm-Beck-Straße 27
D-88662 Überlingen
Tel.: 0 75 51/80 78 84

Variante:

Fasten nach Buchinger

Beim Buchinger-Fasten trinkt man morgens ein bis zwei Tassen Kräutertee mit Honig oder milden Schwarztee mit Zitrone. Mittags gibt es einen Viertelliter Gemüsebrühe oder Gemüsesaft. Die Nachmittagsgetränke entsprechen denen vom Morgen. Abends gibt es wieder Gemüsebrühe oder Obstsaft.

Die Getränke sind nicht völlig kalorienfrei. Dadurch sind die Stoffwechselbelastungen nicht ganz so ausgeprägt wie beim totalen Fasten. Außerdem werden mit ihnen auch einige Vitamine und Mineralstoffe aufgenommen.

Variante:

Saftfasten

Wie das Buchinger-Fasten, aber als Getränke kommen nur Obst- und Gemüsesäfte in Frage.

Variante:

Eiweißergänztes Fasten (Modifiziertes Fasten)

Beim Null-Kalorien-Fasten verliert der Organismus in den ersten beiden Wochen sehr viel Eiweiß. Das entstammt unter anderem Körperorganen, bei denen es gar nicht verringert werden soll, wie etwa dem Herzmuskel. Besonders Kranke verkraften diesen Verlust nicht immer unbeschadet.

Das läßt sich vermeiden, indem der Fastende täglich ein Quantum Buttermilch oder ein extra dafür konzipiertes Eiweißkonzentrat trinkt (Ulmer Trunk).

Der tägliche Gewichtsverlust verringert sich dadurch kaum. Vielmehr hat modifiziertes Fasten einen erwünschten Effekt: Das Defizit auf der Waage besteht zu einem größeren Teil aus abgebautem Fett als beim totalen Fasten.

Mayr-Kur

Geschichte

Der österreichische Arzt *Franz Xaver Mayr* (1875–1965) entwarf drei Arten von Regenerationskuren: Fasten nach Buchinger-Art (siehe Seite 105), Milchdiät und die milde Ableitungsdiät.

Prominentes Beispiel, wie schlank die Mayr-Kur macht und wie gesund sie erhält: Helmut Kohl. Er macht sie alle Jahre wieder.

Die Idee dahinter

Für Mayr lagen Gesundheit und Krankheit im Darm. Er fand, der moderne Mensch esse zu viel, zu oft, zu spät am Abend, der Nährstoffgehalt sei zu konzentriert, das Essen geschehe hastig, schlampig und ohne die nötige innere Sammlung.

Mayrs Meinung nach gärt zuviel Gegessenes im Darm. Daraus entstehen Alkohol und Säure. Der Alkohol soll wie beim Alkoholiker Leber, Gefäße und Nerven schädigen. Mayr meint, bei Vegetariern müßten sich Nase, Ohren, Hände und Füße blau-rot verfärben, weil der beim Vergären der reichlichen Rohkost entstehende Alkohol ihre Gefäße schädige. Mayr nannte solche Abstinenzler „endogene Alkoholiker".

Die Säure im Gewebe soll verantwortlich sein für Rheuma, Stoffwechselleiden, Gicht, Steinablagerungen und Arteriosklerose. Und wenn der Körper die Säuren durch Basen abpuffert, soll daraus ein Mineralmangel resultieren, der Karies, Osteoporose und Krampfadern nach sich ziehe.

„Fernsymptome", wie Müdigkeit, Depression, Erregbarkeit, Herz- und Kreislaufbeschwerden, Kopfschmerzen und Schwindel, sollen Zeichen dafür sein, daß die Darmgifte die Leber überfordern. Schlacken sollen sich in Muskeln und Sehnen ablagern und die Ursache für rheumatische Krankheiten sein.

In welchem Stadium der „Selbstvergiftung" sich ein Mensch befindet, sieht ein Mayr-Arzt am Bauch. Mayr erkennt nur eine bestimmte Bauchform als gesund an. Alles, was davon abweicht, verrät ihm Gesundheitsmängel beziehungsweise Schäden. Auch die Haut soll sich eignen, um die verschiedenen Stadien der „Selbstvergiftung" abzulesen.

Durchführung

Milchdiät

Der Tag des Kurenden beginnt mit einem Viertelliter lauwarmem Wasser mit Abführmittel. Zum Frühstück und mittags gibt es Brötchen. Aber altbacken müssen sie sein – drei bis fünf Tage an der Luft getrocknet. Jedes Brötchen muß ganz langsam gekaut werden. Ein Löffel Milch begleitet das Hinunterschlucken. Auf diese Weise „ißt" man bei beiden Mahlzeiten einen Viertelliter Milch. Abends gibt es keine solchen Leckereien, aber Wasser und dünner Kräutertee stehen reichlich zur Verfügung.

Täglich eine Bauchmassage, ein feuchtwarmer Leberwickel zu Mittag, Spaziergänge und Gymnastik gehören zur Kur. Sie sollte vier Wochen dauern und in einer Kurklinik stattfinden.

Diese Diät entspricht einem eiweiß- und kohlenhydratangereicherten Fasten (siehe Seite 105).

Milde Ableitungsdiät

Sie ähnelt der Milchdiät, offeriert aber mittags ein kleines Stück mageres Fleisch oder Fisch mit fettfrei zubereitetem Gemüse. Eine gewisse Monotonie ist beabsichtigt und gilt als Schonfaktor.

Die sich dann anschließende, nach Mayrs Auffassung „richtige" Ernährung besteht morgens aus einem Frühstück, eventuell mit einem Stück Obst. Das Mittagsmahl soll einfach sein, eventuell ein wenig Salat als Vorspeise. Abendessen entfällt oder ist ausgesprochen bescheiden.

Mayrs Gebote: wenig Rohkost, wenig Fett, wenig Süßes, kein Koffein, kein Alkohol, kein Nikotin, keine Zwischenmahlzeiten, aber morgens ein Glas Bittersalzwasser zum Abführen.

Erklärung der Wirkung

Bei den Diäten steht im Vordergrund, essen wieder als bewußten Vorgang zu erlernen.

Die Dauerernährung stellt vor allem auf die Idee ab, ein Gleichgewicht zwischen „sauren" und „basischen" Nahrungsmitteln zu erzielen.

Anwendungsbereiche

Chronische Erkrankungen der Verdauungsorgane Magen, Darm, Leber, Galle und Bauchspeicheldrüse, Übergewicht, Herz-Kreislauf-Erkrankungen, zu hoher oder zu niedriger Blutdruck, Erkrankungen der Atmungsorgane, entzündliches und degeneratives Rheuma, Arthrose, Hauterkrankungen, Kopfschmerzen, Migräne sind mit der Mayr-Kur beeinflußbar.

Risiken

Die Nebenwirkungen sind geringer als beim totalen Fasten (siehe Seite 103), da die Mayr-Kur durch ihren Anteil an Kohlenhydraten und Eiweiß eine Art modifiziertes Fasten ist.

Kritik

◆ Mayrs Vorstellung, was die bei der Verdauung entstehenden Säuren, Basen und der Alkohol im Körper anrichten, sind nicht zu belegen.

◆ Das Säure-Basen-Gleichgewicht in Blut und Harn stellt ein gesunder Körper selbst her. Besondere Nahrungsmittel braucht er dafür nicht. Und wie die Säure-Basen-Stoffwechselvorgänge in der einzelnen Zelle ablaufen, ist noch nicht geklärt.

◆ Eine „Selbstvergiftung" durch Darmgifte ist nicht nachgewiesen.

◆ Aus Bauchform und Körperhaltung können Krankheiten nicht diagnostiziert werden.

◆ Die Mayr-Kur ist nicht geeignet, um dauerhaft schlank zu werden. Als ständige Ernährungsform entsprechen die Mayr-Ratschläge nicht den Empfehlungen einer Vollwert-Ernährung.

Empfehlung

Die Mayr-Kur ist empfehlenswert als Abmagerungsdiät oder als modifiziertes Heilfasten.

Adresse

Gesellschaft der Mayr-Ärzte
Gesundheitszentrum am Wörther See
A-9082 Maria Wörth/Dellach
Tel.: 0 42 73/25 11-0

Schroth-Kur

Geschichte

Johannes Schroth (1800–1856) war Fuhrmann. Er beobachtete, daß Menschen weniger leistungsfähig waren, wenn sie viel tranken. Das animierte ihn, eine „Trockenkur" zu entwickeln.

Die Idee dahinter

Die Schroth-Kur soll die Selbstheilungskräfte des Körpers anregen, ihn „entschlacken" und „entgiften".

Durchführung

Drei „Trockentage" in der Woche: Reis-, Gries-, Haferspeisen; ungesalzene Brötchen aus Vollgetreide in unbegrenzter Menge; Trockenobst, Datteln, Feigen, Nüsse, Samen. Nicht mehr als ein Achtelliter Wein.

Zwei „kleine Trinktage": Ein halber Liter Wein.

Zwei „große Trinktage": Ein Liter Wein. Wasser und Fruchtsäfte sind verboten.

Während der Kur sollen feuchtwarme Wickel den Körper über die Haut entschlacken.

Erklärung der Wirkung

Der Wein soll Heilmittel sein. Er spendet schnell Energie und soll die Psyche stabilisieren.

Anwendungsbereiche

Schroth empfiehlt seine Behandlung bei Stoffwechselkrankheiten, Gicht, Erkrankungen der Verdauungsorgane, Herz-Kreislauf-Erkrankungen und bei rheumatischen Krankheiten.

Risiken und Kritik

Die Schroth-Kur kombiniert – auf verschiedene Wochentage verteilt – totales und modifiziertes Fasten miteinander (siehe Seite 105).

◆ Wird die Kur längere Zeit durchgeführt, müssen Vitamine und Mineralstoffe das Fehlende ergänzen – was Schroth verbietet.

◆ Die geringe Flüssigkeitsmenge während der Trockentage belastet den Stoffwechsel. Der Harnsäuregehalt des Blutes kann so weit ansteigen, daß Gichtanfälle auftreten.

◆ Alkohol kann während des Fastens zum Schock durch Unterzuckerung führen. Außerdem belastet er die auf Sparflamme arbeitende Leber erheblich.

Diese Kritikpunkte berücksichtigen Sanatorien und Kurkliniken heute oft, wenn sie eine Schroth-Kur anbieten. Sie geben an den Trinktagen ungezuckerten Kräutertee, Gemüsesäfte, -brühe und Trinkmolke und davon erheblich größere Mengen.

◆ Kritiker meinen, daß die Packungen den Kreislauf belasten und ungeeignet seien für Menschen mit niedrigem Blutdruck.

Empfehlung

Die Schroth-Kur ist nur empfehlenswert, wenn sie in der dem heutigen Wissensstand angepaßten Form durchgeführt wird.

Instinkt-Ernährung

Die Situation heute

1995 füllten die Berichte über eine angeblich gesunderhaltende und viele Krankheiten heilende Ernährungsform die Spalten der Presse: Die Instinkt-Ernährung als besondere Form der Rohkost-Ernährung.

Eine Variante ist als Urtherapie bekannt

Idee und Erklärung der Wirkung

Nach Meinung der Rohköstler hat sich das menschliche Verdauungssystem noch nicht an die Verwertung erhitzter Nahrung angepaßt. Durch Gegartes würde der Körper zunehmend stärker „vergiftet". Als Ausweg wird zur reinen Rohkost-Ernährung geraten.

Durchführung

Die Ernährung besteht zu zwei Dritteln aus Obst und zu einem Drittel aus Gemüse, ergänzt durch einige Nüsse oder Trockenfrüchte. Wer auf tierische Produkte doch nicht ganz verzichten will, soll sie zumindest roh verzehren. Über die Flüssigkeit hinaus, die die Vegetabilien enthalten, noch etwas zu trinken, erscheint nicht unbedingt notwendig. Wenn es aber doch gewünscht ist, wird destilliertes Wasser empfohlen.

Welches Obst, welches Gemüse man wählt, soll der Instinkt entscheiden. Wenn das Aussehen zum Hineinbeißen verlockt, der Duft betört, bietet sich in diesem Stück die nächste Mahlzeit an. Das ist natürlich nur dann möglich, wenn das Produkt nicht verarbeitet, gemischt oder gewürzt ist.

Die Kost der Urtherapie besteht ausschließlich aus Wildkräutern, Wurzeln und Obst.

Anwendungsbereiche

Eine reine Rohkost-Ernährung, besonders die, deren Bestandteile instinktiv ausgewählt werden, soll gesund erhalten und viele Krankheiten heilen.

Risiken und Kritik

◆ Die Annahme, daß sich der Körper an die Verwertung gegarter Speisen noch nicht gewöhnt habe, ist falsch. Menschen benutzen schon seit zirka 400 000 Jahren Feuer, um sich Nahrung zuzubereiten. Daß Erhitztes dem Verdauungssystem Probleme bereitet, läßt sich nicht nachweisen.
◆ Die Instinkt-Ernährung ist einseitig und kann – über lange Zeit angewandt – zu Mangelerscheinungen und Unterernährung führen. Besonders gefährdet sind Kinder, schwangere und stillende Frauen.
◆ Fleisch, Fisch und Milch grundsätzlich nur roh zu verzehren, birgt das Risiko, daß Krankheitserreger übertragen werden. Bei ihnen wie bei rohen Eiern ist besondere hygienische Sorgfalt notwendig, um die Infektionsgefahr gering zu halten.
◆ Manche Lebensmittel werden erst genießbar, wenn man sie erhitzt, manche Nährstoffe kann der menschliche Körper erst dann aufnehmen, nachdem sie durch Erhitzen verändert wurden. Das gilt zum Beispiel für Kartoffeln und Hülsenfrüchte.
◆ Das in den Vegetabilien enthaltene Wasser reicht langfristig nicht aus, um den Körper ausreichend mit Flüssigkeit zu versorgen. Besonders bei körperlichen Anstrengungen, bei Wärme und bei Fieber ist viel Flüssigkeit notwendig.
◆ Destilliertes Wasser versorgt den Körper nicht ausreichend mit lebensnotwendigen Mineralstoffen.
◆ Für die Heilungsversprechen gibt es keine wissenschaftlich akzeptablen Belege.
◆ Dem Risiko einer Mangelernährung steht kein nachgewiesener Nutzen gegenüber.
◆ Diese Kritik gilt auch für die Urtherapie.

Empfehlung

Eine reine Rohkost-Ernährung, auch in der Form der Instinkt-Ernährung oder ihrer Variante der Urtherapie ist abzulehnen.

Spurenelemente

Die Situation heute

Im Zuge der orthomolekularen Therapie (siehe Seite 268) erhöhte sich auch das Interesse an den „Spurenelementen".

Besonders die Elemente Selen, Zink und Chrom kamen in den letzten Jahren ins Gespräch, weil man hofft, daß große Mengen davon Krankheiten vorbeugen können.

Ernährungswissenschaftler richten ihr Augenmerk lieber auf die Elemente Eisen und Jod, da die Bundesbürger davon nachweislich nicht immer genügend aufnehmen und sich aus einem Mangel gravierende Gesundheitsprobleme ergeben können.

Erklärung der Wirkung

Viele der im menschlichen Körper nachgewiesenen Elemente kommen nur in Spuren vor. Von einigen ist bekannt, daß sie lebensnotwendig sind. Von anderen entdeckt man erst nach und nach, daß sie an biochemischen Reaktionen beteiligt sind. So scheint der Körper sogar Arsen in geringen Mengen zu benötigen, das als klassisches Mordgift vollkommen entbehrlich schien.

Alle bis jetzt bekannten Spurenelemente sind Bestandteil von Enzymen und Hormonen oder wirken über diese.

Für viele Elemente ist aus Tierversuchen bekannt, was ein Mangel bewirkt. Auch beim Menschen beobachtete man, daß manche Krankheiten mit geringen Blutkonzentrationen bestimmter Spurenelemente einhergehen. Inwieweit sich die Tierversuchsergebnisse jedoch auf Menschen übertragen lassen, ist oftmals fraglich. Und was bei den Beobachtungen am Menschen Ursache oder Wirkung ist, ist ebenfalls häufig noch Spekulation.

Durchführung

Es gibt durchaus Empfehlungen, täglich bestimmte Mengen Zink, Selen oder Chrom zu sich zu nehmen. Sie sind jedoch nicht durch verläßliche Forschungsergebnisse abgesichert. Bevor jemand Spurenelemente als Fertigpräparate schluckt, sollte der Mangel mittels Blutanalyse sicher nachgewiesen sein. Eine Bestimmung aus den Haaren (siehe Seite 313) reicht dafür nicht.

Mitteleuropäer, die sich ausgewogen ernähren, sind ausreichend mit Spurenelementen versorgt.

Zink: Die Deutsche Gesellschaft für Ernährung beurteilt die Versorgung der Deutschen mit Zink als „günstig".

Selen: Auch die Selenversorgung wird als gesichert angesehen, obwohl sie unterhalb der Menge liegt, die die amerikanischen Gesundheitsbehörden als optimal ansehen. Wieviel Selen jemand aufnimmt, hängt davon ab, wo die Lebensmittel, die er verzehrt, gewachsen sind. Der Selengehalt der Böden ist regional sehr unterschiedlich. Da aber zwischen den Regionen ein reger Warenaustausch stattfindet, der zudem noch durch internationale Warenlieferungen ergänzt wird, ergibt sich eine Durchmischung, bei der ein regionales Selendefizit des Bodens keine Rolle mehr spielt.

Chrom: Dieses Element ist ein Beispiel dafür, daß sich auch die Wissenschaft irren kann: 1978 stellte sich heraus, daß man sich bei Chrombestimmungen jahrzehntelang beträchtlich vermessen hatte. Welche Chrommenge der Mensch braucht und welche Menge ihm schadet, muß erst noch ermittelt werden.

Risiken

Welche Menge welchen Elements für Gesundheit und Wohlbefinden notwendig ist, ist nicht immer eindeutig festzulegen. Sicher ist allerdings: Jedes Element ist bei Überangebot giftig.

Zudem zeigt sich, daß es nicht ganz gleichgültig ist, in welchem Mengenverhältnis die einzelnen Spurenelemente zueinander stehen. Ein Zuviel des einen kann die Wirkung der anderen beeinträchtigen.

Kritik

Zink: Es gibt noch keine klinischen Untersuchungen darüber, ob eine über den normalen Bedarf hinausgehende Zinkzufuhr Krankheiten vorbeugen kann.

Selen: Das Element kann offensichtlich vor Zellveränderungen schützen, indem es die Bildung von „freien Sauerstoffradikalen" verhindert. Es kann aber auch die Immunabwehr schwächen. In einigen Tierversuchmodellen hemmt Selen das Wachstum von Tumoren, in anderen treten sie vermehrt auf. Die Studien in einem Land legen einen Zusammenhang nahe zwischen einer niedrigen Selenaufnahme und Erkrankungen der Herzkranzgefäße, in anderen Ländern, in denen die Selenversorgung noch weitaus schlechter ist, gibt es keinen solchen Zusammenhang. Was diese Widersprüche für Menschen praktisch bedeuten, ist noch unklar.

Die Spanne zwischen zuwenig und zuviel Selen ist gering. Es wurden sowohl akute als auch chronische Selenvergiftungen beobachtet, an denen bereits Menschen starben. Möglicherweise hängen diese schwerwiegenden Folgen aber auch mit dem Eiweißdefizit zusammen, das viele Menschen aufwiesen, die in Selenmangelgebieten lebten.

Chrom: Der Zusammenhang zwischen Chrom und Blutzuckerspiegel ist heute immer noch nicht eindeutig geklärt. Die Bedeutung des „Ultra-Spurenelements" Chrom für den Menschen harrt noch der Klärung.

Eine abwechslungsreiche Vollwert-Ernährung versorgt jeden ausreichend mit Spurenelementen.

Empfehlung

Es ist nicht empfehlenswert, Spurenelemente zur Krankheitsvorbeugung als Medikament zu schlucken.

„Moden" in der Ernährung

Gelée royale

Als Gelée royale wird das Produkt bezeichnet, das die Arbeitsbienen aus ihren Schlunddrüsen abscheiden. Damit werden alle Bienenlarven bis zum dritten Lebenstag gefüttert; die Bienenkönigin bekommt den königlichen Saft während ihres ganzen Lebens. Während eine Arbeitsbiene etwa 45 Tage lebt, dauert das Leben einer Bienenkönigin fünf bis sechs Jahre, in denen sie viele Tausend Eier legt. Ein langes Leben und große geschlechtliche Potenz – solche Attribute erregen die Aufmerksamkeit von Menschen. Also probierten sie Gelée royale bei sich selbst und fanden, es wirke anregend, stärkend und vitalisierend.

Diese allgemein beschreibenden Eigenschaften sind weder zu beweisen noch zu widerlegen. Wissenschaftlich akzeptierte Belege dafür, daß Gelée royale die Blutbildung anregt, rheumatische Schmerzen lindert und gegen Entzündungen wirkt, gibt es nicht. Auch aus den Bestandteilen des Bienenköniginfuttersaftes, der in qualitativer Hinsicht so zusammengesetzt ist wie Honig, läßt sich ein solcher Heilanspruch nicht ableiten.

Diese Sach- und Datenlage hat dazu geführt, daß das frühere Bundesgesundheitsamt die Anwendung von Gelée royale negativ bewertete. Die Produkte, die jetzt noch mit Gelée royale im Handel sind, gehören entweder zu den „fiktiv zugelassenen" Arzneimitteln, die noch dem Arzneischatz von vor 1978 entstammen, oder sie sind zugelassen „zur traditionellen Anwendung" (siehe Seite 22).

Honig

Als Aufstrich auf dem Frühstücksbrötchen ist er nur Lebensmittel, löffelweise eingenommen soll Honig jedoch viel mehr bewirken: die Nerven beruhigen, den Appetit und die Blutbildung anregen, die Leber schützen und Erkältungen abwehren. Für all das gibt es keinen Beleg.

Honig besteht zu 80 Prozent aus Zucker, fast 20 Prozent Wasser und winzigen Mengen Eiweiß, Mineralstoffen, Vitaminen und Enzymen. Die Kombination von über 100 weiteren Substanzen macht das typische Honigaroma aus.

Wenn Honig im Vergleich zu Zucker auch das „natürlichere" Nahrungsmittel ist, so ist das dennoch nicht gleichbedeutend mit „gesünder". Die gesundheitlichen Wirkungen des Honigs sollen vornehmlich auf seinem Gehalt an Enzymen beruhen. Diese werden jedoch von der Magensäure und den Verdauungsenzymen sehr schnell inaktiviert. Durch seine Klebrigkeit begünstigt Honig die Kariesentstehung noch mehr als Industriezucker.

Beim Einkauf von ausländischem Honig ist Vorsicht geboten. Wenn der süße Saft aus Gegenden stammt, in denen die Gefahr besteht, daß die Bienen Nektar von giftigen Azaleen und Rhododendren sammeln – zum Beispiel in der Türkei, in Griechenland, Oregon und Washington –, gelangen hochgiftige Toxine in das Bienenprodukt. Dann können schon zwei Eßlöffel davon Vergiftungserscheinungen hervorrufen. So wurden in der Antike ganze Heere kampfunfähig gemacht.

Die Einwohner der genannten Länder mischen den Honig verschiedener Blütezeiten, verdünnen damit das Gift und können ihn so unbeschadet genießen.

Kombucha

Als Kombucha bezeichnet man ein trübes, leicht moussierendes, schwach alkoholisches Getränk. Es entsteht, indem man den Teepilz – ein weiches, sich vergrößerndes Gebilde – in gesüßten Tee gibt, den der Pilz in zwei bis vier Tagen vergärt. Der Teepilz ist eine feste Gemeinschaft von Bakterien und Hefepilzen. Läßt man den Pilz längere Zeit in dem Tee stehen, entsteht milder Essig.

Die angepriesenen Heilwirkungen beruhen auf Überlieferungen aus der Volksmedizin oder auf älteren Veröffentlichungen. Neuere Untersuchungen, die derartige Wirkungen bestätigen, gibt es nicht. Von allen dem Kombucha nachgesagten Wohltaten lassen die nachgewiesenen Inhaltsstoffe am ehesten eine leicht abführende und desinfizierende Wirkung plausibel erscheinen. Ihn als Krebsmittel auszugeben, ist unverantwortlich. Für eine solche Wirksamkeit gibt es nicht die geringsten Anhaltspunkte, geschweige denn klinische Erfahrungen.

Gewagt ist es auch, Kombucha als „natürlichen Immuncocktail" auszugeben, mit der Begründung, daß die angeblich enthaltenen Hefezellen das unspezifische Immunsystem anregen. Ob solche Zellen in dem Getränk vorhanden sind und was sie im Körper bewirken, ist unklar.

Als Erfrischungsgetränk sind Kombucha-Zubereitungen akzeptabel, solange man auf Hygiene bedacht ist. Das Bundesinstitut für Arzneimittel und Medizinprodukte hat allerdings Zweifel an der diesbezüglichen Qualität.

Kombucha-Fertigprodukte sind als Lebensmittel im Handel. Es sind keine Arzneimittel.

Propolis

Mit dieser harzartigen Masse befestigen die Bienen ihre Waben. Das Kittharz gewinnen sie aus dem klebrigen Sekret, mit dem die Knospen vor allem von Birken und Pappeln überzogen sind. Es besteht zu 10 bis 20 Prozent aus Wachs, vermischt mit Harz und Balsam, in dem etwa 10 Prozent ätherische Öle gelöst sind, einem Anteil an Pollen und organischen Stoffen und Mineralstoffen.

Traditionell wird Propolis innerlich bei Entzündungen im Magen-Darm-Trakt eingenommen, äußerlich werden mit ihm Hautentzündungen behandelt. Wissenschaftlich akzeptierte Nachweise für diese Wirkungen gibt es nicht.

Propolis ist ein potenter Allergieauslöser. Besonders Menschen, die auf Bienengift allergisch reagieren, müssen Propolis gegenüber extrem vorsichtig sein. Sowohl die äußerliche als auch die innerliche Anwendung können massive allergische Reaktionen hervorrufen.

Q 10

Das Kürzel steht für „Coenzym Q 10", eine chemische Substanz, die auch unter dem Namen „Ubichinon 50" läuft. Buchstabe beziehungsweise Wort und Zahlen sagen Chemikern etwas über den Aufbau und die Struktur des Moleküls. Ubichinone heißen diese Substanzen, weil alle lebenden Zellen sie synthetisieren können (lateinisch ubique = überall). Sie kommen bei Menschen, Tieren und auch bei Mikroorganismen vor. Besonders reich an Q 10 sind Mais, Soja und Nüsse und die aus ihnen gewonnenen fetten Öle, aber auch Fleisch und Fisch (Sardine und Makrele).

Konsumenten wird angeraten, Q-10-haltige Produkte zu schlucken, um Herz- und Augenerkrankungen vorzubeugen, das Krebsrisiko zu verringern, die Abwehrlage zu verbessern und allgemein den Erscheinungen des Alterns entgegenzusteuern.

Als „Vitamin" kann man Q 10 nicht bezeichnen; eher schon ist es ein Nährstoff. Kennzeichen eines Vitamins ist unter anderem, daß der Körper davon nur sehr geringe Mengen braucht und daß er es in aller Regel nicht selbst herstellen kann. Q 10 ist jedoch keine Substanz, die von außen zugeführt werden muß, vielmehr kann der Körper sie in ausreichendem Maß selbst herstellen. Es sind auch nicht wie bei den Vitaminen geringe Mengen, die ihre Wirkung entfalten – der Körper setzt relativ große Mengen an Ubichinonen um. Mangelerscheinungen an Coenzym Q sind bisher nicht bekanntgeworden. Möglicherweise ist die körpereigene Produktion der Substanzen aber reduziert, wenn die Versorgung mit anderen Nährstoffen und Vitaminen schlecht ist.

Ubichinone sind an der Sauerstoffaufnahme der Zellen und ihrer Energieproduktion beteiligt. Zugleich haben sie die Aufgabe, im Körper freie Radikale (siehe Seite 268) abzufangen, beziehungsweise ihre Entstehung zu verhindern. Theoretisch kann man sich demnach alle positiven Eigenschaften, die solche „Radikalfänger" auszeichnen, auch für Q 10 denken. Erwiesen sind diese gesundheitlichen Wirkungen für Q 10 jedoch nicht.

Die Tatsache, daß der Körper Q 10 offenbar in ausreichender Menge selbst produziert, keine Mangelerscheinungen bekannt sind und sich Gesundheitseffekte nach der Einnahme von Q 10 nicht belegen lassen, veranlaßt die Deutsche Gesellschaft für Ernährung zur Einschätzung: „Ein unnützes Präparat."

Stutenmilch

Die sanfte Roßkur soll wahre Wunder wirken: bei Magen-, Darm- und Lebererkrankungen, Hautproblemen, besonders bei Neurodermitis, bei Durchblutungsstörungen und zur Krebsnachbehandlung.

Von den 15 bis 20 Litern Milch, die eine Stute pro Tag für ihr Fohlen produziert, können Menschenhände zwei bis drei Liter abzweigen, ohne daß der Quell versiegt. Die Milch wird verpackt, tiefgekühlt verschickt und dann als reine Milch eingenommen, oder sie wird zu Produkten verarbeitet: zum Einnehmen, in der Hoffnung auf gesundheitliche Wirkung und zum Auftragen als Kosmetikum, in der Hoffnung auf Schönheit.

Als Säuglingsnahrung ist Stutenmilch ebenso ungeeignet wie Kuhmilch – wenn auch aus anderen Gründen. Stutenmilch enthält sehr viel Eiweiß. Es würde die Nieren eines Säuglings auf Dauer überfordern, dieses zu verarbeiten und die Abbauprodukte auszuscheiden. Daß Stutenmilch weniger Fett enthält als Kuhmilch und dafür mehr Milchzucker und Vitamin C, wie die Werbung gerne herausstellt, bedeutet keinesfalls, daß sie an die Qualität einer Anfangsnahrung für Säuglinge heranreicht.

Die behaupteten therapeutischen Wirkungen von Stutenmilch beruhen auf sowjetischen Arbeiten, die schwer zu beurteilen sind. Wissenschaftliche Äußerungen westlicher Forscher dazu gibt es nicht.

Stutenmilch-Produkte sind als „fiktiv zugelassene Arzneimittel" nach dem alten Arzneimittelgesetz noch im Handel (siehe Seite 22). Ihre Anwendung bezahlen die Krankenkassen nicht.

Mineral- und Heilwässer

Wer seinem Körper Mineralien in größerer Menge zuführen möchte, kann ein Mineral- oder Heilwasser als tägliches Getränk wählen, das besonders viel von dem Gewünschten enthält. Mineralwässer und Heilwässer sind im Getränkehandel, manche auch in Apotheken erhältlich.

Besonders mineralienreiche Wässer müssen, wenn sie mit definierten Heilanzeigen vertrieben werden sollen, vom Bundesinstitut für Arzneimittel und Medizinprodukte zugelassen werden. Da sie aber den sonst für Arzneimittel üblichen wissenschaftlich allgemein akzeptierten Nachweis der Wirksamkeit nicht erbringen konnten, sind einige von ihnen mittlerweile als Arzneimittel „zur traditionellen Anwendung" (siehe Seite 22) zugelassen worden.

Dennoch sollte niemand davon ausgehen, daß die beanspruchte Heilwirkung einer gezielten Therapie gleichkommt. Manchmal sind die Inhaltsstoffe für die angegebene Indikation zu gering dosiert, manchmal machen die Begleitmineralien die angestrebte gute Wirkung wieder zunichte.

Als Beitrag zu einer bewußten, gesunden Ernährung sind Mineral-und Heilwässer durchaus sinnvoll, als Heilmittel sind sie jedoch kritisch zu beurteilen.

Mineralwässer

Eisenreiche Wässer
(mehr als fünf Milligramm pro Liter):

Schwollener Sprudel (M)
Dunarisbrunnen (H)
Bad Wildunger Helenenquelle (H)
Bad Driburger Bitterwasser (H)
Bad Neuenahrer Heilwasser (H)
Bad Wildunger Georg-Viktor-Quelle (H)
Bad Kissinger Rakoczy (H)
Bad Mergentheimer Albertquelle (H)
Bad Kissinger Luitpoldsprudel (H)
Thaum Eisen-Heilquelle (H)
Lamscheider Stahlbrunnen (H)

Jodreiche Wässer
(mehr als 0,1 Milligramm pro Liter):

Rogaska Quell (H)
Bad Kissinger Rakoczy (H)
Radenska (M)
Kaiser Friedrich Quelle (M)
Kaiser Friedrich Heilquelle (H)
Bad Mergentheimer Albertquelle (H)
Aqui (M)
Bad Kissinger Maxbrunnen (H)
Nürtinger Heinrichsquelle (H)
Bad Tönissteiner Heilbrunnen (H)
Hunyadi Janos (H)

Kaliumreiche Wässer
(mehr als zehn Milligramm pro Liter bei gleichzeitig geringerem Anteil an Natrium):

Rhön Sprudel (M)
Weyherser Mineralbrunnen (M)
Rogaska Quell (H)
Ferrarelle (M)

Kalziumreiche Wässer
(mehr als 500 Milligramm pro Liter):

Germeta Quelle (M)
Breisgauer (M)
Förstina (M)
Selzer (M)
Imnauer Apollo (M)
Adelbodner (M)
Bad Kissinger Maxbrunnen (H)
Rietenauer Heiligenthalquelle (M)
Bad Kissinger Rakoczy (H)
Teusser (M)
Marco Mineralquelle (M)
Marco Quelle Heilwasser (H)
Fontanis (M)
Bad Windsheimer St. Kiliani-Heilquelle (H)
Bad Windsheimer Residenz-Quelle (M)
Rohrauer Sprudel (M)
Steinsieker (M)
Bad Windsheimer Schönthal Quelle (M)
Stephensbrunnen (M)
Kloster-Quelle (M)
Filippo (M)
Meister-Perle (M)
Rangau-Quelle (M)
Obernauer Löwensprudel (M)
Knetzgauer Steigerwald (M)
Bad Driburger Bitterwasser (H)
Bad Hersfelder Vitalisbrunnen (H)
Bad Mergentheimer Karlsquelle (H)
Bad Mergentheimer Albertquelle (H)

Die Buchstaben in Klammern bedeuten:
M = Mineralwasser
H = Heilwasser

Magnesiumreiche Wässer
(mehr als 100 Milligramm pro Liter):

Dunarisbrunnen (H)
Beinsteiner (M)
Elisabethenquelle (H)
Bad Wildunger Georg-Viktor-Quelle (H)Radenska (H)
Brohler Stille Quelle (M)
Adelheidquelle (H)
Gerolsteiner Sprudel (M)
Wildsberg-Quelle (M)
Hubertus-Sprudel (M)
Apollinaris (M)
Reginaris (M)
St. Gero (H)
Wilhelmstaler (M)
Rosbacher Ur-Quelle (M)
Bad Windsheimer St. Kiliani-Heilquelle (H)
Salustra (M)
Bad Tönissteiner Heilbrunnen (H)
Tönissteiner Römerfüllung (M)
Bad Honnefer (M)
Bad Kissinger Luitpoldsprudel (H)
Heppinger (H)
Bad Hersfelder Vitalisbrunnen (H)
Dauner (M)
Bad Kissinger Maxbrunnen (H)
Bad Driburger Bitterwasser (H)
Rhodius Fellbuhr Quelle (M)
Bad Kissinger Rakoczy (H)
Bad Wildunger Helenenquelle (H)
Bad Mergentheimer Karlsquelle (H)
Nürburg-Quelle (M)
Bad Mergentheimer Albertquelle (H)
Rogaska Quell (H)
Hunyadi Janos (H)

Die Reihenfolge entspricht einem zunehmenden Gehalt, wie er 1987 als Analysenergebnis vorlag. Da sich die Zusammensetzung von natürlichen Wässern kaum je gravierend ändert, ist anzunehmen, daß die Angaben auch heute noch gelten. Ob dem so ist, können Sie feststellen, indem Sie die exakten Gehaltsangaben auf dem Flaschenetikett nachlesen.

Pflanzenheilkunde (Phytotherapie)

Geschichte

Die Kräuterapotheke der Natur steht nicht nur Menschen offen. Wild lebende Schimpansen nehmen bestimmte Pflanzen als Medizin in geringer Menge und bedächtig kauend zu sich, wenn sie Durchfall haben oder Würmer ihr Innenleben durcheinanderbringen.

Auch Menschen fanden die ersten Arzneimittel, mit denen sie sich behandelten, hinter der Hütte, im Wald, am Fluß. Das größte Problem dabei war, durch entsprechende Dosierung die giftige Wirkung von der heilenden zu unterscheiden.

Mit dem Nachdenken über Ursprung und Sinn des Seins und damit auch der Krankheiten kamen übergeordnete Mächte ins Spiel – je nach Epoche als Geister, Dämonen, Götter oder als christlicher Gott. Pflanzenheilkunde vermischte sich mit Magie, Mythos und Glauben. Solche „Zaubertrank"-Eigenschaften mögen auch heute noch der Ursprung sein für Wirkungen, die die Überlieferung manchen Kräutern zuschreibt.

Mit dem 19. Jahrhundert begann die Ära pharmakologischer Wirkungsnachweise. Dann erst gelang es der Chemie, Pflanzenwirkstoffe zu isolieren und die in der Volksmedizin beobachtete Wirkung von Pflanzenteilen einzelnen Inhaltsstoffen zuzuordnen.

Daraus erwuchs eine phamazeutische Industrie, deren Ziel es anfänglich war, Medizinern rein hergestellte Pflanzeninhaltsstoffe zur Verfügung zu stellen.

Zu Beginn des 20. Jahrhunderts wurde klar, daß die Wirkung der ganzen Pflanze mehr sein kann als die Summe ihrer Teile. Es begann sich die Phytotherapie zu entwickeln, die wir heute kennen.

Die Situation heute

Die Möglichkeiten, Heilpflanzen zu verwenden, sind sehr vielschichtig geworden. Da sind einmal Pflanzen oder ihre Teile, die getrocknet als „Drogen" verkauft werden. Und es gibt fertige Pflanzenmittel, die die Industrie herstellt und die man wie ein Arzneimittel einnimmt. Etwa 400 verschiedene Pflanzen nutzt die Industrie, um aus ihnen „Phytopharmaka" herzustellen.

Die Kliniker hat die Phytotherapie bisher noch am wenigsten von ihrem Nutzen überzeugen können. Doch rund 80 Prozent der niedergelassenen Ärzte in Deutschland verschreiben ihren Patienten regelmäßig Phytopharmaka. Bei etwa 40 Prozent dieser Präparate übernehmen die Krankenkassen die Kosten. Diese Verordnungen gemeinsam mit dem, was sich die Konsumenten auf eigene Rechnung an Pflanzenmitteln kaufen, machten 1994 in Deutschland einen Umsatz von 1,6 Milliarden DM aus. Pflanzliche Arzneimittel stellen 13 Prozent des Selbstmedikationsmarktes.

Die Idee dahinter

Wie man erkennt, welches Kraut welche Krankheit kuriert, dazu lehrten die Heilkundigen jeder Epoche etwas anderes.

Lange Zeit bestimmte die „Viersäftelehre" der Antike die Pflanzenheilkunde. Ihr zufolge entsprechen den vier Grundphänomenen Erde, Feuer, Wasser und Luft im menschlichen Körper die schwarze und die gelbe Galle, Schleim und Blut. Sie werden mit den Qualitäten trocken, warm, feucht und kalt identifiziert. Auch Pflanzen sollen diese Qualitäten enthalten.

Gleichgewicht der Säfte bedeutete Gesundheit, Störungen der Balance Krankheit. Heilpflanzen sollten Gegensätze ausgleichen und die Harmonie wiederherstellen.

Die christliche Religion fügte dem noch die „Signaturenlehre" hinzu. Man ging davon aus, daß Gott den Pflanzen durch Form und Farbe ein geheimes Zeichen mitgegeben habe, aus dem abzulesen ist, welche Krankheiten sie heilen können. So sollte zum Beispiel die Walnuß Kopfschmerzen beseitigen, weil die Furchungen der Nußhälfte denen des Gehirns ähneln.

Heute kennen Fachleute von vielen Heilkräutern zumindest die Träger ihrer Hauptwirkung. Trotzdem gibt es eine ganze Reihe von Pflanzen – darunter so bekannte wie Baldrian –, bei denen man immer noch nicht sicher weiß, warum sie seit Jahrhunderten unbestritten wirken. Und es gibt das im Einzelfall immer noch ungeklärte Phänomen, daß isolierte Substanzen anders wirken als ein Auszug aus der ganzen Pflanze.

Offenbar beeinflussen sich innerhalb des Substanzgemischs die einzelnen Stoffe gegenseitig in Wirkung und Wirksamkeit. Mit den sonst für Arzneimittel üblichen Wirksamkeitsnachweisen läßt sich jedoch nicht unterscheiden, welcher Stoff für welche Wirkung verantwortlich ist.

Zu Behandlungsverfahren mit Heilpflanzen aus anderen Kulturkreisen siehe Ethnomedizin, Seite 158, Ayurveda, Seite 174 und Traditionelle Chinesische Medizin, Seite 160.

Die Mittel

Manche traditionelle Arten, Heilpflanzen zu gebrauchen, sind auch heute noch üblich:

Wässriger Auszug: Man übergießt die getrocknete Pflanze oder ihre Teile mit Wasser und trinkt den Tee, legt den Auszug als Kompresse auf, verwendet ihn als Badezusatz oder inhaliert den Dampf.

Alkoholischer Auszug: Man kann ihn als Extrakt oder Tinktur in Apotheken und Drogerien kaufen (Beispiel: Baldriantropfen).

Für 360 Heilpflanzen hat die für Phytotherapie zuständige Kommission des ehemaligen Bundesgesundheitsamts Charakteristiken erstellt. Sie sollen die Qualität der Pflanzen sichern, und sie beschreiben Wirkungen, Nebenwirkungen, Anwendungsgebiete und Kontraindikationen.

Beim Nachweis von Wirkung und Unbedenklichkeit durften die Sachverständigen auch andere als rein naturwissenschaftliche Prüfergebnisse anerkennen, also zum Beispiel die mit diesen Pflanzen seit langem gemachte Erfahrung. Das unterscheidet Pflanzenmittel von anderen Arzneimitteln.

Phytopharmaka

Industriell hergestellte Phytopharmaka sind Kunstprodukte aus natürlichen Ausgangsmaterialien, die die überlieferten Wirkungen nicht ohne weiteres für sich beanspruchen können. Je nach Verfahren werden die Pflanzen mit Wasser, Alkohol oder anderen Lösungsmitteln extrahiert, teilweise konzentriert, getrocknet oder sonstwie verarbeitet.

Ob und wie sie wirken und welche unerwünschten Wirkungen sie haben, müssen die Hersteller nachweisen, damit das Bundesinstitut für Arzneimittel und Medizinprodukte diese Produkte als Arzneimittel zuläßt. 322 solcher zugelassener Produkte gab es 1996; die anderen etwa 5 500 pflanzlichen Fertigarzneimittel sind „Altmedikamente", die bereits vor 1976 im Handel waren und von der Behörde nachträglich zugelassen werden sollen. Allerdings gelten für solche Pflanzenmittel hinsichtlich des Wirksamkeitsnachweises andere Zulassungskriterien als für andere Arzneimittel (siehe Medikamente der Natur- und Alternativmedizin, Seite 22). Sie dürfen auch die Erfahrung, die mit den Mitteln gemacht worden ist, miteinbeziehen.

Diese traditionelle Erfahrung ist aber offenbar eine Größe, die auch mit den geographischen, kulturellen und gesellschaftlichen Bedingungen des Landstrichs zusammenhängt, in dem sie gesammelt wurde. So konnte man sich zum Beispiel in jenem europäischen Institut, das Heilkräuter für alle EU-Mitgliedstaaten gleichermaßen gültig beschreiben soll, über die Bewertung von Kamille und Baldrian nicht einigen: Man hatte mit ihnen nicht in allen zwölf Mitgliedstaaten die gleiche Erfahrung gemacht.

Als aufgrund einer Untersuchung der Universität Exeter 198 Hersteller von Phytopharmaka um objektive und kontrollierte wissenschaftliche Studien gebeten wurden, die die Wirksamkeit ihrer Produkte belegen, waren dazu letztlich nur vier Firmen bereit und in der Lage.

Traditionell verwendet ...

Nicht für alle schon lange verwendeten Pflanzen oder Pflanzenmittel ließ sich die Wirksamkeit plausibel machen. Sie fielen bei der Kommission durch. Dennoch sind diese Mittel nicht vom Markt verschwunden. Als Mittel, die „traditionell angewendet" werden, feiern sie fröhliche Urständ.

Diese Mittel dürfen in Apotheken rezeptfrei verkauft werden; sie haben eine Zulassungsnummer; ihre Anwendungsgebiete sind gelistet angegeben nach der Einleitung: „Traditionell angewendet ...". Ihre Wirksamkeit und die Unbedenklichkeit der enthaltenen Substanzen sind nicht geprüft. Sie werden aber als gegeben angenommen, da das Produkt 1978 bereits auf dem deutschen Markt war. Als „traditionell" bezeichnet der Gesetzgeber also bereits eine Anwendungszeit von 17 Jahren!

Die sonstige Qualität des Produkts sichert der Hersteller mit einer eidesstattlichen Erklärung zu.

Fertigtees

Teefilterbeutel: Sie enthalten die für eine Tasse Tee richtige Menge Droge. Weil sie aber sehr stark zerkleinert ist, kann sich ein Großteil der ätherischen Öle verflüchtigt haben. Außerdem kann der Hersteller in den Beuteln schlechte Drogenqualität verstecken. Die Formel „gutes Geld = gute Qualität" gilt nicht immer.

Instanttees: Sie sind schnell zubereitet, aber nicht unbedingt so zusammengesetzt wie selbst aufgebrühter Tee. Bei der Herstellung können Inhaltsstoffe der Droge verlorengehen. Andere werden hinzugefügt, damit ein dosierbares Teepulver entsteht. Teegranulat kann bis zu 97 Prozent aus Zucker bestehen.

Instanttees ziehen leicht Feuchtigkeit an und klumpen dann.

Die Qualität von Fertigtees ist für den Laien schwer zu unterscheiden. Steht auf der Verpackung zum Beispiel eines Fencheltees „Zur Schleimlösung bei Husten, besonders bei Kleinkindern und Säuglingen", ist das eine gesundheitsbezogene Angabe. Dann muß der Inhalt gesetzlichen Standards wie dem Deutschen Arzneibuch (DAB) oder den Texten des Bundesinstituts für Arzneimittel und Medizinprodukte entsprechen. Das sichert eine gewisse Qualität.

Der Aufdruck „Besonders in der Erkältungszeit für Kinder geeignet" ist keine solche Angabe. Der Pakkungsinhalt kann ein Lebensmittel sein. Das sichert zwar auch Qualität, aber was das ätherische Öl, den wertgebenden Inhaltsstoff des Fenchels betrifft, braucht im Vergleich zur arzneilichen Ware nur die Hälfte enthalten zu sein.

Behandlung und Selbstbehandlung

Zu Heilpflanzen und ihren Produkten greifen viele Menschen, wenn sie sich selbst behandeln wollen.

Ärzte und Heilpraktiker verordnen sie als nebenwirkungsarme Behandlung bei Befindlichkeitsstörungen und leichten Krankheiten und unterstützen mit ihnen andere Behandlungsarten.

Erklärung der Wirkung

Die Wirkung von Heilpflanzen mit definierten Inhaltsstoffen erklärt man naturwissenschaftlich mit dem, was diese Stoffe im Körper bewirken. Kamille zum Beispiel lindert die Schmerzen einer Magenschleimhautentzündung, weil ihr ätherisches Öl die entzündungshemmenden Stoffe Bisabolol und Chamazulen enthält. Bei vielen anderen Pflanzen stößt die naturwissenschaftliche Forschung jedoch noch immer an ihre Grenzen.

Möglicherweise spielt bei der Wirksamkeit vieler Pflanzenzubereitungen auch ihr Geruch eine Rolle. Viele Menschen riechen instinktiv an Medizin, bevor sie sie einnehmen. Dann würde sich zum Beispiel die beruhigende Wirkung von Baldriantropfen durch eine Assoziationskette erklären. Die Nase vermeldet „Baldrian"; das Gedächtnis steuert das Wissen bei, das die Kultur uns überliefert hat: Baldrian = beruhigend (siehe Aromatherapie, Seite 200).

Anwendungsbereiche

Die Überprüfung von alters her behaupteter Pflanzenwirkungen aus der Sicht der heutigen Medizin erbrachte unterschiedliche Ergebnisse: Bei einigen Pflanzen wurde die Wirksamkeit bestätigt, bei manchen fand man sie plausibel. In diesen Fällen ist die Phytotherapie ein geeignetes Mittel, um leichte und vorübergehende Störungen, chronische, psychosomatische und funktionelle Erkrankungen zu behandeln. Es ist keine Placebotherapie (siehe Seite 20). Solche Kräuterzubereitungen können helfen, andere Arzneimittel einzusparen, oder sie lindern deren unvermeidliche Nebenwirkungen.

Bei einem Teil der Pflanzen versteht man aber immer noch nicht, warum sie früher bei Krankheiten verwendet wurden.

Für die in der Tabelle ab Seite 119 genannten Beschwerden und Krankheiten hat die zuständige Kommission des früheren Bundesgesundheitsamts die Wirkung der dort genannten Pflanzen anerkannt.

Besonderheiten der Anwendung

- Von wenigen Ausnahmen abgesehen bedeutet Tee „kochen": Die vorgeschriebene Menge Kräuter mit heißem Wasser übergießen und etwa zehn Minuten ziehen lassen. Nicht kochen!
- Rinden- und Wurzeldrogen (ausgenommen Eibisch) müssen hingegen etwa zehn Minuten kochen.
- Tee langsam und schluckweise trinken.
- Ätherische Öle lösen sich kaum in Wasser. Ein Zucker- oder Honigzusatz kann das verbessern.
- Heilpflanzen lassen sich mit anderen therapeutischen Verfahren kombinieren.

Ausnahme: Drogen mit ätherischem Öl beeinträchtigen die Wirkung homöopathischer Medikamente.

Grenzen der Anwendung

Stark wirkende Arzneipflanzen, deren Grenze zwischen heilsamer und schädlicher Dosis schmal ist, gehören in die Hand des Arztes. Darum sind sie auch nur auf Rezept erhältlich.

Wenn Erkrankungen oder Beschwerden auf die Selbstbehandlung mit pflanzlichen Produkten nicht ausreichend ansprechen, sollten Sie einen Arzt zu Rate ziehen.

Atmungsorgane

Atemwege, allgemein
Holunderblüten
Kamillenblüten
Kapuzinerkresse
Mädesüß
Niauliöl

Schleim lösen
Anis/Sternanis
Bibernellwurzel
Brunnenkressekraut
Efeublätter
Eukalyptusblätter, -öl
Fenchel, -öl
Fichtenspitzen
Fichtennadelöl
Grindeliakraut
Kampfer
Kiefernsprossen
Kiefernnadelöl
Lärchenterpentin
Meerrettich
Minzöl
Pfefferminzöl
Primelwurzel
Quendelkraut
Rettich
Schlüsselblumenblüten
Rote Seifenwurzel
Weiße Senfsamen
Senegawurzel
Süßholzwurzel
Terpentinöl
Thymiankraut
Tolubalsam

Hustenreiz lindern
Andornkraut
Eibischwurzel, -blätter
Huflattichblätter
Hohlzahnkraut
Isländisches Moos
Malvenblätter
Malvenblüten
Sanikelkraut
Weiße Seifenwurzel
Spitzwegerichkraut
Weiße Taubnesselblüten
Vogelknöterichkraut
Wollblumen

Hustenreiz dämpfen
Sonnentaukraut

Krampfhusten, Asthma
Ammi-visnaga-Früchte
Efeublätter
Ephedrakraut
Thymiankraut

Mundschleimhaut-entzündung
Arnikablüten
Bartflechten
Brombeerblätter
Gänsefingerkraut
Hamamelisblätter, -rinde
Heidelbeeren
Huflattichblätter
Kamillenblüten
Kaffeekohle
Myrrhe
Nelken (Gewürz-)
Odermennigkraut
Pfefferminzöl
Ratanhiawurzel
Ringelblumenblüten
Rosenblüten
Salbeiblätter
Schlehdornfrüchte
Spitzwegerichkraut
Syzygiumrinde
Weiße Taubnesselblüten
Tormentillwurzelstock
Vogelknöterichkraut

Halsschmerzen
Bartflechten
Brombeerblätter
Gänsefingerkraut
Heidelbeeren
Huflattichblätter
Kamillenblüten
Kaffeekohle
Myrrhe
Nelken, (Gewürz-)
Odermennigkraut
Ratanhiawurzel
Ringelblumenblüten
Rosenblüten
Schlehdornfrüchte
Spitzwegerichkraut
Syzygiumrinde
Tormentillwurzelstock
Weiße Taubnesselblüten
Vogelknöterichkraut

Infektionskrankheiten – allgemein

Anis
Arnikablüten
Dillfrüchte
Echinacea-pallida-Wurzel
Eichenrinde
Fichtenspitzen
Fichtennadelöl
Galgantwurzelstock
Hefe
Kamillenblüten
Kardamomen
Kiefernsprossen
Kiefernnadelöl
Knoblauch
Kümmel, -öl
Lärchenterpentin
Minzöl
Islandisches Moos
Nelken (Gewürz-)
Perubalsam
Pfefferminzöl
Purpursonnenhutkraut
Queckenwurzelstock
Rettich
Weißes Sandelholz
Weiße Senfsamen
Spitzwegerichkraut
Terpentinöl
Zimtrinde
Zwiebel

Psyche

Beruhigung, Schlafstörung
Baldrianwurzel
Hopfenzapfen
Kava-Kava-Wurzelstock
Lavendelblüten
Melissenblätter
Passionsblumenkraut
Rauwolfiawurzel

Angst, Depressionen
Johanniskraut

Verdauungsorgane

Appetitlosigkeit, zu wenig Magensaft
Angelikawurzel
Andornkraut
Benediktenkraut
Bitterholz
Bitterkleeblätter
Bockshornsamen
Chinarinde
Enzianwurzel
Fieberkleeblätter
Galgantwurzelstock
Hefe
Hopfenzapfen
Kardobenediktenkraut
Kondurangorinde
Koriander
Löwenzahnwurzel, -kraut
Isländisches Moos
Orangenschalen
Pomeranzenschalen
Schafgarbe
Tausendgüldenkraut
Südafrik. Teufelskrallenwurzel
Wegwarte
Wermutkraut
Zimtrinde
Zwiebel

Lebererkrankungen
Mariendistelfrüchte

Verdauungsfördernd, bei Blähungen
Andornkraut
Angelikawurzel
Anis
Artischockenblätter
Benediktenkraut
Bitterkleeblätter
Boldoblätter
Chinarinde
Curcumawurzelstock
Dillfrüchte
Enzianwurzel
Fenchel, -öl
Galgantwurzelstock
Javanische Gelbwurz
Harongarinde, -blätter
Ingwerwurzel
Kamillenblüten
Römische Kamille
Kardamomen
Koriander
Kreuzkümmel
Kümmel, -öl
Lavendelblüten
Löwenzahnwurzel, -kraut
Mariendistelfrüchte
Melissenblätter
Minzöl
Pfefferminzblätter
Pomeranzenschale
Rettich
Rosmarinblätter
Ruhrkrautblüten
Salbeiblätter
Schafgarbe
Schöllkraut
Sternanis
Tausendgüldenkraut
Südafrikan. Teufelskrallen-wurzel
Wacholderbeeren
Wegwarte
Wermutkraut
Zimtrinde

Durchfall
Brombeerblätter
Eichenrinde
Ind. Flohsamenschalen
Frauenmantelkraut
Gänsefingerkraut
Kaffeekohle
Heidelbeeren
Johannisbrotsamen
Kolombowurzel
Odermennigkraut
Syzygiumrinde
Tormentillwurzelstock
Uzarawurzel

Verstopfung
Aloe
Cascararinde
Faulbaumrinde
Ind. Flohsamen, -schale
Kreuzdornbeeren
Leinsamen
Manna
Rhabarberwurzel
Sennesblätter
Sennesfrüchte

Erbrechen, Reisekrankheit
Ingwerwurzelstock

Gallentätigkeit anregend
Andornkraut
Artischockenblätter
Boldoblätter
Curcumawurzelstock
Javanische Gelbwurz
Harongarinde, -blätter
Kardamomen
Löwenzahnwurzel, -kraut
Minzöl
Pfefferminzblätter, -öl
Ruhrkrautblüten
Schafgarbe
Südafrikan. Teufelskrallen-wurzel
Wegwarte
Wermutkraut

Zwölffingerdarmgeschwür
Eibischwurzel
Süßholzwurzel

Harnwege

Durchspülung
Birkenblätter
Bohnenhülsen
Brennesselkraut, -blätter
Goldrute
Hauhechelwurzel
Liebstöckelwurzel
Löwenzahnwurzel, -kraut
Maiglöckchenkraut
Mateblätter
Orthosiphonblätter
Petersilienkraut, -wurzel
Schachtelhalmkraut
Spargelwurzelstock
Wacholderbeeren

Harnwegentzündung
Bärentraubenblätter
Kapuzinerkresse
Meerrettich
Purpursonnenhutkraut
Queckenwurzelstock
Weißes Sandelholz

Reizblase, Prostatabeschwerden
Brennesselwurzel
Kürbissamen
Sägezahnpalmenfrüchte

Nierensteine
Ammi-visnaga-Früchte
Goldrute
Liebstöckelwurzel
Pestwurzelstock
Petersilienkraut
Petersilienwurzel
Queckenwurzelstock
Spargelwurzelstock

Herz und Kreislauf

Schwache Herzleistung
(leichte Herzinsuffizienz)
Adoniskraut
Herzgespannkraut
Hirtentäschelkraut
Kampfer
Maiglöckchenkraut
Mateblätter
Meerzwiebel
Tollkirsche
Weißdorn

Durchblutung der Herzkranzgefäße
Ammi-visnaga-Früchte
Weißdorn

Herzrhythmus-störungen
Hirtentäschelkraut
Mateblätter
Meerzwiebel
Tollkirsche
Weißdorn

Zu hoher Blutdruck
Besenginsterkraut
Hirtentäschelkraut
Kampfer
Zwiebel

Zu niedriger Blutdruck
Hirtentäschelkraut
Kampfer

Kreislaufschwäche
Kiefernsprossen
Lärchenterpentin
Lavendelblüten
Rosmarinblätter

Arteriosklerose-vorbeugung
(in Verbindung mit Diät)
Ind. Flohsamen
Knoblauch
Zwiebel

Venenerkrankung
Hamamelisrinde, -blätter
Maiglöckchenkraut
Mäusedornwurzelstock
Meerzwiebel
Roßkastaniensamen
Steinkleekraut

Hämorrhoidenmittel
Hamamelisblätter, -rinde
Pappelknospen
Perubalsam
Mäusedornwurzelstock
Steinkleekraut

Hormonhaushalt

Schilddrüsen-überfunktion
Wolfstrappkraut

Klimakterische Beschwerden
Cimicifugawurzelstock

Regelschmerzen, Schmerzen vor der Regel
Keuschlammfrüchte
Gänsefingerkraut
Hirtentäschelkraut
Schafgarbe
Wolfstrappkraut

Bewegungsapparat

Prellungen, Verstauchungen, blaue Flecken
Arnikablüten
Beinwellblätter, -wurzel
Johanniskraut
Steinkleekraut

„Rheumatische“ Schmerzen
(nicht bei entzündlichem Rheuma)
Arnikablüten
Birkenblätter
Brennesselkraut, -blätter
Cajeputöl
Eukalyptusöl
Fichtennadelöl
Heublumen
Kampfer
Kiefernnadelöl
Lärchenterpentin
Paprika
Weiße Senfsamen
Terpentinöl

Gicht
Herbstzeitlose

Schmerzmittel

Ammi-visnaga-Früchte
Anis
Dillfrüchte
Erdrauchkraut
Galgantwurzelstock
Glockenbilsenkraut-wurzelstock
Hyoscyamusblätter
Kamillenblüten
Kümmel, -öl
Orthosiphonblätter
Pfefferminzblätter
Pfefferminzöl
Rosmarinblätter
Weißes Sandelholz
Tollkirsche

Haut

Leichte Hautentzündungen
Arnikablüten
Bittersüßstengel
Bockshornsamen
Eichenrinde
Hamamelisblätter,-rinde
Haferstroh
Johanniskraut
Kamillenblüten
Leinsamen
Odermennigkraut
Spitzwegerichkraut
Stiefmütterchenkraut
Syzygiumrinde
Weiße Taubnesselblüten
Walnußblätter

Wundheilung fördern
Hamamelisblätter, -rinde
Hirtentäschelkraut
Johanniskraut
Kamillenblüten
Pappelknospen
Perubalsam
Purpursonnenhutkraut
Ringelblumenblüten
Schachtelhalmkraut

Risiken

◆ Die meisten pflanzlichen Arzneimittel sind noch nicht systematisch toxikologisch untersucht. Das Risiko, das mit ihrer Anwendung verbunden ist, läßt sich darum nicht zuverlässig beurteilen.

◆ Pflanzen richtig anzuwenden bedeutet auch: zeitlich beschränkt. Bei manchen Arzneidrogen ist bekannt, daß eine Langzeit- oder gar Daueranwendung erhebliche Nebenwirkungen nach sich ziehen kann, bei den meisten ist das allerdings nicht erforscht.

◆ Aloe, Besenginster, Poleiminze und Teufelskralle dürfen nicht während der Schwangerschaft eingenommen werden.

◆ Für Pflanzen, die Pyrrolizidinalkaloide (PA) enthalten, hat das Bundesinstitut für Arzneimittel und Medizinprodukte Anwendungsbeschränkungen verfügt. Diese Stoffe schädigen nachweislich die Leber und können Krebs auslösen. Sie sind unter anderem in Beinwell, Huflattich, Kreuzkraut und Pestwurz enthalten.

◆ Athrachinonhaltige pflanzliche Abführmittel wie Aloe, Faulbaum, Rhabarber und Sennes können bei Dauergebrauch Dickdarmkrebs begünstigen. Sie sollten höchstens zwei Wochen lang, und nicht während der Schwangerschaft oder in der Stillzeit eingenommen werden.

◆ Die Abbauprodukte der Inhaltsstoffe indischen und mexikanischen Baldrians zeigten im Tierversuch erbgutverändernde Eigenschaften. Inwieweit das auf Menschen übertragbar ist, ist derzeit noch unklar.

◆ Pflanzen können Allergien auslösen (siehe „Alternative" Allergien, Seite 354); Frischpflanzen stärker als getrocknete, äußerlich angewandt eher als innerlich. Die Allergie kann sich als Hautausschlag äußern, der schnell wieder abklingt. Er kann aber auch chronisch werden. Wer einmal auf eine Pflanze allergisch reagiert hat, muß immer wieder auf ähnliche Reaktionen gefaßt sein.

Manche Drogen können durch das Einatmen ihres Staubs Asthmaanfälle auslösen.

◆ Wie alles natürlich Gewachsene sind auch Arzneidrogen mit Schadstoffen belastet. Das Arzneibuch schreibt dafür noch keine Höchstmengen vor. Im allgemeinen orientiert man sich an den Grenzwerten, die für Lebensmittel gelten. Untersuchungen von Wissenschaftlern ergaben, daß der noch vor Jahren bedenkliche Pestizidanteil, von dem sich allerdings nur etwa ein Viertel im Tee wiederfindet, kontinuierlich zurückgeht. Die Belastung mit den Schwermetallen Blei, Kadmium und Quecksilber ist in den letzten Jahren weitgehend gleichgeblieben. Ihre Menge liegt unter den Grenzwerten, die die Weltgesundheitsorganisation bei einer kurzzeitigen Einnahme für tolerierbar hält.

◆ Immer wieder animieren Kräuterbücher dazu, sich seine Medizin in Feld und Flur selbst zu sammeln. Von dem, was Unkundige damit anrichten, wissen die Vergiftungszentralen ein Lied zu singen. Naturschützer sehen solche Freizeitbeschäftigungen ebenfalls ungern, weil unachtsame Sammler oft geschützte Pflanzen mitnehmen oder beschädigen.

Über die Schadstoffbelastung von Boden und Luft an der Sammelstelle wissen die Kräutersammler meist nichts.

Aufbewahrung getrockneter Pflanzen

◆ In lichtundurchlässigen Gefäßen (Porzellan, Glas, Weißblech).

◆ Mit fest schließendem Deckel, um Käfer und Motten auszusperren.

◆ Vor Feuchtigkeit geschützt, weil getrocknete, aber feucht gewordene Pflanzen ein guter Nährboden für Bakterien und Pilze sind.

Kritik

Zwischen der Behandlung mit Heilpflanzen und der mit Phytopharmaka muß man sehr genau unterscheiden.

◆ Die überlieferte Erfahrung über die Heilkraft von Pflanzen gilt nur für die damals gebräuchliche Zubereitungsform, meist also den Tee. Industriell hergestellte Phytopharmaka mögen aus den gleichen Drogen stammen – dieselbe Wirkung können sie nicht ohne weiteres für sich beanspruchen. Durch die andere Zubereitung entstand ein anderes Medikament. Wenn zwei Firmen zum Beispiel Baldrianextrakt auf unterschiedliche Weise herstellen, muß nicht dasselbe dabei herauskommen. Beide können, müssen aber nicht in gleicher Stärke wirken.

◆ Um zum Beispiel die Menge Baldrian einzunehmen, die die Volksmedizin zur Teezubereitung empfiehlt, müßte man von Fertigpräparaten – je nach Produkt – zwischen 7 und 100 Dragées schlucken.

◆ Phytotherapeuten fordern, Fertigprodukte sollten möglichst standardisiert sein. Das heißt, sie sollen zumindest von ihrem Hauptwirkstoff eine garantierte Menge enthalten. Das geschieht jedoch noch längst nicht bei allen Drogenextrakten, bei denen es möglich wäre.

◆ Auch für die Behandlung mit Pflanzen gilt das in der Medizin geforderte Prinzip, sich möglichst auf ein Mittel zu beschränken. Die Kombination verschiedener Arzneidrogen in einem Teegemisch ist nur sinnvoll, wenn sich die Einzelbestandteile in ihrer Wirkung ergänzen oder verstärken.

Aus mehreren Pflanzenextrakten zusammenkomponierte Fertigarzneimittel haben viele Nachteile:

◆ Es ist praktisch unmöglich, zum Beispiel in einer Tablette die wirksame Dosierung von mehreren Pflanzen unterzubringen. Sie müßte dann vielleicht die Größe eines Tischtennisballs haben, oder man müßte immer eine ganze Handvoll davon schlucken.

◆ Die Reaktionen der verschiedenen Extrakte miteinander sind unvorhersehbar.

◆ Das Risiko unerwünschter Wirkungen steigt.

◆ Die Zusammensetzung der Mischung ist nur schwer zu kontrollieren.

◆ Das Mittel wird unnötig teuer.

Eine Kombination von Pflanzenauszügen mit Homöopathika oder synthetischen Arzneistoffen ist abzulehnen. Sie sind selbst für die traditionelle Anwendung nicht zugelassen.

Manche Behandler preisen die Wirkung von Heilpflanzen, mit denen Heiler an anderen Stellen der Erde jahrhundertelange Erfahrungen haben. Traditionelle Erfahrung ist jedoch an die Pflanzen aus dem jeweiligen Kulturkreis gebunden. Es ist keineswegs sicher, daß sich mit hiesigen Gewächsen die Wirkung zum Beispiel asiatischer Kräutertherapien erzielen läßt (siehe Seite 158).

Empfehlung

Die Behandlung mit Heilpflanzen ist empfehlenswert, um Beschwerden zu lindern, bei funktionellen Störungen und chronischen Erkrankungen. Sie können helfen, Arzneimittel einzusparen, oder lindern deren unvermeidliche Nebenwirkungen.

Geben Sie selbst zubereiteten Tee oder ähnlichem den Vorzug vor industriellen Fertigprodukten.

Kosten

Die Krankenkassen bezahlen Heilpflanzen oder Fertigprodukte aus Pflanzen, wenn ein Arzt sie verordnet.

Lose Tees kosten – je nach Sorte – Pfennige oder wenige DM. Die Preise von Fertigtees und der Phytopharmaka sind nach der Arzneitaxe festgelegt.

Variante:

Maria Treben

Selbsternannte Kräuterheiler und -heilerinnen verbreiten in millionenfach verkauften Büchern Rezepte zum Gesundwerden. Maria Treben ist nur eine von ihnen, wenngleich wohl die bekannteste.

Frau Treben verknüpfte volkstümliches Heilpflanzenwissen mit Überliefertem aus der Vergangenheit und möglicherweise eigenen Erfahrungen und Interpretationen. Was dabei herauskam, sind einerseits belächelnswerte Naivität, andererseits lebensgefährliche Behandlungsratschläge. Zur Kritik im einzelnen:

◆ Frau Treben riet zur Behandlung von lebensbedrohlichen Krankheiten (Bluterkrankheit, Krebs, Darmverschluß und so weiter) mit Pflanzen, deren Wirksamkeit für diese Krankheiten niemals nachgewiesen wurde.

◆ Ihre Erklärung von Krankheitsursachen stimmt mit der Realität nicht überein. Ein Beispiel: „Bei Darmverschluß handelt es sich um eine Verkrampfung des Schließmuskels nach innen."

◆ Vielerlei Beispiele belegen, daß Frau Treben grundlegende Fachkenntnisse fehlten. Dadurch kam es zu

Fehlschlüssen wie diesem: Sie verwechselte Inulin, einen Zucker, mit Insulin, dem Hormon. Folglich empfahl sie den inulinhaltigen Löwenzahn gegen Diabetes.

◆ Das Risiko von Nebenwirkungen oder der Giftigkeit von Pflanzen schätzte Frau Treben vielfach anders ein, als es die wissenschaftliche Literatur seit langem belegt. Ihr Schöllkrautrezept gegen Leber- und Gallenleiden ist eine Anleitung zur Vergiftung.

◆ Der Ratschlag, Ohnmächtigen einen Eßlöffel Schwedenbitter einzuflößen, ist lebensgefährlich.

Die in seriösen Büchern genannten, allgemein akzeptierten Anwendungsbereiche für Heilpflanzen geben genügend Hinweise, um Krankheiten „rein pflanzlich" zu behandeln.

Wer sich auf die Trebenschen Rezepte verläßt, kann nicht nur eine rechtzeitige fachkundige Behandlung versäumen, sondern gefährdet möglicherweise seine Gesundheit.

„Mode"drogen

Eleutherokokk

Als Eleutherokokk wird ein Extrakt aus der „Taiga-Wurzel" beziehungsweise dem „Sibirischen Ginseng" bezeichnet. Die Pflanze wächst in Sibirien und dem nördlichen China.

Der alkoholische Extrakt soll die Widerstandskraft des Körpers gegen Belastungen steigern, ihn allgemein streßfähiger machen. Hierzu liegt allerdings erst eine wissenschaftliche Arbeit vor.

Die ostasiatische Volksheilkunde verwendet Eleutherokokk bei Arteriosklerose, Schlaflosigkeit, Bluthochdruck, Rheuma, chronischer Bronchitis und Krebs. Im Gegensatz dazu schreiben deutsche Lehrbücher, daß Eleutherokokk bei Fieber und Bluthochdruck nicht eingenommen werden soll. In Rußland gehört der Extrakt zu den Basismitteln bei der schulmedizinischen Behandlung schwerer Krankheiten.

Eleutherokokk soll kurmäßig eingenommen werden, wobei auf jede Einnahmewoche eine Pause folgen muß.

Ginseng

Die südostasiatische Medizin vertraut seit mehr als 2 000 Jahren der Wirksamkeit der Ginsengwurzel. Sie verwendet die Wurzel nicht als spezifisches Mittel gegen bestimmte Krankheiten, sondern als allgemeines Vorbeugemittel und um eine gezielte Therapie zu unterstützen.

Ein solches „Allheilmittel" ist westlichen Forschern zunächst erst einmal suspekt, den vermarktenden Pharmafirmen dagegen höchst willkommen.

Wenn Ginseng wirkt, dann sind vornehmlich die Ginsenoside der Grund dafür. Allerdings scheinen an der Wirkung der Ginsengwurzel auch noch andere Inhaltsstoffe beteiligt zu sein. Die naturwissenschaftliche Forschung hat die Ginsenoside isoliert und ihre Wirksamkeit in vielen Tierversuchen geprüft. Die Ergebnisse bestätigten teilweise die erfahrungsheilkundlichen Aussagen.

Übereinstimmend lassen Naturwissenschaftler gelten, daß Ginseng die Fähigkeit steigern kann, belastende Situationen besser zu bewältigen, daß er den Körper gegen Infekte widerstandsfähiger macht und hilft, Krankheiten, Müdigkeit und Schwächezustände schneller zu überwinden. Es ist also eine Art „Abhärtungsmittel zum Schlucken". Dementsprechend hat das frühere Bundesgesundheitsamt Ginseng zugelassen als Mittel zur Stärkung und Kräftigung bei Müdigkeits- und Schwächegefühl, nachlassender Leistungs- und Konzentrationsfähigkeit und in der Rekonvaleszenz.

Die positive Aussage gilt allerdings nur für reinen Ginsengextrakt. Dabei ist es gleichgültig, ob er – bedingt durch unterschiedliche Trocknungsvorgänge – von roter oder weißer Farbe ist. In Fertigprodukten ist Ginsengextrakt oft mit anderen Stoffen vermischt.

Wer täglich nicht mehr als die bei Fertigprodukten empfohlene Dosierung (200 bis 400 Milligramm Ginsengextrakt beziehungsweise 25 bis 30 Milligramm Ginsenoside) einnimmt, braucht sich vor unerwünschten Wirkungen nicht zu fürchten.

Größere Mengen können übererregbar machen. Schlaflosigkeit und Nervosität sind die Folge. Das und noch zusätzliche andere Symptome treten auf, wenn man Ginseng mit Koffein kombiniert. In Ostasien wendet man Ginseng bei Menschen mit zu hohem Blutdruck nicht an.

In unvernünftig überhöhter Dosierung kann die hormonähnliche Wirkung des Ginseng zum Tragen kommen. Bei Frauen kann das außerplanmäßige Blutungen nach sich ziehen. In einem Fall endete eine Schwangerschaft durch zuviel Ginseng vorzeitig. Bei Männern gibt es Hinweise, daß Ginseng ähnlich wirkt wie das Sexualhormon Testosteron.

Die STIFTUNG WARENTEST überprüfte 1985 Ginseng-Fertigprodukte auf ihren Gehalt an Ginsenosiden. Das Ergebnis resümiert sie so: „In den meisten Präparaten stecken nur relativ geringe Mengen angeblich wirksamer Ginsengstoffe. Viele enthalten noch weniger – und einige fast nichts."

Knoblauch

Die Volksmedizin nutzt vor allem die gegen Bakterien und Pilze gerichtete Wirkung des Knoblauchs. Sie setzt ihn bei Erkältungen, Blähungen sowie Magen- und Darmbeschwerden ein. Der antibakteriellen Wirkung stimmt die naturwissenschaftliche Forschung zu.

Bestätigen konnte sie ferner, daß Knoblauch erhöhte Blutfettwerte senkt. Dazu muß man ihn mindestens vier Monate lang einnehmen. In Verbindung mit einer entsprechenden Diät kann Knoblauch damit einer Arteriosklerose vorbeugen. Verschiedene andere Wirkungen machen Knoblauch zu einem Vorbeugemittel gegen altersbedingte Gefäßveränderungen.

Um diese Effekte zu erzielen, hielten die Experten des früheren Bundesgesundheitsamts etwa vier Gramm frischen Knoblauch (= eineinhalb bis zwei Zehen) täglich für notwendig. Unter Umständen ist das aber zu wenig, denn der Anteil an Wirkkomponenten kann von Zehe zu Zehe um das Dreizehnfache variieren. In anderen Studien schien bereits die halbe Menge Frischknoblauch den Fettstoffwechsel auf die gewünschte Weise zu beeinflussen.

Frischer Knoblauch kann nicht bedenkenlos durch ein Fertigprodukt ersetzt werden. Verschiedene Herstellungsverfahren führen zu Knoblauchpräparaten mit völlig verschiedenen Inhaltsstoffen. Dadurch ist nicht bekannt, wieviel Dragées, Perlen, Pillen, Ölkapseln oder Saft vier Gramm frischem Knoblauch entsprechen. Weil der Wirkstoffgehalt des Ausgangsmaterials so unterschiedlich ist, hilft es auch nicht weiter, wenn ein Hersteller angibt, wieviel frischen Knoblauch er verarbeitet hat.

Eine Untersuchung der STIFTUNG WARENTEST aus dem Jahr 1992 zeigte ernüchternde Resultate: Nur drei Produkte enthielten so viel Knoblauch, daß die erhoffte Wirkung von ihnen auch erwartet werden kann; zwei lagen im Grenzbereich, die anderen 13 waren unterdosiert.

Frischer Knoblauch kann Allergien hervorrufen. Manche Menschen, die Knoblauchpräparate einnehmen, verspüren Übelkeit, erbrechen und/oder bekommen Durchfall. Kinder dürfen keine Knoblauchzubereitungen bekommen.

Der unangenehme Knoblauchgeruch umweht jeden, der mehr als zwei Gramm Knoblauch pro Tag zu sich nimmt. Das ist durch nichts zu vermeiden, nicht durch Chlorophyllzusätze und nicht durch magensaftresistente Kapseln. Generell gilt: Nur wenn's riecht, wirkt es auch. Das kann allerdings die schwerwiegendste Nebenwirkung der Knoblaucheinnahme nach sich ziehen: Knoblauch kann einsam machen.

Nachtkerzenöl

Das Öl der Samen der Nachtkerze, in Kapseln zum Schlucken verpackt, diente lange als „Stoffwechsel-Aktivator", der die meisten Alterungsvorgänge aufhalten könne.

Nun soll es leidgeplagten Menschen mit Neurodermitis zu glatter Haut verhelfen, die nicht mehr juckt. Nimmt eine zu Allergien neigende Frau das Öl während der Schwangerschaft ein und reichert sie auch die Nahrung ihres Neugeborenen damit an, kann sie vielleicht verhindern, daß ihr Kind eine Allergieneigung und damit eine Neurodermitis entwickelt. Soweit die Behauptungen.

Eine Analyse der Studien, die diese Ansprüche belegen sollen, bestätigte, daß das Nachtkerzenöl rauhe Haut weicher macht. Die juckreizlindernde Wirkung beurteilten die Kontrolleure bestenfalls als mäßig. Eine neuerliche Studie aus 1993 fand keine lindernden Effekte bei Neurodermitis, die über die eines Scheinmedikaments hinausgingen.

Im Vergleich zu den schulmedizinisch angebotenen Behandlungen hat Nachtkerzenöl zwar weniger Nebenwirkungen, lindert die akuten Beschwerden aber auch weniger effektiv.

Erfolgreich war hingegen die Prüfung von Nachtkerzenölkapseln bei Frauen, die heftig unter zyklusabhängigen Brustschmerzen litten. Kritische Forscher halten weitergehende Untersuchungen des Nachtkerzenöls für sinnvoll. Seine Effektivität können sie bisher jedoch nicht bestätigen.

Einige Nachtkerzenölpräparate sind als Arzneimittel zur Behandlung von Neurodermitis zugelassen. Viele wirken in der Aufmachung wie ein Lebensmittel und weisen eine Produktinformation auf, die möglichst die Bestimmungen des Lebensmittelgesetzes nicht übertritt, andererseits aber dennoch den Verbrauchern suggeriert, daß das Mittel eine gesundheitliche Wirkung entfalten kann. Die Grenze zwischen Arzneimitteln und Lebensmitteln ist fließend und wird von den Herstellern nicht selten verletzt.

Der Vorbeugegedanke entstand aus theoretischen Überlegungen über den Zusammenhang, den der Hauptinhaltsstoff des Nachtkerzenöls, Gamma-Linolensäure, zum Immunsystem haben soll.

Auch aus anderen Pflanzen, die reich an Linol und Linolensäure sind, wie zum Beispiel Borretsch und den Kernen der Schwarzen Johannisbeere, werden Mittel zum Einnehmen hergestellt. Sie können preiswerter sein als die Präparate mit Nachtkerzenöl.

Teebaumöl

Die australischen Aborigines heilen mit den Blättern von Melaleuca alternifolia offene Wunden und Verletzungen, indem sie eine dicke Schicht zerriebener Blätter auflegen und mit Schlamm bedecken. Gegen Erkältungserscheinungen trinken sie Tee aus den nadelartigen Blättern. Dieses aromatische Getränk lernten die Engländer Ende des 18. Jahrhunderts kennen; sie nannten den Baum „Teebaum".

Einige Jahrzehnte später wurde aus den Blättern des Teebaums ein ätherisches Öl destilliert, dessen bakterien- und pilztötende Wirkung ohne nennenswerte Nebenwirkungen damals gern anstelle des bis dahin gebräuchlichen, giftigen Phenol genutzt wurde. Teebaumöl wurde zum Standardantiseptikum bei Operationen. Seit der Entdeckung des Penicillins und anderer Antibiotika geriet das Öl in Vergessenheit. Die Forschungen wurden eingestellt.

Wachsendes Interesse an der Naturmedizin hat in den 70er Jahren auch das Teebaumöl wieder ans Tageslicht befördert. 100 seiner Bestandteile wurden inzwischen identifiziert. Der hohe Anteil an Terpenen erklärt die antiseptische Wirkung. Klinische Studien bestätigen die keimtötende Wirkung bei äußerlicher Anwendung, speziell bei Akne. Bei der Behandlung eines Hautpilzes hielt Teebaumöl dem Vergleich mit einem chemischen Pilzmittel stand. Für die Anwendung bei einer ganzen Reihe von innerlichen und äußerlichen Entzündungserscheinungen gibt es ermutigende Berichte.

Diese zahlreichen positiven Effekte werden nicht einmal durch nennenswerte Nebenwirkungen beeinträchtigt. Lediglich vereinzelt trat ein allergisches Kontaktekzem auf, nachdem das Öl unverdünnt angewandt wurde.

Üblicherweise benutzt man Teebaumöl in Konzentrationen von fünf bis zehn Prozent. Diese Verdünnung schreiben auch australische und englische Quellen vor, wenn Teebaumöl als Antiseptikum angewendet werden soll.

Wenn die traditionell überlieferten Aussagen zur Anwendung von Teebaumöl und die bisher vorliegenden Einzelberichte auch vielversprechend sind – die klinische Forschung zu dem Mittel steht erst am Anfang. Auch Nutzen und eventuelles Risiko lassen sich noch nicht sicher beurteilen. Dementsprechend gibt es in Deutschland bisher auch noch kein zugelassenes oder registriertes Arzneimittel mit Teebaumöl. Naturkostläden und Reformhäuser verkaufen Teebaumöl aber dennoch gerne. Das ist solange möglich, wie das Mittel auf seiner Verpackung keine gesundheitsbezogenen Angaben macht und auch sonst noch einige rechtliche Auflagen einhält, die es ihm ermöglichen, als „Kosmetikum" verkauft zu werden.

Pflanzliche Immunstimulantien

Die Mittel

Pflanzliche Immunstimulantien gibt es zum Einnehmen und zum Spritzen. Die meisten Mittel enthalten reinen Sonnenhutextrakt (Echinacea). Einige sind zusätzlich noch mit Extrakten vom Lebensbaum (Thuja) und wildem Indigo (Baptisia) kombiniert. Wenn die Zutatenliste erheblich mehr Bestandteile aufweist, handelt es sich meist um homöopathische Ingredienzien. Auch Mistel (Viscum) gilt als immunstimulierendes Mittel, wobei Mistelpräparate vornehmlich in der Krebstherapie eingesetzt werden (siehe Seiten 129 und 343).

Immunstimulantien oder Umstimmungsmittel, wie sie auch heißen, sind bei Ärzten und Patienten gleichermaßen beliebt. 1994 verordneten Ärzte davon mehr als 3,5 Millionen Packungen, für die die Krankenkassen 58,7 Millionen DM bezahlten. Der tatsächliche Umsatz ist jedoch erheblich höher, denn auch Heilpraktiker verordnen diese Mittel, und sehr viele Menschen versorgen sich damit auf eigene Kosten.

Erklärung der Wirkung

Pflanzliche Immunstimulantien regen das unspezifische Abwehrsystem an. Das ist aber nur bei einem funktionstüchtigen System möglich. Eine krankhafte Immunschwäche können sie nicht überwinden.

Eine wissenschaftlich akzeptierte Erklärung, warum diese Mittel wirken, gibt es bisher nicht. Echinacea entfaltet seine Wirkung wahrscheinlich in den Rachen- und Darmorganen des Immunsystems.

Anwendungsbereiche

Pflanzliche Immunstimulantien sollen vor Infektionskrankheiten, namentlich Erkältungen, schützen. In diesen Situationen werden sie in der Hoffnung angewandt, sie könnten das Abwehrsystem so funktionieren lassen, wie man sich das wünscht.

Doch das Immunsystem derjenigen, die häufig krank sind, braucht nicht notwendigerweise Ermunterung. Kleinkinder zum Beispiel sind deshalb so oft krank, weil ihr Immunsystem den Umgang mit Keimen gerade erst „lernt". Immunstimulantien können diesen Prozeß stören. Das Abwehrsystem alter Menschen wird altersbedingt langsam schwächer. Nach häufigen oder langdauernden Krankheiten muß sich das System erst wieder erholen.

In solchen Situationen ist es sinnvoller, dem Körper für seine natürlichen Vorgänge Zeit zu geben, anstatt ihn Immunstimulantien auszusetzen.

Besonderheiten der Anwendung

Eine Behandlung mit Unterbrechungen ist effektiver als eine Dauertherapie.

◆ Zur Vorbeugung: Fünf bis sechs Tage lang einnehmen, dann drei bis vier Tage Pause. Wenn nötig, vier bis fünf Wochen lang fortsetzen.

◆ Zur Behandlung: Fünf bis sechs Tage lang eine etwas höhere Dosis einnehmen, dann drei Tage Pause. Nicht länger als drei Wochen durchführen.

◆ Eine geringe Dosis regt ein geschwächtes Abwehrsystem besser an als eine höhere.

◆ Die flüssigen Mittel enthalten viel Alkohol. Vorsicht bei Kleinkindern.

Grenzen der Anwendung

Bei Infektionen mit hohem Fieber arbeitet das Abwehrsystem bereits auf Hochtouren. Immunstimulantien könnten es dann bremsen. Sie sollen nicht angewendet werden bei

◆ Tuberkulose, Krankheiten des blutbildenden Systems, multipler Sklerose und allen Autoimmunkrankheiten, wie zum Beispiel Typ-I-Diabetes und rheumatoider Arthritis.

Die Injektion verbietet sich

◆ bei Neigung zu Allergien,

◆ in der Schwangerschaft.

Risiken

Nach der Injektion von Pflanzenextrakten kann die Körpertemperatur um 0,5 bis 1,5 Grad Celsius ansteigen. Übelkeit und Erbrechen können auftreten. Befürwortern gilt das als normale Reaktion. Kritiker sehen darin eine mögliche Sensibilisierung und berichten von heftigen allergischen Reaktionen oder Autoimmunkrankheiten nach solchen Injektionen. Diese gefährlichen Nebenwirkungen wurden auch schon nach dem Schlucken von Echinacea-Präparaten beobachtet.

Menschen zum Fiebern zu bringen – sei es durch die Injektion von Milch, dem eigenem Blut, Schwefel oder Bakterienstoffen –, war bis vor wenigen Jahren eine naturwissenschaftlich anerkannte Methode, um die Selbstheilungskräfte des Körpers anzuregen (siehe Fiebertherapie, Seite 51). Möglicherweise beruht die beobachtete immunstimulierende Wirkung der Injektion von Echinacea- und Mistelpräparaten auf diesem Effekt. Da die Bandbreite zwischen heilend und gefährlich aber nur sehr gering ist, verzichtet man heute lieber auf die Fieberprovokation.

Kritik

Selbst Wissenschaftler, die die Wirksamkeit pflanzlicher Immunstimulantien für zunehmend besser belegt halten, üben Kritik:

◆ Die Zusammensetzung der Sonnenhut-Präparate weicht deutlich voneinander ab, je nachdem, aus welcher Pflanzenart und mit welcher Methode der Extrakt gewonnen wurde.

◆ Der Wirkstoffgehalt ist nicht bei allen Mistelpräparaten festgelegt.

Ärzte, die diese Mittel ablehnen, gehen in ihrer Kritik erheblich weiter:

◆ Manche klinische Studien über die Wirksamkeit dieser Mittel sind mangelhaft.

◆ Die Pflanzenextrakte verändern zwar im Laborversuch einige meßbare Parameter des Immunsystems. Daß das aber den Verlauf der Krankheit, für die sie empfohlen werden, oder das Befinden der Patienten positiv beeinflußt, ist damit nicht gesagt.

◆ Das Immunsystem deutlich zu aktivieren, ist nicht in jedem Fall vorteilhaft. Bei manchen Menschen wird eine Immunreaktion so weit unterdrückt, daß Immunprozesse, die sich gegen den Körper selbst richten würden, nicht zum Tragen kommen. Wird ein solches System nun zu größerer Leistung gebracht, können Autoimmunkrankheiten, wie zum Beispiel chronisch-entzündliches Rheuma, auftreten.

◆ Befürworter nehmen die meßbare Vermehrung der Abwehrzellen im Blut von Testpersonen als Beleg für die Wirksamkeit. Möglicherweise ist es aber genau das Gegenteil: das Zeichen für eine krebsfördernde Wirkung. Diesen Gedanken leiten Kritiker aus der Erfahrung mit Osterluzei her, einem Pflanzenmittel, das ebenfalls die Abwehrkräfte stärken sollte, dessen Wirkstoff sich aber eindeutig als krebsfördernd entpuppte. Osterluzei ist unter den Bezeichnungen Aristolochia oder Serpentina in homöopathischen Verdünnungen immer noch im Handel.

Empfehlung

Eingenommene pflanzliche Immunstimulantien sind eingeschränkt empfehlenswert zur Vorbeugung und unterstützenden Behandlung immer wiederkehrender Atem- und Harnweginfektionen und zur Unterstützung der Behandlung chronisch entzündlicher Erkrankungen.

Injizierte Präparate sind abzulehnen, weil das Risiko den möglichen Nutzen überwiegt.

Kosten

Die Krankenkassen bezahlen pflanzliche Immunstimulantien.

Lebensbaum (Thuja)

Zur Zeit läuft ein intensives Forschungsprogramm, um die Wirkung von Thuja-Inhaltsstoffen auf das Abwehrsystem zu prüfen. Daß sie die T-Helferzellen, eine für die Immunabwehr wichtige Unterart der weißen Blutkörperchen, aktivieren, hat sich bestätigt. Inwieweit Thuja geeignet ist, Krankheiten zu beeinflussen, wird die weitere Forschung zeigen müssen.

Mistel (Viscum)

Die Mistel war das Zauberkraut der Druiden, der heilkundigen keltischen Priester. Heute ist sie vornehmlich ein Mittel alternativer Krebsmediziner – eine Anwendung, die auf die Ideen des Anthroposophen Rudolf Steiner zurückgeht (siehe Seite 186). Es ist wenig wahrscheinlich, daß stark verdünnter Mistelextrakt direkt das Wachstum von Tumoren hemmt. Sicher ist aber, daß er die Abwehrzellen anregt, die ihrerseits gegen Tumorzellen vorgehen können (siehe Krebstherapien, Seite 343).

Die für Arzneimittel zuständigen Kommissionen des früheren Bundesgesundheitsamtes haben für die Mistel gleich drei Monographien erstellt, Beschreibungen der Pflanze und über die Bedingungen ihrer Zubereitung und Anwendungen. Die drei Monographien unterscheiden sich, je nachdem, ob die Mistel als Pflanzenmittel, in der Homöopathie oder in der Anthroposophie angewandt werden soll. Uneinheitlich sind sie auch hinsichtlich Art und Konzentration der Inhaltsstoffe, von denen man ja erwarten sollte, daß sie Träger der Wirkung sind. Dementsprechend unterschiedlich sind auch die von den jeweiligen Kommissionen akzeptierten Anwendungsgebiete.

Im Rahmen der Pflanzenheilkunde sah das damalige Bundesgesundheitsamt die Anwendung von Mistel bei degenerativ-entzündlichen Gelenkerkrankungen als sinnvoll an, wenn der Extrakt gespritzt wird. Dabei entsteht an der Einspritzstelle eine mehr oder weniger starke Entzündung. Darauf reagiert das Immunsystem mit erhöhter Aktivität, und das könnte die eigentlich zu behandelnde Entzündung schneller abklingen lassen. Im Sinne einer solchen unspezifischen Reiztherapie wurde Mistelextrakt auch zur begleitenden Behandlung bei Krebserkrankungen akzeptiert.

Im Rahmen der anthroposophischen Heilweisen akzeptierte die Kommission Mistelextrakt zur Vorbeugung und Behandlung von Geschwulstkrankheiten und anderen chronisch-entzündlichen Krankheiten. Für die Homöopathie galten wieder andere, dieser Heilmethode entsprechende Anwendungsgebiete.

Für die Reaktionen, die gespritzter Mistelextrakt im Immunsystem auslöst, sind Lektine verantwortlich, eine Gruppe von Mistelinhaltsstoffen. Deren Wirkung hängt sehr ab von Dosis, Art, Dauer und Zeitpunkt der Anwendung. Da aber über die komplexen Regelkreise der Abwehr noch viel zu wenig Sicheres bekannt ist und auch nicht alle Mistelextrakt-Präparate auf einen definierten Inhaltsstoff standardisiert sind, müssen Studienergebnisse über Mistelbehandlungen schon aus diesem Grund unterschiedlich ausfallen. Die verschiedenen Ergebnisse sind also nur schwer oder gar nicht miteinander zu vergleichen. Es fehlt noch immer der eindeutige Nachweis, daß Mistelinjektionen Krebs heilen könnten.

Ferner wird immer wieder eine Wirkung der Mistel bei Bluthochdruck diskutiert. Diese Wirkweise ist jedoch nicht gesichert. Eine Gruppe von Mistelinhaltsstoffen, die Viscotoxine, wirken zwar blutdrucksenkend, wenn man sie injiziert, ob diese Stoffe jedoch in einen Tee übergehen, ist fraglich. Und selbst wenn es so wäre – im Magen-Darm-Trakt werden sie zerlegt.

Sonnenhut (Echinacea)

Befürworter des Sonnenhuts und die Hersteller des Extrakts sagen, Echinacea hilft bei akuten und chronischen Infektionen der Atmungsorgane, Harnweg- und Pilzinfektionen, schlecht heilenden Wunden, verschiedenen Hauterkrankungen, eitrigen Entzündungen der Nebenhöhlen und des Ohres.

Im Laborversuch verändert Sonnenhutextrakt allerlei Meßbares im Immunsystem. Ob und wie das jedoch für den kranken Menschen nutzbar ist, ist naturwissenschaftlich betrachtet immer noch offen. Allerdings sprechen jahrelange gute Erfahrungen von Ärzten und Patienten für die Anwendung dieses alten indianischen Mittels.

Vor Jahren hat das frühere Bundesgesundheitsamt die für Sonnenhutextrakt vorliegenden Untersuchungsberichte geprüft und befunden, daß sie die beanspruchte Wirkung nicht ausreichend belegen. Als „Echinacea" wurden die Extrakte aus dem Kraut und/oder den Wurzeln von drei verschiedenen Echinacea-Arten verwendet: E. angustifolia, E. purpurea und E. pallida. Welcher Auszug aus welcher Pflanze jedoch welcher Behandlung diente, war der älteren Literatur nicht zu entnehmen. Mit positiver Bewertung übriggeblieben ist allein das Kraut des purpurfarbenen Sonnenhuts, Echinacea purpurea. Mittlerweile haben die meisten Hersteller von Phytopharmaka ihre Produkte auf diesen Grundstoff umgestellt. Um die gewünschte Wirkung zur unterstützenden Behandlung bei chronischen und immer wiederkehrenden Atemweginfekten und ebensolchen Entzündungen der Harnwege zu erzielen, hielt es das ehemalige Bundesgesundheitsamt für erforderlich, täglich sechs bis neun Milliliter Preßsaft von Echinacea purpurea einzunehmen beziehungsweise bei Fertigpräparaten eine dementsprechende Menge.

Normalerweise stehen Fachleute fixen Arzneimittelkombinationen skeptisch gegenüber. Für Mischungen mit Echinacea gilt das jedoch nur bedingt. Das Kombinationspräparat von Echinacea, Baptisia und Thuja wirkte besser als reine Echinaceamittel. Über positive Ergebnisse wird berichtet bei Atemweginfektionen mit und ohne Antibiotikabehandlung, bakteriellen Hautinfektionen und Herpes simplex. Außerdem verbesserte das Präparat das weiße Blutbild bei Krebspatienten nach einer Strahlenbehandlung. Eine krebshemmende Wirkung ist jedoch wissenschaftlich nicht nachgewiesen (siehe Seite 347).

Entspannungstechniken und Meditation

Geschichte

Zeiten der Muße waren in jeder Kultur wichtig, und es gab schon immer spezielle Methoden, sich zu entspannen oder zu versenken. In modernen Zeiten scheint diese Tradition vergessen, das Lebenstempo hat sich beschleunigt und zum Dauerstreß verdichtet, der Körper und Seele krank macht: Zum Wohlfühlen gehört der Wechsel von Anspannung und Entspannung.

Zu Beginn unseres Jahrhunderts haben sich neue Techniken etabliert, mit denen sich der innere Ausgleich erlernen läßt. Der Nervenarzt *Johannes Heinrich Schultz* (1884–1970) hat die in der Hirnforschung damals neu entdeckte Möglichkeit der Selbstsuggestion erprobt, als er in den Schützengräben des Ersten Weltkriegs seine Angst überwinden wollte. Daraus hat er das Autogene Training entwickelt. Diese Entspannungstechnik beruht auf Selbstsuggestion und hat sich sehr rasch durchgesetzt, weil sie wirksam, in relativ kurzer Zeit zu erlernen und allein durchzuführen ist. Im Laufe der Zeit sind weitere Verfahren erarbeitet worden und in den letzten Jahrzehnten Techniken auch aus anderen Kulturen in Westeuropa in Mode gekommen.

Die Situation heute

Im westlichen Kulturkreis sind entspannende Techniken jeweils dort populär, wo sie entstanden sind: In Frankreich ist die Hypnose die bekannteste Methode, in den USA die vom Amerikaner *Edmund Jacobson* (1885–1976) entwickelte Technik der Muskelanspannung, in Deutschland das Autogene Training. Mitte der 60er Jahre wurde im Rahmen der Verhaltenstherapie in Kliniken das Biofeedback entwickelt, bei dem mit Unterstützung eines Gerätes wohltuende Entspannung erlernt werden kann.

Wirksame Entspannungsmethoden haben heute ihren festen Platz als begleitende Behandlung in Kliniken – zum Beispiel zur Operationsvorbereitung – und im Sport. Spitzenleistungen wären kaum möglich, wenn Sportler nicht zwischen den aktiven Phasen Entspannungstechniken anwendeten.

Entspannende Methoden können auch als Anstoß dienen, sich bei einer Psychotherapie mit den Ursachen von Problemen auseinanderzusetzen, um diese besser zu bewältigen.

Entspannungsmethoden in Kursen, die von den Krankenkassen organisiert sind, und als Teil psychotherapeutischer Behandlungen werden von ausgebildeten Fachleuten geführt. In Einrichtungen der Erwachsenenbildung und auf dem „Selbsthilfe-Markt" besteht diese Sicherheit nicht. Seit durch die Flower-Power-Bewegung der 70er Jahre hinduistische Meditationsmethoden in Mode kamen, etablieren sich immer neue Methoden, deren Ziel Entspannung und Aufarbeitung von Problemen aus der Vergangenheit sowie „Selbstfindung" ist.

Kennzeichen seriöser Angebote

- Inserate und Anbieter machen keine Versprechungen, sondern weisen nur auf Möglichkeiten der Entwicklung oder Prozesse der Erkenntnis hin.
- Sie versprechen keine Heilung, sondern bieten Hilfe, Linderung und Trost an.
- Sie werben nicht mit sensationellen Erfolgen in kurzer Zeit – zum Beispiel mit „Instant Enlightment": so schnell erreichbar wie Instant-Kaffee löslich ist.

Informationen über die angebotenen Verfahren erhält man bei einer psychotherapeutischen Vereinigung und bei den Krankenkassen.

Idee und Erklärung der Wirkung

Jeder Mensch hat prinzipiell von sich aus die Möglichkeit, außer wachen, schlafen und träumen auch andere Bewußtseinszustände zu erleben. Jede Kultur hat eigene Methoden entwickelt, die das „Heraustreten aus sich selbst", die Ekstase, möglich machen. Sie sind normalerweise in bestimmte Sitten, Gebräuche und Rituale eingebettet.

In asiatischen Kulturen gehört Meditation zum Alltag, in den traditionellen Kulturen Afrikas, Amerikas, aber auch Sibiriens ist die Trance üblich. Meditation, Trance und auch Hypnose sind in unserer Kultur nicht integriert. Allerdings kennen wir das „Hypnoid", die faszinierte Aufmerksamkeit: Sie macht die Umwelt vergessen. Wir können es unter anderem beim Orgasmus erleben, beim Hören von Musik oder beim Lesen eines spannenden Krimis.

Solche Entspannung kann man mit dem EEG (Elektroenzephalogramm) sichtbar machen: Bei den verschiedenen Bewußtseinszuständen sind die Wellenmuster der Gehirnströme in charakteristischer Weise verändert. In jedem Bewußtseinszustand ändert sich auch die Zusammenarbeit der beiden Gehirnhälften.

Entspannung und Meditation wirken angstlösend, sie können innere Blockaden und damit verknüpfte Störungen auflösen, sie helfen, das Tor zu verschütteten Fähigkeiten zu öffnen und fördern Ausgeglichenheit, Selbstbewußtsein und Selbsterkenntnis. Ist die Besinnung auf sich selbst, der Weg zum eigenen ruhenden Pol einmal gefunden, kann man ihn immer wieder gehen. Die neuen Erfahrungen lassen eine veränderte Sichtweise von sich selbst und der Welt zu, und man kann zur Bewältigung der Beschwernisse und Belastungen des Alltags besser auf die eigenen Ressourcen zurückgreifen.

Mit Entspannungsübungen kann man gezielt die willkürliche Körpermuskulatur und die hautnahen Blutgefäße entspannen, unwillkürliche Körperfunktionen wie Herz-Kreislauf, Atmungs- und Verdauungssystem beeinflussen und Schmerzen lindern. Man kann besser schlafen, Konzentration und Gedächtnis steigern, Nervosität und Ängsteabbauen und Gelassenheit gegenüber Alltagsbelastungen erwerben.

Durchführung

Es ist wichtig, sich vor Erlernen einer Methode klar zu werden, was die Verspannung auslöst. Ein Gespräch mit einer psychotherapeutisch geschulten Fachkraft kann dabei helfen. Sie kann auch helfen, die individuell passende Entspannungsmethode zu finden (siehe auch Kasten, Seite 137). Es gibt niemanden, der genau in eine der im Kasten genannten Gruppen „paßt", die meisten Menschen sind Mischtypen. Lassen Sie sich von Ihren Empfindungen leiten, wenn Sie eine Technik ausprobieren. Scheuen Sie sich nicht, den Trainer zu wechseln – Erfolg stellt sich nur ein, wenn er eine fundierte Ausbildung hat und Sie einen „Draht" zueinander finden. Geben Sie nicht vorschnell auf, vielleicht braucht es etwas Zeit, bis Sie sich mit der gewählten Methode wohl fühlen. Vielleicht ist aber eine andere Methode für Sie richtiger. Ein weiterer Versuch kann sich lohnen.

Fragen Sie den Trainer, ob er mit Supervision arbeitet – gute Trainer nutzen diese Möglichkeit, die eigene Arbeit zu kontrollieren und eventuell auftauchende Probleme zu klären.

Im folgenden werden einige Entspannungstechniken beschrieben, deren Wirksamkeit geprüft ist. Der anschließenden Checkliste können Sie entnehmen, wann es hilfreich ist, eine Entspannungstechnik zu erlernen und welche Technik wann für wen sinnvoll ist.

Autogenes Training

Vor den Übungen fragt der Trainer jeden Teilnehmer nach seiner Motivation und seinen individuellen Problemen.

Die Übenden nehmen eine entspannte Sitzhaltung ein oder liegen auf dem Rücken. Der Trainer gibt an, auf welchen Körperteil die Übenden ihre Vorstellung konzentrieren und welche Vorstellungen sie sich vorsagen sollen, zum Beispiel:

- Der rechte Arm wird schwer.
- Der rechte Arm wird warm.
- Der rechte Arm wird warm und schwer.

Durch die Selbstsuggestion stellen sich diese Gefühle tatsächlich ein. Schrittweise wendet man sich anderen Körperbereichen zu und lernt, die Muskelentspannung im ganzen Körper zu erreichen. Man erlebt sie als Wärme und Schwere.

Am Ende jeder Übung wird die Entspannung „zurückgenommen": Die Übenden winkeln auf Aufforderung des Trainers die Arme fest an und atmen bewußt durch. Beherrscht man die Grundübung, kann man das vegetative System bewußt steuern: den Herzschlag verändern, die Atmung und auch andere Organfunktionen lenken.

Diese Technik ist besonders geeignet bei Schlafstörungen, sie kann Streß, Unruhe und Ängste abbauen helfen, kann Schmerzzustände lindern, Blutdruck und Verdauungsstörungen normalisieren. Die Oberstufe des Autogenen Trainings befaßt sich zusätzlich mit seelischen Vorgängen und dem Erleben von inneren Bildern.

Wie man's macht

Das Training sollte in Gruppen von höchstens fünfzehn Teilnehmern durchgeführt werden. Einmal pro Woche, etwa sieben bis acht Wochen lang, ist das Üben in der Gruppe notwendig, dann beherrscht man die Technik. Sie sollte während des Kurses jeden Tag ein- bis dreimal für etwa 15 Minuten geübt und später regelmäßig einmal täglich durchgeführt werden. Dann genügen drei bis fünf Minuten, um sich tief zu entspannen.

Muskelentspannung (Relaxation) nach Jacobson

In entspannter Rückenlage oder in Entspannungsstühlen halb sitzend lernen Übende, systematisch bestimmte Muskelgruppen zuerst stark anzuspannen, dann wieder locker zu lassen. Man ballt zum Beispiel die Faust einige Sekunden lang und läßt anschließend wieder locker. Es wird die Stirn gerunzelt, der Arm fest gebeugt, es werden die Bauchmuskeln angespannt und wieder gelockert. Anschließend folgen Oberschenkel, Unterschenkel, Füße. Durch den Wechsel erlebt man die Entspannung intensiv und kommt in einen Zustand von Ruhe und Gelassenheit.

Diese Methode eignet sich speziell zur Entspannung in akuten Streßsituationen, bei Nervosität, Schlafstörungen, An- und Verspannung, Schmerzen und Ängsten.

Wie man's macht

Erlernen läßt sich diese Technik am besten in der Gruppe, durchführen kann man sie allein täglich oder bei Bedarf.

Biofeedback

Mit dem Begriff Biofeedback wird die Rückmeldung biologischer Signale umschrieben: Elektronische Sensoren von Biofeedbackgeräten können Atmung, Blutdruck, Herzfrequenz, Muskelspannung, Körpertemperatur und Hirnströme messen und die Daten in optische und akustische Signale umsetzen. Zum Erlernen der Entspannung werden auf diese Weise der Atemrhythmus, die Muskelspannung am Unterarm, an der Stirn und der Kaumuskulatur sowie der Hautwiderstand sicht- und hörbar gemacht: Die Spannung wird auf einem Bildschirm als Kurvenlinie dargestellt. Ändert sich die Muskelspannung, kann der Übende dies am Kurvenverlauf sofort erkennen und so den Entspannungszustand besser fühlen. Die unmittelbare Rückmeldung befähigt ihn, in kurzer Zeit zu lernen, wie er diese Körperfunktionen, die üblicherweise unbewußt ablaufen, willentlich verändern kann.

Die durch Biofeedback erworbene Fähigkeit zu entspannen, hilft gegen Spannungskopfschmerz und Migräne, bei Schlafstörungen, Nervosität und Angstzuständen. Mit Hilfe von Entspannung durch Biofeedback lassen sich der Bluthochdruck senken, Asthma und Herz-Kreislauf-Störungen lindern. Auch lassen sich damit die Erfolge von Entspannungsübungen sichtbar machen und vertiefen.

Wie man's macht

Ein Arzt oder Psychotherapeut weist den Übenden in die Handhabung des Geräts ein. Meist reichen 10 bis 25, am besten täglich durchgeführte Sitzungen von etwa 45 Minuten Dauer aus, die Entspannung auch ohne Rückmeldung durch das Gerät steuern zu können. Es gibt auch tragbare Geräte für den Hausgebrauch.

Eutonie

Die Physiotherapeutin *Gerda Alexander* (*1908) hat diese Technik aus der Erfahrung entwickelt, daß jeder Mensch seinen eigenen Rhythmus finden muß, um größtmögliche Ausgeglichenheit zu erreichen. Dies kann man erlernen, wenn man Bewegungsabläufe nicht wie sonst üblich automatisch und mechanisch, sondern bewußt durchführt. Falsch eingeübte Sitzhaltung, schlechte Gewohnheiten in der Bewegung, blockierende Muskelverkrampfungen werden zuerst aufgespürt, dann können sie mit Übungen abgebaut und wegtrainiert werden. Dadurch entsteht ein neues Körperbewußtsein, aber man entdeckt auch, wie man mit Gedanken und Gefühlen umgeht und wie das auf die Körperhaltung zurückwirkt. So lernt man die eigenen Bedürfnisse kennen und zu berücksichtigen.

Eutonie versteht sich nicht als Therapie, sondern eher als Pädagogik. Sie hilft bei Verspannungen, vegetativen und funktionellen Beschwerden.

Wie man's macht

Erlernt wird die Methode in der Gruppe, trainieren kann man allein, täglich eine Viertelstunde.

Funktionelle Entspannung nach Fuchs

Ausgehend von der eigenen Haltung im Sitzen, Liegen, Stehen und Gehen werden Wege der Spannungslösung gesucht. Um die Sensibilität zu fördern, wird die Aufmerksamkeit auf den Atemfluß und auf die Wahrnehmung der Körperempfindungen gelenkt. So wird der Halt, den der Boden bietet, genutzt, um Überspannung „loszulassen", Kraftaufwand wird durch Gleichgewicht ersetzt. Über Bewegung und Sprache werden die in den körperlichen Blockierungen selbst wahrgenommenen, gehemmten Bedürfnisse und Gefühle zum Ausdruck gebracht. Man gibt sich bewußt den kleinen Veränderungen im Erleben während der Übung hin und läßt sie nachwirken. Lösen und Loslassen normalisieren die Atmung, sie befreien von Verkrampfungen sowie Verspannungen und lassen die Möglichkeiten und Grenzen im Rahmen des persönlichen Rhythmus finden. Sie befähigen, die eigenen positiven Ressourcen besser auszuschöpfen.

Diese Methode eignet sich besonders bei Atemstörungen, hilft gegen Muskelverspannungen, Schmerzen, Verdauungsstörungen und Ängstlichkeit.

Wie man's macht

In Einzelstunden oder in kleinen Gruppen werden mit dem Therapeuten neue Möglichkeiten im Umgang mit dem eigenen Körper herausgefunden. Diese Erfahrungen werden anschließend auf konkrete Alltagssituationen übertragen. Statt zu regelmäßigem Üben wird zu spielerischem Ausprobieren von Veränderungen angeleitet.

Konzentrative Bewegungstherapie (KBT)

Bei der KBT dient das bewußte Wahrnehmen von Bewegungsabläufen als Grundlage dafür, sich selbst und die eigene Lebenshaltung sowie das eigene Handeln bewußter zu erleben. Mit geschlossenen Augen lernt man, sich konzentriert dem Körper zuzuwenden. Das führt allmählich dazu, daß man „die Welt gelassen an sich herankommen" läßt und sich ihr gewachsen fühlt. Im Gegensatz zu den autosuggestiven Techniken kommt es hier nicht zu einer Senkung, sondern Erweiterung des Bewußtseins in Richtung „bereitsein". KBT ist nicht nur eine Entspannungstechnik, sondern auch eine tiefenpsychologisch fundierte Psychotherapie.

Die Übungen zur körperlichen Wahrnehmung wer-den zum Teil mit Gegenständen, zum Teil gemeinsam mit anderen Teilnehmern der Gruppe durchgeführt.

Die Methode eignet sich besonders bei funktionellen Störungen, psychosozial mitbedingten Krankheiten, Kontaktstörungen, Neurosen, Störungen des Lebensrhythmus und in Reifungskrisen.

Wie man's macht

Erlernen kann man KBT mit ausgebildeten Psychotherapeuten in Einzelarbeit, besser in Gruppen. Die Kurse finden meist einmal wöchentlich statt.

Meditation

In den letzten Jahren wurden meditative Elemente klinisch erprobt mit dem Ergebnis, daß sie, richtig durchgeführt, gezielt zur Entspannung beitragen können.

In aufrechter Haltung sitzen Meditierende mit überkreuzten Beinen auf einem Kissen oder Meditationsschemel, die Hände ruhen auf den Knien oder locker im Schoß, Daumen und Zeigefinger können einander berühren. Bei leicht geöffneten Augen richtet sich der Blick auf einen Punkt am Boden in etwa einem Meter Entfernung. Der Atem geht leicht, man kann auf ihn achten, soll ihn aber nicht beeinflussen. Man kann sich auf einen Körperpunkt unterhalb des Nabels konzentrieren, auf die Betrachtung einer flackernden Kerze oder spezieller Bilder (Mandalas), man kann sich in innere Vorstellungen versenken oder ein Mantra unentwegt wiederholen. Das sind Silben, deren Klang auf die Schwingungen des Gehirns einwirkt. Wenn die Gedanken abschweifen, wird die Aufmerksamkeit wieder auf den Konzentrationspunkt gerichtet. Aufsteigende Gefühle werden wahrgenommen, aber nicht beachtet. Es geht darum, sich von äußeren Sinneseindrücken zurückzuziehen, so daß sich der Geist entspannt und man in einen überwachen Zustand kommt, der zugleich Abstand zu den äußeren Dingen schafft. Das Ziel ist es, diesen Zustand ohne Hilfen zu erreichen und eine Zeitlang aufrecht zu erhalten.

Meditieren reguliert den Gemütszustand, schärft den Geist und stärkt das Selbstvertrauen, gleichsam als Nebeneffekt tritt körperliche Entspannung ein. So kann Streßerkrankungen vorgebeugt werden.

Wie man's macht

Eine Anleitung durch möglichst kompetente Fachleute ist nötig. Achtung vor sektenähnlichen Gruppen mit Guru-Milieu (siehe Transzendentale Meditation, Seite 178). Zur Übung sollte täglich eine halbe Stunde, möglichst regelmäßig, zur selben Tageszeit und am gleichen Ort, aufgewendet werden.

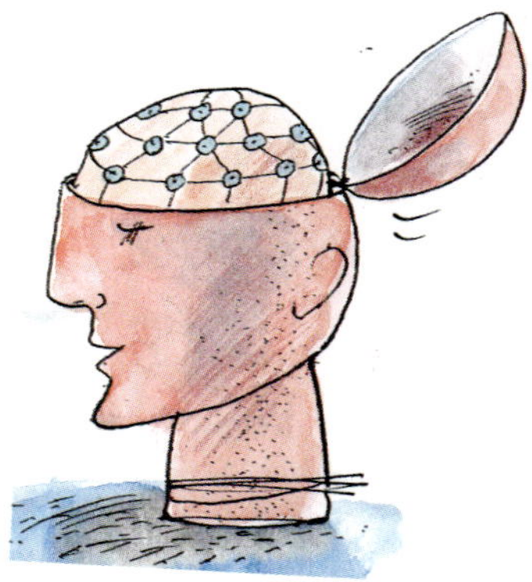

Mindmachines

Entspannung auf Knopfdruck versprechen elektronische Meditationshelfer. Die Hersteller von Mindmachines gehen von der Annahme aus, daß das Gehirn – ähnlich wie ein Resonanzkörper – bereit ist, sich auf akustische und optische Impulse, die von außen einwirken, „einzuschwingen". Deshalb bestehen Mindmachines aus einer Brille, die an der Innenseite mit Leuchtdioden bestückt ist, einem Kopfhörer, einem Musik- und einem Steuergerät. Wer Entspannung sucht, soll es sich bequem machen, die Augen schließen und Brille sowie Hörer aufsetzen. Nun zucken Lichtblitze und erklingen Töne, Musik oder Geräusche, je nach Einstellung ruhig fließend oder in wechselnden Frequenzen und Mustern. Man kann sie nach eigenem Bedarf mischen und ihr Tempo steuern. Üblicherweise dauert eine solche Sitzung eine halbe Stunde.

Die Geräte für das Training zu Hause kosten zwischen 800 und 3 000 DM, eine Sitzung im Brain-Studio kostet etwa 40 DM. Die Gerätehersteller versprechen Entspannung, Streßabbau, Befreiung von Sucht, gesteigerte Konzentration und anderes mehr. Es fehlt jedoch der Nachweis der Wirksamkeit. Laut einer großangelegten Untersuchung der STIFTUNG WARENTEST entspannt man sich mittels Mindmachines nicht besser als beim Musikhören.

► *Vorsicht:* Lichtempfindliche Menschen und Kinder sollten solche Geräte nicht benutzen, bei Herz-Kreislauf-Kranken, Epileptikern und Menschen mit schlummernden Psychosen besteht die Gefahr eines akuten Ausbruchs der Erkrankung. Als Nebenwirkung können Nervosität, Streß und Verkrampfung auftreten.

Anwendungsbereiche

Sinnvoll ist das Erlernen entspannender Techniken

◆ bei krampfhaft gespannter innerer Unruhe, die Schlaflosigkeit, Appetitstörungen, vegetative Störungen, Herzklopfen, Muskelverspannungen, Beschwerden des Bewegungsapparats und so weiter verursacht,

◆ bei psychosomatischen Krankheiten wie Magen- und Zwölffingerdarmgeschwür, Asthma, Neurodermitis, Migräne, Herzneurose und Regelschmerzen,

◆ bei organisch bedingten Krampfzuständen (außer Epilepsie),

◆ bei Konflikten am Arbeitsplatz, bei Beziehungsproblemen und Trennungsschmerz (Tod, Verlust).

◆ Entspannung kann den Bedarf an Medikamenten senken (zum Beispiel bei Bluthochdruck).

Man sollte die Übung fest in den Tagesablauf einbauen und regelmäßig durchführen und sich dazu in einen ruhigen Raum zurückziehen. Das Erlernen einer Entspannungstechnik kann Wochen oder Monate dauern. Später kann man es „automatisch", und die Fertigkeit geht nie mehr ganz verloren.

◆ KBT eignet sich ebenso wie Autogenes Training, Funktionelle Entspannung und Meditation, um eine psychotherapeutische Behandlung einzuleiten.

Grenzen der Anwendung

◆ Wer Schmerzreize nicht beachtet oder wem die Motivation fehlt, wirklich an sich selbst etwas zu ändern, wird keinen Erfolg beim Training haben. In Krisenzeiten dauert es länger, Entspannungstechniken zu erlernen.

◆ Menschen mit Angstneurosen, Problemen des Selbstwertgefühls, Hypochondrie, schweren Depressionen und Selbstmordgedanken sollten keine Entspannungstechniken üben. Suchtkranke sollten nur während eines Krankenhausaufenthalts trainieren.

Risiken

◆ Entspannung löst keine Probleme. Man kann die „selige Entspannung" als Flucht vor sich selbst und Ablenkung mißbrauchen. In diesem Fall lähmt Entspannung die Initiative.

◆ Meditation wird nicht selten in sektenähnlichen Gruppen betrieben. Damit ist die Gefahr der mentalen Abhängigkeit verbunden.

Kritik

◆ Vergleichsstudien haben gezeigt, daß die wirksamsten Entspannungstechniken die Muskelentspannung nach Jacobson und Biofeedback sind. Trotzdem wird von den Krankenkassen immer noch überwiegend das Autogene Training angeboten.

◆ Das Angebot der psychotherapeutischen und der esoterischen Subkultur ist vielfältig, aber es fehlt der Nachweis, welche Entspannungstechnik überhaupt und in welchem Umfang wirksam ist. Viele Angebote mischen unter der fälschlichen Bezeichnung „Meditation" Elemente aus verschiedenen Kulturkreisen und Methoden und versprechen, den Weg zur Entspannung und zur „eigenen Mitte" zu weisen.

◆ In fernöstlichen Ländern sind Meditationen in philosophische und religiöse Systeme eingebunden und Teil der seelischen Hygiene. Sie sollen den Geist reinigen und das Vordringen zu höheren Bewußtseinsschichten ermöglichen. Losgelöst vom ursprünglichen Zusammenhang, werden sie im Westen vielfach als „seelische Turnübungen" angewendet und dadurch verwässert. Da sie oft nicht in der richtigen Form gelehrt und nicht mit der notwendigen Achtung und dem Verständnis für die dahinterliegende Kultur durchgeführt werden, können sie nicht wie erhofft wirken.

Empfehlung

Entspannungstechniken sind empfehlenswert bei Störungen von Organfunktionen, bei vegetativen Störungen und Verspannungen. Richtig durchgeführte Meditation ist empfehlenswert zur Entspannung und zur Bewußtseinserweiterung.

Kosten

Die Kassen übernehmen die Kosten im Rahmen einer psychotherapeutischen Behandlung. Für Selbstzahler berechnet der Arzt die Kosten nach der Gebührenordnung für Ärzte (siehe Seite 32). Je nachdem, ob Entspannungstechniken von Psychotherapeuten oder Pädagogen gelehrt werden, ist der Preis unterschiedlich hoch.

Nicht alle Techniken gelten als Heilverfahren. Erkundigen Sie sich vor dem Training, welche Kosten Sie erwarten, und bei Ihrer Kasse, ob sie die Kosten übernimmt.

Adressen

Informationen darüber, wer die Methoden lehrt, erhalten Sie in Ambulanzen von Psychosomatischen Krankenhäusern und von Psychiatrischen Kliniken, in Arztpraxen, in psychologischen oder Ehe- und Familien-Beratungsstellen, bei Psychotherapeutischen Vereinigungen und bei Einrichtungen der Erwachsenenbildung.

Wie man die richtige Entspannungsmethode findet

Es ist wichtig, sich selbst zu kennen, um die passende Methode zu finden. Lassen Sie sich beim Ausprobieren von Ihrem Gefühl leiten – der „gute Draht" zum Trainer ist wichtig, ein weiterer Versuch sinnvoll.

Sind Sie eher ein Mensch, der sich durch Regeln nicht eingeengt fühlt und der sich gern und vertrauensvoll an Vorgegebenes hält? Dann eignen sich Methoden, die mit fixen Anleitungen arbeiten wie

- Autogenes Training (siehe Seite 133),
- Muskelentspannung nach Jacobson (siehe Seite 133),
- Qigong (siehe Seite 173).

Gehören Sie eher zu den Menschen, die sich durch Regeln eingeengt fühlen, die lieber selbst Verantwortung übernehmen, den eigenen Kopf durchsetzen und auf das eigene Gefühl vertrauen? Dann eignen sich

- Biofeedback (siehe Seite 133),
- Muskelentspannung nach Jacobson (siehe Seite 133),
- Feldenkrais Gruppenarbeit (siehe Seite 233),
- Funktionelle Entspannung nach Fuchs (siehe Seite 134),
- Eutonie (siehe Seite 134),
- Konzentrative Bewegungstherapie (siehe Seite 135).

Sind Sie nicht gern aktiv, sondern lassen sich lieber verwöhnen und versorgen? Wollten Sie immer schon die Kontrolle aus der Hand geben und sich voll Vertrauen einem Behandler überantworten? Dann sind günstig

- Massagen (siehe Seite 77),
- Feldenkrais Einzelbehandlung (siehe Seite 234),
- Hypnose (siehe Seite 142).

Sind Sie ein Suchender, der auch in extremen Situationen Verantwortung übernimmt? Dann eignen sich

- Autogenes Training, Oberstufe (siehe Seite 133),
- Yoga (siehe Seite 180),
- Meditative Techniken (siehe Seite 135).

Allen Methoden übergeordnet, ergänzend und für alle geeignet ist die Atemtherapie (siehe Seite 139).

Entspannungstechniken und Meditationen im Vergleich

Grundsätzlich kann man nur dann Erfolge erwarten, wenn man die Methoden unter Führung gut ausgebildeter Fachkräfte lernt und ausdauernd übt.

Entspannungstechniken	Meditation
◆ Haltung: Sie ist gelöst und bequem. Man liegt entweder auf dem Rücken, sitzt halbliegend oder in der Droschkenkutscherhaltung.	◆ Haltung: Sie ist gelöst und gespannt zugleich, also nicht bequem. Wichtig ist eine gerade, aufrechte Haltung der Wirbelsäule, die Stellung von Armen und Beinen ist je nach Tradition verschieden.
◆ Durchführung: Man konzentriert sich auf den Körper allgemein, auf einzelne Körperteile oder auf die Atmung. Man beeinflußt die Atmung und geht schrittweise nach vorgegebenen Regeln vor.	◆ Durchführung: Mit verschiedenen Hilfstechniken kann man den erstrebten Wachheitszustand erreichen. Der Atem wird nicht beeinflußt, Sinnes- und Gefühlswahrnehmungen werden nicht beachtet. Dies macht „den Geist leer".
◆ Bewußtsein: Das Bewußtsein ist gedämpft. Dabei kann man auch einfache, sanfte Bilder imaginieren – wie zum Beispiel den Mondschein über dem Meer, eine Blumenwiese und ähnliches.	◆ Bewußtsein: Das Bewußtsein ist in einem Zustand der besonderen Wachheit und Aufmerksamkeit.
◆ Ziel: Das Ziel ist die körperliche und seelische Entspannung. Sie bleibt an der Oberfläche und führt nicht zur Bewußtseinserweiterung.	◆ Ziel: Das Ziel der Meditation ist die religiöse Erfahrung der „Leere" oder der Gottesnähe. Als Nebeneffekt gewinnt man größere Ruhe, mehr Selbstvertrauen und Gelassenheit.
◆ Wirkung: Diese Techniken wirken auf das vegetative System, das von Sympathikus auf Parasympathikus umschaltet: auf Regenerieren. Manchen Menschen gelingt in der Tiefenentspannung unvermutet der Zugang zu inneren Bildern, die sie in der Hektik des Alltags nie erleben würden, und damit zur „inneren Mitte".	◆ Wirkung: Der Prozeß geht in die Tiefe des seelischen Erlebens. Das bringt sekundär auch körperliche Entspannung und die Fähigkeit, aus der Routine des Alltags auszusteigen.
◆ Übung: Man kann die Techniken in Kursen, in Gruppen und allein lernen und üben. Es dauert nur wenige Wochen beziehungsweise Monate, bis man sie beherrscht.	◆ Übung: Man muß sich einem seriösen Lehrer anvertrauen. Üben kann man in der Gruppe und allein. Meditation ist kein Schnellverfahren, es kann Jahre dauern, bis man sie beherrscht.

Atemtherapie

Geschichte

Gott der Schöpfer haucht dem Wesen, das er mit seiner Hand geformt hat, seinen Atem ein – damit beginnt das Leben. Viele Schöpfungsmythen enthalten dieses Bild von der lebensspendenden Kraft jedes Atemzugs. Seit mehr als 2 000 Jahren ist bekannt, daß richtiges Atmen die Voraussetzung ist für die körperliche, geistige und seelische Gesundheit. In Indien entwickelten sich mit dem Buddhismus Atemschulen der Yoga-Lehrer, in Japan entstanden im Zen Atempraktiken. Sie hatten die geistige und persönliche Reifung und religiöse Haltung zum Ziel.

Bewußte, gesunde Atmung war das Ziel der Pneumaschulen in Vorderasien und Griechenland zu Beginn unserer Zeitrechnung. Vor 100 Jahren brachte *Otto Hanisch* (1854–1936) diese Atemübungen nach Mitteleuropa, wo sie weiterentwickelt wurden. Tanzkunst und Heilgymnastik, Frauenbewegung, Psychosomatik und Psychotherapie haben die weitere Entwicklung der verschiedenen Atemtherapie-Methoden beeinflußt.

Die Situation heute

In Japan und China gehören Atem- und Bewegungsübungen heute zur täglich praktizierten Gesundheitsvorsorge (siehe Seite 160).

Im abendländischen Kulturkreis überwiegt die Atemgymnastik zur Behandlung von Erkrankungen von Bronchien und Lunge. Erst allmählich gewinnt die „Arbeit am Atem" als therapeutisches Mittel gegen Funktionsstörungen und seelische Probleme an Bedeutung. Eine spezielle Form der Atemarbeit entwickelte die Gymnastiklehrerin und Kunstprofessorin *Ilse Middendorf,* die das Selbsterleben des Atems und das Empfinden in den Mittelpunkt stellt.

Derzeit gibt es in Deutschland etwa 1 100 Atemtherapeuten. Eine geringe Zahl arbeitet in Krankenhäusern und Kliniken, Behinderteninstituten und Hochschulen für Stimmbildung; überwiegend sind sie jedoch freiberuflich, privat oder in Einrichtungen der Erwachsenenbildung tätig.

Die Idee dahinter

Atmen ist ein unbewußter Vorgang. Erst bei übergroßer Freude, in seelischer Bedrängnis oder an den Grenzen der Leistungsfähigkeit macht sich der Atem bemerkbar. Wir können ihn auch willkürlich steuern: Man kann langsamer oder rascher, tief oder gepreßt ein- und ausatmen. Instinktiv richtig atmet heute kaum noch jemand: Schon Kleinkinder sind häufig verspannt und atmen dadurch „flach", und Erwachsene führen oft ein Leben in „atemloser Spannung", arhythmisch und ohne Pause, das ihnen „die Luft nimmt". Einengende Kleidung und Übergewicht, verkrampftes Sitzen und Fehlhaltungen, Bewegungsmangel und Dauerspannung, Hektik und ungelöste Probleme schneiden vielen den Atem ab. Das Ziel der Atemtherapie ist, durch die Fähigkeit, wieder ruhig und gleichmäßig zu atmen, die Sauerstoffversorgung des Körpers zu verbessern, die natürliche Haltung wiederzugewinnen und zugleich auch die hemmenden Emotionen abzubauen, so daß funktionelle Störungen und seelische Probleme sich lösen.

Behandlung und Durchführung

Menschen, die an Krankheiten der Atemwege leiden, müssen diese Organe besonders pflegen: Die Schleimhäute sollten stets feucht gehalten werden. Das bedeutet: Rauchen einstellen, Räume gut durchlüftet halten und durch die Nase atmen.

Zu Beginn einer Atemtherapie spürt man dem Rhythmus des eigenen Atems, seinem Tempo und der Atembewegung nach. Unterschiedliche Methoden verbessern das Atemgeschehen:

Bewußte Atemlenkung

Die Aufmerksamkeit wird bewußt auf die Atemkorrektur gelenkt. Zuerst übt man das Ausatmen – dies regt das Atemzentrum an – und anschließend die richtige Atemform, die Bauch- und Zwerchfellatmung trainiert.

Diese Technik eignet sich vor allem für Sportler und für Menschen, deren Atmung von Atemwegerkrankungen beeinträchtigt wird.

Halbbewußte Atemlenkung

Man lernt beim Atmen durch die Empfehlungen des Therapeuten, den Atemablauf zu erspüren: den Atem „aufsteigen und gehen lassen und warten, bis er von selbst wiederkommt". Man lenkt Atem und Aufmerksamkeit in bestimmte Körperregionen und sammelt sie dort. Die Atmung weitet sich unwillkürlich, das Raumgefühl ändert sich. Man erlebt seinen Körper neu und „gelöst". Eine ausgeglichene äußere und innere Grundhaltung, ein neues „Wachbewußtsein" macht sich breit.

Eutonie (siehe Seite 134) und Funktionelle Entspannung (siehe Seite 134) beruhen auf halbbewußter Atemlenkung.

Diese Atem- und Entspannungstechniken wirken auf Körper und Seele gleichermaßen und eignen sich für leistungsorientierte, gestreßte Menschen und solche, die sich überfordert fühlen. Parallel zum „Muskelpanzer" lösen sich innere Verspannungen.

Katharina Schroth hat speziell für Skoliosekranke die Methode der halbbewußten Atmung weiterentwickelt: Atemübungen können der sich mit der Krankheit entwickelnden Fehlstellung der Rippenknochen und Muskeln bis zu einem gewissen Grad entgegenwirken und das Atmen erleichtern.

Unbewußter Atemablauf

Der Atemablauf wird indirekt durch die Stimme beeinflußt. Das Empfinden wird mittels Stimmlage, Tonhöhe, Rhythmus, Vibration und so weiter ausgedrückt. Nach diesen Methoden werden Sprecher und Sänger ausgebildet.

Darüber hinaus spielt der stimmliche Ausdruck eine wesentliche Rolle bei einigen übenden Atemtechniken, die verschüttete Gefühle befreien wollen.

Im Dehnen und Gähnen, im Stehen, Sitzen und Liegen, im Schwingen und Beugen unter Anleitung eines Trainers verändert sich die Atmung ganz von selbst. Gedankliche Besinnung vor und nach den Bewegungen und Zusammenarbeit mit Partnern oder einer Gruppe erhöhen den Effekt. Diese Methode ist geeignet bei Fehlhaltung, Fehlatmung, funktionellen Störungen und psychischen Hemmungen.

Der Therapeut kann die Teilnehmer dazu anregen, mit darstellenden Spielen, mit Bewegungen und bei Körperkontaktübungen in der Gruppe Empfindungen auszudrücken. Er lockt sie „aus der Reserve", wobei er ihre „Atemsprache" richtig deuten und lenken muß. Er muß auch fähig sein, eventuell hervorbrechende Gefühle gemeinsam mit dem Übenden zu bearbeiten, so daß sie in den Lebensalltag integriert werden können. Auch diese Vorgehensweise ist geeignet bei psychischen Hemmungen, funktionellen Störungen und körperlichen Fehlhaltungen.

Tanz, Partnerübungen und Gruppenspiele können bei den genannten Therapieformen die Anpassungsfähigkeit des Atems zusätzlich bessern.

Atemtherapie kann in Einzelstunden oder in Gruppenkursen durchgeführt werden. Üblich ist das Training im Abstand von einer Woche und wiederholtes Üben einige Monate lang.

Manuelle Atemmassage

Mit Streichungen des Gewebes wird die Massage vorbereitet. Das Zwerchfell antwortet auf Klopfungen und schmerzhafte Reizgriffe mit erhöhter Aktivität. Nach dem Schmerz folgt Entspannung, und der Atem geht unwillkürlich rhythmisch. Haut-, Muskel- und Schmerzreize beeinflussen die Atmung über die Reflexe. Berührung und Zuwendung durch einen anderen Menschen haben ebenfalls Anteil an der entspannenden Tiefenwirkung. Auf diese Weise können Atem- und Verdauungsstörungen, Unruhe und Schlafstörungen gelindert werden.

Atemgymnastik

Vorgegebene Streckungen, Dehnungen und Gleichgewichtsübungen beeinflussen auf reflektorischem Weg die Atemform. Im Zeitlupentempo bewegt man sich aus der Entspannungslage in die Haltespannung, in der man so lange wie möglich atmend aushält, und anschließend wieder zurück. Mehrere tiefe Atemzüge nach der Übung zeigen an, daß man neue Atemmöglichkeiten gewonnen hat.

Atemgymnastik hilft Menschen mit chronischen Bronchialerkrankungen und Asthma. Sie sollte bei einem Physiotherapeuten erlernt und täglich regelmäßig durchgeführt werden. Sie erhöht die Lungenleistung und erleichtert die Beschwerden.

Ausbildung der Behandler

Atemgymnastik: Spezielle Verfahren der Atemgymnastik werden in der vierjährigen staatliche Ausbildung zum Physiotherapeuten (Krankengymnasten) erlernt.

Atemtherapie: Zum Atemtherapeuten bilden mehrere private Schulen in Deutschland aus. Die Interessenten dürfen erst mit 28 Jahren und nach einer Eignungsprüfung beginnen. Insgesamt dauert die Ausbildung vier Jahre und schließt mit einem Diplom ab. Der Verband der Pneopäden erkennt nur fünf Ausbildungsinstitute in Deutschland an. Atemtherapeut darf sich nur nennen, wer als Arzt oder als Heilpraktiker zugelassen ist.

Erklärung der Wirkung

Bei einem Atemzug können wir fünf Liter und mehr Luft „holen". Ein Liter Restluft bleibt nach dem Ausatmen in der Lunge. Flache Atmung nutzt die Kapazität der Lunge nicht voll aus, der Körper wird zu wenig mit Sauerstoff versorgt. Das beeinträchtigt das gesamte Wohlbefinden. Ist die Lungenleistung durch Erkrankungen eingeschränkt, hilft Atemtraining, die Restleistung zu erhalten und auszuweiten.

Durch gezielte Atemübungen und das Erspüren des eigenen Körpers kann man die richtige unwillkürliche Atmung wiedergewinnen.

Der Atem hat an allen Regelkreisen des Organismus teil. Bei der Atmung wirken vegetatives System, bewußtes Handeln und emotionaler Antrieb zusammen. Körperliche und seelische Belastung beeinflussen den Atem ihrerseits. Atemübungen wirken auf drei Ebenen: Sie lassen das Lungengewebe sich besser entfalten, beeinflussen die biologische Atemsteuerung und können Muskelverspannungen auflösen; sie ermöglichen, das eigene Körperschema neu zu erspüren und können zu einem neuen Umgang mit sich selbst führen.

Anwendungen

Krankengymnastische Atemtherapie und -massage: Sie eignet sich als unterstützende Behandlung von Atemwegerkrankungen und nach schweren Operationen sowie zur Geburtsvorbereitung. Sie kann der Fehlatmung vorbeugen und entgegensteuern, Störungen des Bewegungsapparates, vegetative Störungen der Herztätigkeit, des Verdauungstrakts und Blutdrucks bessern und leichte psychische Störungen lindern.

Sie wird meist nach ärztlicher Verordnung in Krankenhäusern oder in privater Praxis durchgeführt.

Atemtherapie: Atemarbeit kann funktionelle Störungen der Stimme und psychosomatische Störungen beheben, sie kann das Gefühlsleben regulieren, Haltungsschäden beeinflussen, Streß und Ängste lösen helfen. Sie dient der Gesundheitsvorsorge und wird zur Unterstützung von Entwicklungsprozessen und Verhaltensänderung angewendet.

Grenzen der Anwendung

Bei schweren körperlichen und schweren psychischen Störungen darf sie nicht durchgeführt werden.

Der Erfolg einer Atemtherapie hängt immer von der Mitarbeit des Patienten/Klienten ab.

Risiken

◆ Die Atemtherapie ist risikoarm. Während der Therapie können jedoch Gefühle und seelische Probleme aufbrechen. Ungenügend ausgebildete Therapeuten können das unter Umständen nicht auffangen. Bei

Atemtherapeuten mit einem Diplom der Arbeits- und Forschungsgemeinschaft für Atempflege besteht dieses Risiko nicht.

◆ Von Therapeuten esoterischer Richtung werden auch Atembehandlungen angeboten, die die Technik der Hyperventilation einsetzen, zum Beispiel „Rebirthing". Diese Methode kann für Asthma- und Lungenkranke lebensbedrohlich sein.

_Kritik

Über den Erfolg der Atemtherapie entscheidet nicht so sehr eine bestimmte Technik, sondern die qualifizierte Ausbildung und die Fähigkeit des Therapeuten, sich dem Klienten zuzuwenden.

_Empfehlung

Atemtherapie ist empfehlenswert bei den unter Anwendungsbereiche genannten Beschwerden.

_Kosten

Die Krankenkassen bezahlen die Atemtherapie im Rahmen eines Klinikaufenthalts. Bei ärztlicher Verordnung muß vor Beginn der Therapie bei der Kasse ein Antrag auf Kostenerstattung gestellt werden. Ersatzkassen übernehmen die Kosten für Gruppenunterricht im Rahmen der Gesundheitsvorsorge. Für private Einzelstunden muß man mit etwa 80 bis 120 DM rechnen, Gruppenstunden kosten etwa 18 bis 25 DM.

_Adresse

AFA – Arbeits- und Forschungsgemeinschaft für Atempflege e.V. und
Verband der Atempädagoginnen und Atemtherapeutinnen
Waldstraße 5
D-10551 Berlin
Tel.: 0 30/3 95 38 60

Hypnosetherapie

_Geschichte

Die Hypnose ist eines der ältesten Heilverfahren. Darstellungen einer Hypnosesitzung fanden sich aus einer Zeit um 6 000 Jahre vor unserer Zeitrechnung in Ägypten und Babylon, und der erste schriftliche Bericht ist bereits 4 000 Jahre alt. Hypnosetechniken spielten in der Kunst des Heilens immer eine Rolle. Der Wunderheiler *Franz Anton Mesmer* (1734–1815) verstand es, Kranke in Trance zu versetzen, und dachte fälschlich, es seien „magnetische" Fähigkeiten. Im 19. Jahrhundert erlebte die Hypnose in Frankreich eine Hochblüte. *Sigmund Freud* (1856–1939) und seine Mitarbeiter haben vor der Entwicklung der Psychoanalyse mit Hypnose gearbeitet. Durch Bühnenshows in Verruf gekommen, hat die Hypnose an Bedeutung verloren. Einen Aufschwung erhielt sie durch den Psychiater *Milton Erickson* (1901–1980), der in den 70er Jahren in den USA neue Trancetechniken und einfallsreiche Formen der Gesprächsführung entwickelt hat.

Die Situation heute

Hypnose erlebt in Deutschland und Österreich neuerdings eine Renaissance in der Schmerzbehandlung, bei der Operationsvorbereitung und in der Psychotherapie. Einige 100 Therapeuten und Ärzte wenden Hypnosetechniken in freier Praxis und in Kliniken an, und auch etwa 200 Heilpraktiker bieten Hypnose an.

Leider wird sie wieder häufiger leichtfertig zu Schauzwecken vorgeführt und von esoterischen Zirkeln für zweifelhafte Therapieformen, wie zum Beispiel „Reinkarnationstherapie", mißbraucht.

_Idee und Erklärung der Wirkung

Hypnotisieren bedeutet, mittels Sinnesreizen eine spezifisch veränderte Bewußtseinslage herbeizuführen. Dazu dienen einfache, erlernbare Techniken.

Während der Hypnose normalisieren sich Blutdruck, Herzleistung, Kreislauf und Stoffwechsel und

das vegetative Nervensystem. Atem und Darmtätigkeit verlangsamen sich. Nach der Hypnose erscheint die Zeit wie im Zeitraffer vergangen.

In der Hypnose ist die Aufmerksamkeit gefangengenommen wie beim Hören guter Musik oder Lesen eines spannenden Buches. Der Zustand der Hypnose ist kein Schlaf, sondern eine besondere Form von Wachheit. In diesem Trancezustand sind die Bereitschaft und die Aufnahmefähigkeit für Suggestionen – das sind Beeinflussungen – besonders gesteigert. Durch die Hypnose können Filter- und Bewertungsprozesse im Gehirn gezielt erreicht und gesteuert werden. Die Suggestionen können Gedanken und Handlungen veranlassen und körperliche Zustände beeinflussen.

Allerdings kann der Wille eines Hypnotisierten nicht ausgeschaltet und niemand zu Handlungen gedrängt werden, die er im Normalzustand nicht ebenso vornehmen würde.

Die Mittel

Voraussetzung für das Gelingen sind einerseits das unbedingte Vertrauen des Patienten in den Behandler und andererseits die emotionale Hinwendung des Behandlers zum Patienten. Das wirksame Mittel der Hypnose ist der gelöste Zustand des Patienten.

Untersuchung und Behandlung

Der Behandlungsraum sollte ruhig sein. Eine ärztliche Diagnose sollte der Hypnose immer vorangehen.

Während der Behandlung ruht der Patient bequem und fixiert einen kleinen Gegenstand, wie zum Beispiel eine Bleistiftspitze, eine Kerze oder die Augen des Arztes. Dieser suggeriert ihm mit ruhiger, langsamer Stimme Ermüdung, Schwere und Gelöstheit und lenkt die Aufmerksamkeit auf die Ausatmung. Jetzt schwinden die Gedanken. Meist schließen sich daraufhin die Augen des Klienten von selbst. Oft spüren Hypnotisierte dann tiefe Entspannung. Für den Erfolg der Hypnose ist das nicht maßgebend.

Den hypnotischen Zustand kann der Behandler noch einengen und in positive Richtung steuern. Er betont mit ruhigen Worten innere Ausgewogenheit, flößt Selbstvertrauen und Gelassenheit ein, verspricht den Rückgang von Schmerzen. Er kann den Klienten anregen, sich bestimmte Situationen und verschiedene Bilder vorzustellen; oder er kann symbolische Geschichten erzählen und damit zu bestimmten Gedanken leiten. Kinder hören solchen Geschichten besonders gebannt zu.

Der Behandler kann Symptome ansprechen und heilsame Formeln im Unbewußten des Kranken verankern, zum Beispiel kann er Übernervösen den Satz einprägen: „Immer, wenn ich die Hände in den Schoß lege, bin ich ganz ruhig und gelassen".

Bei Asthmatikern hilft die Formel: „Die Atmung ist gelöst, die Bronchien sind warm durchströmt", Schlafgestörte erhalten den Auftrag, zu bestimmter Zeit einzuschlafen und nach tiefem Schlaf zu bestimmter Zeit aufzuwachen. Die Wirkung solcher Aufträge hält einige Zeit an und kann durch neuerliche Hypnose wiederholt beziehungsweise aufgehoben werden.

Während der Aufwachphase betont der Behandler, daß der Patient sich wach und frisch fühle.

Es kann vorteilhaft sein, wenn Patient und Behandler anschließend über das Bilderleben während der Hypnose sprechen. Seriöse Hypnotiseure halten sich streng an die vor der Behandlung vereinbarten Themen.

Zur Operationsbegleitung reichen ein bis zwei Behandlungen aus. Für den therapeutischen Einsatz wird üblicherweise eine Sitzung einmal wöchentlich durchgeführt, bis die Behandlung nach 10 bis 20 Sitzungen oder nach individuellem Bedarf ausklingt.

Ausbildung der Behandler
Ärztliche Vereinigungen bilden in medizinischer und psychotherapeutischer Anwendung der Hypnose aus. Heilpraktiker erlernen die Technik bei der Arbeitsgemeinschaft für Hypnosetherapie. Ein Diplom bescheinigt die Ausbildung.

Anwendungsbereiche

Hypnose kann erfolgreich sein bei akuter Angst, Unruhe und Schmerzen. Sie dient der Vorbereitung auf Operationen und dem Einsparen von Schmerz- und Narkosemitteln. Sie kann Migräne, Kopfschmerzen, allergische Erkrankungen, Schlaf- und Eßstörungen, entzündliche Darmerkrankungen und psychogen bedingtes Bronchialasthma positiv beeinflussen. Sie ist geeignet zur Begleitung von Krebsbehandlungen.

Bei Kindern lindert sie Unruhe, Nachtangst und Konzentrationsstörungen, sie kann Minderwertigkeitsgefühle, Bettnässen und Stottern bessern.

Grenzen der Anwendung

- ◆ Für Kleinstkinder, die noch nicht imaginieren können, eignet sich Hypnose nicht, nicht jeder Erwachsene spricht auf diese Methode an.
- ◆ Hypnose darf nicht bei Geisteskranken und Menschen mit psychiatrischen Krankheiten durchgeführt werden. Sie sollte nicht angewendet werden bei sehr labilen Menschen und bei solchen, die sich nicht mehr konzentrieren können.

Risiken

- ◆ Menschen, die stark zur Passivität und Entschlußlosigkeit neigen, können von Hypnosetherapie abhängig werden. Zu häufige Hypnosen setzen die Schwelle gegenüber suggestiven Einflüssen – zum Beispiel Werbung – grundsätzlich herab.
- ◆ Falsche Suggestionen können Krankheiten verschlimmern.
- ◆ Das abrupte Beenden der Hypnose kann zu Übelkeit, Schwindel, Müdigkeit, Benommenheit oder Konzentrationsstörung führen, die aber von selbst wieder zurückgehen. Selten sind Angst, Unruhe und Depression die Folge; im Extremfall können Störungen des Willens und im Bewußtsein sowie Kreislaufkollaps auftreten.

Kritik

- ◆ Hypnosetherapie kann bei einigen Menschen Störungen und Beschwerden beseitigen, doch manchmal läßt ihre Wirkung nach kurzer Zeit wieder nach. Die Anbieter informieren darüber nicht immer.
- ◆ Hypnosetherapie sollte nur nach medizinischer Diagnose und Abwägen anderer Heilverfahren und nur von einer psychotherapeutisch ausgebildeten Fachkraft durchgeführt werden.
- ◆ Hypnose sollte nie in spielerischer Absicht oder zu Unterhaltungszwecken durchgeführt werden, das bringt Risiken mit sich.

Empfehlung

Hypnose ist empfehlenswert bei den unter Anwendungsbereiche angegebenen Krankheiten.

Kosten

Bei ärztlicher Verschreibung bezahlen die deutschen Krankenkassen bis zu zwölf Hypnosesitzungen. Für eine Hypnosesitzung beim Heilpraktiker muß man mit 100 bis 200 DM rechnen. In Österreich wird klinische Hypnose im Zuge einer ärztlichen Behandlung bezahlt, im Rahmen einer ärztlich verschriebenen Psychotherapie tragen die Kassen einen Kostenanteil.

Adressen

Deutsche Gesellschaft für ärztliche Hypnose (DGH)
Druffelsweg 3
D-48653 Coesfeld
Tel.. 0 25 41/7 00 07

Milton-Erickson-Gesellschaft für klinische Hypnose
Konradstraße 16
D-80801 München
Tel.: 0 89/33 63 56

Milton-Erickson-Gesellschaft für klinische Hypnose
und Kurztherapie Austria (MEGA)
Westbahnstraße 13/1/1
A-1070 Wien
Tel.: 02 22/5 23 30 64

Musiktherapie

Geschichte

Ein Wiegenlied hilft dem Kind in den Schlaf, bei leiser Musik kommen sich die Liebenden näher, beim rauschenden Fest lockt die Musik zum Tanz, ruhige Klänge geleiten den Trauerzug – Musik begleitet das Leben der Menschen in jeder Gesellschaft, von der Wiege bis zur Bahre. Die Nationalhymne ist Ausdruck der Identität eines Volkes, gemeinsamer Gesang einigendes Element. Und wir alle leben vor dem Hintergrund fortlaufender Musik„berieselung" durch Radio und Fernsehen.

Seit Urzeiten spielte Musik in religiösen Riten eine wesentliche Rolle, bis zum Mittelalter galt sie als Heilmittel, und später diente sie der Erbauung und Entspannung. Als gezieltes therapeutisches Instrument wurde die Musiktherapie in psychiatrischen Kliniken der USA in den 60er Jahren entwickelt. Musiktherapie ist eine Form der Psychotherapie.

Die Situation heute
Erst seit 1981 gibt es in Deutschland ein eigenständiges musiktherapeutisches Studium. Um auch die Forschung auf diesem Gebiet voranzutreiben, wurde 1995 in Heidelberg das Institut für Musiktherapieforschung gegründet.

Die etwa 1 000 im deutschsprachigen Raum praktizierenden Musiktherapeuten findet man vornehmlich in psychosomatischen und psychiatrischen Kliniken, Sonderschulen und -kindergärten sowie heilpädagogischen Einrichtungen. Nur wenige arbeiten in freier Praxis. Darüber hinaus bieten auch minder qualifizierte Personen musiktherapeutische Stunden an.

Die Idee dahinter

Musik gilt als „Sprache der Gefühle". Mit ihr läßt sich ausdrücken, was sonst auszusprechen unmöglich erscheint. Melodien oder das In-die-Hand-Nehmen von Instrumenten können tief verborgene Emotionen anrühren. Musik belebt Erinnerungen bis in die frühe Kindheit, hebt ins Bewußtsein, was im Unterbewußten zerstörerisch wirkt und macht es einer Veränderung zugänglich.

Die musiktherapeutische Behandlung kann sich ganz auf den nonverbalen Prozeß beschränken, sie kann in dem Patienten aber auch die Bereitschaft wecken, seine Probleme anschließend mit einer anderen Form der Psychotherapie in Worten zu bearbeiten.

In der Musiktherapie haben sich derzeit drei Hauptrichtungen etabliert:

- ◆ Die psychoanalytisch orientierte Musiktherapie will ohne Worte, nur über das Medium Musik, das Unbewußte des Patienten erreichen.
- ◆ Die anthroposophisch orientierte Musiktherapie gebraucht Musik als künstlerisches Gestaltungsinstrument und als nonverbales Ausdrucksmittel des Patienten.
- ◆ Die integrative Musiktherapie gehört zu den tiefenpsychologisch orientierten Verfahren. Das geistige

Aufnehmen der Musik soll die Erlebnis- und Ausdrucksfähigkeit des Patienten schulen. Die aufkommenden Regungen werden dann noch zusätzlich im Gespräch mit dem Therapeuten aufgearbeitet.

Die Mittel

Das Instrumentarium, das der Musiktherapeut seinen Patienten in die Hand gibt, besteht meist aus Orff-Instrumenten, Rhythmus- und Schlaginstrumenten, Klangschalen und Rasseln, oftmals erweitert durch das Klavier. Die Stimme wird nur selten eingesetzt.

Jedes einzelne musikalische Element – Tonhöhe und Lautstärke, Intervall und Rhythmus – hat seine spezifische Wirkung. Ob Melodien beruhigend oder aufputschend wirken, hängt auch vom Erinnerungszusammenhang ab. Die Auswahl eines Musikstücks muß also individuell auf den Patienten abgestimmt werden.

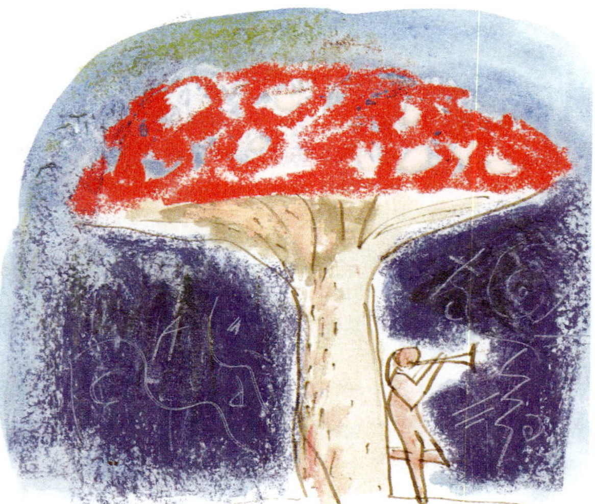

Behandlung

Die Therapie findet in aller Regel auf Verordnung eines Arztes statt.

Musiktherapeutische Behandlung kann aktiv oder passiv sein.

Passive Musiktherapie

Für das passive Musikhören wird je nach den Vorlieben des Patienten ein spezielles Musikstück dargeboten, um Erinnerungen und Assoziationen zu wecken, die neu durchlebt werden und anschließend mit dem Therapeuten besprochen werden können.

Aktive Musiktherapie

In Gruppen oder einzeln können Patienten beim aktiven Musizieren auf ihrem Instrument mit dem Therapeuten ins „Zwiegespräch" kommen, er kann sie seinerseits anregen, ihr Spiel begleiten oder auf ihre Improvisationen mit seinem Spiel antworten. Aufgabe des Therapeuten ist, spielerisch den „Spielraum" des Patienten zu erweitern. In der freien Improvisation können Gefühle lebendig und ausgedrückt werden, die in Worte zu fassen dann auch leichter gelingt.

Musiktherapie kann Einzel- oder Gruppentherapie sein. Die Abstände zwischen den Behandlungen können einen Tag oder mehrere Tage betragen.

Ausbildung der Musiktherapeuten

An mehreren Orten Deutschlands und an der Musikakademie Wien werden Musiktherapeuten in zwei- bis vierjährigen Lehrgängen ausgebildet. Das Diplom bestätigt den erfolgreichen Universitäts- oder Fachhochschul(FH)-Abschluß.

Während ihrer theoretischen und praktischen Ausbildungszeit haben die angehenden Therapeuten das für ihre Arbeit notwendige Rüstzeug in den Fächern Psychologie, Medizin, Musik und Musiktherapie bekommen. Nicht anerkannt ist das Zertifikat privater Schulen, und da die Berufsbezeichnung Musiktherapeut nicht geschützt ist, arbeiten auch mangelhaft qualifizierte Leute unter diesem Etikett.

Erklärung der Wirkung

Musik wirkt über ein ganzes Bündel von Effekten, die aber letztlich alle im Psychischen gründen. Sie kann Blutdruck, Muskelspannung, Atem-, Herz- und Pulsfrequenz erhöhen oder senken, sie beeinflußt das Gefühlszentrum im Gehirn.

Musik löst gleichermaßen Spannungen in Körper und Seele und kann verschüttet geglaubte Kräfte der Selbstheilung wiederbeleben. Durch die Notwendigkeit zuzuhören, verbessert sie die Konzentration. Musik reizt zu Bewegungen und macht damit auch Gehemmte einer Bewegungstherapie zugänglich. Über die Musik können Menschen miteinander kommunizieren, die keine anderen Ausdrucksmöglichkeiten haben oder sich nicht trauen, über Belastendes zu reden. So können Themen bearbeitet werden, die sonst nicht zugänglich sind. Bei der Gruppenarbeit bekommen Patienten die Chance, ihre Wahrnehmungsfähigkeit zu verbessern und neues Verhalten zu üben.

Anwendungsbereiche

Das Ziel der musiktherapeutischen Arbeit ist es, das Spektrum der Fähigkeiten des Patienten zu erweitern und sein Verhalten konstruktiv zu verändern, damit er seine Persönlichkeit besser entfalten kann.

Musiktherapie wird in erster Linie zur Behandlung von neurotischen Störungen, psychiatrischen Krankheiten sowie bei Entwicklungs- und Verhaltensstörungen bei Kindern und Jugendlichen eingesetzt. Sie fördert die geistige Entwicklung bei Behinderten und bei Menschen mit organischen Hirnstörungen. Sie stützt alte Menschen und unheilbar Kranke und kann sogar Personen erreichen, die im Koma liegen.

Musiktherapie hilft, Schmerz- und Beruhigungsmittel einzusparen, und wird auch begleitend in der Suchttherapie eingesetzt. Zunehmend werden auch Menschen mit psychosomatischen Krankheiten behandelt.

Im Rahmen einer klinischen Behandlung und eingebunden in ein psychotherapeutisches Gesamtkonzept ist Musiktherapie erfolgreich. Die wissenschaftliche Überprüfung, inwieweit sie welche Krankheiten effizient beeinflußt, steht jedoch noch aus.

Risiko und Kritik

◆ Musiktherapie in der Hand seriös Ausgebildeter bringt kaum ein Risiko mit sich.

◆ Wird Musiktherapie ohne fundierte Qualifikation durchgeführt, kann sie entspannen und wohltun, jedoch keine Heileffekte erzielen. Es besteht die Gefahr, daß aufbrechende Gefühle vom Therapeuten nicht aufgefangen werden können.

Empfehlung

Musiktherapie in der Hand ausgebildeter Therapeuten und im Rahmen eines Gesamtkonzepts ist empfehlenswert bei den oben genannten Störungen.

Kosten

Im Rahmen einer klinischen Behandlung übernehmen die Krankenkassen die Kosten. Nur auf ärztliche Verordnung und auf Antrag hin ist die Kostenübernahme der Behandlung in niedergelassenen Praxen durch Krankenkassen möglich. In der Privatpraxis muß man mit 80 bis 110 DM pro Stunde rechnen.

Adressen

Deutsche Gesellschaft für Musiktherapie e.V.
Weichselstr. 48
D-12045 Berlin
Tel.: 0 30/6 24 73 64

Österreichischer Bundesverband der
Musiktherapeuten (ÖBM)
Schwarzspanierstraße 13
A-1090 Wien
Tel.: 02 22/45 90 84

Tanztherapie

— Geschichte

Tanz kann in Trance versetzen und stimulieren, deshalb war er immer Bestandteil heilender Rituale. Die moderne Tanztherapie geht auf die Zeit vor der Jahrhundertwende zurück, als sich Künstler und Künstlerinnen von den starren klassischen Regeln des Balletts zu lösen begannen und der Ausdruckstanz kreiert wurde. Der Bewegungspädagoge *Rudolf von Laban* (1879–1958) entwickelte eine eigene Tanzschrift, mit deren Hilfe die Befindlichkeit diagnostiziert werden konnte, und Tänzerinnen begannen in den 40er Jahren, tänzerische Bewegung auch therapeutisch zu nutzen. In den 70er Jahren wurden Standards für die Ausbildung und die klinische Praxis erarbeitet.

Die Situation heute

Im deutschsprachigen Raum arbeiten etwa 750 ausgebildete Tanztherapeuten meist in psychiatrischen Einrichtungen, psychosomatischen Krankenhäusern und Institutionen der Heil- und Sonderpädagogik sowie in der Rehabilitation. Nur wenige arbeiten in freier Praxis. Allerdings gibt es eine Reihe mangelhaft qualifizierter Kräfte, die ebenfalls Tanztherapie anbieten.

— Die Idee dahinter

Der Tanz ist eine unverstellte Ausdrucksform, in der sich darstellt, wie man den eigenen Körper empfindet und was das „Körpergedächtnis" gespeichert hat: Was die Seele belastet, beeinträchtigt die Bewegung und den körperlichen Ausdruck. Tanz kann helfen, sich davon zu befreien und Bewegungseinschränkungen und körperlichen Behinderungen entgegenzusteuern.

— Die Mittel

Der Körper des Patienten wird zum diagnostischen und therapeutischen Mittel. Die vertrauensvolle Beziehung zum Therapeuten ist die Basis, die Veränderungen ermöglicht.

— Behandlung

Tanztherapie ist eine Form der Psychotherapie. Sie kann in Gruppen oder in Einzelstunden, mit und ohne Musik durchgeführt werden. Die eigene Stimme oder verschiedene Instrumente können Rhythmen und Takte skandieren oder Melodien hervorbringen, die zum Bewegen und Tanzen anregen.

Üblicherweise tanzt man mit dem ganzen Körper, aber Beine, Hände und Finger können auch für sich allein Stimmungen ausdrücken.

Nachdem eine Diagnose erstellt ist, welche Behinderungen den Ausdruck hemmen, geben Therapeuten meist ein Thema vor, etwa einen Traum oder eine Szene aus der Lebensgeschichte als „lebendes Bild" zu gestalten, ein Gefühl wie Zorn oder Zuneigung pantomimisch auszudrücken, einen Gegenstand oder ein Naturbild wie „Wald" tänzerisch darzustellen oder einem Begriff wie „Würde" Ausdruck zu geben. Man kann aber auch aus eigenem Antrieb heraus symbolisch „Fesseln" zerreißen oder Sehnsüchte in Bewegung umsetzen. Der Therapeut kann auf das Spiel eingehen, mittanzen, das Dargestellte kontrastieren, Körperkontakt aufnehmen oder sich bewegen lassen.

Gefühle und Gedanken, die während des Geschehens auftauchen, werden ausgesprochen. Die Gruppe beschreibt ihre Eindrücke dazu; das hilft, das Erlebte zu klären.

In einer weiteren Tanzszene kann das, was ins Bewußtsein gedrungen ist, nun auf eine neue Art ausgedrückt werden. Allmählich erobern sich die Patienten – auch im Empfinden und Verhalten – einen größeren „Bewegungsspielraum".

Tanz ist auch für gesunde Menschen von Nutzen, um die seelischen und sozialen Kräfte zu stärken und das Bewegungsrepertoire zu erweitern.

Ausbildung der Behandler
Meist streben ausgebildete Sozialpädagogen den Beruf des Tanztherapeuten an; die zwei- bis dreijährigen Ausbildungswege sind sehr unterschiedlich. Der Bundesverband der Tanztherapeuten schreibt für seine Mitglieder einen Ausbildungsgang vor. Da die Berufsbezeichnung nicht geschützt ist, gibt es keine Kontrolle über die Qualifikation der Anbieter.

Erklärung der Wirkung

Im Tanz gelingt es auch gehemmten und beeinträchtigten Menschen, sich spontan zu äußern und zu reagieren. Mittanzend und mitfühlend versuchen Therapeuten, die Empfindungen der Patienten offenzulegen und zu deuten. So können sie gezielt Barrieren abtragen und neues Verhalten anregen.

Anwendungsbereiche

Tanztherapie wird zur Behandlung von psychisch Kranken sowie Seh- und Hörbehinderten eingesetzt, um die Wahrnehmung der Umwelt zu fördern; bei bewegungs- und körperbehinderten, alten Menschen und chronisch Kranken kann sie das Körpergefühl stärken und Bewegungsdefizite ausgleichen, weshalb Tanztherapie zunehmend auch in der Kurmedizin angeboten wird.

Bei Personen mit psychosomatischen Erkrankungen und Neurosen sowie bei Suchtkranken verfeinert Tanztherapie sowohl das körperliche als auch das seelische Empfinden.

Wer Probleme hat, mit anderen Menschen in Beziehung zu treten, wird durch Tanztherapie zur Kontaktaufnahme angeregt.

Tanztherapie fördert auch bei Gesunden die Beweglichkeit.

Kritik

◆ Im Rahmen eines klinischen Gesamtkonzepts und in Kombination mit Kunsttherapie ist die Wirksamkeit nachgewiesen. Ob eigenständige Tanztherapie die gleichen Erfolge erzielt, ist zweifelhaft.

◆ Ohne Aufarbeitung des im Tanz Erlebten und bei mangelhaft ausgebildeten Therapeuten hat Tanztherapie im besten Fall entspannenden Charakter und Erlebniswert.

Empfehlung

Im Rahmen einer klinischen Behandlung oder als Teil eines psychotherapeutischen Geamtkonzepts und unter Anleitung qualifizierter Therapeuten ist Tanztherapie bei den oben genannten Anwendungen empfehlenswert.

Kosten

Im Rahmen einer klinischen Behandlung übernehmen die Krankenkassen in Deutschland und Österreich die Kosten. Für Einzelstunden in der psychotherapeutischen Praxis muß man mit 80 bis 120 DM, bei Therapie in Gruppen mit 40 DM rechnen. Die Kassen bezahlen sie üblicherweise nicht.

Adressen

Bundesverband für Tanztherapie Deutschland e.V.
Hofstraße 16
D-40789 Monheim
Tel.: 0 21 73/5 65 73

Österreichische Gesellschaft für Tanztherapie
Postfach
A-4813 Altmünster
Tel.: 0 76 12/8 86 72

Kuren

Geschichte

Wie wohltuend ein Ortswechsel ist, wußten schon die Römer und besuchten von Zeit zu Zeit ein „balneum". Dieses Wort bedeutete nicht nur das Baden in der Therme, sondern schloß alles mit ein, was ein Badeort zu bieten hatte – Trinkkuren, Spaziergänge in der Sonne und in frischer Luft, entspannende Unterhaltungen und auch das erotische Abenteuer mit dem „Kurschatten". Badekuren waren seit jeher eine „Reiztherapie", ein „Jungbrunnen" für alle Sinne. Die „Marienbader Elegie" des alternden Dichters *Johann Wolfgang v. Goethe* ist ein bekanntes Zeugnis dieser anregenden Wirkung.

Kuren gehören zu den Naturheilmethoden im klassischen Sinn, weil sie Naturmittel wie Wasser, Erde, Sonne, Wind, Seehöhe, Kälte und Wärme zu heilenden Zwecken nutzen.

Die Situation heute

Die Kurortmedizin bietet heute weit mehr als ortsspezifische Mittel an: Ein ganzes Bündel verschiedener Behandlungen soll vorbeugend wirken, der Rehabilitation nach schweren Erkrankungen dienen und chronische Leiden erleichtern.

Sinnvolle Ergänzung zu den lokalen Heilmitteln sind Massagen (siehe Seite 77), Bewegungstherapie und Heilgymnastik (siehe Seite 87), Atemtherapie (siehe Seite 139), Entspannung (siehe Seite 131) und Kurse, in denen die Kreativität, zum Beispiel durch malen, töpfern, musizieren, tanzen und anderes mehr (wieder)entdeckt und ausgelebt werden kann. Die Muße bei Kuren kann die von Alltagshektik oft gestörte Lebensfreude wecken. Im Austausch mit anderen, die ähnliche Probleme bewältigen müssen, kann der Kurende leichter lernen, sich die notwendigen Phasen der Ruhe zu verschaffen, erhält er Anstoß, die Einstellung zu ändern und eine gesundheitsbewußte Lebensart einzuüben.

Ein Wunschtraum wird aber das bleiben, was viele Angebote versprechen: „Ewige Jugend" oder „Verjüngung" sind selbst mit hohen Kurkosten nicht zu erkaufen.

Kuren werden überwiegend für Erkrankungen des Bewegungsapparats, der Atmungsorgane und des Herz-Kreislauf-Systems in Anspruch genommen.

Idee und Erklärung der Wirkung

Der Sinn von Kuren liegt in den serienmäßigen Anwendungen, die den erholungsbedürftigen Organismus reizen, umstimmen und im Sinn einer Anpassung trainieren sollen: Er muß sich akklimatisieren (siehe Reiztherapie, Seite 38). Das Ziel ist, die Selbstheilungskraft des Körpers zu mobilisieren, seine Widerstandskraft gegen Neuerkrankungen, bei chronischen Krankheiten gegen Schmerzen und psychische Belastungen zu stärken und eventuellen Rückfällen vorzubeugen.

Wesentliche Faktoren des Kurerfolgs sind Schonung und Erholung und der Anstoß, das Verhalten so zu ändern, daß es der Gesundheit förderlich ist. Voraussetzung dafür sind die Belastbarkeit des Organismus und die Bereitschaft, aktiv mitzuwirken.

Die Mittel

Von der Art der Beschwerden hängt die Wahl des Ortes ab, an dem speziell heilende Mittel zu finden sind. Kuren arbeiten mit den lokalen Angeboten: Heilwässern, Heilgasen, Peloiden und dem Klima.

Heilwässer: Sie unterscheiden sich vom Trinkwasser durch ihren höheren Gehalt an Mineralstoffen beziehungsweise besonders wirksamen Bestandteilen oder durch die höhere Temperatur. Die Stoffe gelangen bei Trinkkuren über den Verdauungsweg in die Blutbahn. Über die Haut werden sie kaum aufgenommen.

Heilgase: Als Heilgase gelten Kohlendioxid, Schwefelwasserstoff und Radon.

Peloide: Sie werden in Form von Schlamm oder Brei genutzt. Peloide sind entweder pflanzliche Abbaustoffe, zum Beispiel Torf aus Mooren, oder mineralische Stoffe wie Meeresschlamm aus Ton und Kalkteilchen beziehungsweise die als Fango bezeichneten, fein zerriebenen Gesteine.

Klima: Es werden die unterschiedlichen Eigenschaften des Klimas genutzt. Als Schonklima gelten geringe tageszeitliche Schwankungen von Temperatur und Luftdruck sowie saubere Luft. Als Klimareize wirken die Höhe, intensive Abkühlung, hohe Windgeschwindigkeiten und der Salzgehalt der Luft. Zur Klimakur eignen sich Meeresküsten sowie Mittel- und Hochgebirgslagen.

— Behandlung und Anwendungsbereiche

Kuren sind sinnvoll zur Vorbeugung und zur Regulierung bei allen funktionellen Störungen sowie bei frühzeitigen Alterserscheinungen.

Sie dienen der Linderung und Rehabilitation bei akuten, vorwiegend aber bei chronischen Erkrankungen, bei Rekonvaleszenz nach Krankheit, Unfall und Operation. Kuren können Pflegebedürftigkeit hinausschieben.

Badekuren

Ein Körper, der ins Wasser taucht, hat durch den Auftrieb nur noch ein Zehntel seines Gewichts. Deshalb entlastet jedes Bad die Muskeln. Es senkt den Blutdruck, hemmt Streßhormone und wirkt ausschwemmend. Bewegung im Wasser fördert die Mobilität. Warmes Wasser weitet die Gefäße und fördert die Durchblutung, gibt kranken Gelenken wieder mehr Beweglichkeit, regt die Atmung an, lindert Schmerzen und wirkt entzündungshemmendentzündungen. Es stimuliert die Empfindungsfähigkeit der Haut, vermittelt ein neues Körpergefühl und hat auch auf die Seele wohltuenden Einfluß.

► *Vorsicht:* Bäder belasten Herzschwache.

Bewegungsbäder

Wasser entlastet die Gelenke. Menschen mit Bewegungsbehinderungen können sich im Wasser leichter bewegen. Der Widerstand, den das Wasser Bewegungen entgegensetzt, läßt sich für das Krafttraining geschwächter Muskeln nutzen.

Wann es hilft

Gymnastische Übungen im Wasser lindern Beschwerden bei Weichteilrheumatismus, bei chronisch degenerativen Krankheiten des Bewegungsapparats, neurologisch bedingten Haltungs- und Bewegungsstörungen, bei Osteoporose, Muskelerkrankungen und nach Operationen am Bewegungsapparat. Wassergymnastik erhält die Beweglichkeit und dient der Rehabilitation.

Schwefelbäder

Schwefelquellen enthalten ein Gemisch verschiedener Schwefelverbindungen. Diese regen die Durchblutung der Haut an. Ein Schwefelbad sollte 10 bis 20 Minuten dauern. Solche Bäder sind anstrengend, deshalb sollte man anschließend ruhen.

Wann es hilft

Schwefelbäder werden bei entzündlichen und allergischen Krankheiten empfohlen. Sie lindern Krankheiten des rheumatischen Formenkreises und sind besonders sinnvoll bei chronischen Mehrgelenkerkrankungen. Heilend wirken sie bei Hauterkrankungen wie Psoriasis, Neurodermitis, Akne und chronischen Ekzemen.

Solebäder

Solebäder sind überall dort entstanden, wo aus dem Berg Salz gewonnen wurde. Sie kommen als kalte Quellen oder als Thermen mit und ohne weitere Stoffe vor. Die meisten Solebäder enthalten 1,5 bis 6 Prozent Kochsalz.

Manche Solebäder bieten auch solehaltige Inhalationsluft.

Wann es hilft

Bäder in stark salzhaltigem Wasser lindern alle Formen von Rheuma und Frauenleiden und können bei Hauterkrankungen wie Entzündungen, Akne und Ekzemen helfen. Bekannt wurde die Behandlung am Toten Meer, die die hartnäckige Hautkrankheit Psoriasis nach vier bis sechs Wochen Kur wesentlich bessern kann. Der hohe Salzgehalt des Wassers verstärkt die heilende Wirkung der Sonnenstrahlen. Das kann mit UV-Bestrahlung nach einem Solebad „nachgeahmt" werden (zu den Risiken siehe Lichttherapie, Seite 74).

Inhalation: Sie lindert chronische Krankheiten der oberen und unteren Atemwege und chronische Entzündung der Stirn- und Nasennebenhöhlen.

Eine besondere Form ist die

Thalassotherapie (Meeresheilkunde): Neben dem Klimareiz wirken hier die salzhaltige Gischt des Meeres und Einflüsse von Spurenelementen wie Jod.

Kohlensäurebäder

Sauerbrunnen werden seit Jahrhunderten genutzt. Ein Kohlensäurebad kann aber auch mit technisch erzeugtem Kohlendioxid bereitet werden (siehe auch Kohlensäuretherapie, Seite 244).

Wann es hilft

Dieses Bad fördert die Durchblutung der Haut. Es hilft bei arteriellem Bluthochdruck, gegen Gefäßverschlüsse an Armen und Beinen und bei chronischer Venenschwäche. Es lindert vegetativ und psychosomatisch bedingte Herz- und Kreislaufbeschwerden. Bei schweren und akuten Lungen-, Herz- und Hauterkrankungen sowie Infektionen darf es nicht angewendet werden.

Radonbäder

Das radioaktive Edelgas Radon kommt in natürlichen Quellen und in der Luft von Bergwerkstollen vor, und in unterschiedlichen Konzentrationen auch in Wohnhäusern.

Traditionell wird Menschen mit entzündlichen degenerativen Gelenkerkrankungen eine Trinkkur mit Radonwasser, ein Bad darin oder der Aufenthalt in der radonhaltigen Luft eines Stollens empfohlen.

Wann es hilft

Ob der lindernde Effekt einer solchen Strahlenkur tatsächlich auf das Radon zurückzuführen ist, ist wissenschaftlich nicht erwiesen. Laut einer Untersuchung haben Radonkuren gegenüber anderen Badekuren keine Vorteile, für junge Menschen und besonders in der Schwangerschaft ist davon abzuraten.

► *Vorsicht:* Radon gilt als krebserregend. Ein Bad im Radonwasser entspricht der Strahlendosis einer Ganzkörperröntgenaufnahme. Bei 15 Einfahrten in den Stollen erreicht man die Strahlendosis des Jahresgrenzwerts, der als Schutz für Bergleute gilt. Damit wird der Organismus dem 20fachen (166.500 Becquerel pro Kubikmeter) der durchschnittlichen Radonkonzentration in deutschen Wohnhäusern ausgesetzt. Das ist mehr, als die Bewohner eines Hauses abbekommen, das wegen seiner Radonkonzentration als sanierungsbedürftig gilt.

Moorbehandlungen und Schlammbäder

Moor (korrekt: Badetorf) hat für das Kurwesen Deutschlands eine besondere Bedeutung: Es gibt etwa 50 Moorheilbäder. Badetorf ist unter den Peloiden das wirksamste Mittel.

Peloide enthalten je nach Herkunft eine Vielzahl chemischer Wirkstoffe. Diese spielen als therapeutische Mittel aber eine geringere Rolle als die Fähigkeit der Peloide, Wärme lange zu speichern und sie langsam und gleichmäßig an die behandelten Körperareale abzugeben.

Moor- beziehungsweise Schlammpackungen werden mit etwa 42 bis 48 Grad Celsius für ungefähr 20 Minuten auf die erkrankten Körperstellen aufgelegt. Moorbäder sollen dagegen nicht heißer als 40 Grad Celsius sein.

Wann es hilft

Moorbehandlungen helfen bei chronischen Rheumaerkrankungen, nach Verletzungen am Bewegungsapparat, bei chronischen Entzündungen des Verdauungstrakts und der harnableitenden Organe, bei funktionell gestörter Durchblutung und bei Frauenleiden.

▶ *Vorsicht:* Moorvollbäder sind bei fieberhaften und infektiösen Erkrankungen, bei großflächigen Hautwunden, bei Herzschwäche und starkem Bluthochdruck verboten.

Moorgemeinschaftsbäder sind unhygienisch und wurden vom früheren Bundesgesundheitsamt abgelehnt. Nach jedem Einzelbad sollte die Wanne gründlich gereinigt und der Badetorf erst nach Entkeimung wiederverwendet werden.

Trinkkuren

Trinkkuren waren noch im vorigen Jahrhundert die spezifische Behandlung von Störungen der Verdauungsorgane, bis wirksame Medikamente sie immer mehr verdrängten.

Heute werden bei einer Trinkkur je nach ärztlichem Rat einige Wochen hindurch täglich bis zu eineinhalb Liter Kurwasser getrunken. Häufig wird die Trinkkur mit diätetischen Maßnahmen kombiniert.

Wann es hilft

Die wissenschaftliche Beweisführung, ob Trinkkuren tatsächlich Heilwirkungen haben, steht teilweise noch aus. Je nach Zusammensetzung der Wässer sollen sie die Funktionen von Magen, Darm, Galle, Leber, Bauchspeicheldrüse, Niere, Blase und Harnwegen regulieren.

▶ *Vorsicht:* Bei akut-entzündlichen Erkrankungen und Blutungsneigung im Verdauungstrakt, bei Herz-Kreislauf-Schwäche, Ödemneigung, grünem Star und Bluthochdruck sollte eine Trinkkur nicht durchgeführt werden.

Klimatherapie

Schon Hippokrates setzte seine Patienten dem Reiz aus, der von einem fremden, ungewohnten Klima ausgehen kann. Wissenschaftlich ist der „Wirkakkord" aller Einflüsse von Witterung und Klima auf den Menschen noch kaum durchschaut.

So gibt es bis jetzt keinen Beweis dafür, ob und welches Wetter „krank macht". Sicher ist, daß nasse Kälte, starker Wind, Hitze, Schwüle und Nebel den Organismus belasten. Und es ist auch erwiesen, daß das Leben in klimatisierten oder überwärmten Räumen den Körper empfindlich und untüchtig macht. Gewöhnt er sich an ansteigende Klimareize, kann er Spannkraft und Anpassungsfähigkeit wiedererlangen.

Als heilsam gelten heute das Klima an Meeresküsten mit Sonne und Wind und das Mittel- und Hochgebirgsklima. Hier wirken Temperaturschwankungen, Frischluft und Sonnenlicht anregend. Allerdings gefährdet die Abgasbelastung zunehmend auch die Luft in solchen Lagen. (Zu den Risiken siehe auch Lichttherapie, Seite 74.)

Zu einer Klimakur gehören dosierte Liegekuren, Freiluftbäder bis zum Frösteln, Nachtschlafen im Freien und Bewegungstraining wie etwa Wandern.

Wann es hilft

Klimakuren können das Herz-Kreislauf-System und die Atmung trainieren. Bronchitis, Asthma, Allergien, Hautkrankheiten, Bluthochdruck und Stoffwechselstörungen bessern sich, nervöse Erschöpfung geht zurück, und der Körper härtet sich gegen Erkältungskrankheiten ab. Klimatherapie wird vor allem in der Rehabilitation und zur Vorbeugung genutzt.

Der Körper akklimatisiert sich meist nach der dritten Woche. Die Wirkung einer sechswöchigen Kur hält bis zu einem Jahr lang. Kneippen und physikalische Behandlungen können sie verstärken.

▶ *Vorsicht:* Aufenthalt im Hochgebirge ist für Herz-Kreislauf-Kranke nicht zu empfehlen.

Terrainkuren

Sie bestehen aus langen Spaziergängen und gezielter Bewegung in frischer Luft. Landschaftserlebnisse und die allmähliche Steigerung der Leistung und Anpassung an größere Höhe steigern die Lebensfreude und das Selbstbewußtsein. Trimmen am Fahrradergometer oder im Fitneß-Center ist kein geeigneter Ersatz.

Wann es hilft

Bei Herz-Kreislauf-Erkrankungen, Stoffwechselstörungen, Streß und nervöser Erschöpfung.

Schlankheits- und Diätkuren

Wann es hilft

Schlankheits- und Diätkuren sind sinnvoll zum Abbau von Übergewicht und zur Umstellung der Ernährungsgewohnheiten, etwa bei Stoffwechselerkrankungen oder Arteriosklerose. Sie können aber auch allgemein zur Umstimmung der Stoffwechsellage beitragen und das Wohlbefinden heben (siehe Fasten, Seite 103).

— Risiken

Während der Kuren – gleich welcher Art – können „Badereaktionen" vorkommen: Nach etwa sieben Tagen können sich die Krankheitsbeschwerden verstärken und erst allmählich wieder zurückgehen. Auch nach Beendigung einer Kur können sich die Krankheitsbeschwerden verschlimmern, und es tritt erst allmählich eine anhaltende Verbesserung ein. Diese „Badereaktion" wird als gutes Zeichen dafür gewertet, daß der Organismus noch reaktionsfähig ist. Die stabilisierende Wirkung richtig durchgeführter, mehrwöchiger Kuren hält meist neun bis zwölf Monate an.

— Empfehlung

Kurbehandlung ist empfehlenswert bei den unter Anwendungsbereiche genannten Beschwerden.

— Kosten

Deutschland

Krankenversicherte können Kuren in Anspruch nehmen, wenn ein Arzt sie verordnet und der Versicherungsträger, zum Beispiel die zuständige Krankenkasse oder Rentenversicherung, den Antrag genehmigt: ab 1. Januar 1997 im Abstand von vier Jahren. Auch eine Unfallversicherung, eine Berufsgenossenschaft oder ein Versorgungsamt kann für die Kur aufkommen.

Die Kosten werden je nach Schwere der Krankheit auch von den Kassen zum Teil übernommen.

◆ Stationäre Kuren, die der Vorbeugung von Erwerbs- beziehungsweise Berufsunfähigkeit dienen, werden von den Rentenversicherungen bezahlt. Auch für Heilkuren – zum Beispiel zur Wiederherstellung einer seit längerem unterbrochenen Arbeitsfähigkeit – sind die Rentenversicherer zuständig.

◆ Für sogenannte Anschlußheilbehandlungen, zum Beispiel Rehabilitation nach Operation, Unfall oder Herzinfarkt oder bei schweren chronischen Krankheiten, sind vorrangig die Rentenversicherer zuständig; die Krankenversicherungen sind es erst dann, wenn kein Rentenversicherungsschutz besteht.

Für üblicherweise drei, längstens vier Wochen werden die vollen Kosten für die medizinische Behandlung, Pflege, Unterkunft und Kost übernommen, bis auf einen Selbstbehalt von täglich 12 DM (ab 1. 1. 1997 25 DM) in den alten und 9 DM (ab 1. 1. 1997 20 DM) in den neuen Bundesländern. Bei Beamten und Angestellten des Öffentlichen Dienstes wird eine Beihilfe bis zu einem bestimmten Satz des ortsüblichen Preises gewährt.

◆ Bei der offenen und ambulanten Rehabilitation übernimmt die Krankenkasse alle Arztkosten und 90 Prozent der Kosten für Bäder und Kurmittel.

Die restlichen zehn Prozent, Unterbringung, Verpflegung, Fahrtkosten und Kurtaxe, muß man selbst bezahlen, die Kassen steuern einen Tagessatz von 15 DM bei.

◆ Versicherungsschutz für Kuren, für Genesungsaufenthalte und Sanatoriumsbehandlungen besteht bei privaten Versicherungen nur dann, wenn dies durch Abschluß eines speziellen Tarifs vereinbart wurde.

◆ Als „außergewöhnliche Belastung" können die Kosten einer Kur bei der Steuer geltend gemacht werden, wenn sie eine unzumutbare Belastung darstellen und ein Amtsarzt vor Antritt ihre Notwendigkeit bestätigt hat.

◆ Erholungskuren werden auch von sozialen Einrichtungen unterstützt.

Österreich

Kuraufenthalte sind freiwillige Leistungen der Sozialversicherungsträger, Versicherte haben darauf keinen durchsetzbaren Rechtsanspruch. Kuren werden vor allem dann bewilligt, wenn eine stationäre Behandlung mehr Erfolg verspricht als eine ambulante Therapie.

Sie werden entweder in eigenen Einrichtungen oder in Vertragseinrichtungen als Sachleistung für üblicherweise drei Wochen bezahlt.

In der Satzung des Sozialversicherungsträgers kann für Versicherte eine Kostenbeteiligung (zwischen 70 und 180 Schilling pro Tag) oder an ihrer Stelle auch ein Kurkostenzuschuß vorgesehen sein. Es ist empfehlenswert, sich im Einzelfall vor Kurantritt über die Bedingungen zu erkundigen.

◆ Für Kuraufenthalte von Erwerbstätigen sind im Regelfall die Pensionsversicherungen zuständig, weil diese Maßnahmen eine Minderung der Arbeits- beziehungsweise Berufsunfähigkeit oder Invalidität verhindern oder verzögern können.

◆ Im Rahmen der Unfallheilbehandlung erbringt der Unfallversicherungsträger die Kosten des Kuraufenthalts, wenn dieser aufgrund eines Arbeitsunfalls oder einer Berufskrankheit notwendig ist.

◆ In allen übrigen Fällen – insbesondere für mitversicherte Angehörige, wie Ehegatten und Kinder, oder für Pensionisten – sind Krankenversicherungsträger zuständig.

Adressen

Deutscher Bäderverband e.V.
Schumannstraße 11
D-53113 Bonn
Tel.: 02 28/26 20 10, 26 20 20

Österreichischer Heilbäder- und
Kurorteverband
Josefsplatz 6
A-1010 Wien
Tel.: 02 22/5 12 19 04

Fremde Medizinsysteme

Ethnomedizin

Neuerdings wendet sich der Blick vieler Heilsuchenden, die vom Exotischen fasziniert sind, begehrlich auf die tibetische Medizin, auf den Schamanismus, auf die Heilweisen der indigenen Völker Nord- und Südamerikas. Es werden aus Asien importierte Arzneimittel verwendet, nach indianischem Vorbild gebaute Schwitzhütten aufgesucht, Tanzrituale abgehalten und Feuerläufe veranstaltet.

Einmal sollen mit der importierten Ethnomedizin Krankheiten beseitigt, ein andermal soll Störungen vorgebeugt werden, oder die Prozeduren dienen der Seelenreinigung. Das Repertoire an Exotika reicht von unbekannten Pflanzen und Pilzen bis zu Voodoo-Zauber und zur traditionellen Teufelsaustreibung – beides Techniken, mit denen der böse Geist vertrieben werden soll, dessen Zauberkunst den Menschen krank gemacht hat.

Wann immer reiselustige Entdeckernaturen in ferne Länder vordrangen, berichteten sie fasziniert auch von den Heilmethoden der unbekannten Völker. Seefahrer brachten fremde Heilmittel in die Heimat mit. Die Fremde lockt heute mehr Menschen denn je – Reisende schweifen in die Ferne, Kranke erhoffen sich Heil von dem, womit andere Völker kurieren. Je entfernter der Ursprung der angepriesenen Medizin vom Heimatland, je älter die Methode, je fremdartiger die Kultur, der diese Heilweise entstammt, desto größer der Glaube an den Heilerfolg.

Die bewegten Studenten der 68er und 70er Jahre sind in den Fernen Osten gereist, um Religion und Gedankengut dieser Region kennenzulernen und aufzunehmen. In den folgenden Jahrzehnten ist im Westen auch das allgemeine Interesse an fernöstlichen Heilweisen stetig angewachsen, Akupunktur und indische Meditation sind populär geworden.

Heute vereinnahmen manche europäischen Anbieter Methoden der chinesischen Medizin (siehe Seite 161) oder der alten indischen Heilkunde (siehe Seite 175), als wären sie integrierte Bestandteile der hiesigen Medizin, und sie haben sich Gedanken aus diesen Systemen angeeignet, als wäre ihnen der komplizierte Inhalt geläufig. Die Patienten nehmen davon bereitwillig auf, was ihnen plausibel erscheint. Die Spezialitäten der fremden Medizinwelten verlieren jedoch häufig den Reiz des Neuen, wenn ihre Wirkung allgemein bekannt ist und man diese am eigenen Leib erfahren hat. Ein Beispiel dafür ist die Akupunktur: Sie ist im Laufe von drei Jahrhunderten insgesamt fünfmal „aufs Neue" nach Europa gekommen – zwischenzeitlich geriet sie immer wieder in Vergessenheit.

Transferprobleme

Fremde Medizinsysteme können unsere westliche naturwissenschaftliche Medizin bereichern, indem sie mit ihren Ideen, Denkweisen, Theorien und Erklärungsansätzen anregen, die eigene Heilweise zu überdenken. Sie können neue Behandlungsarten initiieren und mit dem Schatz ihrer Heilpflanzen das pharmazeutische Spektrum erweitern. Ihre Mittel und Methoden von dort nach hier zu transponieren und eins zu eins als besonders erfolgversprechende Heilweise zu preisen, kann jedoch nur mit Enttäuschung enden.

Viele Naturvölker kennen keine schriftlichen Überlieferungen. Sie dokumentieren ihre gesprochenen Worte nicht und dementsprechend auch nicht ihre Heilanwendungen. Meist wurde das Wissen mündlich an ausgewählte Stammesmitglieder weitergegeben, für die dieses Wissen ein wichtiger Beweis ihrer Kompetenz war. Was heute davon zu uns dringt, sind oft nur Bruchstücke.

Bezeichnungsprobleme

Nicht alle Krankheitsbezeichnungen, die uns heute so eindeutig erscheinen, sind ebenso klar, wenn man ihr Pendant in alten Schriften oder bei anderen Völkern sucht. Über die Anatomie des Körpers herrschten und herrschen vielfach Vorstellungen, die von den unsrigen sehr abweichen. Auch Krankheiten wurden früher anders benannt als heute. Pflanzen als Heilmittel wurden kaum je in der bei uns heute üblichen Weise exakt botanisch bestimmt und gekennzeichnet. Es wurden und werden vielleicht verwandte Pflanzen oder andere Pflanzenteile verwendet, die dann auch andere Wirkstoffe enthalten können. Die Indikationen, die für die Mittel angegeben wurden, sind nicht unbedingt mit den unsrigen gleichzusetzen.

Diese vielen Unwägbarkeiten bei der Übertragung traditioneller Angaben auf die heutigen Zustände machen eine solche Medizin zum Versuch, nicht aber von vornherein zur „besseren" Heilmethode.

Kulturelle Probleme

Keine Medizin existiert aus sich heraus im luftleeren Raum. Sie ist immer auch Produkt des Landes, in dem sie entstanden ist und in dem sie über Jahrhunderte hinweg praktiziert wird. Alle religiösen, kulturellen und gesellschaftlichen Bedingungen spiegeln sich in ihr wider.

Zwangsläufig unterscheiden sich auch die Krankheitsbilder und -verläufe von Kulturkreis zu Kulturkreis, von Epoche zu Epoche. Jede Medizin ist eingebettet in das Glaubenssystem seiner Kultur: Daß Heiler und Patient an die Wirkung des verabreichten Mittels glauben, ist eine von mehreren Voraussetzungen dafür, daß es hilft. Es ist sehr zweifelhaft, ob es sinnvoll ist oder überhaupt gelingen kann, Behandlungserfahrungen aus anderen Gesellschaften und Kulturen unreflektiert auf Europäer zu übertragen. Meist werden einzelne Versatzstücke eines fremden Medizinsystems übernommen, oder es wird das zugrundeliegende Denksystem so lange verändert, bis es dem westlichen Denken und Zeitgeist angepaßt ist. Das gilt genauso für die im Westen praktizierte Traditionelle Chinesische Medizin (siehe Seite 161) wie für die Mode, schamanistische Heilrituale zu kopieren: In den indigenen Gemeinschaften sind die Zeremonien an den Ahnenglauben und den Jahreszyklus gebunden. Abgelöst von den Bezügen zur Stammeskultur verlieren sie ihren Sinn und möglicherweise auch ihre Wirkungsweise.

Ökologische Probleme

Die Menschen vor Jahrhunderten hätten sich nicht ausmalen können, auf welche Weise ihre Nachfahren die Natur ausbeuten. Sie haben Pflanzen gebraucht, ohne darüber nachdenken zu müssen, ob sie damit einem Ökosystem Schaden zufügen.

Gleiches gilt für die Naturvölker heute. Sie verwenden Pflanzen und teilweise auch Tiere, die heute zu den schützenswerten Arten gehören, um daraus Heilmittel herzustellen.

Die Staaten, in denen diese Heilmittel produziert werden, gehören in aller Regel zu den ärmeren Ländern. Dort schert sich kaum jemand um die Naturempfindlichkeiten der „Ersten Welt", wenn man die Chance sieht, Geld zum Überleben zu verdienen. So werden die letzten Nashörner und die letzten Tiger getötet, damit Teile von ihnen zu fragwürdigen Arzneimitteln für zahlungskräftige Kunden verarbeitet werden können.

Pharmazeutische Probleme

Bei vielen aus fremden Kulturräumen importierten Produkten ist die Zusammensetzung nicht angegeben, andere importierte Produkte sind unvollständig deklariert. Manche Produzenten verschweigen sogar wissentlich Informationen, weil ihnen klar ist, daß die Mittel in Europa nicht zugelassen sind.

Analysen einiger in Asien hergestellter Mittel, die als „rein pflanzlich" deklariert waren, förderten Erstaunliches zutage. Sie enthielten Substanzen, die Anhänger der Naturheilkunde ganz sicher meiden wollen: die Rheumamittel Phenylbutazon und Indometazin, das Beruhigungsmittel Diazepam und die Kortikosteroide Prednisolon, Betamethason und Dexamethason. Auch Opiumalkaloide wurden bereits gefunden. Und in manchen Ländern wird Cannabis (Haschisch) als Heilmittel gebraucht, das heißt als reines Pflanzenmittel verstanden und so Pflanzenmischungen zugesetzt.

Bei vielen asiatischen Mitteln sind Zusätze von Schwermetallen wie Blei, Antimon, Arsen, Kupfer, Eisen, Quecksilber und Zink gebräuchlich. Wenn sie zum Beispiel zum Herstellungsvorgang gehören, gelten sie als Bestandteile, für die keine arzneiliche Wirkung vorgesehen ist. Nach dem Verständnis dieser Medizin brauchen sie dann auch nicht angegeben zu werden.

Eine amerikanische Untersuchung einer chinesischen Arzneispezialität, die bei Rheuma oder Fieber getrunken werden sollte, ergab bei acht von neun Proben erhebliche Mengen Quecksilber und Arsen. Zweimal täglich eine Tasse dieses Tees zu trinken bedeutete, 70 Milligramm Arsen und mehr als ein Gramm Quecksilber zu sich zu nehmen.

Anfang der 90er Jahre wurde in der medizinischen Literatur über eine Bleivergiftung berichtet, die durch die Einnahme von indischen Kräuterpillen verursacht wurde. Die Präparate enthielten 7,5 bis 22 Milligramm Blei pro Gramm Tee.

In der Literatur sind chronische Vergiftungen nach der Verwendung von ostasiatischen beziehungsweise indianischen Rezepturen beschrieben. Bei neun Patientinnen einer belgischen Klinik versagten nach einer Kur mit tibetanischen Schlankheitsmitteln die Nieren.

Diese Probleme ergaben sich vornehmlich bei Produkten, die in Asien hergestellt und dann nach Europa importiert wurden, nicht bei solchen, die hier produziert wurden.

Die Anbieter importierter Drogen und Arzneiprodukte beteuern, daß sie ihre Produkte vor dem Verkauf in Deutschland Reinheitsprüfungen unterziehen. Wer sich darauf nicht blind verlassen möchte, kann sich höchstens beim Hersteller beziehungsweise Importeur erkundigen.

Der Gefahr unerwünschter Beimischungen kann entgehen, wer die Rezeptur des Mittels verschrieben bekommt und sie sich in einer deutschen Apotheke zusammenstellen läßt. Dann sind zumindest die Bestandteile bekannt. Die Unbedenklichkeit ihrer Qualität ist dadurch gesichert, daß Apotheken nur Waren verwenden dürfen, die nach international wissenschaftlich anerkannten Verfahren geprüft worden sind.

Traditionelle Chinesische Medizin (TCM)

Geschichte

Die Traditionelle Chinesische Medizin (TCM) ist eingebettet in den Konfuzianismus und den Taoismus. Beiden Philosophien gilt die körperlich-geistige Harmonie als Ideal: Konfuzius strebt sie durch ein moralisch korrektes Leben nach der Staatsräson an, die Taoisten suchen sie durch eine harmonische Beziehung zwischen Mensch und Natur. Erst mit Beginn unserer Zeitrechnung etwa wurden diese Ideen auf die Medizin übertragen und durch den Buddhismus unterstützt, der die Überwindung körperlicher Bedürfnisse lehrt.

In der chinesischen Gesellschaft sollte Gesundheit durch Beherrschung der Gefühle und Einordnung in die soziale Umwelt, also durch ein moralisch korrektes Leben, erlangt werden. Noch in den 70er Jahren galt in der Volksrepublik China Kranksein als „falsches Denken". Psychisch Kranke waren immer geächtet.

Schriftliche Aufzeichnungen zur Medizin reichen in China mehr als drei Jahrtausende zurück – es sind vornehmlich literarische Versuche von Gelehrten, den reichen Erfahrungsschatz der Praktiker in eine philosophische Theorie zu fassen. Die Medizintheoretiker haben selbst nicht behandelt. Unzählige Theorie-Schulen lieferten einander im Laufe der Geschichte erbitterte Kämpfe. Eine einheitliche Medizin gab es in China nie.

Die Praktiker waren gesellschaftlich eine nur wenig geachtete Gruppe.

Traditionelle Medizin war bei vielen Leiden erfolgreich, konnte aber gegen die verbreiteten Epidemien nichts ausrichten und kannte keine Operationen. Deshalb verlor sie im vorigen Jahrhundert an Bedeutung, und die westliche Medizin gewann immer mehr Einfluß. Erst in den 50er Jahren unseres Jahrhunderts griff die kommunistische Regierung, die jedes nationale Kulturgut förderte, auch auf Medizintraditionen zurück, propagierte die alte Heilkunst und gründete Institute zur „Verbesserung ihres Standards".

Die Traditionelle Chinesische Medizin ist immer nur ein Teil des Heilsystems in China gewesen. Neben der Medizin gab es die Volksheilkunst, die Kräuterkundige, Knochenrichter (Chiropraktiker), Masseure und „Energie"-Heiler kennt. Das Wissen um richtige Ernährung, spezielle Diätkost und die Wirkung von Heilkräutern war und ist im Volk weit verbreitet.

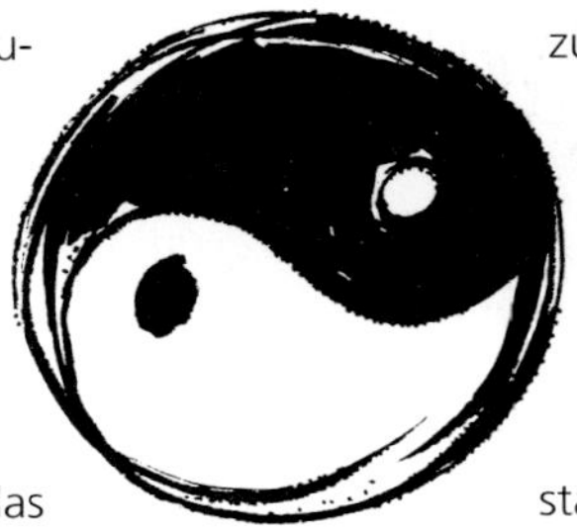

Meditationstechniken, die in der westlichen Welt bekannt geworden sind, wie das „Schattenboxen" (Taijiquan) und das neuere Qigong (siehe Seite 173), entstanden ebenfalls außerhalb des Medizinsystems als Mittel der Vorbeugung und Selbstbehandlung.

Die Situation heute

Heute wird traditionelle Medizin in China neben der naturwissenschaftlich orientierten westlichen Medizin gelehrt. Versuche, beide Medizinsysteme miteinander zu verbinden, sind an der Unvereinbarkeit ihrer Erklärungskonzepte gescheitert. Nur etwa ein Zehntel aller medizinischen Einrichtungen in China sind traditioneller Art. Sie werden vor allem von Kranken mit chronischen Leiden genutzt.

TCM gibt es eigentlich nicht: Die in Europa angebotene TCM unterscheidet sich von der chinesischen Tradition. Eine komplette Ausbildung in der alten chinesischen Heilkunst hat kein deutscher oder österreichischer Arzt, wenn auch etwas mehr als 100 Ärzte in Deutschland und einige in Österreich TCM-orientiert arbeiten. In Kötzting in Südbayern hat 1991 die erste Klinik für TCM eröffnet, in der Ärzte der westlichen Medizin und Ärzte aus China gemeinsam behandeln und ihre Arbeit dokumentieren. Eine große Anzahl chinesischer Ärzte bemühte sich Mitte der 90er Jahre um Arbeitserlaubnis in Deutschland.

Die Idee dahinter

Sezieren und obduzieren waren in China tabu. Es gab nur eine ungefähre anatomische Vorstellung von den Organanlagen und ihren Funktionen, vom Blutgefäßsystem und anderen Systemen im Körper.

Die Begriffe, mit denen die TCM Gesundheit und Krankheit beschreibt, sind im Westen schwer verständlich. Gesundsein bedeutet ihr, daß die Gegensätze „Yin" und „Yang" in einem Wechselspiel zusammenwirken. Sie bringen die Lebensenergie „Qi" hervor. Yang, ursprünglich der Begriff für „Sonnenseite", steht für männlich, verkörpert die Dynamik, das Aktive, die Wärme und so weiter. Yin, ursprünglich „Schattenseite", ist das weibliche Prinzip, verkörpert die Substanz, das Passive, die Kälte und so fort.

Fünf der „Organe" des menschlichen Körpers sind dem Yin zugeordnet, sechs dem Yang. Der Begriff „Organ" ist aber irreführend. Er bezeichnet immer einen ganzen Funktionskreis. So bedeutet „Lunge" die gesamte Atemfunktion einschließlich der Riechorgane. Organe sind aber – der chinesischen Philosophie entsprechend – auch anderen Körperstrukturen und Naturerscheinungen in den „fünf Wandlungsphasen" zugeordnet. Darüber hinaus beeinflussen sie sich gegenseitig.

Ein Beispiel soll diese Vorstellungen illustrieren: Das Yin-Organ Leber hat eine Beziehung zum Yang-Organ Gallenblase. Die Leber wird durch die Emotionen Wut und Ärger beeinflußt, ihr Funktionieren ist verantwortlich für die Beschaffenheit der Sehnen, sie speichert das Blut, und sie „öffnet" sich im Auge (das bei Gelbsucht gelb wird). Ob sie ausgeglichen ist, zeigt sich in den Fingernägeln.

Die Leber hat aber auch eine Beziehung zum Makrokosmos: Sie ist dem Element Holz, der Jahreszeit Frühling, dem Wetterfaktor Wind, der Himmelsrichtung Osten, der Farbe grün/blau und dem Geschmack sauer zugeordnet.

In diesem komplizierten System entstehen fremdartige Krankheitsbegriffe, zum Beispiel bedeutet „Ganfeng" etwa „Leberwind": Wie die Wut steigt er rasch hoch. Der Begriff beschreibt Symptome wie Kopfschmerzen, Migräne, Augenflimmern, Schwindel, und enthält auch psychosomatische Gedanken.

Äußere und innere Ursachen können nach dieser Lehre Krankheiten auslösen:

- ◆ Von außen wirken Wind, Kälte, Sommerhitze, Feuchtigkeit, Trockenheit, Glut.
- ◆ Von innen machen Lust, Zorn, Sorge, Grübeln, Trauer, Furcht oder Schrecken krank.
- ◆ Darüber hinaus gelten Überanstrengung, Ernährungsfehler, Verletzungen und sexuelle Exzesse als Krankheitsursachen.

Bei Krankheit ist – so die Idee – der normale „Fluß" der Lebensenergie „Qi" gestört, es soll zu Stauungen und Überfluß oder aber zur Leere im Yin beziehungsweise im Yang kommen.

Japanische Medizin Kampo

Die Vorstellungen der TCM gelangten über Korea nach Japan und wurden dort unter dem Einfluß anderer asiatischer Traditionen wie des Ayurveda (siehe Seite 174) zu der Medizinform „Kampo" weiterentwickelt, die vom 17. Jahrhundert an auch chirurgische Maßnahmen kannte, aber von der westlichen Medizin fast ganz verdrängt wurde.

Traditionelle tibetische Medizin

Aus Einflüssen der TCM, der indischen und griechischen Medizin entwickelte sich ab dem siebten Jahrhundert auch eine spezielle tibetische Medizin. Diese beruht auf den drei Seinsprinzipien und den fünf Elementen, die die sieben Grundfunktionen des menschlichen Organismus störend und auch heilend beeinflussen können. Die pharmazeutische Wirkung der Pflanzen wird vom tibetischen Arzt durch schmecken bestimmt.

Die Mittel

In der traditionellen chinesischen Medizin dienen hauptsächlich Mixturen aus vier bis zu zwölf verschiedenen Kräutern der Behandlung. Darüber hinaus werden vielen Mitteln auch verschiedene Mineralstoffe und tierische Produkte beigemischt. Dies geschieht nach der magischen Vorstellung, daß die Eigenschaften des Tieres oder Minerals übertragen werden. So wird dem Tiger große Heilkraft zugeschrieben, der Penis der Robbe soll die Potenz steigern, Rhinozeros-Horn wird bei starkem Fieber eingesetzt und soll Sterbenskranke aus dem Koma zurückholen.

Arzneimittel der TCM sind in Deutschland und Österreich nicht zugelassen, sie können aber einzeln auf Rezept aus der Schweiz oder direkt aus China importiert werden. Derzeit gibt es noch keine Kontrolle der importierten Arzneimittel.

In der Klinik Kötzting wird die Wirkung einzelner Pflanzenmittel dokumentiert, in begleitenden pharmazeutischen Tests wird ihre Zusammensetzung untersucht, und ab 1996 werden die ersten Monographien veröffentlicht. Bisher wurde jedes fünfte Mittel wegen Verunreinigungen durch Schwermetalle, Gifte oder Pestizide beanstandet, und jedes zehnte mußte für die Anwendung ausgeschlossen werden. „Chinesische Medizin", die im Westen angeboten wird – wie zum Beispiel „Chinese black pills"–, hat mit der traditionellen chinesischen Arzneitherapie nichts zu tun und ist häufig nicht geprüft. Diese Mittel enthalten neben Naturprodukten meist auch stark wirkende Pharmazeutika wie Kortisone oder Barbiturate (siehe Ethnomedizin, Seite 158).

Untersuchung und Behandlung

Diagnose

Die Diagnose erstellt der TCM-Arzt durch betrachten, hören, riechen, betasten und fragen. Die Fragen überwiegen, beziehen sich aber nicht auf die Krankheitsgeschichte, nicht auf Gefühle oder auf soziale Probleme, sondern nur auf das Befinden, auf körperliche Beschwerden und auf Gewohnheiten und Vorlieben. Der Arzt diagnostiziert nicht eine Krankheit, sondern ein Bild vom „Kranksein". Die chinesische Medizin hat zwei besondere Diagnosemethoden entwickelt.

Zungendiagnose: Sie schließt aus Form, Farbe und Beschaffenheit des Zungenkörpers (zum Beispiel rot, dick, mit Zahnabdrücken) und Art und Farbe des Zungenbelags (zum Beispiel gelblich oder zäh) auf die Erkrankung. Bestimmte Areale der Zungenoberfläche werden bestimmten Organen zugeordnet (siehe auch Seite 326).

Pulsdiagnose: Zeige-, Mittel- und Ringfinger drücken drei verschiedene Positionen an der Arterie der Handgelenke und fühlen den Puls in verschiedenen Tiefen. Es werden bis zu 28 unterschiedliche Pulsqualitäten genannt (kraftlos, schnell, fein und so weiter).

Behandlung

Im Mittelpunkt der TCM-Behandlung steht die Arznei. Sie wird durch Massagen (Akupressur, siehe Seite 172), Moxibustion (siehe Seite 171) und Akupunktur (siehe Seite 165) ergänzt. Meist werden mehrere Methoden gleichzeitig angewendet. Die Behandlung kann je nach Beschwerden monate- beziehungsweise jahrelang dauern.

Ausbildung der Behandler

Die TCM-Ausbildung in Kursen mit Zertifikat, die für Ärzte in Deutschland von zwei privaten Gesellschaften, in Österreich von einer Gesellschaft angeboten wird, entspricht nicht der Ausbildung in China. Diese umfaßt spezielle Diagnostik, Akupunktur (siehe Seite 165), Moxa (siehe Seite 171) und das Wissen über Kräuter- und Tierpräparate. Diese jahrelange umfassende Ausbildung kann nicht in Kursen vermittelt werden. Allerdings hat der „Heilertourismus" nach China dazu geführt, daß neben Ärzten auch Nichtärzte einzelne Methoden der TCM anbieten und durchführen.

Erklärung der Wirkung

In der Vorstellung der TCM bringt die Behandlung das gestaute „Qi" wieder zum Fließen und stellt das Gleichgewicht der Organsysteme wieder her. Dann gehen die Krankheitszeichen zurück, das Herz erlangt wieder die Kontrolle über die Gefühle.

Anwendungsbereiche

TCM wurde und wird bei allen Krankheiten eingesetzt. Heute arbeiten in China die meisten Kliniken und Ambulanzen nach der westlichen Medizin. Daneben existieren Einrichtungen, die nach der Tradition arbeiten. Doch diese machen nur zehn Prozent aus. Die Patienten können frei wählen, wie sie behandelt werden wollen. Sie wenden sich hauptsächlich bei banalen Beschwerden und psychosomatischen Störungen der TCM zu. Und sie greifen nach traditionellen Arzneimitteln zur Unterstützung bei chronischen Krankheiten und als Ergänzung zur westlichen Medizin bei schweren Organerkrankungen.

In Deutschland werden hauptsächlich chronische Leiden und funktionelle Erkrankungen, einschließlich aller Formen von Schmerzen behandelt.

Ihre Anwender geben an, daß TCM sogar in der Notfallmedizin eingesetzt werden kann.

Risiken

- Eine Diagnose allein nach Traditioneller Chinesischer Medizin bringt das Risiko mit sich, daß Organveränderungen oder Krebserkrankungen nicht rechtzeitig erkannt und nicht fachgerecht behandelt werden.
- Die Anwendung asiatischer Arzneien, deren Zusammensetzung nicht bekannt ist, ist mit einem gesundheitlichen Risiko verbunden. Schwere Schäden sind möglich: Es sind Fälle von Medikamentenallergie und Kortisonüberdosierung, von bakterieller Infektion und Schwermetallvergiftung nach Einnahme chinesi-

scher „Naturmittel" bekannt geworden (siehe Ethnomedizin, Seite 158).

Kritik

◆ Die Theorien der TCM sind vorwissenschaftliche Erklärungsversuche von Krankheiten. Sie widersprechen zum Teil naturwissenschaftlichen Erkenntnissen und sind dem europäischen Denken fremd.

◆ Die komplexe TCM-Diagnose kann Funktionsstörungen gut, krankhafte Veränderung von Organen wie zum Beispiel Krebserkrankungen jedoch kaum erkennen.

◆ TCM behandelt nur die Symptome und zielt nicht auf die Veränderung krankmachender Ursachen und Probleme ab.

◆ TCM ist keine „Ganzheitsmedizin". Sie erkennt zwar – wie die psychosomatische Medizin – emotionale Belastungen als Krankheitsursache an, kennt aber keine „seelischen" Krankheiten. Auch bei psychischen Störungen werden nur die körperlichen Beschwerden behandelt.

◆ Die Qualität der Arzneimischungen ist ungesichert. Es fehlt noch weitgehend der Nachweis der Wirksamkeit und Nebenwirkungsfreiheit der Arzneimixturen. In Einzelfällen wurde festgestellt, daß Kräutermixturen, Salben, Pillen und Pflaster neben den angegebenen Stoffen auch andere Bestandteile enthalten. Das kann ein hohes Risiko mit sich bringen.

◆ In der chinesischen Medizin werden auch giftige Pflanzen eingesetzt, etwa der Blaue Eisenhut, eine der giftigsten Pflanzen. Davon sind etwa zwei Dutzend verschiedene Arten in chinesischen Medikamenten gebräuchlich. Jede Art hat ihr eigenes Vergiftungsspektrum. In den letzten 30 Jahren wurden 600 Vergiftungen aus China bekannt, die Dunkelziffer liegt sicher weit höher.

◆ Durch den weltweiten Boom der TCM sind Mixturen aus Tierpräparaten zur Gefahr für einige vom Aussterben bedrohte Tierarten geworden. So wurden zum Beispiel in nur einem Jahr 20 Tonnen Seepferdchen für die Verarbeitung zu Medikamenten aus den Meeren gefischt. Gemahlene Tigerknochen, drei Gramm pro Tag, werden von TCM-Ärzten bei Rheuma verordnet – das Gebein der weltweit nur noch 6 000 lebenden Tiger würde lediglich den Jahresbedarf von 30 000 Rheumakranken decken.

◆ Es ist fraglich, ob das geschlossene Medizinsystem einer fremden Kultur verpflanzbar ist.

Empfehlung

TCM-Diagnostik ist abzulehnen, weil sie keine genauen Aussagen machen kann.

TCM-Behandlung ist – eine ärztliche Diagnose vorausgesetzt – nur empfehlenswert zur Linderung von Beschwerden bei psychosomatischen Störungen oder chronischen Erkrankungen. Als Akutbehandlung ist Traditionelle Chinesische Medizin abzulehnen.

Kosten

Nur die Krankenkassen in Bayern bezahlen TCM-Behandlungen. Für Selbstzahler berechnet der Arzt die Kosten nach der Gebührenordnung für Ärzte (siehe Seite 32).

Eine Behandlung in der bayrisch-chinesischen Klinik in Kötzting aufgrund ärztlicher Einweisung wird von den Krankenkassen nur nach vorheriger Genehmigung bezahlt. Der Tagessatz für den Aufenthalt beträgt zirka 270 DM.

Adressen

Internationale Gesellschaft für chinesische Medizin e.V., SMS
Franz-Joseph-Straße 38
D-80801 München
Tel.: 0 89/35 56 12

Österreichische Gesellschaft für Traditionelle Chinesische Medizin
Wickenburggasse 4
A-1080 Wien
Tel.: 02 22/4 06 97 93

Akupunktur

Geschichte

Die älteste Beschreibung der Akupunktur stammt aus dem Jahr 1127 vor unserer Zeitrechnung. Damals ritzten Schamanen mit Steinsplittern die Haut, um aus dem kranken Körper Dämonen auszutreiben. Erst später wurde die Vorstellung der Traditionellen Chinesischen Medizin von den Yin- und Yang-Kräften (siehe Seite 161) und von der Heilung durch Wiederherstellung ihres Zusammenspiels auf die Akupunktur übertragen.

Ab dem 17. Jahrhundert drang Akupunktur mehrmals nach Europa vor, kam in Mode und war nach einiger Zeit wieder vergessen.

Die Situation heute

Die meisten europäischen Akupunkteure haben sich nach 1972 der Akupunktur zugewandt, nachdem in China eine Blinddarmoperation an einem amerikanischen Journalisten weltweit Aufsehen erregte: Er war mit Akupunktur schmerzfrei operiert worden. Solche Schauoperationen zogen immer mehr Interessierte an – erst nach Maos Tod wurden viele dieser Veranstaltungen von beteiligten Ärzten als Propaganda entlarvt. Sie berichteten, daß sie die Kranken vor den Nadelungen unter Druck setzen und ihnen Schmerzmittel verabreichen mußten.

Während die Entwicklung der Akupunktur im Westen durch Forschung weitergetrieben wurde, stagnierte sie in China. Sie hat im Medizinsystem Chinas immer eine untergeordnete Rolle gespielt. Akupunktur wird als begleitende Therapie eingesetzt und macht auch heute nur etwa ein Sechstel der medizinischen Behandlungen aus.

In Deutschland wenden über 20 000 Ärzte, Heilpraktiker und Vertreter anderer medizinischer Berufe Akupunktur an. In Österreich arbeiten Hunderte von Ärzten mit Akupunktur, und auch andere Personen bieten – ohne rechtliche Grundlage – Nadelungen an.

Die Idee dahinter

Ursprünglich wurde die Behandlung mit Nadeln nur an wenigen Körperstellen vorgenommen. Später hat sich die Vorstellung von den zwölf paarigen Meridianen gebildet, in denen „Qi" fließen soll (siehe TCM, Seite 160) und auf denen die etwa 361 Akupunkturpunkte liegen. Dies sind Vorstellungen aus der Zahlenmagie, die den zwölf Monaten und den Tagen des Jahres entsprechen. Später wurde die Zahl der Meridiane um zwei Bahnen erweitert, die an der Mittellinie der vorderen und hinteren Körperseite verlaufen. Zu jedem Meridian soll ein Organ-Funktionskreis in Beziehung stehen. Durch die Behandlung wird – so die chinesische Vorstellung – der in den Organen gestaute Energiefluß normalisiert und es werden „Leere" und „Überfülle" in Yin und Yang wieder ausgeglichen.

Die Mittel

Europäische Ärzte setzen heute meistens biegsame Stahlnadeln ein (Ausnahme: Ohrakupunktur, siehe Seite 205). Die Nadeldicke variiert zwischen zwei und vier Zehntel Millimeter, die Nadellänge zwischen einem Zentimeter und zwanzig Zentimetern.

Die Nadeln müssen gewissenhaft sterilisiert werden. Wegen der Infektionsgefahr – zum Beispiel von Hepatitis oder Aids – werden heute Einmalnadeln angewendet, die nach dem Gebrauch weggeworfen werden.

Manche Akupunkteure verwenden überdies Druckkügelchen, Glasstäbe oder Klammern, mit denen sie die Akupunkturpunkte reizen. Andere wollen die Wirkung mit „Magnethämmerchen" verstärken.

Elektroakupunktur (Elektrostimulationsanalgesie)

Die Reizung durch die Akupunktur kann mit Strom verstärkt werden: Nachdem der Behandler die Nadeln eingestochen hat, klemmt er Elektroden darauf, über die schwache elektrische Impulse eingeleitet werden. Diese Methode der Elektrostimulation wurde im Zusammenhang mit der lokalen Betäubung für Operationen entwickelt und wird heute bei starken chronischen Schmerzen angewendet. Der elektrische Impuls wirkt nicht nur im Akupunkturpunkt. Seine flächige Wirkung ist abhängig von der Nervenversorgung im Schmerzgebiet.

Eine ähnliche Wirkung hat die punktförmige TENS (siehe Seite 294). Elektroakupunktur nach Voll (siehe Seite 308) hat damit nichts zu tun.

Der Versandhandel bietet Elektroakupunktur-Geräte an, die angeblich selbsttätig über die Messung des Hautwiderstandes die richtigen Behandlungspunkte finden und mit elektrischen Impulsen reizen.

Laserakupunktur

Bei Kindern und empfindlichen Erwachsenen werden die Nadeln manchmal durch den „sanften Laserstrahl" ersetzt (siehe Seite 246).

Behandlung

Akupunktur nach der TCM

In China wird Akupunktur meist in Kombination mit anderen Behandlungsmaßnahmen durchgeführt. Früher waren Nadeln aus Gold und Silber verbreitet, den Edelmetallen wurden magische – anregende beziehungsweise beruhigende – Wirkungen zugeschrieben. Heute werden meist Stahlnadeln verwendet, die häufig bis zu 20 Zentimeter tief eingestochen werden, was entsprechend schmerzhaft ist. Punkteauswahl und Stichtechnik können, der chinesischen Diagnose entsprechend, im Laufe der Sitzungen variieren.

Westliche Akupunktur

◆ Akupunktur sollte ausschließlich von Ärzten durchgeführt werden, die eine Ausbildung an einer Universität absolviert haben.

Nur in Ausnahmefällen sollte der Arzt tiefer als in die Unterhaut stechen.

◆ Der Behandlung muß eine medizinische Diagnose vorausgehen. Der Behandler muß über die möglicherweise auftretenden Schmerzen und das Risiko informieren.

◆ Während der Behandlung sollte man ruhig liegen, kann aber auch in einer stabilen, entspannten Position sitzen.

◆ Der Behandler sticht Punkte direkt am erkrankten Areal, aber auch Punkte mit Fernwirkung an Körperstellen, die vom Krankheitsgeschehen weit entfernt sind.

◆ Beim Einstich empfindet man einen leichten Schmerz. Durch Muskelbewegungen während der Behandlung können ebenfalls Schmerzen entstehen. Darüber hinaus gibt es auch sehr schmerzhafte Stichtechniken.

◆ Die Nadeln werden im Westen je nach Hautareal und Akupunktur-Schule 3 bis 80 Millimeter tief eingestochen. Je nachdem, ob sie anregend oder beruhigend wirken sollen, werden sie – die verschiedenen Schulen lehren dies unterschiedlich – senkrecht zum Meridian oder schräg nach oben oder unten in seiner Fließrichtung eingestochen. Auch die Anzahl der Nadeln variiert je nach Schule.

◆ Zur Stimulation dreht der Behandler die Nadeln mit den Fingern.

◆ Werden die Nadeln mit Schwachstrom stimuliert, handelt es sich um eine Schwachstrom-Behandlung.

◆ Manche Behandler injizieren an den Akupunkturpunkten – zur Schmerzdämpfung oder zur Immunstimulation – verschiedene Mittel und Arzneien. Die Palette reicht von schmerzlindernden Arzneien über Pflanzenmittel bis zu Eigenurin (siehe Eigenharntherapie, Seite 225).

◆ Die Nadeln bleiben meist etwa 10 bis 30 Minuten in der Einstichstelle. Die Akupunktur wird ein- bis dreimal wöchentlich, insgesamt zehnmal, bei chronischen Beschwerden häufig zwanzigmal hintereinander durchgeführt. Die Behandlung wird individuell und je nach Beschwerdeverlauf variiert.

◆ Es gibt auch Dauernadeln mit Widerhaken, die eingestochen, mit Heftpflaster fixiert, tagelang getragen und zwischendurch öfter gedreht werden sollen.

Ausbildung der Behandler

Die Ausbildung ist in Deutschland nicht geregelt und von sehr unterschiedlicher Qualität. Ausbildungskurse werden von mehreren Akupunkturgesellschaften abgehalten. Manche Institute bilden nur Ärzte aus, manche Anwender unterweisen aber auch Interessenten anderer Medizinberufe und sogar Laien in dieser Methode. Einige Vereine veranstalten Wochenend-„Crash-Kurse" mit mehr als 200 Teilnehmern, andere bieten mehrere Aufbaukurse an oder organisieren Reisen nach China zur Weiterbildung. Eine fundierte, kritische Ausbildung in der praktischen Behandlung mit Akupunktur erfolgt an einigen deutschen Universitäten, zum Beispiel an der Klinik für Anästhesiologie der Universität Heidelberg.

Heilpraktiker können Akupunktur in ihren Schulen erlernen.

In Österreich bieten zwei Gesellschaften Ausbildung – mit nur 20 Stunden Praxis am Kranken – an, die von der Ärztekammer mit einem Zertifikat anerkannt wird.

Erklärung der Wirkung

In China

Durch die Nadelung der Punkte soll der Stau des „Qi" aufgelöst werden und die Lebensenergie über die Meridiane wieder fließen. Dann arbeiten die Organe wieder harmonisch zusammen, die Krankheitserscheinungen gehen zurück (siehe Seite 161).

Im Westen

Die Vorstellung vom harmonischen Ausgleich zwischen polaren Gegensätzen und von der energetischen Vitalität, die auf bestimmten Bahnen den Körper durchfließt, fasziniert viele Menschen, entspricht jedoch nicht dem heutigen Wissen über normale und krankhafte Vorgänge im Körper. Sie ist ein vorwissenschaftlicher Erklärungsversuch.

Deshalb versuchte man die spezielle Eigenschaft der Akupunkturpunkte und Meridiane wissenschaftlich zu erklären. Bis heute ist das nicht gelungen, es gibt darüber verschiedene Theorien:

- Es heißt, die Akupunkturpunkte lägen an „Triggerpunkten", also an besonderen Muskelschmerz-Punkten der Muskulatur,
- oder an speziellen Durchtrittsstellen von Nerven-, Gefäß- und Muskelendpunkten an der Haut. Im Vergleich zu anderen Hautarealen sollen sich diese Stellen anders anfühlen. Der Behandler erkennt sie durch Fingerdruck. Der Nadelreiz an dieser Stelle soll die „Schmerzpforte" im Stammhirn verschließen, so daß die später ankommenden Schmerzimpulse der Erkrankung nicht mehr ankommen können (Gate control theory).
- Durch den Nadelstich werden in den Akupunkturpunkten vermehrt körpereigene, schmerzlindernde Endorphine produziert. Dies gilt aber auch für die Nadelung anderer Stellen an der Haut.
- Es wird behauptet, daß Akupunkturpunkte einen anderen elektrischen Widerstand haben. Das ist widerlegt.
- Nachgewiesen ist: Das Nadeln kann zu einer meßbaren Senkung der Spannung bestimmter Muskeln führen und die Durchblutung steigern. Auf das vegetative System kann es beruhigend wirken.

Anwendungsbereiche

In China wurde und wird Akupunktur nicht als alleinige Behandlungsform eingesetzt.

Im Westen ist die Domäne der Akupunktur die Schmerzbehandlung. Vor allem Migräne, Kopfschmerzen, Schmerzen des Rückens und Bewegungsapparates, Erkrankungen des rheumatischen Formenkreises, Neuralgien, Gesichtsschmerzen und vegetative Störungen werden behandelt. Dazu kommen funktionelle Störungen der Atmung und der Verdauung.

In China wird Akupunktur darüber hinaus bei vielen akuten Erkrankungen und Entzündungen, Infektions-, Tropen- und Kinderkrankheiten, Thrombosen und Gehirnblutung, Diabetes und Schilddrüsenkrankheiten, Gelenkerkrankungen, Allergien, Herz- und Lungenerkrankungen, sogar bei Polio und Lepra eingesetzt.

Die Empfehlungsliste der Weltgesundheitsorganisation (WHO) umfaßt – unter der Annahme, daß

Akupunktur in Dritte-Welt-Ländern eine verfügbare und preiswerte Behandlung sei – auch akute Schmerzen im Mund- und Rachenraum, immer wiederkehrende Erkältungskrankheiten, Bronchitis und Asthma, chronische Entzündungen der Bindehaut der Augen, wiederkehrende Krämpfe der Speiseröhre, Gastritis, chronische Magen- und Zwölffingerdarmgeschwüre, Darmentzündung, Verstopfung, Lähmungen, Schwindel, Bettnässen.

Wissenschaftler halten diese Empfehlungen wegen mangelnder Erfolge für überholt.

Grenzen der Anwendung

Manche Anwender der traditionellen Akupunktur setzen sich kaum Grenzen. Bei der Erprobung der Methode in Kliniken wurden folgende Einschränkungen festgelegt:

◆ Die Punktekombination zur Akupunktur muß auf traditionell chinesischen Angaben beruhen.

◆ Bei einer richtig durchgeführten Behandlung sollte das sogenannte De-Qi-Phänomen ausgelöst werden: Man empfindet Wärme, Kälte, Kribbeln, Druck, Taubheit oder Schwere um die Nadel, manchmal entlang des Meridians.

◆ Hat die Akupunktur nach drei bis längstens fünf Sitzungen keinen spürbaren Erfolg gebracht, sollte sie abgebrochen werden.

◆ Akupunktur darf nicht angewendet werden bei Tumorschmerzen, schweren neurologischen und psychiatrischen Erkrankungen, bei beeinträchtigter Wahrnehmung von Reizen und Schmerzen an der Haut, wie sie etwa bei Lähmungen oder Diabetes auftritt, und bei Erkrankung oder Schädigung der Haut rund um Nadelungspunkte.

Bei Blutgerinnungsstörungen, während der Menstruation und während der Schwangerschaft sollte nicht genadelt werden.

◆ Wissenschaftler warnen vor der von der WHO empfohlenen Behandlung der Kurzsichtigkeit von Kindern, zentraler Netzhautentzündung, grünem Star (außer Glaukoma simplex), Bakterienruhr (Shigellose) und Darmverschluß. Auch der Einsatz bei Infektionskrankheiten (Malaria, Keuchhusten, Influenza) und bei Schizophrenie ist abzulehnen.

◆ Als Narkosemethode bei Operationen hat sich Akupunktur nicht bewährt, weil nur sechs von zehn Behandelten darauf ansprechen und eine Not-Narkose während eines Eingriffs Gefahren in sich birgt.

◆ *Elektrostimulierte Nadeln* dürfen bei Patienten mit einem Herzschrittmacher, bei Herzrhythmusstörungen, Schockzuständen und Fieber, bei Epileptikern und Schwangeren nicht angewendet werden.

Risiken

◆ Als Komplikation können bei Kreislaufschwachen und bei psychisch labilen Menschen Ohnmacht oder Kollaps eintreten, deshalb empfiehlt sich eine Behandlung im Liegen.

◆ Akute entzündliche Krankheiten und Rheuma können sich verschlimmern. Die Einstichstellen können sich infizieren.

◆ Mangelhaft desinfizierte Nadeln können Infektionskrankheiten wie zum Beispiel Hepatitis übertragen – es wird diskutiert, ob die weite Verbreitung von chronischer Hepatitis und Leberkrebs in China nicht auf Akupunkturbehandlungen zurückgehen.

Manche Akupunkteure im Westen behaupten fälschlich, ein Akupunkturpunkt könne sich durch den Einstich nicht infizieren. Patienten sollten deshalb darauf bestehen, daß Einwegnadeln verwendet werden.

◆ Bei Dauernadeln am Ohrmuschelknorpel besteht eine erhöhte Gefahr von lokalen Infektionen.

◆ Bei unsachgemäßer Anwendung können Akupunkturnadeln brechen und müssen unter Umständen chirurgisch entfernt werden.

◆ Stiche in das Herz und die Lunge, Verletzungen von Blase, Auge, Rückenmark, Nervenleitungen und Gefäßen sind dokumentiert. Es sind mehrere Todesfälle nach Akupunktur bekannt geworden.

◆ Elektroakupunktur kann Kreislaufkomplikationen, wie Blutdruckabfall und Ohnmacht, hervorrufen. Bei zu hoher Stromstärke können Herzrhythmusstörungen auftreten.

Kritik

Gegen die Schlüssigkeit der Lehre von den Akupunkturpunkten und Meridianen wenden Wissenschaftler ein:

◆ Die Akupunktur hat eine Vielzahl von Varianten hervorgebracht, einzelne Schulen bekämpfen einander. Dies spricht gegen die Stichhaltigkeit des Grundkonzepts.

◆ In China und in westlichen Ländern machen die Anwender sehr abweichende Angaben über die Anzahl der Nadelpunkte: 200, 360, 533, 695, 750, 1 054 und so weiter bis zu mehreren tausend.

Die einzelnen Lehrbücher bezeichnen die Punkte an unterschiedlichen Stellen. Die einen behaupten, Akupunkturpunkte seien gegenüber dem umgebenden Hautareal erhaben, die anderen, sie lägen tiefer als das Hautniveau. Die einen stellen fest, der elektrische Widerstand an Akupunkturpunkten sei größer, die anderen meinen, er sei kleiner als der der umgebenden Haut. Ein Teil der Akupunkteure behauptet, die Temperatur sei in den Akupunkturpunkten erhöht, andere wollen das Gegenteil festgestellt haben. Die Angaben über die notwendige Stichtiefe variieren bei den verschiedenen Schulen um das Zehnfache: zwei bis acht Zehntelmillimeter oder ein bis acht Zentimeter und mehr.

◆ Auch über Anzahl und Verlauf der Meridiane sind sich die verschiedenen Lehrbücher uneins: Vielfach werden 12, 14, 28, 30, 32 „Gefäße" angegeben. Darüber hinaus liegen Punkte auch außerhalb von Meridianen. Über Organbeziehung und Punktekombination herrscht bei den Schulen Uneinigkeit sowie auch darüber, wie viele Nadeln höchstens gestochen werden sollen: 16, 25 oder viel mehr.

◆ Die Wirkung von Akupunktur kann nur zum Teil der Reizung der Nervenbahnen zugeschrieben und über die Reflexzonenlehre erklärt werden (siehe Neuraltherapie, Seite 254). Versuche mit Markern, die radioaktiv strahlen und deren Weg man am Röntgenschirm verfolgen kann, konnten belegen, daß das „Qi"-Gefühl nicht über gedachte Meridiane, sondern über Blutgefäße weitergeleitet wird.

◆ Akupunktur hilft nicht jedem Menschen. Die dokumentierten Erfolge sind sehr unterschiedlich. Sogar bei den am meisten verbreiteten Anwendungen – bei Schmerzzuständen und funktionellen Beschwerden – fühlen nur ein Drittel bis drei Viertel der Behandelten Besserung.

Um die Wirksamkeit der Akupunkturbehandlung bei Schmerzen im Kopf, Rücken und Knie anhand des publizierten Datenmaterials zu prüfen, wurde eine Kontrolle der vorliegenden Studien vorgenommen. Insgesamt fand sich nur ein Wirksamkeitstrend. Das bedeutet, der Beweis der Wirksamkeit steht noch aus.

◆ Ein anhaltender Erfolg bei chronischen Erkrankungen wird nach eingehenden Kontrollstudien – außer bei Trigeminus-Neuralgie – als nicht eindeutig bezeichnet. Dies gilt allerdings auch für andere Möglichkeiten der Schmerzlinderung.

◆ Zur Behandlung von Alkoholkranken, bei der Raucherentwöhnung und gegen Eßsucht ist Akupunktur – entgegen vielfacher Behauptung – anderen Methoden, wie etwa Verhaltenstraining, unterlegen.

◆ Bis jetzt fehlt auch der Nachweis, daß Akupunktur die Fruchtbarkeit besser steigert als psychologische Gespräche und daß sie die Geburt erleichtert. Zur Linderung des Geburtsschmerzes reicht die Akupunktur nicht aus.

◆ Tierärzte wenden Akupunktur bei Rindern, Pferden und Hunden teilweise erfolgreich zur Schmerzlinderung und gegen Funktionsstörungen an. Aber auch bei Tieren ist die Wirkung von Placebos nachgewiesen.

◆ Krankheiten, die bereits zu Organveränderungen geführt haben, können mit Akupunktur nicht geheilt werden.

◆ Akupunktur ist nicht zur Selbstbehandlung geeignet. Das gilt auch für die Akupunktur mit dem Laser. Auf dem Markt werden jedoch etliche Geräte für den „Hausgebrauch" angeboten. Laserakupunktur erreicht keinen besseren Heilerfolg als Placebomaßnahmen (siehe Seite 20).

Die Naturwissenschaft bezweifelt, daß Akupunktur eine „Harmonisierung" bewirkt. Sie nennt die Akupunktur eine durch den Nadelreiz unterstützte Suggestivtherapie zur Unterdrückung von Schmerzen.

Die Persönlichkeit des Behandlers spielt offenbar eine ebenso große Rolle für den Erfolg wie die Erwartung der Patienten.

Es gibt einige Spielarten der Akupunktur: Kopfakupunktur, Nasen-, Hand-, Mund- und Odontone-Akupunktur (Stichtechnik an Kieferabschnitten), Vaginalakupunktur: Sie alle gehen von der Idee aus, daß ein Körperteil den ganzen Körper repräsentieren, das heißt spiegeln kann. Diese Vorstellung des „pars pro toto" stammt aus dem magischen Denken. Von dem einen Teil aus wird der ganze Körper behandelt. Es gibt aber keine anatomischen Strukturen, die die Nadelung eines Körperteils auf weit entfernte Körperpartien tatsächlich heilend wirken lassen könnten. Deshalb erkennt die Wissenschaft diese Behandlungen nicht an. Sie erklärt die von den Behandlern ausgelösten Wirkungen als Reiz- und Placeboeffekte (siehe Seite 20). Das gilt auch für „verblüffende Erfolge".

◆ Laserakupunktur gilt als eine unspezifische Placebobehandlung (siehe Seite 20). Sie erscheint nur harmlos, wenn keine notwendige Behandlung versäumt wird.

Am meisten verbreitet sind die Ohrakupunktur (siehe Seite 205) und Moxa (Moxibustion, siehe Seite 171). Als verwandt mit der Akupunktur gelten die Akupressur und Shiatsu (siehe Seite 172).

Die Elektroakupunktur nach Voll ist ein eigenes Verfahren (siehe Seite 308).

Empfehlung

Akupunktur ist – vorausgesetzt, eine ärztliche Diagnose geht der Behandlung voraus – empfehlenswert bei Kopfschmerzen, Schmerzen des Bewegungsapparats und bei funktionellen und psychosomatischen Erkrankungen. Bei anderen Krankheiten kann Akupunktur nicht empfohlen werden.

Laserakupunktur kann nicht empfohlen werden.

Kosten

Die deutschen gesetzlichen Krankenkassen sind nicht verpflichtet, Akupunktur zu bezahlen. Nach vorheriger Genehmigung übernehmen sie jedoch meist die Kosten. Für Selbstzahler berechnet der Arzt die Kosten nach der Gebührenordnung für Ärzte (siehe Seite 32). Der Preis liegt bei bis zu 70 DM pro Sitzung und bis zu 1 450 DM für eine Behandlungsserie.

Heilpraktiker können pro Sitzung bis zu 50 DM berechnen, häufig verlangen sie ein Vielfaches.

Akupunktur-Geräte für die Selbstbehandlung mit Reizstrom kosten 200 DM und mehr.

Zwei österreichische Kassen bezahlen ärztliche Akupunkturbehandlung, die anderen erstatten einen Teil der Kosten.

Adressen

Deutsche Ärztegesellschaft für Akupunktur e.V.
Raglovichstraße 14
D-80637 München
Tel.: 0 89/1 59 68 88

Deutsche Akupunktur Gesellschaft Düsseldorf
Goltsteinstraße 26
D-40211 Düsseldorf
Tel.: 02 11/36 59 89

Österreichische Gesellschaft für Akupunktur und Aurikulotherapie
Kaiserin-Elisabeth-Spital
Huglgasse 1-3
A-1150 Wien
Tel.: 02 22/9 81 04-0

Moxa (Moxibustion)

Geschichte

Moxa ist im kalten Norden Chinas als spezielle Spielart der Akupunktur entstanden.

Sie wird von den Akupunkturgesellschaften gelehrt. Sie ist eine Domäne der Heilpraktiker.

Idee und Erklärung der Wirkung

Bei Moxa soll die Hitze auf den Akupunkturpunkten und Meridianen in Kombination mit aromatischen Substanzen eine heilende Reizwirkung entfalten. Moxa gilt in China ebenso wie Akupunktur als Begleittherapie.

Behandlung und Mittel

Es gibt mehrere Methoden der Moxibustion.

Moxazigarren: Der Behandler entzündet eine Moxazigarre und nähert sich mit ihr den Akupunkturpunkten auf einen halben Zentimeter, bis der Patient ein deutliches Hitzegefühl spürt. Dann entfernt er sie wieder kurz, nähert sich und wiederholt dieses, bis der Hautpunkt deutlich gerötet ist.

Beifußkegel: Der Therapeut legt Ingwerscheiben auf die Akupunkturpunkte und setzt darauf kleine Kegel aus getrocknetem Beifußkraut, die er entzündet. Sie brennen langsam ab. Wenn der Patient ein Hitzegefühl im Akupunkturpunkt spürt, schiebt der Behandler die Kegel zum nächsten Punkt. Jeder Punkt wird mehrmals erhitzt, bis die Haut deutlich gerötet ist.

Moxazigarren und Beifußkegel sind in chinesischen Läden erhältlich. Sie riechen unangenehm, manche Behandler wenden deshalb spezielle angeheizte Nadeln oder Wärme aus einem Infrarotstab an.

Anwendungsbereiche

In China wird Moxa bei „Schwächestörungen" und „Kältekrankheiten" eingesetzt, auch westlichen Anwendern gilt sie als wirksame Reiztherapie (siehe Seite 38) bei Erschöpfungszuständen, bei depressiven Verstimmungen und bei chronischen Krankheiten der Atemwege.

Risiken

- ◆ Es besteht die Gefahr von Brandwunden.
- ◆ Moxa darf nicht angewendet werden im Gesicht, am Kopf oder in der Nähe von Schleimhäuten. Auch bei Fieber, akuten Infektionen und Entzündungen, bei Hochdruck, Blutungen, während der Menstruation und bei übermäßiger Nervosität und Schlaflosigkeit sollte diese Technik nicht eingesetzt werden.

Kritik

Wissenschaftler lehnen die traditionelle chinesische Erklärung ab, Moxa wirke über Meridiane energieausgleichend. Ihnen gilt diese Methode als unspezifische Reizbehandlung.

Empfehlung

Moxa ist nur empfehlenswert als unspezifische Reiztherapie bei Störungen des Wohlbefindens.

Kosten

Moxa kostet gleichviel wie Akupunktur. Die Krankenkassen bezahlen sie üblicherweise nicht. Der Arzt berechnet die Kosten nach der Gebührenordnung für Ärzte (siehe Seite 32), Heilpraktiker können nach ihren Richtlinien 20 bis 30 DM verlangen.

Akupressur und Shiatsu

Geschichte

Akupressur ist eine Variante der Tuina-Therapie: einer einfachen, auch chiropraktische Handgriffe (siehe Seite 83) umfassenden Massagetechnik, die einen festen Platz im chinesischen Medizinsystem einnimmt und nur von Ärzten durchgeführt wird.

Akupressur wird im zeitgenössischen China dagegen zur Selbstbehandlung empfohlen – zum Beispiel bei Ermüdung, gegen Verspannungen, zur Vorbeugung von Krankheiten.

Dies gilt auch für Shiatsu, die japanische Variante der Akupunktur. Unter westlichem Einfluß sind diese Druckmassagen erweitert worden: Sie werden nun nicht nur an bestimmten Punkten an Meridianen, sondern auch an Schmerzpunkten durchgeführt.

Die Idee dahinter

Akupressur und Shiatsu haben den gleichen Hintergrund wie Akupunktur (siehe Seite 165): Streß, Schwäche, unmäßiger Lebensstil und anderes mehr stören nach dieser Vorstellung den Fluß der Lebensenergie in den Meridianen. Die Massage soll die Stauung auflösen.

Die Mittel

Der Behandler arbeitet mit den Fingerkuppen, manchmal mit dem Fingernagel. Bei Shiatsu wird auch mit Händen, Ellenbogen und Füßen gedrückt. Manche Behandler reiben an den Druckstellen Pflanzenöle ein.

Behandlung und Selbstbehandlung

Eine genaue Diagnose vor der Behandlung ist unentbehrlich.

Der Behandler drückt oder massiert mit kreisenden Bewegungen Areale rund um Schmerz- und Akupunkturpunkte oder entlang der Meridiane. Massiert wird jeder Punkt zwischen fünf Sekunden und zwei Minuten lang:

- Kräftiger Druck soll beruhigen.
- Zarte Handgriffe sollen anregen.
- Mittelstarke Handgriffe haben das Ziel, den Körper zu kräftigen.

Bei der Shiatsu-Technik wird darüber hinaus auch starker Druck angewendet. Das kann sehr schmerzhaft sein.

Eine Behandlung dauert etwa 30 Minuten. Sie wird üblicherweise im Abstand von einigen Tagen mehrmals wiederholt.

Zwischen den Sitzungen kann sich der Kranke zusätzlich noch selbst mit Akupressur behandeln.

Ausbildung der Behandler

Ausbildung in Akupressur wird in Vereinen für TCM oder Akupunktur (siehe Seite 165) und in Einrichtungen der Erwachsenenbildung angeboten. Akupressur wird meist von Heilpraktikern und Masseuren durchgeführt. Es gibt keine Qualitätskontrolle.

Erklärung der Wirkung

Es gelten dieselben Theorien wie bei der Akupunktur (siehe Seite 165).

Anwendungsbereiche

Akupressur ist risikoärmer als Akupunktur. Sie wird meist gegen Schmerzen im Gesicht, am Kopf, im Nacken und am Rücken angewendet. Sie kann erfrischen, entspannen und gegen Alltagsbeschwerden wie Kopfschmerzen, Nebenhöhlenentzündung, Verspannungsschmerzen und bei funktionellen Störungen helfen.

Die traditionelle chinesische Massage (Tuina) wird auch gegen akute Erkrankungen wie Grippe oder Durchfall eingesetzt.

Grenzen der Anwendung

Akupressur oder Shiatsu darf nicht an erkrankten oder entzündeten Hautstellen ausgeführt werden. Ungeeignet ist diese Massagetechnik bei schweren Herz-

Kreislauf-Leiden, bei Krebskranken und während der Schwangerschaft an Punkten, die den Unterleib beeinflussen.

Risiken

Die Methoden werden zur Selbstbehandlung oder Partnermassage empfohlen. Werden sie gewohnheitsmäßig durchgeführt, können wichtige Krankheitssignale ausgeschaltet werden. Ohne vorherige ärztliche Diagnose sollte daher keine Akupressur beziehungsweise kein Shiatsu angewandt werden, um eine eventuell notwendige Behandlung nicht zu versäumen.

Kritik

Die Wirkung über Meridiane wird von Wissenschaftlern wie bei der Akupunktur bezweifelt. Die Reize auf den massierten Hautzonen wirken auf das sympathische Nervensystem ein.

Empfehlung

Die Druckmassage ist – eine ärztliche Untersuchung vorausgesetzt – empfehlenswert als Selbstbehandlung oder Partnerschaftsmassage.

Kosten

Die Krankenkassen bezahlen Akupressur nicht. Ihre Kosten sind je nach Behandler unterschiedlich hoch und richten sich nach dem Zeitaufwand. Als Richtzahl gilt mehr als eine DM pro Minute.

Adresse

Arbeitskreis für Tuina-Therapie
Kaiserin-Elisabeth-Spital
Huglgasse 1-3
A-1150 Wien
Tel.: 02 22/9 81 04-0

Qigong

Geschichte

Qigong ist eine alte Meditations- und Therapietechnik der chinesischen Volksheilkunst. Entsprechend den herrschenden kulturellen Normen von Ruhe und Anpassung entwickelten sich in den letzten Jahrhunderten verschiedene Schulen, besonders aber Qigong-Formen, die beruhigend wirken.

Die Situation heute

Während der Kulturrevolution war Qigong verboten, nach 1980 hat es in China einen ungeheuren Aufschwung genommen: Viele Menschen trainieren auf öffentlichen Plätzen, Betriebe regen ihre Mitarbeiter an, sich mit Qigong fit zu halten. Die jüngste Variante, das Kranich-Qigong, bei dem heftige Bewegungen gemacht und entlastende Schreie ausgestoßen werden, war bald verpönt. Die beruhigenden Formen werden an Universitäten gelehrt. Qigong ist in China die einzig legitime Technik, um an seinen Emotionen zu arbeiten. Es gibt Qigong-Heiler, die angeben, das Qi in ihrem Körper zu aktivieren und es ohne Berührung über die Fingerspitzen auf den Patienten überfließen zu lassen. Die Patienten haben unerschütterliches Vertrauen in die Qigong-Therapie, die ihnen bei funktionellen Störungen hilft und als Begleitung bei chronischen und unheilbaren Krankheiten das Leben erleichtert.

In Deutschland hat sich Qigong-Meditation im letzten Jahrzehnt als Entspannungstechnik verbreitet und wird überwiegend in Einrichtungen der Erwachsenenbildung gelehrt.

Idee und Erklärung der Wirkung

Hinter dieser Technik steht die Idee, das kosmische Qi durch die Atmung in den Körper zu lenken und „durchgängig" zu machen.

Die westliche Medizin erklärt die Wirkung mit der verbesserten Atmung, die entspannend wirkt, und mit der Versenkung (siehe Seite 138), die es dem Übenden möglich macht, mit seinen Emotionen besser umzugehen.

Die Wirkung der Qigong-Heiler beruht wahrscheinlich auf dem Glauben an ihre Fähigkeiten (siehe Placebo, Seite 20). Untersuchungen bei den Patienten westlicher Heiler haben gezeigt, daß die Erwartung die Durchblutung des Körpers positiv beeinflußt.

_Durchführung

Qigong besteht aus drei Elementen: der bewußten Atmung, der Bewegung und der Lenkung der Vorstellungskraft. Je nach Qigong-Schule ist ihr Verhältnis zueinander unterschiedlich. Es gibt auch äußerlich regungslose Versenkungsübungen im Stehen.

Geübt wird in einer Gruppe mit einem Lehrer, der den Ablauf bestimmter Bewegungen und Atemvorgänge vorzeigt. Die Bewegungen sind langsam und ruhig, manchmal von Meditationsmusik begleitet. Dabei richtet sich die Konzentration auf den Atemfluß, auf bestimmte Körperbereiche oder Organe, ähnlich wie beim Autogenen Training (siehe Seite 133). Die zeitlupenähnlichen, tänzerischen Übungen können auf einem Raum von nur einem Quadratmeter Größe durchgeführt werden und sollten täglich etwa zehn Minuten lang trainiert werden.

_Anwendungsbereiche

Die Meditations-, Bewegungs- und Atemtechnik Qigong, regelmäßig ausgeführt, wirkt regulierend auf das vegetative System und gegen funktionelle Störungen (siehe Meditation, Seite 135).

_Empfehlung

Qigong ist empfehlenswert zur Entspannung, Erhaltung der Beweglichkeit und Rehabilitation.

_Kosten

Die Krankenkassen bezahlen die Kosten von Qigong üblicherweise nicht. Die Kosten sind je nach Trainingseinrichtung und Kursdauer unterschiedlich hoch. Für einen Kurs muß man mit 100 bis 300 DM rechnen.

Ayurveda

_Geschichte

Ayurveda ist das 3 500 Jahre alte, schriftlich überlieferte Gesundheitssystem Indiens. Es ist ein Lebenskonzept mit moralischen Kategorien, ein System, das auch eine möglichst umfassende und zugleich einfache Antwort auf die Frage nach dem Sinn des Lebens zu geben versucht.

Die Regeln dafür gaben die Götter den Menschen in die Hand – damit meinte man in der damaligen Zeit, daß das Wissen aus dem geistigen Bereich stammt. Die klassischen Texte beschrieben acht eigenständige Medizinbereiche: Innere Medizin, Frauen- und Kinderheilkunde, Hals-Nasen-Ohren- und Augenheilkunde, Geisteskrankheiten, Chirurgie, Toxikologie, Gesundheitsförderung und Revitalisierung sowie Sexualmedizin.

Die kontinuierliche Weiterentwicklung des Ayurveda litt sehr unter den fremden Herrschern des indischen Subkontinents. Trotzdem blieb der Ayurveda lebendig. Ayurvedisten versorgen heute zwei Drittel der 700 Millionen Inder.

Die Situation heute

Die indische Regierung akzeptiert und unterstützt den Medizinaspekt des Ayurveda. Im Land praktizieren heute etwa 300 000 ayurvedische Ärzte, die in fast 50 Universitäten und anderen Einrichtungen ausgebildet werden. Auch die Weltgesundheitsorganisation unterstützt und fördert die ayurvedische Gesundheitslehre. In Benares ist das Zentrum für ayurvedische Forschung und Lehre.

Indische wissenschaftliche Studien haben gezeigt, daß die ayurvedische Behandlungsweise, aber auch einzelne Arzneimittel wirksam sind.

Den riesigen Schatz ayurvedischen Heilpflanzenwissens versuchen pharmazeutische Firmen zu heben, indem sie die Pflanzen systematisch überprüfen.

Maharishi Ayur-Veda

In den westlichen Staaten hat sich Ayurveda vornehmlich in Form des Maharishi Ayur-Veda etabliert. Maha-

rishi Mahesh Yogi, als Guru der Beatles durch die Medien gegangen, erhob in den letzten Jahrzehnten gemeinsam mit indischen Ärzten den Anspruch, „den Ayur-Veda in seiner Ganzheit wiederzubeleben". Der Guru investierte Millionen in diese Idee. Vieles, was im Westen unter dem Namen Ayurveda angeboten wird, gehört zum Maharishi Ayur-Veda.

Die Deutsche Gesellschaft für Ayurveda verzeichnet für Deutschland knapp 50 Ärzte und einige Heilpraktiker, die diese Medizinrichtung praktizieren. Zusätzlich arbeiten in Deutschland acht Gesundheitszentren nach dieser Methode, von denen aber nur vier als Kurklinik ausgestattet sind.

Die Idee dahinter

Ayurveda ist die „Wissenschaft vom gesunden Leben". Seiner Definition zufolge fühlt sich ein Mensch gesund, wohl und sicher, wenn Bewußtsein und Körperfunktionen in sich stimmig sind und der Kontakt zwischen dem einzelnen Menschen und der ihn umgebenden Welt ausgewogen und befriedigend ist.

Ayurveda sieht den Menschen als Mikrokosmos und Abbild des ihn umgebenden Makrokosmos: wie alles Lebendige bestehend aus den Prinzipien Feuer, Wasser, Erde, Luft und Raum. Diesen „Elementen" entsprechen die fünf Sinne Sehen, Schmecken, Riechen, Fühlen, Hören.

Für Ayurveda gründet sich menschliches Leben auf die Komponenten Körper, Sinnesorgane, Geist und Seele. Der Körper existiert als sichtbarer Leib, der über die Sinnesorgane mit der Außenwelt in Verbindung steht. Als inneres Organ ist auch der Geist auf die Informationen der Sinnesorgane angewiesen. Die Seele schließlich prägt sich durch den Geist und das, was die Sinne aufnehmen.

Wie alles zusammenwirkt, beschreibt der Ayurveda mit dem Konzept der drei „Doshas" Vata, Pitta, Kapha. Auch deren Qualitäten sind vom Mischungsverhältnis von Feuer, Wasser, Erde, Luft und Raum bestimmt. Die Doshas charakterisieren die fundamentalen Regulationssysteme des Körpers. Auf die Körperebene bezogen ist in moderner Sprache Vata das, was sich aus der Aktivität des Nervensystems ergibt, die Ursache von Bewegung und Aktivität. Pitta steht für wärmesteuernde, enzymatische Abläufe. Es soll den Hormonhaushalt regulieren und an der Bildung von Geweben und dem Stoffwechsel beteiligt sein. Kapha umschreibt Funktionen des Immunsystems und steht für alles, was in und durch Körperflüssigkeiten geschieht.

Die drei Doshas bestimmen auch die Eigenschaften von Menschen. Das Verhältnis der Anteile von Vata, Pitta oder Kapha zueinander macht den Menschen- oder Konstitutionstyp aus. Die Konstitution erklärt die Stärke eines Menschen und seine Schwachstellen, seine Krankheitsbereitschaft, seine Reaktionen auf Ernährung, Medikamente, Sinneseindrücke, Klima und so weiter.

Nach ayurvedischer Vorstellung ist jeder Mensch bemüht, das System seines Lebens und das zu seiner Umwelt in stabilem Gleichgewicht zu halten. Ein gesunder Körper paßt sich in seinen Aktivitäten auch den tages-, monats- und jahreszeitlichen Rhythmen an. Ist die Balance gestört, sendet der Körper Signale aus. Verhallen die Signale ungehört, werden sie zu Symptomen einer Krankheit. Für Ayurveda ist selbst die kleinste Veränderung an Zellen oder Geweben nicht der Beginn einer Krankheit, sondern bereits ihr Ausdruck.

Eine gesunde Lebensführung und ayurvedische Heilbehandlungen dienen dazu, Harmonie, Kraft und Stärke wiederzuerlangen.

Auf seine Weise drückte Ayurveda schon vor Tausenden von Jahren aus, was heute Sozialmediziner, Psychosomatiker und Chronobiologen erarbeiten. Für sie alle stehen Fragen der Krankheitsentstehung im Vordergrund, um wirksame Konzepte zur Krankheitsvorbeugung zu entwickeln.

Die Mittel

Wann Substanzen arzneilich wirksam sind, definiert Ayurveda anders als die naturwissenschaftliche Pharmakologie. Im Ayurveda ist die Wirkung bestimmt durch

- die Fähigkeit, im Empfänger Assoziationen, Stimmungen oder sonstige Reaktionen auszulösen und
- ihren Einfluß auf die Doshas.

Ein ayurvedisches Arzneimittel soll wirken durch

- den Geschmack. Süß Schmeckendes gleicht zum Beispiel zuviel Bitteres im Körper aus;
- seine physikalischen Eigenschaften. Etwas Schweres erhöht das Körpergewicht;
- das, was während des Verdauungsprozesses aus ihm wird,
- seine innere Kraft,
- die spezielle Wirkstoffzusammensetzung.

Ayurvedische Arzneimittel sind meist aus vielen Bestandteilen kombiniert. In Deutschland gibt es kein zugelassenes ayurvedisches Medikament. Wenn ein Arzt die Anwendung für sinnvoll hält und ein Mittel verordnet, kann die Apotheke das entsprechende Produkt aus dem Ausland importieren. In Deutschland nicht zugelassene Arzneimittel darf sie jedoch nicht vorrätig halten.

Maharishi Ayur-Veda

Der Produktehandel des Maharishi Ayur-Veda verkauft Gewürzmischungen, Körperpflegeartikel, Delikatessen, Musikkassetten und Bücher.

Als Mittel zum Einnehmen empfiehlt Maharishi Ayur-Veda vornehmlich Rasayanas, pflanzliche Mittel, die Gesundheit und Vitalität (sprich Sexualkraft) fördern sollen. Sie sind in Deutschland nicht zugelassen, aber in den EU-Nachbarstaaten häufig als Lebensmittel oder sogenannte Nahrungsergänzung im Handel. Von dort gelangen sie relativ leicht auch auf den deutschen Markt.

Diese Mittel sind hinsichtlich Zusammensetzung, Herstellung, Dosierung und Nebenwirkungen nicht kontrolliert. Der hierzulande gewohnte Standard kann bei ihnen nicht erwartet werden. Zahlreiche Produkte wurden schon von den Lebensmittel-Kontrollbehörden aus dem Verkehr gezogen, weil sie unzureichend oder sogar irreführend gekennzeichnet waren.

Die vom Maharishi Ayur-Veda eingesetzten Arzneimittel werden im allgemeinen in Indien produziert, nach Europa exportiert und dort auf Anforderung ayurvedischer Praktiker verkauft. Angeblich sind sie frei von den im indischen Ayurveda gebräuchlichen Schwermetallen und werden in Europa vor dem Verkauf nach dem Standard des jeweiligen Landes auf ihre toxikologische Unbedenklichkeit geprüft.

Untersuchung und Behandlung

Ziel ayurvedischer Medizin ist es, die jeweiligen Ursachen genau zu ermitteln, die den Menschen aus seinem inneren Gleichgewicht gebracht haben, und dann zu beseitigen.

Diagnose

Ayurveda braucht zwei Diagnosen: die der Krankheit und die des Patienten. Die klassischen Methoden dafür sind sehen, fragen, hören, riechen und tasten.

Ein ayurvedischer Arzt drückt körperliche Veränderungen in den Begriffen der Doshas aus. Wenn ein Dosha krankhaft dominiert oder geschwächt ist, führt das zu typischen Symptomen, die durch Gegenmaßnahmen ausgeglichen werden müssen.

Pulsdiagnose: Sie berücksichtigt viele verschiedene Pulsqualitäten (stark, schwach, drängend, flüchtig und so weiter). Der Puls wird mit drei Fingern gefühlt. Daraus kann der ayurvedische Arzt Rückschlüsse ziehen auf den Zustand der Doshas. Wenn der Ayurvedist durch Meditation seine intuitiven Fähigkeiten geschult hat, soll er sich mit seiner Vorstellung im Körper des Gegenüber bewegen können. Angeblich verfeinert und erweitert das die Möglichkeiten der Pulsdiagnose.

Prakriti-Analyse: Das ist die Bestimmung der „Natur des Menschen". Die Prakriti soll mit der Geburt festgesetzt sein und das Leben hindurch bestehen bleiben. Ihre Ausprägung erhält sie durch astrologische Konstellationen, durch die Bedingungen während der Zeugung und der Schwangerschaft und vielerlei andere Komponenten.

Heute können die Methoden westlicher Medizin die ayurvedische Krankheitsdiagnose ergänzen.

Behandlung

Um die Doshas wieder in ihr ursprüngliches Gleichgewicht zurückzuführen, werden meist verschiedene Methoden miteinander kombiniert:

Ernährung: Ayurveda vertraut der Intelligenz des Körpers, der durch Vorlieben und Abneigungen kundtut, was er braucht. Da Lebensmittel und Gewürze auf die Doshas wirken, können sie ein Ungleichgewicht ausgleichen. Gekochte Nahrung gilt als bekömmlicher als Rohkost.

Reinigung (Panchakarma-Kur): Stoffwechselschlacken, von denen der Ayurveda meint, daß sie sich infolge der gestörten Doshas angesammelt haben, sollen gelöst und ausgeschieden werden. Dazu dienen das Fasten, Ganzkörperölmassagen, Wärmedampfbäder, Einläufe, das Auslösen von Erbrechen oder Niesen und der Aderlaß. Allmählich wird auf eine bekömmlichere Ernährung umgestellt. Auch Yoga-Übungen gehören zur Reinigungsbehandlung.

Pflanzen: Der Ayurveda gebraucht etwa 5 000 Pflanzen in unterschiedlichen Zubereitungsformen. Die Übergänge von Nahrungsmittel, Gewürz und Heilpflanze sind fließend.

Mineralien und Metalle: Sie werden meist gemeinsam mit Pflanzen in langwierigen Prozessen zu Arzneien verarbeitet.

Meditation: Körper- und Atemübungen, Übungen zur inneren Sammlung und Versenkung – alles zusammen unter dem Begriff „Yoga" (siehe Seite 180) – waren seit jeher Bestandteil des Ayurveda. Meditation sollte in langsamen Schritten und nur unter fachkundiger Anleitung erlernt werden (siehe Meditation, Seite 135).

Farb-, Aroma- und Musiktherapie: Vom Konstitutionstyp eines Menschen hängt es ab, welche Sinne besonders ansprechbar sind. Die Anregung der Sinne soll die Doshas harmonisieren.

Maharishi Ayur-Veda

Er propagiert zu allem anderen die Transzendentale Meditation (TM). Sie soll eine geeignete Entspannungstechnik sein, um Angst und Spannung abzubauen.

Ausbildung der Behandler

In Indien werden Ayurvedaärzte in zwölf Semestern an den Universitäten ausgebildet. Ein erfolgreicher Studienabschluß und eine staatliche Genehmigung sind die Voraussetzung, um praktizieren zu dürfen.

Westlichen Ärzten bietet Maharishi Ayur-Veda an, sich in einem nur einwöchigen Kurs die Grundzüge des Ayurveda anzueignen. In Deutschland hat der Maharishi Ayur-Veda auch eine Reihe nichtärztlicher Gesundheitsberater ausgebildet.

Erklärung der Wirkung

Die Stärkung eines schwachen Doshas und die Abschwächung eines zu stark dominierenden soll die Lebenskräfte wieder ins Gleichgewicht bringen.

Anwendungsbereiche

Westliche Anwender sehen die Stärke ayurvedischer Medizin in der Frühbehandlung bei Befindlichkeitsstörungen. Die Therapien versprechen aber auch Linderung und Besserung bei chronischen Krankheiten und funktionellen Beschwerden.

Einige ayurvedische Medikamente haben sich bei Krankheiten, wie Gelenkentzündungen und Leberzirrhose, bei denen die westliche Medizin immer noch wenig erreicht, bewährt. Für die Anwendung bei anderen Krankheiten fehlen aber noch Studien, die auch Zweifler von der Wirksamkeit überzeugen.

Der entspannende Effekt von Meditation ist unbestritten. Eine positive Wirkung ist aber nur zu erwarten, wenn man regelmäßig übt.

Maharishi Ayur-Veda

Die Organisation hat viel Geld in Forschungsaufträge, Stiftungen und eine eigene Privatuniversität investiert, um die Wirksamkeit der Behandlungsmethoden – besonders in Kombination mit Transzendentaler Meditation – wissenschaftlich nachzuweisen. Die Anhänger dieser Medizinrichtung haben bei folgenden Krankheiten Behandlungserfolge registriert: chronische Lebererkrankungen, erhöhten Cholesterinspiegel, Bluthochdruck, Angina pectoris, Herzrhythmusstörungen, Verdauungsbeschwerden, Asthma, Nasennebenhöhlenentzündung, Migräne, Schlafstörungen, vegetative Dystonie, Depressionen, Brandwunden, rheumatische Erkrankungen, Lähmungen. Das Behandlungsprogramm soll Alterungsvorgänge bremsen und alle Krankheiten günstig beeinflussen, die auf einem geschwächten Immunsystem beruhen. Sogar die Versuche bei Aids-Patienten wurden als hoffnungsvoll beschrieben.

Transzendentale Meditation

Sie soll eine geeignete Methode sein, um Angst und Neurosen, Aggression und Feindseligkeit abzubauen. Maharishi Ayur-Veda behauptet, damit auch Gefangene und Süchtige zu „verbessertem sozialem Verhalten" bringen zu können.

Grenzen der Anwendung

Westliche ayurvedische Ärzte überlassen die Behandlung von akuten und psychiatrischen Krankheiten der etablierten Medizin.

Die Panchakarma-Kur soll nicht angewandt werden bei extrem geschwächten oder akut erkrankten Patienten und nicht während der Schwangerschaft.

Maharishi Ayur-Veda

Er empfiehlt bei einigen seiner Präparate, sie nicht während der Schwangerschaft einzunehmen. Für die von ihm propagierten „Bewußtseinstechnologien" gibt er an, daß sie für psychisch auffällige Personen nur in Frage kommen, wenn fachliche Betreuung gewährleistet ist.

Risiken und Kritik

◆ Das Konzept der ayurvedischen Medizin ist geprägt vom Denken der Zeit, in der dieses Medizinsystem entstanden ist, und hat sich kaum weiterentwickelt. Die Erklärungen, wie Krankheiten entstehen und wie sie zu beeinflussen sind, müssen vor diesem Hintergrund gesehen und können nicht ohne weiteres auf unser heutiges Denken übertragen werden.

◆ Die Medikamente sind Mischungen aus Pflanzen, Mineralien und Metallen, unter anderem auch mit Quecksilber. Ayurvedisten behaupten zwar, daß das giftige Quecksilber bei der besonderen Herstellung zu einer ungiftigen Verbindung wird, doch gibt es keine naturwissenschaftlichen Untersuchungen, die das bestätigen. Auch die Langzeitwirkungen dieser Mittel sind nicht getestet. Diese Mittel sind in Deutschland nicht im Handel.

◆ Rasayana ist eine Behandlungsmethode zur Verjüngung. Doch ist das nicht körperlich im Sinne von „faltenfrei" zu verstehen. Die vielen kombiniert durchzuführenden Maßnahmen sollen einen inneren Prozeß in Gang setzen, der konstruktive Lebenskräfte freimacht. Wer passiv nur die Pflanzenmittel der Rasayanas schluckt, kann nicht den Effekt erwarten, den jemand erzielt, der aktiv an sich arbeitet.

◆ Kritiker zweifeln die Glaubwürdigkeit der wissenschaftlichen Untersuchungen an, die der Maharishi Ayur-Veda in Auftrag gegeben hat.

Transzendentale Meditation

Die Bundesregierung hat in ihrem Sektenbericht auch 1995, wie schon 1989, vor den Gefahren der Transzendentalen-Meditations-Bewegung gewarnt, die sie als Jugend- und Psychosekte und als pseudoreligiöse Weltanschauung einstuft.

Die Bewegung hat gegen die Erwähnung in dem Sektenbericht zwar Widerspruch eingelegt, doch das Oberverwaltungsgericht Münster hat den Einspruch zurückgewiesen.

TM ist eingebettet in ein „totales Programm zur Rettung der Welt", formuliert vom „göttlichen Meister". 1975 verkündete Maharishi Mahesh Yogi die „Weltregierung des Zeitalters der Erleuchtung". Er versprach, das volle geistige Potential der Menschen zu entwickeln und unter anderem auch, sie fliegen zu lehren: Wer sich lange tief genug in der Meditation versenkt, wird irgendwann vom Boden abheben. Auch heute noch gibt es immer wieder Veranstaltungen, in denen dieses vorgeführt werden soll.

◆ TM-Anhänger behaupten, die Kriminalitätsrate nehme ab, wenn eine große Anzahl von Menschen einer Region meditierten. Kritiker überprüften die Aussagen und fanden sie unhaltbar.

◆ TM-Anhänger beziehen sich immer wieder auf eine amerikanische Untersuchung, derzufolge Menschen, die regelmäßig TM praktizierten, ihre Krankenkasse weniger in Anspruch nahmen. Dieses war jedoch eine Personengruppe, deren Lebensweise sich auf europäische „Durchschnitts-Krankenversicherte" nicht übertragen läßt.

◆ Wenn sich labile Menschen auf TM einlassen, kann das zu psychischen Schäden bis hin zur Persönlichkeitszerstörung führen. Da TM-Lehrer weder psychiatrisch noch psychologisch ausgebildet sein müssen, können sie psychische Krisen kaum auffangen.

Empfehlung

In den Händen eines Arztes ist ayurvedische Behandlung empfehlenswert, um Beschwerden zu lindern. Bei funktionellen Störungen und chronischen Erkrankungen kann ayurvedische Behandlung die medizinische unterstützen und ergänzen.

Meditation ist empfehlenswert, um sich zu entspannen.

Die mit dem Maharishi Ayur-Veda verknüpften „Bewußtseinstechnologien" der Transzendentalen Meditation sind abzulehnen.

Kosten

Die gesetzlichen Krankenkassen bezahlen eine ayurvedische Behandlung üblicherweise nicht (siehe Seite 29). Allerdings können die übliche Untersuchung und Diagnose, wenn ein Arzt sie durchführt, zu Lasten der Krankenkasse abgerechnet werden. Maharishi-Ayur-Veda-Therapie ist nicht beihilfefähig (siehe Seite 32).

Für Selbstzahler berechnet der Arzt die Kosten nach der Gebührenordnung für Ärzte (siehe Seite 32).

Eine zweiwöchige Behandlung in einem Maharishi Ayur-Veda Gesundheitszentrum kostet – je nach Behandlungsintensität und Zimmerkategorie – etwa um 5 000 DM.

Meditieren zu lernen, bezahlen die gesetzlichen Krankenkassen nicht. Die Kurskosten in Volkshochschulen oder bei privaten Lehrern sind sehr unterschiedlich.

Adressen

Institut für Gesundheitspädagogik und
Förderverein für Yoga und Ayurveda
Weidener Straße 3
D-81737 München
Tel.: 0 89/6 37 10 12

Österreichische Gesellschaft für ayurvedische Medizin
Biberstraße 22
A-1010 Wien
Tel.: 02 22/5 13 43 52

Yoga

Geschichte

Antistreß-Programm, Entspannungsübung, Beweglichkeitstraining – die Zwecke, für die Yoga heute eingesetzt wird, muten an wie kümmerliche Zweige eines starken Baumes, der seit Jahrtausenden in der indischen Kultur wurzelt. Eigentlich ist Yoga ein Selbsterfahrungssystem, das in seiner klassischen Form auf einem achtgliedrigen Pfad zur „erlösenden Erleuchtung" führen soll.

Die ersten beiden Stufen beschreiben Verhaltensweisen, die die Beziehung des Menschen zu sich selbst und mit seinem sozialen Umfeld regeln. Die Stufen drei und vier bestehen aus Körper- und Atemübungen. Die Glieder fünf bis sieben sind Anweisungen zur inneren Versenkung und Konzentration, die man im westlichen Sprachgebrauch als „Meditation" bezeichnet. Die achte und höchste Stufe markiert das Ziel des Yogaweges. Es ist der Zustand wunschlosen Glücks und inneren Friedens, der die Kraft gibt, den Alltag zu bestehen.

Bereits bis zum 13. oder 14. Jahrhundert hatten sich in Indien fünf Wege des Yoga etabliert. Im Westen ist davon vor allem Hatha-Yoga, der Yoga der Körperbeherrschung, bekanntgeworden. Er fußt auf der Sicht, daß der Körper nicht nur Werkzeug ist, sondern daß in ihm die Möglichkeit steckt, das Leben durch sinnliche Erfahrungen zu bereichern.

Die Situation heute

In Indien wird das klassische achtgliedrige Yoga-System noch heute praktiziert. In Europa beschränkt man sich meist auf die Körper- und Atemübungen des Hatha-Yoga. Sie dienen vornehmlich als körperliches Beweglichkeits-, Fitneß- und Entspannungstraining. In diesem Sinne werden sie zur Rückenschulung und in Streßmanagementkursen kommerziell angeboten. Zudem gibt es viele Ansätze, Yoga in Psychotherapie und Physiotherapie zu nutzen. Sein Effekt wird auch genutzt, um konventionelle Krankheitsbehandlungen zu unterstützen.

Mindestens drei Millionen Menschen in Deutschland üben heute Yoga aus. Es gibt mittlerweile mehr als 200 private Yoga-Schulen im Lande. Etwa 3 000 Personen unterrichten Yoga.

Durchführung

Der Lotossitz zeigt das populärste Bild des Hatha-Yoga. Doch ist er nur eine von vielen Asanas, den Yoga-Haltungen. Gebräuchlich sind 25 bis 30, beschrieben schon über 300.

Die Haltungen werden so langsam wie möglich eingenommen. Man verharrt mehrere Minuten lang ruhig in jeder Haltung und entspannt die Muskeln, die nicht an der Halteübung beteiligt sind. Die Aufmerksamkeit konzentriert sich auf das körperliche Empfinden.

Zum Yoga gehören Pranayamas, Übungen, um den Atem zu regulieren. Die innere Sammlung und Versenkung beim Yoga wird eingeleitet, indem man sich zum Beispiel auf Sinnesempfindungen konzentriert. Das können ein Bild (Mandala) oder Satz sein (Mantra), das Hören monotoner Geräusche, aber auch das Empfinden der Wärme des Bauches.

Im allgemeinen wird empfohlen, Yoga zweimal täglich 20 bis 30 Minuten lang auszuüben oder zu meditieren.

Sich Yoga in Eigenregie, zum Beispiel an Hand von Büchern, anzueignen, ist nicht ratsam. Nur der persönliche Unterricht bei einer Fachkraft stellt sicher, daß Fehlhaltungen vermieden beziehungsweise vorhandene korrigiert werden.

Ausbildung der Behandler

„Yoga-Lehrer" ist keine geschützte Berufsbezeichnung. Die Lehrer dieser Methode können für ihr Tun also ganz unterschiedlich qualifiziert sein.

Der Berufsverband Deutscher Yogalehrer (BDY) hat Richtlinien für Ausbildung und Prüfung definiert, die die Qualität der Lehrkräfte sicherstellen sollen. Zum Standard des BDY und der Institute, die ebenfalls nach dessen Richtlinien ausbilden, gehören eine Mindestausbildungszeit von 535 Stunden, Unterrichtspraktika, eine schriftliche Arbeit und eine mündliche Prüfung.

Erklärung der Wirkung

Die oft sonderbar anmutenden Asanas haben verschiedene Folgen:

- Bei jedem durchschnittlichen Yoga-Programm werden alle Gelenke wenigstens einmal in jeder Richtung beansprucht. Das weckt die „Tiefensensibilität".
- Yoga reizt viele Hautareale, so daß man Reaktionen wie bei der Reflexzonenmassage annehmen kann (siehe Seite 80).
- Die Haltungen verändern die Druck- und Durchblutungsverhältnisse im Körper. Körperliche und psychische Prozesse können dadurch angeregt oder eingeleitet werden.
- Die Atemübungen beeinflussen das vegetative, also nicht willentlich steuerbare Nervensystem und damit alle Vorgänge, für die dieses Nervensystem verantwortlich ist.
- Yogaübungen verlangsamen Atmung und Puls, senken den Blutdruck und den Gehalt an Streßhormonen im Blut.
- Bewußtes Atmen und konzentriertes Entspannen verändern die Blutversorgung im Gehirn. Das Elektroenzephalogramm, die aufgezeichnete Gehirnstromkurve, zeigt, daß das die Gehirnaktivität im Sinne einer gesteigerten Wachheit verändert.
- Meditation beeinflußt die geistige Verfassung, die wiederum auf das Immunsystem zurückwirkt (siehe Seite 41). Selbstdisziplin und Konsequenz sind Voraussetzungen, ohne die regelmäßiges Yoga nicht denkbar ist. Diesen Anforderungen gerecht zu werden, setzt

eine bestimmte geistige Einstellung des Übenden voraus, beziehungsweise der Übende lernt sie im Laufe der Zeit.

Anwendungsbereiche

Yoga ist eigentlich eine Lernmethode mit spirituellem Ziel, das durch ein verändertes Bewußtsein erreicht werden soll.

Als Entspannungstechnik angewandt, beeinflußt er vor allem psychosomatische Erkrankungen, bei denen ein Zusammenhang zwischen Psyche und Körperbeschwerden besteht. Das Übungsprogramm kann so zusammengestellt werden, wie es für die spezielle Krankheit sinnvoll erscheint, oder es kann allgemein aufgebaut sein.

Eine Studie aus 1991, die naturwissenschaftlichen Ansprüchen genügt, bestätigte, daß Pranayamas die Atemtätigkeit so verbessern, daß Asthmakranke davon profitieren. Hatha-Yoga hat bei Asthmaerkrankungen als unterstützende Maßnahme eindeutig einen günstigen Effekt.

- Yoga sollte in langsamen Schritten und nur unter fachkundiger Anleitung erlernt werden.
- Eine positive Wirkung ist aber nur zu erwarten, wenn man regelmäßig übt.

Grenzen der Anwendung

Indische Yogis schicken Schüler wieder fort, die ihnen geistig oder körperlich für die Übungen nicht geeignet erscheinen. Westliche Mediziner formulieren Anwendungsbeschränkungen so:

- Niemand soll sich zu Yoga-Haltungen zwingen, die ihm weh tun.
- Vor intensiven Asanas sollte ein Arzt den Zustand der Wirbelsäule beurteilen.
- Menschen mit Bluthochdruck dürfen keine Haltungen einnehmen, die den Blutdruck noch weiter steigern, zum Beispiel solche, bei denen der Kopf tiefer liegt als der übrige Körper.
- Wer lernen möchte, seine Atmung immer mehr zu verlangsamen, sollte vorher einen Arzt beurteilen lassen, ob der Stoffwechsel ganz intakt ist.

Risiken

- Wer bei intensivem Yoga-Training die Grenzen nicht anerkennt, die sein Gesundheitszustand ihm setzt, kann Muskeln, Sehnen und Bänder überbeanspruchen.
- Hochdruckkranke laufen Gefahr, ihren Blutdruck in krisenhafte Höhen zu treiben oder einen Gehirnschlag zu erleiden.
- Wird Yoga unter Anleitung von Gurus und innerhalb sektenähnlicher Gruppen geübt, besteht die Gefahr psychischer Abhängigkeit.

Kritik

Yoga als Technik zu erlernen, ist kein garantierter Schutz vor körperlichen Krankheiten oder psychischen Störungen.

Empfehlung

Yoga ist – richtig durchgeführt – empfehlenswert, um sich zu entspannen und um Beschwerden chronischer Erkrankungen, speziell von Asthma, zu lindern.

Kosten

Yoga gehört zu den „Wahlleistungen" der Krankenkassen. Einige Kassen bieten selbst Kurse an, andere bezahlen die Kurskosten komplett oder zu Teilen. Sie können die Kostenübernahme aber auch verweigern. Die Kurskosten sind in Volkshochschulen oder bei privaten Lehrern sehr unterschiedlich.

Adresse

Berufsverbad
Deutscher Yoga-Lehrer
Heinrich-Grob-Straße 48
D-97250 Erlabrunn
Tel.: 0 93 64/47 97

Variante:

Fünf Tibeter

Eine Kombination aus yogaähnlichen Haltungen und Morgengymnastik sind die „Fünf Tibeter", fünf spezielle Körperübungen, die nach Angaben der Anbieter aus dem tibetanischen Hochland stammen sollen.

Anfänglich wird jede Übung nur dreimal ausgeführt, später soll man das auf einundzwanzigmal pro Übung steigern.

Nach hinduistischer Vorstellung sollen diese Übungen die Energiezentren des Körpers, die Chakren, harmonisieren und anregen. So sollen die Hormondrüsen zur verstärkten Funktion angeregt werden. Alles in allem soll das Praktizieren der „Fünf Tibeter" ein langes, gesundes Leben gewährleisten.

Die Anwender können sich von dem regelmäßigen Durchführen der „Fünf Tibeter" ein intensiveres Körperempfinden erhoffen; die Konzentration auf die Übungen und das tiefe Atmen können entspannen und wie alle regelmäßigen körperlichen Bewegungen auch das Wohlbefinden stärken. Es ist allerdings zweifelhaft, daß sie meditativen Charakter haben, und es fehlt der Beleg, daß die versprochene Verjüngung auch eintritt. Die Risiken der Übungen entsprechen denen des Yoga. Wer nicht ganz gesund ist, sollte ärztlichen Rat einholen, bevor er mit dem regelmäßigen Training beginnt.

Alternative Medizinsysteme

Anthroposophische Medizin

Geschichte

Waldorfschulen kennen viele. Die dahinter stehende Anthroposophie *Rudolf Steiners* (1861–1925) kaum jemand. Sie ist mit Steiners Worten „ein Erkenntnisweg, der das Geistige im Menschenwesen zum Geistigen im Weltall führen möchte". So schwer faßbar wie dieser Satz ist Steiners gesamte Lehre, eine Mischung aus Philosophie, mystischer Religion und einer Naturwissenschaft auf der Basis von Goethes Erkenntnissen.

An Konkretem sind von Steiners Ideen außer der Waldorfpädagogik noch die biologisch-dynamische Landwirtschaftsweise geblieben und seine anthroposophische Heilkunst, die er gemeinsam mit der holländischen Ärztin *Ita Wegman* entwickelte (1876–1943). Steiner verstand seine Heilkunst nicht als Gegensatz, sondern als Erweiterung der Schulmedizin, und zwar in Richtung auf andere Geistesebenen hin.

Daraus ergibt sich, daß die anthroposophische Medizin Ärzten vorbehalten ist, die sich zusätzlich zur Medizin noch mit der anthroposophischen Geisteswissenschaft beschäftigt haben.

Die Situation heute

In Deutschland arbeiten angeblich etwa 6 000 Ärzte und sieben Krankenhäuser beziehungsweise Abteilungen nach anthroposophischen Gesichtspunkten. Auch der „uneingeweihte" Besucher spürt dort sofort die im Vergleich zu sonst üblichen Krankenhäusern humanere Atmosphäre. Sie zeigt sich im äußeren Bild, im Umgang mit den Patienten, im Umgang des Personals miteinander und in der Klinikorganisation.

Das Gemeinschaftskrankenhaus Herdecke ist gleichzeitig Klinikum für die medizinische Abteilung der bisher einzigen deutschen Privatuniversität in Witten/Herdecke.

Von den fünf Betrieben, die anthroposophische Heilmittel, Kosmetika und Diätetika herstellen, ist die Firma Weleda, die auch international agiert, die wohl bekannteste. Der Name einer anderen Firma, Wala, beruht auf einer speziell anthroposophischen, rhythmischen Herstellungsmethode.

Die Idee dahinter

Elemente uralten, traditionellen Gedankenguts aus Ost und West finden sich in Steiners Vorstellung von Gesundheit und Krankheit wieder. Er erkannte im Menschen vier „Wesensglieder" und beschrieb mit ihnen alle Gesetzmäßigkeiten und Zusammenhänge des Lebens. Danach ist der „Physische Leib" der sichtbare Körper, mit dem wir agieren. Der „Ätherleib" ist die Summe der den Körper belebenden Lebenskräfte. Mit dem Ausdruck „Astralleib" beschreibt Steiner das, was Empfindung und Bewußtsein ermöglichen. Lust, Instinkt und Leidenschaft, aber auch das Bewußtsein, Teil eines kosmischen Ganzen zu sein, gehören zum Astralleib. Das Zentrum der Persönlichkeit, das Bewußtsein des Menschen von sich selbst, nennt Steiner „Das Ich".

Die Kräfte dieser vier Leiber sind unsichtbar, ihre Auswirkungen aber spürbar und erlebbar. Gesundheit und Krankheit erklären die Anthroposophen ausschließlich mit dem Konzept dieser vier Leiber. Je nachdem, welches Wesensglied dominiert, ordnen sie sämtliche auftretenden Krankheiten vier Typen zu: skleroseartige, geschwulstartige, entzündungsartige und lähmungsbedingte.

Ein Ätherleib beispielsweise, der so dominiert, daß Ich-Organisation und Astralleib ihn nicht mehr bändigen können, zerstört gemäß ihrer Definition „wuchernd" das ganze System. Die Folge: Es entsteht Krebs. Als Präkanzerose bezeichnen Anthroposophen den Zustand des Körpers auf dem Weg zur Krebsentwicklung. In dieser Zeit sollen abbauende und gestaltende Kräfte möglicherweise noch stark genug sein, das Wachstum einzudämmen. Genauso erklären sie Geisteskrankheiten: So wie sich Zellen aus dem Verband des Körpergewebes lösen und wuchern können, soll das auch dem Denken, Fühlen und Wollen möglich sein. Im anthroposophischen Sinn bedeutet medizinisch tätig zu werden, das Ungleichgewicht im Organismus wieder auszubalancieren.

Die Anthroposophen betrachten Kranksein als positive Möglichkeit für Körper, Seele und Geist, durch das Überwinden der Krankheit zu lernen und zu neuen Kräften und Fähigkeiten zu gelangen.

Die Mittel

Grundlage anthroposophischer Therapie sind ihre Medikamente. Es sind teilweise homöopathisch potenzierte Einzelmittel (siehe Seite 192), in speziellen Verfahren gewonnene Pflanzenmittel und aus verschiedenen Komponenten, auch Tieren und Tierprodukten, zusammengesetzte Mittel.

Metalle haben in der anthroposophischen Medizin einen besonderen Stellenwert. Sie werden unter anderem als „vegetabilisierte" Metalle eingesetzt. Dazu wird eine Zubereitung des Metallsalzes dem Boden zugesetzt, in dem die „wesensmäßig zu dem Metall passende" Pflanzenart drei Jahre lang wächst und nicht zwecks Medikamentengewinnung geerntet wird. In dieser Zeit dient ihr Kompost der nächsten Pflanzengeneration als Dünger. Nach drei Jahren sollen die Pflanzen ganz „vom Metallprozeß durchdrungen sein".

Die bekannteste Arzneipflanze der Anthroposophen ist die Mistel. Mittlerweile spritzen dieses Krebstherapeutikum (siehe Seite 129) viele Ärzte in Deutschland, ohne Anhänger der Anthroposophie zu sein.

Die Wahl der Heilmittel und die Erklärung ihrer Wirkung folgen anthroposophischen, nicht homöopathischen Prinzipien. Was bei anderen Therapierichtungen meist verpönt ist – die Kombination verschiedener Stoffe in einem Arzneimittel –, sieht die anthroposophische Medizin für bestimmte Anwendungsgebiete als durchaus sinnvoll an. Sie spricht darum auch lieber von „Kompositionen". Darunter gibt es auch Mittel aus Tierprodukten, etwa aus zerkleinerten Ameisen und Bienen, aus getrocknetem Maulwurf und Schlange sowie potenzierte Organpräparate vom Rind.

Anthroposophische Heilmittel wurden als „Arzneimittel besonderer Therapierichtung" vom früheren Bundesgesundheitsamt zugelassen, das heißt, daß die Hersteller die Wirksamkeit nicht nach denselben naturwissenschaftlichen Kriterien nachweisen müssen, die für andere Arzneimittel gelten (siehe Seite 22).

Die klinischen Prüfungen lehnen Anthroposophen aus prinzipiellen Gründen ab. Es wird jedoch nach einer Methodik für den Wirksamkeitsnachweis gesucht, die dieser anderen Form von Medizin gerecht wird und trotzdem die Wissenschaftlichkeitsansprüche der etablierten Medizin befriedigt.

Untersuchung und Behandlung

Idealerweise berücksichtigt eine anthroposophische Behandlung neben den objektivierbaren Befunden auch die Befindlichkeit des kranken Menschen. Dazu gehören seine Lebens- und Leidensgeschichte, sein Charakter, die soziale und kulturelle Umgebung. Dementsprechend spielt sich die Behandlung auf drei Ebenen ab:

◆ Die medikamentöse Behandlung: Akute Situationen, bei denen nicht anzunehmen ist, daß der Körper seine Ordnung aus eigener Kraft wiederherstellen kann, behandelt auch ein anthroposophisch orientierter Arzt mit schulmedizinischen Methoden. Das gleiche gilt für Mangelkrankheiten, bei denen der Körper das Fehlende als Medikament erhalten muß (Diabetes–Insulin). Andere Krankheiten werden dann mit anthroposophischen Mitteln behandelt, wenn der Kranke beziehungsweise der Arzt dem Körper genügend Selbstheilungskraft zutraut.

◆ Zur anthroposophischen Therapie gehört oft eine entsprechende Ernährungsweise. Es ist im Prinzip eine Ovo-Lacto-vegetabile Kost (siehe Seite 100), die individuell zusammengesetzt wird.

◆ Künstlerische Heilweisen, wie Malen, Modellieren, Musik- und Sprachtherapie, aktivieren die Patientenseele und fordern den Kranken heraus, an seinem Gesundwerden selbst mitzuarbeiten. Eine Art Körpertherapie ist die Heileurythmie, die Gestaltung von Lauten mit Bewegungen des gesamten Körpers.

◆ Die Behandlung des Geistes geschieht im Verlauf der intensiven Gespräche zwischen Patient und Behandler.

Diagnostik

Steiners Schüler *Pfeiffer* entwickelte ein den anthroposophischen Denkkategorien entsprechendes Diagnosesystem, ein „bildschaffendes Verfahren". Beim Blutkristallisationstest wird Blut mit einer wässrigen Kupferchlorid-Lösung gemischt; die Lösung soll dann auskristallisieren. Die Anordnung der Kristalle auf der runden Platte nehmen einige Ärzte als „Bild" der Organe über ihren Kräftezustand.

Beim kapillar-dynamischen Bluttest nach *Kaelin* läßt man verdünntes Blut von Filterpapier aufsaugen. Die sich an der Verlaufszone ergebenden Muster werden als Krankheitszeichen interpretiert.

Anthroposophische Ärzte bedienen sich dieser Tests allenfalls noch zusätzlich zu den sonst üblichen Diagnosemethoden.

Erklärung der Wirkung

Anthroposophen erklären die Wirkung ihrer Methode nicht mit medizinischen Termini: Eine anthroposophische Behandlung „soll das Wesensgliedergefüge des Menschen zur Neuordnung aufrufen und die Selbstheilungskräfte im Ätherleib anregen".

Arzneisubstanzen sollen zu den vier Wesensgliedern unterschiedliche Affinitäten haben. Die Anthroposophen sagen: Pflanzliche Stoffe eignen sich vorwiegend für den astralen Bereich; tierische Substanzen beeinflussen besonders das Ätherische, Mineralien und Metalle die Ich-Organisation. Bei der Auswahl der Arzneimittel spielen zusätzlich noch die überlieferten Beziehungen zwischen den Planeten und bestimmten Metallen eine Rolle.

In der Mistel sehen Anthroposophen einen Gegenpol zum Krebsgeschehen. Dieses unter anderem deshalb, weil sie zeitlich und räumlich den anderen Pflanzen genau entgegengesetzt wächst. Naturwissenschaftler haben sich indessen forschend mit der Mistel beschäftigt und nennen als einen wirksamen Inhaltsstoff das Mistellektin (siehe Seite 129).

Anwendungsbereiche

Als komplettes Medizinsystem kennt das Konzept der anthroposophischen Medizin für jedes Ungleichgewicht eine ausgleichende Komponente.

Über besondere Erfolge berichten anthroposophische Ärzte in der Kinderheilkunde.

Grenzen der Anwendung

Anthroposophen behandeln auch da weiter, wo nach üblichem medizinischem Ermessen nichts mehr zu erreichen ist, der Patient aber Hilfe braucht.

Risiken

◆ Die anthroposophische Arzneitherapie verwendet unter anderem Metalle. Blei und Quecksilber können – über längere Zeit und in Tiefpotenzen gegeben – den Körper chronisch vergiften. Ihre Wirkung addiert sich zur Belastung durch die uns umgebenden Umweltgifte („Alternative Gifte" siehe Seite 360).

◆ Die speziellen anthroposophischen Diagnose-Verfahren nennen sehr oft als Ergebnis „Präkanzerosen", also Vorstadien eines Krebses. Vorsorglich werden dann Mistelinjektionen empfohlen. Die Mitteilung „Präkanzerose" kann Menschen in lebensgefährdende Ängste stürzen. Das ist um so verantwortungsloser, als diese „Diagnostik" nur aus unbewiesenen Behauptungen besteht. Was jahrelang wiederholte Mistelinjektionen bewirken, ist nicht bekannt.

Kritik

Dem „Normalmediziner" fällt das Denken in anthroposophischen Kategorien schwer. Einige Kritiker wollen bei Steiner sogar schizophrene Symptome ausgemacht haben. Sein geisteswissenschaftliches Gebäude halten sie für die Produkte eines Geisteskranken. Sachlicher ist die Kritik anderer:

◆ Die Sprache der Anthroposophen ist so weit vom Allgemeinmedizinischen entfernt, daß eine Art „Geheimwissenschaft" zu entstehen scheint.

◆ Die anthroposophische Arzneitherapie beruht auf einzelnen Erfahrungsberichten, nicht auf den für Arzneimittel sonst üblichen naturwissenschaftlichen Untersuchungen.

◆ Die Zuordnung, welche Präparate bei welchen Krankheiten angewandt werden, ist nur innerhalb des anthroposophischen Systems erklärbar, aber nicht rational nachvollziehbar.

◆ Dem Kristallisationstest und der Diagnostik mittels Saugpapier gelingen bestenfalls Zufallstreffer. Beide Tests werden mit der Leberschau bei antiken Opferritualen verglichen.

◆ Nach neuesten Untersuchungen ist es wenig wahrscheinlich, daß stark verdünnter Mistelextrakt direkt das Wachstum von Tumoren hemmt. Sicher ist, daß er die Abwehrzellen anregt (siehe Seite 129). Trotzdem waren die Ergebnisse der klinischen Versuche mit Mistelextrakt so widersprüchlich, daß sowohl die Amerikanische als auch die Schweizerische Krebsgesellschaft von Mistelinjektionen abraten (siehe Seite 343).

Wenn Kritiker an den Grundgedanken der Anthroposophie, ihrer Arzneitherapie und allemal den Diagnosetechniken auch kein gutes Haar lassen – sie anerkennen, daß die besondere Zuwendung der Therapeuten zu den Kranken deren Befinden und Verhalten günstig beeinflussen kann.

Empfehlung

Anthroposophische Behandlung ist nur empfehlenswert, wenn der Arzt vorher eine schulmedizinische Diagnose erstellt und keine notwendigen Behandlungen versäumt werden.

Wichtig für die Selbstbehandlung: Keine problematischen Mittel in Tiefpotenzen verwenden (siehe Seite 196).

Kosten

Die gesetzlichen Krankenkassen in Deutschland bezahlen die medikamentöse anthroposophische Behandlung, in Österreich jedoch üblicherweise nicht.

Adressen

*Gesellschaft Anthroposophischer Ärzte
in Deutschland e.V.
Trossinger Straße 53
D-70619 Stuttgart
Tel.: 07 11/47 15 01*

*Gesellschaft Anthroposophischer Ärzte
Österreichs
Tilgnerstraße 3
A-1040 Wien
Tel.: 02 22/50 42 45*

Künstlerische Therapien

Die künstlerischen Therapien, mit denen in der anthroposophischen Medizin gearbeitet wird, sind Maltherapie, plastisch-therapeutisches Gestalten, Musiktherapie, Therapie durch Sprachgestaltung, Heileurythmie und die rhythmische Massage. Ohne den anthroposophischen Überbau ähneln diese Therapieformen der in der Schulmedizin bekannten Beschäftigungs- und Bewegungstherapie.

Das Ziel dieser Therapien ist nicht, „Kunst zu produzieren", sondern seelisch-geistige Möglichkeiten des Patienten anzuregen. In vorgegebenem Formen,

Gestalten und Darstellen soll der Patient ausdrücken, wie er sich fühlt und wie er sein möchte.

Anwendungsbereiche und Wirkung der künstlerischen Therapien erklären sich aus dem anthroposophischen Krankheitsverständnis. Die Kunsttherapie ist aber auch als Motivation zu verstehen, bei dem Gesundungsprozeß selbst aktiv zu werden. Der Kranke übt etwas ein, was auf Körper und Seele gleichermaßen wirken und ihm guttun soll.

Die Behandlung wird von Kunsttherapeuten, Heileurythmisten und Physiotherapeuten meist in der Klinik, aber auch in freier Praxis durchgeführt. Sie haben eine mehrjährige spezifische Ausbildung hinter sich und ein Praktikum bei einem anthroposophisch orientierten Arzt.

Die Behandlung zieht sich oft über Wochen, Monate oder Jahre hin. Sie findet allein oder in kleinen Gruppen statt.

Kosten

Heileurythmie und die künstlerischen Therapien gehören nicht zu den Regelleistungen der Krankenkassen, doch wird dieses von den verschiedenen Kassen in Deutschland sehr unterschiedlich und zum Teil sehr großzügig gehandhabt (siehe Seite 29). In Österreich bezahlen die Kassen diese Behandlungen üblicherweise nicht.

Homöopathie

Geschichte

Bei der Übersetzung einer englischen Arzneimittellehre ins Deutsche stolperte der Arzt *Samuel Hahnemann* (1755–1843) über ungenaue Angaben, wie Chinarinde wirkt. Er probierte es aus und fand wiederholt, daß die Wirkung dem ähnelte, was er als Symptome der Malaria kannte. Das war die Geburtsstunde der Homöopathie, mit der Hahnemann die von ihm lange gesuchte Alternative zur rigorosen Krankenbehandlung seiner Zeit fand. Die ihm bekannte Medizin beurteilte er nämlich als wenig erfolgreich und oft schädlich. Der Chinarindenversuch legte den Grundstein für Hahnemanns erste Säule der Therapie: die Ähnlichkeitsregel (Simileprinzip):

„Um sanft, schnell, gewiß und dauerhaft zu heilen, wähle eine Arznei, die ein ähnliches Leiden erregen kann, wie sie heilen soll." Ein konkretes Beispiel: Das Mittel, das Fieber hervorruft, soll Fieber senken, wenn man es in starker Verdünnung schluckt.

Im Laufe seines Lebens prüfte Hahnemann eine ganze Reihe Pflanzen und Salze, wie sie auf gesunde Versuchspersonen wirken. Was er sah, beschrieb er als „Arzneimittelbilder".

Diese Prüfung von Arzneimitteln am gesunden Menschen wurde zum zweiten Prinzip Hahnemannscher Therapie. Mittlerweile haben Forscher von sehr viel mehr Substanzen derartige Arzneimittelbilder erstellt und dabei auch naturwissenschaftlich gewonnene Erkenntnisse berücksichtigt. Das Arzneimittelbild wird abgerundet durch die langjährige praktische Erfahrung, wie das Mittel bei verschiedenen Patienten gewirkt hat.

Hahnemann entwickelte im Laufe seines Lebens ein Konzept systematischer Verdünnungen. Dabei verwendete er immer stärker verdünnte Mittel, ohne je an eine obere Grenze der Wirksamkeit zu stoßen. Er behandelte immer nur mit einem Mittel zu einer Zeit, wohl aber mit mehreren in schneller Folge nacheinander. Eine leichte „Erstverschlimmerung" war für ihn das Zeichen, daß er das richtige Mittel gewählt hatte und die bestimmungsgemäße Wirkung einsetzte.

Die Homöopathie ist ein in sich geschlossenes Gedankengebäude, von Hahnemann aus seinen Erfahrungen aufgebaut. Die neue Lehre widersprach dem bisherigen medizinischen Denken, obwohl das Ähnlichkeitsprinzip schon seit Hippokrates' Zeiten bekannt war. Noch zu Hahnemanns Lebenszeit entspann sich darüber eine leidenschaftliche Diskussion, die bis heute anhält.

Die Situation heute

Anfänglich war die Homöopathie vornehmlich in Deutschland und Frankreich verbreitet. Um die Jahrhundertwende erlebte sie in den USA eine Blüte. Dann flachte ihre Bedeutung wieder ab. Seit etwa 1970 ist sie in Europa wieder im Kommen.

In Indien und Brasilien gibt es homöopathische Studieneinrichtungen und Krankenhäuser. Dort ist diese Medizin als Behandlungsmethode offiziell anerkannt. In Deutschland erteilten bisher nur wenige Universitäten Lehraufträge für Homöopathie. Trotzdem versorgen Homöopathen in Deutschland jährlich sieben Millionen Menschen. Seit 1993 müssen zukünftige Ärzte in ihrem Examen beweisen, daß sie auch etwas über Homöopathie gelernt haben (siehe Seite 25).

Der Marktanteil der Präparate der „besonderen Therapierichtungen" Homöopathie, Phytotherapie und Anthroposophie machte im Jahr 1994 acht Prozent der Arzneimittel im Gesundheitswesen aus. Von diesen 8 Prozent nahmen die Homöopathika 16 Prozent ein.

Im Laufe der Zeit etablierten sich in der Homöopathie verschiedene Richtungen. Die „klassische Homöopathie" arbeitet nach Regeln, wie Hahnemann sie vorgab. Die „wissenschaftlich-kritische Homöopathie" behandelt die erkrankten Organe vornehmlich mit Tiefpotenzen (siehe Seite 192).

Die „Komplexmittel-Homöopathie" verwendet fixe Kombinationen mehrerer Einzelmittel meist niedriger Potenz. Diese Präparate werden oft unter dem Namen typischer Indikationen oder ihres Hauptwirkstoffs verkauft, wie zum Beispiel Heuschnupfenmittel-Luffa comp. Sie widersprechen den Grundlagen der Homöopathie, sind aber bei Ärzten und Apothekern beliebt, weil man mit ihnen den Wunsch von Patienten nach „etwas Homöopathischem" befriedigen kann.

Zudem gibt es eine ganze Reihe von Diagnose- und Behandlungsverfahren, die manche homöopathisch arbeitenden Ärzte und Heilpraktiker anwenden, die aber mit der Homöopathie Hahnemanns nichts zu tun haben. Dazu gehören die Biochemie nach Schüssler (siehe Seite 214), Elektroakupunktur (siehe Seite 308), mit der auch die „Eignung" homöopathischer Arzneimittel beim Patienten überprüft werden soll, Bach-Blütentherapie (siehe Seite 211), Nosoden-Therapie (siehe Seite 257) und die Spagyrik (siehe Seite 291).

Die Idee dahinter

Für Hahnemann wohnt jedem Menschen eine „Lebenskraft" inne, die man auch als intakte Selbstregulation oder gesunde Konstitution bezeichnen könnte. Wird sie in ihrer normalen Funktion gestört, ändert sich ihre Dynamik. Der äußere Ausdruck dieser inneren Veränderungen sind Beschwerden. Die Vielzahl der Symptome prägt das Bild einer Krankheit.

Wirklich akute Krankheiten sind für Hahnemann selten. Zu ihnen gehören Unfälle und Verletzungen. Die meisten Krankheiten sind chronischer Natur, denn bei längerer Behandlung beobachtete Hahnemann, daß vermeintlich akute Symptome nur die Spitze des Eisbergs sind.

Wenn das tiefer liegende Grundübel – nach Hahnemann die dauerhaft verstimmte Lebenskraft – nicht ins Gleichgewicht kommt, treten immer wieder Symptome auf.

Die Mittel

Äußeres Merkmal der Homöopathie sind ihre Arzneimittel. Es sind Tropfen oder Kügelchen, Tabletten, Salben oder Mittel zum Spritzen mit extrem verdünnten Arzneistoffen.

Die Mittel entstehen aus konzentrierten Ursubstanzen, die gemäß den Vorschriften des Homöopathischen Arzneibuchs hergestellt werden. Die Verdün-

nungen werden mit „D", „DH" oder „X", „C" oder „CH" und „LM" bezeichnet. D, DH oder X stehen für Dezimalpotenzen, C oder CH für Centesimalpotenzen, LM für 50 000.

In Deutschland waren bis 1996 nur die Bezeichnungen „D" oder „C" oder „LM" gebräuchlich. Die anderen Bezeichnungen gab es in anderen EU-Staaten, sie können nun auch auf deutschen Gefäßen stehen, seit es eine Vorschrift für „homöopathische Zubereitungen" im europäischen Arzneibuch gibt.

Dezimalpotenzen werden in Zehnerschritten verdünnt:

1 Teil Ursubstanz wird mit 9 Teilen Lösungsmittel verschüttelt = D 1 oder 1 DH oder 1 X. (Für diesen ersten Schritt kann die Vorschrift des Homöopathischen Arzneibuchs auch ein anderes Verdünnungsverhältnis vorschreiben. Die nachfolgenden Verdünnungen sind jedoch immer 1:10.)

Davon wird wieder 1 Teil mit 9 Teilen Lösungsmittel verschüttelt = D 2 und so weiter.

D 6 bedeutet demnach, daß rein rechnerisch auf einen Teil Ursubstanz 1 000 000 Teile Lösungsmittel kommen.

Das Verdünnen bei Centesimalpotenzen geschieht analog dazu in Hunderterschritten:

1 Teil Ursubstanz wird mit 99 Teilen Lösungsmittel verschüttelt = C 1 oder 1 C oder 1 CH.

LM-Potenzen entstehen durch ein noch anderes Verfahren, aus dem bei jedem Schritt ein Verdünnungsverhältnis von 1:50 000 resultiert.

Das Homöopathische Arzneibuch schreibt vor, daß jeder Verdünnungsschritt in einem neuen Gefäß stattzufinden hat. Außerdem muß das Vermischen auf genau beschriebene Weise geschehen. Diese besondere Form der Verdünnung nannte Hahnemann „dynamisieren". Weil sich dadurch – den Beobachtungen der Homöopathen zufolge – die Wirksamkeit der Arzneimittel verstärkt, heißen sie „Potenzen". Bis D 6 spricht man von Tiefpotenzen, bis D 12 von mittleren Potenzen, darüber von Hochpotenzen.

Homöopathische Arzneimittel sind grundsätzlich apothekenpflichtig. Doch das Arzneimittelgesetz behandelt nicht alle Homöopathika gleich, und es behandelt sie teilweise anders als die sonstigen Arzneimittel.

Homöopathische Arzneimittel mit rezeptpflichtigen Inhaltsstoffen müssen bis D 3 wie andere Arzneimittel auch Wirkung, Nebenwirkungen und Unbedenklichkeit belegen und vom Bundesinstitut für Arzneimittel und Medizinprodukte zugelassen werden.

Ab D 4 reicht es aus, wenn der Hersteller Qualität, Unbedenklichkeit und die Herstellung nach dem Homöopathischen Arzneibuch nachweist. Die Mittel werden dann registriert.

Äußeres Zeichen der nur registrierten Mittel ist, daß es keinen Beipackzettel gibt und daß ab 1995 anstelle einer Indikationsangabe auf dem Gefäß aufgedruckt sein muß: „Registriertes homöopathisches Arzneimittel, daher ohne Angabe einer therapeutischen Indikation".

Ferner gibt es noch einen „grauen Markt" von Homöopathika, von denen der Produzent nicht mehr als 1 000 Packungen im Jahr herstellt. Diese kann er verkaufen, ohne daß er das einer Aufsichtsbehörde anzeigen muß. Auch Qualität und Unbedenklichkeit unterliegen keiner Kontrolle. Da diese Produkte völlig unkontrolliert auf dem Markt sind, weiß niemand genau, wieviele es sind. Geschätzt wird ihre Zahl auf 10 000 bis 20 000. Auch Mittel zum Spritzen sind darunter.

Untersuchung und Behandlung

Vor jeder homöopathischen Behandlung muß der Behandler zunächst einmal feststellen, ob eine Homöotherapie überhaupt in Frage kommt. Dann beginnt das für die Homöopathie so typische Erstellen des individuellen Krankheitsbildes. Die Anwendung homöopathischer Arzneimittel allein ist keine homöopathische Behandlung.

Um das Krankheitsbild zu erfassen, muß der Behandelnde weit mehr tun, als der Schilderung von Beschwerden zuzuhören: Er achtet auf körperliche und seelische Merkmale, Größe, Gewicht und Konstitution, erfragt Neigungen, Interessen und Charakter, die Reaktion auf Umweltreize und vieles andere mehr. Für diese Befragung haben manche Homöopathen einen ausführlichen Fragebogen entwickelt.

In der Schulmedizin gehören zu definierten Diagnosen bestimmte Medikamente. In der Homöopathie gibt es das nur selten. Zwei Menschen mit der gleichen schulmedizinischen Diagnose wird ein homöopathischer Arzt fast immer unterschiedliche Mittel verordnen. Möglicherweise bekommen aber zwei, die die gleiche „Grundkonstitution" haben, das gleiche Mittel, obwohl auf ihrem Befund unterschiedliche Krankheiten stehen.

Ausbildung

Ärzte mit der Zusatzbezeichnung „Homöopathie" haben eine fundierte längere Ausbildungszeit in Sachen Homöopathie hinter sich (siehe Seite 25). Die Approbation berechtigt allerdings jeden Arzt, Arzneimittel, also auch Homöopathika, zu verordnen.

Auch Heilpraktiker (siehe Seite 26) dürfen homöopathische Behandlungen durchführen. Das Verordnen rezeptpflichtiger Arzneimittel ist ihnen allerdings verboten (siehe Seite 27).

Erklärung der Wirkung

Homöopathische Arzneimittel sind keine Gegenmittel, sondern sie sollen den Körper reizen, seine „verstimmte Lebenskraft" wieder zu regulieren. Hahnemann meinte, die Arzneimittel regten im Körper eine „künstliche" Krankheit an, die so lange dauert, wie das Mittel wirkt. In dieser Zeit übertönt sie die „natürliche", zu heilende Krankheit.

Die Wirkung der Tiefpotenzen ließ sich immer schon mit dem, wenn auch stark verdünnten, so doch vorhandenen Arzneistoff begründen. Schwieriger ist das bei den Hochpotenzen, in denen rein rechnerisch kein Molekül Arzneistoff mehr enthalten sein kann. Wie und warum sie dennoch wirken, wurde in den vergangenen 200 Jahren immer wieder versucht, zu begründen.

Heute diskutieren Homöopathen vornehmlich die Hypothese, daß das Lösungsmittel die Arznei-„Information" übertrage. Bei der Frage nach dem „Wie" favorisiert man die „Imprint-Theorie". Und die geht so:

Das intensive Reiben und Schütteln beim Potenzieren soll dem Arznei-Trägerstoff-Gemisch „Energie" zuführen. Dadurch soll die Ausgangssubstanz dem Verdünnungsmittel seine „Information" einprägen. Es würde die Information dann speichern, sie mit zunehmender Potenzierung eventuell sogar verstärken. Im Organismus müßte es dann Strukturen geben, die auf solche Signale reagieren. Nach Meinung der Homöopathen unterstützen die Ergebnisse verschiedener experimenteller Untersuchungen diese Theorie, Wissenschaftler sehen darin keinen Beleg für die Hypothese.

Mediziner meinen, die Homöopathie wirke als Placebo (siehe Seite 20). Dagegen wehren sich die Anhänger der Homöopathie vehement. Sie berufen sich darauf, daß die Wirksamkeit homöopathischer Arzneien durch umfangreiche Erfahrung belegt sei. Ihrer Meinung nach ist die Wirksamkeit auch nach strengen wissenschaftlichen Kriterien nachgewiesen. Zudem haben sie eine große Zahl von Krankheitsfällen über genügend lange Zeit beobachtet – wenn auch noch nicht so gut dokumentiert, wie es nach 200jähriger Anwendung wünschenswert wäre.

Das Bundesinstitut für Arzneimittel und Medizinprodukte ist dieser Argumentation gefolgt und hat homöopathische Arzneimittel als „Arzneimittel besonderer Therapierichtung" auch ohne naturwissenschaftlichen Nachweis auf dem Markt belassen (siehe Die Mittel, Seite 191).

Anwendungsbereiche

Für verantwortungsvolle Homöopathen sind „Zivilisationskrankheiten" die Domäne der Homöopathie. Damit sind gemeint: chronische Erkrankungen, Allergien, Abwehrschwäche, psychosomatische Reaktionen. Die Behandlung anderer Erkrankungen kann die Homöopathie begleiten.

Doch nicht alle Homöopathen halten sich an diese Grenzen. Manche maßen sich an, alle Krankheiten zu behandeln, einschließlich Krebs und Aids.

1991 kamen Mediziner bei Durchsicht der Literatur über Homöotherapie zu dem Ergebnis, daß von 105 Studien, die naturwissenschaftlichen Kriterien genügten, 81 einen positiven Effekt der homöopathischen Behandlung zeigten. Die homöopathische Behandlung war der mit einem Scheinmedikament deutlich überlegen. Gegen diese Auswertung führen andere Kollegen allerdings den Einwand an, daß sie mangelhaft durchgeführt wurde.

1994 belegte eine schottische Studie, die nach den üblichen wissenschaftlichen Kriterien durchgeführt und in einer international renommierten Fachzeitschrift veröffentlicht wurde, daß homöopathische Hochpotenzen bei Asthma deutlich besser wirken als ein Scheinmedikament.

1995 wurde das paradoxe Ergebnis einer groß angelegten, wissenschaftlich akkurat geplanten und in München durchgeführten Studie zur homöopathischen Behandlung von Kopfschmerzen veröffentlicht: Die Behandlung wirkt bei chronischem Kopfschmerz, doch ist es nicht nachzuweisen, daß die Wirkung auf dem homöopathischen Mittel beruht.

Für vielerlei anderes gibt es keine kontrollierten Studien, auf die man sich berufen könnte.

Zur homöopathischen Behandlung gehören auch Hinweise für eine dem Befinden angepaßte Lebensweise. Krankmachende Lebensgewohnheiten und Verhaltensweisen kann auch die Homöopathie nicht ausgleichen.

Besonderheiten der Anwendung

- Homöopathische Mittel sollen vor dem Hinunterschlucken möglichst lange im Mund bleiben. Durch die Mundschleimhaut werden sie schneller aufgenommen.
- Homöopathische Mittel sollten von einem Hornlöffel eingenommen werden. Sie dürfen nicht mit Metall in Berührung kommen.
- Der gleichzeitige oder langjährige Gebrauch von starken Medikamenten kann die Wirkung von homöopathischen Arzneimitteln abschwächen.
- Eingriffe an den Zähnen, ätherische Öle und Kaffee sollen die Wirkung von Homöopathika negativ beeinflussen können.
- Achtung: Die Tropfen enthalten fast immer Alkohol. Der Gehalt muß auf der Packung angegeben sein. Wer Alkohol meiden muß oder möchte, kann auf Streukügelchen (Globuli), Tabletten oder Verreibungen ausweichen.
- Es entsprechen einander: 5 Tropfen = 5 Globuli = 1 Tablette = 1 Messerspitze Pulver.

Grenzen der Anwendung

Voraussetzung für eine Homöotherapie ist, daß der Körper und seine Zellen auf die Reize des Arzneimittels reagieren können. Zerstörte Zellen oder Funktionskreise kann auch die Homöopathie nicht wiederherstellen.

Verantwortungsvolle Homöopathen sehen die Grenzen der ausschließlich homöopathischen Behandlung heute bei

- ◆ besonders schweren Krankheiten,
- ◆ akut lebensbedrohlichen Krankheiten,
- ◆ Krebs,
- ◆ Krankheiten, bei denen ein lebenswichtiger Stoff ersetzt werden muß (zum Beispiel Diabetes),
- ◆ Krankheiten, für die es spezifische und sichere Arzneimittel gibt (zum Beispiel Geschlechtskrankheiten, Tuberkulose, Malaria).

Risiken

Entgegen den Behauptungen mancher Befürworter ist Homöotherapie nicht nebenwirkungsfrei. Das gilt vor allem dann, wenn mit Potenzen bis etwa D 12 behandelt wird.

◆ Die Homöopathie verwendet Gifte wie Arsen, Quecksilber, Blei oder Kadmium (siehe Seite 361). Geringe Mengen können – über längere Zeit und in Tiefpotenzen gegeben – den Körper chronisch vergiften. Ihre Wirkung addiert sich mit derjenigen, die die uns umgebenden Umweltgifte ohnehin schon haben.

◆ Die Ursubstanz oder D 1 von Giftpflanzen (siehe Seite 358) können zu Vergiftungen führen, wenn sie zu hoch dosiert werden.

◆ Die Schulmedizin hat die Verwendung von Pflanzen, die das Erbgut schädigen oder die Entstehung von Krebs begünstigen, eingeschränkt oder verboten. In der Homöopathie werden solche Pflanzen weiter gebraucht (siehe Seite 362). Bisher kann niemand sicher sagen, ob es eine untere Grenze gibt, von der ab ein krebserregender Stoff ungefährlich ist. Das gilt auch für Homöopathika.

◆ Viele Pflanzen können Allergien auslösen (siehe Seite 354). Das kann bei Homöopathika bis etwa D 8 zum Tragen kommen.

◆ Bei der Injektion auch von stärker potenzierten homöopathischen Mitteln werden manchmal Substanzmengen unter die Haut gebracht, die über dem liegen, was zur Allergietestung angewandt wird. Bei Produkten mit Auszügen aus Bienen oder Kreuzspinnen zum Beispiel kann das Allergiker gefährden.

◆ Manche Pflanzen, die als Homöopathika verarbeitet werden, machen die Haut extrem lichtempfindlich (zum Beispiel Johanniskraut).

◆ Akut geschädigte Organe dürfen nicht mit Tiefpotenzen von Mitteln behandelt werden, die für genau diese Organe problematisch sein können (zum Beispiel Berberis bei akuter Hepatitis).

◆ Zwischen schulmedizinischen Medikamenten und homöopathischen Tiefpotenzen kann es Wechselwirkungen geben.

◆ Homöopathen, die ihre Grenzen nicht kennen, wenden homöopathische Verdünnungen auch als Impfstoffe an (siehe Nosoden, Seite 257). Das hat in einigen Fällen dazu geführt, daß sich Reisende mit Malaria infiziert haben.

◆ Homöopathen, die Heilung versprechen, aber nicht einlösen können, veranlassen Patienten manchmal, eine schulmedizinisch notwendige Therapie abzubrechen. Das kann diese Menschen gefährden. Einige Todesfälle sind dokumentiert.

Kritik

Für die Kritiker der Homöopathie fußt bereits Hahnemanns Idee von der „Lebenskraft" auf einer unbewiesenen Denkweise.

◆ Die Grundlagen, nach denen Hahnemann sein Ähnlichkeitsprinzip entwickelte, beruhen für Kritiker auf unrichtigen Beobachtungen, die zudem falsch interpretiert wurden. Sie halten wissenschaftlichen Überprüfungen nicht stand. Es fehlen eindeutige Diagnosen und Ursachenbeschreibungen. Die Arzneimittelherstellung durch Potenzierung ist bestenfalls noch historisch zu verstehen.

◆ Besonderes Unverständnis rufen bei Kritikern die Verdünnungen hervor. Nach einem Grundgesetz der Chemie läßt sich ausrechnen, daß ab D 24 beziehungsweise C 12 die Ursubstanz so weit verdünnt ist, daß in dem Produkt kein Molekül der Ausgangssubstanz mehr enthalten sein kann. Wo kein Wirkstoff, da keine arzneiliche Wirkung, argumentieren Naturwissenschaftler.

◆ Statt dessen enthalten die Verdünnungsmittel immer Spuren anderer Stoffe. Von ihnen sind nach dem Potenzieren größere Mengen in dem Mittel enthalten als von der Arzneisubstanz – aber ohne daß sie als Heilmittel gelten.

◆ Logisch nicht zu erklären ist, wieso eine winzige Menge Substanz ein Heilmittel sein soll, während man täglich ein Vielfaches dieses Stoffes mit der Nahrung zu sich nimmt.

◆ Es fehlt außerdem die logische Beziehung zwischen Dosis und Wirkung: Der eine erzielt Erfolge mit Tiefpotenzen, der andere mit Hochpotenzen.

◆ Kritiker halten auch die Wirksamkeit homöopathischer Behandlungen für nicht belegt. Sie kritisieren Aufbau, Durchführung und Auswertung der Studien, die die Homöopathen vorlegen. In deren Hinweis auf die großen strukturellen Unterschiede zwischen Schulmedizin und Homöopathie sehen Kritiker das Bemühen, ein in sich abgeschlossenes Denksystem zu schaffen, um sich auf diese Weise Überprüfungen zu entziehen.

◆ Naturwissenschaftler meinen, die Homöopathie habe in etwa die gleichen Heilerfolge wie Scheinmedikamente. Deshalb kann ihrer Meinung nach die Homöopathie nur solche Störungen erfolgreich behandeln, die einer Placebowirkung zugänglich sind (siehe Seite 20).

◆ Das Geschäft mit der „Grünen Welle" treibt auch in Sachen Homöopathie seltsame Blüten. Notfall- und Reiseapotheken, Produkt- oder Buchempfehlungen zur homöopathischen Selbstbehandlung von Laien widersprechen den Regeln homöopathischer Medizin.

Empfehlung

Homöopathische Behandlung ist nur in den Händen eines Arztes bei den unter Anwendungsbereiche genannten Beschwerden empfehlenswert, und auch das nur, solange keine notwendigen Therapien versäumt werden.

Wichtig für die Selbstbehandlung: Keine giftigen oder problematischen Arzneimittel in Tiefpotenzen verwenden (siehe Tabellen ab Seite 359).

Kosten

Die gesetzlichen Krankenkassen sind nicht verpflichtet, eine homöopathische Behandlung zu bezahlen. Im Einzelfall und nach Prüfung übernehmen sie aber häufig (in Österreich: selten) die Kosten (siehe Seite 31).

Die Kosten für homöopathische Medikamente werden, wenn ein Arzt sie verordnet, von den Krankenkassen übernommen (in Östrreich: unter bestimmten Voraussetzungen).

Für Selbstzahler berechnet der Arzt die Kosten nach der Gebührenordnung für Ärzte (siehe Seite 32).

10 Milliliter beziehungsweise Gramm eines homöopathischen Einzelmittels kostete 1996 7,15 DM.

Adressen

Deutscher Zentralverein Homöopathischer Ärzte
Alte Steige
D-72213 Altensteig
Tel.: 0 74 53/33 00

Deutsche Gesellschaft für Klassische Homöopathie
Holzheimer Straße 67
D-65549 Limburg
Tel.: 0 64 30/56 23

Österreichische Gesellschaft für
homöopathische Medizin
Mariahilfer Straße 110
A-1070 Wien
Tel.: 02 22/5 26 75 75

Unkonventionelle Therapiemethoden

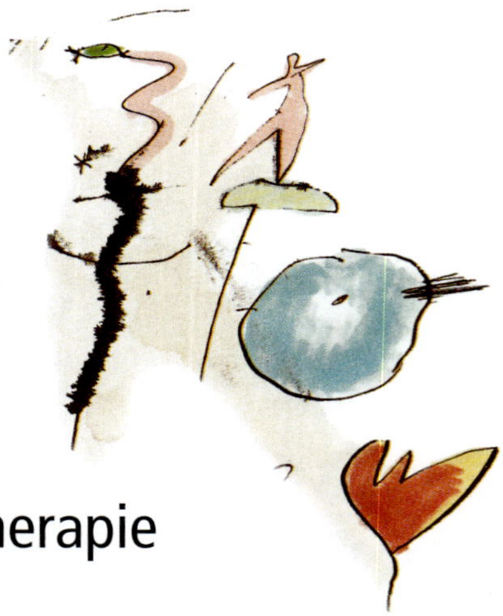

Aromatherapie

Geschichte

Schon seit Jahrtausenden verwenden Menschen wohlriechende Kräuter – sei es, um die Götter milde zu stimmen, sei es, um damit Krankheiten zu vertreiben. Was als „natürliche Therapie" derzeit unter dem Namen „Aromatherapie" wohlfeil angeboten wird, vermischt zweierlei miteinander: Das, was die wissenschaftliche Beschäftigung mit riechenden Stoffen – seien sie natürlichen oder synthetischen Ursprungs – ergeben hat, und esoterisches Gedankengut.

Zur Aromatherapie, wie sie heute propagiert wird, gehören drei Namen: 1928 kreierte der französische Chemiker *René-Maurice Gattefossé* eine Heilmethode mit isolierten ätherischen Ölen. 1964 veröffentlichte der französische Arzt *Jean Valnet* sein Buch zur Aromatherapie, 1977 der englische Heilpraktiker *Robert B. Tisserand* seines.

Dem französischen Einfluß ist es zuzuschreiben, daß außerhalb der Wissenschaft die Begriffe „ätherisches Öl" und „Essenz" gleichbedeutend gebraucht werden.

Die Situation heute

Die Aromatherapie wird als Selbstbehandlungsmethode bei Befindlichkeitsstörungen propagiert. Schönheitssalons und Massageinstitute setzen ätherische Öle ein. Therapeuten gebrauchen sie zur unterstützenden Behandlung verschiedener Beschwerden.

Die Idee dahinter

Für Aromatherapeuten sind Pflanzen Lebewesen mit einem Energiepotential, das sie auf Menschen übertragen können. Die in Pflanzen enthaltenen ätherischen Öle sollen die Psyche des Menschen umstimmen und die Balance zwischen Körper und Seele regulieren. Den „Essenzen" traut man zu, die Selbstheilungskräfte des Körpers zu mobilisieren und Krankheiten dadurch den Nährboden zu entziehen.

Die moderne Wissenschaft kann nachweisen, daß ätherische Öle auf verschiedenen Wegen ins Blut gelangen. So beeinflussen sie Organe entweder direkt, oder die als Geruch wahrgenommenen Moleküle regen das limbische System, einen Teil des zentralen Nervensystems im Gehirn, an, das dann im Wechselspiel zwischen Seele und Körper Empfindungen steuert.

Die Mittel

Die Öle der Aromatherapie werden als Kosmetikzusatz und zur Raumaromatisierung verkauft. Es sind keine Arzneimittel. Darum ist auf ihnen von innerlicher Anwendung, Dosierung und Indikationen nichts vermerkt. Sie sind praktisch überall erhältlich. Ihre Haltbarkeit muß nicht angegeben sein.

Die Aromatherapie läßt nur natürliche „Essenzen" gelten. Synthetische Öle oder der isolierte Hauptbestandteil eines Öls sollen die angestrebte Wirkung nicht haben. Einer Schätzung zufolge haben aber weit mehr als 80 Prozent aller im Handel befindlichen teuren Öle nichts mehr mit ihrem Ursprung zu tun. Auch die in Apotheken verkauften Öle sind davon nicht ausgenommen. Geschickte Manipulationen haben ätherische Öle so „analysenfest" gemacht, daß nur hochtechnologische Prüfverfahren, die nur wenigen Labors zur Verfügung stehen, das aufdecken. Vertreibern und Anwendern ätherischer Öle bleibt letztlich nur das Vertrauen in ihre Lieferanten.

Im Bundesverband Naturkost Naturwaren (BNN) haben sich Hersteller zusammengeschlossen, die an ihre Produkte selbstdefinierte Anforderungen hinsichtlich Qualität und Verarbeitung stellen. Sie verpflichten sich, diese Richtlinien einzuhalten und lassen sich jährlich durch anerkannte EU-Kontrollstellen prüfen. Produkte, die das BNN-Zeichen tragen – und dazu gehören auch die ätherischen Öle einiger Firmen – bürgen für eine entsprechende Qualität.

Untersuchung und Behandlung

Ätherische Öle werden eingenommen, äußerlich eingerieben oder als Kompresse aufgetragen, aus einem Dampfbad, dem Zusatz eines Massageöls oder aus der Aromalampe inhaliert, kosmetisch eingesetzt oder beim Kochen verwendet.

Überliefertes volksheilkundliches Wissen und die Erfahrungen einzelner Anwender führten zu Listen, welche „Essenz" sich für welche Krankheit eignet. Man kann sie auf folgende Art auswählen:

◆ Man schlägt in einem Buch zur Aromatherapie nach, welche Pflanze darin als für die Beschwerden geeignet angegeben ist.

◆ Man folgt der Intuition und wählt, was der Nase gut gefällt.

◆ Man geht nach dem Prinzip „gleich zu gleich" vor. Je stärker sich die Persönlichkeit der Pflanze und die des Hilfesuchenden ähneln, desto tiefgreifender ist angeblich die Umstimmung. Anders als bei der Homöopathie (siehe Seite 190) gibt es bei der Aromatherapie aber kein System, nach dem man diese Ähnlichkeiten feststellt.

Einige Bücher charakterisieren ätherische Öle zusätzlich nach astrologischen Gesichtspunkten und Yin-Yang-Prinzipien. Beschwerden werden als Überwiegen beziehungsweise Schwäche eines Prinzips interpretiert. Man will heilen, indem das zugeführte andere Prinzip für Ausgleich sorgt.

Ausbildung der Behandler

Es gibt keinen offiziell anerkannten Ausbildungsgang, an dessen Ende der Beruf des „Aromatherapeuten" steht. Sowohl Laien als auch medizinisch Vorgebildete beziehen ihr Wissen vornehmlich aus Büchern, die für Laien geschrieben wurden. Private Institutionen in Deutschland und der Schweiz bieten Kurse an, in denen sie eine aromatherapeutische Grundausbildung vermitteln. Daraus resultieren aber keine ausgebildeten Aromatherapeuten, die zum Heilen von Krankheiten befähigt oder gar befugt wären.

Erklärung der Wirkung

Vollkommen unterschiedliche Prinzipien sollen die Wirksamkeit der Aromatherapie erklären:

◆ Die ins Esoterische gehende Erklärung lautet: Mit dem Aroma soll die Seele der Pflanzen in das Körperinnere gelangen und ihm ihre Informationen übermitteln. Die Organe sollen die ihnen entsprechenden „Essenz"-Informationen aufnehmen und verarbeiten.

◆ Um die Wirkung sehr geringer Mengen ätherischen Öls zu erklären, greifen Aromatherapeuten auf die Homöopathie zurück (siehe Seite 190), ohne jedoch deren Grundprinzipien zu übernehmen.

◆ Chemisch nachgewiesene Pflanzeninhaltsstoffe begründen die Wirkung. Valnet argumentierte vor allem mit den Terpenen, einer Gruppe von Naturstoffen, die eine mehr oder minder ausgeprägte desinfizierende Wirkung haben.

Naturwissenschaftliche Forschungen haben einen Teil dieser Ideen bestätigt und Zusammenhänge deutlicher gemacht.

◆ Geschluckte ätherische Öle beeinflussen die Verdauungstätigkeit. Sie werden im Magen aufgenommen und reizen die Organe, vermehrt Verdauungssäfte abzuscheiden. Ein Reflexbogen zwischen Magen und Gehirn soll die Wirkung geschluckter ätherischer Öle auf die Lunge erklären. Über reflektorische Effekte regen Riechstoffe Atmung, Herz, Kreislauf und Verdauung an. Auf diese Weise wirken auch Gewürze.

◆ Ätherisches Öl in einer Menge, in der der Geruch eben noch schwach wahrnehmbar ist, regt die Bronchialschleimhaut an, mehr dünnflüssigen Schleim zu produzieren.

◆ Äußerlich angewandte ätherische Öle wirken innerlich, weil sie durch die Haut in das Blut gelangen, teilweise aber auch, weil man sie einatmet.
◆ Duftstoffe verändern das Befinden. Sie beruhigen, entspannen oder wirken stimmungsaufhellend.
◆ Der Geruchssinn ist eng mit jenen Gehirnbereichen verknüpft, die das Gefühl bestimmen. So können Düfte lang Vergessenes oder Verdrängtes wieder zu Tage fördern. Manche Psychotherapeuten nutzen diese „Tiefenwirkung" von Aromaölen.
◆ Mit verdampfenden ätherischen Ölen kann man die Keimzahl in der Raumluft verringern.

Anwendungsbereiche

Valnet meinte, die Aromatherapie wirke sogar bei Tuberkulose, Syphilis und Gürtelrose. Sie soll Krebs heilen und psychiatrische Krankheiten bessern. Wunden sollen sich schnell schließen, ohne Narben zu hinterlassen. In Büchern, die heute Laien als Behandlungsanleitung dienen, taucht die Empfehlung auf, wann immer möglich, ätherische Öle statt chemischer Arzneimittel zu verwenden. Diabetes, Tripper und Krebs (mit Fragezeichen) werden darin als Anwendungsbereiche genannt.

Andere Verfasser von Büchern über Aromatherapie beschränken sich auf die Empfehlung, ätherische Öle bei Zivilisationskrankheiten, wie Schlafstörungen, Streßsymptomen, Angst und Depressionen, anzuwenden. Sie sollen die Lust an der Liebe anregen und Menstruationsstörungen beseitigen. Für viele weitere Beschwerden stehen passende Öle parat. Dabei soll es keinen Unterschied machen, ob das ätherische Öl in Form eines Tees oder als verdünntes Konzentrat geschluckt wird.

Naturwissenschaftlich nachgewiesen ist die Wirkung folgender ätherischer Öle:
◆ Inhaliertes Muskatöl, Thujaöl und Zitronenöl lindern Husten.
◆ Fichtennadel- und Rosmarinöl als Badezusatz genutzt, regen an.
◆ Die ätherischen Öle der Blüten von Lavendel, Hopfen, der Bitterorange (Neroliöl) und von der Linde wirken deutlich entspannend, beruhigend und schlafanregend.
◆ Das Öl von Cassia, Ceylonzimt, Kampfer, Koriander, Kümmel, Krauseminze, Poleiminze, Thymian, Salbei und Spika eignet sich zur Desinfektion der Raumluft.

Akzeptiert ist, daß ätherische Öle die Behandlung von funktionellen und psychosomatischen Erkrankungen unterstützen können.

Grenzen der Anwendung
Einige Bücher, die Anleitungen zur Selbstbehandlung mit ätherischen Ölen geben, warnen: Die innerliche Anwendung ätherischer Öle gehört in die Hände eines erfahrenen Behandlers – worunter sie auch Heilpraktiker verstehen. Unsachgemäße Anwendung kann zu Gesundheitsschäden führen. Sie schränken die Verwendung bestimmter Öle ein
◆ bei Schwangerschaft,
◆ bei Kindern,
◆ bei Bluthochdruck,
◆ bei Epilepsie,
◆ vor dem Sonnenbad.

Bei einigen Ölen werden Dosierungsbeschränkungen angegeben, bei anderen wird sogar vom Kauf abgeraten, weil sie als zu problematisch gelten. Zu den letzteren gehören Beifuß, Bittermandel, Boldo, Eberraute, bitterer Fenchel, Gänsefuß, indischer Kalmus, Meerrettich, Sadebaum, Sassafras, Thuja und Weinraute. Die Bücher listen mögliche unerwünschte Wirkungen auf und weisen auf die Gefahr von Allergisierungen hin (siehe Seite 354).

Um die Raumluft zu aromatisieren, reichen täglich zwei bis drei Stunden aus.

Risiken

◆ Von fachkundigen Therapeuten nach vorheriger sachgerechter Diagnose durchgeführt, birgt die Aromatherapie kaum Risiken, solange Anwendungsbeschränkungen und mögliche Nebenwirkungen der Öle beachtet werden.

Die Aromatherapie wird aber auch als „ideale Selbstbehandlungsmethode" propagiert. Außerdem gibt es Angehörige „medizinverwandter" Berufe, die sich das Verfahren selbst aneignen und sich damit ausreichend gerüstet fühlen, andere zu kurieren. Fehlender medizinischer Sachverstand oder Selbstüberschätzung können dann die medizinische Behandlung von Krankheiten verzögern.

◆ In der Raumluft reichern sich die Aromen an. Ständiges Wechseln von Düften kann Kopfschmerzen und Übelkeit verursachen. Allergische Reaktionen sind bekannt geworden.

Besonderheiten der Anwendung

Ätherische Öle dürfen nicht unverdünnt angewendet werden.

◆ Innerlich: Die Tropfen mit etwas Honig in einem halben Glas heißem Wasser auflösen. Nicht mehr als dreimal täglich drei Tropfen. Dauer einer Kur: höchstens drei Wochen.

◆ Bei Massageölen richtet sich die Menge an ätherischem Öl nach dem Zweck: Um Muskelverspannungen zu lockern oder starken Bronchialschleim zu lösen, soll angeblich erheblich mehr Öl nötig sein, als wenn emotionale Probleme beeinflußt werden sollen.

◆ Badezusatz: Sechs bis acht Tropfen reichen für ein Wannenbad. Die ätherischen Öle vorher in Pflanzenöl, Sahne oder Honig auflösen.

◆ Die Aromatherapie läßt sich mit fast allen anderen Therapien kombinieren. Sie soll sich besonders gut mit der Bach-Blütentherapie (siehe Seite 211) vertragen, nicht jedoch mit der Homöopathie (siehe Seite 190).

Kritik

◆ In einigen Aromatherapie-Büchern finden sich sachlich falsche Behauptungen über medizinische, physikalische und chemische Grundsätze des Lebens.

◆ Über die Wirkung ätherischer Öle bei Krankheiten, wie die Aromatherapie sie angibt, existieren kaum wissenschaftliche Untersuchungen.

◆ Die Wirkungen der Öle wurden nicht immer für die Form geprüft, in der sie angewendet werden. Wenn zum Beispiel die beruhigende Wirkung eines Tees gesichert ist, muß das für das ätherische Öl nicht gleichermaßen gelten. Außerdem muß das, was zum Beispiel nach äußerlicher Anwendung anregt, bei innerlicher nicht genauso wirken.

◆ Manche Grundgedanken der Aromatherapie sind schlicht unhaltbar. Ein Beispiel: „Natürliche Heilmittel sind ... die einzigen, bei denen keine Nebenwirkungen zu befürchten sind."

◆ Aromatherapie erscheint nur harmlos, solange dadurch keine notwendigen Behandlungen versäumt werden.

Empfehlung

Die Aromatherapie kann nicht empfohlen werden zur gezielten Behandlung von Krankheiten.

Die unter Anwendungsbereiche als wirksam genannten ätherischen Öle sind empfehlenswert zur Unterstützung der Behandlung und zur Selbstbehandlung von psychosomatischen Störungen.

Kosten

Eine aromatherapeutische Behandlung bezahlen die Krankenkassen nicht.

Die Preise für 10-ml-Flaschen handelsüblicher Aromatherapie-Öle bewegen sich zwischen 5 DM (10 ml Orange) und 260 DM (1 ml Iris).

Vor dem Einkauf: Preisvergleich

Ätherische Öle werden unter anderem im Naturkostladen, in Drogerien und Apotheken verkauft. Vergleichen Sie, ob die ätherischen Öle in geprüfter Apothekenqualität nicht preiswerter sind als die mit blumigen Etiketten beklebten Flaschen anderer Anbieter.

Adressen

Forum Essenzia
Panoramastr. 17
D-87477 Moosbach-Sulzberg
Tel.: 0 83 76/85 91

Aura-Heilung und magnetische Massage

Geschichte

Magnetische Massagen entspringen magischen und religiösen Vorstellungen, sie haben zudem die gleichen Wurzeln wie die klassische Massage: die Erfahrung, daß Berühren und Handauflegen Leiden erleichtern. Früher brannte man Räucherstäbchen ab, um die bösen Geister der Krankheit zu vertreiben. Bei den Germanen strichen heilkundige Frauen mit Steinen, die die Krankheit aufnehmen sollten, über den kranken Körper.

Als Magnetopath erlangte der Arzt und Freund Mozarts, *Franz Anton Mesmer* (1734–1815), Weltruhm: Er bewirkte Wunderheilungen und Massenhysterie (siehe Magnetfeldtherapie, Seite 247). Er vermutete ein das Weltall durchströmendes „Fluidum", durch dessen Bewegungen „ein tierischer Körper auf einen anderen einwirke". Eine Kommission der Akademie der Wissenschaften, die seine Heilungen begutachtete, stellte jedoch schon damals fest, daß es die Einbildungskraft der Patienten sei, die die beeindruckenden Wirkungen hervorrief.

Im 19. Jahrhundert kam die Idee auf, daß den menschlichen Körper ein Energiefeld, „Biod" genannt, umgebe. Okkultisten haben diese Lehre mit Gedanken der Anthroposophie vom „Astralleib" (siehe Seite 186) verknüpft, Parapsychologen haben den magnetischen Heilungen wissenschaftlichen Anstrich gegeben.

Die Situation heute

Das steigende Interesse an Esoterik hat den Markt für Heilmagnetiseure eindrucksvoll anwachsen lassen. In jeder Stadt gibt es Vertreter von Aura- oder Magnetopath-Vorstellungen, die Aura-Heilung oder Formen des Handauflegens zu Heilzwecken anbieten. Das Gesetz erlaubt diese Tätigkeit allerdings nur dann außerhalb des Arzt- und Heilpraktikerberufs, wenn sie nicht berufsmäßig ausgeübt wird und nicht der Eindruck erweckt wird, es handle sich um Heilkunde.

Idee und Erklärung der Wirkung

Nach der Vorstellung der Heilmagnetiseure sollen jedes Ding und jedes Lebewesen von der „Lebensaura", einem besonderen Energiefeld, umgeben sein. Angeblich zeigt sich in ihr die Vitalität eines Menschen. Ist er krank, sollen sich Form und Farbe seiner Aura verändern, sie wird dünner oder gar löchrig. Mittels der Kirlianfotografie (siehe Seite 316) soll man die Aura sichtbar machen können.

Manche Heiler behaupten, daß sie die Aura ihrer Klienten mit freiem Auge sehen und aufgrund dieses Eindrucks Diagnosen erstellen können. Sie glauben sich mit dem Kosmos verbunden und schwingen „durch Resonanz auf der Frequenz des anderen". Mit ihren Händen wollen sie Energie auf die Aura übertragen und auf diese Weise den „Energiezustand" korrigieren sowie Schmerzen und Krankheiten heilen.

Behandlung

Vor der Behandlung reibt der Heilmagnetiseur seine Handflächen, bis sie sich warm anfühlen, legt sie dem Patienten auf erkrankte Körperstellen oder bestreicht ihn. Es werden „tonisierende" und „ableitende" Streichungen und Griffe unterschieden. Manche Heiler berühren die Patienten mit Magneten oder mit kultischen Gegenständen, wie zum Beispiel Federn, Steinen oder Abzeichen.

Aura-Heiler halten ihre Hände in geringem Abstand zum Körper, an die „Aura" des Patienten. So behandeln sie den ganzen Menschen und die vermutlich erkrankten Stellen.

Manche Patienten berichten von Wärmegefühlen an diesen Hautarealen.

Anwendungsbereiche

Heilmagnetismus und Aura-Heilung werden angeboten bei funktionellen Störungen der Verdauung, bei Erschöpfung, Nervosität, Schlafstörungen, Menstruationsbeschwerden und anderem mehr.

Risiken

Die Behandlungen selbst sind risikolos. Eine Diagnostik anhand der Aura muß allerdings als gefährlich eingestuft werden, Falschdiagnosen sind wahrscheinlich. Es ist nicht auszuschließen, daß eine bestehende Krankheit nicht erkannt und nicht fachgerecht behandelt wird.

Kritik

◆ Die Vorstellung von der Körperaura ist spekulativ. Ebenso unbewiesen ist die Behauptung, daß Heilmagnetiseure und Aura-Heiler kosmische Energie übertragen könnten. Tiefe Konzentration und Suggestion bei Behandler und Patient (siehe Placebo, Seite 20) erklären das Wohlbefinden, von dem manche nach der Behandlung berichten. Studien an Patienten haben ergeben, daß allein die Erwartung die Durchblutung der „behandelten" Körperstellen fördert.

◆ Einen Nachweis, daß diese mit esoterischen und spirituellen Vorstellungen verknüpften Techniken darüber hinaus therapeutisch wirksam sind, gibt es nicht.

◆ Die Methoden erscheinen nur harmlos, solange keine notwendigen Maßnahmen versäumt werden.

Empfehlung

Magnetische Massagen und Aura-Heilung können nicht empfohlen werden.

Kosten

Die Krankenkassen übernehmen die Kosten nicht. Sie werden frei vereinbart. Laienheiler arbeiten auch kostenlos.

Aurikulotherapie (Ohrakupunktur)

Geschichte

Akupunktur am Ohr wurde traditionell in China durchgeführt und ist auch Teil der westlichen Akupunktur (siehe Seite 165).

Die Aurikulotherapie ist eine Spielart der Ohrakupunktur: Sie wurde 1956 von dem französischen Arzt *Paul F. M. Nogier* begründet und hat sich weltweit, auch nach China, verbreitet. Sie gilt heute nicht mehr als integrierter Bestandteil der Akupunktur, sondern hat sich als eigenes abgeschlossenes Akupunktursystem verselbständigt.

Die Idee dahinter

Die Ohrakupunktur beruht nicht auf der Vorstellung von Meridianen wie die Akupunktur. Sie setzt voraus, daß sich das Schema des menschlichen Körpers auf der Ohrmuschel vorstellen läßt: kopfüber und in Hockstellung, ähnlich wie ein Embryo im Mutterleib. Dieser Gedanke scheint einem anderen Schema entlehnt: Auf der Großhirnrinde kann man tatsächlich – gleichsam wie auf einer „Landkarte" – jene Areale bestimmen, die nervlich mit den Sinnesorganen und Körperteilen verbunden sind. Mit Phantasie kann man in diesem „Abbild" den menschlichen Körper erkennen.

Nogier ordnete die einzelnen Körperpartien jedoch bestimmten Stellen an der Ohrmuschel zu und entwickelte ein System von insgesamt 108 Punkten, die gestochen werden. Von diesen Punkten aus will die Aurikulotherapie Krankheiten des ganzen Körpers erkennen und durch Nadelung behandeln.

Behandlung und Mittel

Für die Ohrakupunktur gelten dieselben Grundregeln wie für die Körperakupunktur (siehe Seite 165).

Mit einem speziellen Gerät, das den Hautwiderstand mißt, werden die Akupunkturpunkte gesucht – bei Rechtshändern am linken Ohr, bei Linkshändern am rechten. Anschließend werden bei entspannter Sitzhaltung oder im Liegen die Nadeln in ausgewählte Punkte eingestochen. Pro Sitzung sind das gewöhnlich nur drei bis vier Nadeln.

Statt dessen können auch Druckkügelchen oder ein Glasstab eingesetzt werden. Manche Behandler reiben die Punkte auch mit den Fingern.

Die Ohrakupunktur wird meist im Abstand von wenigen Tagen einige Male wiederholt. Oder es wird eine Dauernadel angelegt, die mehrere Tage an der Einstichstelle bleibt. Sie hat Widerhaken und sieht einer Reißzwecke ähnlich.

Erklärung der Wirkung

Anwender der Ohrakupunktur vertreten die Theorie, daß der Stichreiz auf reflektorischem Weg durch ein unbekanntes nervliches Zwischenglied zum Sympathikusnerven weitergeleitet wird. Eine schlüssige Erklärung, warum die Punktsuche so wichtig ist und nicht das ganze Ohr einem heilsamen Reiz ausgesetzt werden kann, gibt es nicht.

Anwendungsbereiche

Ohrakupunktur soll Schmerzen und Verspannungen nach Knochenbrüchen, Verletzungen und Operationen, rheumatische Beschwerden, Nervenschmerzen und Phantomschmerzen (an amputierten Gliedmaßen) lindern, Durchblutungsstörungen beheben, das vegetative System regulieren und anderes mehr. Auch bei seelischen und Suchtproblemen soll sie helfen.

Ohrakupunktur wird hauptsächlich als Begleittherapie angesehen.

Risiken

Für die Ohrakupunktur gelten die gleichen Einschränkungen wie für Akupunktur (siehe Seite 165). Auch mit ähnlichen unerwünschten Wirkungen – Kreislaufkollaps, Herzattacke – muß man rechnen. Die Nadelungen am Ohr sind schmerzhafter als am Körper, die Verletzungsgefahr ist größer. Dauernadeln können Entzündungen hervorrufen, die Gefahr von lokalen Infektionen ist größer als bei Körperakupunktur. Infolge von Infektionen kann der Knorpel der Ohrmuschel einschmelzen.

Es sollte keine Dauernadel gesetzt werden.

Kritik

Die Kritik betrifft mehrere Punkte:

◆ Anatomisch ist die Idee der Projektion des Körpers auf dem Ohr nicht haltbar. Daher ist auch eine exakte Diagnose über Ohrpunkte nicht möglich.

◆ Die verschiedenen Vertreter der Theorie beschreiben die Korrespondenzpunkte an unterschiedlichen Stellen – des einen Fuß ist des anderen Gebärmutter, das Gehirn kann wahlweise gegen Zunge, Mandeln oder Nase ausgetauscht werden.

◆ Ohrakupunktur soll besonders wirksam sein in der Suchtentwöhnung. Untersuchungen ergaben jedoch, daß nur 5 bis 15 Prozent von Rauchern nach Ohrakupunktur die Zigarette aufgaben. Zudem war kein Unterschied bei der Nadelung von angeblich wirksamen und anderen Punkten zu erkennen.

◆ Ohrakupunktur kann Schmerzen bei Migräne und rheumatischen Erkrankungen lindern und funktionelle Störungen beeinflussen. Doch ist sie nicht erfolgreicher als Placebobehandlungen (siehe Seite 20).

Die Ohrakupunktur wirkt unspezifisch. Ihre Wirkung ist eine Reaktion auf den Schmerzreiz, der von den bestehenden Schmerzen ablenkt (siehe Seite 40). Die Behandlung kann beruhigende, aber auch anregende Wirkung haben.

Die Wirkung der Ohrakupunktur hält nicht so lange an wie die der Körperakupunktur, sie ist jedoch risikoreicher.

Empfehlung

Die Ohrakupunktur kann nicht empfohlen werden.

Kosten

Die gesetzlichen Krankenkassen bezahlen diese Behandlung üblicherweise nicht. Für Selbstzahler berechnet der Arzt die Kosten nach der Gebührenordnung für Ärzte (GOÄ). Die Kosten entsprechen denen der Akupunktur, beim Arzt liegen sie bei etwa 70 DM, beim Heilpraktiker bei 50 DM und darüber.

Autologe Arzneimittel

Geschichte

Als der Bruder des Operettenkomponisten *Robert Stolz* (1880–1975) an Gelbsucht erkrankte, brachte ihn eine wohlmeinende Hausangestellte zum Lachen und spuckte ihm dann kräftig in den weitgeöffneten Mund – ein drastischer Fall von Glauben an die Heilkraft des Speichels. In den Ausscheidungen des menschlichen Körpers sah nicht nur die Volksmedizin Heilkraft wirken, auch in der Medizin waren sie von jeher beliebte Heilmittel. Die Behandlung mit Eigenblut (siehe Seite 224) und Eigenharn (siehe Seite 225) als Mittel zur Immunstärkung zeugen heute noch davon. In der therapeutisch hemmungslosen Zeit des Barock haben Kot-Heilmittel eine große Rolle gespielt, und bis ins 20. Jahrhundert war es auf dem flachen Land noch üblich, bei „Bräune" (Braunnesseln) Umschläge mit Menschenkot zu machen.

Die Situation heute

Fußend auf dem nunmehr 200 Jahre alten Impfgedanken ist auch heute unter Naturheilern die Anschauung verbreitet, daß körpereigenes Material gut gegen Krankheiten sei: So werden verschiedene Zubereitungen aus Blut, Urin und Stuhl der Patienten hergestellt und ihnen gegen unzählige Krankheiten verabreicht. Zunehmend werden von alternativen Heilern und in der universitären Forschung Mittel zur Immunsteigerung angewendet, die direkt aus den kranken Körperzellen oder Teilen davon erzeugt werden. Sie dienen überwiegend als Behandlung oder Zusatztherapie bei chronischen und Krebserkrankungen. Kaum mehr zu überblicken sind die verschiedenen Angebote:

Die Mittel

Arzneimittel zur Tumorbehandlung

◆ Tumorimpfstoffe (Tumorvakzine), die aus dem eigenen Krebsgeschwür des Patienten hergestellt werden, zum Beispiel ASI (aktiv-spezifische Immuntherapie).

◆ Auf Zellen des Immunsystems (zum Beispiel Zytokinen) basierende Präparate zur Tumorbehandlung, zum Beispiel ATC (Autologe Target Cytokine), AHIT (Autohomologe Immuntherapie nach Kief), Acti-kin und Acti-cell. Behandelt wird auch mit LAK-Zellen (lymphaktivierte Killerzellen) und T-Zell-Vakzinen. Solche Mittel werden nicht nur an Universitäten, sondern auch von privaten Laboratorien hergestellt und sind (noch) nicht ausgereift.

Autologe Immunpräparate mit unzähligen Anwendungen: Es werden meist namenlose Lösungen (Lysate) aus Blut, Urin und anderen Materialien in privaten Labors oder von Heilpraktikern hergestellt.

Autologe Antiallergika: Sie dienen der „Gegensensibilisierung", zum Beispiel Allergostop I und II.

Mikrobielle Autovakzine: Körpereigene Bakterien werden inaktiviert und dem Körper als Impfstoff wieder zugeführt. Sie werden bei Darm-, Atem- und Harnwegserkrankungen gespritzt und eingenommen (siehe Mikrobiologische Therapie, Seite 251).

Autologe Wundheilfaktoren (PDWHF, Platelet Derived Wound Healing Formula): Aus den Thrombocyten von 150 Milliliter Patientenblut werden verschiedene Wachstumsfaktoren isoliert, das Produkt wird mit weiteren „biologischen Wirkfaktoren" versetzt. Die Mengenangaben sind widersprüchlich.

— Idee und Erklärung der Wirkung

Arzneimittel zur Tumorbehandlung: Sie basieren auf der Annahme, daß Krebszellen im Vergleich zu Normalzellen auf der Oberfläche Signale tragen, die sie für das Immunsystem erkennbar machen. Alle Tumorvakzine-Konzepte gehen davon aus, daß es möglich ist, das Immunsystem eines vom Tumor befallenen Kranken durch „Impfung" gezielt so zu stimulieren, daß bestehende oder vermutete Tochtergeschwülste vernichtet werden. Diese Wirkung sollen die tumorspezifischen Merkmale aus dem körpereigenen Material zuwege bringen. Der „Impfstoff" wird meistens aus teilungsunfähig gemachten, patienteneigenen Krebszellen hergestellt, aus Tumorzellmembranen oder gentechnisch veränderten Tumorzellen.

An universitären Forschungsinstituten laufen Programme, die klären sollen, ob dieses Konzept stichhaltig ist.

Daneben berufen sich auch private Firmen auf diese Idee, zum Beispiel die AHIT oder ATC, und sie bieten die Mittel so an, als wäre ihre Wirksamkeit erwiesen. Manche Anbieter fügen den körpereigenen Impfstoffen verschiedene Mittel bei wie etwa abgetötete Bakterien, Hühnerpestviren oder Vitamine.

Lysate aus körpereigenem Material zur Behandlung verschiedenster Krankheiten: Verschiedene private Labors und Heilpraktiker haben sich darauf spezialisiert, aus Körpersäften wie Blut, Urin, Speichel, Lymphflüssigkeit, Schweiß und Stuhlproben Lösungen herzustellen, die – meist in Form von Tropfen – kurmäßig eingenommen werden sollen.

Die Krankheitserreger aus diesen Körperprodukten – Bakterien, Pilze und andere Keime – werden inaktiviert und mit verdünnten Lösungen an den Körper zurückgegeben. Sie sollen ihn nach einem ähnlichen Prinzip wie dem der Schutzimpfungen zur Gegenwehr anregen (siehe auch Mikrobiologische Therapie, Seite 251).

Andere Konzepte, wie das der Clustermedizin (eine Variante der Spagyrik, siehe Seite 291), gehen von mittelalterlichen Vorstellungen aus: Die Körpersäfte werden destilliert, verascht (also zu Asche verglüht), und es wird davon eine alkoholische Lösung erzeugt. Diese soll als eine Art „Gegeninformation" die Krankheiten im Körper neutralisieren können.

So ähnlich sollen auch Blutlösungen wirken, die in die Haut eingerieben werden.

Autologe Antiallergika: Aus zehn Milliliter patienteneigenem Blut, Urin, Liquor oder Gelenkerguß werden angeblich Anti-Antikörper erzeugt. Dem Organismus verabreicht, sollen sie sich an den Antigenen anlagern, die die Allergie auslösen. Sie sollen die überschießende Immunreaktion (siehe Seite 41) beruhigen und die weitere Entstehung von Antigenen verhindern.

Autologe Wundheilfaktoren: Die Lösungen sollen die Heilung offener Wunden fördern.

— Untersuchung und Behandlung

Autologe Tumorvakzinen: Bei einer festgestellten Tumorerkrankung (nicht aber bei bösartigen Bluterkrankungen) werden diese Mittel zur gezielten Bekämpfung des Tumors gespritzt, aber auch als Begleitbehandlung, zur Linderung der tumorbedingten Beschwerden sowie zur Bekämpfung festgestellter oder vermuteter Metastasen eingesetzt.

Je nach Anbieter variieren die Angaben über die Abstände, in denen die Grund- und Auffrischungs„impfungen" gegeben werden sollen. Auch die Therapiedauer und -intervalle werden unterschiedlich vorgeschrieben. Das gleiche gilt für die empfohlenen Begleitmaßnahmen, so werden zum Beispiel Zytokine in unterschiedlichen Kombinationen gegeben.

Autologe Immunmittel werden auch in Form von Tropfen, Nasenspray und Inhalat zugeführt und können in verschiedenen Variationen gegen andere Krankheiten eingesetzt werden.

Autologe Antiallergika: Zur Gegensensibilisierung werden sie in ansteigender Dosierung kurmäßig gespritzt und häufig mit anderen Behandlungen kombiniert.

Lysate aus körpereigenem Material: Wird etwa aufgrund einer Stuhlprobe „Pilzbefall" im Darm diagnostiziert, so soll der Kranke die aus der Stuhlprobe mit den abgetöteten Keimen gefertigte Tropfenlösung in genau angegebenen Stundenabständen einnehmen. Als Autovakzine werden sie in ansteigender Konzentration unter die Haut gespritzt.

Clusteressenzen (siehe Spagyrik, Seite 291) werden gegen alle Krankheiten angewendet: Zu je fünf Tropfen sollen sie unter die Zunge geträufelt werden; je akuter der Krankheitszustand, desto kürzer sollen die Abstände zwischen den Anwendungen sein. Die Mittel werden auch kurmäßig gespritzt.

Patientenblut-Lösungen aus der hauseigenen Produktion von Heilpraktikern werden bei Mißbefinden und funktionellen Beschwerden zum Trinken oder Einreiben in die Haut angeboten.

Autologe Wundheilfaktoren sollen angewendet werden, wenn sich offene Wunden trotz intensiver Behandlung nicht schließen. Ein mit PDWHF getränkter Mullstreifen wird in die Wunde gelegt, der Verband soll im zwölfstündigen Rhythmus gewechselt werden. Die Behandlung dauert acht bis zehn Wochen und länger.

Anwendungsbereiche

Autologe Tumorvakzinen: Sie werden in der Krebsbehandlung eingesetzt.

Andere autologe Immuntherapeutika sollen gegen Krankheiten des rheumatischen Formenkreises, bei allergischen Haut- und Asthmaerkrankungen, Hepatitis sowie multipler Sklerose helfen. Sie werden – trotz der Gefahr der Verunreinigung mit Krankheitskeimen – sogar bei Wechseljahrbeschwerden, Alterserscheinungen und „Leistungsknick" angeboten.

Lysate aus körpereigenem Material: Sie sollen den Körper „umstimmen" beziehungsweise „informieren" und werden daher gegen alles und jedes, gegen Beschwerden und Krankheiten angewendet.

Autologe Antiallergika: Sie dienen der Gegensensibilisierung bei allergischen Erkrankungen.

Autologe Wundheilfaktoren: Sie werden bei diabetischen und venösen Geschwüren, bei arteriellen, geschwürigen Verschlußkrankheiten, entzündlichen Bindegewebserkrankungen und anderen chronischen Wunden sowie gegen Wundliegen (Dekubitus) angewendet.

Risiken

Arzneimittel aus körpereigenem Material werden als risikoarm betrachtet. Allerdings kann das Ausgangsmaterial durch Bearbeitung verändert werden, und es ist fraglich, ob die Herstellungsverfahren gleichbleibende Qualität gewährleisten.

Autologe Immuntherapeutika

◆ Als Ausdruck einer Überempfindlichkeitsreaktion können Rötung an der Injektionsstelle und Fieber auftreten.

◆ Das Bundesamt für Sera- und Impfstoffe, das Paul Ehrlich Institut, sieht eine Gefahr der Übertragung von Viren, wenn die zur Immunstimulation eingesetzten Erreger nicht hinreichend inaktiviert werden.

◆ Das Immunsystem kann durch die Behandlung geschwächt und dadurch bedingt das Tumorwachstum gefördert werden.

◆ Weil es zu einer lebensbedrohlichen Reaktion kommen kann, wird empfohlen, nach einer Injektion noch mindestens 30 Minuten unter ärztlicher Beobachtung zu verweilen.

◆ Es ist nicht gesichert, ob die Mittel nicht Autoimmunerkrankungen hervorrufen können. Das sind Erkrankungen, bei denen sich das Immunsystem gegen körpereigene Stoffe richtet. Das Langzeitrisiko ist nicht abzuschätzen.

Lysate aus körpereigenem Material

◆ Die Gefahr besteht darin, daß notwendige Behandlungen verschleppt oder Mittel ohne Grund gegen nichtbestehende Krankheiten angewendet werden.

◆ Eine Infektion mit nicht ausreichend abgetöteten Keimen ist nicht auszuschließen.

Kritik

◆ Aus körpereigenem Material hergestellte Mittel sind keine Fertigarzneimittel und müssen daher auch nicht zugelassen werden. Das bedeutet, daß sie nicht auf Qualität, Wirksamkeit und Unbedenklichkeit geprüft werden müssen. Nur dann, wenn vorgesehen ist, die Mittel an Dritte abzugeben, benötigen die Hersteller eine Erlaubnis nach Paragraph 13 des Arzneimittelgesetzes (AMG), die nach der Überprüfung der räumlichen und personellen Voraussetzungen erteilt wird. Allerdings wird die Zubereitung der Mittel aus den Zutaten nicht überwacht, und bislang (Mitte 1996) gibt es noch keine Regelungen für Herstellungsverfahren, Kennzeichnung, Qualität, Wirksamkeitsnachweis sowie Angaben über Nebenwirkungen und Anwendungseinschränkungen.

Einige Heilpraktiker verschütteln eigenhändig Körpersäfte ihrer Kunden zu Medikamenten. Hier gibt es keinerlei Kontrolle der Herstellungsvorgänge und Hygiene.

◆ Manche autologe Mittel sind als Patent beziehungsweise als Markenzeichen angemeldet. Dies ist jedoch kein Qualitätsnachweis.

Mikrobielle Autovakzine

◆ Nicht alle Erzeuger der im Handel befindlichen Mittel haben eine Herstellungserlaubnis.

◆ Die Wirksamkeit von Autovakzinen ist nicht belegt.

◆ Die Praxis, Bakterienvakzinen gegen Virenerkrankungen einzusetzen, ist unsinnig: Entsprechend der dieser Impfbehandlung zugrundeliegenden Idee müßte mit abgetöteten Viren behandelt werden.

Autologe Arzneimittel zur Tumorbehandlung

◆ Die Zusammensetzung der Mittel ist bei einigen Produkten unbekannt.

◆ Immer mehr Firmen steigen in das Krebsimmungeschäft ein. Das Paul-Ehrlich-Institut hat bereits 1994 elf solcher Firmen außerhalb von Forschungsprojekten ausgemacht und fünf davon überprüft: In keinem Fall wurden die Arzneimittel nach wissenschaftlichen Erkenntnissen ausreichend geprüft, sie wiesen keine den pharmazeutischen Regeln genügende Qualität auf.

◆ Ob das Immunsystem aktiviert oder gehemmt wird, ist nicht abzusehen. Bisher fehlt auch der Nachweis, daß eines dieser Mittel gegen Krebs wirksam ist.

◆ AHIT: Es fehlt eine wissenschaftlich anerkannte Dokumentation, die Anwender münzen Nebenwirkungen zu Erfolgen um, das Konzept ist spekulativ und wissenschaftlich nicht haltbar.

◆ ATC: Es fehlt eine wissenschaftlich anerkannte Dokumentation der Zusammensetzung des Mittels und der Behandlungserfolge. 1992 verbot die bayerische Regierung das Inverkehrbringen der ATC-Ampullen. Mit dem Argument, die Zusammensetzung sei geändert worden, wurde der Versandhandel weitergeführt. Ende 1995 brachte die Staatsanwaltschaft eine Klage wegen Betrugs und Verstoßes gegen das Arzneimittelgesetz gegen den Arzt ein; 1996 wurde ihm die Approbation entzogen, aber erneut erteilt.

Autologe Allergietherapeutika

◆ Die Theorie ist spekulativ und widerspricht medizinischen Erkenntnissen, es fehlt eine wissenschaftlich anerkannte Dokumentation.

Autologe Wundheilungsfaktoren

◆ Das Zusammenspiel der einzelnen Wachstumsfaktoren ist noch ungeklärt. Es ist nicht sicher auszuschließen, daß Hautkrebs ausgelöst wird. Die Ergebnisse verschiedener Therapiestudien sind widersprüchlich.

Fazit: Beim Einsatz autologer Medizin ist das Risiko nicht abzuschätzen.

Empfehlung

Die Behandlung mit autologen Arzneimitteln kann nicht empfohlen werden.

Kosten

Autologe Lysate: Die Kosten variieren je nach Labor. Sie können weit über 50 DM liegen. Die Kassen bezahlen üblicherweise nicht.

Autologe Immuntherapeutika: Innerhalb universitärer Einrichtungen werden die Kosten im Rahmen der Forschung übernommen.

Ein Zyklus autologer Tumorvakzinen von privaten Anbietern außerhalb von Forschungsprojekten kostet zwischen 15 000 und 25 000 DM. Die Kassen bezahlen sie üblicherweise nicht.

ATC-Spritzkuren und AHIT-Behandlungen kosten 3 000 DM. Die Kassen bezahlen nach den NUB-Richtlinien nicht (siehe Seite 30).

Autologe Allergietherapeutika: Die Kosten einer Spritzenserie zur Gegensensibilisierung mit Allergostop I belaufen sich auf 164 DM, mit Allergostop II auf 391 DM, mit Zusätzen sogar auf 468 DM. Die Kassen bezahlen üblicherweise nicht.

Autologe Wundheilungsfaktoren: Das Behandlungsmaterial kostet pro Tag 80 DM, bei der gewöhnlich 10 Wochen dauernden Therapie belaufen sich die Kosten auf 5 600 DM. Die Kassen bezahlen üblicherweise nicht.

Alle autologen Medikamente sind von der Beihilfefähigkeit (siehe Seite 30) ausgeschlossen.

Bach-Blütentherapie

Geschichte

Edward Bach lebte in der Zeit von 1886 bis 1936. Er war Arzt und beschäftigte sich intensiv mit der Homöopathie, die er auf seine Art abwandelte. Im Laufe seiner Tätigkeit wurde ihm die psychische Komponente von Erkrankungen immer wichtiger. Bachs Überlegungen sind deutlich vom psychoanalytischen Konzept *Carl Gustav Jungs* geprägt. 1930 stieg Bach aus seinem bisherigen Leben aus und entwarf in der walisischen Abgeschiedenheit sein System psychisch definierter Persönlichkeitstypen und der dazugehörigen Heilpflanzen. Nach sechs Jahren, in denen er fühlte, daß sich „seine Sensitivität immer stärker ausprägte", kurz vor seinem Tod, hielt er sein Werk für abgeschlossen.

Die Situation heute

Bachs langjährige Assistentin führte sein Lebenswerk fort. Das englische Stammhaus wurde zum Dr. Edward Bach Centre, Mount Vernon in Sotwell. In verschiedenen Ländern gibt es nationale Bachzentren, die das Konzept verbreiten und die Mittel vertreiben. In den deutschsprachigen Ländern, besonders in Deutschland selbst, hat die Methode eine breite Anhängerschaft. Etwa 900 Bach-Blütentherapeuten sind bei der Geschäftsstelle in Hamburg registriert.

Eine Reihe selbsternannter Nachfolger hat das System der Bach-Blütentherapie ergänzt, weiterentwikkelt und durch Neuschöpfungen von Blütenkonzentraten erweitert. Auch hierzulande selbstgepflückte und zubereitete Flüssigkeiten sind bereits als Heilmittel aufgetaucht. Von all diesem distanziert sich das Bach Centre in England ausdrücklich.

Die Idee dahinter

Für Bach war Krankheit „das Ergebnis eines Konflikts zwischen höherem Selbst und Persönlichkeit." Die eigentliche Krankheit hieß für ihn Charakterschwäche. Darunter verstand er Stolz, Grausamkeit, Haß, Egoismus, Unsicherheit, Unwissenheit, Habgier. Für Bach gab es 38 negative Seelenzustände, die sich in präzisen Beschwerden äußern. Heilung bedeutete für ihn, Charakterschwächen durch gedankliche und spirituelle Bemühung in Tugenden zu verwandeln.

Die Mittel

Die Blütenmittel werden auch heute noch an den Standorten gesammelt und dort mit den gleichen Verfahren hergestellt, wo und wie Bach sie beschrieben hat. Nur wild wachsende Pflanzen sollen für Blütenmittel geeignet sein.

An einem sonnigen, wolkenlosen Tag werden die voll aufgeblühten Blüten morgens vor neun Uhr gepflückt und in eine Schale mit Quellwasser gelegt. Wenn die Blüten zu welken beginnen, werden sie mit einem Zweig derselben Pflanze aus dem Wasser gefischt. Blütenwasser von Bäumen und

Sträuchern erhält man, indem man Stiele und Blättchen eine halbe Stunde lang kocht.

Die Flüssigkeit wird mit der gleichen Menge Kognak oder Brandy konserviert und dann noch einmal im Verhältnis 1:240 verdünnt. Das ergibt den Inhalt der „stockbottles", der Blütenkonzentrate. Aus ihnen werden jeweils drei Tropfen erneut mit Wasser vermischt, um die Bach-Blütenmittel herzustellen, die man einnimmt.

Als Nr. 39 ergänzen Rescue-Tropfen die Palette der Mittel. Es handelt sich um eine fixe Kombination von fünf Blütenkonzentraten, die als „Erste-Hilfe-Tropfen" dienen sollen. Sie werden in doppelt so starker Konzentration angewandt wie die anderen Blütentropfen. Das Mittel Rescue gibt es auch, in eine neutrale Cremegrundlage eingearbeitet, zur äußerlichen Anwendung.

Die Blütenmittel sind in Deutschland nicht als Arzneimittel zugelassen. Es ist unwahrscheinlich, daß sie einen von den Wissenschaftlern des Bundesinstituts für Arzneimittel und Medizinprodukte akzeptierten Wirksamkeitsnachweis erbringen können. So können die Bach-Mittel nur aus einem Land der EU bezogen werden, in dem sie als Arzneimittel im Handel sind. Auf Anforderung eines Kunden und in einer Menge, die dem persönlichen Bedarf entspricht, kann sie also jede Apotheke zum Beispiel aus England importieren. Anders als noch vor einigen Jahren ist eine ärztliche Verordnung dafür nicht mehr erforderlich.

Untersuchung und Behandlung

Blütentherapeuten halten eine Diagnose im herkömmlichen Sinn nicht für notwendig. Statt dessen soll dem Behandler ein Fragebogen helfen, die psychischen Bedingungen eines Menschen und deren Folgen zu ergründen. Wer mit der Bach-Blütentherapie sehr vertraut ist, soll den Zustand des Patienten intuitiv erfassen können.

Bücher mit einem Übungsprogramm leiten an, „sich sein persönliches Bach-Blütenprofil zu erarbeiten". Dadurch soll dann die Selbstdiagnose, auf die eine Selbstbehandlung folgt, wesentlich leichter möglich sein.

Alle anderen Diagnose- und Testverfahren, um die passenden Blüten herauszufinden – zum Beispiel EAV (siehe Seite 308), Angewandte Kinesiologie (siehe Seite 301) oder Pendeln (siehe Seite 321) –, beurteilen die Lehrer der Blütentherapie skeptisch.

Nach dem Erstgespräch erhält der Klient „seine" Blütenmittel. Bei weiteren Sitzungen muß überprüft werden, ob es noch die richtigen sind. Gegebenenfalls werden neue, der veränderten Situation angepaßte, verordnet. Zur Behandlung gehört, daß sich der Patient mit der Philosophie Bachs vertraut macht.

Bei akuten Zuständen sollen die Bachblüten innerhalb von Stunden oder Tagen helfen. Die Behandlung chronischer Beschwerden dauert demgegenüber zwischen 9 und 18 Monaten. Zur Selbstentfaltung soll man Bachblüten jahrelang ohne Schaden verwenden können.

Nach Ansicht der Blütentherapeuten kann jeder Mensch akute Empfindungen selbst behandeln. Chronische Beschwerden sollen sich der Selbstbehandlung entziehen, weil man seine eigenen, unbewußten seelischen Blockaden nicht wahrnehmen kann. Hier soll vorübergehend die Hilfe eines Therapeuten nötig sein.

Besonderheiten der Anwendung

- Die Blütentherapie soll sich mit allen anderen Therapiemethoden vertragen.
- Wer Alkohol meiden will, kann die Tropfen als wässrige Lösung bekommen. Die Wirkung soll darunter nicht leiden.
- Die Tropfen sollen ihre Wirkung auch entfalten, wenn man sie äußerlich anwendet, sie dem Badewasser zusetzt, die Fläschchen am Körper trägt oder über Nacht am Bett stehen läßt – wenn auch nur für kurze Zeit.
- Da angeblich auch Zimmerpflanzen von den Tropfen ihrer Besitzer profitieren, sollen die Reste von Einnahmemischungen dem Blumengießwasser beigegeben werden.

Erklärung der Wirkung

Bachs Blütenmittel sollen die energetische und geistige Kraft der Pflanze konzentriert enthalten. Diese Kraft soll Blockierungen im „bioenergetischen Feld" des Menschen beseitigen, indem sie „die Kanäle für die Botschaften des spirituellen Selbst öffnet".

Sowohl die Energie der Blüten als auch ihre Eignung für den jeweiligen Menschen soll mit der Kirlian-Fotografie (siehe Seite 316) nachweisbar sein.

Anwendungsbereiche

Ihren Verfechtern ist die Bach-Blütentherapie eine Reinigungs- oder Ausleitungstherapie auf der Seelenebene. Sie soll Menschen befähigen, psychische Krisen und schwierige Lebenssituationen besser durchzustehen. Allerdings sprechen die Blütentherapeuten von „negativen Seelenzuständen der menschlichen Natur", deren Ursache „Charakterschwäche" ist.

Manche Psychotherapeuten unterstützen ihre therapeutischen Bemühungen mit Blütenessenzen. Ärzte geben an, daß ihre Patienten weniger Medikamente brauchen, wenn sie die Tropfen einnehmen.

Für Kinder soll sich die Therapie besonders eignen. Die Blütenkombination von Rescue (Notfall- oder Erste Hilfe-Tropfen) soll „einen energetischen Schock auf feinstofflicher Ebene sofort auflösen". Dadurch werden die Selbstheilungskräfte des Körpers wieder voll wirksam, und das psychische Gleichgewicht stellt sich wieder her. In jeder emotionalen Streßsituation, wie Zahnarztbesuch oder Scheidungstermin, aber auch bei Unfällen und bei lebensbedrohlichen Zuständen, wie Erstickung, Herzanfall und so weiter, sollen die Tropfen schnelle Hilfe bringen.

Risiken

◆ Bach-Blüten haben keine Nebenwirkungen. Problematisch können die Rescue-Tropfen sein, wenn man sich auf sie als Hilfe in der Not verläßt.

◆ In einem Lehrbuch der Bach-Blütentherapie für die Arzt- und Naturheilpraxis von 1991 steht als „oberstes Diagnoseprinzip": Körperliche Zustände sind unerheblich. Damit ist vorprogrammiert, daß bei bestehenden Krankheiten notwendige Behandlungen versäumt werden.

◆ Nervenärzte klagen, daß sie mit den Folgen solcher fehlgeschlagener Behandlungen konfrontiert werden. So wurde über zwei Patientinnen berichtet, die in einem desolaten Zustand in psychiatrische Kliniken eingewiesen wurden, weil bei der einen eine Schizophrenie, bei der anderen eine paranoide Psychose mit Blütentropfen behandelt wurde, nachdem die Medikamente abgesetzt wurden.

◆ Als größtes Risiko der Blütentherapie erscheint Bachs Allmachtsphantasie: Für Menschen mit dem wirklichen Wunsch, gesund zu werden, gäbe es keine Krankheit, die der Macht der richtigen Pflanze widerstehen könne. Keine einzige Krankheit sei unheilbar.

Kritik

Selbst wenn man zustimmt, daß letztlich jede Krankheit eine psychische Komponente hat, ist die Beschränkung auf 38 Gemütszustände und die ihnen entsprechenden Blütenmittel eine willkürliche „Schubladisierung" von Menschen.

◆ Psychologen halten es für bedenklich, daß Bach Seelenzustände bewertet und Gefühle nach moralischen Kategorien in gut und böse einteilt. „Charakterschwäche" als Ursache von Mißbefindlichkeiten zu benennen heißt, moralische Urteile über Menschen zu fällen, und ihnen als Strafe für dieses vermeintliche Ungenügen seelisches Leid aufzuerlegen.

◆ Gänzlich unerträglich ist aber, daß es Bachs Theorie erlaubt, aus Opfern Täter zu machen. In einem der Bach-Blütentherapie-Bücher werden Bach-Blüten bei Alkoholikern, nach Vergewaltigungen und Mißhandlungen mit der Begründung empfohlen: „Derartige Ereignisse können durch unbewußte Programmierungen aus der astralen Ebene herangezogen werden."

◆ Bach bezeichnete sein Gedankengebäude als abgeschlossen. Ein Medizinsystem, das Veränderungen oder Weiterentwicklungen ablehnt, ist suspekt.

◆ Bachs Pflanzenauswahl läßt sich wissenschaftlich nicht begründen.

◆ Bach hat außer seiner Intuition keine Erklärung dafür, warum die Blütenmittel so und nicht anders hergestellt werden sollen.

◆ Über die Wirkung der Bach-Blüten gibt es zwar Einzelberichte, aber keine wissenschaftlichen Dokumentationen und Untersuchungen.

◆ Viele der beschriebenen Heilungen lassen sich leicht als suggestive Wirkung eingehender Gespräche erklären.

◆ Die Therapie mit Blütenmitteln erscheint nur harmlos, solange keine notwendigen Behandlungsmaßnahmen versäumt werden.

Empfehlung

Die Behandlung mit Bach-Blütenmitteln kann nicht empfohlen werden zur gezielten Behandlung von Krankheiten.

Kosten

Die gesetzlichen Krankenkassen bezahlen Bach-Blütenmittel üblicherweise nicht.
Für Selbstzahler berechnet der Arzt die Kosten nach der Gebührenordnung für Ärzte (siehe Seite 32).

10 ml Blütenkonzentrat kostete 1996 25,90 DM, ein Set mit 38 10-Milliliter-Flaschen und 2 x Rescue-Konzentrat 298 DM.

Adressen

Dr. Edward Bach Centre
Lippmannstraße 57
D-22769 Hamburg
Tel.: 0 40/4 32 57 70

Dr. Edward Bach Centre
Seidengasse 32/1/59
A-1070 Wien
Tel.: 02 22/5 26 56 51

Biochemie nach Schüssler

Geschichte

Mit der Wissenschaft der Biochemie, die sich mit den chemischen Grundlagen aller Lebensvorgänge beschäftigt, hat die „Biochemie" nach Schüssler fast nichts zu tun.

Der Arzt *Wilhelm Schüssler* (1821–1898) entwarf 1874 eine „abgekürzte Therapie", so der Titel seines Buches. Hervorgegangen aus der Homöopathie, ist die Therapie abgekürzt, weil Schüssler mit zwölf Funktionsmitteln auskommt, statt eine große Zahl homöopathischer Mittel anzuwenden. Nach Schüsslers Vorstellung beruhen alle Krankheiten auf einer Störung des Mineralstoffhaushalts. Dementsprechend können „die biochemischen Mittel, nach richtiger Wahl angewendet, zur Heilung aller durch innerliche Mittel heilbaren Krankheiten genügen." Funktionsmittel heißen sie, weil jedes Mittel bestimmte Organfunktionen beeinflussen soll.

Die Situation heute

Die Behandlung mit Schüssler-Salzen ist ähnlich weit verbreitet wie die Homöopathie.

Die Idee dahinter

Für Schüssler war ein Mensch gesund, wenn seine Zellen genügend Mineralstoffe aufwiesen und sich deren Moleküle ungehindert bewegen konnten. Seiner Definition zufolge wird ein Mensch krank, wenn seine Zellen bei ihrem Bemühen, krankmachende Reize abzuwehren, Mineralstoffe verlieren und die noch verbliebenen Moleküle sich aufgrund des Mankos nicht mehr richtig bewegen können.

Die moderne Biochemie hat bestätigt, daß alle Lebensvorgänge auf dem Fließen chemisch definierbarer Stoffe beruhen. Mineralsalze gehören zu diesen Stoffen. Wenn von einem der beiden Partnerstoffe, die ein Salz ausmachen, der Organismus nur extrem geringe

Mengen braucht, spricht man von Spurenelementen (siehe Seite 109). Obwohl Salze also nachgewiesenermaßen wichtig sind, sind sie nicht „alles", wie Schüssler es sah.

Die Mittel

Schüsslers Biochemie kennt zwölf Mittel. Es sind anorganische Salze in den Verdünnungen D 3, D 6 und D 12 (siehe Seite 192). Schüsslers Nachfolger haben dem noch zwölf Ergänzungsmittel hinzugefügt und außerdem von elf Funktionsmitteln Salben geschaffen.

Schüssler begründete die geringe Konzentration damit, daß auch die Natur nur mit Atomen, Atomgruppen oder Molekülen arbeitet. Außerdem müssen Schüssler zufolge die Stoffe bereits in der Mundhöhle ins Blut übertreten, weil konzentriertere Lösungen den Körper durch den Verdauungskanal verließen, ohne genutzt worden zu sein.

Ähnlich wie bei der Homöopathie (siehe Seite 190) sollen die Schüssler-Mittel Abläufe regulieren, Organfunktionen anregen oder die Konstitution des Patienten beeinflussen. Jedes Salz soll jede dieser drei Eigenschaften haben. Als was es eingesetzt wird, entscheidet der Behandler nach seiner Kenntnis von Patient, Beschwerden und Krankheitsvorgeschichte.

Untersuchung und Behandlung

Schüssler hat eine Liste erstellt, die angibt, welche Krankheit welches Salz erfordert. Dem erfahrenen Anwender biochemischer Mittel traut er jedoch zu, dem Gesichtsausdruck seines Patienten entnehmen zu können, welches Mittel er für seine Krankheit braucht. Für diese Antlitz-Diagnostik gibt es keine Anleitung, sondern nur das ständige Lernen durch Versuch und Irrtum.

Heutige Vertreter der Schüsslerschen Biochemie fordern vom Therapeuten „künstlerisches Handeln auf der Grundlage fundierten Wissens". Nur so könnten sie erkennen, welche Mittel das konkrete Beschwerdebild erfordert.

Mit Hilfe der Broschüre einer Herstellerfirma biochemischer Mittel kann sich zudem jeder Leser zum Therapeuten machen. Auch die biochemische Haus- und Reiseapotheke mit allen 24 Mitteln und zwei Salben lädt zur Selbstbehandlung ein.

Besonderheiten der Anwendung

- ◆ Die Tabletten dürfen nicht geschluckt werden, sondern müssen sich langsam im Mund auflösen.
- ◆ Als einzige Ausnahme wird Magnes. phos. in heißem Wasser gelöst und schluckweise getrunken.
- ◆ D 6 ist die gebräuchliche Potenz. Aber auch eine andere Stärke soll nicht schaden, denn „falsche" Potenzen soll es nicht geben.

Erklärung der Wirkung

Die Mineralstoff-Moleküle sollen sich in den erkrankten Zellen bewegen und dadurch ihnen gleiche Moleküle aus dem umliegenden Gewebe in das kranke Gebiet hineinziehen. Damit soll die Zelle geheilt sein.

Anwendungsbereiche

Schüssler glaubte, mit seinen Salzen alles heilen zu können – von Fieber über Diphtherie und Tuberkulose bis hin zur Leukämie.

Die heutigen Behandlungsempfehlungen halten sich etwas mehr zurück. Wo die moderne Medizin zu „neuen Erkenntnissen" gekommen ist, soll sie den Vorzug bekommen und biochemische Mittel sollen nur ergänzend eingesetzt werden.

Trotzdem tauchen auch heute noch in den Empfehlungen Krankheiten wie Asthma, erhöhter Blutdruck und Epilepsie auf, ohne daß auf eine diagnostische Abklärung durch den Arzt hingewiesen wird.

Risiken

- Die Schüssler-Mittel selbst scheinen harmlos. Wer sich aber trotz des heute allgemein anerkannten Wissens, daß Krankheiten verschiedene Ursachen haben, darauf verläßt, daß jede Krankheit auf einer Mineralstoffwechselstörung beruht, kann unter Umständen notwendige und hilfreiche Behandlungen versäumen.
- Manche Menschen dürfen sich mit solchen Salzen nicht über längere Zeit „behandeln". Patienten mit einer unzureichenden Nierenfunktion gefährden sich beispielsweise durch zuviel Kalium oder Kalzium.

Kritik

Die Biochemie nach Schüssler ist keine wissenschaftlich anerkannte Behandlung.

- Schüssler interpretierte die chemischen und medizinischen Kenntnisse seiner Zeit höchst eigenwillig. Die Schlüsse, die er zog, scheinen eher von dem bestimmt zu sein, was sein Verfahren „brauchte", als von logischem Denken.
- Aus der Homöopathie entlehnte Schüssler die starken Verdünnungen. Was Kritiker dagegen einzuwenden haben (siehe Seite 196), gilt auch für Schüsslers Biochemie.
- Anders als die Homöopathie hat Schüssler kein komplettes Behandlungskonzept entwickelt. Eine Prüfung der Mittel gibt es bei ihm ebensowenig wie eine auf die Gesamtheit des Menschen, seiner Umstände und seiner Krankheit bezogene Wahl der Mittel.
- Wissenschaftliche Beweise für die Wirksamkeit der Behandlung liegen nicht vor, nur einzelne Erfolgsberichte.
- Bei den vom Hersteller der Mittel weitergegebenen Behandlungsempfehlungen fehlt bei wichtigen Krankheiten der Hinweis „Eingehende diagnostische Abklärung erforderlich".
- Biochemie nach Schüssler erscheint nur harmlos, solange keine notwendigen Behandlungen versäumt werden. Wer meint, sich mit einem Mineralsalz gezielt versorgen zu müssen, kann das auch mit Mineralwässern tun, die dieses Salz in besonderer Menge enthalten (siehe Seite 113).

Empfehlung

Die Biochemie nach Schüssler kann nicht empfohlen werden.

Kosten

Die gesetzlichen Krankenkassen bezahlen eine biochemische Behandlung nach Schüssler üblicherweise nicht.

Für Selbstzahler berechnet der Arzt die Kosten nach der Gebührenordnung für Ärzte (siehe Seite 32).

Eine Packung biochemische Tabletten nach Dr. Schüssler kostete 1996 5,80 DM.

Adressen

Biochemischer Bund Deutschlands e. V.
Dr. Schüssler Sanatorium
D-38644 Hahnenklee-Bockswiese
Tel.: 0 53 25/70 20

Chelattherapie

Geschichte

„Rohrfrei für die Arterien" – mit diesem griffigen Slogan verbreitete sich die Chelattherapie zu Beginn der 80er Jahre von den USA aus nach Europa. Es ist eine Behandlung mit einem Chelatbildner (Kurzname: EDTA). Dieses Mittel hat die Fähigkeit, bestimmte Stoffe, zum Beispiel Kalzium oder Schwermetalle, zu binden. Schon 1941 war die Behandlung von Schwermetallvergiftungen mit Chelatbildnern bekannt und wird seither erfolgreich angewendet. Erst später entdeckte man als neues Einsatzgebiet Durchblutungsstörungen.

Die Situation heute

In Deutschland wird Chelattherapie gegen Durchblutungsstörungen von etwa 200 Ärzten ambulant und in 20 Sanatorien stationär durchgeführt und von vielen Heilpraktikern angewendet. In Österreich ist sie wenig verbreitet.

Idee und Erklärung der Wirkung

Der Chelatbildner EDTA soll Kalzium aus arteriosklerotischen Gefäßen herauslösen und auf diese Weise „alle Gefäße, von der Schlagader bis zu feinsten Haargefäßen", von Kalkablagerungen reinigen.

Mittel und Behandlung

Untersuchungen von Herztätigkeit, Blut, Urin sowie Nierenfunktion und eine Haarmineralanalyse (siehe Seite 313) sollen über Mineralstoffe im Körper Auskunft geben. Zur Behandlung erhält der Kranke, bequem sitzend, eine Infusion mit drei Gramm EDTA, aufgelöst in einem halben Liter körpergerechter Kochsalzlösung. Dazu erhält er während der Infusion einen Liter Flüssigkeit, Vitamine und Magnesiumsalz. Eine Infusion dauert etwa vier Stunden.

Eine Behandlungsserie umfaßt 20 bis 25 Infusionen jeweils im Abstand von ein bis zwei Tagen.

Nach fünf Infusionen wird labortechnisch untersucht, welche lebensnotwendigen Spurenelemente angeblich aus dem Körper mit ausgeschwemmt wurden. Diese soll der Patient anschließend einnehmen.

Anwendungsbereiche

Chelattherapie soll Schlaganfällen vorbeugen, Angina-pectoris-Beschwerden lindern, die Bypass-Operation ersetzen, Raucherbeine heilen, Blutdruck und Blutzucker senken, Diabetes und Gelenkleiden günstig beeinflussen, sogar die Potenz steigern und Krebskranken helfen.

Risiken

Die EDTA-Therapie ist gefährlich. Sie entzieht dem Organismus wichtige Mineralstoffe und Spurenelemente. Der Kalziumstoffwechsel kann gestört werden, was Herzrhythmusstörungen, Krampfanfälle und Atemstillstand hervorrufen kann. Nierenversagen und Schädigung des Knochenmarks sind möglich. Es sind mehrere Todesfälle bekannt geworden.

Kritik

Die Kritik setzt an mehreren Stellen an:

◆ Arteriosklerose bedeutet, daß sich die Wände der Blutgefäße verhärten und mit Fett „verkleben". Später lagern sich andere Stoffe in den Gefäßwänden ein, darunter auch Kalziumsalze, wodurch sich die Gefäße fortschreitend verhärten und verengen. Das „Entkalken" macht die Gefäße nicht weiter.

◆ Es gibt keinen einzigen Nachweis, daß Chelattherapie bei Durchblutungsstörungen hilft. Die amerikanische Gesundheitsbehörde und die Deutsche Ärzteschaft haben bereits 1984 vor der Chelattherapie gewarnt.

Empfehlung

Chelattherapie ist abzulehnen bei den von ihren Vertretern angegebenen Krankheiten. EDTA-Therapie ist die angemessene Behandlung bei Vergiftungen mit Metallen wie Blei, Kupfer, Mangan, Zink und Quecksilber.

Kosten

Die Krankenkassen bezahlen Chelattherapie nicht. Diese ist auch nicht beihilfefähig (siehe Seite 32).

Für Selbstzahler berechnet der Arzt die Kosten nach der Gebührenordnung für Ärzte (siehe Seite 32). Die Kosten für eine Behandlungsserie liegen bei durchschnittlich 6 000 DM.

Colonhydrotherapie

Geschichte

„Der Tod sitzt im Darm" – dies ist eine weit verbreitete Vorstellung unter Anhängern der Naturheilverfahren. Sie beruht auf den alten Gedanken, daß die „Abfälle" der Verdauung den Körper möglichst rasch verlassen sollten, um ihn nicht „zu vergiften". Die Colonhydrotherapie ist ein Darmbad, eine Weiterentwicklung des Einlaufs, der zu den häufigen Anwendungen der „ausleitenden Verfahren" (siehe Seite 67) gehört. Sie ist verwandt mit dem „subaqualen Darmbad", das über viele Jahre eine abrechenbare Leistung der Krankenkassen war und heute wegen mangelnden Nutzens als veraltet gilt. Die Colonhydrotherapie wurde in den USA entwickelt und über Kanada nach Europa importiert. Sie wird überwiegend bei Heilpraktikern sowie niedergelassenen Naturheilärzten und in Instituten und Kurkliniken durchgeführt.

Idee und Erklärung der Wirkung

Fehlerhafte Ernährung, mit chemischen Zusätzen verfälschte Nahrungsmittel, Umweltbelastung und Medikamentenmißbrauch sollen eine „Dysbiose", eine Störung des Gleichgewichts der natürlichen Darmbakterien auslösen. In der Folge sollen angeblich Abwehr und Darmtätigkeit verkümmern, und das soll zu Verstopfung führen. Gärungs- und Fäulnisprozesse entstehen, Gift- und Abfallstoffe werden nicht mehr ausgeschieden und sollen den Körper „rückvergiften". Müdigkeit, Depressivität, Konzentrationsmangel, Angst, Infektionen, Hauterkrankungen, Rheuma, Bluthochdruck, Allergien, ja sogar multiple Sklerose sollen die Folge sein.

Vielen Menschen, bei denen Form, Farbe und Geruch des Stuhls Ekel erzeugt, erscheint es plausibel, daß die Colonhydrotherapie als „Kneippkur von innen" diesen Kreislauf durchbricht, die Gifte ausschwemmt, mit dem Sauerstoff die „schlechten" Bakterien abtötet, die „guten" ernährt und das Immunsystem „verjüngt". Das Ziel der Behandlung ist der Aufbau eines „physiologischen Bakterienmilieus", also einer körpergerechten, gesunden Bakterienbesiedelung des Darms.

Die Mittel

Die Darmspülung wird mittels Einlaufbesteck oder einem Apparat mit einem geschlossenen Schlauchsystem durchgeführt. Der Therapeut kann Wasserdruck, -temperatur und -fließgeschwindigkeit regeln. Die Darmrohre sind Einweg-Artikel.

Behandlung

Entspannt liegt der Patient in Rückenlage. In den After werden ein Einflußröhrchen und ein Abflußrohr eingeführt. Nun fließt abwechselnd kaltes und warmes Wasser – etwa 10 bis 12 Liter zwischen 21 und 41 Grad Celsius – ohne Druck in den Darm. Mit einer Bauchdeckenmassage versucht der Therapeut, „Problemzonen" des Darms zu erkennen und das Wasser dorthin zu leiten. Der gelöste Darminhalt wird ohne Geruchs- und Sichtbelästigung abgeführt. Der Reinigungsvorgang dauert eine Dreiviertelstunde. Zuletzt wird zwei Minuten lang reiner Sauerstoff eingeleitet.
Meist wird zu einer Serie von 15 Behandlungen geraten, es werden aber auch bis zu 40 Darmwäschen durchgeführt.
Es gibt eine Vielzahl von Varianten, so werden dem Leitungswasser verschiedene Zusätze beigemischt, wie Kaffee, Milch, Pflanzenmittel und anderes.

Anwendungsbereiche

Überwiegend wird die Methode bei Verstopfung und Abführmittelmißbrauch eingesetzt, sehr häufig wird von den Anbietern bei vegetativen Störungen die Diagnose „Dysbiose" gestellt und mit Darmwäsche behandelt.

Anwender stellen bei ihren Patienten in letzter Zeit auch oft „Darmmykose" (Pilzbefall) fest. In diesem Fall werden umfangreiche Behandlungsserien angeraten. Colonhydrotherapie wird auch zur Hebung des Wohlbefindens eingesetzt, dient der Einleitung einer Ernährungsumstellung oder einer mikrobiologischen Behandlung (siehe Seite 251), soll gegen Neurodermitis, Rheuma, Herz-Kreislauf-Erkrankungen, Arteriosklerose, Krebsleiden, Migräne, Lymphabflußstörungen und Bluthochdruck helfen.

Grenzen der Anwendung

Nach Darmoperationen, Herzinfarkt, bei Angina pectoris, Darmblutungen, Darminfektionen, Darmverschluß, Gewebeneubildungen in Dickdarm und Prostata sowie während der Schwangerschaft darf keine Darmspülung durchgeführt werden.

Risiko

◆ Es können schmerzhafte Bauchkrämpfe und Darmblutung auftreten.

◆ Zwischenfälle sind selten. Doch die Belastung des Kreislaufs kann bei Kreislaufschwachen zu Herz- oder Nieren-Versagen und zu lebensgefährlicher Elektrolytverschiebung führen.

◆ Darmwäschen haben in der Vergangenheit zu Verletzung der Darmwand, Geschwürbildung und infektiösen Erkrankungen geführt, es sind einige Todesfälle bekannt geworden.

◆ Beimengungen von Kaffee, Seife, Pflanzenteilen, Essig oder anderen Chemikalien erhöhen das Risiko von Komplikationen.

Kritik

◆ Das Konzept der Colonhydrotherapie ist unhaltbar. Eine Verschiebung innerhalb des Bakterienspektrums im Darm kann bei Infektionen, bei Darmentzündung oder nach Antibiotikabehandlung eintreten. Diese Veränderungen sind Anzeichen einer Gesundheitsstörung, nicht aber ihre Ursache. Sind die Ursachen beseitigt, reguliert sich die Darmflora von selbst. Täglicher Verzehr eines Joghurts mit lebenden Kulturen und Fruchtzuckerzusatz auf nüchternen Magen kann dies unterstützen, eine ballaststoffreiche Ernährung fördert die Normalisierung der Darmflora.

◆ Die These der Rückvergiftung (Auto-Intoxikation) ist nicht belegt, auch nach monatelangen Verstopfungen reagiert der Organismus nicht mit Vergiftungserscheinungen.

◆ Es ist zweifelhaft, ob die häufig festgestellten „Darmmykosen" Krankheitswert haben.

◆ Bei ausgewogener Ernährung und ausreichender Bewegung braucht der Darm keine Entleerungshilfe.

◆ Die bestehende Darmflora wird durch eine „Darmspülung" mit Wasser nachweislich nicht längerfristig verändert, ebensowenig durch Begasung mit Sauerstoff.

◆ Es fehlen kontrollierte Studien zur Wirksamkeit der Darmwäsche. Ihr Nutzen ist gering, die Risiken sind nicht zu kalkulieren.

Empfehlung

Von der Colonhydrotherapie ist demnach abzuraten.

Kosten

Die Kassen bezahlen Colonhydrotherapie üblicherweise nicht. Sie ist auch nicht beihilfefähig.

Für Selbstzahler berechnet der Arzt die Kosten nach der Gebührenordnung für Ärzte (siehe Seite 32). Eine Sitzung kostet zwischen 130 und 160 DM und mehr.

Cranio-Sacral-Therapie

Geschichte

Von der Aura des Geheimnisvollen umgeben ist diese manuelle Behandlungsmethode nicht nur wegen ihres vermeintlich heiligen Namens. Er leitet sich von den Worten Cranio (Schädel) und Sacrum (Kreuzbein) ab. Die CS-Technik ist eine Spielart der Osteopathie (siehe Manuelle Medizin, Seite 83). Sie behandelt das Körperskelett vom Scheitel bis zum Rückenende mit feinen, kaum wahrnehmbaren Manipulationen.

Der amerikanische Osteopath *William Garner Sutherland* (1873–1954) hat die CS-Technik entwickelt, nachdem er entdeckt zu haben glaubte, daß die Knochen des Schädels und des Beckens in einer rhythmischen Bewegung miteinander verbunden sind. Die Methode wurde vom Chirurgen *John E. Upledger* in den 70er Jahren weiterentwickelt.

Die Situation heute

Die Cranio-Sacral-Technik wird von einigen Ärzten, Orthopäden, Zahnärzten, Physiotherapeuten und Bewegungspädagogen durchgeführt. In den 80er Jahren erlebte sie einen Boom unter Masseuren und Heilpraktikern, hat aber inzwischen wieder an allgemeinem Interesse verloren.

Idee und Erklärung der Wirkung

Sieben das Gehirn umschließende Knochen bilden den Schädel. Cranio-Sacral-Therapeuten behaupten, daß man sie einen Zehntel Millimeter bis einen Millimeter gegeneinander bewegen könne.

Hirn und Rückenmark werden vom Hirnwasser umhüllt. Diese Flüssigkeit schützt sie, versorgt sie mit Nährstoffen und entschlackt sie. In regelmäßigem Rhythmus von sechs- bis zwölfmal pro Minute nimmt – so behaupten die Anwender – die Hirnflüssigkeit ab und zu. Trainierte Hände könnten diesen Rhythmus am Schädel spüren. An der Wirbelsäule und am Kreuzbein soll er winzige Drehbewegungen erzeugen. Bei akuten Krankheiten beschleunigt sich dieser Rhythmus angeblich, bei chronischen verlangsamt er sich.

Sind die Schädelknochen durch Verhärtungen des Bindegewebes zueinander nicht mehr elastisch, entsteht Überdruck, der an die Nerven weitergegeben wird. In der Folge solcher „Blockierungen" oder durch Unfälle, Stürze, Schläge oder Muskelverspannungen sollen sich angeblich Krampfleiden, Migräne, Skoliose, Allergien, Ohrenrauschen, Depressionen und Schmerzleiden, bei Kindern Lernprobleme und Hyperaktivität entwickeln. Auch die Deformierung des kindlichen Schädels bei der Geburt soll den natürlichen Rhythmus stören.

Die Behandlung will die blockierte Pendelbewegung lösen, die Durchblutung bessern, die Körpergewebe entspannen, Beschwerden beheben und Selbstheilungsprozesse anstoßen.

Untersuchung und Behandlung

Der Behandler legt die Hände um den Kopf des liegenden Patienten, erspürt den individuellen Rhythmus und stimmt sich „meditativ" darauf ein. Dann legt er seine Hände dorthin, wo er eine Blockierung des Rhythmus beziehungsweise der Pendelbewegung festgestellt hat. Das kann an einer Knochenverbindung am Schädel, an der Wirbelsäule oder am Kreuzbein sein. Mit dem geringen Druck von nicht mehr als fünf Gramm hält der Behandler die Körperstelle in der Extremstellung des „Pendelausschlags" während einiger aufeinander folgender Zyklen fest. Dies wird an verschiedenen Stellen des Systems so lange wiederholt, bis die Bewegungen in Symmetrie verlaufen.

Die Berührung ist ganz zart, dauert lange an und versetzt Behandler und Patient in tiefe Konzentration.

Die Behandlung dauert etwa eine halbe Stunde. Sie wird meist im Abstand von zwei bis drei Wochen einige Male wiederholt.

Ausbildung der Behandler
Lehrer des Sutherland-Instituts in Florida bereisen verschiedene Institute in Deutschland, um Interessenten auszubilden, die ihrerseits das Wissen weitergeben. Medizinische Vorbildung und Qualität der Ausbildung werden nicht geprüft.

Es heißt, daß man diese Technik jahrelang und täglich ausüben muß, um sie wirklich zu beherrschen.

_Anwendungsbereiche

Bei Kleinkindern wird CS-Therapie angewendet, wenn Schwangerschaft oder Geburt schwierig waren. Kinder mit Schlafstörungen, Neigung zu Infekten der Atemwege, spastischer Bronchitis und Hyperaktivität, mit Haltungsschäden und Lernproblemen zählen zur Klientel der CS-Therapeuten.

CS-Therapie verspricht Erwachsenen Besserung, die nach einem Unfall, bei dem der Kopf, die Wirbelsäule oder das Steißbein betroffen waren, an Funktionsstörungen leiden. Sie soll auch bei Krampfleiden, Migräne, Skoliose, Allergien, Ohrenrauschen, Schwindel und Depressionen helfen.

In den USA wird diese Therapie üblicherweise als „Feinkorrektur" nach orthopädischen Behandlungen eingesetzt. Die meisten Anwender in Deutschland führen sie als alleinige Therapie durch.

Grenzen der Anwendung
Bei Schädelfrakturen und Gehirnblutungen darf nicht behandelt werden.

_Risiken

Die CS-Methode selbst ist wahrscheinlich risikoarm. Die Gefahr liegt darin, daß der Anwender keine ausreichende anatomische und orthopädische Ausbildung hat und notwendige Behandlungen ernsthafter Erkrankungen unterbleiben.

_Kritik

◆ Die Wirksamkeit dieser Methode ist nicht belegt, das Verfahren umstritten. Mögliche Erfolge beruhen wahrscheinlich auf der tiefen Entspannung, die die Behandlungssituation mit sich bringt.
◆ Die Ausbildung wird zum Teil in „Schnellkursen" vorgenommen.
◆ Fanatische Anhänger wollen mit CS alles behandeln. Einige Praktiker glauben, sie leiteten eine göttliche Kraft durch ihre Hände.
◆ Die Medizin lehnt die Theorie von der losen Verbindung der Hirnknochen und der Pulsation der Gehirnflüssigkeit ab.

_Empfehlung

Die Cranio-Sacral-Therapie kann daher nicht empfohlen werden.

_Kosten

Die Kassen erstatten die Kosten nicht. Bei Ärzten beziehungsweise Physiotherapeuten kostet die Behandlung zwischen 100 und 200 DM.

_Adresse

Dr. Karl Sell Ärzteseminar Neutrauchburg
(MWE) e.V.
Am Moos 3
D-88316 Isny-Neutrauchburg
Tel.:0 75 62/52 11

Edelsteinmedizin

Geschichte

Die geheimnisvollen Farben, die funkelnde Brillanz von Edelsteinen faszinierten von alters her Arm und Reich. Vielfach wurden sie zu kultischen Zwecken verwendet: Der Brustschild des Hohenpriesters in der biblischen Geschichte des Moses war mit Edelsteinen geschmückt. Schamanen gebrauchten sie früher wie heute bei ihren Ritualen. In der indischen Heilkunde spielten Medikamente aus verbrannten Edelsteinen eine gewisse Rolle.

Hildegard von Bingen beschreibt in ihrer Physika (siehe Seite 239) die Wirkung diverser Steine, die auch die Bibel erwähnt.

Die Situation heute

Die Vertreter der Hildegard-Medizin (siehe Seite 240) propagieren in ihren Büchern auch die Edelsteinmedizin nach Hildegard. Ihr Versandhandel vermittelt eine Lieferadresse für die Mineralien der Edelsteinmedizin.

Viele Geschäfte der alternativen, „esoterischen" Szene verkaufen Edelsteine oder Amulette und geben für sie therapeutische Wirkungen an.

In der Technik werden Edelsteine aufgrund ihrer elektromagnetischen Eigenschaften vielfältig gebraucht: in Radios, Uhren, für Laser.

Die Idee dahinter

Verschiedene Bereiche vermischen sich bei dem, was sich heute als Edelsteinmedizin präsentiert. Da ist zum einen die mittelalterliche, religiös geprägte, mystische Anwendung von Edelsteinen à la Hildegard. Sie sah in ihnen Produkte des vierten Schöpfungstages und verband mit ihnen göttliche Heilwirkungen.

Naturalistisch ausgerichtete Heiler meinen, Edelsteine bergen in sich eine Kraft, die die langen Jahre ihres Wachstums in der Erde in ihnen verankert haben. Menschen können sie nutzen, um sich damit zu heilen, Wasser wird durch sie gereinigt, Pflanzen wachsen schneller und besser.

Eine weitere Idee folgt der esoterischen Vorstellung, mit der energetischen Kraft der Gedanken könnten die Steine „programmiert" werden. Auf den Körper gelegt, sollen sie dann energetische „Kanäle" öffnen, durch die diese positive Information in jemanden einströmen kann. Eine besondere Wirkung sollen sie angeblich an den Chakren entfalten, den sieben Energiezentren des Körpers.

Die Mittel

Die heute gebräuchliche Edelsteinmedizin verwendet vornehmlich ganze Steine. Sie werden solo am Körper oder in der Kleidung getragen, als Schmuck gefaßt oder an Geräten befestigt, deren „Störfelder" sie ausgleichen sollen. Selten werden die Steine pulverisiert und homöopathisch verdünnt.

Edelsteine und Kristalle werden auch in Wasser gelegt, um dieses mit der „kosmischen Energie der Steine" anzureichern. Solche Kristallessenzen werden – ähnlich wie die Bach-Blütenmittel (siehe Seite 211) – bei bestimmten Zuständen tropfenweise eingenommen.

Nur echte Edel- und Halbedelsteine sollen Heilkräftiges bewirken können, die anderen sind in dieser Hinsicht wertlos.

Untersuchung und Behandlung

Edelsteinmedizin wird meist als Selbstheilungsmethode praktiziert.

Manche Behandler setzen Edelsteinmedizin jedoch als Behandlungssystem ein. Dazu operieren sie mit einem in sich geschlossenen Kreis von Methoden: Sie prüfen zum Beispiel radiästhetisch, ob die Patienten „mit ihren Meßwerten in der Norm" sind und ertesten mit der gleichen Methode, welcher Stein sie in den gewünschten Zustand bringt. In diesem System hängt eines von dem anderen ab, Methode und Ergebnisse bestimmen und bedingen einander. Beliebt ist auch, die Edelsteine rituell und in bestimmter Reihenfolge auf den ruhenden Körper eines Patienten aufzulegen, um damit ein heilendes „Energiefeld" für ihn aufzubauen.

Erklärung der Wirkung

Für die Hildegard-Mediziner liegt die Wirksamkeit der Edelsteine im Wesen ihres visionären Ursprungs, den sie für die gesamte Methode in Anspruch nehmen. Hier wie dort kann an der Einzigartigkeit der Aussagen nicht gerüttelt werden: „Was bei anderen Autoren steht, findet sich nicht bei Hildegard; was sich bei Hildegard findet, steht in dieser Form nie in anderen Steinbüchern ihrer Zeit." Da alle Edelsteine ihrer Natur nach dem Bösen feind sind, können sie nur Gutes bewirken.

Moderne Edelsteinbefürworter diskutieren als Wirkungsträger energetische Felder oder elektromagnetische Strahlung beziehungsweise eine magnetische Ausrichtung, die „disharmonische Informationen", wie die einer Krankheit, ausgleichen.

Wieder andere versuchen, die vorgebliche Wirkung ähnlich dem Simileprinzip der Homöopathie zu erklären: Wenn ein Stein Krankheiten hervorrufen kann, kann er sie auch verhüten.

Anwendungsbereiche

Hildegard von Bingen ordnet gemäß dem damaligen Weltverständnis den Steinen eine Reihe von Eigenschaften zu.

In den Büchern zur Edelsteinmedizin reichen die beanspruchten Indikationen von allgemeinen Verhaltens- und Persönlichkeitsveränderungen – „Beryll macht sanft und verträglich" – über die Behandlung definitiver Krankheiten: „Achat bei Epilepsie", „Bergkristall bei Funktionsstörungen der Schilddrüse", Jaspis als „Herzschrittmacher" bis zur externen Beeinflussung: Chrysopras gegen Wasserverschmutzung.

Während in früheren Texten noch viele Indikationen eindeutig als: „Das heilt das" angegeben waren, sind die neuen Texte weniger angreifbar formuliert. Sie stellen Fragen, suggestiv zwar, doch lassen sie die Antwort offen. Höchst kritische, gefährliche Anwendungen erscheinen dann zum Beispiel mit einem Fragezeichen versehen: „Ob man ebenfalls den Saphir gemäß der obigen Beschreibung (beim akuten Glaukom-Anfall) anwenden könnte?" Diese Technik, Hildegards Schriften auf die heutige Zeit zu übertragen, führt zu einer Aussage, aus der Laien schließen können, daß gegen Zeckenbisse und deren mögliche Folge Hirnhautentzündung der Achat hilft.

Sich als Heiler ausgebende Edelsteinbefürworter suchen zum Beispiel radiästhetisch den zum Typ passenden Stein. Ist er gefunden, sollen alle anderen Metalle dem Körper nichts mehr anhaben können. Damit gelten die Steine als „Umweltstabilisatoren". Zudem soll es eine Verbindung geben zwischen der Farbe der Steine und den Krankheiten, die sie zu heilen in der Lage sein sollen: gelbe Steine bei Gelbsucht.

Risiken

Edelsteine am Körper zu tragen ist an sich harmlos. Problematisch ist jedoch, daß dadurch notwendige wirksame Behandlungen versäumt werden können.

Kritik

◆ Die verschiedenen Konzepte der Edelsteintherapie beruhen auf religiösen Vorstellungen, vorwissenschaftlichen Ideen und Aberglauben. Sie widersprechen dem heutigen Wissensstand. Anwender vermischen dieses Gedankengut auf unzulässige Weise mit physikalischen Begriffen.

◆ Weder für die Meßmethode, mit der der Gesundheitszustand eines Menschen ermittelt werden soll, noch für die dabei zugrundegelegte „Norm", noch für die Veränderungen gibt es wissenschaftlich nachvollziehbare Definitionen.

◆ Es gibt keinen wissenschaftlich akzeptierten Nachweis der Wirksamkeit.

◆ Werden pulverisierte und veraschte Edelsteine oder Mineralien eingenommen, birgt das unter Umständen das Risiko einer Vergiftung.

Empfehlung

Die Edelsteinmedizin ist als Behandlungsmethode von Krankheiten und Beschwerden abzulehnen.

Kosten

Die Preise für die Mineralien zum Auflegen gemäß der Edelsteinmedizin nach Hildegard lagen 1996 zwischen 2 DM (Amethyst, Chalzedon und Karneol) und 90 DM (Goldkur) bzw. für größere Exemplare zwischen 6 DM (Karneol) und 800 DM (Gold).

Eigenbluttherapie

Geschichte

Zu Beginn unseres Jahrhunderts versuchten viele Ärzte eine Reiztherapie mit Blutinjektionen: Sie wollten Entzündungen oder die Neigung zu Infekten durchbrechen. Der Dermatologe *Spiethoff* entwickelte 1913 eine standardisierte Methode, mit Eigenblut und Eigenserum zu behandeln. Diese Technik wurde in den darauffolgenden drei Jahrzehnten geradezu Mode.

Man berichtete über Erfolge bei vielerlei Erkrankungen – von der Syphilis über Herz-Kreislauf-, Haut- und Augenkrankheiten, orthopädische und gynäkologische Leiden bis zu Krebs. Das Eigenblut wurde verschiedenen Behandlungen unterworfen, bevor man es wieder injizierte: Man ließ es gefrieren und wieder auftauen, entfernte Faktoren, die für die Blutgerinnung wichtig sind, oder die roten Blutkörperchen und versetzte es mit Sauerstoff. Daraus entwickelten sich die Hämatogene Oxidationstherapie (siehe Seite 278) und die Ozontherapie (siehe Seite 281).

Die Situation heute

Die Eigenblutbehandlung wird heute vorwiegend von Heilpraktikern durchgeführt.

Idee und Erklärung der Wirkung

Der körpereigene Stoff soll den Organismus zu verstärkter Abwehrreaktion reizen. An der Einstichstelle entsteht eine Entzündungsreaktion, die Körpertemperatur steigt an. Das soll eine „vegetative Umstimmung" auslösen.

Behandlung

Mit einer Injektionsspritze entnimmt der Behandler Venenblut. Das entnommene Blut spritzt der Arzt sofort, ohne es irgendwie zu „behandeln", wieder ein: meist in die Vene, manchmal unter die Haut, eventuell in Akupunkturpunkte oder segmentale Maximalpunkte (siehe Reflexzonenmassage, Seite 80), selten in Arterien.

Zur Behandlung akuter Krankheiten entnimmt und reinjiziert der Therapeut täglich bis maximal zehn Milliliter und wiederholt dies einige Tage lang. Zur Reiztherapie bei chronischen Erkrankungen soll eine geringere Dosis, nur jeden dritten Tag und einige Wochen lang gespritzt, genügen.

Manche Behandler geben der Injektion lokal wirkende Betäubungsmittel bei.

Varianten

Will der Behandler einen größeren Reiz erzielen, dann setzt er Echinacea oder Mistelextrakt zu (siehe Seite 127), versetzt das Blut mit Homöopathika oder destilliertem Wasser.

Bei der Autosanguis-Stufentherapie zur „Entgiftung" bei Allergien, wiederkehrenden Virusinfektionen und Migräne verdünnt (potenziert) er das Blut gemäß der homotoxischen Vorstellung (siehe Seite 242) und fügt ihm Injektionspräparate der Homotoxikologie bei. Die Spritzen werden unter die Haut oder in die Muskeln gesetzt.

Bei einer weiteren Variante verdünnt der Behandler das Blut nach homöopathischen Regeln. Anschließend wird es jedoch nicht injiziert, sondern eingenommen. Befürworter der Methode bevorzugen diese Form bei Kindern mit chronischen Krankheiten.

Zur Variante der „kleinen" und „großen" Blutwäsche siehe Ozontherapie, Seite 281 oder HOT/UBV, Seite 278.

Anwendungsbereiche

Befürworter der Eigenblutinjektionen wenden diese Technik bei verzögerter Rekonvaleszenz, chronischen Erkrankungen der Haut, des Bewegungsapparats und der Luftwege, bei Allergien, Viruserkrankungen, in der Krebsnachsorge, vor Operationen und sogar bei Aids an.

Grenzen der Anwendung

Bei Gerinnungsstörungen, gleichzeitiger immununterdrückender Medikation, schweren Leber- und Nierenschäden und Überfunktion der Schilddrüse dürfen keine Eigenblutinjektionen gesetzt werden.

Risiken

◆ Als Unverträglichkeitsreaktion können Nesselausschlag, Schwindel, Kopfschmerzen, Fieber, Herzklopfen und sogar Schock auftreten. Es besteht die Gefahr, daß sich an der Einstichstelle ein Abszeß bildet, es kann eine Blutvergiftung entstehen. Bei intravenöser Verabreichung kann es zu Embolien kommen.

◆ Die Injektion von Blut mit Mistel- oder anderen Zusätzen kann schmerzhaft sein und Fieber hervorrufen.

Kritik

Die Eigenblutbehandlung hat die in sie gesetzten Hoffnungen nicht erfüllt. Sie wird deshalb in der etablierten Medizin nicht mehr praktiziert. Eigenblutinjektion ist eine unspezifische Reiztherapie. Ihr Nutzen wiegt das Risiko nicht auf. Andere Reizmethoden wie Wasseranwendungen sind weniger schmerzhaft und empfehlenswerter.

Empfehlung

Eigenblutbehandlung kann nicht empfohlen werden.

Kosten

Die Krankenkassen bezahlen diese Behandlungen. Nach ihren Richtlinien können Heilpraktiker für Eigenblutbehandlung bis zu 25 DM verlangen.

Eigenharntherapie

Geschichte

Urin ist ein ganz besonderer Saft, das macht ein Bestseller glauben, der das Urintrinken (Uropothie) in den 90er Jahren in Mode brachte. Harn hat in der Medizin lange eine bedeutende Rolle gespielt: Schon vor 4 000 Jahren schätzten die indischen Yogis den „gelben Becher", täglich eingenommen, als Lebensverlängerer, und in asiatischen Ländern wird bis heute bei einigen Krankheiten Eigen-, Fremd- und tierischer Urin verabreicht. Gegen das „Schulfieber", das Kinder vom Unterricht abhält, wird etwa in China verordnet, den Urin der Schulkameraden zu trinken.

Die Ärzte der Antike und auch noch des ausgehenden Mittelalters stützten ihre Diagnose weitgehend auf die Harnschau. *Hippokrates* (460–377 v. Chr.) empfahl Urintrinken als Mittel gegen Geschwüre, Augenleiden, Schlangenbisse und Tollwut. *Galen von Pergamon* (129–199) räumte dem Harn in seinem Arzneischatz eine bedeutende Stellung ein. Der eigene oder fremder Harn wurde als Trank oder in Verbindung mit anderen Stoffen als Mittel zum Einreiben, für Umschläge, Injektionen oder Infusionen im Laufe der Jahrhunderte gegen nahezu alle Krankheiten gegeben: bei Erkrankungen der Harnwege und der Haut, gegen Bisse und Stiche von Tieren, bei Augen- und Ohrenleiden, bei Gicht, Atembeschwerden und Wassersucht.

Im Mittelalter verkauften Apotheker „apozème suisse", eingedickten, aromatisierten Kuhharn als Heilmittel. Im 17. Jahrhundert glaubte mancher Arzt, daß mit dem Trinken des eigenen Harns Geilheit und Geschlechtskrankheiten geheilt werden könnten. Die Volksmedizin bewahrte sich den Glauben an die Heilkraft des eigenen Urins bis heute: „Piss drauf!" heißt es, wenn sich jemand an der Haut verletzt.

Zur Jahrhundertwende etablierten sich bei den Naturheilern neben den Eigenblutinjektionen (siehe Seite 224) auch Eigenharninjektionen als Reiztherapie.

Die Situation heute

Selbstbehandlung mit Uropothie liegt neuerdings im Trend, die Injektionsbehandlung mit Eigenharn erfreut sich zunehmender Beliebtheit. Sie wird vorwiegend von Heilpraktikern, aber auch immer häufiger von Ärzten durchgeführt.

Die Idee dahinter

Der körpereigene Stoff soll zusammen mit den vom Körper gegen die Krankheitskeime erzeugten Antigenen, die sich darin befinden, den Organismus zu verstärkter Abwehrreaktion reizen. Injektionen von Rekonvaleszentenharn nach Infektionen sollen einer passiven Immunisierung entsprechen.

Manche Harnanwender sind der Auffassung, daß auch die im Harn enthaltenen Keime den Organismus zur Gegenwehr reizen könnten. Diese Therapeuten sterilisieren den Harn vor der Anwendung nicht.

Behandlung und Durchführung

Injektionsbehandlung: 0,5 Milliliter Eigenurin, steril filtriert oder mit Phenol versetzt, wird in den Muskel gespritzt. Für eine Behandlungsserie wird die Dosis in 0,1 Milliliter-Stufen bis zu maximal 5 Milliliter gesteigert und im Abstand von zwei bis drei Tagen injiziert.

Uropothie: Meist wird über einige Wochen hinweg täglich ein Becher frisch gewonnener Morgenharn getrunken oder die gesamte Tagesmenge am Abend eingenommen.

Äußerliche Anwendungen: Mit Eigenharn werden Umschläge, Spülungen und Einläufe gemacht.

Anwendungsbereiche

Eigenharninjektionen: Befürworter wollen damit eine immunologische „Umstimmung" des Körpers anregen und Infektanfälligkeit, chronische Harnweginfekte, schwangerschaftsbedingten Bluthochdruck, Allergien und Migräne kurieren sowie Beschwerden der Wechseljahre erleichtern.

Uropothie: Der eigene Harn wird zur „Umstimmung, Entgiftung und zur Anregung des Stoffwechsels" getrunken und soll gegen alles und jedes helfen.

Die Spülung mit Urin wird bei Hauterkrankungen und -wunden, zur Darmreinigung und anderem mehr angeraten.

Grenzen der Anwendung

Bei Gerinnungsstörungen, gleichzeitiger immundämpfender Medikation, Überfunktion der Schilddrüse, schweren Leber- und Nierenschäden darf keine Eigenharninjektion durchgeführt werden.

Bei Geschlechtskrankheiten und entzündlichen Erkrankungen der Nieren und Harnwege darf kein Eigenharn eingenommen oder als Einreibung verwendet werden.

Erklärung der Wirkung

◆ Die Injektionsbehandlung ist eine unspezifische Reiztherapie.

◆ Erwachsene scheiden mit dem Urin etwa 30 Gramm Harnstoff aus. Harnstoff wirkt osmotisch, das bedeutet, er fördert den Flüssigkeitsaustausch zwischen Zellen. Das kann dazu führen, daß bei äußerlicher Anwendung Pilze, Bakterien und Sporen zugrunde gehen. Bei innerlicher Anwendung wirkt Harnstoff harntreibend.

◆ Urin enthält auch geringe Spuren von Melatonin, ein Hormon, das von der Epiphyse, der Zirbeldrüse, ausgeschüttet wird und die Schlafbereitschaft des Körpers herstellt. Wird Urin über mehrere Wochen täglich eingenommen, tritt ein beruhigender Effekt ein.

◆ Das Trinken von Eigenharn kann unter Umständen über einen psychologischen „Noxebo-Effekt" (Furcht vor einer Schädigung durch eine Noxe) Wirkung entfalten: Wer sich vor dem Urin ekelt, kann „überzeugt" werden, sich rasch besser zu fühlen.

Risiken

◆ Im Harn wachsen wenige Minuten nach der Ausscheidung Keime heran, damit besteht bei der Einnahme und Einreibung ohne vorhergehende Sterilisation die Gefahr von Infektionen. Tatsächlich wird der Harn häufig gezielt unbehandelt angewendet, um mit den Keimen das Immunsystem „anzuregen". Diese Therapeuten nehmen bewußt das Infektrisiko ihrer Patienten in Kauf. Manche Anwender wollen den Harn mittels Ozon sterilisieren. Das reicht nicht aus.

◆ Mit dem Harn werden auch Viren ausgeschieden, etwa bei Masern Masernviren. Was dies bei einer Eigen- oder Fremdharntherapie bedeuten kann, ist noch nicht geklärt.

◆ Durch Harninjektion möglicherweise ausgelöste Folgekrankheiten werden diskutiert.

◆ Bei Injektionen besteht die Gefahr, daß sich an der Einstichstelle ein Abszeß bildet. Als Unverträglichkeitsreaktion können Hautausschlag, Schwindel, Kopfschmerzen, Fieber und Herzklopfen auftreten.

◆ Als Nocebo-Effekt (Nebenwirkungen eines Placebos, siehe Seite 20) des Urintrinkens können Durchfall, Kopfschmerzen, Schlafstörungen und anderes mehr auftreten.

Kritik

◆ Wirkung und Risiken der Urininjektionen sind nicht ausreichend dokumentiert.

◆ Der Harn schwemmt mit Nahrung und Genußmitteln aufgenommene und im Stoffwechsel entstandene Gifte aus dem Körper. Nimmt man Harn ein, so werden diese Giftstoffe im Magen-Darm-Trakt wieder freigesetzt und vom Körper auch wieder aufgenommen.

◆ Die Zusammensetzung des Urins schwankt im Tagesablauf und je nach Nahrungsaufnahme beträchtlich, eine einheitliche Wirkung kann nicht erwartet werden.

◆ Eigenharntrinken ist ein unsinniges Relikt aus der Kultmedizin und aus hygienischen Gründen nicht sinnvoll. Der Nutzen der Eigenharnbehandlung wiegt das Risiko nicht auf. Andere Reizmethoden wie Wasseranwendungen sind empfehlenswerter.

Empfehlung

Eigenharninjektion und Harntrinken sind abzulehnen.

Kosten

Die Krankenkassen bezahlen diese Behandlungen nicht. Für Selbstzahler berechnet der Arzt die Kosten nach der Gebührenordnung für Ärzte (siehe Seite 32). Nach ihren Richtlinien können Heilpraktiker für Eigenharnbehandlung bis zu 25 DM verlangen.

Enzymtherapie

Geschichte

In der zweiten Hälfte des 19. Jahrhunderts fand man in den Enzymen (Fermenten) die Erklärung, wie Verdauungssäfte die Nahrung in die Bruchstücke zerlegen, die der Körper schließlich aufnehmen kann. Bei nachfolgenden Forschungen stieß man auf vielerlei Enzyme, die im Körper ganz unterschiedliche biochemische Vorgänge in Gang setzen, stoppen und steuern.

Früher hielt man einzelne Enzyme bei genau definierten Anwendungsgebieten für unentbehrliche Arzneimittel. Wenn zum Beispiel die Bauchspeicheldrüse kein fettspaltendes Enzym produziert, wurde dieses Enzym in Tablettenform verordnet. Mittlerweile hat sich jedoch herausgestellt, daß, selbst wenn die Bauchspeicheldrüse entfernt wurde, der Darm genügend Enzyme bildet, um die Nahrungsverwertung sicherzustellen.

Die Enzymtherapie, um die es hier geht, will aber ohnehin anderes bewirken. Um 1950 wurden Enzymgemische – dem damaligen Verständnis entsprechend – bei Entzündungen von Organen und Geweben, nach Operationen und bei Verletzungen angewandt. In den 60er Jahren überprüften die amerikanischen Gesundheitsbehörden Enzymarzneimittel auf diese Wirksamkeit. Sie kamen zu einem negativen Ergebnis, und in vielen Ländern verschwanden die Mittel vom Markt. Auch in Deutschland verringerte sich ihre Zahl. Die Bedingungen, die das Gesundheitsstruktur-Reformgesetz hinsichtlich der Erstattungsfähigkeit von Arzneimitteln zu Lasten der gesetzlichen Krankenkassen schuf, hat den Markt der Enzymarzneimittel dann noch einmal stark verändert.

Die Idee dahinter

Auf der Ebene der Zellen betrachtet, sind Entzündungen, Verletzungen und Krebserkrankungen unter anderem biochemische Reaktionen oder Reaktionen von Eiweißstoffen im Abwehrsystem. Dabei reagieren Substanzen miteinander, die aus den Bausteinen aufgebaut sind, aus denen alles Lebendige besteht: Eiweiß, Zucker und Fette.

Die bei der Enzymtherapie verwendeten Enzyme bauen Eiweiß, Zucker und Fette ab, und man geht davon aus, daß sie solche Substanzen abbauen, die zum Beispiel Entzündungsreaktionen unterhalten.

Die Mittel

Für die Enzymtherapie im hier besprochenen Sinn gibt es in Deutschland nur wenige Präparate. Gegen rheumatische Entzündungen und Hauterkrankungen sind Alpha-Chymocutan, Alpha-Chymotrase, Mulsal N, Phlogenzym, Wobe-Mugos E Salbe und Wobenzym N gedacht. Sie enthalten Enzyme, Phlogenzym und Wobenzym noch ein wenig Rutosido, einen Pflanzeninhaltsstoff, der Blutgefäße „abdichten" soll. Als Mittel zur enzymatischen Krebsbehandlung sind nur noch Wobe-Mugos E und Wobe-Mugos Th im Handel. Letzteres enthält zusätzlich zu dem Enzymgemisch noch einen Extrakt aus Kälberthymus (siehe Seite 265).

Die entzündungshemmenden Mittel gibt es zum Auftragen auf die Haut, als Tabletten und Dragées zum Schlucken, die Krebsmittel zusätzlich noch als Klistier und zum Spritzen.

Untersuchung und Behandlung

Die Befürworter halten es für notwendig, bei Behandlungsbeginn die Enzyme so hoch wie möglich zu dosieren. Bei der Phlogenzym-Behandlung von Entzündungen nach Verletzungen heißt das, anfänglich bis zu zwölf Tabletten täglich, später sechs Tabletten einzunehmen. Für eine begleitende Krebsbehandlung mit Wobe-Mugos E lautet die Gebrauchsanweisung ebenfalls täglich sechs Tabletten; handelt es sich um einen Tumor, der nicht operiert werden kann, erhöht sich die Dosis auf bis zu 20 Tabletten am Tag.

Bei Krebs soll das Mittel – wo immer möglich – direkt in die Geschwulst hineingespritzt werden. Um

Tochtergeschwülste oder ein Wiederaufflackern der Erkrankung zu verhindern, soll die Behandlung mindestens zwei Jahre lang durchgeführt werden.

Erklärung der Wirkung

Bei vielen Krankheiten und auch bei Entzündungen treten im Blut „Immunkomplexe" auf. Dieses sind Verbindungen zwischen körperfremden Stoffen, den Antigenen, und den Antikörpern des Immunsystems. Immunkomplexe hat man vermehrt im Blut von Menschen nachgewiesen, die Autoimmunkrankheiten haben (siehe Seite 41). Eiweißabbauende Enzyme sollen die Bildung dieser Komplexe verhindern beziehungsweise sie wieder auflösen. Mit dieser Wirkvorstellung begründen Befürworter der Therapie die Anwendung der Enzyme bei Autoimmunkrankheiten, wie zum Beispiel der multiplen Sklerose.

Die Anti-Krebs-Wirkung von Wobe-Mugos erklären Enzymtherapeuten so: Eine Krebszelle umhüllt sich mit einer Art winzigem Blutgerinnsel. Das Mittel soll die Hülle aufreißen, so daß die körpereigene Abwehr die Zelle unschädlich machen kann. Außerdem soll das Mittel die Oberfläche von Krebszellen so verändern, daß wiederum die körpereigene Abwehr gegen sie vorgehen kann.

Anwendungsbereiche

Mit den veränderten Zulassungsbedingungen für Arzneimittel gaben die Hersteller der Enzymprodukte immer wieder veränderte Anwendungsbereiche an. Zur Zeit werden Enzymmittel äußerlich bei Unfall- und Sportverletzungen angewandt, bei Hautentzündungen, Herpesinfektionen und Verbrennungen.

Wobe-Mugos gilt heute nur noch als Krebsmittel. Es soll die schulmedizinischen Behandlungen unterstützen, die Bildung von Tochtergeschwülsten verhindern, Rückfällen vorbeugen und das Befinden von Patienten mit nicht mehr heilbarem Krebs verbessern.

Grenzen der Anwendung

Die Mittel sollen nicht angewendet werden, wenn eine erhöhte Blutungsneigung besteht.

Risiken

◆ Das Spritzen von Enzympräparaten über längere Zeit birgt ein relativ großes Allergierisiko.

◆ Da die Enzyme des Injektionsmittels auch in einigen Früchten und in Arzneimitteln vorkommen, kann das Risiko noch steigen: Manche Menschen entwickeln gegenüber diesen Enzymen – vielleicht sogar unbemerkt – eine Überempfindlichkeit. Sie können in Lebensgefahr geraten, wenn sie ein Mittel mit diesen Enzymen gespritzt bekommen.

◆ Wird das Präparat in Körperhöhlen gespritzt, können Fieber und Kreislaufbeschwerden auftreten. Es kann zum Schock kommen.

◆ Der Thymuszusatz in dem Mittel Wobe-Mugos Th stammt aus tierischem Gewebe. Es ist nicht sicher auszuschließen, daß in ihm Partikel enthalten sein könnten, die bei Rindern die Krankheit Bovine Spongiforme Enzephalopathie (BSE, „Rinderwahnsinn") verursachen. Der Erreger dieser Krankheit ist immer noch nicht sicher identifiziert. Ob ein Produkt, ein Tier oder ein Mensch mit solchen Erregern infiziert ist, ist praktisch nicht festzustellen. Es zeigt sich erst nach Jahrzehnten am Ausbruch der Krankheit.

Daß die Erreger durch Arzneimittel auf den Menschen übertragen werden, erscheint zwar unwahrscheinlich, ist aber nicht ausgeschlossen. Darum wurde eine Reihe von Maßnahmen verfügt, die das Risiko einer solchen Übertragung so weit wie möglich verringern sollen. Einige Fachleute sind aber der Meinung, daß das nicht ausreicht, um die Arzneimittelsicherheit zu gewährleisten.

Kritik

◆ Die Literatur, die die Wirkung der Enzymmittel belegen soll, stammt vorwiegend von Mitarbeitern der Herstellerfirma.

◆ An der Einschätzung aus den 60er Jahren hat sich nichts geändert: Das Schlucken von Enzympräparaten hilft bei Entzündungen und Verletzungen nicht. Eine Analyse von neun neueren Studien kritisierte Art, Umfang, Durchführung und Auswertung dieser Untersuchungen und kam zu dem Schluß, daß sie die beanspruchte Wirksamkeit nicht belegen.

◆ Es ist sehr zweifelhaft, ob die geschluckten Enzyme im Körper so aufgenommen werden, wie es für die beanspruchte Wirkung notwendig wäre.

◆ Die Erklärung der Enzymwirkung bei Krebs basiert zum Teil auf unbewiesenen Annahmen.

◆ Kritiker haben die Studien gesichtet, die die Wirkung von Wobe-Mugos auf Krebs beweisen sollen. Ihr Resultat: „Es gibt keine kontrollierten klinischen Untersuchungen, die eine antitumorale Wirkung belegen." Aus diesem Grund raten die Schweizer Gesellschaft für Onkologie und die Schweizer Krebsliga von der Anwendung von Wobe-Mugos ab.

◆ In einem Gutachten von 1993 wird festgestellt, daß es keinen wissenschaftlich exakten Nachweis dafür gibt, daß die Enyzmtherapie bösartige Tumore heilt, ihre Ausbreitung oder ihr Wiederauftreten verhindert.

◆ Die multiple Sklerose können Enzyme grundsätzlich nicht beeinflussen.

◆ Bei der Enzymbehandlung mit Injektionen überwiegt das Risiko den Nutzen. Für die Mittel zum Einnehmen fehlt der Wirkungsnachweis.

Empfehlung

Die Injektionsbehandlung mit Enzymen ist abzulehnen. Die Mittel zu schlucken, kann nicht empfohlen werden.

Kosten

Im Prinzip könnten Ärzte die Arzneimittel zur enzymatischen Krebsbehandlung zu Lasten der gesetzlichen Krankenkassen verordnen. Weil sie damit jedoch gegen das Gebot verstoßen, eine wirtschaftlich vertretbare Therapie zu wählen, verweigern die Krankenkassen üblicherweise die Kostenübernahme für diese Behandlung (siehe Seite 29). Wobe-Mugos Th ist aufgrund seines Thymuszusatzes von der Bezahlung durch die Krankenkassen ausgeschlossen.

Folgt man den Dosierungsempfehlungen der Herstellerfirma, dann kostete die Krebsbehandlung mit Wobe-Mugos zum Schlucken 1996 täglich zwischen 17 und 57 DM. Auf das Jahr umgerechnet, ergeben sich Behandlungskosten zwischen 6 000 DM und 30 000 DM. Der Preis für eine Ampulle beträgt 2 bis 3 DM.

Farbtherapie

Geschichte

Unter den Naturheilern haben die Farbtherapeuten die längste Ahnentafel: Sie berufen sich auf die Priester der mythischen Insel Atlantis, die Kranke vornehmlich mit Farben geheilt haben sollen. Diese Heiler sind mit Atlantis versunken.

Jeder Kulturkreis schrieb Farben bestimmte Bedeutungen zu: Sie wurden als Vermittler göttlicher Kräfte verehrt, farbiger Schmuck war magischer Schutz vor bösen Geistern. Farben spielten in Ritus, Religion und Politik eine große Rolle. So war es dem Kaiser von China vorbehalten, Gelb zu tragen, dem Kaiser von Rom, den Purpurmantel umzulegen.

Im Altertum setzten Ägypter und Chinesen Farben auch als magische Heilmittel ein: Man bestrich Darmkranke mit gelben Farben und ließ das Licht durch gelbe Schleier in den Raum scheinen, Herzkranke hüllte man in rote Tücher, Epileptiker in violette. In der traditionellen Medizin wurde Organen und ihren Krankheiten auch eine bestimmte Farbe zugeordnet, der Galle zum Beispiel das Gelb.

In alten Rezepten der Volksheilkunde – zum Beispiel, das schmerzende Rheumagelenk mit einer blauen Schürze zu umwickeln – finden sich noch Reste solcher Symbolmedizin.

Jede Farbe hat im Laufe der Zeit eine „bunte" Palette unterschiedlicher Bedeutungen bekommen, die einander zum Teil widersprechen. So ist Rot etwa „die Farbe der Liebe", aber auch des Blutes, des Henkers und der Revolution. Und sie signalisiert „Halt".

Daß Sonnenlicht alle Regenbogenfarben enthält, entdeckte im Jahr 1666 der Physiker und Astronom

Isaac Newton. Wissenschaftlich beschäftigte sich erstmals *Johann Wolfgang v. Goethe* (1749–1832) mit der Ordnung der Farben, den Komplementärfarben (das sind Farben, die einander ergänzen und als Licht miteinander gemischt Weiß ergeben), mit Farbschattierungen und mit ihrer – je nach Farbton – „kalten" oder „warmen" Wirkung auf das Gemüt.

Seit der Jahrhundertwende experimentierten Biologen, Mediziner und Psychologen mit der Wirkung von Farblicht verschiedener Wellenlänge auf Pflanze, Tier und Mensch.

In den USA, Italien, England und Dänemark entstanden Institute, die Farbbestrahlungen als therapeutische Mittel einsetzten.

Die Situation heute

Ganzheitsmediziner, anthroposophisch und esoterisch orientierte Ärzte, Heilpraktiker, Masseure und Kosmetikerinnen in Deutschland setzen zunehmend Farben therapeutisch ein und werben für ihre Ideen in Büchern. Es werden Geräte zur Farbbestrahlung und zur Farbakupunktur angeboten. Der Gerätehandel betreibt Schulung und Verbreitung dieser Farblicht-Therapien. Sie sind unter verschiedenen Namen wie Eichotherm-Behandlung oder Colortherapie bekannt. Kombiniert mit anderen esoterisch ausgerichteten Verfahren wird Farbtherapie auch als „esogetische Medizin" angeboten.

Die New-Age-Bewegung hat viele Heiler hervorgebracht, die für sich die Fähigkeit reklamieren, die „Farbausstrahlung" in der „Aura" ihrer Klienten zu deuten und sie mit Farbimagination zu behandeln.

Die Idee dahinter

Farblicht-Therapie: Sie geht von der Annahme aus, daß den jeweiligen Farben beziehungsweise den entsprechenden Lichtwellenlängen ganz bestimmte Eigenschaften zugeordnet werden können. Diese Eigenschaften, so die Idee, lassen sich dann mit Hilfe eines Farblichtstrahls auf den Körper übertragen. Will man also auf den Kranken positive Eigenschaften übertragen, behandelt man mit den entsprechenden Lichtwellen, will man schädliche unterdrücken, wird mit „komplementärem" Licht bestrahlt.

Die angeblichen therapeutischen Eigenschaften der Farben

Rot:	dynamisch, anregend und wärmend
Gelb:	stimulierend, aufheiternd
Blau:	entpannend, beruhigend, kühlend, hemmend
Grün:	beruhigend und ausgleichend
Orange:	aufheiternd
Violett:	inspirierend

Die Mittel

Farbtherapie mit Geräten: Auf dem Markt werden verschiedene Geräte angeboten, die alle Spektralfarben abstrahlen können: Vor den weißen Lichtstrahl wird ein Filter gesteckt, der nur die gewählte Farbe durchläßt. Für die Farbakupunktur gibt es eigene stabförmige Geräte.

Farbbrillen: Die „rosarote Brille" ist Wirklichkeit geworden: Auf dem Heilmarkt gibt es Brillen in allen Farben, die je nach Farbe beruhigen, anregen oder inspirieren sollen.

Behandlung und Selbstbehandlung

Farblichtbestrahlung: Der Patient liegt entspannt. Der Behandler richtet den Farbstrahl des Geräts auf jene Körperpartien, auf denen dieser seine Wirkung entfalten soll. Er beleuchtet gezielt kleine Gebiete oder bestreicht große Hautareale mit einem Lichtkegel und pendelnder Bewegung.

Die Gerätehersteller empfehlen zur Vorbereitung aller Behandlungen, zuerst mit grünem Licht zu bestrahlen. Zur eigentlichen Behandlung wird eine Farbe gewählt, deren „Eigenschaft" dem erkrankten Organ „zugeordnet" wird. Dabei können angeblich zwei bis drei Farben auch beliebig kombiniert oder hintereinander angewendet werden.

Wie lange eine Sitzung dauern soll, darüber sind die Therapeuten sehr unterschiedlicher Meinung: zwischen 5 und 40 Minuten, täglich einmal oder mehrmals wiederholt, 10 oder 20 Tage lang hintereinander, im Abstand von ein paar Tagen mehrere Monate lang und so weiter.

Farbakupunktur: Der Behandler setzt die mit Farbfilter versehene Stablampe an Punkten am Oberkörper oder am Ohr etwa eine Minute lang an. Diese Therapie soll eine Serie mehrerer Behandlungen umfassen.

Kreative Farbtherapie: Anthroposophisch behandelnde Ärzte leiten ihre Patienten an, mit Farben zu malen. Diese kreative Therapie begleitet die Kranken und will sie auf ihrem Weg zur Gesundung stützen (siehe Seite 189).

Als wirksame Methode innerhalb eines psychotherapeutischen Gesamtkonzepts gewinnt die integrative Arbeit mit kreativen Mitteln und Farben zunehmend an Bedeutung.

Aura-Reading und Aura-Heilung: Der Heiler „sieht" eine farbige Aura, die sich um den Patienten bildet. Er kann sie angeblich mit Kirlian-Fotografie (siehe Seite 316) abbilden und aus der Farbverteilung die Krankheitszeichen deuten. Mit einem weiteren Bild kann er dann angeblich testen, ob die Behandlung erfolgreich war.

Selbstbehandlung

Aus einschlägigen Büchern kann man entnehmen, bei welchen Beschwerden dem Körper angeblich welche Farbe „fehlt" und welche im Übermaß vorhanden sein soll. Zur Selbstbehandlung kann man Farben in verschiedenen Formen anwenden: Wenn Blau fehlt, soll man nur blaue Lebensmittel essen, das Trinkwasser blau bestrahlen, dem Bad blaue Essenzen beigeben, sich in blaue Tücher hüllen.

Ist eine Farbe „zuviel" vorhanden, wendet man die Komplementärfarbe an. Man soll auch die besonderen Stellen des Körpers, die „Chakren", bestrahlen, Farben in diese Stellen oder in schmerzende Körperareale visualisieren und mit Farben meditieren.

Erklärung der Wirkung

Befürworter der Farbtherapie bieten verschiedene Erklärungen an.

- Sie mischen willkürlich Vorstellungen aus der Farbmystik, aus der chinesischen oder ayurvedischen Medizin, berufen sich auf Goethes Farbenlehre und auf Deutungen des Persönlichkeitstests, den der Psychologe *Max Lüscher* 1949 entwickelt hat (Lüscher-Test).
- Manche Befürworter der Farblichttherapie behaupten, daß Farben mit ihren unterschiedlichen Wellenlängen die Arbeit der Cytochrome ankurbeln. Cytochrome sind Moleküle, die in den „Kraftwerken" der Körperzellen für die Energiegewinnung mitverantwortlich sind. Die Farbbestrahlung soll sogar auf Zellen wirken, die in einigen Millimetern Tiefe liegen.
- Manche Anwender stützen sich auf die Biophotonen-Theorie, die besagt, daß Zellen durch Aussenden von Photonen miteinander kommunizieren und ein „Feld" bilden. Die Farbschwingungen sollen „Informationen" an das Biophotonenfeld abgeben können.
- Esoterische Heiler meinen, dieses Biofeld sei die „Lebensenergie" des Menschen und sie könnten sie als farbige Aura sehen.

Anwendungsbereiche

Die Farbtherapie heilt angeblich alles und jedes. Von Blutkrankheiten (rot) und Allergien (orange) bis zu Gallensteinen (gelb), von der Orangenhaut (violett) bis zu Falten (orange), von der Taubheit (blau) bis zur Glatze (violett), von Krebs (rosa) bis hin zu Aids (grün).

Rot- und Blaulicht: Zum Gebiet der physikalischen Medizin gehören Bestrahlungen mit infraroten („Rotlicht") und ultravioletten („Blaulicht") Strahlen, ihre Wirkungen sind erwiesen. Rotlicht wärmt die Hautoberfläche; Blaulicht dient der Gewöhnung der Haut an das Sonnenlicht und der Bestrahlung Neugeborener mit Gelbsucht (siehe Lichttherapie, Seite 74).

Risiken

Farblichttherapie ist harmlos. Die Gefahr besteht darin, daß eine bestehende Krankheit nicht rechtzeitig fachgerecht behandelt wird. Dieses Risiko ist hoch, da Anwender die Therapie auch bei schweren Erkrankungen wie etwa Magengeschwür oder Epilepsie anbieten.

Kritik

◆ Farben beeinflussen zwar die Stimmung eines Menschen, aber kulturelle Bedeutung und Mode, Geschlecht und soziale Stellung des Betrachters bestimmen mit, wie Farben auf ihn wirken. Der eine assoziiert mit Grün „giftig", der andere „gesund". Gesetzmäßigkeiten, die für alle Zeiten, Kulturen und Menschen gelten, wurden bis heute nicht gefunden. Auch die Deutungen des Lüscher-Tests sind widerlegt. Der individuelle Geschmack entscheidet Farbwahl und Wohlbefinden. Keine Farbe hat jedoch eine allgemeine therapeutische Wirkung.

◆ Das Konzept der Farblicht-Therapie entbehrt jeder naturwissenschaftlichen Grundlage. Es fehlen eindeutige Belege für die Biophotonen-Theorie.

◆ Es fehlt noch Grundlagenforschung über mögliche Wirkmechanismen des Lichts auf die Zellen der Haut. Es existiert auch keine seriöse Dokumentation über therapeutische Wirkungen bestimmter Farben auf den menschlichen Körper.

◆ Die Zuordnungen der Farben zu Krankheitsbildern sind willkürlich und widersprechen einander: Gegen Impotenz soll zum Beispiel bei einem Anwender das Blau, beim anderen Rot helfen.

◆ Entfalten Farblichttherapie und Farbakupunktur eine Wirkung, beruht diese wahrscheinlich auf Placeboeffekten (siehe Seite 20).

◆ Aura-Reading beruht auf mystischem Glauben, einen Beweis seiner Aussagekraft gibt es nicht.

Empfehlung

Kreative Farbtherapie ist empfehlenswert als psychologische Begleittherapie.

Farblichtbestrahlungen können nicht empfohlen werden.

Die okkulte Technik des Aura-Readings ist abzulehnen.

Kosten

Die Krankenkassen bezahlen Farblichttherapie nicht. Die Kosten werden frei vereinbart, man muß mit 30 bis 60 DM pro Sitzung rechnen. Die Brille für die Stimmung kostet etwa 340 DM. Aura-Readings sind ab etwa 70 DM zu haben.

Adresse

Mandel-Institut
Hildastraße 8
D-76646 Bruchsal
Tel.: 0 99 41/80 01 10

Feldenkrais

Geschichte

Moshé Feldenkrais hat David Ben-Gurion, Israels ersten Ministerpräsidenten, auf den Kopf gestellt – krönender Abschluß einer gelungenen Unterrichtung im Umgang mit chronischen Rückenschmerzen und Bewegungsbehinderungen.

Moshé Feldenkrais, 1904 in Rußland geboren, arbeitete bis zu seinem Tod 1984 in Frankreich, England und Israel. Er war Kernphysiker, doch sein brennendes Interesse galt der Verhaltensphysiologie und Neuropsychologie. Er entwickelte ein eigenes bewegungspädagogisches Konzept, die „Feldenkrais-Methode".

Die Situation heute

Besonders in den USA, in Kanada, Europa und in Israel ist Feldenkrais-Arbeit weit verbreitet.

In Deutschland praktizieren etwa 1 000 Feldenkrais-Lehrer. In Kursen, Workshops und an Volkshochschulen bieten diese Lehrer die Methode an.

Die Popularität der Feldenkrais-Methode ist mit den Jahren immer mehr gewachsen. Die Nachfrage kommt aus Arbeitsfeldern wie der Medizin, von professionellen Musikern, Schauspielern und darstellenden Künstlern. Die Methode ist zwar dabei, sich als eigenständiges Berufsbild zu etablieren, eine staatliche Anerkennung gibt es aber bisher nicht.

Die Idee dahinter

Die Feldenkrais-Methode ist ein pädagogisches Konzept, das über das Bewußtmachen von Körperfunktionen und Bewegungen Geist und Körper zu neuen Erfahrungen verhelfen will.

Wie sich jemand bewegt, wie er spricht, auftritt und sich ausdrückt, beruht auf dem Bild, das er von sich hat, denn Bewegungsmuster sind Lebensmuster.

Für Feldenkrais prägen drei Faktoren den Menschen: Vererbung, Erziehung und Selbsterziehung. Nur die dritte Komponente kann der Erwachsene noch gestalten.

Ein wichtiger Schritt zur Veränderung ist, sich seiner Beschränkungen bewußt zu werden – Beschränkungen der körperlichen Bewegungsweise und, damit verbunden, der geistigen Freiheit. Feldenkrais-Arbeit soll diese Grenzen sprengen und Körper, Geist und Seele die Möglichkeit der freien Entscheidung zurückgeben.

Die Mittel

Feldenkrais schuf zwei Unterrichtsarten: den Einzelunterricht, Funktionale Integration® genannt, und den Gruppenunterricht, Bewußtheit durch Bewegung®.

Bei der Feldenkrais-Arbeit werden einfache Bewegungen, meist im Liegen, ohne Ehrgeiz und Anstrengung ausgeführt. Die aufgewendete Aufmerksamkeit ist der entscheidende „Wirkstoff". Ob die ausgeführte Bewegung groß oder klein, ästhetisch oder ungelenk ist, spielt keine Rolle. Das Ziel ist nicht „schöne", sondern bewußte Bewegung.

Behandlung und Durchführung

Dem Konzept entsprechend ist Feldenkrais-Arbeit keine Behandlung, sondern Unterricht.

Im allgemeinen beginnt Feldenkrais-Arbeit mit Einzelsitzungen. Der Unterricht findet meist im Liegen statt. Dabei ist der Schüler passiv, der Lehrer führt die Bewegungen an ihm durch. So erprobt er etwa den Bewegungsspielraum eines Gelenks bis zu den gewohnten Grenzen. Durch häufige Wiederholungen und kleine Variationen der Bewegung kann neue Bewegungsmöglichkeit erworben werden. Die Bewegungen sind leicht, behutsam und werden ohne Anstrengung oder Schmerzen durchgeführt.

Die Arbeit verläuft ohne viele Worte. Es gilt, die Aufmerksamkeit ganz auf die Bewegungsabläufe zu konzentrieren. In der Gruppenarbeit muß der Schüler die geforderten Bewegungen in Eigeninitiative machen. An einer Gruppenstunde sollten nicht mehr als 10 bis 35 Personen teilnehmen.
Ob jemand Einzel- oder Gruppenunterricht bevorzugt, hängt von seiner Persönlichkeit ab.

Um erfolgreich zu sein, ist es notwendig, daß jeder Schüler nach der anfänglichen Anleitung allein weitermacht. Diese Selbstentwicklung braucht allerdings Zeit.

Ausbildung der Behandler
Feldenkrais-Lehrer können weltweit unter etwa 50 verschiedenen Ausbildungsangeboten wählen. In Deutsch-

land werden jährlich drei neue Kurse an wechselnden Orten durchgeführt.

Die Ausbildungsrichtlinien werden von einem internationalen Gremium verbindlich festgelegt.

Die Zulassung zur Ausbildung ist zwar nicht reglementiert, doch das Gros der Lehrer stellen Krankengymnasten, Masseure, Heilpraktiker und Bewegungspädagogen. Nur wenige sind Ärzte oder Psychologen.

Idee und Erklärung der Wirkung

Bei den meisten Menschen tragen die Muskeln den größten Teil des Körpergewichts, nicht die Knochen, denen diese Aufgabe eigentlich zukäme. Das behindert die Aufgabe der Muskeln, die Haltung des Körpers durch Bewegung zu ändern.

Diese Haltungs- und Bewegungsmuster steuert das Gehirn. Mit Hilfe der Feldenkrais-Methode können diese Muster neu- beziehungsweise umorganisiert werden, so daß Haltung und Bewegung ökonomischer und müheloser ablaufen und damit weniger Anlaß für belastende Abläufe geben.

Anwendungsbereiche

Die Feldenkrais-Arbeit ist eine Lernmethode, um die eigene Lebensqualität zu verbessern und bewußter mit sich umzugehen.

Wenn es auch nicht Zweck der Methode ist, so wird sie in medizinischer Absicht doch zur Rehabilitation bei Nervenleiden, nach Schlaganfällen und Unfällen, bei Behinderten sowie zur Behandlung von chronischen Schmerzzuständen eingesetzt.

Risiken

Körperliche Risiken gibt es bei dieser Methode praktisch nicht. Das einzige nennenswerte Risiko besteht darin, an einen inkompetenten Lehrer zu geraten.

◆ Manche Trainer setzen die Feldenkrais-Methode als psychotherapeutisches Verfahren ein. Das kann bei seelisch labilen Menschen gefährlich werden. Mögliche Krisen können Feldenkrais-Lehrer nicht auffangen, weil sie nur selten psychiatrisch oder psychologisch ausgebildet sind.

◆ Besonders in der Einzelarbeit ist – wie bei allen Verfahren, die psychische Wirkungen ausüben – die Gefahr groß, daß der Schüler von seinem Lehrer abhängig wird.

Kritik

◆ Kritiker schätzen, daß infolge der zunehmenden Kommerzialisierung nur etwa 10 von 100 Feldenkrais-Lehrern die Methode effektiv anwenden.

◆ Feldenkrais-Ausbildung berechtigt nicht zur Heilbehandlung. Die Feldenkrais-Gilde weist ausdrücklich darauf hin, daß es sich bei der Methode nicht um eine medizinische oder therapeutische Heilbehandlung handelt. Das Kursangebot diverser Feldenkrais-Lehrer suggeriert jedoch oftmals anderes.

◆ Ausreichende wissenschaftliche Belege für die Wirksamkeit der Methode fehlen bisher.

Empfehlung

Feldenkrais-Arbeit ist nur empfehlenswert bei einem Lehrer, der mindestens drei bis vier Jahre Praxis hinter sich hat.

Kosten

Die gesetzlichen Krankenkassen bezahlen Feldenkrais-Arbeit üblicherweise nicht. Manche beteiligen sich aber im Rahmen ihrer Vorbeugungsprogramme an den Kosten für Gruppenarbeit (siehe Seite 29).

Eine Einzelstunde kostet zwischen 80 und 120 DM, eine Gruppenstunde zwischen 15 und 30 DM.

Adresse

Feldenkrais-Gilde
Asangstr. 144
D-70329 Stuttgart
Tel.: 07 11/3 26 04 65

Fußreflexzonenmassage

Geschichte

Der amerikanische Hals-Nasen-Ohren-Arzt *William H. Fitzgerald* (1872–1942) entwarf 1913 eine Zonentherapie: Er teilte den Körper willkürlich in zweimal fünf Längszonen ein, die von den Fingern bis zu den Zehenspitzen verlaufen, und behauptete, daß man von jeder Stelle einer Zone aus alle Organe erreichen könne, die in dieser Zone liegen.

Die Masseurin *Eunice D. Ingham* griff in den 30er Jahren dieses Konzept auf und baute es aus.

Die Situation heute

Die Technik ist bei Masseuren und ihren Kunden weithin bekannt und beliebt. In Apotheken gibt es sogar „biomagnetische Socken" zu kaufen, die entsprechend dem Prinzip der Fußreflexzonen wirken sollen.

In letzter Zeit werden auch „Reflexzonenmassagen" am Kopf, an den Händen, am Schienbein, am Ohr und so weiter angeboten.

Die Idee dahinter

Nach dem Prinzip „pars pro toto" (der Teil für das Ganze) wird behauptet, daß der gesamte Körper am Fuß – auf der Sohle und an der Oberseite bis zu den Knöcheln – repräsentiert sei. Verändert sich an einer bestimmten Stelle der Fußsohle die Hautbeschaffenheit oder tritt beim Massieren des Fußes an bestimmten Stellen Druckschmerz auf, gilt das angeblich korrespondierende Organ als krank.

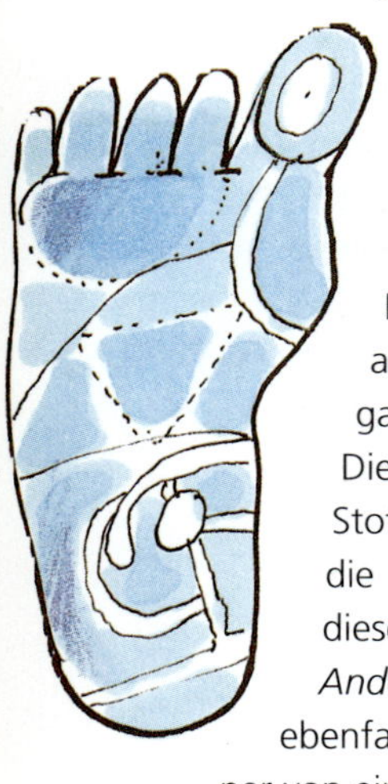

Die Schmerzen sollen durch feine kristalline Stoffwechselschlacken hervorgerufen werden, die Massage soll den Blutkreislauf anregen, diese „Schlacken" zu beseitigen.

Andere Reflexzonenmassagen: Sie beruhen ebenfalls auf dem Gedanken, daß der ganze Körper von einem seiner Teile aus beeinflußbar sei.

Die Mittel

Neben den eigenen Fingern setzen Masseure auch Massagestäbe, Kugeln und elektrische Geräte ein.

Untersuchung und Behandlung

Der Masseur sucht besonders schmerzende Stellen oder Bereiche mit veränderter Hautstruktur an Füßen und Fußsohlen auf. Von diesen Anzeichen schließt er auf bestimmte Erkrankungen.

Nun drückt und reibt er diese Stellen fest mit Fingerkuppen und -nägeln.

Die Behandlung dauert etwa eine Dreiviertelstunde. Meist wird eine Serie von zehn bis zwölf Sitzungen in Abständen von einigen Tagen angeboten.

Ausbildung der Behandler

Fußreflexzonenmassage wird durch Bücher und Wandtafeln verbreitet, in vielen Instituten gelehrt und von Laien weitergegeben. Eine Qualitätskontrolle der Anwendung gibt es nicht.

Anwendungsbereiche

Die Behandlung soll Kopfschmerzen, Gelenk- und Wirbelsäulenbeschwerden sowie Störungen der inneren Organe beseitigen können.

Grenzen der Anwendung

Bei Schwangeren und bei Personen mit akuten Infektionskrankheiten und Fieber sollte diese Technik nicht angewendet werden.

Erklärung der Wirkung

Die Fußsohlen sind durch Nervenbahnen mit der Blase und den Geschlechtsorganen verbunden, Ferse und Knöchel mit der Lendenwirbelsäule. Deshalb kann Fußreflexzonenmassage bisweilen Störungen dieser Organe regulieren. Sie kann Rückenschmerzen lindern, Störungen der Blasenentleerung und Menstruation beheben. Wie jede Massage überbelasteter oder schlecht durchbluteter Füße (siehe Seite 77) kann sie auch entspannen und wohltun.

Risiken

Starke Schmerzreize an den Füßen können Reaktionen auslösen wie Schweißausbrüche, vermehrte Blasen- und Darmtätigkeit sowie Menstruationsblutung und Kreislaufkollaps. Wenn der Masseur nur die Finger zur Massage einsetzt, sind solche Zwischenfälle seltener.

Kritik

- Die von Fitzgerald willkürlich entworfenen Längszonen am Körper müssen aufgrund heutiger wissenschaftlicher Kenntnisse als Phantasieprodukte angesehen werden. Überdies weichen die Angaben, wo die einzelnen Organe auf den Fußsohlen repräsentiert sind, in den verschiedenen Darstellungen erheblich voneinander ab.
- Exakte Diagnosen können mit dieser Methode nicht gestellt werden.
- Auch für die behaupteten Wirkungen der verschiedenen Reflexzonenmassagen an anderen Körperteilen fehlt der Beweis. Der ganze Körper ist in keinem seiner Teile so repräsentiert, daß er von diesem Teil aus behandelt werden könnte.
- Daß sich an bestimmten Stellen im Fußgewebe Stoffwechselschlacken ablagern, ist bis jetzt nicht nachgewiesen worden.

Möglicherweise kann der Schmerz der Fußmassage als „Gegenreiz" auch bestehende Schmerzen wie Kopf- oder Kreuzschmerzen überlagern und dadurch mindern oder gar auslöschen.

Empfehlung

Als Diagnosemethode ist Fußreflexzonenmassage abzulehnen. Als entspannende Massage hingegen ist sie empfehlenswert.

Kosten

Die Kassen übernehmen die Kosten nicht. Sie entsprechen dem üblichen Stundensatz von Masseuren und liegen zwischen 30 und 100 DM (Richtsatz eine DM für eine Minute und mehr).

Grinberg-Methode

Geschichte

Aufbauend auf der Fußreflexzonenmassage (siehe Seite 236) und anderen Körpertherapieformen hat der Wahlfranzose *Avi Grinberg* in den 80er Jahren in Israel eine neue Methode vorgestellt und bekanntgemacht. Ab 1991 wurden in Spanien, der Schweiz und Österreich Ausbildungsinstitute gegründet, durch die seine Methode weiterverbreitet wird.

Die Grinberg-Methode® versteht sich explizit nicht als Therapie sondern als ein Lernprozeß, der vom Grinberg-Praktiker in Gang gebracht wird.

Die Ausbildung zum Grinberg-Praktiker besteht aus drei Jahreskursen zu je vier Wochen und wird mit Zertifikat abgeschlossen. Eine einschlägige medizinische oder psychologische Vorbildung wird nicht verlangt. In Österreich und der Schweiz arbeiten etwa 150 Grinberg-Praktiker, in Deutschland ist diese Methode noch kaum verbreitet.

Idee und Erklärung der Wirkung

Wie ein Mensch auf seinen Füßen steht, das kann man aus seinen Fußsohlen ablesen – behauptet Grinberg. Er unterteilt die Fußsohle in vier Bereiche, die er jeweils bestimmten Körperbereichen und den „vier Elementen" zuordnet: Die Ferse hat in diesem System eine Beziehung zum Element „Erde" und steht für den Körperbereich von den Füßen bis zum Becken hinauf; der Hohlfuß soll ebenso wie der Bauch dem Element „Wasser" zugehören; der Ballen wird dem Schulterbereich und dem „Feuer" zugeordnet, die Zehen dem Kopf und dem Element „Luft". Aus der Beschaffenheit und Lokalisation von Falten, Schwielen, Rötungen und anderen Erscheinungen von Fuß und Fußhaut wird eine „ganzheitliche" Analyse der körperlichen und seelischen Verfassung vorgenommen. Die Zeichen werden als eingefleischte Erinnerungen an Ereignisse aus dem Leben interpretiert, die den Klienten veranlaßt haben, seine Symptome und chronischen Beschwerden zu „gestalten".

An dem solcherart erkannten „Problem" wird anschließend gearbeitet. Die Methode soll dazu befähigen, sich selbst so zu verändern, daß die Beschwerden verschwinden und nicht mehr auftreten.

Untersuchung und Behandlung

Entspannt und leicht gekleidet liegt der Patient auf einer bequemen Liege. Der Grinberg-Praktiker untersucht durch Betrachten und sanftes Kneten die Beschaffenheit der Füße und weist im Gespräch auf die von ihm registrierten Besonderheiten hin. Diese „Analyse" dauert etwa zwei Stunden und soll das Hauptproblem des Patienten aufdecken. Handelt es sich etwa um bereits jahrelang bestehende Hüftbeschwerden, so kann die Analyse der Fußsohle ergeben, daß sich dahinter geballte, zurückgehaltene Wut auf den Vater verbirgt.

Der Klient bestimmt, ob und an welchem Thema er weiterarbeiten möchte. Diese Arbeit wird dann in wöchentlichen Sitzungen durchgeführt und besteht aus bestimmten massageartigen Griffen am ganzen Körper und passiven Bewegungsführungen der Gliedmaßen, die die Atmung und Konzentration beeinflussen. Dies soll zur Entspannung beitragen und schrittweise die Aufmerksamkeit auf die bei dieser Behandlung entstehenden Körperempfindungen vertiefen. Dabei können verschiedene Bilder und Gefühle hochsteigen und Bewegungen provozieren. Darüber hinaus regt der Praktiker dazu an, den Gefühlen Ausdruck zu geben. Das kann sogar Schreien und Toben auslösen, meist läuft die Grinberg-Arbeit jedoch weitgehend wortlos ab, das Erlebte wird nur zum Abschluß angesprochen. Diese Erfahrungen sollen dazu befähigen, an die Wurzeln der lebensbestimmenden Muster des Denkens, Fühlens und Handelns zu gelangen und diese von sich aus zu verändern.

Es soll zwischen 3 und 18 Monaten dauern, bis dieser Vorgang abgeschlossen ist.

Wenn sich nach sechs Arbeitseinheiten kein Veränderungsprozeß einstellt, wird die Arbeit abgebrochen.

Anwendungsbereiche

Angeboten wird diese Methode zur Bewältigung von Müdigkeit, Verspannungen, Regelbeschwerden, Allergien, Appetitlosigkeit, Kopf-, Gelenk- und Gliederschmerzen, Schlafproblemen, Verdauungsbeschwerden, Antriebslosigkeit, Unzufriedenheit, Streß, Nervosität und Depression.

Grenzen der Anwendung

Personen mit psychischen und schweren körperlichen Krankheiten werden von der Behandlung ausgeschlossen.

Risiko

◆ Es besteht die Gefahr, daß die Analyse zu Fehldiagnosen führt.

◆ Eine Veränderung der chronischen Beschwerden im Laufe der ersten sechs Arbeitsstunden – und zwar auch zum Schlechteren – wird als „erfolgreiche Reaktion" interpretiert. Es besteht die Gefahr, daß Krankheitszeichen übersehen und seelische Störungen nicht erkannt werden.

Kritik

◆ Es fehlt eine Dokumentation der behaupteten Zusammenhänge zwischen Körperanzeichen und psychischen Eigenheiten. Die These, daß sich an der Fußsohle Körperkrankheiten zeigen, ist nicht belegt.

◆ Es fehlt der wissenschaftlich anerkannte Nachweis, daß die Methode wirksam ist.

◆ Für die Grinberg-Ausbildung wird keine medizinische Vorbildung vorausgesetzt, die Ausbildung selbst befähigt aber nicht, Krankheiten zu erkennen.

◆ Obwohl die Grinberg-Methode sich nicht als medizinisches Verfahren versteht, werden durchaus auch Körperdiagnosen gestellt: So sollen Querlinien im „Wasserbereich" (= Fußhöhlung) Verstopfung anzeigen, Risse an der Fersenhaut auf Afterfissuren schließen lassen, kegelförmige Zehen auf Psychosen, wuchernde Zehennägel auf Gehirnschädigungen und anderes mehr. Solche Diagnostik entbehrt jeglicher Grundlage.

◆ Die Bezeichnung als „Praktiker" kann nicht darüber hinwegtäuschen, daß die Grinberg-Methode einen psychotherapeutischen Prozeß auslösen kann. Die Ausbildung reicht jedoch nicht aus, aufbrechende Gefühle fachkundig aufzufangen.

◆ Die eingetragene Handelsmarke ® suggeriert „Markenware". Sie ist jedoch keine Qualitätsgarantie.

Empfehlung

Die Grinberg-Methode® kann nicht empfohlen werden.

Kosten

Die Krankenkassen bezahlen die Grinberg-Methode nicht. Eine Analyse kostet etwa 120 DM, eine Stunde zwischen 80 und 100 DM.

Adresse

Grinberg-Methode Österreich
Lagergasse 3/2
A-1030 Wien
Tel.: 02 22/7 15 74 63

Hildegard-Medizin

Geschichte

Hildegard von Bingen lebte von 1098 bis 1179. Mit acht Jahren gaben ihre Eltern sie ins Kloster. Sie wurde Nonne und gründete zwei Frauenklöster. Obwohl sie von der Kirche niemals heiliggesprochen wurde, wird sie „Äbtissin" und „Heilige" genannt.

Von Kindheit an besaß sie die Sehergabe, doch erst mit 42 Jahren folgte sie der inneren Stimme und schrieb ihre Visionen auf. Ihr Ansehen und Einfluß waren so groß, daß Kaiser und Päpste bei ihr Rat und Hilfe suchten.

Hildegard schrieb viele Bücher. Neben denen theologischen Inhalts, die von ihren Visionen geprägt waren, gab es zwei Werke, die sich mit Heilkunde beschäftigten. In der „Physika" (Naturkunde) benannte sie die Heilkräfte, die gemäß dem Verständnis ihrer Zeit Pflanzen, Tieren, Mineralien und Elementen innewohnen. Sie beschrieb ausführlich, wie aus ihnen Arzneien herzustellen und wie sie anzuwenden sind. Die zweite Schrift „Causae et curae" (Heilkunde) gibt unter anderem Auskunft über Hildegards Vorstellung von Gesundsein und Krankwerden. Anders als ihre theologischen Schriften sind die naturkundlichen und medizinischen keine visionären Schriften, sondern sie geben das konkrete Wissen Hildegards und ihrer Zeit wieder. Sehr wahrscheinlich hat Hildegard selbst als „Ärztin" gewirkt. Von den heilkundlichen Büchern Hildegards gibt es allerdings keine Original-Handschrift von ihr. Trotz intensiver Bemühungen, den Ursprung der Schriften zu klären, sind sich die Historiker immer noch nicht sicher, ob die Medizinbücher wirklich von Hildegard selbst verfaßt wurden oder ob einer ihrer Mitarbeiter sie aus dem vorliegenden Schrifttum und überlieferten Berichten zusammengestellt hat.

Hildegard äußerte sich zu manchen im Mittelalter hoch geschätzten medizinischen Techniken, wie Aderlaß und Hautversengen, kritisch. Sie mahnte vielmehr zu maßvoller Lebensführung und Körperhygiene wie zum Beispiel zu regelmäßiger Zahnpflege. Von den vielen Anwendungen, die im Mittelalter für Pflanzen gebräuchlich waren, gab sie diejenigen an, deren Erfolg sie vermutlich selbst erlebt hat.

Die Situation heute

Seit 1970 propagieren der österreichische Arzt *Gottfried Hertzka* und der Heilpraktiker *Wighard Strehlow* in den deutschsprachigen Ländern die Hildegard-Medizin. Sie basiert auf der „Physika", der Hertzka „göttlichen Ursprung" zuschrieb. Hertzka begründet seine Meinung, Hildegard habe darin nicht selbst Erarbeitetes wiedergegeben, so: „Wer wie Hildegard als Sekretärin jahrzehntelanges Schreiben der

Geheimnisse Gottes als Beruf hat, kann unmöglich gleichzeitig den Beruf des Forschers haben."

Eine Apotheke am Wirkort der Hildegard-Mediziner versorgt per Versand Interessenten mit Pflanzenzubereitungen, Edelsteinen, Lebensmitteln, Kosmetika, Büchern und Bedarfsgegenständen aus Naturmaterialien.

Darüber hinaus wird auf dem Buchmarkt eine Vielzahl von Schriften zur Hildegard-Medizin angeboten.

_Die Idee dahinter

Für Hildegard ist Gesundheit das gelungene Zusammenspiel vieler voneinander abhängiger Kräfte. Krankheit ist das gestörte Gleichgewicht der Einheit von Körper und Seele, aber auch immer die Folge sündhaften Lebens. Dementsprechend gibt es für sie nur ein Heilmittel: den Glauben. Ohne ihn bleibt jede Heilkunst erfolglos.

_Die Mittel

Als Medizin werden Pflanzen und ihre Zubereitungen sowie Edelsteine verkauft. Auch diversen Dinkelprodukten werden Heilwirkungen zugeschrieben.

Es gibt keine zugelassenen speziellen Hildegard-Arzneimittel. Die meisten der in der Hildegard-Medizin verwendeten Pflanzen gibt es ohne den Zusatz „Hildegard" in geprüfter Qualität in Apotheken zu kaufen. Weil sie im Prinzip überall erhältlich sind, dürfen sie nicht von der Versandapotheke geliefert werden. Die in Apotheken sonst unüblichen Mittel und Zubereitungen verschickt die Versandapotheke aber sehr wohl.

_Selbstbehandlung

Hertzka propagiert die Hildegard-Medizin als Medizin für jedermann. Theoretische Kenntnisse der Körperfunktionen, der Ursachen und Behandlung von Krankheiten, wie sie für Mediziner selbstverständlich sind, erscheinen ihm dafür unnötig.

_Erklärung der Wirkung

Hertzka braucht für die Wirksamkeit seiner Hildegard-Medizin weder wissenschaftliche Erklärungen noch einen Nachweis, da Göttliches darüber erhaben ist.

_Anwendungsbereiche

Mit Paracelsus teilt Hertzka die Meinung, daß alle Krankheiten heilbar sein müssen, und mit Hildegard die, daß nicht Krebs, sondern Migräne und Asthma am schwersten zu heilen seien. Dementsprechend gibt es in den Büchern der Hildegard-Medizin Hinweise zur Behandlung praktisch aller Krankheiten. Auch Krebs fehlt in dieser Aufzählung nicht.

_Risiken

Eine Medizin, die den Anspruch erhebt, eine göttliche Offenbarung zu sein, schließt Kritik von vornherein aus. Wer dem Buchtitel „So heilt Gott" vertraut, sich ausschließlich der Hildegard-Medizin überantwortet und Hertzkas Meinung folgt und auf medizinisch-wissenschaftliche Diagnosen verzichtet, versäumt unter Umständen die rechtzeitige Behandlung einer Krankheit. Gefährlich kann das zum Beispiel werden, wenn Diabetiker, die Insulin spritzen müssen, der Empfehlung folgen, ihr Hungergefühl mit einem Diamanten zu lenken.

_Kritik

Hildegard hat ein erstaunlich schlüssiges Bild dessen gezeichnet, was wir heute psychosoziale Krankheitsursachen und -behandlung nennen würden. Dieses ist jedoch untrennbar mit ihrem religiös-mystischen Weltbild verbunden.

◆ Unser Weltbild hat sich seit dem Mittelalter beträchtlich verändert. Ohne den mystischen Hintergrund sind aber die Heilungen, wie Hildegard sie beschreibt, nicht zu verstehen.

◆ Die mittelalterlichen Namen für Krankheiten und Pflanzen waren vage Umschreibungen. Man kann sie nur selten einer heute gebräuchlichen Bezeichnung sicher zuordnen. Dementsprechend lassen sich Hildegards medizinische Empfehlungen und ihre Rezepturen kaum auf die heutige Zeit übertragen.

◆ Eingehende wissenschaftliche Untersuchungen über Wirksamkeit und therapeutische Eigenschaften der bei Hildegard angeführten Pflanzen fehlen.

◆ Die Edelsteinmedizin entstammt dem magisch-okkulten Bereich. Sie entbehrt jeder rationalen Grundlage (siehe Seite 222).

◆ Hertzka schreibt, daß er bei schweren Krankheiten moderne Heilmethoden nicht verdrängen oder ersetzen möchte, zählt aber zum Beispiel Epilepsie, Lungenabszeß, Herzklappenentzündung, Krebs und Querschnittslähmung offenbar nicht zu den schweren Krankheiten.

◆ Die von Hertzka dem Dinkel zugeschriebenen wundersamen Heilwirkungen bei Krankheiten gehören ins Reich der Fabel. Schon seine botanischen und geschichtlichen Begründungen für den Wert dieses Getreides haben mit der erforschten Wirklichkeit nichts gemein.

◆ Die Hildegard-Medizin erscheint nur harmlos, solange keine notwendigen Behandlungen versäumt werden. Als Alternative bietet die Phytotherapie ausreichende Möglichkeiten (siehe Seite 115).

_Empfehlung

Die pflanzliche Hildegard-Medizin kann nicht empfohlen werden.

Die Behandlung mit Edelsteinen ist abzulehnen.

_Kosten

Die Krankenkassen bezahlen die Hildegard-Medizin nicht.

Der Versandhandel verkauft Bücher zur Hildegard-Medizin, die um 30 DM kosten, diverse Dinkelprodukte und andere Lebensmittel. Die in anderen Apotheken kaum erhältlichen, unüblichen Produkte kosteten 1996 zwischen 8,50 DM (10 g Quendelgewürz) und 102,50 DM (20 g Goldmehl).

Homotoxikologie

_Geschichte

Der deutsche Arzt *Hans-Heinrich Reckeweg* (1905–1985) ist der Erfinder der Homotoxikologie. Aus allen ihm bekannten medizinischen Modellen und Erklärungen für Gesundheit und Krankheit schuf er die „Synthese der Medizin". Seine Methode hat unter Naturheilern und -ärzten viele Anhänger.

_Die Idee dahinter

Für Reckeweg sind Krankheiten biologisch zweckmäßig. Sie zeigen, daß sich der Körper gegen innere oder von außen eingedrungene „Menschengifte" wehrt. Eine solche „Giftabwehrkrankheit" soll in sechs Phasen verlaufen und sei hier am Beispiel des Arsens dargestellt.

Exkretion: Der Körper versucht, sich des Giftes durch Erbrechen und Durchfall zu entledigen.

Reaktion: Er reagiert zunehmend heftiger. Fieber und Hautausschlag kommen hinzu.

Deposition: Was man nicht loswerden kann, kommt ins Depot. Das Arsen lagert sich in Haaren, Haut und Nägeln ab.

Während dieser ersten drei Phasen soll sich der Körper noch selbst helfen können. Zellen und Organe gelten als noch intakt, weil die Gifte angeblich „nur" in den Körperflüssigkeiten kursieren. Doch dann folgt der von Reckeweg gedachte „biologische Schnitt", und von nun an wird's dramatisch. Nun sollen die Enzyme geschädigt sein, die Krankheit soll sich immer mehr verschlimmern, ein positiver Ausgang erscheint immer unwahrscheinlicher. Am Beispiel Arsen:

Imprägnation: Das Metall blockiert die enzymatisch gesteuerten Funktionen der Zellen.

Degeneration: Das Blutbild verändert sich, die Leber ist geschädigt.

Neoplasma: Häufigste Folge einer chronischen Arsenvergiftung ist der Hautkrebs.

Jede Krankheit kann von einer Phase in eine andere übergehen, beziehungsweise statt des einen Organs kann ein anderes krank werden. Dieses ist in beiden Richtungen möglich: sowohl im Sinne einer Besserung als auch einer Verschlechterung.

Reckeweg meint, wenn der Körper in seinen Bemühungen, sich vom Gift zu befreien, gestört wird, käme es zur „Rückvergiftung". Darin sah er die vornehmliche Gefahr üblicher medizinischer Behandlungen. Für ihn kann auf diese Weise die antibiotische Behandlung einer Mandelentzündung in eine Leukämie münden.

Reckeweg behauptet, die Gifte ausgemacht zu haben, die Menschen angeblich am meisten gefährden: Sutoxine nennt er die Übeltäter, acht Gruppen von Giftstoffen, die im Schweinefleisch enthalten sein sollen. Zu ihnen gehören auch Cholesterin, Wachstums- und Sexualhormone und das Grippevirus. Und sie sollen für das verantwortlich sein, was Reckeweg zu beobachten glaubte: Schweinefleischesser haben öfter Blinddarm- und Gallenwegentzündungen, Akne und Furunkel und so weiter. Ihn erstaunte das nicht. Hatte er doch eine biologische Ähnlichkeit zwischen Mensch und Schwein ausgemacht. Und aufgrund dieser Ähnlichkeit würde das verzehrte Schweinefleisch nach und nach die entsprechenden Gewebe im Menschen ersetzen. Das von Reckeweg vorhergesagte Ergebnis: Schweinefleischesser werden im Laufe der Zeit den Tieren ähnlich, die sie verspeisen.

Die Mittel

Reckewegs Behandlungskonsequenz hieß: Naturheilverfahren, allen voran Homöopathie. Allerdings hielt er es für nötig, die Homöopathie zu erweitern, zum Beispiel, indem er die schulmedizinisch üblichen Medikamente auf homöopathische Weise verdünnte (siehe Seite 192), potenzierte Organzubereitungen und Nosoden (siehe Seite 257) verwandte und Mischprodukte zusammenstellte.

Der grundsätzliche Verzicht auf Schweinefleisch galt Reckeweg als unerläßlich.

Heute werden in der antihomotoxischen Therapie Homöopathika, und dabei vornehmlich Kombinationsmittel, verwendet, die von der Firma Heel hergestellt werden. Es gibt sie als Mittel zum Schlucken und zur Injektion. Kernstück der antihomotoxischen Therapie sind homöopathisch aufbereitete Injektionsmittel aus Schweinegeweben, die Suis-Injeele. Organpräparate vom Schwein halten die Befürworter für besonders geeignet zur Anwendung beim Menschen, weil zwischen Schwein und Mensch „zahlreiche funktionale und strukturelle Ähnlichkeiten" bestehen.

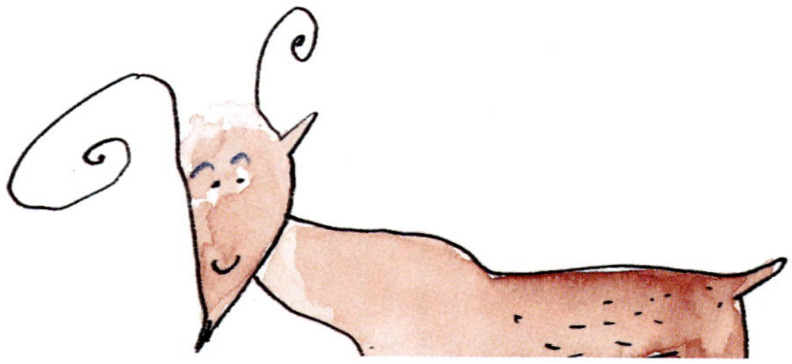

Untersuchung und Behandlung

Homotoxikologische Mittel werden entsprechend der homöopathischen Ähnlichkeitsregel (siehe Seite 190) oder gemäß der Isopathie angewandt. Das heißt, es soll das Mittel den Schaden beheben, das ihn angerichtet hat: Kortison-Injeel zum Beispiel die unerwünschten Folgen einer Kortisonbehandlung.

Zu den Methoden der antihomotoxischen Therapie gehört auch das Austesten von Medikamenten mittels Elektroakupunktur nach Voll (EAV, siehe Seite 308).

Erklärung der Wirkung

Antihomotoxika sollen die noch in Reserve liegenden Abwehrmechanismen des Körpers mobilisieren, damit sie sich an der Giftabwehr beteiligen. Die Wirkung wird nicht als eine Wirkung des Stoffes, sondern als energetische Wirkung gedacht.

Anwendungsbereiche

Antihomotoxische Mittel sollen sich – entsprechend ihrer Zusammensetzung – zur Behandlung so gut wie aller Krankheiten eignen: akut-entzündliche, chronische, degenerative und umweltbedingte. Behandlungsschwerpunkt sind chronische und degenerative Erkrankungen wie die des Bewegungsapparats, Erkrankungen durch Umwelteinflüsse und Erkältungen.

Risiken

Für die Homotoxikologie enden ihre Behandlungsmöglichkeiten dort, wo die Fähigkeit des Körpers, sich selbst zu regulieren, nicht mehr gegeben ist. Diese Grenze ist jedoch nicht zu definieren. Dadurch steht zu erwarten, daß notwendige Behandlungen versäumt und Menschen in Gefahr gebracht werden können.

Kritik

Die Homotoxikologie basiert auf unhaltbaren und unzweifelhaft widerlegten Grundannahmen.

◆ Für Reckewegs Krankheitstheorien fehlt jeglicher Beweis.

Zwar erkennt auch die etablierte Medizin an, daß durchgemachte Infektionskrankheiten das Immunsystem so stärken können, daß der Betreffende späteren Erkrankungen abwehrbereiter gegenübersteht. Es ist ferner unstrittig, daß akute Beschwerden in chronische Zustände münden können, wenn – besonders bei psychosomatischen Erkrankungen – bei der Behandlung der seelische Anteil nicht gebührend berücksichtigt wird. Diese Erkenntnisse lassen sich jedoch nur schwer mit den Reckewegschen Erklärungen zur Deckung bringen.

◆ Für die Existenz von „Sutoxinen" gibt es keine Anhaltspunkte und wissenschaftlich gesicherte schon gar nicht. Einige der von Reckeweg genannten Stoffe sind im Schweinefleisch zwar enthalten, aber nicht in Mengen, die schaden könnten.

◆ Die Wirksamkeit der Behandlung mit antihomotoxischen Mitteln ist nicht durch allgemein akzeptierte wissenschaftliche Arbeiten belegt.

◆ Sofern die Produkte als „Mittel besonderer Therapierichtungen" zugelassen sind, genügten für sie die Erfahrungsberichte von damit arbeitenden Heilern. Ein Wirksamkeitsnachweis wie für klassische Medikamente war nicht erforderlich.

◆ Beweise dafür, daß eine homotoxische Behandlung bösartige Tumore heilen kann, fehlen. Reckewegs Aussage, unter dem Einfluß der üblichen Medikamente könnten aus Viren vagabundierende, krebsauslösende Gene entstehen, ist absurd.

◆ Die Aussage, daß Antihomotoxika stets in positivem Sinn wirken, ist anmaßend und nicht belegt.

Empfehlung

Die antihomotoxische Therapie kann nicht empfohlen werden.

Das Spritzen von Nosoden im Rahmen einer solchen Therapie ist abzulehnen (siehe Seite 257).

Kosten

Die gesetzlichen Krankenkassen bezahlen eine antihomotoxische Behandlung üblicherweise nicht. Allerdings können Ärzte homöopathische Arzneimittel zu Lasten der gesetzlichen Krankenkasse verordnen.

Für Selbstzahler berechnet der Arzt die Kosten nach der Gebührenordnung für Ärzte (siehe Seite 32).

1996 kosteten fünf Homaccord-Ampullen 6,85 DM, fünf Suis-Injeele 19,45 DM, 30 Milliliter Homaccord-Tropfen 9,59 DM.

Adressen

Internationale Gesellschaft für Homotoxikologie
und antihomotoxische Therapie
Bahnackerstraße 16
D-76532 Baden-Baden
Tel.: 0 72 21/6 32 52

Österreichische Ärztegesellschaft für
Homotoxikologie und antihomotoxische Therapie
Postfach 64
A-1232 Wien

Kohlendioxid-Behandlung

Geschichte

In natürlichen Kohlensäurebädern und Gasbädern wurde die durchblutungsfördernde Wirkung der Kohlensäure (CO_2) schon seit langem genutzt (siehe Kuren, Seite 150).

Erst seit einigen Jahren wird die „geschlossene" Behandlung nach *Kovarik* angeboten, bei der das Kohlendioxid nicht in die Atemluft gelangt.

Idee und Erklärung der Wirkung

Kohlendioxid-Gas entsteht im Organismus, wenn Nährstoffe abgebaut werden, und wird beim Ausatmen und – in geringen Mengen – auch über die Haut ausgeschieden. CO_2 regt sowohl die Hautgefäße dazu an, sich zu erweitern als auch sich zusammenzuziehen, stimuliert die Wärmerezeptoren, wirkt durchblutungssteigernd, erhöht die Fließgeschwindigkeit des Blutes, fördert die Wundheilung und wirkt beruhigend.

Die Mittel

Offene CO_2-Behandlung: Im Wasser gelöst, wird CO_2 im Kohlensäurebad wirksam (siehe Seite 152), es kann aber auch als CO_2-Gas in der Wanne bei Sitz- und Teilbädern direkt auf die Haut einwirken. Die Bäder sollten 20 bis 30 Minuten dauern.

Geschlossene CO_2-Behandlung nach Kovarik: Das CO_2-Gas wird aus Gasflaschen in anatomisch angepaßte Plastikhüllen eingefüllt, die mit einem Klettverschluß verschlossen werden können. Es gibt Hüllen für Arme, Beine, das Becken oder den ganzen Körper. Aus hygienischen Gründen sollte für jeden Patienten eine eigene Folie verwendet werden. Sie muß nach der Behandlung getrocknet und auf Dichtigkeit geprüft werden und wird maximal fünfmal benutzt.

Subkutane CO_2-Insufflation (Quellgasbehandlung): Das Gas wird injiziert.

Behandlung

Geschlossene CO_2-Behandlung nach Kovarik: In Ruhelage wird je nach der Diagnose ein Körperteil oder der ganze Körper des Patienten mit einer Folie umhüllt und eventuell mit einer Decke zugedeckt. Nun werden vier bis zehn Liter Kohlendioxid-Gas zwischen Haut und Folie eingeleitet. Unter der Folie schwitzt man, die Feuchtigkeit hilft, daß die Haut das Gas aufnimmt. Die Behandlung dauert etwa 40 bis 60 Minuten und wird üblicherweise im Abstand einiger Tage einige Male wiederholt.

CO_2-Insufflation (Quellgasbehandlung) und subkutane Injektion: Eine geringe Menge Gas wird mit einer Spritze langsam unter die Haut injiziert. Meist wird eine Serie von mehreren Injektionen angeboten.

Anwendungsbereiche

Offene CO_2-Behandlung: Sie ist nachweislich erfolgreich bei leichtem Bluthochdruck, bei peripheren und funktionellen arteriellen Durchblutungsstörungen, unterstützt die Behandlung von chronisch rheumatischen und degenerativen Gelenkerkrankungen, beschleunigt die Heilung von Hautgeschwüren, bessert vegetative und psychosomatisch bedingte Herz-Kreislauf-Störungen und Venenschwäche. Die Wirksamkeit ist abhängig von der Gaskonzentration, der Fläche, auf die es einwirkt, und der Dauer des Bades.

Geschlossene CO_2-Behandlung nach Kovarik: Die Anbieter geben über die Anwendungsempfehlungen der offenen Kohlendioxid-Behandlung hinaus ein weit größeres Einsatzspektrum an: zur Wundheilung und Schmerzlinderung, bei Harnweg- und Genitalerkrankungen, Regel- und Wechseljahrbeschwerden der Frau, gegen Streß, psychische und Sexualstörungen, in der Kosmetik und Gerontologie, zur Steigerung der Vitalität sowie als „gesundheitsfördernde Dopingmethode für Leistungssportler".

CO_2-Insufflation (Quellgasbehandlung): Es gelten die gleichen Indikationen, darüber hinaus soll diese Behandlungsart bei Kopfschmerzen, Arthrosebe-

schwerden, Asthma bronchiale, Ekzemen, Neurodermitis, Akne und bei Hör- und Gleichgewichtsstörungen helfen.

Grenzen der Anwendung

Bei schweren und chronischen Krankheiten von Herz, Niere, Lunge und Stoffwechsel, bei akuten Hauterkrankungen, schweren fieberhaften und Infektionskrankheiten sowie starkem Bluthochdruck darf keine CO_2-Behandlung eingesetzt werden.

CO_2-Injektionen dürfen keinesfalls in die Gefäße treffen.

Risiko

- Kohlendioxid ist ein geruchloses, giftiges Gas, das nur 1,5 mal schwerer ist als Luft. Es besteht ein gewisses Vergiftungsrisiko, wenn das Gas bei der Behandlung eingeatmet wird. Das geschlossene System hat den Vorteil, daß kaum Gas entweichen kann und damit diese Gefahr viel geringer ist.
- Bei offener Behandlung besteht ein geringes Kollapsrisiko als Folge von Gefäßerweiterung.
- Bei geschlossener Behandlung kann ein Wärmestau entstehen.

Kritik

- Anwendungen der offenen CO_2-Behandlung bei koronarer Herzschwäche und in der Herzinfarkt-Rehabilitation gelten heute als zweifelhaft.
- Die Anwendungsliste der geschlossenen CO_2-Behandlung gilt als weit überzogenes Heilversprechen.
- Es fehlt der Nachweis, daß die subkutane Injektion oder Insufflation von CO_2 die versprochenen Wirkungen entfaltet. Sie ist wie jede Injektionsbehandlung mit Schmerzen und potentiellen Nebenwirkungen verbunden. Ihre Nutzen-Risiko-Relation ist ungünstig.

Empfehlung

Die offene Behandlung kann für die unter Anwendungsbereiche angegebenen Krankheiten empfohlen werden. Die geschlossene Behandlung kann für diese Anwendungen, nicht aber darüber hinaus empfohlen werden.

Von der CO_2-Quellgasbehandlung ist abzuraten.

Kosten

Die Kassen tragen die Kosten für die offene Kohlendioxidbehandlung, für die geschlossene Kohlendioxidbehandlung jedoch üblicherweise nicht.

Für Selbstzahler berechnet der Arzt die Kosten nach der Gebührenordnung für Ärzte (siehe Seite 32).

Lasertherapie

Geschichte

Das Prinzip des Lasers wurde 1960 erstmals technisch realisiert. Als chirurgisches Instrument, mit dem man Gewebe kontaktfrei schneiden, verdampfen oder verklumpen kann, hat sich der Laser in vielen Gebieten der Medizin in den letzten zwei Jahrzehnten unentbehrlich gemacht.

Im Gefolge erschienen athermische Soft- und Mid-Laser beziehungsweise Infrarot-Laser auf dem Markt, als Heilmittel gegen Schmerzen, Entzündungen und Hautprobleme. Derzeit bieten etwa vier Dutzend Hersteller verschiedene Geräte zwischen 3 500 DM und dem zehnfachen Preis an.

1985 wurde die Behandlung mit dem sanften Lichtstrahl in Deutschland zur erstattungsfähigen kassenärztlichen Leistung. Ein Jahr später revidierte die

Kassenärztliche Bundesvereinigung ihren Beschluß wegen mangelnder Wirkungsbeweise.

Bestrahlung mit Laserlicht wird in Arztpraxen und im Kosmetiksalon, bei Heilpraktikern und in Kurkliniken durchgeführt.

Idee und Erklärung der Wirkung

Befürworter erklären die Wirkung von Soft- und Mid-Lasern mit „athermischen biostimulativen" Vorgängen. Bei den Geräteherstellern und in Fachkreisen gibt es allerdings keine Einigkeit darüber, was dies genau sei.

Der Laser soll – je nach Wellenlänge – in den einzelnen Zellen Wachstums- und Stoffwechselprozesse anregen und die Durchblutung und Regeneration des Gewebes fördern. Er soll antibakteriell, entzündungshemmend und schmerzlindernd wirken.

Die Mittel

„Laser" ist ein Kunstwort und steht für „light amplification by stimulated emission of radiation". Damit bezeichnet man künstliche Lichtquellen, bei denen Atome oder Moleküle in angeregte Energiezustände versetzt werden. Durch äußere Einwirkung und unter Abgabe von elektromagnetischer Strahlung gehen sie wieder in den Grundzustand über. Laserlicht läßt sich bündeln, so daß hohe Energiedichten möglich werden. Leistungsstarke Laser erzeugen im Gewebe Wärme – die Grundlage der Laser-Chirurgie.

Im Soft-Laser – auch Low-Power-Laser genannt – werden die Gase Helium und Neon durch Zufuhr von elektrischer und chemischer Energie zur Laserstrahlung angeregt. Der Soft-Laser gibt „rotes" Licht mit der Wellenlänge von 632,8 Nanometer (Nano bedeutet Milliardstel) kontinuierlich ab. Seine Leistung beträgt meist 1 Milliwatt pro Quadratzentimeter. Damit wird die Temperatur im Gewebe so gering angehoben, daß man es nicht spürt.

Mid-Laser – auch Mid-Power-Laser oder Infrarot-Laser genannt – haben als Lichtquelle Halbleiter-Laser mit etwa 900 Nanometer Wellenlänge. Sie strahlen gepulstes Licht mit extrem kurzer Impulsdauer (100–200 Nanosekunden) und einstellbarer Impulsfrequenz (zwischen 100 und 2 000 Hz) ab. Infrarot-Laser geben im Mittel nur geringfügig mehr Energie ab als Soft-Laser. Aufgrund ihrer Wellenlänge wird ihnen eine bessere Tiefenwirkung zugesprochen.

Soft-Laser werden überwiegend bei Hautproblemen eingesetzt, Mid-Laser in der Orthopädie.

Untersuchung und Behandlung

Der Patient sitzt entspannt, und die schmerzenden Körperstellen oder die zugehörigen Reflexzonen (siehe Seite 80) erkrankter Gebiete werden mit dem Laserlicht einige Minuten lang flächig bestrahlt. Diese Laserbehandlung wird üblicherweise einige Male in Abständen von wenigen Tagen wiederholt.

Der Laser wird auch zur Akupunktur eingesetzt (siehe Seite 166), wobei ebenfalls mehrere Sitzungen üblich sind.

Ausbildung der Behandler

Die Ausbildung zur Therapie mit dem Soft- und Mid-Laser liegt in den Händen der Gerätehersteller.

Anwendungsbereiche

Die Hersteller liefern mit Laserlichtgeräten zugleich umfangreiche Indikationskataloge: Laserlicht soll die Immunabwehr stimulieren, Schmerzen bei rheumatischen Erkrankungen, Zerrungen, Stauchungen, Brüchen und Herpes lindern, Hautwunden, Ekzeme und Verbrennungen rascher abheilen lassen, Narbenbildungen entgegenwirken, die Durchblutung fördern und Entzündungen hemmen. Angeblich läßt Laserlicht auch Entzündungen in der Mundhöhle und den Nasennebenhöhlen zurückgehen. Laserlicht soll antibakteriell und krampflösend wirken. Häufige Anwendungsbereiche sind Schmerzen am Bewegungsapparat sowie Hautprobleme wie zum Beispiel Akne.

Als Vorteile der Behandlung werden genannt, daß sie einfach durchzuführen sei und keine Nebenwirkungen habe.

Risiken

Trifft der Laserstrahl das Auge, so kann das auch bei niedriger Laserleistung die Netzhaut schädigen.

Kritik

◆ Die auf dem Markt angebotenen Soft- und Mid-Laser sind nicht – wie behauptet – nach biologischen Gesichtspunkten ausgewählt, zum Beispiel mit bestimmten, „für den Körper notwendigen Schwingungen", sondern es sind die am einfachsten und billigsten herzustellenden Lasertypen.
◆ Soft-Laserlicht dringt nicht einmal einen Millimeter tief ins Gewebe ein. Auch Infrarotlicht ist nicht wesentlich tiefenwirksamer. In Bezug auf die Lichtleistung wirkt dieses Laserlicht auf das Gewebe nicht anders als „normales" Licht. Nachgewiesen ist eine fotochemische Wirkung von Laserlicht auf Zellkulturen. Daraus können aber keine therapeutischen Wirkungen abgeleitet werden.
◆ Die Gerätehersteller werben mit vielfältigen Einsatzmöglichkeiten. Die behaupteten Wirkungen sind nicht ausreichend belegt. Erwiesen ist, daß Laserlicht keinen Erfolg hat bei Beingeschwüren, Akne oder entzündeten Talgdrüsen. Soft-Laser wirkt auch nicht „gegen Falten".
◆ Es gibt viele Erfolgsberichte. Aber wo immer Soft- beziehungsweise Infrarot-Laser-Therapie mit einer Placebobehandlung (siehe Seite 20) verglichen wurde – zum Beispiel beim Tennisarm oder Weichteilrheuma –, erzielte man mit beiden Methoden die gleichen Wirkungen.

Es ist zweifelhaft, ob Soft- und Mid-Laser eine spezifische Wirkung haben, die Behandlung kann als Placebotherapie gelten. Eine gleichlange Sitzung im Tageslicht ist empfehlenswerter, denn Tageslicht hat den Vorteil, noch andere Wellenbereiche zu besitzen.

Empfehlung

Soft- und Mid-Lasertherapie kann nicht empfohlen werden.

Kosten

Die Krankenkassen erstatten die Kosten der Laserbehandlung entsprechend den NUB-Richtlinien nicht (siehe Seite 30). Das Verfahren ist aus der Beihilfefähigkeit ausgeschlossen (siehe Seite 32).

Für Selbstzahler berechnet der Arzt die Kosten nach der Gebührenordnung für Ärzte (siehe Seite 32). Die Kosten einer Sitzung sind je nach Anwendung sehr unterschiedlich, sie liegen zwischen 25 und 60 DM.

Adresse

Lasermedizinzentrum Berlin
Krahmerstraße 6–10
D-12207 Berlin
Tel.: 0 30/8 34-40 02

Magnetfeldtherapie

Geschichte

Schon die ägyptischen Priester wollten die unsichtbare „kosmische" Kraft magnetischen Metalls zur Heilung nutzen, und bereits vor unserer Zeitrechnung beschrieb der Naturarzt *Hippokrates* (460–377) Heilungen mit Magneten. *Paracelsus* hat im 16. Jahrhundert versucht, die von Pfeilspitzen und Kugeln verursachten Wunden mit Magneten zu heilen.

Zwei Jahrhunderte später gelangen dem Wunderheiler *Franz Anton Mesmer* spektakuläre Erfolge: Er strich mit Magneten über den Körper seiner Patienten, die ihm in Scharen zuliefen. Mesmer nahm an, daß er und andere besonders empfängliche Personen die geheimnisvolle Kraft, die aus dem Kosmos komme, speichern und auf andere Menschen heilend übertragen könnten (siehe Aura-Heilung, Seite 204). Bald ging er zu Streichmassagen ohne Magnet über, denn er erkannte, daß es die Ausstrahlung seiner Person war, die wirkte. Er nannte die hypnotische Kraft den „animalischen Magnetismus". Der „Mesmerismus" fand viele Anhänger in okkulten Zirkeln.

1869 wurde das erste Patent vergeben für Ganzkörperbehandlungen mit einer Spule, die ein Magnetfeld erzeugte, und um die Jahrhundertwende hielt die Magnetfeldtherapie Einzug in die Medizin. Man beschäftigte sich mit Magnetheilung bei Migräne und Rheuma und mit der Idee, Magnetfelder könnten das Tumorwachstum verhindern.

Seit 1955 die ersten Hinweise bekannt wurden, daß elektrische Ströme die Knochenheilung anregen, forscht eine wachsende Zahl von Wissenschaftlern daran. 1974 entwickelte *Mühlbauer* einen nahtlosen Wundverschluß mit Strontium-Ferrit-Magneten. Doch der „magnetische Reißverschluß" war erfolglos und setzte sich nicht durch.

Der Orthopäde *Lechner* und der Physiker *Kraus* haben in den 70er Jahren ein Verfahren entwickelt, bei dem eine winzige Spule, Übertrager genannt, an Knochenbruchstellen einoperiert wird. Wenn anschließend das entsprechende Körperteil in ein pulsierendes Magnetfeld gebracht wird, entsteht in dem Übertrager ein schwacher elektrischer Strom. Dieses elektrische Feld kann die Knochenneubildung und Heilung eines Knochenbruchs fördern (Elektroosteostimulation). Ausgehend von der Vermutung, daß auch vom Magnetfeld allein eine Heilwirkung ausgehen könne, wurde eine „konservative" Magnetfeldtherapie entwickelt, also eine Magnetbehandlung ohne einoperierten Übertrager.

Die Situation heute

1982 beschlossen die Krankenkassen, die Kosten für Behandlungen mit „Magnetfeldtherapie beziehungsweise ... die Behandlung mit elektrodynamischen Potentialen" zu übernehmen, und zwar bei schlecht heilenden Knochenbrüchen und schlecht einheilenden Prothesen. Dies hatte zur Folge, daß nun mehrere Gerätehersteller Apparate für die konservative Magnetfeldtherapie anboten. Bei ärztlicher Verordnung übernahmen die Kassen die Miete für solche Geräte zur Behandlung zu Hause. Aufgrund mangelnder Wirksamkeitsbelege riet die Kassenärztliche Bundesvereinigung 1992, die Kostenübernahme für konservative Magnetfeldbehandlungen einzustellen, der Landesverband der Bayrischen Krankenkassen hat im April 1993 seinen Mitgliedern dieses Vorgehen empfohlen.

Magnetfeldgeräte werden in Krankenhäusern, von niedergelassenen Ärzten und Heilpraktikern sowie in Kosmetikinstituten eingesetzt.

Beinahe jedes Jahr kommt ein neues Angebot auf den Markt, etwa magnetische Stühle zur Bekämpfung von Rückenschmerzen.

Sie werden in Praxen und Altersheimen aufgestellt und gegen Entgelt vermietet. Neuerdings werden Magnetfeld-Generatoren für den Autositz angeboten, ausgestattet mit einer Metallplatte, die Autofahrer von Rückenschmerzen befreien und erfrischen sollen.

Die Idee dahinter

Die Anwender der Magnetfeldgeräte meinen, daß der Zellstoffwechsel durch magnetische Beeinflussung angeregt wird.

Die Mittel

Magnetfeldgeräte: Magnetfeldgeräte haben Feldstärken (Induktion) von etwa 5 Millitesla (ältere Maßeinheit: 50 Gauß). Sie funktionieren nach verschiedenen Prinzipien. So können sie rotierende Permanentmagneten haben oder „gepulste" Magnetfelder (meist im Bereich von etwa 50 Hz) erzeugen. Die Intervallfrequenz kann frei wählbar sein.

Stühle, die ein Magnetfeld erzeugen, funktionieren nach ähnlichem Prinzip.

Magnetfolien: Für die Selbstbehandlung sind in Apotheken selbstklebende Magnetfolien (Permanentmagneten) erhältlich.

Magnetische Gegenstände: Auf dem Markt werden verschiedene (Permanent-)Magneten für den Eigengebrauch angeboten: Die Palette reicht von Magnetketten bis zu magnetischen Schuhsohlen, Armbändern und Pyramidenformen.

Behandlung und Selbstbehandlung

Selbstbehandlung mit Magnetfolien und magnetischen Gegenständen: Magnetfolien haften auf der Haut und sollen bis zu 14 Tage an schmerzenden Stellen getragen werden. Nach ein bis zwei Tagen Pause können die Folien nochmals aufgelegt werden.

Magnetketten und andere magnetische Gegenstände werden dauernd am Körper, die Einlagesohlen ständig in den Schuhen getragen.

Behandlung mit pulsierenden Magnetfeldgeräten: Der Behandler postiert um das erkrankte Körperteil eine Spule passender Größe, die Magnetimpulse abgibt.

Je nach Angabe des Geräteherstellers soll das erkrankte Gebiet täglich 15 Minuten bis zu mehrere Stunden lang über einige Wochen bis mehrere Monate der Magnetfeldwirkung ausgesetzt werden.

Manche Behandelte glauben, bei der Magnettherapie ein Kribbeln oder Wärmegefühl auf der Haut zu spüren. Manchmal scheinen sich an den Behandlungstagen die Schmerzen zu verschlimmern. Dies wird als „Erstreaktion" erklärt, die nach wenigen Tagen wieder abklingen soll.

In den magnetischen Stühlen ruhend, soll man etwa 20 Minuten verbringen, um Schmerzerleichterung zu spüren.

Ausbildung der Behandler
Gerätehersteller schulen die Therapeuten.

Erklärung der Wirkung

Magnetfolien: Die Hersteller behaupten, daß Magnetfolien Reizwirkungen auf die Reflexzonen haben. Dabei sollen die Nervenbahnen heilsame Impulse zu den Organen im gemeinsamen Körpersegment leiten (siehe Seite 80).

Magnetische Gegenstände: Armreifen, Ketten, Amulette und andere magnetische Gegenstände aus Esoterik-Läden oder dem Versandhandel sollen das Wohlbefinden verbessern und die Gesundheit erhalten, wenn man sie dauernd trägt. Wie diese Wirkung zustande kommen soll, wird von den Anbietern nicht erklärt.

Magnetfeldtherapie-Geräte: Die Hersteller der Apparate geben verschiedene Wirkungserklärungen ab, zum Beispiel:

- In den „großen und übergroßen Molekülen findet die Umwandlung der atomaren magnetischen Energien in vitales Geschehen statt".
- Die magnetischen Feldlinien sollen „im Frequenztakt die für die Zellfunktion wichtigen Ionen beeinflussen".

Magnetfelder sollen die Durchblutung und die Aufnahme von Sauerstoff fördern und anderes mehr.

Anwendungsbereiche

Magnetfolien und magnetische Gegenstände: Magnetfolien sollen Schmerzen bei Verspannungen, Rheuma, Blutergüssen, Hexenschuß und Durchblutungsstörungen lindern, wuchernde Narben und Entzündungen heilen.

Magnetische Gegenstände sollen ähnliches vollbringen.

Magnetfeldtherapie-Geräte: Die Gerätehersteller versprechen positive Wirkungen bei mehr als 30 Krankheitsbildern wie Migräne, Rheumatismus, Ischias, Schäden an Bändern und Sehnen, Durchblutungs- und Stoffwechselstörungen, Wadenkrämpfen, Lähmungen, Gastritis und Entzündungen, und empfehlen sie zur Wundheilung und Beseitigung von Narben.

Magnetfeldbehandlung soll vegetative Störungen beseitigen, entspannen und die Wirkung jedes Medikaments verstärken.

Magnetische Stühle sollen Osteoporose und Rückenschmerzen günstig beeinflussen.

Grenzen der Anwendung
Patienten, die einen Herzschrittmacher tragen, sollten sich keiner Magnetfeldbehandlung unterziehen, denn diese könnte das elektrisch gesteuerte Implantat beeinflussen.

Risiken

Magnetfolien: Allergisierende Materialien in der Klebeschicht von Magnetfolien können Hautrötung und Juckreiz auslösen.

Magnetfeldtherapie: Nebenwirkungen sind kaum zu erwarten. Das Risiko liegt eventuell darin, daß die notwendige und wirksame Behandlung einer Krankheit aufgeschoben wird.

Kritik

◆ Nach dem heutigen Stand der Erkenntnisse haben schwache Magnetfelder keinen Einfluß auf menschliches Gewebe. Die biologischen Wirkungsschwellen von statischen und niedrig frequenten oder pulsierenden Magnetfeldern sind annähernd bekannt – darauf beruht der Grenzwert zum Schutz von Arbeitnehmern (50 Hz, 5 Millitesla). Von den derzeit zur Therapie eingesetzten Geräten werden diese Grenzen kaum erreicht.

◆ Die Studien zur therapeutischen Wirksamkeit konservativer Magnetfeldbehandlung kommen zu widersprüchlichen Ergebnissen. Unter den kontrollierten Untersuchungen sind diejenigen, die eine heilende Wirkung nicht belegen, jedoch weitaus in der Überzahl.

◆ Derzeit angebotene Geräte für konservative Magnetfeldtherapie sind nach überwiegender Einschätzung der etablierten Medizin ohne wesentliche Wirkung und Nebenwirkung.

◆ Der Nachweis, daß ein statisches Magnetfeld die Knochenheilung fördert, ist noch nicht erbracht. Sicher ist, daß es keinerlei Einfluß auf die Heilung von Muskeln oder Wunden an der Haut hat. Das bedeutet, daß von den Permanentmagneten, die Leidende am Körper tragen, oder mit denen Heiler erkrankte Körper bestreichen, höchstens Placebowirkung, aber keine Heilwirkung ausgehen kann. Klinische Versuche haben das bestätigt: Bei chronischer Hals-Schulter-Verspannung brachten Behandlungen mit physikalischer Therapie mehr Erleichterung als magnetische Ketten.

Magnetfeldgeräte

◆ Die Geräte bestechen durch technisches Outfit wie Digitalanzeige oder Quarzsteuerung, aber bei genauen Funktionskontrollen hat sich gezeigt, daß die Herstellerangaben über technische Eigenschaften von den tatsächlichen Verhältnissen oft grob abweichen (zum Beispiel erreicht ein Gerät statt der angegebenen 100 Millitesla nur eine Induktion von 7 Millitesla).

◆ Die technischen Bezeichnungen sind oft unklar.

◆ Die Angaben der Hersteller über Anwendungen widersprechen einander häufig.

Magnetbehandlung und Magnetfeldbehandlung erscheinen nur harmlos, so lange keine notwendige Behandlung versäumt wird.

Empfehlung

Magnetbehandlung und Magnetfeldbehandlung können nicht empfohlen werden.

Kosten

Die Krankenkassen erstatten Kosten ambulanter Magnetfeldtherapie mit einoperierter Spule (Elektroosteostimulation) bei schlechtheilenden Brüchen und schlechteinheilenden Prothesen. Sie übernehmen nach den NUB-Richtlinien (siehe Seite 30) jedoch nicht die Kosten für konservative Magnetfeldtherapie für diese und andere Anwendungen und zahlen nicht für Magnetfolien. Die Beihilfefähigkeit (siehe Seite 32) ist in gleicher Weise eingeschränkt.

Für Selbstzahler berechnet der Arzt die Kosten nach der Gebührenordnung für Ärzte (siehe Seite 32). Sie sind sehr unterschiedlich, pro Sitzung muß man mit mindestens 50 DM rechnen.

Mikrobiologische Therapie (Symbioselenkung)

Geschichte

Nach der Erfindung der Pockenimpfung im Jahre 1796 gab es viele Ansätze, mit lebenden oder abgetöteten Erregern, geschluckt oder gespritzt, Krankheiten zu heilen.

Später dann, mit Beginn der Antibiotikabehandlung, wurde offenbar, welche Rolle körpereigene Bakterien für die Gesundheit spielen. Antibiotika, mit denen Krankheitskeime bekämpft werden, können auch die natürliche Darmflora schädigen oder vernichten. Das kann wiederum zu Krankheiten führen.

Aus der Kombination des Impfgedankens mit dem Wissen um die Bedeutung der Darmflora entwickelte sich eine Behandlungsform, die lange Zeit „Symbioselenkung" hieß. Ihr Kerngedanke war, bestimmte Bakterien in den Körper zu bringen und so in der Darmflora wieder das „normale" Mischungsverhältnis von Bakterien zu schaffen.

Forschungen zeigten jedoch bald, daß man von falschen Voraussetzungen ausgegangen war, was denn eine „normale" Darmflora sei.

Die Situation heute

Die Befürworter der Therapie mit Mikroorganismen tragen dem neuen Wissensstand Rechnung, indem sie ihr Konzept nun Mikrobiologische Therapie nennen und mit ihr vornehmlich die körpereigene Abwehr beeinflussen wollen (siehe Seite 41).

Die Krankenkassen registrieren, daß von Jahr zu Jahr mehr Präparate der mikrobiologischen Behandlungsrichtung verordnet werden, vor allem als Magen-Darm-Mittel zur Durchfallbehandlung. 1993 bezahlten sie dafür 73,6 Millionen DM.

Die Idee dahinter

Mensch und Bakterien leben in einem innigen Verhältnis miteinander. Die Körperhaut und alle Schleimhäute sind üppig mit Bakterien besiedelt. Auf der Schleimhaut des Darmes ist die Zahl der Bakterien zehn- bis hundertmal so groß wie die Gesamtzahl aller Körperzellen.

Für den Menschen ist diese Symbiose sehr vorteilhaft. Die vertrauten, nicht krankmachenden Bakterien besetzen den Platz, so daß für fremde, krankheitserregende nicht genügend Raum ist. Außerdem ist die Bakterienbesiedelung für ein funktionierendes Abwehrsystem notwendig.

Die Anhänger der Symbioselenkung meinen, eine veränderte Darmflora könne einerseits Ursache, andererseits aber auch Ausdruck einer Krankheit sein. Bei einer „falschen" Darmbesiedelung sollen mehr von den üblichen Fäulnisstoffen im Darm gebildet werden als sonst, und sie sollen verstärkt ins Blut übertreten.

Die Befürworter der Mikrobiologischen Therapie setzen hingegen auf den immunmodulierenden Effekt der Antigene, die sie in den Körper einbringen und auf die das Immunsystem reagieren muß.

Die Mittel

Obwohl die Anhänger der Mikrobiologischen Therapie sehr darauf bedacht sind, sich von denen der Symbioselenkung zu unterscheiden, verwenden sie größtenteils die gleichen Produkte zum Kurieren.

Die Fertigprodukte gibt es in fester oder flüssiger Form zum Schlucken, einige auch als Injektionsmittel. Die meist verkauften Mittel enthalten Bakterien des menschlichen Darmes, milchsäurebildende Bakterien oder solche, die bei Infektionen der Atemwege oder des Harntrakts eine besondere Rolle spielen. Zum Teil sind sie noch mit verschiedenen anderen Stoffen vermischt.

Anwendungsbereiche sind Magen-Darm-Erkrankungen, Erkrankungen der Atemwege, der Harnwege, des Genitaltrakts, Allergien, Ekzeme und „Abwehrschwäche". Dafür gibt es eine ganze Reihe von Präparaten. Besonders die Gruppe der „Umstimmungsmittel", die auf eine Stärkung des Immunsystems abzielen, hat sich enorm vergrößert.

Hauptpräparate beider Therapiearten sind jedoch Tropfen zum Einnehmen: Pro-Symbioflor, Symbioflor 1 und Symbioflor 2.

Zentraler Bestandteil der Mikrobiologischen Therapie sind die „Autovakzinen", die entweder als Mittel zum Schlucken oder zur Anwendung auf der Haut, meist aber als Injektionsmittel zusätzlich zu den oben genannten Tropfen verwendet werden. Diese Mittel kann man nicht fertig kaufen. Sie werden in einem darauf spezialisierten Labor als „Sonderanfertigung" für jeden Patienten einzeln hergestellt. Sie enthalten abgetötete Keime, die aus Stuhl, Harn, Nasensekret, Speichel, Rachenabstrich, Vaginalsekret oder Eiter des Patienten gewonnen wurden. (siehe Autologe Arzneimittel, Seite 207).

Untersuchung und Behandlung

Vertreter der Symbioselenkung fordern als Voraussetzung für eine Behandlung mit Mikroorganismen die Diagnose „Dysbakterie". Dieser Begriff steht für: Im Darm siedeln nicht die „richtigen" Bakterien, beziehungsweise ihr Mengenverhältnis ist nicht „richtig". Um das festzustellen, reichen den Behandlern die Vorgeschichte der Krankheit und die Schilderung der Beschwerden aus. Eine Stuhlanalyse erscheint ihnen nicht notwendig. Wenn sie dennoch gemacht wird, resultieren daraus oft Diätempfehlungen.

Für die Behandlung gibt es ein Grundschema: Eingewöhnung mit Pro-Symbioflor, dann Präparate mit lebenden Kokken (Darmbakterien) in Form von Symbioflor 1, später Präparate mit lebenden Escherichia coli (Darmbakterien) in Form von Symbioflor 2. Je nach Art und Schwere der Krankheit wird dieses Schema abgewandelt.

Die Autovakzinen der Mikrobiologischen Therapie werden eingesetzt, nachdem der Arzt/die Ärztin eine chronische, therapieresistente Erkrankung festgestellt hat und eine entsprechende Behandlung für geeignet erachtet. In dem Labor, das das Injektionsmittel herstellt, wird das eingesandte Material auf Bakterien und andere Keime untersucht.

Autovakzinen werden in ansteigender Konzentration unter die Haut gespritzt.

Die Behandlung dauert mindestens Wochen, bei schweren Krankheiten auch Monate bis Jahre und soll konsequent durchgeführt werden.

Erklärung der Wirkung

Bei dem alten Gedanken der Symbioselenkung ging man davon aus, daß durch die Besiedelung des Darmes mit „falschen" Bakterien vermehrt Fäulnisstoffe gebildet werden. Die würden dann ins Blut übertreten und bei Krankheiten eine Rolle spielen.

Als Mikrobiologische Therapie eingesetzt, sollen die Bakterienprodukte das Immunsystem anregen und so helfen, Infektionen abzuwehren und Krankheiten zu heilen (siehe Seite 41). Eine zusätzliche Besiedelung des Darmes mit wünschenswerten Bakterien gilt hier als Nebeneffekt.

Anwendungsbereiche

Die Anwender bezeichnen die Mikrobiologische Therapie als wirksam und unschädlich. Als Indikationen geben sie an: immer wiederkehrende oder chronische Infektionskrankheiten, besonders der Harn- und Luftwege; Infektionen, die auf Antibiotika nicht ansprechen; Magen-, Darm-, Leber- und Gallenkrankheiten; Allergien; Hautkrankheiten; Rheuma im weitesten Sinn; Zusatzbehandlung bei Krebs.

Dieses von den Befürwortern der Therapie angegebene weite Anwendungsspektrum erscheint erfahrenen Mikrobiologen unhaltbar.

Studien, die naturwissenschaftlichen Ansprüchen genügen, bestätigen die Wirksamkeit einer solchen Behandlung bei immer wiederkehrenden Mandelentzündungen, Erkältungskrankheiten und Nasennebenhöhlenentzündungen.

Bei allen anderen Anwendungsbereichen kann Mikrobiologische Therapie als unspezifische Reiztherapie gelten. Denn Erfolge beruhen auf Einzelerfahrungen und sind wissenschaftlich entweder gar nicht oder unzureichend belegt.

Risiken

Die Injektion der Bakterienpräparate ist grundsätzlich mit Risiken verbunden – je empfindlicher der Mensch ist, um so mehr.

Die Bandbreite reicht von leichten Hautrötungen am Einstichort bis zum lebensbedrohlichen allergischen Schock.

Kritik

◆ In der Argumentation der Befürworter mischt sich der alte Gedanke, im Darm für die „richtige Bakterienmischung" zu sorgen, mit der neuen Wirkungserklärung „Immunstimulation".

◆ Die „Selbstvergiftung" infolge „Dysbakterie" ist eine unbewiesene Theorie.

◆ Es gibt keinen Anhaltspunkt dafür, daß eine „falsche" Darmbesiedelung Einfluß hätte auf die Entstehung von Allergien.

◆ Der größte Teil der eingenommenen Bakterien wird durch die Magensäure abgetötet. Ob sich der Rest im Darm ansiedelt, ist fraglich.

◆ Die Menge von Bakterien, die als Medikament in den Körper eingebracht werden, ist verschwindend gering gegenüber der Masse, die im Darm siedelt.

◆ Beim Wiederaufbau einer zerstörten Darmflora kann es sinnvoll sein, dem Körper milchsäurebildende Bakterien anzubieten. Das kann aber auch in Form von Joghurt geschehen.

◆ Die amerikanische Gesundheitsbehörde bezweifelt, daß milchsäurebildende Bakterien Durchfall stoppen können. Sie hat verfügt, daß solche Produkte aus dem Handel genommen werden.

◆ Ernährungsfaktoren wie Ballaststoffe, die die Darmpassage beeinflussen, verändern die Darmflora mehr, als jedes Medikament es vermag.

◆ Geschluckte Keime regen – einer Schluckimpfung ähnlich – das Immunsystem sicherlich an. Was das aber konkret für die Behandlung einzelner Krankheiten bedeutet, muß erst noch erarbeitet werden. Im übrigen ist der Verzehr von Rohkost – mit den unvermeidlich daranhängenden Bakterien – für das Immunsystem jedesmal eine solche Anregung.

◆ Ihre Verfechter bezeichnen die Therapie als kostengünstig. Sie ist es aber dann nicht, wenn man bedenkt, daß sie bei schweren Krankheiten Monate oder gar Jahre durchgeführt werden soll.

Empfehlung

Die Mikrobiologische Therapie ist nur empfehlenswert bei wiederkehrenden Mandelentzündungen, Erkältungskrankheiten und Nasennebenhöhlenentzündungen.

Die Behandlung mit Injektionen ist abzulehnen.

Kosten

Die Krankenkassen bezahlen die mikrobiologische Behandlung üblicherweise nicht. Einige der Arzneimittel und die injizierbaren Autovakzinen kann der Arzt allerdings zu Lasten der Krankenkasse verordnen. Seit 1996 gelten sie jedoch nicht mehr als beihilfefähig (siehe Seite 32).

Adresse

Institut für Mikroökologie
Kornmarkt 34
D-35745 Herborn
Tel.: 0 27 72/93 10

Neuraltherapie nach Huneke

Geschichte

Ein Kunstfehler wurde zur Geburtsstunde der Neuraltherapie: Der Arzt *Ferdinand Huneke* spritzte 1925 seiner migränegeplagten Schwester ein Rheumamittel versehentlich in die Vene statt in den Muskel. Völlig überraschend verschwanden ihre Kopfschmerzen in Sekundenschnelle. Die Gebrüder Huneke führten diese Wirkung auf das dem Mittel beigemischte lokale Betäubungsmittel Procain zurück und experimentierten mit diesem Wirkstoff weiter. Als Huneke 1940 rund um die Unterschenkelwunde einer Patientin betäubende Injektionen setzte und plötzlich der Schmerz an ihrer Schulter der gegenüberliegenden Körperhälfte verschwand, nannte Huneke dies ein „Sekundenphänomen", und er glaubte, eine neue Therapieform gegen „Fernstörungen" gefunden zu haben.

Die Situation heute

Huneke und seine Anhänger rückten weiterhin das Sekundenphänomen und spektakuläre Fälle in den Mittelpunkt ihrer Lehre, und begründen sie damit. Neuraltherapie nach Huneke wird in freien Praxen, von Allgemeinmedizinern und Orthopäden, in Kurkliniken und auch von Heilpraktikern durchgeführt.

In die etablierte Medizin hat jedoch nur der Teil der Neuraltherapie Eingang gefunden, der zur Schmerzlinderung dient, die Segmenttherapie. Um sie von Außenseitern abzugrenzen, wird sie „Therapeutische Lokalanästhesie" oder „Infiltrationstherapie" oder „Heilanästhesie" genannt.

Die Idee dahinter

Die Neuraltherapie stützt sich auf zwei Prinzipien, die Segmenttherapie und die Störfeldtheorie.

Segmenttheorie: Als Segment wird jeweils ein Körperabschnitt bezeichnet, der durch einen gemeinsamen Nervenstrang versorgt wird . Die Segmenttheorie geht davon aus, daß bestimmte Hautareale – „Headsche Zonen" genannt – mit inneren Organen durch Nervenbahnen verbunden sind. Ist die Haut in einer Zone überempfindlich, so kann man auf eine Erkrankung in dem zugehörigen Körperabschnitt schließen.

Störfeldtheorie: Sie besagt, daß krankhafte Prozesse in einem Organ Verletzungen, Entzündungen oder Narben, „störende Impulse" an andere Organe senden können. Der Organismus kann die Störungen eine Zeitlang ausbalancieren, aber wenn sie zu lange andauern, reagiert er mit einem schmerzhaften Leiden. Nach dieser Theorie können chronische Krankheiten in einem Körperteil ihre Ursache in ganz anderen Bereichen haben. Es kann eine langwierige Suche notwendig sein, um diese Störfelder und „Herde" herauszufinden. Entzündete Zahnwurzeln, nervtote Zähne, die Mandeln sowie verheilte Knochenbrüche und alte Narben gelten als besonders störfeldverdächtig. Manche Neuraltherapeuten meinen sogar, daß der Nabel zur krankmachenden Störung werden kann.

Das Sekundenphänomen der „Zauberspritze" wurde zum Erklärungsmodell der Neuraltherapie: Huneke und seine Schüler meinen, Krankheitsherde seien von Ferne heilbar. Sie injizieren ein Betäubungsmittel an entfernten Arealen und wollen damit die Störfelder ausschalten. Diese „Fernwirkung" soll auf Nervenleitungen „über den Reflexbogen in die Schaltstelle Stammhirn" funktionieren.

Neuraltherapeuten nennen ihre Methode auch „Umstimmungstherapie" (siehe Seite 38), deshalb soll sie auch bei gegensätzlichen Krankheitsbildern helfen. Eine Injektion in die Schilddrüse soll zum Beispiel gleichermaßen Unterfunktion wie Überfunktion der Schilddrüse normalisieren können.

Die Mittel

Zur Injektion werden Einwegspritzen mit einer Länge zwischen zwei und zwölf Zentimeter eingesetzt.

Die Wirkstoffe Procain, Lidocain, Mepivacain oder Articain werden ohne Beimischungen angewendet. Heute gilt Lidocain als das wirksamste Mittel mit den wenigsten Nebenwirkungen. Meist werden fünf Milliliter gespritzt, häufig aufgeteilt auf mehrere Einstiche (Quaddeln).

Untersuchung und Behandlung

Nach genauen Fragen über die Beschwerden tastet der Therapeut mit den Fingern die empfindlichen Hautzonen (Projektionszonen) ab, über die Schmerzen im Bewegungsapparat gelindert werden sollen oder ein erkranktes Organ beinflußt werden soll. Dort spritzt er dann örtlich knapp unter die Haut mehrere Male ein betäubendes Mittel ein: Er „setzt Quaddeln".

Diese Behandlung wird mehrere Male wiederholt, bis der Schmerz im Organ gelindert ist (Fernbehandlung).

Wird eine Narbe als „Herd" verdächtigt, setzt der Therapeut in und rund um sie mehrere Injektionen.

Auch tiefe Stichtechnik wird angewendet: Zur Schmerzbehandlung wird in die sogenannten Triggerpunkte der Muskeln – das sind besonders schmerzende, verdickte Stellen im Muskelgewebe – gestochen. Die Injektionen mit Betäubungsmitteln tief in Gelenke und Sehnen, in den Wirbelkanal beim Kreuzbein nennt man Infiltrationsbehandlung. In den Nervenstrang entlang der Wirbelsäule wird injiziert, um Schmerzbahnen zu blockieren.

Neuraltherapeuten nach Huneke stechen in die Magengrube, in den Bauchraum an die Eierstöcke heran, an die vegetativen Geflechte des kleinen Beckens, in die Prostata, in den Nabel und in die Schilddrüse.

Bei tiefer Stichtechnik wird die Injektionsnadel ohne Sichtkontrolle bis zu zwölf Zentimeter tief in den Körper eingeführt.

Neuraltherapie als Diagnosemethode: Neuraltherapeuten diagnostizieren auch mit der Stichtechnik. Injektionen im Schmerzbereich verschlimmern manchmal für einige Tage die Beschwerden. Dies wird als Hinweis auf ein „Störfeldgeschehen" gedeutet, aber auch darauf, daß die Spritze nicht den vermuteten Irritationsort getroffen hat. Das Sekundenphänomen gilt als Beweis, daß die Fernbehandlung ein Störfeld gefunden und ausgeschaltet hat.

Bringt eine örtliche Injektionsbehandlung sofort Besserung, diagnostiziert der Neuraltherapeut keine Fernstörung, sondern eine eigenständige Erkrankung. Diese wird er in vielen Fällen ebenfalls mit Injektionsserien behandeln.

Ausbildung der Behandler

Die Internationale Gesellschaft für Neuraltherapie hat Ausbildungsstandards für die Sicherheit der Technik entwickelt und führt Fortbildungskurse durch, die mit einem Diplom abschließen. Heilpraktiker werden dort nicht mehr ausgebildet. Auch die Deutsche Gesellschaft für Akupunktur und Neuraltherapie mit Sitz in der Nähe von Berlin bildet nur Ärzte aus.

Erklärung der Wirkung

Neuraltherapeuten bieten für ihre Methode mehrere Erklärungsmodelle an:

◆ Huneke selbst meinte, nicht der Wirkstoff des eingespritzten Mittels und nicht seine schmerzlindernde Wirkung machten den Effekt der Neuraltherapie aus, sondern die Wirkung käme durch den Einstich zustande – ähnlich wie bei der Akupunktur.

◆ Eine neuere Theorie (nach Dosch) besagt, daß kranke Zellen im Unterschied zu gesunden eine Null-Ladung haben. Das Procain soll sie wieder mit 280 Millivolt aufladen und damit den „krankmachenden Informationsfluß" in der Flüssigkeit, die alle Zellen umspült, normalisieren. Die Folge: Das Vegetativum kommt wieder ins Gleichgewicht.

Die Medizin erklärt den Erfolg der Schmerzbehandlungen mit der Blockade der Schmerzleitung: Jeder Schmerz wird über Nervenbahnen zuerst zum Rückenmark und dann zur Großhirnrinde geleitet. Im Rückenmark aktiviert der Schmerzreiz Nervenbahnen, deren Erregung zu Muskelverspannungen führt, sowie andere, die vegetative Zentren irritieren. Das setzt die Schmerzschwelle herab und verstärkt die ursprünglichen Schmerzen. Überdies geht die Schmerzempfindung im Gehirn oft mit einer Täuschung Hand in Hand. Auf der Großhirnrinde ist die Haut als größtes Sinnesorgan sehr stark repräsentiert, deshalb kann es zu einer Projektion der Schmerzen auf größere Hautareale kommen. Der Schmerz steigert sich zur Schmerzspirale.

Das Umspritzen von Nervenenden, Nervenwurzeln und Ganglien soll die gesteigerten Schmerzreize blokkieren. Die Procaininjektion schaltet die eigentliche Schmerzquelle und darüber hinaus die reflektorischen Muskelverspannungen und vegetativen Begleiterscheinungen aus.

Der Nadelstich in die Haut reizt auch Nervenbahnen, die chronische Schmerzen unterdrücken.

Anwendungsbereiche

Neuraltherapeuten nach Huneke werben damit, daß ihre Methode angeblich mehr als 300 Leiden kurieren kann, von der Fehlgeburt bis zum Zwölffingerdarmgeschwür. Sie soll bei unklaren und funktionellen Beschwerden und gegen Durchblutungsstörungen wirksam sein.

In der etablierten Medizin wird Neuraltherapie hauptsächlich bei Schmerzen des Bewegungsapparats und bei Weichteilrheumatismus eingesetzt. Sie ist erfolgreich bei Neuralgien und Kopfschmerzen aller Art. Sie kann helfen, den Bedarf an Schmerzmitteln zu senken.

Grenzen der Anwendung

◆ Nicht eingesetzt werden darf Neuraltherapie bei Blutgerinnungsstörungen oder während der Einnahme gerinnungshemmender Mittel, bei Infektionen an der Einstichstelle, beim Magengeschwür und bei Menschen, die gegen die Mittel allergisch sind.

◆ Bei Mehrfachinjektionen sollten einige Tage zwischen den einzelnen Behandlungen verstreichen. Kindern sollte nicht in den Nabel gestochen werden.

Risiken

◆ Einstichstellen können vereitern.

◆ Auf Lokalanästhetika reagieren manche Menschen überempfindlich. Ihnen drohen Schwindel, Übelkeit und Kollaps. Deshalb sollte der Arzt die Verträglichkeit vor der Behandlung mit einer Stichprobe an der Haut testen.

◆ Wenn die Medikamente falsch gespritzt werden, kann es zu beträchtlichen Nebenwirkungen kommen. Sticht der Behandler versehentlich in ein Blutgefäß, können dadurch Kreislaufstörungen, Herzrhythmusstörungen und sogar Herzstillstand ausgelöst werden. Diese Technik gehört ausschließlich in die Hände eines ausgebildeten Arztes und sollte nur durchgeführt werden, wo es lebensrettende Einrichtungen gibt.

◆ Bei risikoreicher, tiefer Stichtechnik ist es mehrfach zu schweren Zwischenfällen gekommen, wie innere Blutungen, Organverletzungen und Lähmungen. Einige Todesfälle sind dokumentiert.

Kritik

Die Theorien von Huneke und seinen Nachfolgern über die Fernwirkung der Neuraltherapie widersprechen sich und stimmen nicht:

◆ Experimente haben gezeigt, daß Zellen, die keine Membranspannung haben, nicht mehr leben, deshalb können sie auch nicht, wie von Neuraltherapeuten behauptet, „Salven von Störimpulsen feuern".

◆ Procain blockiert die Impulsleitung an der Nervenfaser und löst nicht – wie behauptet – eine vorher vorhandene „Regulationsstarre".

◆ Das Sekundenphänomen, das der Theorie zugrunde liegt, tritt nur selten auf. Kritiker meinen, daß die suggestive Kraft des Therapeuten diese Wirkung habe.

◆ Wissenschaftler kritisieren, daß die „richtige" Stelle nach dem Prinzip „Versuch und Irrtum" gefunden wird. Die Wirkung der Spritze ist nicht vorhersehbar, oft bleiben viele Wiederholungen wirkungslos.

◆ Die Kritik der Mediziner richtet sich auch gegen die komplikationsträchtige, tiefe Stichtechnik. Fanatische Anwender spielen die Risiken der Methode herunter.

◆ Als Diagnosemethode zur Herdsuche ist Neuraltherapie wenig effektiv. Testinjektionen liefern nur selten verwertbare Aussagen. Tritt ein Sekundenphänomen ein, gilt dies als Auffinden eines Krankheits„herdes". Aber auch eine negative Reaktion schließt angeblich Herde nicht aus. Bis heute ist nicht eindeutig definiert, was ein Herd oder Störfeld ist und welche Krankheiten sie möglicherweise hervorrufen können.

◆ Trotz der weiten Verbreitung der Neuraltherapie nach Huneke ist ihre Wirksamkeit kaum untersucht. Als Heilmethode ist sie wissenschaftlich nicht anerkannt. Als „therapeutische Lokalanästhesie" zur Behandlung von chronischen Schmerzen in Gelenken und Muskeln ist Neuraltherapie sinnvoll und hat sich in der Medizin etabliert.

Empfehlung

Therapeutische Lokalanästhesie ist als Schmerzbehandlung mit Einschränkungen empfehlenswert.

Neuraltherapie als Diagnose- und Behandlungsmethode von Störfeldern ist abzulehnen.

Kosten

Die Krankenkassen übernehmen die Kosten der Schmerztherapie.

Neuraltherapeutische Injektionen zur Herd- und Störfeldsuche und als Heiltherapie erstatten die Kassen üblicherweise nicht. Für Selbstzahler berechnet der Arzt die Kosten nach der Gebührenordnung für Ärzte (siehe Seite 32). Die Kosten der Behandlung nach Huneke sind je nach Körperregion, nach Anzahl der Injektionen und der Besuche beim Behandler unterschiedlich hoch.

Adressen

Internationale medizinische Gesellschaft für Neuraltherapie nach Huneke – Regulationstherapie e. V.
Bismarckstr.3
D-72250 Freudenstadt
Tel.: 0 74 41/21 51

Österreichische Medizinische Gesellschaft für Neuraltherapie - Regulationsforschung
Bahnhofbichl 13
A-6391 Fieberbrunn
Tel.: 0 53 54/21 20

Nosoden

Geschichte

1796 begann mit der Pockenimpfung, die der englische Arzt *Edward Jenner* durchführte, in der Medizin das Zeitalter der Impfungen. Er brachte abgeschwächte Krankheitserreger ins Blut und setzte damit eine „kleine" Infektion. Die reichte aus, um gegen die Krankheit immun zu werden, ohne jedoch ernsthaft zu erkranken.

In homöopathisch abgewandelter Form bediente sich dieses Impfprinzips 1820 der Tierarzt *Wilhelm Lux*. Er potenzierte nach homöopathischer Manier (siehe Seite 192) Blut und Ausscheidungsprodukte kranker Tiere in der Hoffnung, damit nicht nur immunisieren, sondern auch heilen zu können. Den Begriff Nosoden prägte 1830 der Amerikaner *Constantin Hering,* abgeleitet von dem griechischen Wort „Nosos" für Krankheit.

Die Situation heute

In Frankreich, England und in den USA wurden Nosoden schnell zu einem Bestandteil der homöopathischen Therapie. In Deutschland legte man erst 1985 Vorschriften für ihre Herstellung im Homöopathischen Arzneibuch fest.

Heute verordnen manche naturheilkundlich orientierten Ärzte Nosoden. In der homotoxikologischen Behandlung (siehe Seite 241) werden sie häufig angewandt. Sie sind aber bei weitem nicht so bekannt wie die Homöopathika (siehe Seite 190).

Bis 1994 wurden injizierbare Homöopathika, zu denen auch die Nosoden zählen, beim damaligen Bundesgesundheitsamt lediglich registriert. Das bedeutete, daß sie, anders als die üblichen Arzneimittel, ihre Wirksamkeit und Unbedenklichkeit nicht nachweisen mußten.

Erst seit 1994 gilt, daß auch homöopathische Injektionsmittel, die seitdem in den Handel gekommen sind beziehungsweise kommen sollen, zugelassen werden müssen.

Die Idee dahinter

Die Nosoden-Idee ist eine Mischung aus Impfprinzip und Homöopathie.

Wenn man bei Furunkeln aus dem Eiter ein Injektionsmittel herstellt und dem Kranken einspritzt, kann man damit das Abwehrsystem anregen (siehe Seite 41). Wird dagegen bei Herzerkrankungen eine Diphtherie-Nosode gespritzt, ähnelt das entfernt dem homöopathischen Prinzip, Gleiches mit Gleichem zu behandeln (siehe Seite 190). Spätschäden der Diphtherie betreffen oftmals das Herz. Dem Gleichheitsgedanken folgend, müßte das Mittel, das aus Krankheitserregern gewonnen wurde, die letztlich Herzschäden verursachen können, gegen Herzerkrankungen helfen.

Auch das Prinzip der „Erbnosoden" ist der Homöopathie entlehnt. Hier geht der Anwender davon aus, daß ein Vorfahre des Patienten eine Krankheit durchgemacht hat, die sich noch in der nächsten Generation auswirkt. Als Beispiel: Eine Syphilisinfektion beim Großvater, von der vielleicht niemand etwas ahnte, könnte etwa für die Gedächtnis- und Durchblutungsstörungen des Enkels verantwortlich sein und müßte demnach mit der Luesinum-Nosode behandelt werden.

Nosoden-Befürworter trauen vergangenen Infektionen zu, daß Krankheitsrückstände das gesamte „Terrain" vergiften.

Die Mittel

Nosoden werden im allgemeinen injiziert, nur selten verwendet man sie als „Trinkampullen".

Die meisten Nosoden werden industriell hergestellt. Aus Bakterien und Viren, deren Giftstoffen, dem handelsüblichen Impfstoff dieser Krankheiten oder aus infektiösen Produkten der Krankheit wie Blut, Eiter und so weiter, produziert der Hersteller homöopathisch potenzierte Arzneimittel, zum Beispiel Salmonella-paratyphi-Nosode, Hepatitis-Nosode. Da die Ausgangsstoffe vor der Herstellung sterilisiert werden müssen, können sie den Empfänger nicht mehr infizieren.

Die „Gewebenosoden" werden aus krankhaft veränderten Organen oder Geweben hergestellt, die Carcinoma-uteri-Nosode zum Beispiel aus Gebärmutterkrebs-Zellen.

„Autonosoden" sind eine Sonderanfertigung aus körpereigenem Material des Patienten, die auch nur er gespritzt bekommt (siehe Seite 207). Sie gelten als wesentlich wirksamer als andere Nosoden.

Um eine Autonosode zu bekommen, geht der Patient meist mit der vom Arzt hergestellten Lösung seines Bluts, Harns, Stuhls, Schweißes oder anderen Ausscheidungsprodukten in eine Apotheke. Dort wird daraus die Nosode in entsprechender Verdünnung hergestellt. Nach dem Buchstaben des Gesetzes dürfen Apotheker das nur tun, wenn sie eine besondere Erlaubnis zur Herstellung von Blutzubereitungen haben.

Nosoden gibt es sowohl als Einzelmittel als auch als Zusatz von Kombinationspräparaten.

Präparate: Nosoden-Injeele.

Untersuchung und Behandlung

Mit unkonventionellen Diagnosemethoden wie der Elektroakupunktur nach Voll (EAV, siehe Seite 308), der bioelektronischen Funktionsdiagnostik oder dem Vega-Test (siehe Seite 308), sollen Nosoden getestet werden, um herauszufinden, welche anders nicht feststellbare Ursache die Krankheit eines Patienten hat. Die ertesteten Nosoden sollen zugleich die optimalen Heilmittel sein.

Homöopathische Ärzte greifen auf Nosoden zurück, wenn Eltern die sonst übliche Impfung ihrer Kinder ablehnen oder wenn jemand gegen bestimmte Krankheiten nicht geimpft werden darf. Sie wählen dann eine Nosode aus den Krankheitserregern, vor denen sie schützen wollen.

Vermuten Homöopathen eine alte Krankheit oder gar Vererbtes als Ursache der momentanen Beschwerden, werden sie die entsprechenden Nosoden auswählen.

Am häufigsten greift ein Homöopath zu Nosoden, weil er glaubt, in der Krankheitsgeschichte seines Patienten eine Infektion erkannt zu haben, von der er meint, daß der Körper sie nicht vollständig abgewehrt hat. Dann kombiniert er meist eine ganze Reihe unterschiedlicher Nosoden, weil angeblich nur so alle Giftstoffe ausgeschwemmt werden können.

Erklärung der Wirkung

Für die Erklärung der Wirkung von Nosoden gibt es bislang nur Hypothesen. Sie lehnen sich an die Homöopathie an. Die Mittel sollen ihre „Information" auf den Körper übertragen und in ihm geschwächte Abwehrkräfte im Sinne einer Reiztherapie aktivieren.

Gemäß einer anderen Vorstellung behindern verstopfte Lymphgefäße die Ausscheidung von Fremdstoffen. Nosoden sollen diese Blockade beheben und damit eine Abwehrreaktion zu Ende bringen können, die in der Vergangenheit unterbrochen wurde.

Anwendungsbereiche

Eigenblutnosoden sollen ein geschwächtes oder überschießend reagierendes Abwehrsystem umstimmen (siehe Seite 41). Erfolge werden vermeldet bei akuten und immer wiederkehrenden Infektionskrankheiten, bei entzündlich-rheumatischen Erkrankungen und Allergien. Über besonders gute Erfolge wird bei der Behandlung von Kindern berichtet.

Risiken

Nach Aussage der Behandler ist die Nosodentherapie nebenwirkungsfrei.

◆ Eine Fachzeitschrift berichtete 1993 jedoch von einer Frau, die auf Nosoden-Injektionen mit einer lebensbedrohlichen allergischen Krankheit reagierte. Derartiges ist nicht verwunderlich, weil mit diesen Mitteln den Patienten artfremdes Eiweiß eingespritzt wird.

◆ Außerdem wird zur Herstellung der Nosoden Gewebe von Schafen, Ziegen oder Rindern verwendet. In ihnen könnten Partikel enthalten sein, die Krankheiten, wie BSE („Rinderwahnsinn") und eine entsprechende Krankheit bei Schafen (Scrapie) verursachen. Die Erreger dieser Krankheiten sind immer noch nicht sicher identifiziert, aber es scheint sich um Eiweiße, sogenannte „Prione", zu handeln. Ob ein Produkt, ein Tier oder ein Mensch mit solchen Erregern infiziert ist, ist praktisch nicht festzustellen. Es zeigt sich erst nach Jahrzehnten am Ausbruch der Krankheit.

Daß die Erreger durch Arzneimittel vom Tier auf den Menschen übertragen werden, erscheint zwar unwahrscheinlich, ist aber nicht ausgeschlossen. Darum wurde eine Reihe von Maßnahmen verfügt, die das Risiko einer solchen Übertragung so weit wie möglich verringern sollen. Einige Fachleute sind aber der Meinung, daß das nicht ausreicht, um die Arzneimittelsicherheit zu gewährleisten.

◆ Arzneimittel, die diesen Anforderungen nicht entsprechen, dürfen spätestens ab Oktober 1997 nicht mehr verkauft werden.

Kritik

◆ Es gibt keine systematischen Untersuchungen zu Wirksamkeit und Nebenwirkungen der Mittel, nur viele einzelne Berichte.

◆ Welche Nosode sich für welche Krankheit eignen soll, bestimmen häufig theoretische Analogieschlüsse: Gürtelrose, vom Herpes-zoster-Virus ausgelöst, verursacht Nervenschmerzen, also soll die Herpes-Nosode bei Nervenentzündungen helfen. Mit der Ähnlichkeitsregel der Homöopathie (siehe Seite 190) hat das wenig zu tun, denn im Gegensatz zu dieser wurde bei Nosoden kaum jemals bestimmt, wie sie beim Gesunden wirken.

◆ Die grundsätzlichen Einwände, die Kritiker gegenüber der Homöopathie haben (siehe Seite 196), gelten auch für Nosoden.

◆ Die Idee von den im Gewebe abgelagerten Krankheitsresten ähnelt der der Homotoxikologie (siehe Seite 241), ist aber wie diese bar jeder wissenschaftlichen Grundlage.

◆ Das Impfprinzip im naturwissenschaftlichen Sinn kann bei Nosoden nicht zum Tragen kommen. Wenn sie in Verdünnungen über D 23 (siehe Seite 196) gebraucht werden, gelangt – rein rechnerisch – kein Molekül der Ausgangssubstanz mehr in den Körper. Aber auch Niedrigpotenzen enthalten nicht die für eine Immunisierung notwendige Menge Erreger. Einen Schutz vor Krankheiten, wie er nach einer der üblichen Impfungen im allgemeinen erreicht wird, kann man nach einer „homöopathischen Impfung" nicht erwarten.

Die vorbeugende Gabe von Nosoden verhindert auch nicht die Malariainfektion. Einige Krankheitsfälle sind bekanntgeworden.

◆ Elektroakupunktur nach Voll eignet sich weder zur Auswahl der „richtigen" Arzneien (siehe Seite 309), noch ist es eine geeignete Methode, um die Wirksamkeit von Nosoden zu prüfen.

◆ Die Injektion von Nosoden kann nur als unspezifische Reiztherapie gelten (siehe Seite 38).

_ Empfehlung

Die Behandlung mit Nosoden aus tierischen Geweben ist abzulehnen.

Die anderen Nosoden können nicht zur gezielten Behandlung von Krankheiten empfohlen werden.

_ Kosten

Die gesetzlichen Krankenkassen bezahlen die Behandlung mit Nosoden üblicherweise nicht. Allerdings können Ärzte homöopathische Arzneimittel, zu denen auch die Nosoden zählen, zu Lasten der gesetzlichen Krankenkasse verordnen. Autonosoden sind seit 1996 nicht mehr beihilfefähig.

Für Selbstzahler berechnet der Arzt die Kosten nach der Gebührenordnung für Ärzte (siehe Seite 32).

Fünf Ampullen Nosoden-Präparate kosteten 1996 6,85 DM; 10 ml Complex-Tropfen 10,90 DM.

Organotherapie

_ Geschichte

Organotherapie, Frischzellentherapie, Zelltherapie, zytoplasmatische Therapie, THX, Thymustherapie, Theurer-Therapie, Wiedemann-Kur, Serotherapie – das alles sind Bezeichnungen für Behandlungsarten, bei denen Menschen Extrakte gespritzt bekommen, die aus tierischen Geweben oder Organen hergestellt wurden.

1931 führte der Schweizer Chirurg *Paul Niehans* die Behandlung mit Frischzellen ein, indem er Menschen Gewebe junger Tiere injizierte. Sein Indikationsanspruch ging weit. Besonders der Aspekt „Verjüngung" reizte Prominente aus Politik und Medien, sich einer Frischzellenkur zu unterziehen. Im Jahr 1955 standen diesem Zuspruch 80 schwere Zwischenfälle gegenüber, von denen 30 tödlich verliefen.

Eine so gefährliche Behandlung konnte keinen Bestand haben. Verschiedene Personen griffen die Idee von Niehans auf, veränderten aber die Produktionsmethoden der Mittel in der Hoffnung, damit das Risiko zu verringern. Das Prinzip dabei war, die Extraktbestandteile in Art und Größe so zu verändern, daß der Körper sie nicht mehr als „fremd" erkennen und ihre Injektion darum auch nicht mit allergischen Reaktionen beantworten würde.

Die Situation heute

Sowohl die Frischzellentherapie als auch alle anderen organotherapeutischen Behandlungsarten werden heute noch praktiziert. Ärzte und Heilpraktiker spritzen Organextrakte. Manche Produkte gibt es auch zum Schlucken, zum Inhalieren oder zum Einreiben.

Oft wird eine kurmäßige Anwendung empfohlen; je schwerer die Krankheit, desto länger die Kur.

Risiken

Die größten Risiken verbinden sich unzweifelhaft mit der Injektion von Frischzellen. Doch für alle anderen organotherapeutischen Verfahren gilt ähnliches. Trotz unterschiedlicher Herstellungs- und Reinigungsverfahren können sie nicht gewährleisten, daß Reaktionen auf fremdes Eiweiß ausgeschlossen sind.

Die Gesundheitsbehörden mehrerer westlicher Staaten haben Organotherapeutika nicht zugelassen.

◆ Gespritztes Fremdeiweiß kann allergische Reaktionen auslösen. Sie können sich als leichte Hautrötung und Juckreiz an der Einstichstelle äußern, als Juckreiz am ganzen Körper, Lymphknotenschwellung und Fieber, und sie können bis hin zum tödlichen Schock gehen. Diese Reaktionen können sofort oder innerhalb von zwei bis drei Wochen auftreten.

◆ Auf lange Zeit gesehen können sich Autoimmunkrankheiten entwickeln. Bei diesen Krankheiten zerstört das Abwehrsystem körpereigenes Gewebe.

◆ Zur Herstellung von Organpräparaten werden tierische Gewebe verwendet. In ihnen könnten Partikel enthalten sein, die Krankheiten wie BSE („Rinderwahnsinn") und eine entsprechende Krankheit bei Schafen (Scrapie) verursachen. Die Erreger dieser Krankheiten sind immer noch nicht sicher identifiziert, aber es scheint sich um Eiweiße, sogenannte „Prione", zu handeln. Die Entwicklung der vergangenen Jahre schürt die Angst, daß die Erreger dieser Tierkrankheiten auch den Menschen infizieren können.

Ob ein Produkt, ein Tier oder ein Mensch mit solchen Erregern infiziert ist, ist praktisch nicht festzustellen. Es zeigt sich erst nach Jahrzehnten am Ausbruch der Krankheit.

Daß die Erreger durch Arzneimittel vom Tier auf den Menschen übertragen werden, erscheint zwar unwahrscheinlich, ist aber nicht ausgeschlossen. Darum wurde eine Reihe von Maßnahmen verfügt, die das Risiko einer solchen Übertragung so weit wie möglich verringern sollen. Einige Fachleute sind aber dennoch der Meinung, daß das nicht ausreicht, um die Arzneimittelsicherheit zu gewährleisten. Arzneimittel, die den Anforderungen nicht entsprechen, die das Bundesinstitut für Arzneimittel und Medizinprodukte zum Schutz vor BSE-Infektionen erlassen hat, sind spätestens ab Oktober 1997 nicht mehr zugelassen.

◆ Aufgrund der genannten Risiken kann die Injektion von Organpräparaten nicht mehr als unspezifische, harmlose Reiztherapie angesehen werden.

◆ Bei Asthma gilt die Therapie mit Organextrakten aufgrund der möglichen allergischen Reaktionen und der Infektionsgefahr als potentiell gefährlich.

◆ Insgesamt überwiegt das Risiko den nicht erwiesenen Nutzen.

Empfehlung

Jede Art von Organotherapie ist ausnahmslos abzulehnen.

Adresse

Deutsche Gesellschaft für Organo-Biotherapie
Am Zuckerberg 8
D-50668 Köln
Tel.: 02 21/73 73 05

Frischzellentherapie

Fertige Arzneimittel aus Frisch- oder Trockenzellen, mit denen früher behandelt wurde, gibt es nicht mehr (siehe Seite 262). Dennoch können Frischzellenkuren weiterhin durchgeführt werden, wenn die Zellen dem Interessenten kurze Zeit nach dem Schlachten des Tieres gespritzt werden.

Idee und Erklärung der Wirkung

Niehans gründete seine Behandlung auf der Vorstellung, daß injizierte Zellen von Jungtieren ihre Jugendlichkeit dem Empfängerorganismus weitergäben und ihn so „revitalisierten". Heute geben Zelltherapeuten zu, daß artfremde Zellen nicht aufgenommen werden können. Nun meinen sie, die Bestandteile, in die der Körper das Injizierte zerlegt, seien wirksam.

Dabei gehen sie davon aus, daß der Organismus die Zellbestandteile vornehmlich in jenen Organen anreichert, die dem Spenderorgan entsprechen. Extrakt aus Lebergewebe geht also zur Leber. Je stärker das Organ des Menschen geschädigt ist, desto größer soll der Anreicherungsgrad sein.

Die Mittel

Für ihre Frischzell-Zubereitungen halten sich die Zelltherapeuten eigene Tierherden. Sie schlachten die trächtigen Muttertiere und präparieren Gewebe des Ungeborenen als Injektionsmittel. Diese Produkte können nicht keimfrei gemacht werden.

Das damalige Bundesgesundheitsamt hatte ab Juli 1988 alle injizierbaren Fertigarzneimittel aus kompletten Tierzellen verboten. Der durch sie mögliche Schaden überwiegt den nicht nachgewiesenen Nutzen bei weitem.

Trotzdem können Frischzellen weiterhin gespritzt werden. Es sind keine Fertigarzneimittel, die das Bundesinstitut für Arzneimittel und Medizinprodukte zulassen muß. Also kann es sie auch nicht verbieten. Die Mittel werden in Eigenverantwortung der tätigen Mediziner hergestellt und verabreicht.

Behandlung

Von Frischzellen bekommt ein Interessent pro Behandlung immer mehrere, maximal jedoch 35 Zellarten gespritzt. Zwischen den Behandlungsserien soll ein Abstand von fünf bis acht Monaten liegen.

Ein bekanntes Lehrbuch der Zelltherapie empfiehlt, vor dem Spritzen der Zellpräparate das Hormon Kortison zu spritzen und danach ein weiteres Mittel gegen Allergien, wenn eine allergische Reaktion möglich ist. Solche Nebenwirkungen lassen sich nie vollständig ausschließen.

Anwendungsbereiche

Frischzellen werden vornehmlich bei chronischen Krankheiten und zur „Verjüngung" – was nun verbrämt Regeneration und Revitalisierung heißt – gespritzt. Die Indikationsbereiche sind so weit gefaßt, daß kaum eine Beschwerde oder Krankheit nicht darunterfällt: streß- und altersbedingte Abbauerscheinungen, krankheitsbedingte Organschäden, anlagemäßige Schädigungen, zu denen die Anwender auch das Down-Syndrom, Schwachsinn und Geburtsschädigungen zählen, Leistungsminderung und sogar Immunbegleittherapie bei Krebs.

Die Wirkung soll nach sechs Wochen eintreten und sechs Monate bis mehrere Jahre anhalten.

Grenzen der Anwendung

Infektions- und Geisteskrankheiten sind von der Anwendung ebenso ausgenommen wie Zustände, bei denen ein Organ definitiv versagt hat.

Risiken

Siehe auch Organotherapie, Seite 260.

◆ Mit der Injektion von Frischzellen können Krankheitserreger übertragen werden.

◆ Allergische Sofortreaktionen oder Langzeitreaktionen sind häufig. Seit der Verwendung von Frischzellen sind 30 Todesfälle nach dem Spritzen von Frischzellen dokumentiert. Einige Fälle mit schweren neurologischen Störungen sind bekanntgeworden.

◆ In einer Dokumentation von 15 782 Kuren wurden bei 53 Menschen lebensbedrohliche Nebenwirkungen der Mittel verzeichnet.

Kritik

Die wissenschaftliche Medizin lehnt die Frischzellentherapie ab. In Österreich ist sie verboten.

◆ Es gibt keinen Wirksamkeitsnachweis, der wissenschaftlichen Ansprüchen genügt. Injizierte Fremdzellen oder deren Bestandteile kursieren nicht längere Zeit im Körper, und sie wirken schon gar nicht spezifisch auf ein Organ ein. Statt dessen beschäftigen sie das Immunsystem auf eine Weise, die den Betroffenen gefährden kann.

◆ Wenn die injizierten Zellen aus hormonproduzierenden Geweben stammen, gelangen die Hormone in den Körper des Empfängers. Dort haben sie unzweifelhaft die ihnen entsprechende Wirkung. Auf diese Weise, indem man Bauchspeicheldrüsengewebe injizierte, entdeckte man die Wirkung des Hormons Insulin bei Diabetes. Wer jedoch eine solche Hormonwirkung braucht, kann sich das isolierte Produkt verabreichen lassen. Das hohe Risiko, das sich mit der Injektion von Fremdgewebe verbindet, braucht heute niemand mehr einzugehen.

◆ Die Weltgesundheitsorganisation hat das Spritzen von Zellen und Zellbestandteilen von Schafen und Ziegen als für Menschen gefährlich und nicht tolerabel eingestuft.

Empfehlung

Die Frischzellentherapie ist grundsätzlich und ausnahmslos abzulehnen.

Kosten

Die gesetzlichen Krankenkassen bezahlen eine Frischzellentherapie nicht.

Für Selbstzahler berechnet der Arzt die Kosten nach der Gebührenordnung für Ärzte (siehe Seite 32).

Die Kosten für Frischzellenkuren differieren sehr. Etwa 4 200 DM für drei Tage dürfte die untere Grenze sein.

Adresse

Gesellschaft für Frischzellentherapie
Josephspitalstr. 15/III
D-80331 München
Tel.: 0 89/59 19 20

Theurer-Therapie

Geschichte

Im Gefolge der Niehansschen Idee der Zelltherapie (siehe Seite 260) wurde die zytoplasmatische biomolekulare Therapie entwickelt. Zur Herstellung der dabei gebräuchlichen Arzneimittel wurde 1954 ein pharmazeutischer Betrieb gegründet, der noch heute die entsprechenden Produkte liefert. Der Name des Unternehmerpaares, Theurer, gab der Therapie ihren Namen.

Idee und Erklärung der Wirkung

Unter Selbstheilungskraft versteht Theurer, daß gesunde Zellen den kranken Zellen Faktoren liefern, die ihnen helfen, sich selbst zu reparieren. Im kranken Körper soll dieser Reparaturbetrieb zum Erliegen gekommen sein. Die zugeführten Produkte sollen die fehlenden Faktoren ersetzen. Dazu sollen sie jedoch nur in der Lage sein, wenn der Körper noch erkennen kann, welchem Gewebe die Faktoren entstammen.

Die Mittel

Grundsubstanz der Produkte sind Organe von ungeborenen oder jugendlichen Tieren, aber auch menschliche Gewebe, wie zum Beispiel Blut. Sie werden extrahiert, verdünnt, mit Spurenelementen versetzt und so präpariert, daß nur Bestandteile in den Produkten enthalten sind, deren Molekülgröße unterhalb einer definierten Grenze liegt. Dieses Verfahren soll die Bestandteile entfernen, die für allergische Reaktionen verantwortlich sind.

Es gibt eine Vielzahl von Arzneimitteln der zytoplasmatischen Therapie. Viele von ihnen beginnen mit der Vorsilbe „Ney"; einige enden auf „some". 1996 gehörten sie noch zu den „fiktiv zugelassenen" Arzneimitteln, deren Wirksamkeit und Unbedenklichkeit nicht nach den Kriterien nachgewiesen sind, die man heute an Arzneimittel stellt. Gelingt der Nachweis nicht, könnte es allerdings sein, daß sie demnächst zu den „traditionell nachzugelassenen" Arzneimitteln gehören (siehe Seite 22).

Behandlung

Die Präparate werden in ansteigender Dosierung mit mehreren Tagen Abstand gespritzt. Einige Produkte sind zum Einnehmen vorgesehen.

Fast immer werden Präparate aus verschiedenen Organen und Geweben kombiniert, weil an jeder Krankheit mehrere Gewebe beteiligt sind und die Produkte gewebespezifisch wirken sollen. Zudem müssen bei der Präparateauswahl noch das Geschlecht und das Alter des Behandelten berücksichtigt werden.

Anwendungsbereiche

Die Anwendungen erstrecken sich nahezu über den gesamten Medizinbereich. Auch genetisch bedingte Zustände sollen beeinflußt werden können. Beim Down-Syndrom heißt es zum Beispiel, daß eine rechtzeitige Behandlung die Reifung des Gehirns beeinflusse. Die Mittel sollen Tumore abbauen können.

In der Zeit der Strahlenangst nach dem Reaktorunfall von Tschernobyl machten sich die Vertreter dieser Therapie anheischig, mit bestimmten „Ney"-Produkten Strahlenschäden vorbeugen zu können.

Grenzen der Anwendung

Die Therapie soll nicht durchgeführt werden bei akuten Infektionskrankheiten, akuten Allergien und direkt nach Impfungen.

Risiken

Siehe auch Organotherapie, Seite 260.

◆ Mindestens zwei Todesfälle nach der Injektion von „Ney"-Präparaten sind dokumentiert.

Kritik

Organotherapeutische Verfahren sind wissenschaftlich umstritten.

◆ Es gibt keinen allgemein akzeptierten wissenschaftlichen Nachweis für die Wirkungstheorien. Injizierte Fremdzellen oder deren Bestandteile kursieren nicht für längere Zeit im Körper, und sie wirken schon gar nicht spezifisch auf ein Organ ein. Statt dessen beschäftigen sie das Immunsystem, was den Betroffenen gefährden kann.

◆ Untersuchungen ergaben, daß die Substanzmengen in den „Ney"-Präparaten schwanken können. Daher ist eine gleichbleibende Wirkung unmöglich.

◆ Die Größe der Extraktteilchen, die nach dem Herstellungsgang in dem Präparat verbleiben, ist entsprechend den veränderten gesetzlichen Bestimmungen immer wieder verringert worden. Auf die Wirkung soll das keinen Einfluß gehabt haben.

◆ Eine vom Gesundheitsministerium eingesetzte Prüfkommission konnte die behaupteten Behandlungserfolge beim Down-Syndrom nicht bestätigen. Auch der Wirkungsnachweis bei Krebs steht aus.

◆ Die oral eingenommenen Präparate können keine Körperorgane erreichen, weil sie schon vorher im Magen-Darmtrakt abgebaut werden. Eine Diabetesbehandlung im Sinne einer Insulintherapie ist damit unmöglich.

◆ Das mögliche Risiko der zytoplasmatischen Therapie überwiegt den nicht erwiesenen Nutzen.

Empfehlung

Die zytoplasmatische Therapie ist ausnahmslos abzulehnen.

Kosten

Im Prinzip könnten Ärzte die Arzneimittel der zytoplasmatischen Therapie zu Lasten der gesetzlichen Krankenkassen verordnen. Weil sie damit jedoch gegen das Gebot verstoßen, eine wirtschaftlich vertretbare Therapie zu wählen, verweigern die gesetzlichen Krankenkassen üblicherweise die Kostenübernahme für diese Behandlung.

Für Selbstzahler berechnet der Arzt die Kosten nach der Gebührenordnung für Ärzte (siehe Seite 32).

Fünf Ampullen „Ney"-Produkte mit ansteigender Konzentration der Inhaltsstoffe kosteten 1996 61,77 DM; 15 ml Tropfen 23,25 DM.

Adresse

Gesellschaft zur Erforschung der Makromolekularen Organo- und Immuntherapie (GEMOI)
Am Ebelhof 20
D-37075 Göttingen
Tel.: 05 51/3 33 06

Thymustherapie

Geschichte

In den 50er Jahren behandelte der schwedische Tierarzt *Sandberg* Kranke mit Zubereitungen aus Kälberthymus und nannte diesen Organextrakt THX. Seit 1975 wird Thymusextrakt in Deutschland propagiert. Daraus hat sich innerhalb der Organotherapie die Thymustherapie entwickelt.

Nach Einschätzung der Gesellschaft für Thymologie gibt es in Deutschland etwa 7 000 Behandler, die mit Thymusextrakten arbeiten.

Idee und Erklärung der Wirkung

Der Thymus (Bries) ist ein wichtiges Organ der Immunabwehr (siehe Seite 41). Eine Sorte weißer Blutkörperchen, die T-Lymphozyten, werden in ihm für ihre immunologischen Aufgaben „geschult". Daran beteiligt sind Eiweißkörper, die „Thymusfaktoren".

Die Drüse liegt hinter dem Brustbein und ist nur bei Kindern voll ausgebildet. Eine Art Gedächtnis in den T-Lymphozyten sorgt aber dafür, daß das einmal Gelernte auch ohne voll aktiven Thymus weiterhin in die Tat umgesetzt werden kann.

Aus der Tatsache, daß sich der Bries zurückbildet, schlossen Thymustherapeuten, daß die Natur den Menschen nur für ein Leben von etwa 40 Jahren vorgesehen habe. Wenn wir unbeschwert doppelt so alt werden wollten, müßten von außen zugeführte Thymusfaktoren das Immunsystem anregen, es regulieren und stabilisieren.

Die Mittel

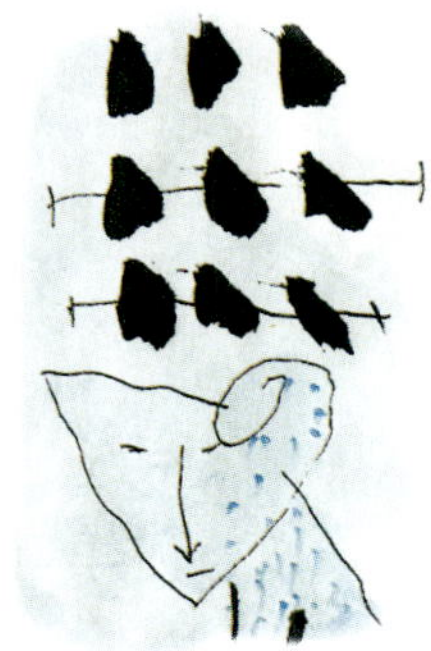

In der Thymustherapie werden meist Thymusextrakt-Präparate gespritzt, die aus der Thymusdrüse junger Kälber gewonnen wurden. Der Herstellungsvorgang soll einen Zellextrakt ohne intakte Zellen garantieren. Einige Inhaltsstoffe kann man identifizieren. Die komplette Zusammensetzung läßt sich nicht angeben.

Präparate: 1996 führte die „Rote Liste", das bekannteste deutsche Arzneimittelverzeichnis, 27 Produkte auf, die Thymusextrakt enthalten, unter anderem Membranosome, Neythymun, Thymoject, Thymus Mucos, Thym-Uvocal und Wobe-Mugos Th.

Es wäre auch möglich, „THX" als Frischzellen-Injektion aus Thymus zu verabreichen.

1996 gehörten diese Mittel noch zu den „fiktiv zugelassenen" Arzneimitteln, deren Wirksamkeit und Unbedenklichkeit nicht nach den Kriterien nachgewiesen sind, die man heute an Arzneimittel stellt. Gelingt der Nachweis nicht, könnte es sein, daß sie demnächst zu den „traditionell nachzugelassenen" Arzneimitteln gehören (siehe Seite 22).

Behandlung

Die Dosierung variiert nach Schwere der Krankheit. Um Altersbeschwerden zu bessern, sollen für gewöhnlich 10 bis 20 Injektionen genügen. Bei chronischen Erkrankungen dauert die Behandlung länger, als Begleittherapie bei Krebs soll sie unter Umständen zwei Jahre und länger durchgeführt werden.

Anwendungsbereiche

Thymusextrakt soll für nahezu alles gut sein: Arthrose, chronische Polyarthritis, Störungen von Zellfunktionen, die auf einem Enzymmangel beruhen, und als Zusatzbehandlung bei jeder Art von Krebs. Die Wirkung soll in der ersten oder zweiten Behandlungswoche spürbar werden.

Angeblich soll Thymusextrakt sogar Krebserkrankungen vorbeugen können. Wer sich darauf einläßt, muß sich lebenslang behandeln lassen.

Grenzen der Anwendung

Manche Hersteller von Thymusextrakt nennen als Anwendungsbeschränkung Erkrankungen des Thymus, Schilddrüsenfunktionsstörungen, Krankheiten, bei denen sich die Abwehrkraft des Körpers gegen das eigene Gewebe richtet (Autoimmunkrankheiten) und eine bestehende Schwangerschaft. Andere geben keine Kontraindikationen an.

Risiken

Siehe auch Organotherapie, Seite 260.

◆ Nach THX-Injektionen sind bakterielle Infektionen aufgetreten.

◆ Allergische Reaktionen, die sich am Einstichort durch Rötung, Schwellung und Juckreiz äußern, aber auch Lymphknotenschwellungen am ganzen Körper und Fieber sind möglich. Auch schwere Verläufe bis hin zum allergischen Schock kommen vor. Ein Todesfall nach dem Spritzen von Thymusextrakt ist dokumentiert.

Kritik

Die Thymustherapie ist wissenschaftlich umstritten.

◆ Es gibt keinen Wirksamkeitsnachweis, der wissenschaftlichen Ansprüchen genügt.

◆ Isolierte Thymushormone regen das Immunsystem nachweislich an. Für die diversen Thymus-Organpräparate ist dieser Nachweis allerdings nicht erbracht.

◆ Es ist zu erwarten, daß sich mit den immer wieder veränderten Herstellungsbedingungen auch die Zusammensetzung und die eventuelle Wirksamkeit verändert haben. Derartiges wurde aber bisher weder untersucht noch belegt.

◆ Das mögliche Risiko der Thymus-Behandlung überwiegt ihren nicht erwiesenen Nutzen.

Empfehlung

Die Behandlung mit Thymusextrakt ist in jeder Form abzulehnen.

Kosten

Die gesetzlichen Krankenkassen bezahlen die Thymustherapie nicht. Beihilfefähig ist Thymustherapie nur bei Krebsbehandlungen, und das nur dann, wenn andere Verfahren nicht zum Erfolg geführt haben (siehe Seite 32).

Für Selbstzahler berechnet der Arzt die Kosten nach der Gebührenordnung für Ärzte (siehe Seite 32).

Einer Untersuchung Anfang der 90er Jahre zufolge lagen die Kosten einer THX-Behandlung bei durchschnittlich 1 200 DM.

Die Preise für die Spritzen sind sehr unterschiedlich: Sechs Ampullen Thym-Uvocal kosteten 1996 66,80 DM, eine Ampulle NeyImmun 122,34 DM.

Adresse

Internationale Gesellschaft für Thymologie
und Immuntherapie e. V.
Rudolf-Huch-Straße 14
D-38667 Bad Harzburg
Tel.: 0 53 22/65 20

Wiedemann-Kur

Geschichte

Um die Jahrhundertwende versuchte der russische Biologe *Metschnikoff,* ein Serum zu entwickeln, das die Tätigkeit der „Freßzellen" des Körpers (Phagozyten) anregen sollte. Er erhoffte sich dadurch eine verbesserte Krankheitsabwehr, weil diese Zellen unter anderem Erreger aufnehmen und verdauen.

Die Idee wurde von *Bogomoletz* weiterverfolgt. Das entwickelte Serum trug seinen Namen und ist heute als „R.A.S." bekannt, für retikuloendothelaktivierendes Serum. Das retikuloendotheliale System, RES, enthält besonders viele Freßzellen (siehe Seite 41).

Der Name *Wiedemann*-Kur geht auf einen Arzt zurück, der das Verfahren in den 50er Jahren in Deutschland publik machte. Bei kurmäßiger Anwendung werden diese Seren noch mit verschiedenen anderen alternativen Naturheilverfahren kombiniert.

Idee und Erklärung der Wirkung

Die Anwender sehen in den Organ-Seren eine Reiz- und Umstimmungstherapie. Sie meinen, daß die Antikörper, die das Kaninchen gebildet hat und die mit der Injektion in das Blut des Patienten gelangen, zu den Organen wandern, von deren Gewebe die Produktion des Mittels ausging. Dort würden sie dann die Organfunktion anregen.

Die Mittel

Aus menschlichen Geweben, die zumeist jungen Unfallopfern entstammen, werden Organextrakte hergestellt und Kaninchen eingespritzt. Die Tiere bilden Antikörper gegen das menschliche Eiweiß. Aus dem Kaninchenserum, in dem sich die Antikörper befinden, werden die Organ-Seren hergestellt.

Präparate: R.A.S. Ampullen (Serum Bogomoletz); Organ-Combi-Seren.

Behandlung

Die Produkte werden unter die Haut gespritzt. Dabei soll die Wirkung besonders gut sein, wenn der Injektionsort in der Headschen Zone (siehe Seite 80) des betreffenden Organs oder an den Akupunkturpunkten liegt (siehe Seite 166).

Anwendungsbereiche

Als Hauptindikationsbereich werden chronische Erkrankungen angegeben, vor allem solche, die darauf zurückgeführt werden, daß das Hormon- oder Nervensystem aus der Balance geraten ist.

Grenzen der Anwendung

Wer auf Kanincheneiweiß allergisch reagiert, darf die Seren nicht gespritzt bekommen.

Risiken

Siehe auch Organotherapie, Seite 260.

◆ Allergische Reaktionen, die sich am Einstichort durch Rötung, Schwellung und Juckreiz äußern, treten bei fast allen Patienten auf. Es kann auch der ganze

Körper reagieren, was sich dann als Juckreiz, Lymphknotenschwellungen und Fieber zeigt. Schwere Verläufe bis hin zum allergischen Schock sind möglich.

◆ Ein Asthmapatient starb kurz nach der Serumtherapie.

Kritik

Die Behandlung mit Organ-Seren ist nicht allgemein wissenschaftlich anerkannt.

◆ Die Wirksamkeit der Mittel bei definierten Krankheiten ist bisher nicht belegt.

◆ Die injizierten Antikörper wandern nicht zielgerichtet zu bestimmten Organen.

◆ Eine Reizung des Immunsystems kann auf vielerlei Weisen erfolgen (siehe Seite 41). Das risikoreiche Injizieren von Fremdeiweiß ist dafür nicht notwendig. Das mögliche Risiko der Wiedemann-Kur überwiegt den nicht erwiesenen Nutzen.

Empfehlung

Die Wiedemann-Kur ist grundsätzlich abzulehnen.

Kosten

Die gesetzlichen Krankenkassen bezahlen eine solche Kur nicht. Von der Beihilfefähigkeit (siehe Seite 32) ist sie ebenso wie Bogomoletz-Serum ausgeschlossen.

Für Selbstzahler berechnet der Arzt die Kosten nach der Gebührenordnung für Ärzte (siehe Seite 32).

Einer Untersuchung Anfang der 90er Jahre zufolge lagen die Kosten für eine Wiedemann-Kur bei etwa 3 300 DM.

Fünf Ampullen R.A.S. oder der Organ-Combi-Seren kosteten 1996 zwischen 100 und 160 DM.

Orthomolekulare Medizin

Geschichte

Die Entdeckung der Vitamine und ihrer Wirkung zu Anfang des 20. Jahrhunderts war eine Grundvoraussetzung dafür, daß sich so etwas wie die Orthomolekulare Medizin entwickeln konnte. Bei dieser Heilweise werden Substanzen verabreicht, die im Körper und in der Nahrung vorkommen. Allerdings gibt man sie in einer Menge, die den üblichen Bedarf des Körpers bei weitem überschreitet.

Die Methode entwickelte sich in den USA. Ihr berühmtester Vertreter, *Linus Pauling,* gab ihr 1968 den Namen: griechisch „ortho" bedeutet „richtig", „gut". Die Aussagen des zweifachen Nobelpreisträgers hatten besonderes Gewicht. Bis er 1994 im Alter von 93 Jahren starb, galt Pauling als lebendes Beispiel für Wirkung und Unschädlichkeit der von ihm propagierten „Megavitamintherapie". Allerdings: Das Beispiel einer Person und der Nachweis einer Therapiemethode, die für alle gültig und anwendbar sein soll, sind verschiedenerlei.

Die Idee dahinter

Das Wissen, daß viele Substanzen lebensnotwendig sind, hat die Orthomolekulare Medizin zu einem eigenartigen Ge- und Verbrauchskonzept ausgeweitet. Sie spricht davon, daß es im Organismus, wenn er nicht genug solcher „Nährstoffe" erhält, zu einem „negativen Stoffwechsel kommt", er eine „Aufzehrung erleide", bei der sich einige Gewebe aufbrauchen, während sich andere gleichsam parasitisch vermehren.

Um das zu verhindern, verabreicht die Orthomolekulare Medizin riesige Mengen von dem, was sie „Nährstoffe" nennt: Vitamine, Mineralstoffe, Spurenelemente. Denn nur große Vitaminmengen sollen Stoffwechselprozesse maximal anregen können; nur so soll für bestmögliche Gesundheit gesorgt und sollen Krankheiten verhütet werden können. Vitamine sollen das Immunsystem anregen und damit auch Krebs vorbeugen.

Die Orthomolekulare Medizin meint, mit Nährstoffen die Ursachen von Krankheiten behandeln und beseitigen zu können.

Ein sehr eigenes Krankheitsursachen-Modell fußt auf dem Nachweis einer Hypoglykämie. Diese ist eine Unterzuckerung, wie sie zum Beispiel bei Diabetikern auftreten kann, wenn in ihrem Blut mehr Insulin kreist, als Zucker vorhanden ist, um es abzufangen.

Den Vertretern der Orthomolekularen Medizin zufolge soll eine solche Unterzuckerung unter anderem auf einen Vitamin B-Mangel zurückzuführen sein oder darauf, daß jemand in Tätigkeiten gefangen ist, die er verabscheut oder die ihn langweilen. Hypoglykämie soll unter anderem Epilepsie und Psychosen hervorrufen und Jugendverbrechertum auslösen können.

Erklärung der Wirkung

Die biochemischen Vorgänge in Zellen und Geweben sind weitgehend aufgeklärt. Auch die Bedeutung, die Vitamine, Mineralstoffe und Spurenelemente dabei haben, ist bekannt. Ein Bereich, in dem besonders die Vitamine eine gewichtige Rolle spielen, ist der Schutz vor „oxidativem Streß".

Überall im Organismus entstehen immer wieder „freie Radikale": bei der Zellatmung, bei der Reaktion von Enzymen, bei der Beseitigung von eingedrungenen Keimen. Die Aggressivität der freien Radikale dient dem Körper teilweise als Schutz. Sie wird zum Problem, wenn die Radikale gesunde Zellen schädigen oder sogar zu Krebszellen machen.

Gegenüber diesem „oxidativen Streß" durch freie Radikale hat sich der Körper Schutzmechanismen geschaffen. An diesen Mechanismen sind auch einige Substanzen aus der Gruppe der Vitamine beteiligt: Vitamin C, Vitamin E und Beta-Karotin. Es scheint, daß sie als Bestandteil von Enzymen freie Radikale abfangen und damit unschädlich machen und daß sie regulierend in die Zellteilung eingreifen. Damit korrigieren sie das Regelsystem, das zum Beispiel bei Krebszellen aus dem Ruder gelaufen ist.

Die Mittel

Die Orthomolekulare Medizin verwendet alle Vitamine, Mineralstoffe und Spurenelemente. Vitamin C nimmt dabei eine herausragende Stellung ein. Fettsäuren, Aminosäuren – die Bausteine der Eiweiße – und Pflanzenfarbstoffe, wie zum Beispiel die Flavonoide, finden Anwendung. Das Verfahren zählt sogar Insulin zu den orthomolekularen Substanzen, weil es ein körpereigener Stoff ist.

Für die Substanzmengen, die die Orthomolekulare Medizin anwendet, sind die meisten handelsüblichen Präparate viel zu niedrig dosiert. Manche Ärzte verordnen Substanzmischungen, wie sie die Lehrbücher der Orthomolekularen Medizin angeben, zur Herstellung durch Apotheken. Andere empfehlen den Kauf von Produkten, die zum Beispiel in den USA hergestellt wurden und als Importe in Deutschland im Handel sind, oder sie verkaufen die Mittel gleich selbst. Vitamin C zum Beispiel kann auch als Reinsubstanz in Pulverform eingenommen werden.

Durchführung

Pauling empfahl allen, was er selbst täglich tat: 12 Gramm Vitamin C, 1,6 Gramm Vitamin E und 15 Milligramm Vitamin A zu schlucken.

Die Vertreter der Orthomolekularen Medizin halten eine solch eigenmächtige Vorgehensweise nicht für richtig. Sie möchten zunächst den „Nährstoffmangel" durch Untersuchungen von Blut, Urin, Stuhl, Speichel, Schweiß und/oder Haaren feststellen (siehe Haarmineralanalyse, Seite 313).

Ein weiteres Testinstrument ist das Blutzuckerprofil über mehrere Stunden, mit dem eine Hypoglykämie festgestellt werden soll.

Die Dosierung der als fehlend deklarierten Substanzen wird vom Arzt für jeden Patienten individuell festgelegt. Für Vitamin C wird zum Beispiel folgendes beschrieben: Die allgemein verträgliche Dosis liegt beim Gesunden bei 4 bis 15 Gramm, bei Krankheiten soll der Bedarf erhöht sein. Bei verschiedenen Viruserkrankungen soll er sogar auf 200 Gramm Vitamin C pro

Tag steigen. Die individuell notwendige Menge soll sich aus der Darmverträglichkeit ergeben: Es wird soviel eingenommen, bis eine gewisse abführende Wirkung eintritt, die aber noch nicht als störend empfunden wird.

Zum Vergleich:
Empfehlungen der Deutschen Gesellschaft für Ernährung für die tägliche Vitaminversorgung bei gesunden Erwachsenen

Vitamin A (Retinol)	1,0 Milligramm
Vitamin B_1 (Thiamin)	1,3 Milligramm
Vitamin B_2 (Riboflavin)	1,7 Milligramm
Vitamin B_6 (Pyridoxin)	1,8 Milligramm
Vitamin B_{12} (Cyanocobalamin)	5 Mikrogramm
Folsäure	400 Mikrogramm
Niacin (Nikotinsäure)	18 Milligramm
Pantothensäure (Dexpanthenol)	8 Milligramm
Vitamin C (Ascorbinsäure)	75 Milligramm
Vitamin D (Calciferol)	5 Mikrogramm
Vitamin E (Tokopherol)	12 Milligramm

Nach dem derzeitigen Stand des Wissens sind diese Vitaminmengen ausreichend. Sie enthalten einen „Sicherheitszuschlag“, der auch einen zeitweise erhöhten Bedarf abdeckt.

Anwendungsbereiche

Vitamine sollen munter, streß- und leistungsfähiger und Kinder intelligenter machen. Sie sollen Zivilisationskrankheiten heilen, Erkältungen, Herzkrankheiten und Krebs verhindern und die Jugendzeit verlängern beziehungsweise das Altern hinauszögern.

In der Orthomolekularen Psychiatrie, einem Teilbereich der Orthomolekularen Medizin, werden psychiatrische Krankheiten unter anderem mit hohen Dosen Vitaminen behandelt. Weil die Verfechter annehmen, daß solche Krankheiten rein organisch bedingt seien, lehnen sie psychotherapeutische Verfahren strikt ab.

Die Befürworter dieser Therapie geben an, 90 von 100 akuten Schizophrenien innerhalb von zwei Jahren heilen zu können. Zwei Drittel der akut und chronisch Erkrankten zusammengenommen sollen nach fünf Jahren Megavitamintherapie gebessert oder geheilt sein.

In einem Lehrbuch der Orthomolekularen Medizin, das 1994 in „verbesserter Auflage“ erschienen ist und als grundlegendes Werk genannt wird, werden folgende Auffassungen vertreten: Bei der Entstehung von Aggressivität und Kriminalität spielt die Ernährung eine wesentliche Rolle. Ein guter Teil der Verbrechen wird der schlechten Ernährungsqualität zugeschrieben, besonders der enormen Zunahme des Zuckerkonsums. Als ein Beleg unter vielen wird erwähnt, daß der große „Verbrecher“ (Anführungszeichen im Originaltext) Hitler eine Passion für Süßigkeiten hatte.

Risiken

Die Lehrbücher der Orthomolekularen Medizin sprechen davon, daß es für die Hochdosistherapie nur wenige Kontraindikationen gibt. Die übliche wissenschaftliche Medizin benennt hingegen eine Reihe unerwünschter Wirkungen, die sich einstellen können, wenn sich Menschen ein Vielfaches des täglichen Bedarfs an Vitaminen einverleiben.

◆ Vitamin A wird in der Leber gespeichert. Ab 15 Milligramm, das entspricht 50 000 I.E., Vitamin A pro Tag kann es zu Vergiftungen kommen. Vertreter der Orthomolekularen Medizin weisen zwar auf die Toxizität hin, führen andererseits aber auch Personen beispielhaft an, die über viele Jahre hinweg täglich bis zum Vierfachen dieser Menge ohne negative Wirkungen eingenommen hätten.

◆ Schwangere Frauen müssen ihre Vitamin-A-Zufuhr strikt begrenzen. Nehmen sie wiederholt mehr als 10 000 I.E. Vitamin A aus Vitaminpräparaten ein, ist das Risiko, ein Kind mit Fehlbildungen zu bekommen, deutlich erhöht. Vertreter der Orthomolekularen Medizin empfehlen schwangeren Frauen jedoch, täglich 25 000 I.E. Vitamin A zu schlucken.

◆ Die von Pauling empfohlenen täglichen 1,6 Gramm Vitamin E sind etwa die 135fache Menge dessen, was die Deutsche Gesellschaft für Ernährung empfiehlt. Mehr als 670 Milligramm Vitamin E täglich können die Blutgerinnung und den Hormongehalt des Blutes beeinträchtigen. Was die jahrelange Einnahme so großer Mengen bewirkt, ist nicht bekannt.

◆ Paulings Vitamin-C-Tagesempfehlung liegt 160mal über der der Deutschen Gesellschaft für Ernährung. Soviel Vitamin C kann Auswirkungen auf die Funktion der roten und weißen Blutkörperchen haben und Nierensteine fördern.

◆ Selbst die B-Vitamine, die bisher als harmlos galten, zeigen Nebenwirkungen, wenn sie in extremer Menge verabreicht werden.

◆ Wer sich trotz des heute allgemein anerkannten Wissens, daß Krankheiten verschiedene Ursachen haben, darauf verläßt, daß jede Krankheit auf einer Vitamin- oder Mineralstoffwechselstörung beruht, kann notwendige und hilfreiche Behandlungen versäumen.

◆ Eine nachgewiesene Hypoglykämie sollte eine Aufforderung sein, nach den körperlichen Ursachen zu suchen. Unterzuckerung ist immer ein Symptom, keine Krankheit, die als solche behandelt werden kann. Wer sich hier allein auf eine Ernährungsumstellung oder auf Vitaminpräparate verläßt, kann unter Umständen eine lebensnotwendige Behandlung versäumen.

Kritik

◆ Sicher haben Menschen, die viel rauchen, viel Alkohol trinken oder eine Operation oder eine Strahlentherapie überstanden haben, einen erhöhten Bedarf an Vitaminen. Untersuchungen der vergangenen Jahre machen es wahrscheinlich, daß es einen Zusammenhang zwischen einer unzureichenden Versorgung mit den Vitaminen A, C und E und verschiedenen Krebsarten gibt. Außerdem hat sich gezeigt, daß eine reichliche Versorgung mit Beta-Karotin, einem Vitamin-A-ähnlichen Stoff, das Risiko senkt, eine koronare Herzkrankheit zu bekommen. Für all das verdichtet sich eine Reihe von Indizien; es gibt aber auch Studien, die dem widersprechen und eher darauf hinweisen, daß eine künstliche Zufuhr von Vitaminen und Spurenelementen die Krebshäufigkeit ansteigen läßt. Zunehmend deutlicher wird aber, daß die Dosis mit darüber entscheidet, ob zusätzliche Vitamingaben nützlich sind oder schaden.

◆ Einig sind sich die Forscher darin, daß „erhöhte Vitaminzufuhr" bedeuten sollte, mehr Obst, Gemüse, Salat und Milchprodukte zu essen. Das Mehr, das zur Vermeidung von Krankheiten gebraucht wird, kann man mit der Nahrung zu sich nehmen; Präparate braucht es dafür nicht. Um das Krebsrisiko zu verringern, rät die Deutsche Gesellschaft für Ernährung, täglich mindestens 200 Gramm Gemüse, 200 Gramm Obst und 75 Gramm Salat zu essen.

◆ Es gibt keinen Nachweis dafür, daß riesige Vitaminmengen die Reaktionen verbessern, für die sie im Körper gebraucht werden. Der wissenschaftliche Rat der amerikanischen medizinischen Gesellschaft stellt klar: Das Motto: „Mehr hilft mehr" ist falsch.

◆ Die Wirksamkeit der Megavitamintherapie bei Psychosen beziehungsweise die von Nikotinsäure bei Schizophrenie wurde nicht nachgewiesen.

◆ Die Art und Weise, wie in Lehrbüchern der Orthomolekularen Medizin Indikationen empfohlen werden, hat mit naturwissenschaftlicher Medizin nichts gemein: „Aus eigener Erfahrung weiß ich, ... Vielleicht wirkt dies nicht bei allen."

◆ Die Haarmineralanalyse ist ungeeignet, um einen Mangel an Vitaminen, Mineralstoffen und so weiter festzustellen (siehe Seite 314).
◆ Die positiven Behauptungen über das Halbmetall Germanium, das kein Spurenelement ist, sind falsch – ganz besonders die, daß keine wesentlichen Nebenwirkungen festgestellt wurden. An der langjährigen Einnahme von germaniumhaltigen Produkten sind schon mehrere Menschen gestorben.
◆ Der Nutzen der Orthomolekularen Medizin ist nicht bewiesen, Nebenwirkungen sind wahrscheinlich.

Empfehlung

Die Megavitamintherapie ist sowohl zur Krankheitsvorbeugung als auch zur -behandlung abzulehnen.

Kosten

Megadosen an Vitaminen kann man nicht mehr mit der Nahrung aufnehmen. Man muß sie als pharmazeutische Produkte kaufen. Die Vertreter des Verfahrens sagen selbst, daß die Gesunderhaltung dauernde Kosten verursachen wird. Diese nicht geringen Kosten übernehmen die Krankenkassen nicht.

Adresse

Gesellschaft für Orthomolekulare Medizin
Dorthausen 148 D
D-41061 Mönchengladbach
Tel.: 0 21 61/18 29 29

Petechiale Saugmassage und Matrix-Regenerations-Therapie (MRT)

Geschichte

Die petechiale Massage ist eine Weiterentwicklung des Schröpfens (siehe Seite 70) und beruht auf den Vorstellungen der ausleitenden Verfahren (siehe Seite 67). Ein Zufall brachte den Arzt *Hans Zöbelein* auf die Idee: Als ein Schröpfkopf zerbrach, ersetzte er ihn durch ein Sauggerät. Daraus entwickelte er ein technisches Saugmassage-Verfahren, das er 1984 bekannt machte.

Diese Methode wurde von *Bodo Köhler* Anfang der 90er Jahre aufgegriffen und mit einer Gleichstrombehandlung und der Bioresonanztherapie (siehe Seite 304) verbunden.

Idee und Erklärung der Wirkung

Petechiale Saugmassage: Durch mehrmalige Saugmassage entstehen Hautblutungen (Petechien): Es gilt, das „mit Toxinen belastete Blut an die Oberfläche" zu ziehen. Dadurch soll sich die zugrunde liegende Erkrankung bessern. Über die Reflexzonen der Haut (siehe Seite 80) sollen mit der Saugmassage auch die inneren Organe behandelt werden.

Matrix-Regenerations-Therapie (MRT): Das Konzept beruht auf der Theorie vom Grundsystem (Matrix) nach *Pischinger*. Sie besagt, daß die Grundsubstanz, die den Raum zwischen den Organzellen ausfüllt, die Zellen ernährt, entsorgt und die „Schlacken" der Umweltgifte einlagert. Diese Rückstände und Änderungen in der elektrischen Spannung der Matrix sollen chronische Krankheiten entstehen lassen. Die MRT ergänzt diese Gedanken mit der Vorstellung der Bioresonanztherapie, daß die „pathologischen Frequenzmuster" und „Toxin-Informationen" den Informationsfluß im Gewebe stören, die Grundsubstanz fehlsteuern und in der Folge zu Störungen des Nerven- und Hormonsystems führen können. Diese krankmachenden Schwingungen sollen durch das Behandlungsgerät invertiert (um 180 Grad gedreht) und zur „Löschung" dem Organismus zurückgegeben werden. Davon leitet sich der zweite Name der Behandlung, Subtraktions-Lösch-Therapie, SLT, her. Der zusätzlich verwendete Gleichstrom soll das Grundsystem elektrisch umpolen, wodurch die eigene Regulationsfähigkeit des Körpers wieder erlangt werde.

Damit wird angeblich auch das Blut erneuert, das Immunsystem stimuliert und das Lymphsystem angeregt, die Gifte abzutransportieren.

Die Mittel

Der Therapiekopf des Massagegeräts besteht aus einer Saugelektrode und zwei Rollen. Eine Rollenelektrode gibt mit 1 Volt Spannung Gleichstrom ab, der umgepolt werden kann, die zweite dient der Bioresonanztherapie (siehe Seite 304).

Behandlung

Bei der Behandlung liegt der Patient auf dem Bauch, an Händen und Füßen an vier Klammerelektroden angeschlossen, unter dem Bauch liegt die Elektrode für den Gleichstrom.

Mit dem Therapiekopf wird erst die rechte Rückenseite streifenförmig und langsam bestrichen, dann die linke, zuletzt die Wirbelsäule. Über die entsprechenden Hautsegmente sollen mit den Streichungen auch die inneren Organe erreicht werden. Je nach Beschwerden können aber auch der Bauch, große Gelenke, Oberschenkel und Arme behandelt werden. Besonders anfangs schmerzt die Saugmassage sehr, zu Beginn sind die Behandlungsstreifen meist auch blutig unterlaufen.

Die Behandlung dauert 20 Minuten und wird im wöchentlichen Abstand etwa sechsmal wiederholt. Als Vorteil nennt der Gerätehersteller, daß sie vom Hilfspersonal durchgeführt werden kann.

Anwendungsbereiche

Die Saugmassage soll vor allem bei nichtentzündlichen Schmerzzuständen insbesondere an Rücken, Kopf und Bauch sowie bei funktionellen Organbeschwerden helfen.

Die MRT soll bei sämtlichen Allergien und chronischen Krankheiten helfen, bei Hautleiden und Bindegewebsschwäche, bei Vergiftungen, Virusbelastungen, Depressionen, Abwehrschwäche und sogar Krebs.

Grenzen der Anwendung

In der Schwangerschaft, bei Fieberinfekten, Nieren- oder Leberschwäche, akuten Hauterkrankungen, Blutgerinnungsstörungen, Herzrhythmusstörungen, bei schwerer Erschöpfung, Psychosen und wenn im Körper elektronisch gesteuerte Implantate vorhanden sind, darf nicht mit MRT behandelt werden.

Risiken

◆ Schädigung durch die Saugmassage ist dann möglich, wenn sie von nicht qualifizierten Anwendern durchgeführt wird, die die Grenzen der Anwendung, zum Beispiel Blutgerinnungsstörungen, nicht erkennen können.

◆ Bei MRT besteht die Gefahr, daß notwendige diagnostische Maßnahmen und Behandlungen versäumt werden.

Kritik

Petechiale Saugmassage

◆ Die Vorstellung vom Herausziehen der Gifte aus dem Körper ist veraltet. Die Saugmassage ist eine unspezifische Reizbehandlung.

Matrix-Regenerations-Therapie

◆ Die Theorie vom die Gesundheit steuernden Grundsystem ist unbewiesen.

◆ Der eingesetzte Gleichstrom ist zu schwach, um eine schmerzlindernde Wirkung zu entfalten. Daß er das kranke Gewebe umpolen könne, ist reine Spekulation.

◆ Das Konzept der Bioresonanztherapie widerspricht den Gesetzen der Physik (siehe Seite 304).
◆ Es fehlt eine Dokumentation der behaupteten Wirkungen, die Liste der Anwendungen ist nicht begründbar.
◆ Das Risiko überwiegt den Nutzen.

Empfehlung

Keine dieser Behandlungsformen kann empfohlen werden.

Kosten

Die Krankenkassen bezahlen diese Behandlung nicht.

Die Kosten werden frei vereinbart, man muß mit 300 DM und mehr pro Behandlungsserie rechnen.

Reiki

Geschichte

Der Mönch *Mikao Usui*, im 19. Jahrhundert Lehrer an der christlichen Klosterschule von Kyoto, hatte es sich zum Ziel gesetzt, die Kraft zu finden, mit der seiner Meinung nach Jesus heilen konnte. Angeblich wurde ihm nach drei Wochen langem Fasten auf einem heiligen Berg die Methode offenbart. Andere Quellen berichten, er hätte sie in den indischen Sanskrit Sutras gefunden. Er benannte sie mit dem japanischen Wort für „göttliche Energie": Reiki.

Die Situation heute

Die Kunde von der heilenden göttlichen Kraft kam über die USA nach Europa und fand seit den 80er Jahren viele Anhänger. Reiki wird von niedergelassenen Therapeuten und Laien ausgeübt und ist in Esoterik-Zentren weit verbreitet, wo sie auch unter dem Namen Radiance-Technik (Strahlentechnik) angeboten wird.

Idee und Erklärung der Wirkung

Die das Universum durchströmende Lebenskraft soll durch Handauflegen an den Körper der Patienten weitergegeben werden und dort ihre heilende Wirkung entfalten, wo der „Energiefluß" im Organismus „blockiert" ist.

Behandlung und Selbstbehandlung

Entspannt liegt der Patient angekleidet auf einer Matte. Eine Diagnose ist nicht notwendig, es werden nur „Energiezustände" festgestellt.

Nun legt der Behandler in tiefer Konzentration für etwa zehn Minuten seine Hände auf die Stirn des Hilfesuchenden. Dann wechselt er nach einem bestimmten Ritual auf andere Körperbereiche über, in der Vorstellung, die kosmische Energie anzuzapfen und weiterzugeben. Je nach festgestellter Erkrankung werden die Hände auch auf bestimmte Körperareale gelegt: Bei Erkältung, Grippe oder Schwerhörigkeit auf die Ohren, bei Nasenbluten, Heuschnupfen, Kopfschmerzen oder Schlaganfall auf den Hinterkopf, rechts unter die Brust bei Gelbsucht und Gallensteinen, links unter die Brust bei Tumoren, Leukämie und Aids. Manchmal werden dabei auch Kristalle und Edelsteine aufgelegt, deren „Heilenergie" ebenfalls übertragen werden soll.

Eine Behandlung dauert eine Stunde und länger, läuft ganz ruhig ab und wird nur in Einzelsitzungen oder auch in Form von Fernheilung angeboten. Meist wird eine Serie von sechs bis zehn Behandlungen angeraten.

Manche Patienten berichten von einem intensiven Wärmegefühl bei der Behandlung.

Manche lernen, sich selbst bei Bedarf die Hand aufzulegen.

Ausbildung der Behandler

Obwohl Laien Reiki durchaus in Wochenendkursen zu 350 DM erlernen können, heißt es, daß diese Methode nicht gelehrt, sondern nur von einem Meister in einem rituellen, dreistufigen Einweihungsverfahren an einen Schüler weitergegeben werden kann: Der Meister legt dem Schüler die Hände auf und lenkt die universelle Energie in den Körper des Schülers. Dort wird sie versiegelt, so daß sie ständig verfügbar ist. Die Ausbildung von Gruppen in Grad I kostet zwischen 300 und 400 DM, in Grad II bis zu 1 500 DM; für die Meistereinweihung müssen Interessierte angeblich mehrere tausend DM flüssig machen. Es soll international etwa 350 Reiki-Meister geben.

Anwendungsbereiche

Reiki nennt sich „Regulationstherapie", die Übertragung der Lebenskraft soll gegen alles und jedes helfen, vom Abszeß bis zur Zyste und sogar gegen Unheilbares wie multiple Sklerose oder Aids. Reiki wird auch als Erste-Hilfe-Maßnahme angeboten.

Vornehmlich zielt die Methode jedoch auf „Energieblockaden", womit alle funktionellen Störungen und Schmerzen sowie Streß und mentale Probleme bezeichnet werden.

Mit Reiki sollen aber auch andere Behandlungen unterstützt, Pflanzen zum Erblühen gebracht und Autobatterien aufgeladen werden können.

Risiko

Die Behandlung ist nur harmlos, so lange nicht eine notwendige Therapie für eine bestehende Krankheit versäumt wird.

Kritik

- Das Konzept von der universalen Kraft ist spekulativ: Es vermischt auf irrationale, unzulässige Weise religiöse und okkulte Vorstellungen mit dem physikalischen Energiebegriff.
- Es fehlt eine seriöse Dokumentation der angegebenen Heilwirkungen. Wohltuende Wirkung kann von der tiefen Entspannung während des Handauflegens und der gläubigen Erwartung der Patienten ausgehen.
- Reiki bei lebensbedrohlichen Zuständen einzusetzen, ist fahrlässig.
- Fernbehandlung muß als Irreführung der Patienten gelten.
- Der Ausbildungsgang ist unangemessen teuer.

Empfehlung

Die okkulte Technik Reiki kann nicht empfohlen werden.

Kosten

Die Krankenkassen bezahlen diese Behandlung nicht.

Die Kosten werden frei vereinbart und können stark schwanken. Man muß mit 100 DM und mehr pro Sitzung rechnen.

Rolfing

Geschichte

Rolfing® trägt den Namen der amerikanischen Chemikerin *Ida P. Rolf* (1896–1979), die diese Massage- und Bewegungs-Technik in den 50er Jahren entwickelt hat. Es wird auch „Strukturelle Integration" genannt; Weiterentwicklungen dieser Methode werden unter den Namen Hellerwork und Soma angeboten, verwandte Verfahren sind Rebalancing und Posturale Integration.

Idee und Erklärung der Wirkung

Rolfing bezieht sich auf die „aufrichtende" Wirkung der Erdanziehung auf den Körper.

Ida Rolf beobachtete, daß sich tiefsitzende körperliche und seelische Verletzungen in „gedrückter" Körperhaltung widerspiegeln, und vermutete, daß die Fehlhaltung das Bindegewebe verhärtet und sich in der Folge auch die muskelumspannenden Gewebe (Fascien) verkleben sowie Sehnen und Bänder verkürzen. Durch falschen Zug sollen diese auch das Skelett schädigen.

Der Behandlung liegt die Vorstellung zugrunde, daß jede Veränderung in einem Körperbereich sofort eine Anpassung des übrigen Körpers nach sich zieht. Wird nur ein Segment durch eine Belastung „aus dem Lot" gebracht, sollen sich die einzelnen Körperabschnitte – Kopf, Schultern, Brustkorb, Bauchregion, Hüfte, Oberschenkel, Unterschenkel, Füße – zueinander und in Bezug auf die senkrechte Körperachse dauerhaft „verschieben".

Mit dem tiefen Eingriff in die Struktur von Muskeln und Sehnen will Rolfing die „eingefleischte" Fehlhaltung auflösen und Muskelhüllen wie Bindegewebe heilen: Es sollen sich neue Strukturen bilden, die ökonomischer und harmonischer sind, der Körper kommt angeblich wieder „ins Lot" und gewinnt seine natürliche Haltung und mühelose Bewegung zurück. Dies soll auch noch im höheren Alter gelingen.

Untersuchung und Behandlung

Vor der Behandlung wird die Fehlhaltung mit Fotografien dokumentiert.

Die Behandlung beginnt im Liegen, in späteren Therapiestunden wird auch im Sitzen, Stehen und Gehen behandelt. Mit Fingern, Knöcheln und Ellenbogen knetend dringt der Behandler tief in die Gewebestruktur ein und lockert und verschiebt die Gelenke. So werden neue Haltungsmuster erreicht, die man in der Folge gezielt einübt.

Der Patient wird dazu angeregt, aktiv an dem Aufrichtungsprozeß mitzuarbeiten. Er unterstützt die Behandlung, indem er seinen Atem in diese Region lenkt. Der Schmerz der Behandlung löst sich oft in Weinen. Das soll von jener Lebenslast befreien, die das Verhalten und die Haltung beeinträchtigt hat. Ein Sprechen darüber ist allerdings nicht vorgesehen.

Die Behandlung dauert etwa eineinhalb Stunden. In einer Serie von zehn Sitzungen wird nach und nach der gesamte Körper durchgearbeitet. Im Abstand von einigen Monaten können nochmals einige Behandlungen angeraten werden.

Abschließende Aufnahmen geben den Erfolg der Behandlung wieder.

Ausbildung der Behandler

Nur wenige Therapeuten im deutschen Sprachraum – meist Masseure und Physiotherapeuten – sind in der Rolf-Technik ausgebildet. Darüber hinaus bietet eine unbekannte Anzahl von Therapeuten, deren Ausbildung nicht einheitlich geregelt ist und deren Qualifikation keiner Kontrolle unterliegt, Rolfing und seine verwandten Methoden an.

Anwendungsbereiche

Rolfing wird gegen Haltungsschwäche und Wirbelsäulenbeschwerden, bei Abnutzungserscheinungen der Hüft- und Kniegelenke, Fehlstellung der Füße, Kieferfehlstellung und nach Bandscheibenoperation angeraten. Es soll gegen chronische Kopfschmerzen, Verdauungs- und Regelstörungen helfen. Rolfing gilt den Anwendern als „ganzheitliches" Verfahren, das den Energieumsatz des Körpers verbessert, Lebensfreude und Schwung verleiht.

Grenzen der Anwendung

Bei Osteoporose, entzündlichem Rheuma, degenerativen Muskelerkrankungen, Lähmungen, akuten Erkrankungen und psychiatrischen Krankheiten darf Rolfing nicht durchgeführt werden.

Risiken

◆ Rolfing und seine verwandten Verfahren, besonders aber Posturale Integration, sind äußerst schmerzhaft; es kann zu Muskel- und Gefäßverletzungen sowie zu Blutergüssen kommen. Noch tagelang nach der Behandlung können Schmerzen und Muskelkater anhalten.

◆ Bei zu raschem Vorgehen können akute Entzündungen innerer Organe und Drüsen auftreten.

◆ Rolfer und Therapeuten verwandter Verfahren haben keine ausreichende physiotherapeutische Ausbildung. Faktoren, die eine Rolfing-Behandlung ausschließen, können von ihnen nicht erkannt werden.

◆ Es besteht das Risiko, daß diese Technik seelische Prozesse in Gang bringt und ausbrechen läßt. Rolfer sind jedoch nicht ausreichend psychotherapeutisch ausgebildet, um sie fachgerecht zu begleiten und Krisen aufzufangen. Psychische Störungen, wie Verwirrtheit oder Orientierungslosigkeit können die Folge sein.

Kritik

- ◆ Ida Rolfs Theorie von der Verklebung der muskelumspannenden Gewebe widerspricht medizinischer Kenntnis.
- ◆ Es ist zweifelhaft, ob bereits eingetretene Körperschäden durch Rolfing behoben werden können.
- ◆ Bis jetzt fehlen eine Dokumentation und der stichhaltige Nachweis, daß Rolfing Haltungsschäden dauerhaft bessert. Auch Aufzeichnungen über eventuelle Nebenwirkungen gibt es nicht.
- ◆ Anwender nehmen Anleihen bei okkulten Vorstellungen wie der Körperaura (siehe Seite 204), Rebalancing ist eingebettet in die Vorstellungen der Osho-Rajneesh-Sekte.
- ◆ Entspannungstechniken (siehe Seite 131) und gezielte Haltungsgymnastik sind empfehlenswerter als das eingreifende Rolfing und seine verwandten Verfahren.

Empfehlung

Diese Behandlung kann nicht empfohlen werden.

Kosten

Die Krankenkassen bezahlen diese Behandlung nicht, sie ist auch nicht beihilfefähig (siehe Seite 32).

Die Kosten werden frei vereinbart, man muß mit 130 bis 150 DM pro Sitzung rechnen.

Adresse

European Rolfing Association
Ohmstraße 9
D-80802 München
Tel.: 0 89/39 68 02

Sauerstoffbehandlungen

Seit der Engländer *Joseph Priestly* 1774 den Sauerstoff (chemische Formel: O_2) und seine Bedeutung für lebende Organismen entdeckte, versuchten Mediziner, Sauerstoff zum Wohl ihrer Patienten einzusetzen – zur Wiederbelebung und gegen den „Scheintod". Noch im 18. Jahrhundert wurde Sauerstoff bei Asthma, Tuberkulose, zur Wundheilung und gar gegen die Pest angewendet. Er galt als „Lebenselixier".

Von Frankreich verbreitete sich die Sauerstoffbehandlung in verschiedenen Varianten über Europa, wurde wieder vergessen, kam aber ab 1932 wieder in Mode. Immer größer wurde die Palette der Erkrankungen, gegen die diese Therapie helfen sollte.

Die Situation heute

Bewährt und in der Schulmedizin etabliert hat sich der Einsatz von Sauerstoff in bestimmten Bereichen: Bei akuten Notfällen kann eine Inhalation lebensrettend sein. Patienten mit chronischer Atmungsschwäche brauchen zusätzlichen Sauerstoff, der durch eine Nasensonde oder Atemmaske eingeatmet wird. Die Chirurgie setzt Sauerstoff bei der Behandlung des Gasbrandes ein.

Neben diesen nachweislich wirkungsvollen Einsätzen haben sich mehrere Verfahren entwickelt, die von der etablierten Medizin nicht anerkannt werden. Die Sauerstoff-Mehrschritt-Therapie (siehe Seite 285) ist die populärste, außerdem verbreitet sind die Eigenblutbehandlungen HOT und UVB (siehe nachstehend), die Ozontherapie (siehe Seite 281) und die Oxyvenierungstherapie (siehe Seite 280). Alle genannten Verfahren erheben den Anspruch, die Mikrozirkulation des Blutes und die Sauerstoffversorgung zu verbessern. Allerdings fehlt für sie alle der Wirkungsnachweis.

Hämatogene Oxidationstherapie (HOT/UVB, Blutwäsche)

Geschichte

Die HOT – so lautet das allgemein übliche Kürzel für Hämatogene Oxidationstherapie – ist eine spezielle Behandlung mit Eigenblut (siehe Seite 224). Sie geht auf den Schweizer Arzt *Dr. Wehrli* zurück, der diese Methode in seiner Privatklinik entwickelte und 1956 öffentlich vorstellte. Schon vor ihm hatten zwei Schweizer Ärzte versucht, die Sauerstoffanreicherung des Blutes mit Ultraviolettbestrahlung (UVB) zu Heilzwecken zu kombinieren. Die Leitvorstellung war, daß das ultraviolett bestrahlte Blut die Sauerstoffaufnahme im Gewebe fördern könnte.

Die UV-Bestrahlung von Blut ist eine eigene Behandlungstechnik: Sie wurde in den 20er Jahren von verschiedenen Ärzten in den USA, der Schweiz und der Tschechoslowakei, die auf der Suche nach einem Mittel gegen Infektionskrankheiten waren, gleichzeitig entdeckt (siehe Lichttherapie, Seite 74). Sie hat sich bis in die 60er Jahre besonders in den USA eigenständig weiterentwickelt, war bis 1970 aber in Vergessenheit geraten.

Die Situation heute

In der ehemaligen DDR wiederentdeckt, hat die Ultraviolettbestrahlung von Blut in den Hochschulinstituten der GUS Einzug gehalten. Sie wird heute überwiegend in Osteuropa angewendet und in vielen Instituten der neuen Bundesländer praktiziert.

Auch die HOT und die dafür benötigte Apparatur wurden in den 70er Jahren in Ostberlin weiterentwickelt. Sie wird heute in Österreich, der Schweiz, in den Niederlanden, in Frankreich und Italien praktiziert. In Deutschland wenden wahrscheinlich einige tausend Ärzte und einige Kliniken diese Technik an.

Die Idee dahinter

UVB: Als man entdeckte, daß die roten Blutkörperchen einen Teil des auf die Haut auftreffenden UV-Lichts aufnehmen, dachte man, daß das Blut mit seinem roten Farbstoff das Licht für den Körper biochemisch nutzen kann – ähnlich wie es das grüne Chlorophyll in den Pflanzen tut.

HOT: Ursprünglich vermutete Wehrli, daß der Sauerstoffzusatz im Blut einen Sauerstoffmangel im Körper ausgleichen könnte.

Seit das Blut jedoch zur Behandlung aufgeschäumt und ultraviolett bestrahlt wird, gilt der Sauerstoff nicht mehr als entscheidend wirksamer Faktor der Therapie.

Die Mittel

Das Blut des Patienten wird in einem Apparat aufbereitet, ungerinnbar gemacht und mit Sauerstoff durchperlt. Dies vergrößert die Blutoberfläche. Die Blutblasen werden in einer Quarzglasröhre an einer Ultraviolett-Lampe vorbeigetrieben und UV-Strahlen mit einer Wellenlänge von 253,7 Nanometer ausgesetzt. Dies ist der Wellenbereich, der antibakteriell wirkt. Anschließend wird das Blut nochmals UV-bestrahlt.

Der Apparat muß auf die richtige Geschwindigkeit für das Einpumpen des Blutes eingestellt sein. Nach jeder Aufbereitung muß er wieder sterilisiert werden. Mehr Sicherheit vor einem Infektionsrisiko bieten Einmalgeräte.

Untersuchung und Behandlung

Eine eingehende ärztliche Untersuchung sollte der Behandlung vorangehen.

Der Behandler entnimmt dem Patienten 50 bis 100 Milliliter Blut aus der Vene. Es fließt durch den Apparat und wird dann wieder in die Vene des Patienten zurückgeleitet oder in den Gesäßmuskel injiziert. Diese Prozedur dauert etwa eine halbe Stunde.

Die Behandlungen werden unterschiedlich oft wiederholt: Die Angaben schwanken zwischen zwei- und neunmal. Üblich ist eine Serie von mindestens sechs Sitzungen. Als notwendige Abstände zwischen den einzelnen Behandlungen gelten 3 bis 19 Tage. Wiederholungen werden zwei- bis dreimal jährlich angeraten.

Besonderheiten der Behandlung

- Die Patienten sollen an den Behandlungstagen weder schwer verdauliche Speisen, noch Kaffee oder Alkohol zu sich nehmen und ihre Medikamente „auf den Mindestbedarf reduzieren".
- Mehrere Stunden Ruhe im Anschluß an die Behandlung erhöhen die Wirkung.
- Nicht wirken kann HOT/UVB, wenn Vitamin E oder A eingenommen oder als Salbe angewendet beziehungsweise Vitamin C, Kortison oder gerinnungshemmende Medikamente eingenommen werden.

Erklärung der Wirkung

Für HOT mit UVB liegt kein einheitliches Erklärungskonzept vor. HOT gilt ihren Anwendern als Methode, die den Zellstoffwechsel anregt. Anwender wählen für die Erklärung eine pseudomedizinische, blumige Sprache, die keine Aussage beinhaltet: „Gefahrlose Stimulations- und Anregungstherapie, die die physiologischen Reaktionskaskaden und biologischen Regelmechanismen ausnutzt, um die biologische Homöostase vieler biochemischer Regelkreise anzustoßen und wieder einzustimmen." Manche Anwender sind sich mit Therapeuten, die ausschließlich UVB anwenden, einig, daß der wirksame Faktor der Therapie nicht der Sauerstoff ist. Den Erfolg ihrer Behandlungen führen sie auf die UV-Strahlung zurück. Andere meinen, daß die aktivierten Sauerstoffstufen Vorbedingung der therapeutischen Wirkung seien.

Für die Wirkung der UV-Bestrahlung auf das Blut gibt es verschiedene wissenschaftliche Erklärungsansätze.

Anwendungsbereiche

In Osteuropa wird die UVB-Therapie hauptsächlich gegen Durchblutungsstörungen und Altersleiden eingesetzt.

In Westeuropa ist in den letzten zwei Jahrzehnten die Liste der Anwendungen der HOT auf 62 Krankheiten angewachsen. Dazu zählen vor allem Durchblutungsstörungen aller Art, Rheumaerkrankungen, Asthma, Allergien, Erschöpfungszustände, verschiedene Magen-, Darm-, Leber- und Nierenerkrankungen. Sie wird auch gegen Herpes, zur Stimulierung des Immunsystems, als Begleitung der Chemo- und Strahlentherapie bei verschiedenen Tumoren eingesetzt.

Als „Blutdoping" soll HOT bei Sportlern die Leistung steigern.

Grenzen der Anwendung

Nicht angewendet werden soll HOT/UVB bei Überfunktion der Schilddrüse, bei allen akuten Krankheiten, Erkrankungen durch Parasiten, bei Vergiftungen und unklaren Krankheitsbildern.

Risiken

Zwei bis drei Stunden nach der Behandlung kann sich leichtes Frösteln einstellen.

Eine Verschlechterung des Gesamtzustands besonders bei entzündlichen Prozessen gilt als vorübergehende Erscheinung.

Mediziner warnen:

- Die Anwender nennen die Methode risikolos, aber als Nebenwirkung können Herzsensationen, Unruhegefühl, Schweißausbruch, Fieber, Schüttelfrost und

Geschmacksveränderungen auftreten. Ein lebensbedrohlicher allergischer Schock ist möglich. Das Blut wird zähflüssig.

◆ Im Jahr 1991 ist ein junger Sportler am HOT-Blutdoping gestorben.

◆ UV-Strahlung kann – ähnlich wie Ozon – durch die Anregung von Radikalen genschädigend und krebserregend wirken und in die Zellmembranen „Lücken" reißen.

Kritik

◆ Die Studien, mit denen die verschiedenen Wirkungstheorien von HOT/UVB nachgewiesen werden sollen, widersprechen einander in wesentlichen Bereichen, die Hypothesen sind nicht belegt.

◆ Es gibt ungezählte Berichte der Anwender über Erfolge, aber kaum Hinweise auf Risiken der HOT/UVB und keine zuverlässigen Angaben darüber, ob die Behandlung tatsächlich wirksamer ist als Placebo (siehe Seite 20).

◆ Meist wird HOT/UVB bei Durchblutungsstörungen eingesetzt. Ob sie dabei mehr Nutzen und weniger Risiken als andere Therapien bringt, kann kaum nachgeprüft werden, weil sie meist mit anderen Behandlungen kombiniert wird.

◆ HOT/UVB gilt als eine unspezifische Reiztherapie.

Empfehlung

Die HOT/UVB-Therapie kann nicht empfohlen werden.

Kosten

Die gesetzlichen Krankenkassen übernehmen die Kosten der HOT/UVB-Behandlung entsprechend den NUB-Richtlinien nicht (siehe Seite 30). Dieses Verfahren ist auch nicht beihilfefähig (siehe Seite 32).

Für Selbstzahler berechnet der Arzt die Kosten nach der Gebührenordnung für Ärzte (siehe Seite 32). Sie betragen für eine Sitzung zwischen 100 und 160 DM.

Oxyvenierungstherapie (Sauerstoff-Infusions-Therapie)

Geschichte

Diese Methode ist eine von dem Arzt *H.S. Regelsberger* entwickelte Variante der Sauerstoffbehandlung. Sie wird nur von wenigen Ärzten und Heilpraktikern durchgeführt.

Idee und Erklärung der Wirkung

Die Oxyvenierungstherapie soll einen Reiz auf das zentrale Nervensystem ausüben: Wenn mit dem Blut mehr Sauerstoff als sonst zum Herzen transportiert wird, bedeutet das im Normalfall, daß die Außenbezirke des Körpers mit O_2 schlecht versorgt sind. Das Gehirn reagiert darauf mit Alarm – mit der Folge, daß sich in den schlecht durchbluteten Bereichen neue feine Blutgefäße bilden.

Untersuchung und Behandlung

Der Behandlung sollte eine eingehende ärztliche Untersuchung vorangehen.

Der Behandler leitet dem Patienten mit Hilfe einer maschinellen Dosierpumpe und durch eine Infusionsnadel 20 bis höchstens 100 Milliliter Sauerstoff (O_2) mit einer Geschwindigkeit von zwei bis drei Milliliter pro Minute in die Vene ein.

Die Behandlung wird bei täglicher Wiederholung vier bis sechs Wochen lang durchgeführt, wobei die Sauerstoffmenge von 20 Millilitern in der ersten Woche auf 50 Milliliter in der zweiten und 60 bis 70 Milliliter in den weiteren Wochen gesteigert wird.

Anwendungsbereiche

Die Anwender dieser Methode berichten über Erfolge besonders bei Ménièrscher Krankheit (Schwindel, Ohrensausen), bei Durchblutungsstörungen der Gliedmaßen, des Gehirns, des Rückenmarks, der Nerven, bei Störungen von Gedächtnis, Denken und Bewußtsein. Es heißt, die Behandlung habe bei Kindern „die Schulleistung, den Charakter und das Verhalten verbessert", und helfe gegen Altersveränderungen und verschiedene Krankheiten von Augen, Ohren, Lunge, Leber, Niere, Prostata und Gebärmutter.

Grenzen der Behandlung

Bei akuten Gefäßverschlüssen darf diese Methode keinesfalls, bei Rauchern und alten Menschen sollte sie nicht angewendet werden.

Risiken

◆ Während der Behandlung treten meist Druckgefühl im Brustraum, Hustenreiz, Kopfschmerzen und Müdigkeit auf, selten Fieber, Atemnot und Krämpfe.

◆ Die Behandlung kann eine Gasembolie im Rückenmark verursachen, die Schmerzen und Lähmungen nach sich zieht. Trifft die Embolie das Gehirn, ist ein Schlaganfall möglich.

◆ Als Folgen der Behandlung sind auch Lungenembolien und eine Verschlechterung bei Herzerkrankungen möglich.

Kritik

◆ Die Behandler verschleiern die möglichen Gefahren der Therapie.

◆ Nutzen und Risiko sind schlecht abzuschätzen.

Empfehlung

Die Oxyvenierungstherapie kann nicht empfohlen werden.

Kosten

Die gesetzlichen Krankenkassen erstatten die Kosten der Behandlung entsprechend den NUB-Richtlinien nicht (siehe Seite 30).

Für Selbstzahler berechnet der Arzt die Kosten nach der Gebührenordnung für Ärzte (siehe Seite 32). Für eine Kur muß man mit etwa 1 800 DM rechnen, eine Wiederholungskur kostet 1 200 bis 1 500 DM.

Ozontherapie (Oxyontherapie)

Geschichte

Der Berliner Arzt *Constantin Lender* hat erstmals um 1870 Ozon als Mittel zur Inhalation eingesetzt. Damals wurde bekannt, daß das giftige Edelgas, das aus drei Sauerstoffatomen (O_3) besteht, zuverlässig Keime abtötet. Im Ersten Weltkrieg wurden mit dem Gas äußerliche Wunden zur rascheren Heilung behandelt, später wurde Ozon – zum Teil gemischt mit Sauerstoff (= Oxyon) – zur Infektionsbekämpfung in Magen, Darm, Vagina, Harnleiter und Ohr eingeblasen. In den 30er Jahren setzte geradezu eine Ozonheilwelle ein, und die Behandlungspalette umfaßte immer mehr Krankheiten.

Die Situation heute

Ozonbehandlung wird nur in Deutschland und Österreich, und dort von etwa 8 000 Ärzten in Praxen, privaten Kliniken und Sanatorien praktiziert. Auch einige städtische und staatliche Krankenhäuser und etwa 2 000 Heilpraktiker wenden diese Methode an. Sie ist auch unter den Namen Oxyontherapie, Ozonosan-Therapie und Sauerstoff-Ozon-Therapie bekannt.

Die Idee dahinter

Ozon gilt den Anwendern als Mittel gegen Infektionen und als durchblutungsfördernd nach dem Grundsatz: „Was Sauerstoff nicht kann, vermag Ozon!", den *E. Payr,* einer ihrer Pioniere, propagiert hat.

Die Mittel

Mit einem Ozongenerator wird aus Sauerstoff Ozon erzeugt und mit Sauerstoff gemischt. Der Ozonanteil am angewendeten Gasgemisch beträgt ein viertel bis fünf Volumenprozente.

Untersuchung und Behandlung

Der Behandlung sollte eine eingehende ärztliche Untersuchung vorangehen.

Je nach Diagnose wird Ozon auf unterschiedliche Art und Weise eingesetzt:

Große Eigenblutbehandlung: Der Behandler entnimmt der Vene 200 Milliliter Blut, das mit Heparin ungerinnbar gemacht und mit Ozon verschüttelt wird. Dann erhält der Patient das ozonisierte Blut als Infusion sofort wieder in die Vene. Diese Behandlung dauert etwa 15 Minuten. Sie wird auch Blutwäsche genannt.

Kleine Eigenblutbehandlung: Sie nutzt nur fünf Milliliter Blut, das mit Ozon verschüttelt und wieder injiziert wird.

Beutelbegasung: Der Behandler umhüllt Gliedmaßen, an denen offene Wunden oder Geschwüre liegen, dicht mit einem Plastikbeutel und leitet Ozongas hinein.

Ozoniertes Olivenöl: Mit dem Öl werden äußere Wunden bestrichen.

Ozoniertes Wasser: Es dient zur Spülung von Mund, Vagina, der Harnwege und als Mittel für Trinkkuren.

Gasinjektion: Der Behandler injiziert 10 bis 20 Milliliter Ozongemisch mit der Gasspritze unter die Haut.

Die Behandlungen werden je nach Krankheit zwischen zweimal täglich bis einmal wöchentlich durchgeführt und zwischen fünf- bis dreißigmal wiederholt.

Ausbildung der Behandler

Ausbildungskurse mit abschließendem Zertifikat für Ärzte und Heilpraktiker bietet die Ärztliche Gesellschaft für Ozontherapie an.

Erklärung der Wirkung

Ozon tötet Bakterien, Pilze und Viren ab.

Darüber, wie Ozon die Durchblutung fördern soll, bieten die Anwender unterschiedliche Theorien an. Etwa, daß die roten Blutkörperchen gleitfähiger werden und leichter Sauerstoff abgeben, oder daß Ozon direkt auf die Nervenbahnen wirkt.

Tatsächlich erklärt sich die Wirkung der Ozongas-Injektion daraus, daß das Gas die Gefäße kurzfristig verschließt und das Gefäßsystem auf die gefährliche Situation reagiert, indem es die Gefäße weitstellt. So wird das Gebiet – allerdings nur für kurze Zeit – besser durchblutet. Diesen „Embolie-Effekt" kann jedes andere Gas erzeugen, dafür ist nicht Ozon notwendig.

Anwendungsbereiche

Injektionen: Hauptsächliche Anwendung sind arterielle Durchblutungsstörungen aller Art, Gelenkschmerzen, Krebs.

Eigenblutbehandlung: bei Befindlichkeitsstörungen und Altersleiden, Allergien, Akne, Furunkulose, Asthma, Stoffwechselleiden, Neuralgien, Krampfadern, Arteriosklerose, Herpes, Hepatitis und anderes mehr.

Begasung: Bei eitrigen Hauterkrankungen, infizierten Wunden, Darmerkrankungen, Geschwüren.

Ozonisiertes Olivenöl: Bei Mykosen, Ekzemen, Verbrennungen, Analfissuren und -ekzemen.

Spülung: Bei Zahnfleischentzündungen, Fisteln und Eiterungen, Scheidenausfluß, Blasen- und Harnweginfektion, Dickdarmentzündung, Gastritis.

Ozonbehandlung gilt auch als „Umstimmungstherapie" (siehe Seite 38).

Grenzen der Anwendung

Bei akutem Herzinfarkt, nach Schlaganfällen, bei frischen Blutungen (Magengeschwür), Fehlfunktion der Schilddrüse und in der Schwangerschaft darf keinesfalls eine Ozontherapie vorgenommen werden.

Risiken

◆ Das Risiko von Zwischenfällen liegt bei mindestens 1: 2 000. Bei Injektionen ist das Risiko am höchsten: Im Einstichbereich treten Schmerzen auf, es kann sich ein Spritzenabszeß bilden, und Kopfschmerzen, Schwindel, Übelkeit, Husten, Darmkrämpfe und Herzrhythmusstörungen können eintreten.

◆ Durch die Ozontherapie sind viele Schäden dokumentiert: Ekzeme, Herzmuskelveränderungen, Kreislaufkollaps, Bewußtlosigkeit, Schädigung des Zentralnervensystems, bleibende Lähmungen, Erblindung, allergischer Schock und Embolien. Mehrere Todesfälle haben bereits die Gerichte beschäftigt.

◆ Mit Ozontherapie ist in unzähligen Fällen Hepatitis übertragen worden, auch Aids-Infektion ist nicht auszuschließen. Patienten sollten deshalb auf der Verwendung von Einmalmaterial bestehen.

◆ Ozon zählt zu den giftigsten Gasen. Die maximale Konzentration, die an Arbeitsplätzen zugelassen ist, der MAK-Wert, beträgt 0,15 ppm. Die therapeutisch angewendete Dosis bei Begasung übertrifft diese giftige Dosis um ein Vielfaches. Das Ozon-Sauerstoffgemisch darf bei der Behandlung nicht freigesetzt werden.

Kritik

◆ Die Ozontherapie wurde und wird jeweils für Krankheiten empfohlen, für die es aktuell noch keine Heilung gibt – in letzter Zeit wurde sogar Aids in den Behandlungskatalog aufgenommen.

◆ Die Anwender bagatellisieren Zwischenfälle und schreiben sie nicht der Methode selbst, sondern ausschließlich unsachgemäßer Technik zu.

◆ Dosierung und Anwendung der Methode sind willkürlich: Die angegebenen Dosierungen bei Injektion variieren bei den einzelnen Anwendern um das 28fache.

◆ Der Hersteller eines Ozongeräts empfiehlt Desinfektionsmaßnahmen, die unzureichend sind. Die desinfizierende Wirkung des Ozons selbst reicht jedoch nicht aus, um Hepatitis- oder gar Aids-Übertragung auszuschließen.

◆ Die Ozonbehandlung geht auf die Eigenblutbehandlung zurück, die wissenschaftlich breit diskutiert ist und als unspezifische Reiztherapie gilt. Eine spezifisch durchblutungsfördernde Wirkung von Ozon ist nicht nachgewiesen – im Gegenteil: Ozon hemmt die Sauerstoffabgabe an das Gewebe.

◆ Meist werden die Behandlungen mit anderen, auch risikoreichen, Therapien kombiniert, zum Beispiel Chelattherapie (siehe Seite 217).

◆ Die Ozontherapie kann durch risikoärmere Behandlungen ersetzt werden, beim „Raucherbein" zum Beispiel durch Gehtraining; auch die chirurgische Entfernung des Sympatikusnerven ist ihr überlegen.

Man sollte sich der Ozonbehandlung nur dort unterziehen, wo es lebensrettende Einrichtungen gibt.

Empfehlung

Die Ozontherapie ist in all ihren Varianten abzulehnen.

Kosten

Die gesetzlichen Krankenkassen erstatten die Kosten der Ozontherapie entsprechend den NUB-Richtlinien nicht (siehe Seite 30). Das Verfahren ist auch nicht beihilfefähig (siehe Seite 32).

Für Selbstzahler berechnet der Arzt die Kosten nach der Gebührenordnung für Ärzte (siehe Seite 32). Je nach Dauer der Behandlung betragen sie ein- bis mehrere tausend DM. Beispiele: Eine einzelne große Eigenblutbehandlung kostet bis zu 120 DM, für Injektionen werden bis 80 DM verrechnet, für Ozongasanwendungen bis 40 DM.

Adressen

Ärztliche Gesellschaft für Ozontherapie e.V.
Nordring 8
D-76473 Iffezheim
Tel.: 0 72 29/30 46 17

Österreichische Gesellschaft für Ozontherapie
Walfischgasse 14
A-1010 Wien
Tel.: 02 22/5 13 19 48

Sauerstoffionen-Inhalationstherapie (O_2-ITH)

Geschichte

In Deutschland wurde Luft mit einseitig negativ oder positiv geladenen Ionen bereits in den 20er Jahren therapeutisch eingesetzt, in den USA erlebte die Behandlung mit ionisiertem Sauerstoff in den 60ern einen neuen Boom. Der ionisierte Sauerstoff enthält jedoch bei einer bestimmten Art der Erzeugung (Koronarentladung) Beimengungen von Ozon, Stickoxyden und Schwermetallen. Diese können im Körper ungünstige Stoffwechselabläufe hervorrufen, deshalb wurde die Anwendung dieses Mittels in den USA verboten.

Die Situation heute
Seit 1981 wird ionisierter Sauerstoff von einigen Anwendern in Deutschland wieder zu Therapiezwecken genutzt.

Idee und Erklärung der Wirkung

Es heißt, der positiv oder negativ geladene Sauerstoff sei elektronisch und biologisch aktiv.

Die beste Wirkung soll bei 80 000 bis 180 000 Ionen pro Kubikzentimeter eingeatmeter Luft erreicht werden.

Die Mittel

Negativ ionisierter Sauerstoff: Das Molekül gibt überschüssige Elektronen an die Umgebung ab, ist also vermindert oxidationsfreudig. Das Gas soll die Erregung des Sympathikus-Nerven hemmen. Dieser Nervenstrang bildet einen Teil des vegetativen Nervensystems, das die automatischen Körperfunktionen steuert.

Positiv ionisierter Sauerstoff: Er nimmt Elektronen aus der Umgebung auf und löst Oxidationsprozesse aus. Das soll gegen die Erregung des Vagus-Nerven wirken, der den anderen Teil des vegetativen Nervensystems ausmacht. Positiv ionisierter Sauerstoff soll die Sauerstoffnutzung verstärken.

Zusätzlich werden bei der Behandlung mit ionisiertem Sauerstoff biologische Heilmittel und Spurenelemente verabreicht.

Behandlung

Im Sitzen oder Liegen wird der ionisierte Sauerstoff über eine Maske oder ein Mundstück eingeatmet, während einer Minute etwa neun Liter. Zusätzlich werden über einen Zerstäuber mit dem Sauerstoff auch Heilmittel transportiert.

Zur Entscheidungshilfe, wann welche Ionenart – positiv oder negativ – angewendet werden soll, wird der Hautwiderstand gemessen. Empfohlen wird eine Therapie, die zwischen den beiden Sauerstoffarten wechselt.

Die Behandlung dauert zehn Minuten und wird sechs- bis zwölfmal im Abstand von einigen Tagen wiederholt. Zur Vorbeugung wird halbjährliche Behandlung empfohlen.

Es können auch Haut und Schleimhäute beziehungsweise Wunden begast werden; man kann ionisiertes Wasser trinken, darin baden und es für Wickel oder Darmspülungen (siehe Seite 218) nutzen.

Anwendungsbereiche

Ionisierter Sauerstoff soll bei Atemweg- und Stoffwechselerkrankungen, bei Allergien, rheumatischen Krankheiten und Schmerzen helfen, Hautwunden heilen, Haut- und Haarprobleme lösen, vegetative Störungen ausgleichen, das Immunsystem stimulieren, vor Infekt- und Krebsgefährdung schützen sowie Umwelt- und Genußmittelbelastungen neutralisieren.

Grenzen der Anwendung
Bei veränderten Blutwerten (Veränderung der Zahl der Erythrozyten oder der Thrombozyten) soll diese Therapie nicht durchgeführt werden.

Risiko

◆ Die Methode schließt nicht aus, daß Patienten durch mögliche Ionenverunreinigungen – wie Ozon,

Stickoxyde oder Schwermetalle, die den Stoffwechsel beeinflussen können – geschädigt werden.

◆ Es besteht die Gefahr, daß notwendige wirksame Behandlungen versäumt werden.

Kritik

◆ Die theoretischen Grundlagen des Konzepts müssen wissenschaftlich als ungeprüft gelten.

◆ Es fehlt eine wissenschaftlich anerkannte Dokumentation der Wirksamkeit.

Empfehlung

Die Sauerstoff-Inhalations-Therapie kann nicht empfohlen werden.

Kosten

Die Kassen bezahlen üblicherweise nicht. Für Selbstzahler berechnet der Arzt die Kosten nach der Gebührenordnung für Ärzte (siehe Seite 32). Man muß mit etwa 40 DM für eine Sitzung rechnen.

Sauerstoff-Mehrschritt-Therapie (SMT)

Geschichte

Der Physiker *Manfred von Ardenne* (geb. 1907) entwickelte 1978 sein Konzept der Sauerstoff-Mehrschritt-Therapie (SMT). Sie wird von mehr als 500 Ärzten in Praxen, Kurzentren und Krankenhäusern, aber auch von Heilpraktikern durchgeführt und in vielen abgewandelten Varianten angeboten.

Die Idee dahinter

Von Ardenne stellte fest, daß im Alter der Druck sinkt, unter dem Sauerstoff im arteriellen Blut gelöst ist (Sauerstoffpartialdruck), und er nahm an, daß dies zur mangelhaften Sauerstoffversorgung der Zellen führt. Dies sah er als Ursache an für allgemeinen Leistungsabfall und dafür, daß die Organe nicht mehr optimal arbeiten. Die Folge: Die Gefäße verengen sich, das Blut zirkuliert weniger, die Sauerstoffversorgung des Körpers wird noch schlechter. Ein Teufelskreis ensteht.

Mit SMT zugeführter Sauerstoff soll den Körper auf Monate hinaus befähigen, den Sauerstoff aus der Atemluft wieder ganz zu nutzen, soll den „energetischen Status" wieder anheben.

Von Ardenne empfiehlt daher, ab dem 55. Lebensjahr regelmäßig mit einer SMT-Behandlung Altersbeschwerden, Durchblutungsstörungen in den Gliedmaßen und Krebs vorzubeugen.

Die Mittel

Zur kurmäßigen Behandlung gehört ein Medikamentencocktail, dessen Bestandteile im Lauf der Zeit verändert wurden, zum Beispiel Thiamin, Vitamin B1, Vitamin C, Magnesiumorotat (Lebertherapeutikum) und Dipyridamol (eine gefäßerweiternde Substanz). Dieser Mix soll die Sauerstoffaufnahme fördern.

Das Sauerstoff-Luft-Gemisch wird mit einer Sauerstoffmaske eingeatmet. Dabei strömen pro Minute vier Liter Sauerstoff in den Körper. Bei der SMT hat das Luftgemisch einen Sauerstoffanteil von 50, beim Ergometertraining von 60 bis 95 Prozent.

Behandlung

Es gibt verschiedene Varianten der SMT-Behandlung.

Die klassische SMT läuft in drei Schritten ab: Als erstes wird der Medikamentencocktail geschluckt. Dann nimmt der Patient eine entspannte Sitzhaltung ein und inhaliert über eine Nasensonde (oder Sauerstoffmaske) das Sauerstoff-Luftgemisch.

Eine Behandlung umfaßt üblicherweise 18 Sitzungen von je zwei Stunden.

Als dritter Schritt gilt tägliches, dosiertes Bewegungstraining, vorausgesetzt, der Patient ist bewegungsfähig. Dies soll die Aufnahme und Wirkung des Sauerstoffs unterstützen.

Heute wird häufig der 15-Minuten-O_2-Mehrschritt-Schnellprozeß, eine Variante der SMT, durchgeführt: Dabei trainiert der Patient während der Inhalation mit der Sauerstoffmaske zusätzlich auf einem Ergometer. Das ist ein Zimmerfahrrad oder Laufband, an das Meßgeräte angeschlossen sind. Diese Behandlung dauert nur 15 Minuten.

Ergometertraining mit Sauerstoffzufuhr kann auch zu Hause durchgeführt werden.

Als Krebsbehandlung wird von v. Ardenne neuerdings eine Sauerstoff-Mehrschritt-Immunstimulation angeboten. Dabei wird SMT mit Präparaten kombiniert, die die körpereigene Abwehr steigern sollen, zum Beispiel Thymusextrakte (siehe Seite 265).

Von Ardenne bietet darüber hinaus auch eine spezielle Krebs-Mehrschritt-Therapie an. Sie ist eine Kombination aus einer Überwärmungstherapie des ganzen Körpers auf 40,5 Grad Celsius und des Krebsgewebes auf 42 Grad Celsius, die durch im weitesten Sinn physikalische Maßnahmen von außen erreicht wird, und aus Maßnahmen zur Übersäuerung des Tumorgewebes mit Traubenzuckerinfusionen.

Ausbildung der Behandler

Die Ausbildung der SMT-Methode liegt in Händen der SMT-Gesellschaften, sie dauert nur einen Tag.

Erklärung der Wirkung

Nach v. Ardenne soll Sauerstoff die Blutmikrozirkulation fördern, indem er die verengten venösen Blutkapillaren erweitert. Der Partialdruck des Sauerstoffs soll in den Arterien angehoben, in den Venen gesenkt, das Sauerstoffangebot im Gewebe erhöht und viele Stoffwechselprozesse angeregt werden.

Anwendungsbereiche

Die SMT soll zur „Bekämpfung des Krankwerdens" eingesetzt werden und Alterungsprozessen entgegensteuern.

Derzeit gelten als wichtigste Einsatzgebiete der SMT Durchblutungsstörungen am Herzen und an den Gliedmaßen, zu hoher und zu niedriger Blutdruck, Plazentaschwäche, Hör- und Sehverschlechterungen sowie Medikamenten-Nebenwirkungen. Dazu kommen Verschleißerscheinungen der Gelenke, chronische Hautleiden und Lebererkrankungen. SMT soll die Körperabwehr stimulieren, Tumoren vorbeugen und die Lebensqualität bei Krebsleiden verbessern.

Die Anwender berichten über erfolgreiche Regeneration, Leistungssteigerung, Wirkungsverbesserung und Einsparung von Medikamenten sowie erleichtertem Geburtsvorgang.

Jede fünfte Person soll auf die Behandlung nicht ansprechen. Über Zwischenfälle wird nichts berichtet.

Grenzen der Anwendung

Bei akuten Schleimhautentzündungen soll SMT nicht durchgeführt werden.

Manche Anwender der SMT meinen, SMT sollte bei Krebs nur eingesetzt werden, wenn die Möglichkeiten der etablierten Medizin ausgeschöpft sind.

Risiken

Eine gründliche medizinische Untersuchung und eine Blutgasanalyse sind vor Sauerstoffinhalationen unbedingt notwendig.

Bei Lungenerkrankungen, Herz- und Bronchialasthma, bei arteriellen Verschlußkrankheiten, akuten allergischen Reaktionen, Überfunktion der Schilddrüse, Epilepsie, Autoimmunkrankheiten und unmittelbar nach Herz- und Gehirninfarkten darf SMT nicht angewendet werden.

◆ Sauerstoff ist giftig. Zu viel davon inhaliert kann zu Übelkeit, Erbrechen, Schwindel, Kopfschmerzen und zu einem Zustand führen, der akuter Atemnot gleicht. Der Sauerstoffanteil im Luftgemisch sollte daher 50 Prozent nicht übersteigen. Beim Ergometertraining liegt der Anteil jedoch darüber.

◆ Chronischer Mangel an Sauerstoff im Blut (Hypoxämie) wirkt für den Körper als zusätzliches Stimulans für das Luftholen. Bekommen Patienten, die chronisch mit Sauerstoff unterversorgt sind, plötzlich O_2 zugeführt, fehlt ihnen dieses Stimulans zum Luftholen. SMT kann bei diesen Kranken zur Kohlendioxidnarkose (Bewußtseinsstörungen, Koma) führen.

◆ Manche Anwender von SMT raten bei Durchblutungsstörungen zur begleitenden Chelattherapie (siehe Seite 217) und setzen auch Thymuspräparate (siehe Seite 265) ein. Beide Maßnahmen sind abzulehnen.

Kritik

◆ Die der Therapie zugrundeliegende Idee ist falsch: Menschen, die in über 3 000 Meter Höhe leben, wie zum Beispiel die Tibetaner oder Fluggäste in Großraumflugzeugen, haben einen arteriellen Sauerstoffpartialdruck, der weit unter dem liegt, den v. Ardenne als krankmachend bezeichnet.

◆ Der Medikamentenmix soll die Sauerstoffaufnahme erhöhen. Das ist zweifelhaft.

◆ Es wird behauptet, daß der erhöhte Sauerstoffpartialdruck in den Arterien nach der SMT monatelang anhält. Klinische Kontrollstudien ergaben, daß diese Behauptung nicht stimmt: Er sinkt nach einigen Minuten ab. Als diese Wirkungstheorie widerlegt war, formulierte v. Ardenne eine neue. Und als sich auch diese als falsch erwies, bot er wieder eine andere an. Die Anwender der SMT verbreiten die widerlegten Theorien weiterhin.

◆ Wann immer Kliniker die von v. Ardenne behaupteten Therapieerfolge prüften, erwiesen sich diese als falsch: Bei Schwäche der Herzkranzgefäße und bei chronischer Durchblutungsstörung am Herzen hat SMT keinen Erfolg. Nach einer SMT-Behandlung steigt weder die Leistungsfähigkeit noch die Sehkraft. Auch kann SMT nicht als „Jungbrunnen" gelten. Patienten, die bei einem klinischen Test normale Luft aus Preßluftflaschen eingeatmet hatten, fühlten sich nachher ebenso erfrischt wie diejenigen, die das Sauerstoffgemisch inhalierten. Der „Heileffekt" beruhte also auf einer Placebowirkung (siehe Seite 20).

Die SMT-Behandlung kann bei Patienten mit Durchblutungsstörungen „Mittel zur Motivation" sein: Sie erleben rasch, daß das Gehtraining Erfolg hat, und lassen sich deshalb eher davon überzeugen, daß sie es weiterhin regelmäßig durchführen sollten, auch wenn es anstrengend ist. Körperliches Training ist die wirksamste Behandlung von Durchblutungsstörungen der Gliedmaßen.

◆ Ob SMT, wie speziell bei ihrem Einsatz in der Krebsbehandlung behauptet, das Immunsystem anregen kann, ist wissenschaftlich nicht geklärt.

◆ Die Deutsche Gesellschaft für Pneumologie und Tuberkulose hat sich von der SMT distanziert. (Sauerstoff-Langzeit-Therapie, also eine Dauerversorgung mit Sauerstoff, wenn die Lunge nicht mehr richtig arbeiten kann, darf nicht mit SMT verwechselt werden.)

◆ Aussagen v. Ardennes wie folgende stimmen bedenklich: „Durch diese Sauerstoff-Mehrschritt-Therapie kann man im Mittel die Lebensdauer um zwölf Jahre erweitern ... Das sollen natürlich nicht alle machen, sondern nur diejenigen, wo es sich lohnt." Wer sollte wohl diese Auswahl treffen?

Die SMT-Behandlung sollte nur nach eingehender Untersuchung und nur dort durchgeführt werden, wo es lebensrettende Einrichtungen gibt.

Empfehlung

SMT-Behandlungen können nicht empfohlen werden.

Kosten

Die gesetzlichen Krankenkassen bezahlen die SMT-Behandlung entsprechend den NUB-Richtlinien nicht (siehe Seite 30), das Verfahren ist auch von der Beihilfefähigkeit ausgeschlossen (siehe Seite 32). Für Selbstzahler berechnet der Arzt die Kosten nach der Gebührenordnung für Ärzte (siehe Seite 32).

Eine ambulante SMT-Kur von 36 Stunden kostet etwa 1 200 bis zu 1 800 DM, die Kurzvariante bis 200 DM. In Kurkliniken kann – je nach Gesamtangebot – eine Kur durchaus 4 500 DM und mehr kosten.

Adresse

Institut v. Ardenne
Zeppelinstraße 7
D-52351 Dresden
Tel.: 03 51/46 77 00

Sehtraining

Geschichte

Mit seinem Buch „Die Kunst des Sehens" setzte der englische Schriftsteller Aldous Huxley einem Augenarzt mit neuen Ideen ein literarisches Denkmal. *William H. Bates* (1860–1931) fand andere als die geltenden physikalischen Erklärungen, warum Menschen fehlsichtig sind. Seiner Meinung nach sollten verkrampfte Augenmuskeln und fehlerhafte Denk- und Wahrnehmungsprozesse dafür verantwortlich sein. Konsequenterweise entwarf er eine Augengymnastik, die – gemeinsam mit regelmäßigem Training von Vorstellungsvermögen und Gedächtnis – Kurzsichtigkeit kurieren sollte. Auch Schielen, grauer und grüner Star und Netzhauterkrankungen sollten damit heilbar werden.

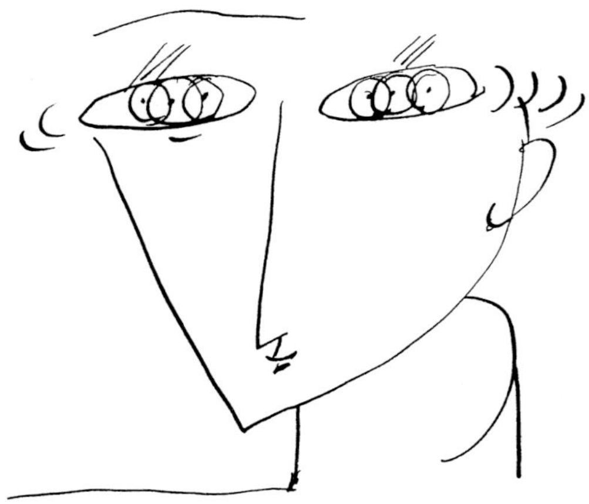

Nach dem Ersten Weltkrieg schossen Sehschulen à la Bates wie Pilze aus dem Boden. Auch in das Gesundheitskonzept des Dritten Reiches paßte der mechanistische Teil der Methode – hoffte man doch, mit ihr durch eine Art Leibesertüchtigung vom Brillen- sprich Prothesenträger zum Menschen ohne Behinderung zu werden.

Die Situation heute

Die „Brille? Nein-danke"-Bewegung hat nach wie vor großen Zulauf. Bücher und privat oder in Volkshochschulen angebotene Kurse sprechen den Wunsch vieler nach einem Leben ohne Brille an.

Für einige Augenärzte war schon lange klar, daß Sehen mehr ist als ein physikalischer Vorgang. Das Gros ihrer Kollegen beharrte jedoch auf der mechanistischen Sicht der Dinge. Erst die psychoanalytischen Forschungen in den 60er Jahren schufen die Voraussetzung, daß sich der medizinische Blick erweitern konnte – hin zur Psychosomatik des Auges. Aus der anfänglichen Augengymnastik wurde das Erlernen ganzheitlichen Sehens.

Die Idee dahinter

Von Bates' Theorie der angespannten Muskeln blieb nur noch ein winziges Körnchen übrig. Die heutige Psychosomatik beschreibt die Entwicklung von Fehlsichtigkeit als ein ganzes Bündel von Faktoren, die einander beeinflussen.

Die meisten Säuglinge mit einer vererbten Anlage zur Fehlsichtigkeit sehen die Welt noch ausreichend deutlich. Allerdings lernt das Baby schon sehr früh, sich durch die Konzentration auf das Naheliegende zu retten, wenn allzu fordernde Eltern den Rest der Welt zu beherrschen scheinen – oder das Kind phantasiert sich in eine Ferne, in die die Macht der Eltern nicht mehr hineinreicht. Frühkindliche Erfahrungen prägen mit, ob eine genetische Anlage aktiviert wird, und wenn ja, wie.

Ein kurzsichtiges Kind, das sich in der weiten Welt nur schlecht zurechtfindet, bevorzugt Spiele und Tätigkeiten im Haus, am Schreibtisch. Konzentrierte Naharbeit wie zum Beispiel Lesen fördert die Tendenz zur Kurzsichtigkeit zusätzlich. Die Angst vor ungeschickten Reaktionen – schließlich sieht man ja nur verschwommen – lähmt Mut und Entdeckungsdrang. Das Bemühen, trotzdem alles zu erfassen, zwingt den Körper in angespannte Haltungen. Das Ergebnis: Kopfarbeiter und akribische Handwerker sind häufig kurzsichtig. Und sie gelten als introvertiert.

Zu dieser Entwicklung trägt auch bei, ob das Kind durch das Vorbild seiner Eltern gelernt hat, seine Gefühle zu zeigen oder ob es Angst und Wut verstecken muß.

Welche Bedeutung das für die Entwicklung von Fehlsichtigkeiten hat, zeigen zwei Beispiele. In Japan lehrt die Tradition, spontane Reaktionen zu unterdrücken. Höflichkeit, Zurückhaltung und Ehrgeiz gelten als erstrebenswerte Tugenden. Mindestens jeder zweite Japaner ist kurzsichtig. Den Gegensatz dazu bilden die Südamerikaner mit ihrem sprühenden, offenen Temperament. Bei ihnen sind nur zwei von hundert kurzsichtig. Da Kurzsichtigkeit durch ständige Feinarbeit verstärkt wird, ist sie bei Menschen mit solchen Berufen auch mehr verbreitet als bei anderen.

Genau die umgekehrten Erfahrungen mit der Welt machen die Weitsichtigen. In der Folge gelten sie als extrovertiert, gesellig, mehr am großen Zusammenhang als am Detail interessiert.

Wir nehmen die Welt also durch eine Art Filter wahr. Dessen Durchlässigkeit ist bestimmt von unseren inneren Einstellungen und dem, was wir aus der Reaktion der Umwelt, auf unsere Weise zu sein und uns zu verhalten, gelernt haben.

Solche lebensgeschichtlichen Zusammenhänge gibt es auch beim grauen und grünen Star und bei den Netzhauterkrankungen. Wann sie sich entwickeln und wie stark sie sich ausprägen, hängt auch von der Persönlichkeit des Menschen ab.

Die Mittel

Sinnvolles Augentraining kombiniert Entspannungstechniken für den ganzen Körper mit Entspannung für die Augen. Spezielle Augenübungen gehören ebenso dazu wie Atemtechniken (siehe Seite 139) und Verfahren, wie sie in der Psychotherapie gebräuchlich sind: Autogenes Training (siehe Seite 133), Yoga (siehe Seite 180), Meditation (siehe Seite 135), Katathymes Bild-Erleben, Psychodrama, Feldenkrais-Arbeit (siehe Seite 233).

Sehr empfehlenswert ist auch das Führen eines Augentagebuchs. Dahinein kommen die Beobachtungen, wann sich im Verlauf des Tages das Sehen wie verändert, und wie äußere Bedingungen und inneres Befinden während der Zeit waren. Im Zusammenhang betrachtet, lassen diese Aufzeichnungen die Ursachen für das, was „die Sicht verstellt", leichter finden.

Behandlung und Selbstbehandlung

Der Weg zum ganzheitlichen Sehen führt über die Konfrontation mit sich selbst. Es bedeutet, Abschied zu nehmen von dem Bild, das man von sich hat, von Verhaltensweisen, mit denen man Jahrzehnte Erfahrungen sammelte und von dem so bequem eingerichteten Leben. Drei Fragen stehen für jeden im Zentrum der Bemühungen: Was kann ich sehen? Was muß ich sehen? Was will ich sehen? Das Ziel ist, den Menschen in sich kennenzulernen und Frieden mit ihm zu schließen.

Dieses Ziel ist nicht durch ein Selbststudium nach Büchern zu erreichen. Meist braucht es eine fachliche Anleitung in Form einer Einzeltherapie und später in kleinen Gruppen mit kompetenter Begleitung. In jedem Fall aber muß jeder das Erlernte beständig und selbstverantwortlich fortsetzen.

Ausbildung der Sehtrainer

Der größte Teil der in Deutschland tätigen Sehlehrer wurde in Kursen von anderen Trainern ausgebildet. Meist sind die „Sehtrainer" selbst Betroffene, die mittels Augenübungen den Grad ihrer Fehlsichtigkeit verringern konnten.

Um die Qualität der Arbeit von Sehtrainern zu sichern, hat der Arbeitskreis für angewandte Psychosomatik in Berlin Richtlinien erarbeitet, nach denen zumindest die Berliner Trainer überprüft werden.

Erklärung der Wirkung

Die immer wieder beschriebenen Erfolge Bates'scher Augengymnastik sind nicht ausreichend dokumentiert. Man kann sie zu einem gewissen Teil der Entspannung zuschreiben. Bei angestrengter Naharbeit verkrampfen sich die Augenmuskeln. Das verändert die Sehfähigkeit in Richtung Kurzsichtigkeit. Wenn die Entspannung aber nicht den ganzen Körper erfaßt und nicht mit einer Umgestaltung der Lebensumstände einhergeht, ist der Erfolg nicht dauerhaft.

Doch häufig wandelt sich mit der neuen Erfahrung des Körpers auch die Seele. So kann die Arbeit an sich selbst die Augen bis zu einem gewissen Grad von ihrem angelernten Verhalten erlösen.

Anwendungsbereiche

Mit intensivem Sehtraining kann jeder seine Sicht der Welt neu gestalten, der sich auf Veränderungen einläßt. Das trifft für Kurz-, Weit- und Alterssichtige ebenso zu wie für Schielende, Menschen mit Astigmatismus (Stabsichtigkeit, bei der man verzerrte Bilder sieht) und grauem oder grünem Star. Es bedeutet aber nicht, daß Brillen, Kontaktlinsen oder Medikamente überflüssig werden.

Viele Sehtrainierte berichten von dem Gefühl, es sei deutlich etwas besser geworden. Bei manchen bestätigt eine Untersuchung, daß sich die Dioptrienzahl von Brille oder Kontaktlinse ein wenig verringert hat. Andere können diesen objektiven Nachweis nicht erbringen. Bei einigen hält der positive Effekt an, bei anderen geht er vorüber, bei wieder anderen ändert sich die Sehschärfe immer wieder.

Grenzen der Anwendung

Zwar kann jeder Mensch jederzeit etwas für sich tun, aber nicht jedem Auge ist jedes Training zuträglich. Welchem Auge welche Methoden gefährlich werden können, kann nur ein psychosomatisch orientierter Augenarzt einschätzen.

Er sollte die Augen untersuchen, bevor mit einem Augentraining begonnen wird.

Risiko

Stark Kurzsichtige sollten keine Augenübungen durchführen, weil diese die Gefahr von Netzhautveränderungen mit sich bringen.

Kritik

◆ Sehtraining ist empfehlenswert, um das Zusammenspiel von Körper und Seele kennenzulernen und zu erfahren. Doch von ungeschulten Behandlern angebotenes Sehtraining und Bücher mit Anleitungen für Augengymnastik schaffen kaum die Voraussetzungen für psychodynamische Veränderungen.

◆ Die meßbare Brechkraft des Auges ändert sich allein durch Augenübungen nicht oder zumindest nicht dauerhaft. Allerdings kann sich kurzzeitig das Sehen ohne Brille verändern.

◆ Gefährlich kann Sehtraining werden, wenn jemand sich und seine Fähigkeiten nicht real einschätzt. Die Teilnahme am Straßenverkehr fordert auch von Fußgängern eine optimal korrigierte Sehfähigkeit.

Empfehlung

Als Alternative für Brille oder Kontaktlinse kann Sehtraining nicht empfohlen werden.

Kosten

Die Krankenkassen bezahlen das Sehtraining nicht. Wochenendseminare kosten 200 bis 400 DM.

Adressen

Die Anschriften psychosomatisch arbeitender Augenärzte vermittelt:

Berufsverband der Augenärzte Deutschlands
Arbeitskreis Psychosomatik
Wildenbruchstr. 21
D-40545 Düsseldorf
Tel.: 02 11/57 03 10

Arbeitskreis für angewandte Psychosomatik
Willmanndamm 12
D-10827 Berlin
Tel.: 0 30/7 82 93 74

Spagyrik

Geschichte

Die Spagyrik ist eine Heilkunde mit philosophischem Denkansatz, deren Mittel nach den Regeln der Alchemie hergestellt werden. Einige ihrer Vertreter geben dem System zusätzlich noch eine ideologische, weltanschauliche Komponente.

In der mittelalterlichen Alchemie mischten sich religiöse, mythische, astrologische und naturwissenschaftliche Elemente. Ihr lag die Vorstellung zugrunde, daß alle natürlichen Stoffe auf chemischem Wege von Unreinem getrennt werden müßten. Die „geläuterten" Zwischenstufen sollten dann zu einem neuen Stoff mit wertvolleren Eigenschaften zusammengefügt werden können. Vielen Praktikern der „Schwarzen Kunst" erschien Gold als die wertvollste „Quintessenz". Auf der Suche nach dem „Stein der Weisen", der alles mögliche in Gold verwandeln könnte, gelangen ihnen viele chemische Entdeckungen.

Einer der wichtigsten Vertreter der Spagyrik war *Carl-Friedrich Zimpel*. Er lebte von 1801 bis 1879, war Eisenbahningenieur und medizinisch interessiert. Auf vielen Reisen hatte er sich mit verschiedenen Heilmethoden vertraut gemacht. Ohne medizinische Ausbildung oder Praxis wurde ihm der Titel Dr. med. mit der Auflage zuerkannt, in Deutschland nicht als Arzt tätig zu werden. Die von Zimpel in Italien entwickelten Mittel prüfte für ihn ein Heilpraktiker in Deutschland auf ihre Wirksamkeit.

Die Situation heute

Spagyrische Heiler arbeiten vielfach nach eigenen Regeln. Sie stellen ihre Mittel oft selbst her und verkaufen sie auch. Teilweise überlassen sie den Verkauf den mit ihnen zusammenarbeitenden Apotheken, teilweise behandeln sie aber auch mit spagyrischen Fertigprodukten, die ihnen die pharmazeutische Industrie liefert.

Der Umfang, in dem Spagyrika angewendet werden, ist schwer auszumachen, wird aber wahrscheinlich weit unterschätzt.

Der Heilpraktiker und Laborbetreiber *Ulrich Jürgen Heinz* hat die Spagyrik neuerdings mit esoterischem Gedankengut angereichert, mit eigener Diagnostik, eigenen Mitteln und einer eigenen Weltanschauung zur „Cluster-Medizin" erweitert und 1985 vorgestellt. Sie enthält ein umfassendes Programm zur Heilung der gesamten Welt.

Die Idee dahinter

Zimpels Verständnis vom Kranksein entsprach weitgehend dem der damaligen Zeit: Schlechte Säfte machen krank, geheilt wird man durch tiefen Glauben und indem man bei der Behandlung astrologische und kosmische Aspekte berücksichtigt. Zimpels Wunsch war es, ein Universalmittel herzustellen, das das Menschenleben auf Jahrhunderte verlängere. Er glaubte, es in den Mitteln gefunden zu haben, die aufgrund des alchemistischen Herstellungsprozesses besondere Heilkräfte hätten.

Die Mittel

Zimpel kreierte drei „Reihen" mit je sieben Medikamenten: sieben innerliche „Pflanzenmittel", sieben äußerlich anzuwendende „Elektrizitätsmittel" und sieben „spezielle Mittel", die Arcana (Arcanum = Geheimnis).

Mit elektrischem Strom haben die „Elektrizitätsmittel" nur entfernt zu tun. Zimpel nennt sie so, weil sie, wie er sagt, „eine augenblickliche Wirkung haben, derjenigen ähnlich, welche die Elektrizität auf den Organismus ausübt."

All diese Mittel sind aus einer Vielzahl von Einzelkomponenten zusammengesetzt. In jeder Reihe gibt es ein „Universalmittel". Die anderen Mittel unterstützen das Universalmittel bei der Behandlung akuter Symptome.

Die Vorschriften der verschiedenen Spagyriker zur Herstellung ihrer Mittel variieren. Auch das Homöopathische Arzneibuch nennt drei verschiedene spagyrische Herstellungsvorschriften. Das Grundprinzip ist allerdings immer dasselbe: Die Pflanzen in Wasser mit Hefe vergären lassen, destillieren, den Rückstand glühen und die Asche wieder im Destillat auflösen. Ausgangsprodukt für spagyrische Mittel sind Pflanzen, Salze, Metalle und ihre Verbindungen, bei manchen Mitteln auch Gewebe und Organe.

In Deutschland bekannte Hersteller von Spagyrika sind die Firmen Iso, Pekana, Phoenix, Soluna, Solaris und Staufen-Pharma. Sie bieten außer den Zimpelschen Komplexmitteln auch Einzelessenzen an, so daß die Anzahl der spagyrischen Mittel mittlerweile auf über 500 angestiegen ist. Angeblich hat sich der Umsatz spagyrischer Mittel in den vergangenen zehn Jahren verfünffacht.

Zu den Fertigarzneimitteln kommen in der Cluster-Medizin die aus den körpereigenen Produkten wie Blut, Harn, Lymphe, Speichel, Schweiß, Kot oder Hautresten nach spagyrischen Grundsätzen individuell hergestellten Medikamente (siehe autologe Arzneimittel, Seite 207) hinzu. Diese tragen den Namen Homodot, die Ausgangssubstanz wird vorangestellt, zum Beispiel Blut-Homodot. Die aus Keimkulturen körpereigener Produkte erzeugten Mittel werden Antihomodot genannt.

Untersuchung und Behandlung

In der Spagyrik wird Wert auf eine Diagnose der wirklichen Krankheitsursachen gelegt. Dies ist jedoch in spagyrischem Sinne gemeint, weniger in naturwissenschaftlichem Sinn. Eine Liste von Indikationen soll dem Behandelnden helfen, das der jeweiligen Krankheit entsprechende Mittel auszusuchen.

Der Heilpraktiker Heinz hat ein eigenes Diagnosesystem entwickelt, mit dem er Krankheiten schon zu einer Zeit aufspüren will, zu der die Schulmedizin sie noch nicht erkennen kann. Dazu behandelt er einen Tropfen Patientenblut auf spagyrische Weise und läßt das Produkt eintrocknen. Das entstandene Kristallisationsmuster vergleicht er mit anderen, in einer Tabelle aufgeführten Mustern und leitet daraus die Diagnose und das passende Heilmittel ab.

Besonderheiten der Anwendung

- Innerliche Anwendung: Die verordneten Mittel in ein Glas (!) mit einem Achtelliter abgekochtem Wasser geben und mit einem Horn- oder Holzlöffel verrühren.
- Arcana immer getrennt von den anderen Mitteln einnehmen, die Tropfen mit einem Teelöffel Wasser.
- Äußerliche Anwendung: Für Umschläge 20 bis 30 Tropfen auf einen Viertelliter Wasser. Kompressen ein bis zwei Stunden anwenden, dabei viertel- bis halbstündlich erneuern.
- Fünf bis sieben Tropfen von Homodot und Antihomodot unter die Zunge tropfen, je nach Bedarf zweimal täglich bis viertelstündlich. In „schweren Fällen" werden sie injiziert, hauptsächlich in Schmerzpunkte, Akupunktur- oder segmentale Reaktionspunkte. Je heftiger die Reaktion, desto öfter wird gestochen.

Erklärung der Wirkung

Zimpel selbst hat nichts darüber verlauten lassen, wie er sich die Arzneiwirkung erklärt.

Spagyriker meinen, die Pflanzenmittel reinigten das Blut. Das wird für jeden Heilungsvorgang als unerläßlich angesehen. Den Elektrizitätsmitteln schreiben Zimpel-Anhänger eine „Ausstrahlung transformierter elektrizitätsähnlicher Kräfte" zu, die auf den „Kraftwechsel" des Körpers einwirken sollen.

Als Wirkungsträger der Spagyrika gelten nicht ihre Inhaltsstoffe. Vielmehr baut die Pflanze in ihren Körper „Kräfte" ein, die das spagyrische Verfahren „löst" und dann als Heilmittel zur Verfügung stellt.
Hypothese der Spagyriker ist, daß die therapeutische Wirksamkeit des Stoffextraktes durch „elektrostatische Aktivierung" gesteigert wird. Der Beweis dafür steht jedoch aus.

Anwendungsbereiche

Die Liste der Krankheiten, die spagyrische Heilmittel beeinflussen sollen, ist lang. Sie reicht von Abszeß (Blutgeschwür) bis Zuckerkrankheit und schließt auch Epilepsie und Rückenmarkentzündung ein. Krebserkrankungen fehlen allerdings in der Aufzählung.

Die Cluster-Medizin will grundsätzlich alle Körper- und Seelenkrankheiten bessern, Degenerationserscheinungen und chronische Zustände heilen, deren Heilung als aussichtslos gilt, einschließlich Hepatitis, Aids und Defekte des Zentralnervensystems.

Risiken

◆ Es besteht die Gefahr, daß eine notwendige Behandlung verschleppt wird.

◆ Manche der spagyrischen Mittel enthalten Arsen-, Antimon- und Quecksilberverbindungen in homöopathischen Tiefpotenzen, so daß bei Dauergebrauch chronische Vergiftungen nicht auszuschließen sind (siehe Seite 195).

◆ Bei Lösungen aus körpereigenen Substanzen ist die Gefahr einer Infektion mit nicht abgetöteten Keimen nicht auszuschließen (siehe autologe Arzneimittel Seite 207).

◆ Bei Injektionen besteht die Gefahr allergischer Reaktionen.

Kritik

Die Spagyrik ist keine Heilmethode mit krankheits- oder ursachenspezifischer Behandlung im heutigen Sinn. Das mittelalterliche Gedankengut, auf dem die Spagyrik basiert, gilt heute als überholt.

◆ Warum oder wie die Mittel wirken sollen und warum sie so und nicht anders zusammengesetzt sind – darüber bleiben Spagyriker eine Erklärung schuldig.

◆ Es gibt keinen allgemein akzeptierten wissenschaftlichen Beleg für die Wirkung der Mittel.

◆ Es gibt keine brauchbaren Untersuchungen darüber, welche Inhaltsstoffe in den pflanzlichen Spagyrika nach der Herstellungsprozedur noch übriggeblieben sind.

◆ Eine nach Zimpels Vorschriften zubereitete spagyrische Essenz enthält andere Inhaltsstoffe als eine, die nach den Vorschriften des Homöopathischen Arzneibuchs hergestellt wurde. Die Wirkung, die Zimpel bei seinen Mitteln beobachtete, läßt sich demnach nicht ohne weiteres auf die Mittel übertragen, die man heute erhält.

◆ Die spagyrische Blutanalyse ist kein akzeptables diagnostisches Verfahren. Sie birgt die große Gefahr, Fehldiagnosen zu liefern. Das bestätigt ein Gerichtsurteil gegen einen Arzt, der seiner Patientin auf spagyrische Weise irrtümlich Aids attestiert und sie damit in schwere Depressionen gestürzt hatte: Er mußte 1991 das Honorar für seine Diagnosestellung zurückzahlen.

◆ Spagyrische Behandlung erscheint nur harmlos so lange keine wirksamen Behandlungen versäumt werden.

Empfehlung

Spagyrische Diagnostik ist abzulehnen. Die spagyrische Behandlung kann nicht empfohlen werden.

Kosten

Die gesetzlichen Krankenkassen bezahlen die spagyrische Behandlung üblicherweise nicht (siehe Seite 30).

Für Selbstzahler berechnet der Arzt die Kosten nach der Gebührenordnung für Ärzte (siehe Seite 32).

20 ml Spagyrische Pflanzenmittel kosteten 1996 17,20 DM, zehn Ampullen 27 DM. Der Preis für 100 ml Arcanum lag bei 12,95 DM.

Transkutane elektrische Nervenstimulation (TENS)

Geschichte

Schmerzen werden erst seit den letzten Jahrzehnten mit elektrischer Reizung behandelt – und doch handelt es sich um ein altes Prinzip der Heilkunst: Schon in der Antike dienten elektrische Torpedofische der Entlastung von Schmerz. Heute kann ein kleines, tragbares Gerät mit Elektroden diese Aufgabe übernehmen.

Idee und Erklärung der Wirkung

Noch ist nicht endgültig geklärt, auf welchem Weg die elektrische Reizung der Nervenenden in der Haut Schmerzen lindert. Offenbar verhindern die aktuellen Reize, wie es die „Gate control theory" (siehe Seite 167) erklärt, daß die chronischen Schmerzen wahrgenommen werden. Dabei spielen körpereigene Schmerzhemmer (Endorphine und Enkephaline) eine Rolle, die durch die Behandlung in verschiedenen Abschnitten des Zentralnervensystems freigesetzt werden.

Darüber hinaus wirkt die transkutane elektrische Nervenstimulation TENS wahrscheinlich lokal durchblutungsfördernd.

Die Mittel

Ein batteriebetriebenes Gerät, klein wie eine Zigarettenschachtel, das in der Tasche getragen werden kann, gibt über Elektroden mit einer Fläche von mehreren Quadratzentimetern Impulse niedriger Stromstärke direkt an die Haut ab. Die Stromstärke (meist 0 bis 80 Milliampere), die Impulsdauer (30 bis 250 Nanosekunden) und die Impulsfrequenz (1 bis 150 Hz) können je nach Bedarf eingestellt werden. Auch das Zusammenspiel von Stromstärke, Impulsdauer und -frequenz kann jeweils gewechselt werden.

Eine verwandte Methode ist die Behandlung mit der „elektrischen Pille", ein winziger, scheibenförmiger Apparat, der auf schmerzende Körperregionen oder Reflexzonen geklebt wird und dort elektrische Impulse abgibt.

Behandlung und Durchführung

Eine medizinische Diagnose der Schmerzursachen und -lokalisation ist Voraussetzung für die Behandlung.

Der Therapeut legt zwei oder mehr Reizelektroden direkt an die schmerzenden Körperareale, auf die er zuvor Kontaktgel aufgetragen hat. Es kann auch sinnvoll sein, sie über dem Hauptnervenstamm, der das schmerzende Gebiet versorgt, an Trigger- (siehe Seite 167) und Akupunkturpunkten (siehe Seite 167) oder im entsprechenden Nervensegment (siehe Seite 80) anzubringen.

Durch die Reizung entsteht ein „elektrisches Kribbeln", das den Schmerz überlagern soll. Auf vier verschiedene Arten kann die Haut gereizt werden:

- Mit niedriger Stromstärke, höherer Frequenz und kurzen Einzelreizen: Bei dieser Art darf es während der Reizung nicht zu Schmerzen kommen;
- wie bei der Elektroakupunktur mit starken Einzelreizen niedriger Frequenz und höherer Intensität: Es kommt zu rhythmischen Muskelkontraktionen, die Schmerzlinderung tritt später ein, hält aber auch länger an;
- mit Impulsgruppen: Dabei können Gefühle wie Kribbeln und Mißempfindungen entstehen, gelegentlich treten auch Muskelzuckungen auf;
- mit Einzelimpulsen sehr hoher Frequenz: Dies ist eine gerade noch erträgliche Reizung, die intensives Mißbefinden und Muskelreaktionen auslöst. Diese Behandlungsform soll nicht länger als 15 Minuten dauern und nicht bei chronischen Schmerzen angewandt werden.

Die Reaktion auf TENS ist bei jedem Patienten unterschiedlich, deshalb muß das Gerät individuell angepaßt werden. Nach der Anleitung durch den Arzt kann es dann selbst eingestellt und angewendet werden.

Üblich ist die Behandlung dreimal täglich für jeweils 30 Minuten, 14 Tage lang. Läßt die Wirkung nach, wird an wechselnden Stellen angelegt. Nach einer Anwendungszeit von vier Wochen in einem Bereich verliert die Reizung ihre Wirkung. Erst nach einer Pause von einigen Wochen kann TENS im gleichen Bereich wiederholt werden.

Anwendungsbereiche

TENS wird bei Schmerzen aller Art empfohlen. Sie ist wirksam bei Muskel- und Knochenschmerzen, Kopfschmerzen, Neuralgien, Krebs- und Phantomschmerzen.

Grenzen der Anwendung
Personen, die einen Herzschrittmacher oder andere elektrisch gesteuerte Implantate tragen, sollten nicht mit TENS behandelt werden, weil diese durch die elektrischen Impulse beeinflußt werden können.

Risiko

◆ Nebenwirkungen sind selten. Gelegentlich kommt es zu allergischen Reaktionen an der Haut.
◆ Bei Menschen mit verminderter Temperaturempfindung ist Hautschädigung möglich.

Kritik

◆ Die Wirkung ist im Einzelfall nicht vorauszusehen und manchmal unzureichend.
◆ TENS kann nachweislich Schmerzen aller Art um 30 bis 60 Prozent verringern. Bei Schmerzproblemen, die noch kein Jahr lang bestehen, ist die Wirkung besser als bei längeren chronischen Beschwerden.
◆ Im Vergleich zu anderen schmerzlindernden Verfahren wie zum Beispiel Akupunktur, ist TENS wirksamer und risikoarm.

Empfehlung

TENS ist empfehlenswert zur Behandlung von Schmerzzuständen.

Kosten

Die Krankenkassen bezahlen die Behandlung mit TENS und übernehmen die Kosten für die Miete des Gerätes. Ist eine Dauerbehandlung nötig, tragen die Kassen auch den Kaufpreis.

Adressen

Deutsche Gesellschaft für Physikalische Medizin und Rehabilitation
Klinikum Großhadern
Marchioninistraße 15
D-81366 München
Tel.: 0 89/70 95 40

Österreichische Gesellschaft für Physikalische Medizin und Rehabilitation
Hanuschkrankenhaus
Heinrich-Collin-Straße 30
A-1140 Wien
Tel.: 02 22/91 02 10

Unkonventionelle Diagnose-Therapie-Systeme

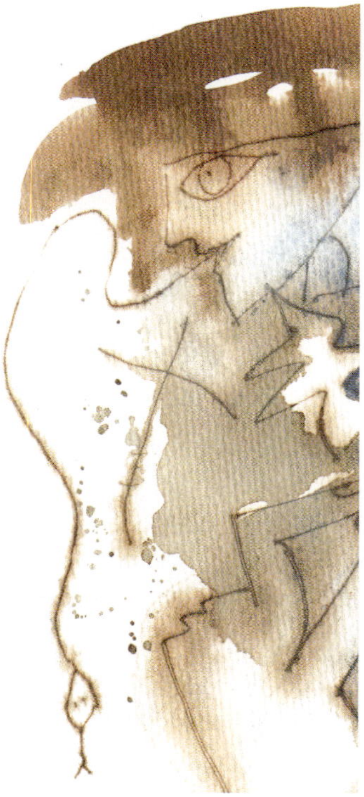

Von einem Behandler erwartet man, daß er die Ursachen einer Erkrankung erkennt und danach die Wahl der richtigen Therapie trifft. Dazu muß er die Konstitution des Patienten erfassen, seine Krankengeschichte kennen, durch Fragen nach den Berufsbedingungen, Lebenszusammenhängen, Gewohnheiten, Problemen und dem Befinden ein umfassendes Bild von dem kranken Menschen gewinnen.

Darüber hinaus sollte der Behandler jeweils eine präzise, spezifische Diagnosemethode wählen, die seinen Verdacht erhärten oder ausschließen kann. Auf diese Weise ist er in der Lage, eine sehr genaue und umfangreiche Diagnose zu stellen – „ganzheitlich" im besten Sinn.

Manche Vertreter von Naturheilmethoden und unkonventionellen Heilverfahren versuchen, mit eigens entwickelten Diagnoseverfahren Krankheiten zu erkennen, noch bevor sie sich deutlich zeigen (manifestieren), um vorbeugend gegenzusteuern. Andere verlassen sich nicht (nur) auf die gängigen Mittel der Diagnostik, sondern versuchen, mit eigenen Diagnoseverfahren nicht nur Krankheiten zu identifizieren, sondern den ganzen Menschen zu erfassen. Diese unkonventionellen Methoden beruhen auf anderen als naturwissenschaftlichen Prinzipien und haben sehr unterschiedliche Konzepte.

Manche fußen auf falschen Überlegungen – zum Beispiel, daß sich der ganze Organismus in einem Körperteil repräsentieren könne – wie etwa die Irisdiagnostik oder die Diagnose aus geronnenen Bluttropfen (siehe auch Fußreflexzonenmassage, Seite 236; Grinberg-Methode, Seite 237). Bei anderen stehen spiritistische Vorstellungen im Vordergrund wie zum Beispiel beim siderischen Pendel. Auch „erfahrene Experten" erzielen mit solchen Diagnosemitteln keine besseren Trefferquoten als beim Würfelspiel. Dies wurde bereits in mehreren Untersuchungen, in die auch die Anbieter dieser Methoden miteingebunden waren, festgestellt. In all diesen Fällen besteht die Gefahr, daß tatsächlich vorhandene Krankheiten übersehen und falsche diagnostiziert werden. Trotzdem werden diese esoterischen Methoden weiterhin durchgeführt und von Patienten als richtig und aussagekräftig akzeptiert.

Der Glaube an wundersame Zusammenhänge läßt sogar alte medizinische Vorstellungen wieder aufleben, etwa, daß die Sterne Einfluß auf die Gesundheit hätten. Auch die Diagnostik aus dem Horoskop oder die Festlegung von Operationsterminen je nach Mondphase findet zunehmend Anhänger.

Schon mehrmals haben sich Gerichte mit dem Problem okkultmedizinischer Diagnostik beschäftigt und festgestellt, daß eine Diagnose, die auf magischen Vorstellungen beruht, objektiv ungeeignet ist, eine Aussage zur Gesundheit zu machen. Nach den Bestimmungen des Bürgerlichen Gesetzbuchs (Paragraph 134) kann auf solchen Grundlagen kein Rechtsgeschäft gegründet werden. Schon 1953 urteilte das Oberlandesgericht Düsseldorf, daß in solchen Fällen Patienten das Honorar für Diagnostik oder Behandlung nicht zu bezahlen brauchen. Dies wurde durch ein Urteil aus dem Jahr 1984 bestätigt.

Ungeprüft und nicht geeicht

Immer neue Diagnosegeräte kommen auf den Markt, werden bei Kongressen für „Ganzheitsmedizin" vorgestellt und beworben. Die Konkurrenz wird oft heftig ausgetragen. Die meisten dieser Apparate sind auf Sicherheit geprüft, die wenigsten allerdings haben eine Überprüfung nach wissenschaftlichen Kriterien auf ihre Aussagekraft und Sinnhaftigkeit hin durchlaufen beziehungsweise sind auf einen Standard hin „geeicht". Es ist daher fraglich, ob nach dem Medizinprodukte-Gesetz (MPG) in vielen Fällen nicht eine Irreführung vorliegt. Nach Paragraph 4 des MPG/1994 ist es zum Schutz von Patienten verboten, Medizinprodukte in Verkehr zu bringen, „wenn Medizinprodukten eine Leistung beigelegt wird, die sie nicht haben" und „fälschlich der Eindruck erweckt wird, daß ein Erfolg mit Sicherheit erwartet werden kann."

Im Bereich der „Bioenergetischen Medizin" werden etwa körpereigene Energieschwingungen „gemessen", für deren Existenz der Beleg noch aussteht. Dieses Konzept vermischt auf irrationale Weise Begriffe aus der Naturphilosophie mit Erkenntnissen aus der Elektrophysiologie – und widerspricht dem medizinischen Wissen. Trotzdem waren 1996 allein in Deutschland schon 14 Diagnosemethoden bekannt, die auf diesem Konzept fußen, und es werden von Jahr zu Jahr mehr (siehe Seite 307).

Gerätehersteller behaupten, mit ihren Apparaten etwas zu „messen", was nachweislich nicht meßbar ist, wie die „Erdstrahlen" bei der Radiästhesie, oder sie messen andere Faktoren, als sie zu messen glauben oder behaupten, wie etwa die Elektroakupunktur nach Voll (EAV). Wieder andere Diagnostika messen Sachverhalte, die keine eindeutigen Aussagen über den Gesundheitszustand ermöglichen, wie zum Beispiel die Meßdaten für das „biologische Alter" bei der Bioelektronik nach Vincent. Vermutlich aus Gründen der Marketingstrategie wird häufig ein und dieselbe diagnostische Methode unter verschiedenen Namen angeboten oder unter einem bekannten Begriff, der eigentlich etwas anderes bezeichnet. Für Patienten ist dann kaum zu erkennen, daß es sich vom Prinzip her um ein und dasselbe – ungesicherte – Verfahren handelt, wenn sie zum Beispiel der „Elektroakupunktur (EAV)" begegnen oder der „funktionsanalytischen Biometrie". Varianten dieser Methode laufen auch noch unter den eindrucksvoll klingenden Bezeichnungen „interdisziplinäre Systemdiagnostik" oder „biometrische Systemdiagnostik" oder „elektronisches Organometriesystem" (EMS). Die Sprachverwirrung ist groß, und mit wissenschaftlich klingenden Bezeichnungen wird die Tatsache verschleiert, daß all diese Geräte keine aussagekräftigen Meßergebnisse liefern.

Angst und Abhängigkeit

Einige Diagnoseverfahren geben dem Behandler die Möglichkeit zu testen, ob der Patient bereit ist, ihm zu vertrauen. Akzeptiert der Untersuchte die Diagnosemethode – zum Beispiel den Zeigerausschlag bei der EAV, den Muskelwiderstand bei der Kinesiologie oder die Strahlenkorona der Kirlian-Fotografie – als glaubhaft, dann kann der Behandler die „bewährte Methode" weiter verwenden: Das Diagnostiksystem ist zugleich die Therapie, und so kann der Therapeut sich und dem Patienten bei jedem weiteren Behandlungsschritt mit Nachmessungen „bestätigen", daß die Behandlung angeschlagen hat und wie lange sie noch fortgesetzt werden muß.

Besonders fatal wirkt dies dann, wenn mit der angeschlossenen Therapie keine Hoffnung auf Besserung vermittelt wird, wie etwa bei der Klinischen Ökologie: Es werden schrittweise weitere Stoffe der Umwelt und der Nahrung „identifiziert", die den Hilfesuchenden angeblich allergisch reagieren lassen. Oftmals bedeutet das, daß er immer mehr in die Isolation gedrängt wird, und auch, daß er zusehends abhängiger wird vom Therapeuten.

So überrascht es nicht, daß Anwender der EAV, der Bioresonanztherapie oder der Kinesiologie zunehmend häufiger „Allergiediagnostik" anbieten und neuerdings sogar „Allergiepässe" ausstellen. Hinter allerlei Beschwerden werden „maskierte" Allergene vermutet, und den Patienten wird weisgemacht, daß weiter behandelt werden muß. In extremen Fällen wird Patienten attestiert, daß sie gegen 50, ja 80 Nahrungsmittel und weitere Stoffe überempfindlich seien. Sich an die entsprechenden Diätvorschriften zu halten, bringt eine massive Einschränkung der Lebensqualität und die Gefahr von Mangelernährung mit sich.

Vergiftet

Das gestiegene Umweltbewußtsein hat auch die Ängste vor Umweltgiften anwachsen lassen, und so bieten immer mehr Alternativ-Diagnostiker an, befürchtete „Vergiftungen" des Körpers auszumessen. Den Patienten wird versprochen, die giftigen Stoffe „ausschwemmen" zu können. Häufig werden Schwermetalle, „krebserzeugende" Gifte, „Amalgamvergiftung", Holzschutzmittel, „Elektrosmogbelastung" und ähnliches „dingfest" gemacht. Wann immer es Kontrollmessungen durch etablierte Untersuchungsmethoden gab, hat sich herausgestellt, daß chemische Schadstoffe und eine Gefährdung des Körpers in den konkreten Fällen mit Sicherheit ausgeschlossen werden konnten. Eine Untersuchung aus 1995 hat bestätigt, daß „Umwelterkrankungen" häufig der Angst entspringen: Von 100 Personen, die sich wegen vermuteter Umweltbelastung an die umweltmedizinische Sprechstunde der Universität Erlangen-Nürnberg gewandt hatten, konnte bei keiner einzigen eine erhöhte Schadstoffbelastung festgestellt werden. Weiterführende Gespräche zeigten jedoch auf, daß zwei Drittel von ihnen seelische Probleme hatten.

Bei anderen Untersuchungen von Personen, die an vermuteten Umweltbelastungen litten, fanden sich zwar bei einem Drittel tatsächliche Überempfindlichkeiten, aber bei den übrigen zwei Dritteln psychosomatische und psychiatrische Symptome: Angst vor Umwelt- oder Wohngiften kann krank machen.

Durch das Schüren von Panik und Falschdiagnosen wird die Angst der Hilfesuchenden nicht abgebaut, sondern verstärkt, ihre Gesundheit wird nicht gefördert, wenn in der Folge von unsinnigen Diagnosen nicht notwendige oder gar risikoreiche Therapien durchgeführt werden. Die Kranken erleiden doppelten Schaden, wenn die zugrundeliegende psychische Störung nicht erkannt und nicht gezielt behandelt wird.

So machen viele unkonventionelle Diagnostiker weiterhin Amalgam als „Sondermüll im Mund" für Beschwerden verantwortlich, die eigentlich eine Depression signalisieren, und regen kostspielige und eingreifende Behandlungen an. Extrem selten ist zum Beispiel eine tatsächlich nachgewiesene Überempfindlichkeit gegen Amalgam und eine den Körper beeinträchtigende Quecksilbervergiftung aus Zahnfüllungen dieses Materials. In diesen seltenen Fällen ist es sinnvoll, das Amalgam zu entfernen und unter Umständen durch anderes Füllmaterial zu ersetzen. Die Wahl neuer Amalgame und eine sorgfältige Verarbeitung senkt das Risiko von Quecksilberbelastung des Körpers aus Zahnfüllungen weit unter dasjenige, das von der Nahrung ausgeht. Die jahrelange, teilweise überzogene und wenig differenzierende Kritik hat jedoch dazu geführt, daß viele Menschen „Amalgamvergiftung" befürchten und alle Beschwerden darauf zurückführen.

Irreführung

Viele alternative Diagnosemittel sind geeignet, die Untersuchten zu ängstigen. Sie stellen Krankheiten fest, die in der etablierten Medizin unbekannt sind, aber eindrucksvoll klingen wie „Abwehrinsuffizienz durch diphtherische Blockade der neuralen Regulation" oder „lymphatische neurotoxische Belastung des Mesenchyms". Oder sie behaupten Gesundheitsrisiken, die gar nicht vorliegen, und stellen angebliche „Krankheitsdispositionen" fest. Sie bieten „wirksame" Methoden zu ihrer Beseitigung an und machen auf diese Weise Gesunde zu Langzeit-Patienten.

Besonders verwerflich ist dies, wenn anhand bestimmter Methoden angeblich bösartige Erkrankungen und sogenannte „Präkanzerosen" – Krebs-Vorstadien – erkannt werden sollen. Sie fördern die Bereitschaft, sich ohne tatsächliche Notwendigkeit teuren Behandlungen zu unterziehen und stürzen Gesunde in Angst und Schrecken. Solche Untersuchungsmethoden werden im Kapitel Krebs, Seite 338, vorgestellt.

Keine einzige der unkonventionellen Diagnosemethoden hat bisher den wissenschaftlich anerkannten Nachweis erbracht, aussagekräftig zu sein. Keine ist dazu geeignet, eine gründliche medizinische Untersuchung zu ergänzen oder gar zu ersetzen.

Auch wenn manche Betreiber öffentlich feststellen, daß ihre Methoden „wissenschaftlich nicht erklärbar und begründbar" seien, so schützt das nur sie selbst vor dem Vorwurf der Irreführung. Gläubige Patienten hält das nicht davon ab, den nicht begründbaren Versprechungen dennoch zu glauben.

Werden unkonventionelle Diagnosemethoden angeboten, so sollte man nach Sinn und Zweck der Methoden fragen, welche neuen Erkenntnisse sie bringen können und ob ihr Einsatz tatsächlich nötig ist. Die Krankenkassen und Ärztekammern geben Auskunft.

Angewandte Kinesiologie (AK)

Geschichte

Das Diagnose- und Behandlungsverfahren wurde von dem amerikanischen Arzt und Physiotherapeuten *George Goodheart* erfunden: Er entdeckte in den 60er Jahren angeblich, daß die Kraft eines Muskels Aussagen macht über Krankheiten von Organen in der zugehörigen Reflexzone (siehe Seite 80). In den USA hat sich die Kinesiologie (Applied Kinesiology) in verschiedenen Schulen weiterentwickelt: zum Beispiel „Touch for Health" (Heilen durch Berührung) sowie „Edu-Kinesthetik" (Bewegungspädagogik) und „Brain Gym" (Lerngymnastik). Eine weniger verbreitete Variante des Muskeltestverfahrens wird auch Physioenergetik (nach van Assche) genannt.

Die Situation heute
Die Angewandte Kinesiologie entwickelt immer neue Methoden und Phantasienamen, zum Beispiel Bewegungsprogramme wie Energy Training, Energy Life Circle oder Movement Dynamics, psychotherapeutische Programme wie Behavioral Kinesiologie (BK) oder Psychologische Kinesiologie sowie Programme zur Wirtschaftsberatung wie Kinesiologisch-Kybernetische Strategie (KKS) und so fort.

Alle diese Verfahren beruhen auf dem Muskeltest und verbreiten sich in Deutschland und Österreich unter Naturheilärzten, werden von wenigen Zahnärzten und von einigen tausend Heilpraktikern, Masseuren, Heilgymnasten, Bewegungspädagogen, Gesundheitsberatern und Laien praktiziert.

Idee und Erklärung der Wirkung

Kinesiologie: Sie behauptet Zusammenhänge zwischen den Emotionen, bestimmten Muskeln und bestimmten Organen. Die Kraft der Muskeln soll durch Krankheit, mangelnden „Energiefluß" und Streßfaktoren wie Rauchen oder belastende Gedanken, „blockiert" werden. Damit bezieht sich die Kinesiologie auf Vorstellungen der chinesischen Medizin (siehe Seite 161) von der im Körper kreisenden kosmischen Energie und den auf ihren Bahnen situierten Akupunkturpunkten. Fließt die Energie ungehindert und „in Balance", so ist das untersuchte Organ gesund; dann ist

der entsprechende Muskel angeblich „eingeschaltet" und stark. Auf dem Muskelwiderstand beruht das Diagnosesystem der Kinesiologie.

Edu-Kinesthetik, Brain Gym und verwandte Bewegungsverfahren: Sie wollen „Störungen in der Zusammenarbeit der beiden Gehirnhälften", die zu Konzentrationsschwäche und Lernschwierigkeiten führen sollen, feststellen und durch Training überwinden. Streß und falsches Denken sollen durch Bewegungsübungen und Einstellungsänderung abgebaut werden.

Auch diese Varianten der AK nehmen gedankliche Anleihen bei fernöstlicher Philosophie und Medizin.
Psychotherapeutische Programme: Sie wollen hinter den Emotionen unbewußte Steuerungsmechanismen entdecken und mittels AK-Test, Meditation und Nahrungsergänzungsstoffen behandeln.

Diagnose und Behandlung

Diagnose

Der Behandler fordert den Patienten auf, mit dem erhobenen Arm beziehungsweise mit dem angewinkelten Bein gegen den Druck seiner Hand Widerstand auszuüben. Während dieses Muskeltests legt der Behandler die andere Hand auf die Organregion, deren Funktion er prüfen will. Widersteht der Arm beziehungsweise das Bein des Patienten dem Druck gut, ist das Organ angeblich gesund. Gibt der Arm beziehungsweise das Bein nach, ist das Organ angeblich nicht funktionstüchtig.

Ähnlich soll man prüfen können, welche Spurenelemente dem Körper fehlen und welche Speisen und Getränke der Patient verträgt: Er hält sie in der Hand, während der Behandler den Muskeltest macht. Gesunde Speisen machen den Muskel angeblich stark. Speisen, die der Patient meiden soll, lassen ihn schwach reagieren. Die Austestung kann bis zu einer Stunde und länger dauern.

Ärzte und Heilpraktiker testen mit dieser Methode auch Medikamente aus: Diese werden an die Stelle des „erkrankten" Organs gelegt. Ist der Muskel daraufhin erstarkt, handelt es sich angeblich um das richtige Medikament. Meist werden Medikamente unkonventioneller Verfahren getestet und anschließend verordnet. Manche Anwender stellen dem Patienten Fragen nach dem Zustand seiner Organe oder nach Gefühlen, während sie den Muskelwiderstand prüfen. Der Körper „antwortet" mit schwacher Kraft („nein") oder starkem Muskel („ja").

Andere lassen ihre Patienten mit beiden Händen eine Waage drücken, um den Muskelwiderstand zu messen. Sie wenden zur Diagnose auch den Biotensor an, eine Spielart der Wünschelrute (siehe Seite 324), und stellen damit fest, ob man durch negative Gedanken anderer – ähnlich dem „bösen Blick" – beeinflußt wird.

Behandlung

Angewandte Kinesiologie: Dieses Verfahren behandelt geschwächte Muskeln mit Massagen bestimmter Reaktionspunkte entlang der Wirbelsäule, an Kopf, Brustkorb, Bauch und an den Oberschenkeln. Manchmal soll ein Druck von wenigen Sekunden, manchmal von Minuten notwendig sein.

Gegen die festgestellten Krankheiten erhält der Patient die ausgetesteten Medikamente. Meist sind es homöopathische oder Pflanzenmittel. Nach der Behandlung wird erneut mit dem Muskeltest geprüft, ob die Massage oder die Mittel das Befinden gebessert haben.

Touch for Health: Mit Berührungen, Bewegungen und Massagen sollen Körperverspannungen, die von „geistig-emotionalen Problemen herrühren", geheilt, Kopf- und Rückenschmerzen gelindert werden.

Edu-Kinesthetik und verwandte Verfahren: Bewegungstherapeuten schließen an die Untersuchung mentale und körperliche Übungen an, mit denen der Patient „ausbalanciert", „geerdet", vom Streß befreit und seine Lernleistungen gebessert werden sollen.

Beide Methoden greifen auch psychologische und psychotherapeutische Techniken auf.

Ausbildung der Behandler

AK wird von einer Internationalen Gesellschaft gefördert, die ihren Sitz und einen eigenen Verlag in den USA hat. Sie verbreitet ihre Ideen mit Büchern und lehrt die Diagnosemethode in Kursen für Ärzte und Vertreter anderer Heilberufe in verschiedenen Instituten in Deutschland. Die einfache Technik wird auch „im Schneeballsystem" weitergegeben.

Edu-Kinesthetik und Touch for Health kann man in denselben Instituten erlernen, durch privates Bücherstudium und in verschiedenen „Schnellkursen" zur Selbsthilfe und zur Anwendung bei anderen. Es wird keine berufliche Voraussetzung gefordert, eine Qualitätskontrolle der Anwendung gibt es nicht.

Anwendungsbereiche

Mit dem Muskeltest sollen Organfunktionsstörungen, Verspannungen und „blockierte" Energie festgestellt werden können.

AK soll Lebensmittel identifizieren können, die Untersuchte nicht vertragen und die Allergien auslösen können. Angeblich kann man mit AK Mangel an Spurenelementen feststellen und mit den ausgewählten Medikamenten Organerkrankungen heilen. Manche

Anwender behaupten, daß mit AK alle Störungen und Erkrankungen des Bewegungsapparats beseitigt und seelische Blockaden aufgelöst werden können; andere beschränken sich auf die „Arbeit mit Gesunden“, um Befindlichkeitsstörungen zu bessern und die Selbstheilungskräfte anzuregen.

Zahnärzte wollen mit AK den Kieferschluß und die Kiefergelenke kontrollieren.

Pädagogen können mit AK angeblich Lernstörungen feststellen und heilen.

Risiken

Diagnostik mit Kinesiologie bringt das Risiko mit sich, daß Gesunde krank, Kranke gesund erklärt werden, daß unnötige Diäten eingehalten und überflüssige Medikamente eingenommen, aber notwendige und wirksame Behandlungen versäumt werden.

Kritik

◆ Die Muskeltestung ist rein subjektiv und kann manipuliert werden. Die wechselnde Muskelspannung ist abhängig von der psychischen Stimmung und der suggestiven Beziehung zwischen Heiler und Patient. Weder der Test noch seine Interpretationen sind standardisiert.

◆ Es gibt bis heute keine wissenschaftliche Dokumentation darüber, ob der Test wirklich herausfinden kann, was behauptet wird. AK kann keine stichhaltige Aussage über Krankheiten machen. Und es können damit auch nicht die „passenden“ Medikamete gefunden werden

◆ Dagegen haben zwei Kontrollstudien, die in amerikanischen Kliniken durchgeführt wurden, und eine deutsche Studie keine der behaupteten Zusammenhänge entdecken können. Fazit der Harvard Universität: „AK erweckt den Eindruck eines Salontricks“.

◆ Die Methode ist suggestiv und hat ein hohes Placebopotential (siehe Seite 20), das unter Umständen wohltuend wirken kann.

◆ Die Bewegungsübungen der Edu-Kinesthetik zur „verbesserten Gehirntätigkeit“ entsprechen einfachen gymnastischen Übungen und können deshalb das Körpergefühl positiv beeinflussen und entspannen. Auch die Konzentrationsfähigkeit kann sich leicht bessern. Ob sie bei Leistungsschwäche, Entwicklungs- oder psychischen Störungen helfen, ist fraglich.

◆ Es fehlt eine Dokumentation über die Wirkung der psychotherapeutischen Programme.

Empfehlung

AK kann als Diagnosemethode nicht empfohlen werden. Auch Edu-Kinesthetik und verwandte Verfahren können nicht empfohlen werden.

Kosten

Die Krankenkassen bezahlen die Kosten üblicherweise nicht. Aus der Beihilfefähigkeit (siehe Seite 32) sind AK und verwandte Verfahren ausgeschlossen.

Für Selbstzahler berechnet der Arzt die Kosten nach der Gebührenordnung für Ärzte (siehe Seite 32). Die Kosten hängen vom Stundensatz des Behandlers, Pädagogen oder Beraters ab. Für Einzelstunden muß man mit etwa 100 DM, für Wochenendworkshops mit 300 bis 500 DM rechnen.

Adressen

Institut für Angewandte Kinesiologie
Zasiusstraße 67
D-79102 Freiburg
Tel.: 07 61/7 33 08

Österreichischer Berufsverband für Kinesiologie
Schleifgasse 7
A-1210 Wien
Tel.: 02 22/2 70 23 25

Bioelektronik

Geschichte und Idee

Der französische Hydrologe *Louis-Claude Vincent* hat vor drei Jahrzehnten entdeckt, daß drei Meßwerte – der Säurewert, das elektrische Potential und der Widerstand (pH, rH2 und r) – Aussagen über die Qualität des Trinkwassers möglich machen. Er schloß daraus, daß diese Werte auch repräsentativ für die Gesundheit sein müßten.

Ein Vergleich der Resultate mit den behaupteten Idealwerten soll anzeigen, bis zu welchem Grad der Untersuchte widerstandsfähig oder bereits erkrankt ist.

Die Testmethode erfreut sich neuerdings wachsender Beliebtheit bei Ärzten und Heilpraktikern.

Diagnose

Der Patient muß je eine Probe von Blut, Urin und Speichel abgeben. Bei den Körperflüssigkeiten werden jeweils die drei Werte gemessen. Über eine Hotline kann der Behandler die erhobenen Daten bei einer Zentrale diagnostisch auswerten lassen. Die ausgedruckte Interpretation wird dann dem Patienten übermittelt.

So erfährt der Untersuchte sein „biologisches Alter". Bei gefährdeten Menschen liegt es angeblich höher als das tatsächliche Lebensalter. Der Test soll auf diese Weise nicht nur „Stoffwechselentgleisungen", sondern auch drohenden Krebs voraussagen können.

Therapeutische Konsequenz: Behandler, die das Vincent-Gerät zu Untersuchungen einsetzen, raten meist zur vorbeugenden Gesundheitspflege, zu gesunder Ernährung und „vorbeugenden" Kuren mit unkonventionellen Therapien.

Risiken

◆ Die Gefahr der Methode besteht darin, daß Untersuchten Angst vor ernsthaften, aber nicht vorhandenen Krankheiten gemacht wird.

Kritik

◆ Es fehlt der Nachweis, daß dieser Test das feststellen kann, was er verspricht. Seine Aussagekraft ist nicht ausreichend belegt.

Empfehlung

Der Test nach Vincent kann nicht empfohlen werden.

Kosten

Die Krankenkassen bezahlen die Kosten der Untersuchung üblicherweise nicht. Sie werden frei vereinbart.

Bioresonanztherapie (BRT)

Geschichte

Der Arzt *Franz Morell* und sein Schwiegersohn, Elektronik-Ingenieur *Erich Rasche* entwickelten 1977 die Grundlagen dieser Therapie. Der ursprüngliche Name Moratherapie wurde mehrmals, angeblich wegen Weiterentwicklung der Gerätschaften, geändert in Biokommunikations-, Bicom-, Bioresonanztherapie (BRT), Multicom- und Multiresonanztherapie. Der neueste Name dafür ist Biophysikalische Informationstherapie (BIT). Das Verfahren wird von Ärzten, Heilpraktikern und Psychotherapeuten angewendet und erlebt in den 90er Jahren geradezu einen Boom. Weit mehr als tausend Menschen in Deutschland und einige hundert in Österreich wenden Bioresonanztherapie an.

Es haben sich einige Varianten dieser Behandlungsform herausgebildet, bei esoterisch orientierten Behandlern erfreut sich die Behandlung mit Fremdschwingungen besonderer Beliebtheit.

Idee und Erklärung der Wirkung

Behandlung mit Eigenschwingungen: Bioresonanztherapie (BRT), Bicom, Mora, VEGA-Select, Biophysikalische Informationstherapie (BIT). Morells Konzept besagt, daß Erkrankungen angeblich durch Störungen der körpereigenen elektromagnetischen Schwingungen hervorgerufen werden. Das Gerät soll diese Schwingungen erfassen und mittels eines „Separators", der als „Molekularsaugkreis" wirken soll, die harmonischen, gesunden Wellen von den disharmonischen, angeblich krankmachenden Wellen trennen.

Es heißt, daß die krankmachenden Wellen „gelöscht", beziehungsweise daß sie „invertiert" und harmonisiert wieder an den Körper zurückgegeben werden. Dort sollen sie die „pathologischen Energien" abschwächen, die körpereigenen Regulationskräfte aktivieren und verhindern, daß Krankheiten ausbrechen.

Behandlung mit Fremdschwingungen: Mora-Color, Multicom, Tricom, Audicolor. Nicht körpereigene, sondern „biologische Umweltschwingungen" sollen den Organismus wieder ins Lot bringen. Das Multicom-Gerät gibt an den Organismus angeblich Schwingungen von Farben, Spurenelementen, von 12 Metallen und 33 Edelsteinen ab. Diese Signale werden allein oder in verschiedenen Kombinationen zur Therapie verabreicht. Das Gerät enthält darüber hinaus Breitband-Magnetfeld-Schwingungen (siehe Seite 258), einen Softlaser (siehe Seite 247) und Reizstrom.

Bei Tricom werden Stör- und Nutzsignale vollkommen getrennt.

Untersuchung und Behandlung

Diagnose

Eine Diagnose ist nach den Vorstellungen der Anwender nicht unbedingt notwendig, denn „das Gerät findet genau jene Schwingungen heraus, die...den Heilungsprozeß in Gang bringen können". Allerdings wird Bioresonanz auch gezielt zur Diagnostik von Neurodermitis und Allergien eingesetzt. In diesem Fall wird nach den Grundsätzen der EAV (siehe Seite 309) diagnostiziert. Die zur Testung in den Stromkreislauf eingebrachten Allergen-Proben können auch durch ein Computerprogramm ersetzt werden. Angeblich überträgt es die Allergen-„Informationen" in den Testkreislauf.

Manche Bioresonanztherapeuten erstellen eine Diagnose auch mit dem Biotensor. Das ist eine Rute, an deren Spitze sich ein Metallring befindet. Durch Schwingen in eine bestimmte Richtung soll sie feststellen, welche Unverträglichkeiten bestehen (siehe Wünschelrute, Seite 324).

Behandlung

Behandlung mit Eigenschwingungen: Der Patient hält die Elektroden des Geräts in den Händen und ist mit Fußelektroden verbunden. Die Elektroden führen dem Körper keinen Strom zu, sie sollen nur als Antennen fungieren. Bei manchen Geräten ist auch das nicht notwendig, denn sie sollen ihre Signale angeblich ebensogut kontaktlos – über ein Magnetfeld – in den Körper senden können.

Der Behandler stellt die diagnostisch und therapeutisch gewünschten Schwingungen am Gerät ein. Die Behandlung dauert eine Viertelstunde, die der Patient bequem sitzend abwartet. Bei den zugeführten Schwingungen kann es zur Umwandlung in Wechselstrom kommen. Das kann – wie bei Elektrotherapie – in den obersten Hautschichten zu leichter Irritation führen.

Es gibt „Einmallöschungen", üblich ist jedoch eine Serie von etwa sechs Behandlungen.

Manche Behandler raten, anschließend täglich zwei Liter Wasser zu trinken, damit die „Schlacken" und Schadstoffe, die von der Behandlung „freigesetzt" werden sollen, ausgeschwemmt werden.

Behandlung mit Fremdschwingungen: Der Behandler stellt das Gerät nach Belieben auf verschiedene „Schwingungen" ein, sonst läuft die Behandlung wie geschildert ab.

Die Kabel der Geräte sind auch mit Waben verbunden, in die Fläschchen mit Medikamenten hineingestellt werden können. Durch die Elektroden sollen die „Schwingungen" dieser Mittel in den Körper eingebracht werden. Diese Mittel können aber auch eingenommen werden.

Von den Schwingungen zum Beispiel des Partners werden „Bioresonanztropfen" hergestellt, die eingenommen werden sollen.

Ausbildung der Behandler

Eine spezielle Ausbildung gibt es nicht, die erforderlichen Kenntnisse für den Einsatz der Apparate werden den Schriften der Gerätehersteller entnommen.

Erklärung der Wirkung

Behandlung mit Eigenschwingungen: Anwender bezeichnen ihre Technik als „energetische Medizin mit ultrafeinen Schwingungen", zur Erklärung nehmen Gerätehersteller Anleihen bei verschiedenen anderen unkonventionellen Verfahren, ziehen Parallelen zur Fünf-Phasen-Lehre und Yin-Yang-Theorie der chinesischen Medizin (siehe Seite 161), oder sie bezeichnen ihre Technik als „elektronische Homöopathie".

Behandlung mit Fremdschwingungen: Die Befürworter stellen magische Beziehungen zur Astrologie und zur Ayurveda-Medizin (siehe Seite 175) sowie zur Edelsteintherapie der Hildegard-Medizin (siehe Seite 241) her und beziehen sich auf esoterische Vorstellungen des New Age (siehe Seite 21).

Sie erklären, daß die umweltfreundliche Schwingungsauswahl „Energieblockaden" auflösen könne.

Anwendungsbereiche

Mit dem Mora-Gerät soll man „sämtliche Krankheiten der inneren Organe" und Funktionsstörungen aller Art behandeln können. Angeblich dient es der Vorbereitung und Nachbehandlung von Operationen und der Wundheilung, es soll Haut-, Kinder- und orthopädische Erkrankungen, sowie alle Schmerzen lindern, es soll Autoimmunkrankheiten beeinflussen, vor allem aber Asthma und Allergien, insbesondere bei Kindern, verbessern.

Bioresonanztherapie mit Eigenschwingungen wird speziell bei chronischen Infekten und chronischen Leiden zur „Entgiftung" des Körpers eingesetzt.

Fremdschwingungen sollen speziell Neurodermitis und Allergien zum Verschwinden bringen und die Abwehrkräfte unterstützen.

Behandlung mit „Partnerresonanzen" wird angeboten, „wenn der Verdacht besteht, daß eine Beziehungsstörung eine Krankheit mit ausgelöst hat".

Grenzen der Anwendung

Es heißt, bei bereits geschädigten Körperstrukturen sei keine Beeinflussung möglich.

Risiken

Die Behandlung mit diesen Geräten ist harmlos. Die Gefahr der Therapie liegt darin, daß Patienten und Behandlern Sicherheit und therapeutiche Wirksamkeit vorgegaukelt werden, daß Kranke eine eventuell notwendige Behandlung versäumen und gefährdete Patienten darauf verzichten, Allergene zu meiden und notwendige Medikamente einzunehmen.

Kritik

◆ Das Konzept widerspricht den Erkenntnissen der Physik: Elektromagnetische Signale sind Begleiterscheinungen biologischer Prozesse und meßbar. Sie sind aber nicht verantwortlich für die Lebensvorgänge im Organismus und dringen kaum in die Haut ein.

◆ Tatsächlich handelt es sich bei dem Bioresonanz-Gerät um einen Fourier Frequenzanalysator, wie er in vielen Laboratorien anzutreffen ist, allerdings wird er zur Therapie um den zehnfachen Preis (rund 25 000 statt 2 500 DM) verkauft. Er gibt offenbar keine Körperschwingungen wieder, sondern ein elektronisches Rauschen, aus dem mittels Bandfilter einige Schwingungen herausgefiltert werden. Die Hersteller behaupten, daß „biophysikalisch" wirksame Schwingungen in einem Wellenbereich von 1015 Hz liegen, die handelsüblichen Moragеräte arbeiten jedoch in einem Bereich von 105 Hz, die Frequenzen von Sender und Empfänger unterscheiden sich also um den Faktor 10.

◆ Die Begleittexte und Erklärungen der Gerätehersteller sind pseudowissenschaftlich und widersprechen physikalischen Grundsätzen. Begriffe wie „sechsdimensionale Hyperwellen", „Elektronen-Plasma-Strom" oder „Supraleitung bei Körpertemperatur" spiegeln Seriosität vor. Technisch lassen sich jedoch „körpereigene Schwingungen" mit einem Gerät nicht simulieren und „krankhafte" Signale im Körper nicht, wie behauptet, „löschen". Auch gibt es keine „Invertierung" von Wellen, möglicherweise ist Interferenz gemeint.

◆ Die Erklärung der Gerätewirkung ist spekulativ. Sie stützt sich auf die bislang umstrittene Hypothese der Photonentheorie und verbindet sie mit magischen Vorstellungen.

◆ Mora-Therapie soll „Erdstrahlen" ausschalten. Diese werden für Krankheiten verantwortlich gemacht. Bis jetzt gibt es allerdings keinen Nachweis für geopathisch bedingte Erkrankungen (siehe Seite 324).

◆ Die Vorstellung, daß jedes Element eine spezielle elektromagnetische Aura verbreite und damit eine Wirkung auf den Körper habe, stammt aus der Mystik und wurde im New Age neu belebt. Einen Beweis dafür gibt es nicht.

◆ Es fehlt eine seriöse Dokumentation der behaupteten Wirkungen. Eine klinische Kontrollstudie an Personen mit Pollenallergien hat 1994 ergeben, daß Bioresonanztherapie zur Diagnostik allergischer Erkrankungen ungeeignet ist und daß sie keinen therapeutischen Effekt hat. Wenn Bioresonanz-Behandelte eine Besserung spüren, beruht dies wahrscheinlich auf Suggestion (siehe Placebo, Seite 20) und auf dem Spontanverlauf der Erkrankung. Bioresonanztherapie muß als Spekulation und Irreführung der Patienten gelten.

◆ Die Schweizerische Gesellschaft für Allergologie und Immunologie warnt Ärzte und Patienten vor dem Einsatz der Bioresonanz.

Empfehlung

Bioresonanztherapie kann nicht empfohlen werden.

Kosten

Die Krankenkassen bezahlen Bioresonanzdiagnostik und -therapie entsprechend den NUB-Richtlinien nicht (siehe Seite 30). Diese Verfahren sind auch nicht beihilfefähig (siehe Seite 32).

Für Selbstzahler berechnet der Arzt die Kosten nach der Gebührenordnung für Ärzte (siehe Seite 32). Der Preis liegt bei 80 DM und mehr pro Sitzung.

Varianten

Die Bioresonanz hat eine Reihe von Weiterentwicklungen hervorgebracht:

◆ Meridianbezogene Methode nach Hennecke

◆ Methoden mit „verstärkter Allergeninformation" nach Klein und Schweitzer

◆ VEGA-STT, Stoffwechseltest und -therapie nach B. Köhler

◆ Diagnostische Resonanztherapie (DRT) und Sequentielle Frequenzdiagnostik (SFD)

◆ Lykotronik-Therapie: Resonanzelektroden nehmen von mindestens zwei Körperzonen organspezifische Frequenzmuster ab. Im Gerät werden bestimmte Breitbandfrequenzen „individuell" gemischt und an den Organismus zurückgegeben.

◆ SomaDyne: Zellen und Gewebe sollen mit fein modulierten elektrischen Impulsen, die über Saugelektroden an schmerzenden Akupunkturpunkten und Reflexzonen eingeleitet werden zur Selbstheilung angeregt werden.

Adressen

Deutsche Ärztegesellschaft
für Bioresonanztherapie
Schänzlestraße 14
D-79104 Freiburg
Tel.: 07 61/5 33 80

Österreichische Ärztegesellschaft für
Biophysikalische Informationstherapie
Schulstraße 17
A-2871 Zöbern
Tel.: 0 26 42/8 47 00

Elektroakupunktur nach Voll (EAV)

Geschichte

Das erste Elektroakupunkturgerät konstruierte ein französischer Arzt. In den 50er Jahren experimentierten mehrere deutsche Ärzte mit der elektrischen Messung von Akupunkturpunkten.

Der Arzt *Reinhold Voll* übernahm 1971 diese Idee und entwickelte sie weiter. Er ging von der Vorstellung der chinesischen Medizin aus, daß im Krankheitsfall der Energiefluß aus dem Gleichgewicht gerate, daß dies meßbar sein müsse und daß man bei Bedarf „Energie" zuführen kann. Voll „bereicherte" das Akupunktursystem um weitere Punkte.

Die Situation heute

Heute benutzen weit über tausend Ärzte, Zahnärzte und Heilpraktiker in Deutschland und Österreich EAV und verwandte Verfahren. Sie ist auch unter dem Namen Funktionsanalytische Biometrie, Biometrische Systemdiagnostik, Elektronisches Organometriesystem und Regulationstherapie bekannt.

Die elektrische Testung von krankhaften Zuständen hat einige Spielarten entwickelt, die unter den Namen BFD (Bioelektr(on)ische Funktions-(Regulations)diagnostik (nach Pflaum und nach Schmidt), Neo-Bioelektronische Diagnostik (nach Schramm), Impulsdermographie (IDG), SEG (Segmentelektrogramm, Hautwiderstandsmessung), NBT, Decoder-Dermografie und Vega-Test bekannt sind.

Die Idee dahinter

Die Elektroakupunktur enthält Gedankengut der Akupunktur, der Elektrotherapie und der Homöopathie.

Voll übernahm auch Ideen der Herdlehre (Lehre vom Fokus). Sie besagt, daß die Ursachen von Krank-

heiten „Herde" sein können, die fernab der erkrankten Körperbereiche liegen. Als Herde gelten:

- Vernarbte, vergrößerte, entzündete Mandeln,
- chronische Nebenhöhlenentzündungen,
- wurzelbehandelte und sogar klinisch gesunde Zähne,
- der chronisch entzündete Blinddarmfortsatz,
- chronisch entzündete Prostata und Eierstöcke,
- Narben und
- Gifte wie zum Beispiel das Quecksilber aus Amalgamplomben.
- Darüber hinaus kann angeblich jedes Organ „Herdcharakter" haben.

Herde sollen das Befinden stören, den Körper ständig reizen und beeinträchtigen. Kann der Herd nicht ausheilen und wird der Organismus einem weiteren „Streß" ausgesetzt, soll seine Abwehr zusammenbrechen. Dann kann an einer entfernten Stelle des Körpers eine Krankheit entstehen.

Volls Gerät soll dazu dienen, diese Krankheitsherde aufzuspüren und sie zu behandeln. Darüber hinaus soll es erkennen, welche Umweltgifte den Körper belasten.

Die Mittel

Das EAV-Gerät setzt sich zusammen aus einem Diagnoseteil, einem Ohmmeter zur Messung des Hautwiderstands – der Meßstrom hat eine Stärke von 5,5 bis 11 Mikroampere und eine Meßspannung von 0,13 bis 2 Volt – und einem Therapiegerät mit niederfrequenten elektrischen Impulsströmen.

Es gibt verschiedene, individuell einstellbare Geräte mit gleichbleibender und variabler Frequenz.

In den Stromkreis kann auch eine Wabe eingeschaltet werden, in die Lösungen mit verschiedenen Krankheitskeimen, Allergenen oder Medikamenten eingebracht werden können.

Es gibt Gerätschaften mit unterschiedlichen Anzeigen für die Meßergebnisse: Zeiger, akustische Signale, Kurvenzeichner, Darstellung am Bildschirm oder als Computerausdruck.

Diagnose und Behandlung

Diagnose

Während der Messung hält der Patient einen Metallgriff – die negative indifferente Elektrode –, während der Untersucher mit der positiven differenten Punktelektrode, die wie ein Griffel aussieht, Akupunkturpunkte an der Haut – vor allem an Kopf, Händen und Füßen – aufsucht.

Volls Gerät mißt mit sehr geringer Spannung (unter einem Volt) den elektrischen Hautwiderstand in diesen Punkten. Voll hat willkürlich eine Skala mit 100 Teilstrichen eingeführt. Steht der Zeiger in der Mitte auf 50, gilt dies als Normalzustand und der Patient als gesund. Höhere Werte sollen „überschießende Energie" und daher Entzündungen anzeigen, aus niedrigeren Werten schließt der Behandler auf Ermüdung und „Degeneration der Organe". Fällt der Zeiger von seiner Stellung allmählich auf niedrigere Werte ab, soll dies der Hinweis auf eine „Herdbelastung" sein.

Mit dem gleichen Gerät wird das Medikament ausgewählt, das gegen die Erkrankung helfen soll – meist handelt es sich um Homöopathika (siehe Seite 191), Organpräparate (siehe Seite 263) oder Nosoden (siehe Seite 258). Entweder umschließt der Patient mit der Hand die entsprechenden Ampullen, oder diese werden in einen Metallbehälter gestellt, der in den Meßkreis des Geräts eingebunden ist.

Die geeigneten Mittel sollen daran zu erkennen sein, daß der Zeiger in die Normalstellung zurückgeht.

Die Untersuchung dauert mindestens eine halbe bis eine Stunde.

Behandlung

Stellt der Behandler Überempfindlichkeit gegenüber bestimmten Nahrungsmitteln fest, werden entsprechende Diäten verordnet oder die passenden Medikamente gesucht.

Meint der Behandler, mit dem Test festgestellt zu haben, daß der Kranke bestimmte Medikamente brauche, so spritzt er die ausgetesteten Medikamente unter die Haut oder in den Gesäßmuskel.

Er kann die vermuteten Krankheiten auch mit niederfrequenten elektrischen Impulsströmen aus seinem Gerät behandeln: Diese „Pulstherapie" oder „Kippschwingungstherapie" soll unter anderem die Lymphe wieder zum Fließen bringen.

Zeigt das Gerät Belastung durch Gifte aus der Nahrung, Umwelt oder aus Amalgamfüllungen an, so wird meist zu einer Injektionskur mit dem gleichen, homöopathisch verdünnten Stoff geraten, um diese Gifte „auszuschwemmen". Bei angeblicher Quecksilbervergiftung wird auch eine Behandlung mit Komplexbildnern (DMPS) angeboten (siehe Seite 217).

Vermutet der Behandler einen Herd, so rät er unter Umständen dazu, die Mandeln operieren, Zähne ziehen oder Amalgamfüllungen aus den Zähnen entfernen zu lassen.

Nach der Behandlung oder Operation kann der Therapeut mit der Elektroakupunktur angeblich überprüfen, ob die Medikamente geholfen haben, beziehungsweise ob die Entfernung des Herdes tatsächlich erfolgreich war.

Ausbildung der Behandler
Die Internationale medizinische Gesellschaft für Elektroakupunktur nach Voll (EAV) bildet selbst nur Ärzte aus und bestätigt dies mit Zertifikat. Andere Institute, Ärzte und Zahnärzte halten jedoch ebenfalls Kurse ab und schulen auch Heilpraktiker.

Erklärung der Wirkung

Anwender der EAV erklären den Zeigerausschlag auf unterschiedliche Weise: Man messe „Reaktionspotentiale einzelner Organe" beziehungsweise den „Widerstand der Leitungsbahnen", „Elektrobatterien" und so weiter. Oder sie erklären: „Letztlich ist es gleichgültig, welche Art der Energie ... wir erfassen".

Anwendungsbereiche

Die EAV will Krankheiten vor ihrem Ausbruch erkennen, eine Belastung des Körpers durch Umweltgifte austesten, Medikamentenrückstände und Medikamentenschäden messen, Allergieneigung herausfinden, Verträglichkeit von zahnärztlichen Werkstoffen untersuchen, Krankheitsherde aufspüren und Behandlungserfolge kontrollieren.

Behandler empfehlen die Methode bei allen akuten und chronischen Erkrankungen, die durch keine Diagnose geklärt werden können und/oder sich trotz Behandlungen nicht bessern; bei Befindlichkeitsstörungen, vegetativer Dystonie, Störungen der Darmtätigkeit, Allergie, Schädigung des Immunsystems, nach operativen Eingriffen und anderem mehr.

Grenzen der Anwendung
In der Schwangerschaft, bei Trägern von Herzschrittmachern und bei schweren Herzrhythmusstörungen sollten EAV und verwandte Verfahren nicht angewendet werden.

Risiken

◆ Die EAV-Testung kann dazu führen, daß Akuterkrankungen nicht angemessen behandelt und Medikamente eingenommen werden, die überflüssig sind. Sie kann die Angst vor Umweltgiften steigern.

◆ Die Anwender der Elektroakupunktur vertreten den Standpunkt, daß die mit ihrer Technik durchgeführte Diagnose ausreiche, um eine „Herdsanierung" einzuleiten, auch wenn anerkannte Untersuchungsmethoden keinerlei Krankheitsgeschehen aufgedeckt haben. Dies hat in vielen Fällen zu Fehldiagnosen und folgenschweren Eingriffen geführt wie zum Beispiel zum Entfernen gesunder und funktionstüchtiger Zähne und zum Ausschälen des Kieferknochens, ohne daß sich der Gesundheitszustand der Behandelten damit gebessert hätte.

Kritik

Herdlehre
Die verschiedenen Schulen, die das Konzept der Herdlehre vertreten, bieten unterschiedliche Erklärungsmodelle an, die zum Teil widersprüchlich sind. So gelten auch Narben als Herde. Hat der Zahnarzt einen herdverdächtigen Zahn gezogen, entsteht an dieser Stelle eine Narbe. Damit kann er einen neuen Herd gesetzt haben (siehe Seite 254).

Die Lehre von solchen fiktiven Herden konnte bis jetzt trotz eingehender Auseinandersetzung wissenschaftlich nicht bestätigt werden.

EAV-Diagnostik
Die Aussagekraft der EAV-Messung ist äußerst fragwürdig, denn die Skala ist willkürlich gewählt, und der Zeigerausschlag des Meßgerätes ist – das haben Experimente eindeutig ergeben – abhängig vom Anpreßdruck der Elektrode an die Haut, von Polarisationsspannungen an der Elektrode und vom Fettpolster unter der Haut sowie davon, ob sie trocken oder feucht ist oder ob Kontaktgel verwendet wird. Die Schwankungen sind groß. Überdies unterscheiden sich die Reaktionen der „klassischen" Akupunkturpunkte nicht von denen vieler anderer Hautstellen.

◆ Der Hautwiderstand steht in keinem Zusammenhang mit „energetischem Potential". Er ist abhängig von der Schweißabsonderung und kann deshalb Aussagen über die Erregung eines Menschen machen –

in den USA wird diese Technik mit dem „Lügendetektor" bei Verhören eingesetzt.

◆ Das Medikament oder das Präparat im Elektrodenbecher kann die Eigenschaften des Stromkreises nicht ändern. Schlägt der Zeiger aus, so kann dies nur durch externen Einfluß wie zum Beispiel veränderten Anpreßdruck verursacht sein. Der therapeutische Nutzen eines Mittels läßt sich damit nicht feststellen.

◆ Etwaige „Giftbelastung" des Körpers oder Überempfindlichkeit gegen bestimmte Stoffe können mit EAV nicht stichhaltig getestet werden – das hat ein Gerichtsurteil bestätigt.

Es ist bedenklich, daß EAV-Anwender ihren Patienten nach der Testung neuerdings „Allergiepässe" ausstellen.

◆ Ein Gerichtsbeschluß bewertet die Arzneitestung mit EAV als unverantwortlich. EAV ist wissenschaftlich nicht anerkannt.

EAV-Behandlung

Impuls- oder Reizströme haben wohlbekannte, wohltuende Wirkungen auf den Organismus. Wissenschaftler meinen, daß Heilerfolge mit EAV, die darüber hinaus erzielt werden, auf Placeboeffekten beruhen (siehe Seite 20).

EAV eignet sich nicht als Diagnosemethode, sie kann keine gültigen Aussagen machen über Krankheitsherde, Belastung durch Gifte, Allergieneigung oder Eignung von Medikamenten.

Empfehlung

Diagnostik und Therapie mit EAV ist abzulehnen.

Kosten

Die Krankenkassen erstatten die Kosten von EAV entsprechend den NUB-Richtlinien nicht (siehe Seite 30).

Für Selbstzahler berechnet der Arzt die Kosten nach der Gebührenordnung für Ärzte (siehe Seite 32). Die Kosten für Untersuchung und Behandlung sind sehr unterschiedlich, bei Heilpraktikern können sie 60 DM, bei Ärzten bis zu 1 660 DM ausmachen.

Adressen

Internationale medizinische Gesellschaft für Elektroakupunktur nach Dr. Voll
Weinstraße Süd 45
D-67098 Bad Dürkheim
Tel.: 0 63 22/6 60 44

Medizinische Gesellschaft für Elektroakupunktur nach Voll in Österreich
Nikolaus-Dumba-Straße 17
A-8940 Liezen
Tel.: 0 36 12/24 64 60

Variante:

Elektro-Haut-Test (EHT) und Elektro-Fokal-Test

Diagnose

Auch bei dieser Methode hält der Patient die inaktive Elektrode in der Hand. Als aktive Elektrode dient ein mit Kochsalzlösung getränkter Pinsel, durch den Strom geleitet wird. Der Behandler führt ihn in kreisförmigen Bewegungen über die Haut. Entsteht in einem Hautbezirk eine Rötung beziehungsweise Schmerz, soll dies „Störzonen" anzeigen. Die Rötung kann einen Tag lang anhalten.

Die Konsequenz der Messungen ist oft die Sanierung von „Herden" (siehe Seite 308).

Es gibt verschiedene Varianten dieses Verfahrens, zum Beispiel mit Wechselstrom oder mit einer weiteren Kugelelektrode.

Kritik

Mehrere Kontrolluntersuchungen stellten fest, daß die Hauteffekte zufällig auftreten und daß mit einer erheblichen Zahl an Fehldiagnosen zu rechnen ist. Die Behandlung ist wissenschaftlich nicht anerkannt. Die Kassen übernehmen die Kosten üblicherweise nicht.

Elektroneural-Diagnostik und -Therapie (ENTH)

Geschichte

In den 50er Jahren entwickelte der Arzt *Richard Croon* ein Gerät, mit dem er 214 besondere Reaktionsstellen auf der Haut, überwiegend am Rücken, ermittelte: Punkte, die angeblich geringeren Hautwiderstand und zugleich höhere elektrische Leitwerte zeigen als ihre Umgebung. Die „Normalwerte" legte Croon willkürlich fest.

Das Verfahren nach Croon wird von einigen Ärzten, Heilpraktikern und in Kliniken angewendet.

Idee und Erklärung der Wirkung

Erhöhte Leitwerte sind angeblich Ausdruck von Kranksein. Die elektrische Reizung mit dem Gerät soll das „Ionenmilieu" ändern, den Widerstand des Gewebes „normalisieren" und auf diese Weise heilen.

Die Mittel

Das ENTH-Gerät mißt mit Wechselstrom im Bereich von 0,05 Milliampere und einer Frequenz von 9 000 Hz den Hautwiderstand.

Zur Behandlung gibt es Exponentialstrom-Impulse im Bereich bis 2 Milliampere und mit einer Frequenz von 400 bis 1 000 Hz ab.

Untersuchung und Behandlung

Diagnose

Mit dem Gerät werden die besonderen Reaktionsstellen – sie liegen hauptsächlich am Kopf und entlang der Wirbelsäule – vermessen und die Werte in Karteien mit eingezeichnetem „Normalbereich" eingetragen.

Behandlung

Die Stellen mit abweichenden Werten werden mit Reizstrom aus Croons Gerät behandelt. Die Behandlung dauert 15 bis 30 Minuten und wird zwei- bis sechsmal wöchentlich vorgenommen. An den behandelten Zonen spürt man Wärme. Nach einer Serie von zehn Behandlungen werden die Meßwerte nachkontrolliert. Üblich sind eine bis vier Serien zu je zehn Sitzungen.

Ausbildung der Behandler

Die Ausbildung am Gerät dauert fünf Wochen.

Anwendungsbereiche

Die Croonsche Methode soll Herde und Störfelder (siehe Seite 254) erkennen und Krankheiten wie multiple Sklerose, Krebs, Asthma, Diabetes, Innenohrprobleme, Entwicklungsstörungen bei Kindern und die Krankheitsbilder aufklären können, „wo die Medizin bisher vor einem Rätsel stand". Darüber hinaus kann damit angeblich „der Simulant vom Kranken unterschieden werden".

Die Methode wird als „Ganzheitsbehandlung" zur „Heilung durch Normalisierung des elektrischen Gesamtzustands" angepriesen. Behandelt werden damit Wirbelsäulenleiden, Neuralgien, Phantomschmerzen, Erschöpfung und Entwicklungsstörungen im Kindesalter.

Grenzen der Anwendung

Bei akuten Entzündungen darf ENTH nicht angewendet werden.

Risiken

Das Risiko einer Fehldiagnose mit dem Verfahren nach Croon ist groß.

Kritik

- ◆ Zu Herden und Störfeldern siehe Seite 254 und 308
- ◆ Schon 1955 sind die Angaben Croons eindeutig widerlegt worden. Die angewendeten Ströme bewirken keine Heilung.
- ◆ Bei Kontrollexperimenten stellte sich heraus, daß noch nach dem Tod eines Menschen „Reaktionsstellen" an seiner Haut meßbar sind.
- ◆ Die Methode eignet sich auch nicht zur Suche von Herden.

◆ Das Gerät entspricht in seiner Konstruktion gängigen elektromedizinischen Geräten des Niederfrequenzbereichs. Es ist daher möglich, daß es folgende Leiden lindert: Schmerzzustände, Durchblutungsstörungen, rheumatische Beschwerden, Muskelerkrankungen, Arthrosen und Neuralgien – nicht aber die anderen angegebenen.

Empfehlung

ENTH als Diagnosemethode und zur Herdsuche ist abzulehnen.

Kosten

Die Kosten der Elektroneural-Diagnostik und -Therapie werden von den Krankenkassen nicht erstattet.

Für Selbstzahler berechnet der Arzt die Kosten nach der Gebührenordnung für Ärzte (siehe Seite 32). Sie belaufen sich auf rund 1 000 DM.

Haarmineralanalyse

Geschichte

Ist *Napoleon Bonaparte* einem Giftmord zum Opfer gefallen? Dieser Verdacht kam auf, als man 1962 eine hohe Konzentration von Arsen in einer seiner Haarsträhnen fand. Später stellte sich jedoch heraus, daß sich in anderen Haarbüscheln des Herrschers keine auffälligen Arsenmengen, dafür aber eine große Menge Antimon fand – zu Napoleons Zeiten ein häufiger Bestandteil von Medikamenten.

Seit Beginn unseres Jahrhunderts werden Haaranalysen zur Klärung spezieller toxikologischer Fragen genutzt und unterstützen Historiker darin, undurchsichtige Todesarten berühmter Persönlichkeiten aufzuklären. Die Haarmineralanalyse liefert auch einen Hinweis auf Drogenkonsum. So konnte man zum Beispiel belegen, daß der Dichter *John Keates* (1795–1821) opiumsüchtig war.

In den letzten Jahren bieten immer mehr kommerzielle Unternehmen Analysen zu diagnostischen Zwecken an.

Idee und Erklärung der Wirkung

Haare sind Langzeitspeicher. Sie verhornen und „schweißen" dabei Mineralstoffe und Spurenelemente ein, denen der Körper ausgesetzt ist: Blei, Thallium und Arsen werden ebenso gespeichert wie Kadmium, Quecksilber, Kupfer, Zink, Aluminium und anderes mehr. Aus dem Haartest läßt sich schließen, ob jemand längere Zeit hindurch der Belastung durch Schwermetalle ausgesetzt war. Dies kann zur Untersuchung ganzer Bevölkerungsgruppen genutzt werden, um festzustellen, ob eine bestimmte Region besonders belastet ist. Im Haar können auch Rückstände von Drogen oder ihren Ersatzmitteln festgestellt werden. Solche Tests können zur Kontrolle bei der Behandlung Drogensüchtiger genutzt werden. Als Methode, einen Verdächtigen zu identifizieren, werden sie nach einem Gerichtsurteil von 1989 nicht anerkannt.

Auf dem Gesundheitsmarkt wird die Haaranalyse meist zur Feststellung angeboten, ob der Körper ausreichend mit Spurenelementen versorgt ist. Es werden damit detaillierte Diagnosen gestellt, unter anderem auch eine Neigung zu bösartigen Krankheiten.

Diagnose

Patienten müssen „Haare lassen": Deckhaar von verschiedenen Stellen des Hinterkopfs soll möglichst nahe an der Kopfhaut abgeschnitten werden. Bei Personen mit Glatze werden Achsel- oder Schamhaare als Ersatz akzeptiert. Für die Laboruntersuchung benötigt man etwa ein Gramm Haare, das ist ungefähr die Menge, die in einen Suppenlöffel paßt. Die Haare werden im Labor gereinigt und in Säure aufgelöst, dann mit Hilfe verschiedener laborchemischer Methoden, überwiegend mit der Atomabsorption oder Spektrophotometrie, untersucht.

Die therapeutische Konsequenz
Meist wird das Testmaterial über den Postweg eingeschickt, die Testergebnisse werden dann postwendend

übermittelt. Häufig wird ihnen ein detaillierter Diätplan beigelegt.

Häufig folgt der Rat, verschiedene Mischungen von Mineralstoffen und Spurenelementen einzunehmen. Oft stammen diese aus der Produktion einer Firma, die dem Labor angeschlossen ist.

Stellt das Labor Neigung zu bösartigen Krankheiten fest, folgt häufig der Rat zu unkonventionellen Behandlungsmethoden.

Risiken

Der Analyse geht keine eingehende ärztliche Untersuchung voraus. Damit fehlen der Ferndiagnose wichtige Voraussetzungen. Das Risiko besteht darin, daß eine Krankheit oder ein Mangelzustand festgestellt wird, der nicht vorhanden ist, und daß der Patient unnötig in Angst versetzt wird.

Risiko Selbstmedikation: Haaranalysen werden auch über den Versandhandel abgewickelt, Interessenten bekommen frei Haus eine „Beschwerdeliste" zugesandt, aus der sie selbst schließen können, an welchem „Mineralstoffmangel" sie „leiden". Die Liste enthält zusätzlich Therapievorschläge und Anleitungen zum Selbermixen der Medizin. Angeraten werden „ionisierte, flüssige" Spurenelemente und Mineralstoffe als Einzelmittel oder in Mischungen. Darin finden sich unsinnige Rezepte, wie zum Beispiel eine Mischung aus Gold und Silber gegen Müdigkeit bei Kindern, oder vage Dosierungsangaben wie „über den Winter einzunehmen".

Risiko Beratung: Manches Testinstitut schreibt eine anschließende Beratung beim hauseigenen Arzt vor. Auch dieses Gespräch schützt nicht vor irreführenden Analyse-Aussagen.

Kritik

◆ Sowohl Mangel als auch Überschuß an Mineralstoffen im Haar können unterschiedliche Ursachen haben.

◆ Es ist noch wenig bekannt über die Zeitspanne zwischen der Aufnahme von Spurenelementen im Körper und ihrem Erscheinen im Haar.

◆ Noch fehlen Normalwerte für die Mineralstoffmenge im Haar als Vergleichsgröße. Zwischen der Anreicherung eines Stoffes im Haar und seiner Konzentration in Leber, Herz, Niere oder Knochen besteht kein Zusammenhang. Im Gegenteil: Bei nachgewiesenem Zinkmangel können Haare sogar erhöhte Zinkkonzentrationen zeigen. Das Ergebnis der Analyse kann also nichts über den Gesundheitszustand des Patienten aussagen.

◆ Überdies haben mehrere Untersuchungen gezeigt, daß die Ergebnisse verschiedener Analysen aus dem gleichen Haar – im gleichen Laboratorium und in verschiedenen Laboratorien – bis zum Zehnfachen schwanken.

◆ Zur Bestimmung des Mineralstoffgehalts eignet sich die Haaranalyse nicht. Noch weniger kann daraus auf bestimmte Mangelzustände und Krankheiten geschlossen oder eine drohende ernsthafte Erkrankung vorausgesagt werden.

Wer meint, bestimmte Mineralstoffe einnehmen zu müssen, kann entsprechendes Mineralwasser trinken (siehe Seite 113).

Empfehlung

Haarmineralanalyse zur Feststellung von Mineralstoffmangel oder Krankheitszuständen kann nicht empfohlen werden.

Kosten

Die Krankenkassen bezahlen eine Haarmineralanalyse nicht.

Die Kosten liegen zwischen 250 DM und 600 DM. Die empfohlenen Mittel kosten einzeln oder als Mischungen im 100 Milliliterfläschchen 45 DM und mehr, Porto nicht inbegriffen.

Irisdiagnostik

Geschichte

Die erste Beschreibung der Diagnose aus den Augen stammt von *Philippus Meyens* aus dem Jahr 1670. Wiederentdeckt wurde sie vom ungarischen Arzt und Homöopathen *Ignaz v. Péczely*, als er Veränderungen in den Augen einer Eule sah, die sich ihr Bein gebrochen hatte. Er veröffentlichte 1881 ein Lehrbuch der Diagnose von Organerkrankungen aus Farb- und Formveränderungen in der Regenbogenhaut (Iris). Diese Idee wurde von zahlreichen Personen – Ärzten, Pastoren und Heilern – aufgegriffen und ausgebaut. Zu Beginn des Jahrhunderts als Kurpfuscherei eingestuft, fand die Irisdiagnose im Dritten Reich Förderung von höchsten Stellen.

Seither wurden immer neue Iriskarten, sogenannte Iriszirkel, entwickelt, die die Regenbogenhaut mit 60 Teilstrichen – ähnlich dem Zifferblatt einer Uhr – und mit Kreisen in Abschnitte teilen. Aus diesen soll abzulesen sein, an welchen Stellen der Iris die Organe repräsentiert sind.

Die Situation heute

Irisdiagnostik ist weit verbreitet. Vier von fünf Heilpraktikern wenden sie an. Sie wird auch von einem kleinen Kreis von Ärzten durchgeführt.

Die Idee dahinter

Die Irisdiagnose beruht auf der Idee, daß das Auge, Spiegel der Seele, auch Spiegel des Körpers sei. Angeblich ist der ganze Organismus in der Iris repräsentiert – und zwar seitengerecht: die rechte Körperhälfte auf der Regenbogenhaut des rechten Auges und die linke auf der des linken Auges. So sollen sich Krankheiten des Blinddarms am rechten Auge in der unteren Hälfte rechts zeigen, etwa dort, wo auf dem Zifferblatt einer Uhr die Sieben liegt. Herzbeschwerden sollen am linken Auge (zwischen den Ziffern zwei und drei) sichtbar sein.

Angeblich ist das möglich, weil der gesamte Körper durch Nervenschaltkreise mit dem Auge verbunden sei.

Diagnose

Irisdiagnostiker betrachten die Regenbogenhaut entweder mit genauem Blick in die Augen des Patienten oder fertigen Farbfotos der Iris beider Augen an, die sie interpretieren.

Aus der Farbe der Iris schließt der Diagnostiker auf die Konstitution seines Patienten. Er kann angeblich auch erkennen, welche erblichen Belastungen dieser hat und ob er zu bestimmten Erkrankungen wie zum Beispiel Krebs neigt.

Aus den verschiedenen Strukturen der Iris, den Radialfurchen, Ringen und Pigmentflecken und aus der Form der Pupille schließt er auf bestimmte Krankheiten oder Defekte. Schwere Organerkrankungen, Brüche, Transplantationen und Amputationen sollen allerdings keine Spuren in der Iris hinterlassen.

Kritik

◆ Die der Irisdiagnostik zugrundeliegende Idee ist falsch. Es gibt keine Nervenbahnen, die den ganzen Körper mit der Iris verbinden. Wenn sich der Organismus tatsächlich in der Iris repräsentieren könnte, müßte sich – nach heutigem anatomischem Wissen über den Verlauf der Nervenbahnen – die rechte Körperhälfte in der Iris des linken Auges repräsentieren.

◆ Farbflecken und unterschiedliche Strukturen sind anatomisch bedingte, normale Varianten der gesunden Iris und keine Krankheitszeichen. Die Augenheilkunde kennt zahlreiche krankhafte Veränderungen der Iris, die manchmal auch bei Allgemeinerkrankungen auftreten. Aber sie decken sich nicht mit den behaupteten Zeichen der Irisdiagnostiker.

Umfangreiche Nachprüfungen ergaben ein vernichtendes Urteil dieser Diagnosemethode:

◆ Die Positionen der Organe finden sich auf den 20 verschiedenen Irislandkarten an jeweils abweichenden Stellen.

◆ Es gibt keine Dokumentation, die die angeblichen Krankheitszeichen an der Iris nachweist. Hingegen haben eine Reihe von Untersuchungen die Falschdiagnosen von Irisdiagnostikern dokumentiert. Ein Beispiel:

◆ 1989 wurden die bekanntesten niederländischen Irisdiagnostiker zu einem Experiment eingeladen, bei dem sie anhand von Iris-Farbfotos unter 78 Personen jene 39 herausfinden sollten, die an Gallenblasenentzündung litten. Die Diagnosen waren häufig falsch und wichen voneinander stark ab. Die Irisdiagnostiker waren selbst enttäuscht von dem Ergebnis, als es ihnen vorgelegt wurde.

Der wissenschaftliche Beirat der Bundesärztekammer warnt vor dem Verfahren. Fehldiagnosen sind wahrscheinlich.

_ Empfehlung

Von der Methode der Irisdiagnostik ist abzuraten.

_ Kosten

Die Kosten der Irisidiagnose werden von den Krankenkassen üblicherweise nicht erstattet. Sie richten sich nach dem Stundensatz des Untersuchers und müssen mit mindestens 50 DM veranschlagt werden. Fotos werden zum handelsüblichen Preis verrechnet.

_ Adresse

Pastor Felke Institut
Heidestraße 3
D-71296 Heimsheim
Tel.: 0 70 33/39 06

Variante:

Pupillendiagnostik

Die Irisdiagnostiker *Schnabel* und *Angerer* haben als Variante der Augendiagnostik die Pupillendiagnostik entwickelt. Aus elliptischen oder schräg stehenden Formen der Pupillen werden unübliche Diagnosen erstellt wie „seelische Taubheit" oder „paralytischer Plattfuß" oder „Gefahr einer Totallähmung" und anderes mehr.

_ Risiken

Es besteht die Gefahr, daß falsche Diagnosen gestellt und Krankheiten nicht erkannt werden.

_ Kritik

Sowohl die angegebenen Pupillenformen als auch die Diagnosen sind groteske Phantasieprodukte.

Kirlian-Fotografie

_ Geschichte

Mitte des vorigen Jahrhunderts entwickelte *Freiherr von Reichenbach* aus Gedanken der „Theosophischen Gesellschaft" die Lehre von der Od-Kraft. Das Interesse war geweckt, die Ausstrahlung eines Menschen, seine „Lebensenergie", sichtbar zu machen. Die Theorien *Rudolf Steiners* (siehe Seite 186) über den „Ätherleib" führten zu entsprechenden Experimenten.

Schon um die Jahrhundertwende zeichnete man elektrische Funken auf Fotoplatten auf. Das russische Forscherpaar *Valentina* und *Semyon Kirlian* verfeinerte von 1939 an diesen gebräuchlichen elektrischen Zeitvertreib: Sie leiteten ungefährliche, aber sehr hohe Entspannungsladungen aus Tesla-Generatoren auf Pflanzen oder die menschliche Hand. Von den Fingern strahlt diese Energie als Funken ab. Liegt die Hand auf einer Fotoplatte, so bildet sich die Funkenkorona darauf ab.

Verschiedene Wissenschaftler versuchten in der Folge, mittels dieser Technik die Lebensenergie (Bio-Aura) und „psychische Energie" von Pflanzen und Tieren zu prüfen, Hypnose oder Drogeneinwirkung auf Menschen nachzuweisen oder Krebsfrühdiagnose zu betreiben. Sie bezeichneten die Entladungsfiguren als „Bioplasma" und wurden Wegbereiter für die Anwendung der Kirlian-Fotografie als Diagnosemittel.

Die Situation heute

Bei Heilpraktikern und esoterisch orientierten Vertretern anderer Gesundheitsberufe und bei Laien ist die Kirlian-Fotografie sehr beliebt. Varianten werden unter den Namen Energetische Terminalpunkt-Diagnose (ETD) oder Plasmaprint-Verfahren angeboten.

Idee und Erklärung der Wirkung

Die auf dem Foto von Hand, Fuß oder Kopf sichtbare Strahlenkorona deuten die Anwender als Abbild der „Bio-Aura", der „Lebensausstrahlung" oder des „energetischen Kraftfelds" eines Menschen. Die Varianten ihrer Form und Farbe und Veränderungen des Bildes sollen Auskunft geben über Krankheiten.

Die ETD will darüber hinaus „endokrine und hormonelle Dysregulation", Degeneration und Vergiftungen, Depressionen und Neurosen feststellen können. Angeblich lassen sich damit auch bei symptomfreien Menschen künftige Krankheiten feststellen.

Diagnose

Der Patient bringt Hand, Fuß oder einzelne Finger in eine besondere Apparatur auf einen lichtempfindlichen Film. Der entwickelte Farbfilm zeigt die Entladungskorona in den schönsten Farben. Auch vom Gesicht werden Kirlian-Fotos angefertigt.

Anhänger der Methode ziehen aus der Struktur und Intensität der Korona Rückschlüsse auf Störungen im Körper oder im seelischen Gleichgewicht.

Die Anwender behaupten, daß die Kirlian-Fotografie den Erfolg einer Behandlung mit Bach-Blütenmitteln, homöopathischen Mitteln, Kinesiologie und anderen Verfahren mehr nachweisen könne.

Risiken

Das Verfahren selbst ist gefahrlos. Das Risiko liegt darin, daß bestehende Krankheiten übersehen oder Gesunde für krank erklärt werden und daß Patienten Angst gemacht wird.

Kritik

Daß Kirlian-Fotos weder die „Aura" noch Krankheiten zeigen können, ist nachgewiesen.

◆ Man kann von lebenden Personen und Leichen, von eingefrorenen und mumifizierten Körperteilen gleich schöne Bilder der „Lebensaura" machen. Kirlian-Fotografie gibt also nicht die „Lebenskraft" wieder.

◆ Je nach Film, Unterlage, Anpreßdruck, Belichtungszeit, Spannung und Frequenz, je nach Hautkontaktfläche, Hautdurchblutung, Luftfeuchtigkeit und Schweißabsonderung variiert die Korona. Jede Manipulation ist möglich.

◆ Fehldiagnosen sind wahrscheinlich.

Empfehlung

Kirlian-Fotografie als Mittel der Diagnostik ist abzulehnen.

Kosten

Die Kassen bezahlen üblicherweise nicht. Auch aus der Beihilfefähigkeit (siehe Seite 32) ist diese Methode ausgeschlossen.

Die Kosten sind sehr unterschiedlich, sie werden frei vereinbart.

Adresse

Mandel Institut
Hildastraße 8
D-76646 Bruchsal
Tel.: 0 72 54/80 01 40

Klinische Ökologie

Geschichte

In den 50er Jahren trat der amerikanische Arzt *Theron Randolph* mit der Vorstellung an die Öffentlichkeit, daß Überempfindlichkeit gegenüber Nahrungsmitteln eine Vielzahl an Krankheiten auslösen kann und die wachsende Umweltverschmutzung Hauptursache vieler chronischer und emotioneller Krankheiten ist. 1965 gründete er die Gesellschaft für Klinische Ökologie, und in den folgenden Jahren etablierten sich auch in Deutschland einige Institute und Spezialpraxen für „Umweltkrankheiten". Zum Teil erfolgen Behandlungen auch in England und den USA. Die Grundgedanken des Konzepts haben sich unter Naturheilern weit verbreitet.

Idee und Erklärung der Wirkung

Unter „Allergie" verstehen Vertreter dieser Schule nicht nur – wie nach wissenschaftlicher Definition üblich – immunologische Prozesse, sondern jede Fehlanpassung und Intoleranz gegenüber Lebensmitteln und Schadstoffen.

Das Immunsystem soll durch Streß, Infektion oder chemische Belastung versagen. Als Stressoren kommen praktisch alle Faktoren aus der modernen Lebenswelt in Frage – Dieselabgase und frische Anstriche, Plastik und Pestizide, Kochgas und Kosmetika, Druckerschwärze und Tintenkiller, Baumaterial und Elektrosmog und so weiter.

Allergieauslösende Nahrungsmittel sollen wie Drogen wirken: anfangs anregend, später Entzugserscheinungen auslösend. „Allergiker" nehmen sie daher angeblich immer wieder zu sich, um „Entzugsreaktionen" auszuweichen.

Die Klinische Ökologie hat lange Listen von Symptomen zusammengestellt, die den Verdacht auf Umweltbelastung nahelegen sollen, von A wie Apathie bis Z wie Zittern, darunter: Sehunschärfe, Husten, Durchfall, Verstopfung, Kopf- und Muskelschmerzen, unkontrollierte Bewegungen, Schwellungen, Herzrhythmusstörungen, Ermüdung, emotionale Labilität, Benommenheit, Verwirrung, Gedächtnis- und Konzentrationsstörungen. Sie sind beliebig austauschbar für die Belastung durch Amalgam, Holzschutzmittel, Pestizide und so fort. Randolph lehrte: „Je mehr Symptome ein Patient hat, desto wahrscheinlicher ist es, daß er an einer umweltbedingten Krankheit leidet."

Krankheiten aufgrund einer Nahrungsmittelallergie sollen sein: neben Heuschnupfen, Asthma und juckenden Ausschlägen auch Infekte der Harnwege und der Geschlechtsorgane, entzündliche Darmerkrankungen, Bluthochdruck, Blutarmut, Venenentzündung, Rheuma, Neurosen, Psychosen, chronische Müdigkeit (CFS), Sick Building Syndrome (SBS), „zerebrale Allergien" und die „Multiple Chemical Sensitivity" (MCS, vielfache Chemikalienüberempfindlichkeit), die nahezu jede andere Krankheit imitieren kann.

Die medizinische Wissenschaft hat für die ohne erkennbare Ursache entstandene Umweltunverträglichkeit neuerdings den Begriff IEI (Idiopathic Environmental Intolerances) eingeführt. Dieser umfaßt weit mehr Symptome als die bei MCS beschriebenen.

Der naturwissenschaftlichen Medizin wird von Klinischen Ökologen jedoch „Hilflosigkeit" gegenüber umweltbedingten Gesundheitsstörungen vorgeworfen. Weil sie die Symptome durch Medikamente unterdrücke, fixiere sie diese dauerhaft und sei damit selbst eine Umweltnoxe.

Die Behandlungsmethoden der Klinischen Ökologie zielen darauf, den Körper zu „entgiften" und durch gezielte Ernährung und Lebensgestaltung schädliche physikalische und chemische Einwirkungen aus der Umwelt zu meiden.

Die Mittel

Zur Untersuchung und Behandlung werden allergenverdächtige Stoffe in unterschiedlich konzentrierten Lösungen – jeweils im Verhältnis 1:5 weiterverdünnt – eingesetzt.

Untersuchung und Behandlung

Zur Feststellung der „Allergie" wird eine Krankengeschichte aufgenommen mit Schwerpunkt auf Eßgewohnheiten und Lebensumstände.

Die Diagnostik erfolgt nicht stufenweise, sondern breit gefächert: Nach Umweltbelastungen und Vergiftungen durch Schwermetalle, Pestizide oder Holzschutzmittel wird mit Laboruntersuchungen von Blut, Urin, Speichel, Zähnen, Geweben, „Blutgifttests" sowie der Haarmineralanalyse (siehe Seite 313) gefahndet. Schadstoffmessungen in der Wohnung, Untersuchung von Hausstaub und Textilien ergänzen die Suche.

Gesucht wird auch nach einem Mangel an Mineralstoffen, Spurenelementen und Vitaminen. Störungen des Immunsystems werden mit verschiedenen Laborchecks ausgelotet, und es wird nach einer Vielzahl von Krankheitserregern gesucht, die chronisch wiederkehrende Infekte verursachen können.

Neuerdings wird häufig auch „Überempfindlichkeit gegen Pilzbefall" des Verdauungstrakts diagnostiziert, der die Erkrankung verursachen soll. Mit normalen Candida-Tests sei sie nicht feststellbar, da ja in jedem Körper *Candida albicans* zu finden sind.

Mit speziellen Gerätschaften wird die Belastung durch Elektrosmog getestet, mit Wünschelruten werden „Erdstrahlen", „Wasseradern" (siehe Seite 324) und sogar Radioaktivität „gemessen". Bei allen Fragestellungen werden eine Vielzahl von unkonventionellen Diagnosemethoden eingesetzt.

Allergien werden mit Prick- und Inhalationstests ausgelotet. Wenn diese Standard-Allergietests keine Ergebnisse bringen, wird mit „Provokation" und „Neutralisation" nach allergieverdächtigen Schadstoffen gefahndet.

Zu diesem Zweck werden verschiedene Tests eingesetzt:

◆ *Fasten:* Vier bis fünf Tage lang meidet der Patient das vermutlich allergisierende Nahrungsmittel, anschließend beim „Eßtest" nimmt er nur dieses Lebensmittel zu sich. Treten nach zwei Stunden heftige Symptome auf, soll er dagegen überempfindlich sein. Man hofft, durch solche Vermeidungs-Diäten die Nahrungsmittel herauszufinden, die die Probleme verursachen.

◆ *Screening:* Eine fortlaufend konzentriertere Lösung einer Substanz, auf die der Patient allergisch reagiert, wird gespritzt, bis jene Lösung erreicht ist, die eine bestimmte Art der Rötung und Quaddeln an der Haut erzeugt. Mit dieser Lösung wird anschließend eine Injektionskur vorgenommen.

◆ *Provokation und Neutralisation:* Eine Lösung des verdächtigten Stoffes wird in ansteigender Konzentration (jeweils im Verhältnis 1:5) alle zehn Minuten unter die Zunge geträufelt beziehungsweise unter die Haut gespritzt. Wenn dabei ein Symptom auftritt (Provokation), wird der Test als positiv eingestuft, sodann werden laufend schwächere Lösungen des Mittels gegeben, bis eine Dosis gefunden ist, die das Symptom „neutralisiert".

◆ Eine zytotoxische Blutuntersuchung soll feststellen, welches Nahrungsmittel eine Schädigung der weißen Blutzellen hervorruft.

Bei vielfältigen Beschwerden kann die Suche nach den Allergieursachen Wochen dauern. Die bei den Testverfahren ermittelten individuellen Konzentrationen der Antigenlösung werden – zum Teil als Mischung aus Nahrungsmittel-, Pollen-, Tierhaar-, Staub- und Chemikalien-Extrakten – dem Patienten zum Selbstspritzen mitgegeben.

Die Behandlung nennt sich „ganzheitlich":

Der Körper wird durch Heilfasten (siehe Seite 103), Entsäuerung, Trinkkuren, Pflanzenmittel, Homöopathie (siehe Seite 190), Nosoden (siehe Seite 257) und Verfahren wie Chelattherapie (siehe Seite 217) und DMPS „entgiftet". Der Darm wird durch Spülungen und Symbioselenkung (siehe Seite 252) „saniert". Hohe Vitamindosen (Orthomolekulare Therapie, Seite 268) und antioxidativ wirkende Substanzen sollen die Abwehr stärken, Bioresonanztherapie (Seite 305) und Reflexzonenmassagen (siehe Seite 80) sollen die körpereigene „Energie regulieren".

Die Behandlung zielt auch darauf ab, die ermittelten Störfaktoren zu vermeiden: Für den Patienten wird ein Ernährungsplan ohne Umwelt-, Küchen- und Genußgifte aufgestellt und der Lebensstil vorgegeben. Es wird festgelegt, aus welchen Materialien die Kleidung und die Ausstattung der Wohnung bestehen soll und welche Kosmetika er verwenden darf; in extremen Fällen wird von einem körperlichen Kontakt zu Familienmitgliedern abgeraten oder der Kontakt zur Umwelt für Monate abgebrochen.

_Anwendungsbereiche

Die Palette der Leiden, die ökologisch behandelt werden, ist umfangreich: Verhaltensstörungen, Hyperaktivität, Angstzustände, Desorientierung, Depression, Hörverlust, Kopf- und Magenschmerzen, Alkoholismus, Rheuma, Impotenz, geistige Erschöpfung und so fort.

_Risiko

◆ Die Klinische Ökologie bringt eine hohes Risiko von Fehldiagnosen mit sich. Es sind Fälle dokumentiert, in denen akute Erkrankungen, wie etwa Vorhofflimmern beim Herzen oder Virushepatitis, nicht erkannt wurden.
◆ Im Rahmen jeder Allergenbehandlung kann es zu einem lebensbedrohlichen Schock kommen. Die Gefahr steigt, wenn Patienten Antigeninjektionen selbst durchführen.

Es gibt Richtlinien, nach denen nur weitergebildete „Ärzte für Allergologie" Hyposensibilisierungen vornehmen dürfen. Nur ihnen ist es möglich, Gefährdungen zu erkennen und allergische Schockreaktionen aufzufangen.

Nach der Injektion muß eine weitere halbe Stunde lang das Befinden überwacht werden.
◆ Bei „Entgiftung", zum Beispiel mit Chelatbildnern, können Mangelzustände ausgelöst werden. Nahrungseinschränkung kann Mangelernährung zur Folge haben.
◆ Die als „ökologisch krank" oder als „pilzempfindlich" Eingestuften werden psychisch abhängig, ihr Interesse zentriert sich auf ihre Beschwerden, sie leiden und befürchten, schwer und chronisch krank zu sein. In der Furcht vor giftigen Einflüssen ziehen sie sich immer mehr aus dem sozialen Leben zurück.
◆ Werden weitere Familienangehörige als „Umweltopfer" identifiziert, verfestigt sich die Abhängigkeit und das Leiden der Kranken.

_Kritik

◆ Das Konzept der Klinischen Ökologie ist unbewiesen und beruht auf vagen Vorstellungen, die allergologischen Erkenntnissen widersprechen. Klinische Ökologen machen fälschlich jede Chemikalie, von der sie nur wenige Spuren finden, für eine ganze Palette von Symptomen verantwortlich.
◆ Die Testmethoden nehmen keine Rücksicht darauf, daß Nahrungsmittel während der Magen-Darm-Passage verändert werden, sie differenzieren nicht zwischen dem Nahrungsmittel und den darin eventuell enthaltenen maskierten Allergenen wie Schimmelpilz, Konservierungsmittel, Farbstoff, Antibiotika und so fort. Sie differenzieren nicht zwischen den unterschiedlichen Stadien der Sensibilisierung, zwischen allergischer und Vergiftungsreaktion, die ein jeweils anderes medizinisches Vorgehen notwendig machen würden.
◆ Es fehlen seriöse Studien, die die Test- und Behandlungsmethoden der Klinischen Ökologie untermauern. Eine Kontrolluntersuchung ergab, daß Provokation und Neutralisation keinen Aussagewert haben: Die Patienten reagierten auf injizierte Testlösungen wie auf Salzlösungen – mit den gleichen Symptomen wie rinnender Nase, tränenden Augen, trockenem Mund, Geschmacksmißempfindungen, Übelkeit, Kopfschmerzen, Verdauungsstörungen, Husten, Fußschmerzen, Nervosität und so weiter – es waren Nocebo-Reaktionen (siehe Seite 20).
◆ Wenn es auch Menschen gibt, die an „umweltbezogenen Unverträglichkeiten" gegen Mikroorganismen, Schadstoffe und Lebensmittel leiden, so fehlen seriöse Hinweise, daß es eine generelle Überempfindlichkeit (MCS) gibt. Das amerkanische National Research Council warnt vor solchen Diagnosen mit ungeeigneten Methoden.
◆ Innerpsychische Konflikte werden auf vermeintliche äußere Gefahrenquellen zurückgeführt: Experten fan-

den unter den an der Umwelt leidenden Menschen mit Infektionen oder mit psychosomatischen, versteckten seelisch-psychiatrischen Beschwerden (Depressionszustände), die einer gezielten Behandlung bedürfen und dann auch die Chance haben, gesund zu werden. Die Klinische Ökologie verzögert rechtzeitige psychotherapeutische Maßnahmen.

◆ Die Bescheinigung einer „Umweltkrankheit", die von Umweltmedizinern auch als „der kleine Bruder des Krebses" bezeichnet wird, die Feststellung „chronischer Gehirnvergiftung" oder die Bezeichnung der Wohnung als „Gifthöhle" können tiefgreifende Ängste auslösen. Kritiker sprechen von einem „Geschäft mit der Angst". Besonders bedenklich stimmt in diesem Zusammenhang, daß manche der klinisch ökologisch Behandelten kaum Hoffnung schöpfen, daß sich ihre Situation verbessern könnte, und daß – trotz oder gerade durch die Behandlung – die Beschwerden über Jahre unverändert anhalten.

◆ Vor der Anwendung der Klinischen Ökologie wird gewarnt, weil der Nachweis ihrer Effektivität fehlt und sie das Risiko von Falschdiagnose und Fehlbehandlung mit sich bringt.

◆ Die Weltgesundheitsorganisation WHO empfiehlt traditionelle Diagnostik und eine spezifische Therapie der bestehenden Krankheiten.

_Empfehlung

Von der Diagnostik und Behandlung nach Methoden der Klinischen Ökologie ist abzuraten.

_Kosten

Je nach Dauer der Suche nach möglichen Allergenen können Kosten von mehreren hundert bis mehreren tausend DM anfallen. Die Krankenkassen bezahlen üblicherweise nicht.

Pendeln

_Geschichte

Das siderische Pendel wurde früher zur Zeitmessung eingesetzt. Als Diagnosemittel entspricht es der Wünschelrute und wird seit einigen Jahrzehnten von Heilpraktikern und Laientherapeuten häufig benutzt.

_Idee und Erklärung der Wirkung

Pendel bestehen aus verschiedenen Materialien und haben vielfältige Formen, oft sehen sie einem Maurerlot ähnlich. Das Wort „siderisch" steht für „zu den Sternen gehörig". Die kosmischen Kräfte der Sterne, des Alls, sollen durch den Körper des Heilers in das Pendel übertragen werden.

Tatsächlich folgt das Pendel nicht kosmischen Energien, sondern den physikalischen Pendelgesetzen, und es setzt die Impulse, die es bekommt, in rhythmische Schwingungen um.

Diagnose

Der Untersucher hält das Pendel in einer Hand über den Patienten und pendelt ihn von Kopf bis Fuß ab. Die Füße des Patienten sollen dabei nach Süden zeigen.

Während des Pendelns legt der Untersucher manchmal eine Hand an die Körperstelle, die er untersuchen will.

Das Pendel gerät in kreisförmige Schwingungen oder pendelt in verschiedene Richtungen.

Der Pendelnde will auf diese Weise feststellen, welche Körperpartien erkrankt sind. Hängt das Pendel ganz ruhig, liegt angeblich eine schwere Krankheit vor. Schlägt es stark schräg aus, soll Krebs drohen.

Der Pendelnde stellt auch Fragen an das Pendel: Bei „ja" pendelt sein Diagnosegerät quer, bei „nein" im rechten Winkel dazu, bei „unbestimmt" diagonal dazu. Auf diese Weise „befragen" manche Therapeuten den Körper ihrer Patienten nach Krankheiten oder auch nach der Verträglichkeit von Lebensmitteln, die der Patient in der Hand hält.

Ferndiagnose

Der Untersucher kann angeblich durch sogenanntes mentales Pendeln Ferndiagnosen stellen. Er braucht dazu ein Kleidungs- oder Schriftstück des Klienten oder eine von diesem angehauchte Karte. Er läßt sein Pendel über diese Gegenstände oder über eine anatomische Tafel mit der Abbildung von Organen gleiten. Oder er pendelt über einem Iriszirkel, der ihm die erkrankte Stelle anzeigen soll.

Die therapeutische Konsequenz

Ist die Diagnose gestellt, befragt der Untersucher sein Pendel nach den jeweils „passenden" Medikamenten. Meist wird die Auswahl aus Bach-Blütenmitteln (siehe Seite 211) oder homöopathischen Mitteln (siehe Seite 192) getroffen. Dann wird auch die benötigte Verdünnung vom Pendel abgefragt.

Sind „Nahrungsmittelallergien" festgestellt worden, soll eine entsprechende Diät eingehalten werden.

Risiken

Diese magische Methode bringt ein hohes Risiko mit sich, daß Falschdiagnosen gestellt und tatsächlich bestehende Krankheiten übersehen werden.

Kritik

- Die Bewegung des siderischen Pendels ist nicht von kosmischen Energien abhängig.
- Die Impulse stammen aus Muskelspannungsänderungen, die durch den Puls verursacht werden. Sie werden von unbewußten Vorstellungen des Pendlers gesteuert. Die Wissenschaft nennt dieses Phänomen ideomotorische Bewegung.
- Es gibt keine Dokumentation oder Nachweise über die Aussagekraft der Pendeldiagnose und keinen Nachweis über die behaupteten Erfolge der aus ihr abgeleiteten Therapien.
- Als Diagnosemethode und zur Testung von Medikamenten ist Pendeln nicht geeignet. Fehldiagnosen sind wahrscheinlich.

Empfehlung

Von einer Diagnosestellung durch Pendeln ist abzuraten.

Kosten

Die Krankenkassen erstatten die Kosten nicht. Sie werden individuell vereinbart. Laut einem Kasseler Gerichtsurteil von 1984 ist man jedoch nicht verpflichtet, eine Leistung zu bezahlen, die sich auf magische Kräfte beruft.

Thermoregulations-diagnostik

Geschichte

1968 entwarf der Arzt *Ernst Schwamm* eine Methode zur Temperaturmessung an der Haut mit Infrarot-Licht, die ohne Berührung möglich ist. Sie wurde von *Rost* 1975 weiterentwickelt und mit einem schnell ansprechenden elektronischen Thermometer versehen. Diese Methode ist bei Anwendern unkonventioneller Verfahren beliebt.

Idee und Erklärung der Wirkung

Das thermische Bild der Meßstellen bestimmt die Diagnose: Gemessen wird zweimal. Bleiben bestimmte Stellen bei der zweiten Messung kühl, soll der Körper nicht mehr imstande sein, sich an veränderte Temperaturen anzupassen. Aus Temperaturdifferenzen von 0 bis 0,2 Grad Celsius schließt der Untersucher auf „Regulationsstarre" oder „Immunitätseinschränkung", die von einem Herd (siehe Seite 308) hervorgerufen sein kann.

Bei Differenzen über 1,0 Grad Celsius schließt er auf „überschießende" oder „chaotische" Temperaturreaktion, die angeblich Organerkrankungen, Tumor, Polyarthritis oder Störungen im Gehirn anzeigen soll.

Diagnose

Der Patient muß zwei Wochen vor der Messung alle Kortisonpräparate absetzen, zwei Tage vorher alle anderen Medikamente weglassen.

Unmittelbar nach dem Ablegen der Kleider oder erst eine halbe Stunde nach dem Adaptieren an den wohltemperierten Raum (20 bis 22 Grad Celsius) wird die Erstmessung vorgenommen.

Der Behandler mißt die Temperaturabstrahlung von bis zu 100 speziellen Punkten an der Haut von Kopf, Armen und Oberkörper und an den Zähnen. Anschließend taucht der Patient eine Minute lang beide Hände in Wasser von 17 Grad Celsius oder wartet entkleidet weitere zehn Minuten. Dann wird an den gleichen Punkten wieder die Temperatur gemessen. Die Werte werden computerisiert und auf einen Papierstreifen aufgedruckt.

Risiken

Bei dieser Untersuchungsmethode sind Nebenwirkungen nicht zu erwarten, allerdings ist die Gefahr von Fehldiagnosen hoch.

Kritik

◆ Die Bezeichnung „Thermoregulationsverfahren" ist irreführend, denn die Regulation der Körperwärme wird nicht gemessen.

◆ Die Hauttemperatur wird in starkem Maß von individuellen Unterschieden des Körperbaus und Fettgewebes sowie von der Umgebungstemperatur, -feuchte und dem Luftzug bestimmt. Temperaturschwankungen von wenigen Zehntelgrad sind daher nicht auswertbar. Die Methode kann keine Aussagen über Krankheiten machen.

◆ Eine Studie ergab, daß – entgegen den Behauptungen der Anwender – Krebserkrankungen mit dieser Methode nicht erkannt werden können. Das bringt das Risiko mit sich, daß bestehende Tumore nicht rechtzeitig behandelt werden.

◆ Hoch ist auch das Risiko, daß aufgrund des Tests gesunde Zähne gezogen werden.

Empfehlung

Von der Thermoregulationsdiagnostik ist abzuraten.

Kosten

Die Kassen erstatten die unterschiedlich hohen Kosten üblicherweise nicht.

Aus der Beihilfefähigkeit (siehe Seite 32) ist diese Methode ausgeschlossen.

Wünschelrute, Radiästhesie, Geopathie

Geschichte

Die erste Darstellung eines Wünschelrutengängers findet sich auf einer Pergamentrolle aus dem Jahr 1420. *Parcelsus* (1493–1541) hat die Wünschelrute gekannt, aber abgelehnt: „Das seind alles ungewisse künsten".

Der Gelehrte *Athanasius Kircher* vermutete zwei Jahrhunderte nach Paracelsus, daß sich nicht die Rute nach Wasser sehne und deshalb sinke, sondern daß sie auf Ausdünstungen der Erze reagiere. Mit der Wünschelrute – auch Glücksrute und Wahrsagerute genannt – suchte man nach Wasserquellen und Erzlagern, aber auch nach verschwundenen Wegen und Grenzsteinen, vergrabenen Schätzen, nach den Stellungen des Feindes, nach Mördern und Dieben und nach verlorengegangener „Treue der Weiber und Mädchen". Heutzutage muten Rutengänger nicht nur nach Brunnenwasser und Erzen, sondern auch nach radioaktiven Stoffen, Lawinenopfern und Verstecken von Terroristen und Geiseln.

Der Gedanke, daß der Rutenausschlag krankmachende Orte anzeige, oder daß man mit der Rute oder dem Pendel Krankheiten diagnostizieren könne, kam erst Mitte des 19. Jahrhunderts bei dem Wiener Universitätsprofessor *Moritz Benedict* auf. 1932 „erfand" *v. Pohl* die Erdstrahlen, und bald darauf florierte das Geschäft mit „Strahlungsheilgeräten". Ihre Hochblüte erlebte die Radiästhesie in den 30er Jahren und im Dritten Reich. Seit dieser Zeit sucht man auch nach „geopathischen", krankmachenden Zonen.

Die Situation heute

Seit 1912 setzt sich die Wissenschaft mit dem Rutenausschlag auseinander, zuletzt 1989/90 in der großen Studie der Dr.-Carstens-Stiftung. Diese Studie wurde von deutschen und amerikanischen Wissenschaftlern kontrolliert. Fazit: Der Nachweis, daß es Erdstrahlen gäbe, ist ebensowenig geglückt wie der Beleg für die Behauptung, daß besonders Begabte die vermuteten Strahlen aufspüren könnten. Auch Konsequenzen aus medizinischer Sicht ergaben sich daraus nicht. Trotzdem wenden immer mehr Naturheilbehandler Einhandruten an, um Krankheitsherde im Körper zu finden und die „richtigen" Medikamente auszuwählen.

Idee und Erklärung der Wirkung

Radiästheten meinen, daß die Erdstrahlen von geologischen Verwerfungen und Wasseradern ausgehen und auf Magnetismus, Elektrizität, Bodenleitfähigkeit, mikroseismische Bodenschwingungen, Ausdünstungen, Aerosole und so weiter zurückzuführen seien. Diese angeblich gefährlichen Stellen werden „Reizstreifen" genannt. Der Rutengänger und Elektrophysiker *Herbert König* meint, daß die Reizstreifen auf der Erdoberfläche netzförmig verlaufen, ihr Abstand mindestens zwei Meter betrage und daß die Kreuzungsstellen „krankheitsschädlich" (!) seien. Sie werden auch Curry-Gitter genannt.

Immer wieder vermuteten Radiästheten, „Erdstrahlen" würden die normalen Lebensvorgänge stören. Der Arzt *Hartmann* behauptete 1951, daß beinahe alle Krankheiten, einschließlich Krebs, auf Erdstrahlen zurückzuführen seien.

Die „Geopathie" soll nicht nur unbestimmte Beschwerden, Erschöpfung, Schlaf- und Appetitlosigkeit auslösen, sondern auch an der Entstehung von Rheumatismus, Neuralgien, Kopfschmerzen, Asthma, Gicht, Ischias, Darmbeschwerden, Durchblutungsstörungen, Hämorrhoiden, Ekzemen und nicht zuletzt Krebs beteiligt sein.

Die Mittel

Als Wünschelrute können Stäbe aus verschiedenen Materialien dienen – von der Astgabel eines Haselstocks über Rinderhorn, Bogen aus Kunststoff, Aluminium, Messing bis zu dünnen Stahlbögen und -federn und Stäben mit einem verschiebbaren Reiterchen am Rutenende.

Biotensor werden jene Antennen genannt, die einen vergoldeten Metallring an der Spitze tragen. Der

Ring hat eine glatte Seite – „für den weiblichen Tester" – und eine gerillte Seite für den männlichen. Der Biotensor soll, über den Handrücken gehalten, angeblich auch kosmische Strahlen und Radioaktivität erkennen.

Zur „Messung von Erdstrahlen" dienen heute auch computergesteuerte Geräte.

Diagnose

Untersuchung der „Reizstreifen": Der Rutengänger hält die Rute in beiden Händen vor sich hin und geht über jene Stellen, an denen „Reizstreifen" vermutet werden – er „mutet". Wo angeblich Erdstrahlen „austreten", soll die Rute ausschlagen. Dabei soll es keine Rolle spielen, ob die Wohnung ebenerdig oder im obersten Stockwerk eines Hochhauses liegt, denn diese „Strahlen" sollen angeblich Beton durchdringen.

Viele Radiästheten behaupten, daß sie störende Reizstreifen nicht nur vor Ort, sondern genauso gut durch Muten über dem Bauplan oder über einer Landkarte herausfinden können.

Diagnose: Zur Untersuchung eines Klienten auf eventuelle Krankheiten führt der Pendler die Rute, den Biotensor oder Bioresonator in geringem Abstand den Körper entlang. Oder er hält die Rute in der einen Hand und untersucht mit der anderen den Körper des Patienten. Hält er bei der Untersuchung die Rute nacheinander an verschiedene Medikamente, zeigt der Rutenausschlag angeblich, welches das geeignete ist.

Ferndiagnose: Manche Radiästheten behaupten, daß sie Krankheiten erkennen können, wenn sie die Rute über ein Polaroidfoto, einen Bluttropfen oder andere „Proben" des Patienten halten.

Die therapeutische Konsequenz: Meist rät der Rutengänger dazu, das Bett an eine andere Stelle zu rücken. Oder er „entstrahlt" die gefährliche Stelle im Wohnraum.

Zur Abschirmung und Entstrahlung von „Erdstrahlen" bieten Radiästheten verschiedene Geräte an. Eine 1984 in der Bundesrepublik durchgeführte Zusammenstellung erfaßte 94 verschiedene Modelle mit phantasievoll klingenden Namen.

Risiken

Die Gefahr ist groß, daß bestehende Krankheiten übersehen werden oder daß der Rutengeher unbegründete Angst vor Krankheiten verstärkt.

Kritik

Die Unsinnigkeit des Rutens wurde international in kontrollierten Großversuchen vielfach nachgewiesen.

Reizstreifen

◆ Die behaupteten physikalischen Strahlen gibt es nicht. Wasser tritt unter der Erdoberfläche nicht in Adern, sondern flächig auf.

◆ Der Ausschlag der Rute läßt sich wissenschaftlich erklären und beruht auf mehreren Faktoren, auf unwillkürlichen und sogenannten ideomotorischen Bewegungen (man bewegt den Körper in die vorher gedachte Richtung) und Nachbewegungen der Armmuskeln des Rutengehers. Die Rute wird nicht durch äußere Einwirkung bewegt.

◆ Daß Funde von Wasser, Erzen, Lawinenopfern, Reizzonen und anderem mehr mit Ruten Zufallstreffer nicht überbieten, wurde bereits in unzähligen Experimenten in aller Welt bewiesen. 1989 wurde in den USA ein Preis in Höhe von 100 000 Dollar ausgesetzt, wenn Rutengänger ihre besonderen Fähigkeiten unter Beweis stellen könnten. Das Geld wurde bisher nicht abgeholt. Bei einem Test, der im November 1990 vor laufenden Kameras des Hessischen Rundfunks lief, wurde das Preisgeld von 20 000 DM nicht ausbezahlt, weil die Rutengänger keine überzeugenden Ergebnisse erzielen konnten.

Geopathie

◆ Ein Zusammenhang von „Reizstreifen" und erhöhten Krankheitsraten beziehungsweise Krebs- oder Todesraten ist bis heute nicht erwiesen.

◆ Bekannte Radiästheten wurden von der Tierärztlichen Hochschule Hannover im Jahr 1936 aufgefordert, bei 19 Rindern Krankheiten zu diagnostizieren. Die Befunde der Muter wichen nicht nur voneinander ab, sie waren überwiegend falsch. Das bestätigte der Befund nach Schlachtung der Tiere. Die Radiästheten hatten auch gesunde Rinder für krank erklärt und, wenn ihnen ein und dieselbe Kuh mehrmals vorgeführt wurde, unterschiedliche Krankheiten festgestellt. Auch über die „Reizstreifen" konnten sich die Muter nicht einigen.

◆ Die zur Abschirmung von „Erdstrahlen" angebotenen Geräte können nichts bewirken. Untersucher fanden darin Fensterkitt, Erde, Tee, Kupferdrähte, Kieselsteine, Salatöl, Gummiringe, Kerzen, Wolle und anderes mehr. Verständlich, daß viele der Geräte die Aufschrift tragen „Bei Öffnung wirkungslos!" Geräte zur „Abschirmung", „Entstrahlung" von „Erdstrahlen" oder „Erdung" sind eine Irreführung der Käufer.

◆ Rutengeher konnten bei einem Test mit Apparaten selbst nicht feststellen, ob ihr Gerät aufgestellt und eingeschaltet war.

◆ Mehrere Gerichtsverfahren führten bereits zur Verurteilung von Radiästheten, die behaupteten, mit ihrer Rute Krankheiten zu diagnostizieren, beziehungsweise die Abschirmgeräte verkauften. Die Rute kann angebliche geopathische Faktoren nicht ergründen.

Auspendeln des Körpers und der Medikamente
Es fehlt der Nachweis, daß die Rute Krankheitsherde oder Krankheiten im Körper aufspüren kann. Ebenso zweifelhaft ist, ob damit geeignete Medikamente ausfindig gemacht werden können. Fehldiagnosen sind wahrscheinlich.

◆ Ein Gerichtsurteil aus 1995 stellte fest, daß solches Muten eine therapeutische Tätigkeit ist und deshalb nicht ohne Heilpraktikerzulassung ausgeführt werden darf.

Empfehlung

Von der Diagnostik mit der Wünschelrute ist abzuraten.

Kosten

Die Krankenkassen bezahlen das Muten mit der Rute nicht. Bioresonatorentests mit der Rute sind auch von der Beihilfefähigkeit (siehe Seite 32) ausgeschlossen. Eine Diagnose kostet meist zwischen 50 und 100 DM. Laut einem Kasseler Gerichtsurteil von 1984 ist man jedoch nicht verpflichtet, eine Leistung zu bezahlen, die sich auf magische Kräfte beruft.

Für einen Rutengang muß man 250 bis 500 DM bezahlen. Abschirmgeräte können ein- bis mehrere hundert DM kosten. Manche Großgeräte werden zum Preis von mehreren tausend DM angeboten.

Zungendiagnostik, Diagnostik aus Hand, Fuß und Ohr

Geschichte

Seit jeher haben Ärzte die Zunge ihrer Patienten betrachtet, um aus ihrer Farbe und dem Zungenbelag Hinweise auf Erkrankungen und Störungen zu finden. Daneben hat sich eine eigene Zungendiagnostik herausgebildet, die – ähnlich wie die Irisdeutung (siehe Seite 315) – auf bestimmten Arealen der Zunge die Organe repräsentiert sehen will. Eine bedeutende Rolle spielt die Diagnostik aus der Zungenbeschaffenheit in der Traditionellen Chinesischen Medizin (siehe Seite 161).

Nicht nur zur Zukunftsdeutung sind in der Volksmedizin Handformen und -linien betrachtet worden: In ihnen wurden schon immer auch konkrete Krankheitszeichen gesucht. Diese Chiromantie ist nicht identisch mit Handlesen (Chirologie), und sie hat sich erst in den letzten zwei Jahrzehnten durch Buchveröffentlichungen verbreitet.

Vorstellungen, daß die Struktur eines Körperteils über Krankheiten eines anderen Auskunft geben kann, existieren auch zur Aussagekraft der Füße (siehe Grinberg-Methode, Seite 237 und Fußreflexzonenmassage, Seite 236) und zur Form des Ohrläppchens. Die Aurikulotherapie (siehe Seite 205) bezieht das ganze Ohr in ihr Krankheits- und Therapiekonzept ein.

Idee und Erklärung

Zungendiagnostik: Auf der Zunge sollen sich die Organe ähnlich repräsentieren, wie sie im Körper liegen:

der Magen links von der Mitte, die Leber auf der rechten Seite, Herz und Lunge an der Zungenspitze. Erklärt wird diese Vorstellung damit, daß die Zunge ebenso wie diese Organe vom sympathischen Nervensystem versorgt wird.

Verfärbungen oder Beläge nur der jeweiligen Zonen sollen Störungen in den zugehörigen Organen anzeigen.

Diagnostik aus Ohr, Hand und Fuß: Ähnliche Konzepte vertreten Diagnostiker, die aus der Form und Beschaffenheit des Ohres, der Hand und des Fußes Schlüsse ziehen.

Die Zeichen an den Handflächen sollen von „Vibrationen innerer Organe" geprägt sein. Allerdings sagen auch die Handdiagnostiker nicht, ob diese Zeichen auf ein überwundenes, bestehendes oder zu erwartendes Leiden hinweisen.

Die Ohrfurche soll einen Herzinfarkt signalisieren. Warum dieser Zusammenhang bestehen soll, wird von den Vertretern dieser Vorstellung nicht begründet.

Anwendungsbereiche

Mit der Zungendiagnostik werden hauptsächlich Erkrankungen innerer Organe aufgespürt, aus der Ohrfurche wird geschlossen, ob das Risiko einer Herzkrankheit besteht.

Hand- und Fußdiagnostik erheben den Anspruch, Mangelzustände sowie Krankheitsdisposition und Krankheiten aller körperlichen und seelischen Bereiche, ja sogar Aids zu erkennen.

Risiken

◆ Es besteht die Gefahr, daß falsche Diagnosen gestellt beziehungsweise bestehende Krankheiten nicht erkannt werden.

◆ Die Diagnostik kann unnötig verängstigen, wenn etwa „Krebszeichen" oder Aids gefunden werden.

◆ Mit Eindringlichkeit vorgebracht (Handlesen), kann die Diagnose zur „sich selbst erfüllenden Prophezeihung" werden: Wer für leidend erklärt wird, beginnt das Leiden zu spüren.

Kritik

◆ Die Konzepte stehen nicht mit den Erkenntnissen der Anatomie im Einklang.

◆ Es besteht eine große Diskrepanz in der Zuordnung von Merkmal und Aussage: Nahezu jeder Anwender vertritt eine eigene Deutung der Zeichen, die von der Interpretation der anderen abweicht.

◆ Vielfach werden Phantasiediagnosen erstellt, und es wird zu obskuren therapeutischen oder Abschirmungsmaßnahmen geraten.

◆ Einer Überprüfung halten diese „Diagnosen" nicht stand. So ist bei einer Untersuchung von Patienten an der Universität Marburg das Zeichen an der Hand, das angeblich einen Herzfehler anzeigt, bei sechs von zehn Menschen gefunden worden, während tatsächlich nur 0,2 Prozent der Bevölkerung an echten Herzfehlern leiden.

◆ 15 bis 20 Prozent der Bevölkerung leiden an Gallensteinen, doch als man eine Stichprobe unter einer Gruppe von Menschen machte, fand sich niemand, dessen Hände ein „Gallenzeichen" aufwies. Eine andere Gruppe von 200 Patienten – darunter hundert Gallenweggesunde und hundert Personen, die an den Gallenwegen operiert werden mußten – wurde nach ihren „Gallenzeichen" an der Hand untersucht: Die Zeichen hatten einen Vorhersagewert wie beim Glücksspiel.

◆ Auch die Furche im Ohrläppchen kann – das hat eine klinische Studie ergeben – nicht als Indikator für ein Herzinfarktrisiko dienen.

Empfehlung

Von der Zungendiagnostik als Diagnosemethode ist abzuraten. Ebenso wenig eignen sich die Hand-, Ohr- oder Fußdiagnostik.

Kosten

Die Kosten dieser Diagnoseformen werden von den Krankenkassen nicht bezahlt. Sie werden mit den Anbietern frei vereinbart.

Krebstherapien

Krebs ist ein Sammelbegriff für mehr als hundert verschiedene Arten bösartiger Zellwucherungen. Jede Zelle – des Blutes, der Muskeln, der Organe und so weiter – hat bestimmte Aufgaben, für die sie „programmiert" ist. Entgleist ihr Programm, so verliert sie ihre Funktion und wächst ohne Kontrolle. Überall und jederzeit entstehen im menschlichen Körper Krebszellen. Üblicherweise werden sie vom Abwehrsystem erkannt und unschädlich gemacht. „Übersieht" das Immunsystem eine Krebszelle, so kann sie zu wuchern beginnen – ein Tumor wächst. Ist der Tumor bösartig, so dringt er in das System der Nachbarzellen ein und zerstört sie.

Es ist noch nicht geklärt, warum eine Zelle das Startsignal zur Fehlentwicklung bekommt. Wahrscheinlich müssen mehrere Faktoren zusammenkommen: Körpereigene Faktoren, krebsfördernde Stoffe (Kanzerogene) aus der Nahrung und aus der Luft und vermutlich seelisch-emotionaler Streß.

Die Vermutung, daß es eine „Krebspersönlichkeit" und eine seelische Disposition für die Krebserkrankung gibt, hat sich aber als haltlos erwiesen. Heute ist sicher, daß seelische Konflikte allein eine Krebserkrankung nicht verursachen können. Trotzdem wird dieses von Alternativheilern immer wieder behauptet.

Eine der häufigsten Krebsursachen ist fraglos das Rauchen. Bei Lungen-, Bronchial-, Lippen-, Rachen- und Blasenkrebs ist der Zusammenhang eindeutig. Fachleute schätzen, daß ein Drittel der 210 000 Menschen, die jährlich in Deutschland an bösartigen Tumoren sterben, Opfer des Rauchens sind. Zehn Zigaretten täglich erhöhen das durchschnittliche Krebsrisiko auf das Fünffache, 35 Zigaretten lassen die Gefahr auf das 40fache hochschnellen, Alkoholmißbrauch verstärkt die Wirkung von Tabakrauch und erhöht das Risiko noch weiter. Jeder Schwips (Blutalkoholspiegel von zwei Promille) hilft den im Körper eventuell vorhandenen Krebszellen, die Immunabwehr zu überwinden.

Außerdem sind 1 000 Chemikalien als krebsfördernd identifiziert. Bei Arbeitsprozessen kommen 17 nachweislich krebserzeugende und 127 krebsverdächtige Stoffe zum Einsatz. Zusätzlich erhöht sich das Krebsrisiko aus der Arbeitswelt durch starkes Rauchen und Alkoholmißbrauch.

Ultraviolette und Röntgen-Strahlen, denen man am Arbeitsplatz, in der Freizeit oder bei medizinischen Untersuchungen ausgesetzt ist, können Krebserkrankungen fördern. Auch Viren und Bakterien können an der Entstehung von Krebs beteiligt sein.

Vorbeugung

Mit der Gestaltung des Lebensstils läßt sich das Krebsrisiko einschränken:

◆ Da 30 bis 40 (möglicherweise sogar 50) Prozent der Krebserkrankungen auf ungesunde Ernährung zurückzuführen sind, ist es sinnvoll, die Eßgewohnheiten darauf auszurichten: Wählen Sie eine Nahrung, die reich an Ballaststoffen und arm an Fett ist. Meiden Sie Gegrilltes, Gepökeltes, Geselchtes und rauchendes Fett aus der Pfanne. Werfen Sie angeschimmelte Lebensmittel weg, da bestimmte Schimmelpilze Krebsgifte (Aflatoxine) abgeben können.

◆ Hören Sie mit dem Rauchen auf. Wenn Ihnen das nicht gelingt, schränken Sie den Tabakkonsum drastisch ein.

◆ Schränken Sie den Alkoholkonsum ein. Trinken Sie, wenn Sie Lust haben, aber betrinken Sie sich nicht.

◆ Meiden Sie intensive Sonneneinstrahlung.

◆ Versuchen Sie chronisch-entzündliche Erkrankungen auszuheilen.

◆ Sorgen Sie für Intimhygiene.

◆ Vermeiden Sie das Hantieren mit asbesthaltigen Materialien.

◆ Beachten Sie genauestens die Warnhinweise bei der Anwendung von Holzschutzmitteln und Schädlingsbekämpfungsmitteln in Haus und Garten.

Krebsschutz durch gesunde Ernährung

Viele Gemüse enthalten bioaktive Stoffe, die vor Krebs schützen können (siehe auch Seite 94).

◆ Durch ihren großen Gehalt an diesen Stoffen haben alle Kohlgemüse – an erster Stelle Brokkoli – und Knoblauch sowie alle anderen Zwiebelgewächse eine besonders hohe Schutzwirkung. Auch den Tomaten, Radieschen, Erdbeeren, Ananas und Peperoni werden allgemeine Krebsschutzwirkungen zugeschrieben.

◆ Einige Gemüsesorten beugen aktiv Magen- und Darmkrebs, vielleicht auch Lungenkrebs vor: Brokkoli, Soja, Kohl, Blumenkohl (Karfiol), Rosenkohl (Kohlsprossen), Weißkohl (Kraut), Sauerkraut. Bioaktive Stoffe in Hülsenfrüchten, Sonnenblumenkernen, Sesamsaat und naturbelassenen Pflanzenölen verringern das Dickdarmrisiko.

◆ Vorsorgende Wirkung speziell gegen Brust-, Gebärmutterschleimhaut- und Prostatakrebs haben Stoffe in den Randschichten von Vollkorngetreide.

◆ Die Immunabwehr stimulieren und auf diesem Weg die Tumorentwicklung hemmen sollen Stoffe, die sich in Aprikosen und Mangos, in Rote Bete und Möhren, in Mangold, Spinat, Salat und Grünkohl finden.

◆ Bei bestehender Krebskrankheit können unterstützend wirken: Beerenfrüchte, Zitrusfrüchte, Trauben, Walnüsse, Kümmel, Pfefferminze, Soja und Brokkoli.

Kaufen Sie bevorzugt frisches Saisongemüse und -obst aus biologischem Anbau. Die tägliche Gemüseration sollte – Kartoffeln nicht mitgerechnet – mindestens 200 Gramm umfassen. Essen Sie einen Großteil davon als Rohkostsalat, möglichst vor dem Hauptgericht.

Zerkleinern Sie das Gemüse erst nach dem gründlichen Waschen und kurz vor dem Verzehr. Nehmen Sie viele Kohlsorten und Vollkornprodukte in Ihren Speiseplan auf. Ergänzen Sie ihn durch rohes Obst.

◆ Versichern Sie sich der Einhaltung der Sicherheitsvorschriften am Arbeitsplatz.

◆ Sorgen Sie für ausreichende tägliche Bewegung und Ausdauersport (siehe Bewegungstherapie, Seite 86) möglichst zweimal wöchentlich.

◆ Nutzen Sie die Chance zur regelmäßigen Krebsfrüherkennungsuntersuchung.

Früherkennung ist wichtig

In den Industrienationen erkrankt jede dritte Person im Laufe ihres Lebens an Krebs. Das Risiko, an Krebs zu erkranken, steigt mit dem Alter. Die Chance, zu überleben, ist in den letzten zwei Jahrzehnten bei allen Krebsarten angestiegen. Dies ist ein Verdienst verbesserter Früherkennung und zunehmender Fortschritte in der Krebsbehandlung. Große Erfolge gibt es bei der Behandlung von Kindern. Noch mehr Krebskranke könnten geheilt werden, wenn die Krankheit früh genug entdeckt und gezielt behandelt würde. Auf keinen Fall sollte eine wirksame Behandlung verzögert werden.

Adressen für Information und Beratung

Der Deutsche **Krebsinformationsdienst (KID)** gibt unter der Telefonnummer 0 62 21/41 01 21 Auskunft darüber, wann und wie Frauen und Männer ihren Körper selbst untersuchen sollten, wann es für sie sinnvoll ist, eine Früherkennungsuntersuchung machen zu lassen und welche Untersuchungen wann notwendig sind. Ratsuchende können anonym bleiben und sich auf Wunsch zurückrufen lassen. Der Service ist kostenlos.

KID ist montags bis freitags von 7 bis 20 Uhr erreichbar.

Das **Krebshilfe-Telefon** des Zentrums der Österreichischen Krebshilfe bietet von montags bis freitags von 9 bis 11 Uhr und 15 bis 17 Uhr unter der Telefonnummer 02 22/408 70 48 kostenlose Beratung an.

Es kann auch ein persönlicher Gesprächstermin vereinbart werden.

Krebsbehandlung

Im günstigsten Fall ist das Ziel der Krebsbehandlung die Heilung: die Zerstörung der Krebszellen. Das gelingt bei jedem dritten Krebskranken. Die radikalste Methode – die Operation – ist dabei am erfolgreichsten, vorausgesetzt, es ist rund um den Tumor ausreichend gesundes Gewebe mitentfernt worden, um nicht einzelne Krebszellen zu belassen, und im Körper haben sich keine weiteren Krebsherde (Metastasen) gebildet. Strahlenbehandlung und Chemotherapie helfen nur gegen bestimmte Krebsarten in bestimmten Stadien. Die Überhitzung von Tumoren (lokale Hyperthermie) kann ihre Wirkung unterstützen. Hormonbehandlung bringt bei den hormonabhängigen Krebserkrankungen Erfolg. Als Heilung gilt, wenn der Tumor völlig verschwindet, das heißt, mit den üblichen diagnostischen Mitteln nicht mehr nachweisbar ist, und wenn der Krebskranke fünf Jahre danach noch lebt.

Bei vielen Krebserkrankungen kann eine Heilung nicht erreicht werden, doch ist eine Linderung (Palliation) möglich. Darunter verstehen Krebsspezialisten (Onkologen) eine Tumorverkleinerung, die zur Lebensverlängerung und zum Rückgang der tumorbedingten Beschwerden führt. Jeder dritte Krebskranke kann dadurch über Jahre mit Krebs leben. Der behandelnde Arzt sollte immer genau erklären, warum und mit welchem Ziel er eine bestimmte Behandlung vornehmen will.

Krebstherapien sind sehr belastend, doch die Beschwerden können durch Selbsthilfemaßnahmen und zunehmend erleichternde Behandlungen abgefangen werden. Auch starke Schmerzen lassen sich mit Medikamenten lindern. Aus all diesen Gründen gehört Krebsbehandlung in die Hände ausgebildeter Spezialisten.

Chance für das Leben

Die verschiedenen Krebserkrankungen verlaufen sehr unterschiedlich. Einige nicht heilbare Krebsarten können jahrelang ohne Beschwerden verlaufen und bedürfen über lange Phasen keinerlei Behandlung. Manche Krebskranke können mit chronischen Tumoren viele Jahre lang unbeeinträchtigt leben.

Nur bei erneutem Aufflackern wird dann behandelt, nach dem Prinzip: So wenig wie möglich, so viel wie nötig. Schlechter stehen die Zukunftschancen, wenn der Tumor weit fortgeschritten ist oder schnell wächst.

Von der durchschnittlichen Lebenserwartung kann der individuelle Krankheitsverlauf stark abweichen: Im Einzelfall kann die Krankheit wesentlich schneller voranschreiten oder sich langsamer entwickeln als erwartet.

Manchmal kommen Krebserkrankungen spontan zum Stillstand. In ganz seltenen Fällen bilden sich Tumore zurück, ohne daß dies auf die Wirkung irgendeiner Behandlung zurückgeführt werden kann.

Der Lebenswille und das Vertrauen in das behandelnde Team spielen für den Verlauf der Erkrankung eine große Rolle. Das „soziale Auffangnetz" durch Angehörige und Freunde sowie positive Erlebnisse während und nach der akuten Phase der Krebserkrankung fördern die Heilung.

Die im folgenden genannten Maßnahmen sind geeignet, das Leben mit Krebs zu erleichtern und sinnvoll zu gestalten.

Schmerz

Jeder zweite Krebskranke leidet unter Schmerzen. Ein Drittel der unheilbar Erkrankten hat starke Schmerzen zu ertragen. Die Weltgesundheitsorganisation hat für die sinnvolle Behandlung der Schmerzen einen Stufenplan erstellt, der mit einfachen Schmerzmitteln beginnt und zuletzt Morphine anbietet, die, nach genauem Zeitplan eingenommen, Schmerzen vorbeugen und lindern können.

Alternative Mittel, die besser helfen, gibt es nicht, doch können bestimmte Pflanzenmittel die Schmerztherapie unterstützen. In speziellen Krebsambulanzen oder Schmerzambulanzen, die Universitätskliniken angeschlossen sind, werden auch solche Mittel eingesetzt.

Hinweise für Krebskranke

◆ Die Zeit vom Verdacht auf Krebs bis zur endgültigen Feststellung ist für Betroffene extrem schwierig. Fordern Sie vom Arzt, daß er jederzeit zu einem Gespräch bereit ist. Wenn Sie sich ängstigen, scheuen Sie sich nicht, sich an ein Kriseninterventionszentrum zu wenden. Das nächstgelegene Krankenhaus und der Krebsinformationsdienst geben Auskunft, wo Sie Hilfe finden können.

◆ Von dem Augenblick an, da die Diagnose „Krebs" ausgesprochen ist, werden Sie rundum mit guten Ratschlägen versorgt. Beraten Sie sich mit Ihrem Arzt, bevor Sie diese befolgen.

◆ Sind eindeutig Krebs und seine Eigenschaft, Stadium und Ausdehnung festgestellt, verlangen Sie vom Arzt, daß er Sie genau informiert über die Diagnose, den Therapieplan, die Wirkungen, Nebenwirkungen und Folgen der geplanten Behandlungen. Sie haben ein Recht darauf, daß Sie der Arzt auch über mögliche Alternativen berät.

◆ Es ist von Vorteil, wenn an diesem Gespräch eine Vertrauensperson teilnimmt. In der Aufregung überhört man oft wichtige Informationen oder vergißt, wichtige Fragen zu stellen. Holen Sie möglichst viele Informationen ein, und lassen Sie sich vor Entscheidungen Zeit.

◆ Fordern Sie von Ihrem Therapeuten, daß er Zeit für Sie hat, wenn Sie ihn brauchen.

◆ Ihre Chancen hängen nicht nur von der medizinischen Betreuung ab, sondern auch von der positiven Lebenseinstellung und von Ihrem Lebenswillen, von der Zuwendung der Angehörigen und Freunde. Wer den Mut hat, seine Erfahrungen in einer Selbsthilfegruppe auszutauschen, wer bereit ist, sich mit krankmachenden Gewohnheiten auseinanderzusetzen und sein Leben umzustellen, und wer sich für diesen Weg psychologische Begleitung sucht, kann die verbleibende Lebenszeit wesentlich verbessern und sogar verlängern – das hat sich in Untersuchungen eindeutig erwiesen.

◆ Wenn Ängste und Sorgen übermächtig werden, wenden Sie sich an eine Selbsthilfegruppe, an eine Psychosoziale Beratungsstelle oder an einen auf Krebskranke spezialisierten Psychotherapeuten (Psycho-Onkologen).
Der Krebsinformationsdienst und die zuständige Krankenkasse geben Auskunft darüber, wie man sie finden kann.

Adressen

dapo – Deutsche Arbeitsgemeinschaft für Psychoonkologie e. V.
Klinik Schwabenburg
Waldburgallee 5
D-88316 Isny
Tel.: 0 75 62/71 13 03

ÖSPO – Österreichische Gesellschaft für Somatische und Psychosoziale Okologie und Hämatologie
Praterstraße 17
A-1020 Wien
Tel.: 02 22/214 62 70

Ab Herbst 1996 laufen in Deutschland und Österreich Versuche, die stimmungsaufhellende, schmerzlindernde und appetitanregende Wirkung von Haschisch (Cannabis) und Marihuana für Krebskranke zu nutzen.

Wann und wie Schmerzen auftreten, hängt auch von der eigenen Einstellung, von der trostreichen Zuwendung des Behandlerteams und der Anteilnahme der Angehörigen ab.

Sie haben das Recht, von Ihrem Arzt Schmerzlinderung einzufordern.

Empfehlung

Die genannten Maßnahmen und Mittel sind empfehlenswert.

Das Leben mit Krebs erleichtern

◆ Es hat sich gezeigt, daß ein umfassendes „Programm" den besten Erfolg erzielt: Neben der Umstellung der Ernährungsgewohnheiten auf schmackhafte, leicht verdauliche und eventuell vollwertige Kost (siehe auch Krebsschutz durch gesunde Ernährung, Seite 331) ist es sinnvoll, konsequent auf Tabak, Alkohol und andere Drogen zu verzichten.

◆ Gelingt es, eine Technik zur Entspannung und Selbstsuggestion zu erlernen (siehe Seite 131), lassen sich die Begleiterscheinungen der notwendigen Behandlung wie Übelkeit, Unruhe oder Angst verringern beziehungsweise leichter ertragen.

◆ Auch Hypnose (siehe Seite 142) kann diese Wirkung haben.

◆ Einige pflanzliche Mittel können das Wohlbefinden heben (siehe Seite 115 und Pflanzliche Mittel gegen Krebs, Seite 362).

◆ Manche Krebskranke finden bei anthroposophisch orientierter Behandlung (siehe Seite 186) oder Homöopathie (siehe Seite 190) Trost. Eine Wirkung auf das Tumorwachstum haben sie allerdings nicht. Künstlerische Therapien (siehe Seite 189) und Musiktherapie (siehe Seite 145) können seelische Labilität verringern und den Selbstwert stärken. Atem- und Bewegungstherapien (siehe Seite 139) verbessern das Körpergefühl, die Fitneß und das allgemeine Wohlbefinden.

◆ Eine wichtige entlastende Rolle spielt das offene Gespräch über die eigenen Gefühle mit vertrauten Menschen. Der Austausch mit anderen Krebskranken kann lebensverlängernd wirken, das zeigt eine Studie: Von Frauen mit Brustkrebs lebten jene doppelt so lange, die regelmäßig an einer Gesprächsrunde mit ebenfalls Betroffenen und einem professionellen Leiter teilnahmen. Offenheit verbessert auch das Zusammenleben mit den Angehörigen.

◆ Psychotherapie (siehe Seite 348) kann ebenfalls die Lebensqualität heben und das Leiden verringern. Als erfolgreiche Verfahren gelten die Verhaltenstherapie, Entspannungsgruppen, die Visualisierung sowie die Familientherapie zur Beratung und Entlastung der Angehörigen.

Die Kassen bezahlen Psychotherapie, wenn sie vom Arzt verordnet wird, und wenn der Antrag vom Sachbearbeiter bewilligt wird. Psychotherapeutische Gruppenarbeit kann nachweislich das Tumorwachstum hemmen. Ob andere Methoden die Krebskrankheit eindämmen können, ist bis jetzt jedoch nicht erwiesen.

◆ Psychologische Begleitung wird auch an Psychosomatischen Stationen und an den speziellen Krebs-Rehabilitationskliniken angeboten. Adressen kann man beim KID beziehungsweise beim Krebshilfe-Telefon und bei der zuständigen Kranken- und Rentenversicherung erfragen.

Angst und Hoffnung

Die Diagnose Krebs zerstört das Selbstbild ungestörter Ganzheit – ein Teil des Körpers ist nicht nur krank, sondern „bösartig" geworden. Deshalb konzentrieren sich die Gedanken um die Fragen „Was ist an mir krank? Was kann ich selbst dazu tun, damit ich wieder gesund werde?". Die innere Aufspaltung in gesund und bösartig spiegelt sich in der häufig geäußerten Kritik an der etablierten Medizin wieder, die verstümmelt, vergiftet und verstrahlt, gegenüber einer „sanften" und „ganzheitlichen" Alternativmedizin, die verspricht, aufzubauen, zu regenerieren, zu entgiften, zu stärken und zu harmonisieren. Die eine zielt scheinbar nur auf die Krankheit, die andere auf das Kranksein.

Die begrenzten Erfolge und Strapazen der konventionellen Therapien sind allgemein bekannt. Die Wirkungslosigkeit oder Nebenwirkungen der „Alternativen" werden jedoch bewußt oder unbewußt verschwiegen.

Der ehrlich arbeitende Naturarzt wird seine Grenzen und die seiner Mittel kennen und einhalten. Die Trennlinie zwischen einer „natürlichen" Zusatztherapie, obskurer Heilgaukelei und gefährlichem Hokuspokus verläuft jedoch fließend. Der Kranke kann sie kaum erkennen.

Je länger das Leiden dauert, desto eher suchen Krebskranke Hilfe bei Naturheilern. Viele Einzelberichte erzählen von „erfolgreichen ungewöhnlichen Krebsbehandlungen". Bis jetzt gibt es jedoch keinen plausiblen Beweis, daß „ganzheitliche" oder „biologische" Therapien gegen Krebsgeschwülste etwas ausrichten beziehungsweise das Leben verlängern können.

Nur einer von zehn Krebskranken erhofft sich von unkonventionellen Methoden tatsächlich eine Heilung. Meist sind die Motive, selbst aktiv zu werden und nichts unversucht zu lassen, die Wirkung der herkömmlichen Behandlung zu verstärken und ihre Nebenwirkungen zu verringern sowie Allgemeinbefinden und Stimmungslage zu bessern. Allerdings geht offenbar nicht einmal diese Hoffnung auf: Einer amerikanischen Studie zufolge, die zwei annähernd gleich zusammengesetzte Gruppen von brustkrebskranken

Woran man Außenseiter erkennt

- Sie haben ihre Methode plötzlich gefunden, geben ihr den eigenen Namen und sind angeblich die einzige Person, die diese Methode ausüben kann.
- Sie bedienen sich der bunten Presse, um für diesen „Durchbruch in der Krebsbehandlung" zu werben.
- Sie finden und behandeln „den" Krebs mit einer „Allround-Methode" – die etablierte Medizin kennt jedoch über 100 verschiedene Krebserkrankungen.
- Im Gegensatz zur Medizin, die jede Tumorerkrankung gezielt angeht, behandeln sie die gesamte Person und versprechen, damit den Krebs besiegen zu können.
- Ihre eigenwilligen Theorien zur Krebsentstehung, ihre speziellen diagnostischen Tests (siehe Seite 338) zur Erkennung von Krebsgefahr („Präkanzerosen") oder Krebs und die angebotene Behandlung passen „ideal" zusammen: Wo medizinisch gar kein Krebs diagnostiziert wird, stellen sie Krebsrisiko oder Krebs fest, und mit der gleichen Testmethode wird dann „nachgewiesen", daß die Krebsgefahr gebannt worden ist. Bricht jedoch eine Krebserkrankung aus, so gilt dies als „Beweis" für die Testmethode.
- Das angebotene Mittel oder die angebotene Methode ist die vermeintliche ideale „Begleittherapie"; sie sollen sanft und „biologisch" wirken und auch keine Nebenwirkungen haben. Sie können angeblich nicht nur gegen Krebs, sondern auch zur Vorbeugung und gegen andere chronische Krankheiten eingesetzt werden.
- Die Behandlung wirke „besser als die Schulmedizin", Erfolge seien die Regel, Mißerfolge unbekannt.
- Sie wird seit Jahrzehnten praktiziert, aber von der Schulmedizin nicht anerkannt.
- Sie ist sehr geheimnisvoll.
- Die Behandlung bringt extreme Diäteinschränkungen mit sich.
- Paramediziner werben oft damit, daß Persönlichkeiten des öffentlichen Lebens ihre Patienten seien. Oder sie werben damit, daß sie von der Schulmedizin „verfolgt" werden.
- Als „Nachweis" ihrer Erfolge legen sie häufig Dankesbriefe „Geheilter" vor.
- Krebs„wundermittel" werden häufig über den Versandhandel angeboten. Das hat Vorteile für den Heiler: Er erspart sich die Auseinandersetzung mit dem Leid des Patienten, macht ein gutes Geschäft und kann bei Therapieversagen kaum belangt werden.
- Seien Sie skeptisch bei Organisationen mit beeindruckenden Namen. Häufig vermitteln sie Außenseiter-Behandlungen und/oder Medikamente mit fraglicher Wirksamkeit. Zurückhaltung ist geboten, wenn nicht ein Arzt persönlich die Behandlung anbietet und die Rechnung stellt, sondern eine GmbH oder ein „Institut".
- Mißtrauen Sie auch dem Angebot der „biologischen" Krebskliniken. Diese Kliniken werden oft als gewinnoptimierende Kapitalanlage betrieben. Erkundigen Sie sich bei den unter Adressen (siehe Seite 337) genannten Institutionen nach diesen Organisationen und informieren Sie sich über die Angebote.

Frauen miteinander verglich, lebten jene Frauen, die mit herkömmlichen Mitteln behandelt wurden, länger und besser als jene, die sich in einer Spezialklinik einer unkonventionellen Behandlung unterzogen.

Attraktiv wirken die unkonventionellen Heilverfahren deshalb, weil sie den Laienvorstellungen über Krebs in idealer Weise entgegenkommen: Sie verdächtigen innere Ursachen wie falsche Lebensweise und -einstellung, Mangelerscheinungen, Verschlackung und Vergiftung, psychische Gründe und das versagende Immunsystem. Und sie versprechen die Wiederherstellung des inneren Gleichgewichts oder Stärkung der Immunabwehr – das trifft die Vorstellung vom Krebs als Ausdruck eines kranken Gesamtorganismus und der Notwendigkeit, den „ganzen" Menschen zu behandeln.

Deshalb werden die meisten Alternativmethoden nach beendeter medizinischer Behandlung zur „Begleitung" und „Unterstützung" angewendet, unter dem Motto „Wenn es nichts nützt, so schadet es wenigstens nicht", verbunden mit der Hoffnung, daß ein Rückfall (Rezidiv) verhindert wird und die Krankheit zum Stillstand kommt.

Oft drängen Angehörige darauf, weil sie eine Möglichkeit darin sehen, selbst zu helfen. Das ist dann wichtig, wenn sie aufgrund der Vorgeschichte Schuldgefühle empfinden und nun alles getan werden soll, und Geld keine Rolle spielen darf.

Unkonventionelle Mittel können auch den Ärzten helfen, Gefühle von Hilflosigkeit und Ohnmacht zu überspielen und der inneren Auseinandersetzung mit dem Sterben aus dem Weg zu gehen.

Auch wenn nur die wenigsten unkonventionellen Methoden tatsächlich geeignet sind, das Leben mit und nach der Krebserkrankung zu erleichtern, so bieten etwa Spritzenkuren die Möglichkeit eines regelmäßigen Gesprächs zwischen Krankem und Arzt. Sie können – als „materialisiertes" Trost- und Fürsorgeversprechen – die Angst mindern und wenigstens eine Placebowirkung (siehe Seite 20) entfalten, wenn keine effektive Therapie möglich ist. Gefährlich wird es dann, wenn eine gezielte Behandlung in Frage käme, aber die Heilungschance in gutem Glauben versäumt wird. Wenig bekannt ist, daß alternative Behandlungen unter Umständen die Wirkung der gängigen Krebstherapie herabsetzen, das Tumorwachstum fördern und die Überlebenszeit verkürzen können.

Gesundheit um jeden Preis

Alternative Heilbewegungen haben das Verdienst, die Kranken zu mehr Eigenverantwortung aufzurufen, zu ausgewogener Ernährung und zu einer Lebensführung ohne Streß.

Aber die „Allmachtphantasie der Medizin" ist auch unter ihnen verbreitet. Die einen versprechen, über die Stärkung der Abwehrkräfte den Krebs zu heilen, andere lassen – durch die Regenbogenpresse – verlauten, daß Wunder machbar seien.

Anstatt dem verbreiteten Konsum an Medikamenten und Methoden kritisch gegenüberzustehen, fördern sie ihn: Krebskranke bekommen gegen die Angst vor dem Tod eine Unmenge verschiedener Mittel mit unkontrollierbarer Zusammensetzung. „Ganzheitliche" Therapieverordnungen von täglich 30 Tabletten, Spritzen und Zäpfchen sind da keine Ausnahme. Es fällt auf, daß solche Kombi-Packs von den Anbietern meist als „individuell zusammengestelltes Programm" bezeichnet werden, daß aber alle ihre Patienten die jeweils gleiche Mittelauswahl erhalten. Charakteristisch ist, daß alternative Behandlungen selbst dann noch lange fortgesetzt werden, wenn Krankheit und Befinden sich eindeutig verschlechtern: Angst und Depression hindern die Kranken daran, loszulassen.

Alternative Anbieter postulieren häufig, daß auch nach erfolgreicher Heilung oft über Jahre hinweg in wiederholten Zyklen „biologische Krebskuren" notwendig seien.

Es verwundert daher nicht, daß für unkonventionelle Krebsmittel 1993 in den alten Bundesländern 1,5 Milliarden DM ausgegeben wurden, das ist das Fünfzigfache der Kosten für konventionelle Krebsbehandlung (0,03 Milliarden). Die Krankenkassen verweigern üblicherweise die Übernahme der Kosten, wenn die Sinnhaftigkeit einer Maßnahme zweifelhaft ist, doch die Anbieter von Unkonventionellem und Fragwürdigem drängen die Solidargemeinschaft zur Zahlung: So stellt die „Gesellschaft für biologische Krebsabwehr e.V." Merkblätter zur Verfügung, auf denen Argumente aufgelistet sind, mit denen Versicherte einem ablehnenden Entscheid widersprechen können.

Alleingelassen mit den seelischen Problemen, enttäuscht von der „verstümmelnden Medizin", wenn sich Metastasen finden oder der Krebs wieder auftritt, richten Krebskranke ihre verzweifelte Hoffnung oft auf magische Heiltätige. Bei einer Umfrage unter Heilpraktikern stellte man fest, daß mehr als die Hälfte von ihnen selbst daran glaubt, Krebs beeinflussen und kontrollieren zu können – „Wunderheiler" vertrauen in noch höherem Maß ihrer „Kraft". Diese Selbstein- beziehungsweise -überschätzung vieler Heiler, ihre Emotionalität und magischen Rituale lassen Menschen, die eine lange Leidensgeschichte haben, bereitwillig alle Verheißungen glauben. Weil latente Schuldgefühle wegen ihres „ungesunden Lebenswandels" angesprochen werden, sind Krebskranke bereit, diese „Schuld" abzutragen – etwa durch Diät als „reinigendes Ritual". Oder sie nehmen gesundheitliche Risiken und finanzielle Opfer in Kauf. Es sind Fälle bekannt geworden, in denen Krebskranke in nur einer Woche 40 000 DM für unkonventionelle Behandlungen bezahlt haben. In Einzelfällen kosten Krebskuren sogar 100 000 bis 200 000 DM. Dies ist auch dann nicht gerechtfertigt, wenn die zweifelhaften Behandlungen den Betroffenen das Gefühl vermittelt haben, daß sie umsorgt wurden.

So geraten Krebskranke in psychische Abhängigkeit und versäumen unter Umständen Maßnahmen, die ihr Leiden eindämmen könnten. Hat ein Arzt mit seiner Außenseitermethode erkennbar Schiffbruch erlitten, dann verpflichten ihn ärztliche Ethik und Arztrecht, Methoden anzuwenden, die dem derzeitigen Stand der medizinischen Wissenschaft entsprechen, sonst macht er sich strafbar.

Allerdings muß es dem Patienten überlassen bleiben, ob er sich dafür entscheidet, auf eine medizinisch sinnvolle, aber unter Umständen belastende Behandlung zu verzichten.

Es ist das Recht des Kranken, eine bestimmte Therapie zu wählen und sich dort Hilfe zu holen, wo er diese zu finden glaubt. Entscheiden kann er jedoch nur, wenn er ausreichend über die Möglichkeiten, die Nebenwirkungen und Folgen auch der unkonventionellen Behandlungen informiert ist. Und wenn er Nutzen und Risiko abwägen kann.

Adressen

Deutscher Krebsinformationsdienst Heidelberg
Tel.: 0 62 21/41 01 21
KID gibt für Patienten und Angehörige die Zeitschrift „Einblick" heraus mit neuesten Ergebnissen in allgemeinverständlicher Form.

Die Deutsche Krebsgesellschaft e.V.
Paul Ehrlichstraße 41
D-60596 Frankfurt am Main
Tel.: 0 69/63 00 96-0
und die ihr angegliederten Landesgesellschaften schicken auf Wunsch Informationsbroschüren zu.

Die Deutsche Krebshilfe
Thomas-Mann-Straße 40
D-53111 Bonn
Tel.: 02 28/72 99 00
stellt Krebsbetroffenen kostenlos Broschüren zur Verfügung.

Die Bundeszentrale für gesundheitliche Aufklärung
Ostmerheimerstraße 200
Postfach 91 01 52
D-51109 Köln
Tel.: 02 21/89 92-0
verschickt kostenlos eine Literaturliste, die Lesestoff zu unterschiedlichen Fragen aufführt: Ernährung, Umwelteinflüsse, Berichte von Betroffenen, Bewältigung der Krankheit, Nachbehandlung und anderes.

Neue Wege

Weltweit suchen Experten in der Krebsbehandlung neue Wege: Die Onkologen sind sich ihrer Grenzen und relativen Hilflosigkeit bewußt.

Auch die Wissenschaft greift daher „nach jedem Strohhalm". Sie lehnt Außenseiterideen nicht mehr bedingungslos ab, sondern forscht nach neuen Ansätzen.

Es gibt international – auch in Deutschland – bereits mehrere Zentren, die Material über Außenseitermethoden sammeln und sichten. Die deutsche Regierung stellt seit 1984 Gelder zur Grundlagenforschung unkonventioneller Methoden zur Verfügung.

Am Klinikum der Stadt Nürnberg hat eine Projektgruppe „Biologische Krebstherapie" mehr als 500 alternative Krebsbehandlungen erfaßt – und bisher keine Veranlassung gesehen, eines der Verfahren schulmedizinisch weiterzuentwickeln. 1993 wurde in Freiburg die erste Biologische Tumorklinik, angeschlossen an die Universität, eröffnet. Hier werden unkonventionelle Methoden, vor allem Pflanzenextrakte und ihre Bedeutung in der Krebstherapie nach wissenschaftlichen Grundsätzen getestet. Die Wechselwirkungen zwischen Krebs und dem Organismus, der Widerstand des Tumors gegen Medikamente beziehungsweise Abwehrmechanismen sowie die sozialen Aspekte von Krebserkrankungen sollen erforscht werden.

Derzeit sind etliche neue Verfahren in der klinischen Erprobung. Diese werden nicht besprochen, weil sie auf dem „freien Markt" nicht angeboten werden.

Im folgenden werden jene unkonventionellen Krebs-Theorien, -Mittel und -Verfahren aufgelistet, deren Wirksamkeit gegen Krebs widerlegt oder bis heute nicht belegt ist.

Die Vielzahl macht es unmöglich, daß hier auf jede Methode einzeln eingegangen werden kann. Häufig angewendete Verfahren sind im Buch auch an anderer Stelle besprochen. Sie können diese über den jeweils angegebenen Seitenverweis finden.

Unkonventionelle Krebsdiagnostik

Ob Krebs vorliegt, läßt sich nicht durch eine Untersuchung allein erkennen. Meist sind bei Krebsverdacht mehrere Kontrollen mit bildgebenden Verfahren und Instrumenten notwendig, die in den Körper eindringen. Häufig muß die Untersuchung einer Gewebeprobe (histologische Untersuchung) die Krebsdiagnose absichern.

Eine „Veranlagung" zu Krebs oder „Präkanzerosen" – gemeint ist ein Zustand der „Abwehrschwäche", der unweigerlich zu Krebs führen soll –, lassen sich mit einem einfachen Test nicht feststellen. Trotzdem wird das von vielen unkonventionellen Diagnostikern behauptet.

Magische Krebs-Nachweisverfahren

Astrologie: Festgestellt wird die „Krebskonstellation" der Planeten bei der Geburt.
Wünschelrute und Pendel (siehe Seite 324 und 321)
Krankheitsvorfelddiagnostik nach *Mayr* (siehe Mayr-Kur, Seite 106)
Lehre von den *Krebskonstitutionstypen* nach *Curry*
Teil-Körpertests (Iris- und Pupillendiagnostik siehe Seiten 315 und 316, Zungen-, Hand- und Fuß-Diagnostik, siehe Seite 326)

Bioelektrische Diagnosemethoden

Elektroakupunktur nach *Voll* (siehe Seite 308)
Thermoregulationsdiagnostik nach *Schwamm/Rost* (siehe Seite 323)
Bio-Elektronik nach *Vincent* (siehe Seite 304)
Kirlian-Fotografie (siehe Seite 316)
Anthroposkopie: Ein elektronischer Generator sendet ein sinusförmiges Signal hoher Frequenz in eine Elek-

trode, die der Kranke in der Hand hält. Das erzeugt ein elektromagnetisches Feld im Körper. Mit einer Sensorelektrode tastet dann der Untersucher die Haut des Kranken ab. Weicht die Wechselfeldstärke an bestimmten Stellen von den postulierten Normwerten ab, ist dies angeblich ein Hinweis auf Krebs.

Biotonometrie (elektro-biologische Hauttestung) nach *Rilling*

Bio-Ionostat nach *Kapf-Lautenschläger*

Labortests

In den letzten Jahrzehnten sind über 40 Tests entwickelt worden, die meist von Heilpraktikern oder in eigenen „Krebslaboratorien" oder „Biolaboratorien" durchgeführt werden.

In Deutschland existiert etwa ein Dutzend solcher Institute, die – im Gegensatz zu medizinischen Laboratorien – von Nichtärzten (Heilpraktikern) geleitet werden. Sie verwenden die beschriebenen Tests, stellen Diagnosen von Krebs bis Aids, erarbeiten Therapievorschläge und geben diätetische Ratschläge.

Nachweisverfahren von behaupteten Krebserregern

Carzinom-Protozoen nach *Weber*

Endobionten und *Bakterien-Zyklogenie* nach *Elderlein*

Pilze im Mikrokolortest nach *Heitan*

Polyoma microbico nach *Martini*

Spirochäten und *periphere Erythomitose* nach *Haefeli*

Vitalblutbild nach *v. Brehmer*

Scheller-Test

Optische Bluttests

Kapillar-dynamischer Bluttest nach *Kaelin (Blutsteigbild):* Der Untersucher läßt Blut in Filtrierpapier aufsteigen und betrachtet die Form der Oberkante. Pilzförmige Strukturen sollen Krebs anzeigen.

Kristallisationstest nach *Pfeiffer:* Das Blut wird in einer Klimakammer in Kupferchlorid getropft. Dabei bilden sich Kristalle. Das Blut Krebskranker soll eckige Anordnung der Kristalle hervorbringen.

Diese beiden Methoden spielen in der anthroposophischen Medizin (siehe Seite 186) eine gewisse Rolle.

Aurasskopie (Holistische Blutdiagnostik): Blut des Patienten wird auf einen Objektträger gestrichen. Gerät der Ausstrich ungleichmäßig, sollen die Formen der dunkleren Bezirke die Umrisse des erkrankten Organs annehmen.

Trockenblutmuster nach *Bolen* und *Erythrozytenlaufbild* nach *Desel:* Sie sind verwandte Verfahren. Verdickungen und Abrinnspuren des getrockneten Blutes sollen Hinweise auf Tumorleiden geben.

Carcinochrom-Reagens nach *Gutschmid:* Dem Blut wird ein chemisches Reagens zugesetzt.

Gemeinsam ist den Tests, daß aus der Deutung bestimmter Formen auf Krankheiten und Störungen geschlossen wird.

Serumtests

Eine Reihe von Tests läßt angeblich Rückschlüsse auf veränderte „Regulationsmechanismen" des Organismus zu, aus denen auf eine Krebsgefahr geschlossen werden kann. Untersucht wird die Änderung der Serumeiweißlabilität. Die Tests:
Cadmiumsulfatreaktion
Großsche Reaktion mit *Quecksilberchlorid*
Kupferchloridreaktion
Serum-in-aqua-Test
Takata-Ara-Reaktion
Thymoltrübungstest
Weltmannsches Koagulationsband
Witting-Test
Test nach *Doesch:* Es wird die Reaktion des Serums auf Algen geprüft.

Weitere Labortests

Biochemischer Mehrfachtest
HACA Krebstest
Abwehr-Proteinase-Reaktion nach *Abderhalden*
Carcinochrom-Test von Urin nach *Gutschmidt (CCR):* die Abbauprodukte der Krebszellen sollen im Harn roten Farbstoff bilden
Summationsdiagnostik und *Karzinogramm* nach *Windstosser:* Blut- und Serumtests sollen die „Konstitution" und Krebsgefahr erfassen.
Cancerometrie nach *Vernes*
Korpuskuläre Krebs-Reaktion nach *Villequez*
Leukozitäre Biometrie nach *Pinel*
Malignolipin-Test nach *Kosaki*
Proteolytisches Potential des Blutes nach *Gaschler und Dyballa*
Provozierter Hämolyse-Test nach *Mattei*
Spektralanalytische Vollblutuntersuchung nach *Rilling*

— Kritik

Magische Krebs-Nachweisverfahren: Die auf magischen und okkulten Vorstellungen beruhenden Tests haben keine höhere Treffsicherheit als Würfelspiele.

Bioelektrische Methoden: Bis jetzt liegt kein Beweis vor, daß sich diese Methoden als Diagnosemittel eignen.

Pseudowissenschaftliche Laboratorien: Die Labors formulieren Diagnosen mit Bezeichnungen wie „Kanzerose" oder „Präkanzerose". Diese Begriffe sind der Medizin entlehnt, werden aber in anderer, irreführender Bedeutung verwendet, zum Beispiel für geschwächte Immunabwehr. Die Methodik und Herstellung der Diagnostika unterliegt keiner Kontrolle. Die fragwürdigen Befunde dieser Firmen können die Kunden – meist Heilpraktiker – zu Fehldiagnosen und -therapien veranlassen.

Suche nach Krebserregern: Die behaupteten „Krebserreger" gibt es nicht. Mit den Tests kann deshalb nichts nachgewiesen werden.

Bluttests: Sie beruhen auf sehr simplen Vorstellungen; die Beurteilung fußt auf der rein subjektiven Interpretation des Untersuchers.

Labortests: Es besteht kein erkennbarer Zusammenhang zwischen dem Testergebnis dieser Untersuchungen und den behaupteten Diagnosen.

Einer wissenschaftlichen Überprüfung halten die Aussagen der genannten Tests nicht stand.

Diagnosen mit ungeeigneten Mitteln und „Ferndiagnosen" ebenso wie das Unterlassen angezeigter Diagnosemethoden sind ärztliche Kunstfehler und haben bereits in mehreren Fällen zu strafrechtlichen Konsequenzen geführt.

Alle diese Verfahren sind nicht geeignet, eine Aussage über eine drohende, sich entwickelnde oder bestehende Krebserkrankung zu machen. Fehldiagnosen sind zu erwarten.

— Empfehlung

Diese unkonventionellen Diagnose-Verfahren sind abzulehnen.

— Kosten

Die Krankenkassen erstatten die Kosten üblicherweise nicht.

Unkonventionelle Krebsbehandlungen

Die Bewertung der im folgenden aufgeführten Behandlungsmethoden beruht auf internationalen wissenschaftlichen Studien. Es gibt Standards, an denen die Wirksamkeit medizinischer Maßnahmen gemessen wird. Die Wissenschaft bezeichnet ein Verfahren als „wirksam", wenn sein Effekt unabhängig von der Person des Anwenders bei einer großen Anzahl von Behandelten nachweislich wiederholbar ist. Berichte über Erfolge in Einzelfällen gelten nicht als Nachweis, weil Krebserkrankungen sehr unterschiedlich verlaufen, weil sie auch von selbst zum Stillstand kommen und Tumorerkrankungen sich spontan zurückbilden können, und weil der Krankheitsverlauf oft nicht über ausreichende Zeiträume dokumentiert ist. Nicht selten beginnen „Wunderkuren" erst dann, wenn eine Krebserkrankung bereits ausgeheilt ist. Es ist seltsam, daß viele Kranke die Heilung dann nicht der medizinischen Versorgung sondern dem Außenseiterverfahren zurechnen.

Krebsdiäten und Ernährungsrichtlinien

Fehlernährung kann manche Krebskrankheiten fördern. Es scheint, daß ein Mangel an Spurenelementen (Magnesium, Eisen, Kupfer, Zink, Selen und andere) das Immunsystem schwächt, daß Mangel an Ballaststoffen, Vitamin-A- und -C-Mangel eine Rolle bei der Krebsentstehung spielen. Es ist sicher, daß der Verzehr von viel tierischem Fett und Eiweiß sowie Alkoholmißbrauch die Entstehung bestimmter Arten von Krebs fördern können.

Sinnvolle Ernährung

Ausgewogene, schmackhafte, naturnahe, vollwertige Nahrung enthält alle notwendigen Stoffe (siehe Seite 94 und Krebsschutz durch gesunde Ernährung, siehe Seite 331) und kann daher zur Vorbeugung und zur Begleitung einer Krebstherapie sinnvoll sein.

Seeger, Zabel, Bircher-Benner, Kollath: Sie raten zu einer lactovegetabilen Schonkost. Das ist sinnvoll, weil diese Kost lebensnotwendige Bestandteile in reiner, wirkungsvoller Form enthält und den natürlichen Geschmack der Lebensmittel erhält. Sie ist geeignet, Krebskranken, die häufig an Appetitmangel leiden, die Freude am Essen zu erhalten.

Vollwertkost von *Anemueller* und *Ries:* Die als stoffwechselaktive Kost bezeichneten Diäten sind sinnvoll. Sie sind zwar nicht „krebsfeindlich", wie hin und wieder behauptet, geben aber Krebspatienten die Möglichkeit, einen eigenen Beitrag zur Behandlung ihres Leidens zu leisten.

Risikoarme, aber unwirksame Krebsdiäten

Moermann-Diät: „mit den acht für Brieftauben wie Menschen(!) unentbehrlichen Nährstoffen".

Orthomolekulare Diät mit hochdosiertem Vitamin C nach Pauling und Burgerstein (siehe Seite 268)

Diät nach Kousmine: fleischfreie, getreide- und rohkostreiche Diät, unterstützt durch angeblich wachstumshemmende Substanzen.

Milchsäurediät nach Kuhl: erhöhte Zufuhr rechtsdrehender Milchsäure.

Leinöl-Quark-Diät nach Budwig: das Leinsaat-Nuß-Granulat-Topfengemisch wird durch Sauerkrautsaft sowie Gemüse- und Obstsäfte ergänzt.

Makrobiotische Kost (eingeschränkt, siehe Seite 102)

Kampf dem Krebs mit Diät nach *Koenen* und *Schneider*

Diät und Stärkung des Immunsystems nach *Bogomas*

Krebsdiät nach *Mar* und *Kleine*

Eiweißfastenkur nach *Vasarhelyi*

Rohkostdiät nach *Waerland, Erb, Wigmore* und anderen

Diätregime nach *Schultz-Friese*

Grape Cure nach *Brandt*

Diät nach *Chase*

Kretschmer-Dehnhardt-Diät

Diät nach *Kretz*

Säurefreie Kost nach *Koch*

Instinkt-Ernährung (siehe Seite 108)

Urtherapie: Ausschließlich Wildkräuter, Wurzeln und Früchte.

Rote-Bete-Diät nach Ferenczi und Trüb: täglich ein bis zwei Kilogramm ungekochte Randen, 300–600 Milliliter Randensaft oder 100 Gramm Randentrockenextrakt einnehmen. Rote Bete ist ein gesundes Gemüse, eine krebshemmende Wirkung wird vermutet, ist aber nicht eindeutig bewiesen.

— Kritik

Es gibt keine Diät, die bestehende Krebstumoren eindämmt.

Gefährliche Krebsdiäten

Gefährlich für Krebspatienten sind alle Fastenkuren (siehe Seite 103), mit denen der Tumor „ausgehungert" werden soll. Einerseits, weil der Allgemeinzustand Krebskranker ohnedies beeinträchtigt ist, andererseits, weil dies den Tumor sogar fördern kann. Zumindest wächst er nach Absetzen der Fastenkur ungemindert weiter. Das Risiko überwiegt den eventuellen Nutzen.

Krebskur total nach *Breuss:* Sie ist die extremste Kur und am weitesten verbreitet. 42 Tage lang soll nur Saft aus Wurzelgemüse und Kräutertee eingenommen werden. Die berichteten „Wunderheilungen" sind nicht belegt.

Gerson-Diät: Sie ist salz- und zuckerfrei sowie vegetarisch ausgerichtet, aber risikoreich, weil sie tägliche Kaffeeinläufe mit Rizinusöl vorsieht und den Körper schwächt. Hochdosierte Zufuhr von Kalium, Leberextrakt, Schilddrüsenpräparaten, Jod, Vitamin B_{12} und Acidol-Pepsin.

Matabolic Ecology Therapy nach *Kelley:* eine extreme Gemüse-Früchte-Diät, mit Kaffeeinläufen und hochdosierter Enzymzufuhr. Sie hat bereits Todesopfer gefordert.

Petroleum: Die Einnahme von Petroleum, eine verbreitete Methode, erdacht von der Tiroler Metzgersfrau Ganner, kann zu Vergiftungen führen.

Diät nach *Leupold/Ohler:* extrem kohlehydratarme Kost, Zuckerinfusionen mit Altinsulin sowie verschiedenen anderen Substanzen. Verbot allen Obstes. Die Diät ist risikoreich, ihre Wirkungslosigkeit erwiesen.

— Empfehlung

Diese belastenden und risikoreichen Diäten sind abzulehnen.

Therapie nach medizinischen Gesamtkonzepten

Anthroposophische Krebstherapie

Die Idee dahinter

Krebs ist in der Vorstellung der Anthroposophen der „verzweifelte Selbstheilungsversuch", wenn die viergliedrige Leibesstruktur außer Balance gerät (siehe Seite 186). Wenn der Ätherleib fehlt, gewinnen „menschenfremde Formkräfte" die Kontrolle. Ein „Kälteherd", so die Vorstellung, begünstigt die Krebsentstehung. Krebs ist das gestörte Verhältnis des Kranken zur Welt, deshalb ist die auf den Tumor gerichtete Behandlung zweitrangig.

Diagnose

nach *Pfeiffer* und *Kaelin*, siehe Seite 188.

Behandlung

Mistelpräparate sollen den Widerstreit zwischen Leib und Ätherleib aufheben und den Krebs beseitigen.

Je nach der Lokalisation des Krebses werden lactofermentierte Mittel aus der Mistel von Apfelbäumen, Kiefern, Eichen oder Ulmen angewendet. Zum Beispiel Iscador, Helixor und andere.

Die verschiedenen Mistelpräparate unterscheiden sich in ihrer Zusammensetzung beträchtlich. Als einziges Mistelpräparat enthält *Iscador M5 spezial* einen standardsierten Gehalt an Mistellektin.

Mistelpräparate gelten vielen Krebskranken als „Spritzen für die Zuversicht", sie sollen das Tumorwachstum verlangsamen, Metastasenbildung bremsen, das Allgemeinbefinden und den Appetit verbessern, die Schmerzen lindern.

Im Mittelpunkt der Behandlung stehen eingehende Gespräche, Musiktherapie (siehe Seite 145) und künstlerisches Gestalten (siehe Seite 189). Diätvorschriften ergänzen die Therapie, Paprika, Auberginen, Kartoffeln und vor allem Tomaten sind verboten, weil sie angeblich krebsfördernd wirken.

Kritik

◆ Theorien über Krebsentstehung, Diagnostik und Nahrungsverbote der anthroposophischen Lehre liegen im Bereich des Irrationalen. Fehldiagnosen sind wahrscheinlich.

◆ Es gibt viele Erfolgsberichte, aber bis jetzt keinen Nachweis, daß Mistelpräparate beim Menschen tatsächlich das Tumorwachstum hemmen (siehe auch Mistel, Seite 129). Daß die klinischen Studien sehr widersprüchliche Ergebnisse brachten, begründen Mistelforscher mit uneinheitlichen Untersuchungsmethoden und damit, daß die Lösungen nicht alle gleich waren. Der Gehalt an wirksamen Stoffen schwankt um mehr als das Fünftausendfache.

◆ Mistelextrakt enthält Lektine, die sich im Tierversuch tatsächlich als krebswirksam gezeigt haben. Allerdings verändern und beeinträchtigen die Begleitstoffe des Mistelextrakts diese Wirkung wesentlich.

◆ Gesichert ist, daß verdünnter Mistelextrakt – wie viele Fremdstoffe – die Abwehrzellen anregt. Immunstimulierung kann jedoch nicht nur krebshemmend, sondern auch krebsfördernd wirken, das ist für eine Reihe von Krebsarten belegt.

Sowohl die American Cancer Society als auch die Schweizerische Gesellschaft für Onkologie raten inzwischen von Mistelinjektionen ab, da sie nicht nachweislich krebshemmend wirken und die Injektionen Risiken mit sich bringen wie entzündliche Reaktionen, Schüttelfrost, Nachtschweiß, Atemnot, allergischer Schock. Verunreinigungen von Mistelpräparaten zum Einnehmen haben Hepatitis ausgelöst.

◆ Die Anthroposophen betonen die Eigenverantwortung des Krebskranken zu streßfreier Lebensführung. Das kann zu Schuldkomplexen führen, wenn die Krankheit ausgebrochen ist.

◆ Anthroposophische Ärzte plädieren heute für die Operation von Tumoren und die folgende Behandlung mit Mistel-Injektionskuren anstatt Chemotherapie oder Strahlen. Diese Empfehlung ist fragwürdig.

◆ Die Anregung zu kreativen Tätigkeiten und zu naturbelassener Nahrung kann die Lebensqualität anheben. Die intensive ärztliche und pflegerische Zuwendung zum Krebskranken wirkt sich positiv auf das Lebensgefühl aus.

Empfehlung

Anthroposophische Diagnostik ist abzulehnen.

Anthroposophische Behandlung ist mit Einschränkungen empfehlenswert als Begleittherapie.

Die Krebsbehandlung mit Mistelpräparaten kann nicht empfohlen werden.

Homöopathische Krebsbehandlung

Die homöopathische Behandlung (siehe Seite 190) setzt voraus, daß der Organismus noch regulationsfähig ist. Dies trifft aber bei entwickeltem Tumor nicht mehr zu.

In früheren Jahren haben Homöopathen behauptet, den Krebstumor beeinflussen zu können. Heute wird das nur noch gelegentlich versprochen, aber es heißt, daß Homöopathie lebensverlängernd wirken und die Lebensqualität verbessern könne.

Kritik

Außer Einzelberichten liegt für diese Behauptung kein Beweis vor.

Es ist möglich, daß Homöopathie das Befinden verbessert. Psychotherapeutische Begleitung ist in manchen Fällen jedoch weniger kostenaufwendig und unter Umständen effektiver.

Empfehlung

Homöopathie als Krebsbehandlung kann nicht empfohlen werden.

Homöopathische Behandlung kann mit Einschränkung empfohlen werden als begleitende Maßnahme.

Krebsmanagement nach Hildegard

Den Begriff „Krebs" kannte *Hildegard von Bingen* (siehe Seite 241) nicht. *Hertzka*, einer der heutigen Vertreter der Hildegardmedizin, interpretiert die von ihr genannte „Vicht-Krankheit" als Krebs.

Wasserlinsenelixier soll das Krebsvorstadium rückgängig machen. Als Krebsheilmittel werden in Hildegards Schriften warmes Roggenbrot, Schlehenkerne, Samen aus Tannenzapfen und getrocknete Blase des Birkhuhns empfohlen. Bei Brust- oder Hautkrebs soll eine Veilchensalbe helfen. Zur Nachbehandlung oder als Alternative zur Chemotherapie wird eine homöopathisch potenzierte Mischung von Aalgalle, Weinessig, Honig, Weißwein und verschiedenen Gewürzen empfohlen.

Krebsmanagement nach Hildegard liegt im Bereich des Irrationalen.

Empfehlung

Die Krebsbehandlung nach Hildegard ist abzulehnen.

Traditionelle Chinesische Medizin und Ayurveda

Es gibt viele Einzelfallberichte, aber es liegt kein Beweis vor, daß Methoden, die aus der TCM (siehe Seite 161) beziehungsweise dem Ayurveda (siehe Seite 175) stammen, das Krebswachstum hemmen können.

Die in diesen (fernöstlichen) Medizinsystemen regelmäßig praktizierten Bewegungsübungen sind jedoch sinnvoll: Die suggestiven und entspannenden Komponenten von Qigong oder Yoga können schmerzlindernd wirken und zur Erhaltung der Lebensqualität genutzt werden.

Empfehlung

TCM und Ayurveda können als Krebstherapie nicht empfohlen werden.

Entspannung mit Qigong oder Yoga sind empfehlenswert.

Homotoxikologie nach Reckeweg und Wasser-Erd-Element-Theorie nach Kappler

Die beiden Theorien (siehe Homotoxikologie, Seite 243) sind Spekulationen, eine krebshemmende Wirkung der darauf aufbauenden Behandlungen sowie einer Diät mit Schweinefleischverbot ist nicht erwiesen.

Empfehlung

Eine Behandlung nach diesen Theorien ist abzulehnen.

Gezielte Krebstherapien

Therapien zur Steigerung der Immunabwehr

Große Hoffnung hat die Medizin in Mittel zur Stärkung des Immunsystems gesetzt – die bekanntesten unter ihnen: Interferon und Interleukin 2. Die Erwartung ist inzwischen der Ernüchterung gewichen, Interferon hat nur bei der seltenen Haarzell-Leukämie Erfolg, Interleukin 2 vielleicht beim malignen Melanom und Nierenzellkarzinom. Onkologen bezweifeln heute, ob ein gestärktes Immunsystem tatsächlich etwas gegen den Tumor ausrichten kann.

Doch viele alternative Konzepte beruhen auf der Idee, die Immunabwehr zu unterstützen. Üblicherweise werden von alternativen Therapeuten gleichzeitig mehrere Methoden und Mittel zur Immunstärkung eingesetzt. Das kann für den Krebskranken zum Bumerang werden: Übertherapie schwächt unter Umständen das Immunsystem und regt das Krebswachstum an. Wer solche Behandlungen bekommt, sollte den Arzt darüber informieren, da sie eventuell die Laborwerte verändern können.

Die Methoden im einzelnen:

Pflanzliche Immunstimulantien (siehe Seite 127)
Frischzellentherapie nach *Niehans* (siehe Seite 261)
Gewebeserotherapie nach *Thomas*
Thymusextrakte nach *Sandberg* und anderen (siehe Seite 265)
Serotherapie nach *Wiedemann* (siehe Seite 267)
Heilseren nach *Balà* und *Bonifazio*
Zytoplasmatische Therapie nach *Theurer* (siehe Seite 263)
„Ganzheits- und Immuntherapie" nach *Issels*
„Biologische Behandlung" nach *Zabel*
Krebs als Vergiftung und deren Behandlung mit *Mexikanischen Medizinalpflanzen* und *Diät* nach *Grüninger*
Autohomologe Immuntherapie nach *Kief (AHIT)* (siehe Seite 207)
Autologe Target Cytokine nach *Klehr (ATC, „Killerzellen"*, siehe Seite 207)
Aktiv-spezifische Immuntherapie (ASI, siehe Seite 207)

Immuno-augmentative Therapie (IAT): Krebskranke erhalten während einer Kur täglich mehrere Injektionen mit aufbereitetem Eigenblut. Das Rezept für Aufbereitung und Zusätze wird nach Anweisungen von *Burton*, dem Erfinder der Therapie in den USA, individuell zusammengestellt und der deutschen Dependance in Gelsenkirchen mitgeteilt. Burtons Klinik auf den Bahamas wurde für einige Monate geschlossen, weil in dem aus vielen Bestandteilen – Serum und Tumorgewebe von Spendern – bestehenden Mittel Aids- und Hepatitisviren entdeckt wurden. Obwohl die American Medical Association 1988 die Nutzlosigkeit dieser Therapie festgestellt hat, ist 1991 bereits das zweite IAT-Behandlungsinstitut Deutschlands eröffnet worden. Die sechswöchige Behandlung kostet hier mehr als 18 000 DM, Aufenthalt nicht inbegriffen.

Kritik

◆ Keine dieser Therapien wirkt krebshemmend, keine hat den Nachweis erbracht, daß sie – als begleitende Maßnahme – den Bedarf an Krebsmedikamenten verringern oder deren Nebenwirkungen abschwächen kann (siehe Organotherapie, Seite 260).
◆ Die Anwender nehmen schwere Nebenwirkungen in Kauf.

Therapien zum Stimulieren der Krebszellatmung

Krebsvorbeugung und *-behandlung* nach *van Aaken:* Dauerlauftraining, Sauerstoffinhalation, heiße Bäder, hochdosierte Multivitamine und andere Medikamente
Substitution der Oxidationsfermente mit BETA- und *Anthozyanen* nach *Seeger*
Physiatrone nach *Solomides*
Sauerstoff-Krebs-Mehrschritt-Therapie nach *Ardenne:* Sauerstoffinhalation, Bewegungstraining, Überhitzung, Glykoseinfusionen (siehe Seite 285)
Ozontherapie (siehe Seite 281)
HOT-Hämatogene Oxidationstherapie, Blutwäsche nach *Wehrli* (siehe Seite 278)

Kritik

◆ Die diesen Behandlungen zugrundeliegende Idee Warburgs von der mangelnden Sauerstoffatmung der Krebszellen ist falsch.
◆ Keine dieser Therapien hat den Nachweis ihrer Wirksamkeit erbracht. Wenn sich Krebspatienten durch die Behandlung wohler fühlen, dann beruht dies wahrscheinlich auf dem Glauben an den „Jungbrunnen Sauerstoff" und auf der Selbstaktivität. Ozonbehandlung hat bereits mehrere Todesopfer gefordert, HOT einen Todesfall verursacht.

Enzymtherapie des Krebses

Pankreasenzyme nach *Beard*
Carzodelan forte nach *Gaschler*
Bromelain nach *Gerard, Nieper, Taussig*
Neoblastine nach *Leeuwen*
Trypanosa nach *Institut Merieux*
Wobe Mugos nach *Wolf* und *Ransberger:* Die Behandlung soll zur Vorbeugung gegen Metastasen „lebenslang" durchgeführt werden. Im Jahr fallen Kosten von über 700 DM an. Die Schweizerische Gesellschaft für Onkologie rät von dem Mittel ab, es ist nicht gefahrlos (siehe Seite 129).

Kritik

Es fehlt der Nachweis, daß Enzymtherapien krebshemmend wirken.

Hormonelle Krebsbehandlung

Sexhormonblockade nach *Hackethal:* Nach der Idee „Keine Fortpflanzung des Zellweibleins – auch nicht der Terroristin Krebszelle – ohne Sexhormone", verabreicht *Hackethal* bei allen Krebsarten die zehnfache Dosis des vom Hersteller nur für bestimmte, durch Hormone beeinflußbare Tumoren vorgesehenen Mittels *Buserelin*. Zusätzlich werden Überhitzung und weitere fragwürde Behandlungen mit Thymuspräparaten, *Carnivora*, Einläufen mit Urin fremder gesunder Personen und Soft-Laser angewendet.

Buserelin und verwandte Mittel hemmen nur bei ganz bestimmten Arten von Brust- und Prostatakrebs deren Wachstum.

Kritik

Die *Hackethal*-Therapie gilt als ärztlicher Behandlungsfehler.

Krebsbehandlung mit Pflanzenextrakten

Aromatherapie (siehe Seite 200)
Eleutherokokk (siehe Seite 124)

Therapie mit pflanzlichen Mitteln (siehe Seite 115). Immer wieder werden Mittel, die aus pflanzlichen Stoffen gewonnen wurden, als „Wundermittel" gepriesen. Zwei Beispiele:

Carnivora: Das Präparat wird aus dem Preßsaft der fleischfressenden „Venusfliegenfalle" hergestellt. Preis einer sechswöchigen Spritzenkur: 15 000 DM. Das lange als „Wundermittel" angepriesene Präparat erwies sich bei Kontrolluntersuchungen als krebsunwirksam. Es wurde 1986 vom Markt genommen, weil Injektionen lebensbedrohliche Schocks ausgelöst hatten. Aufstieg und Fall von Carnivora ist typisch für die Geschichte vieler sogenannter Wundermittel: Neuerdings wird das Mittel wieder angeboten – zum Einnehmen.

Esberitox: eine Mischung aus Extrakten vom Lebensbaum und Sonnenhut zur „Immunstärkung". Das Mittel eignet sich nachweislich nicht zur behaupteten Linderung der Nebenwirkung von Strahlen- oder Chemotherapiebehandlung und ist nicht ungefährlich. Es ist jedoch weiterhin zugelassen (siehe Seite 130).

Ukrain: ein Mischpräparat aus Extrakten des großen Schöllkrautes und eines Zytostatikums (Thio-THEPA), zur Behandlung von Krebsvorstufen und Krebserkrankungen. Trotz hoher Behandlungszahlen fehlt der Nachweis antitumoraler Effekte.

Apotheke Gottes nach *Maria Treben:* Brennesseltee soll sich zur Krebsvorbeugung eignen, Käsepappeltee Kehlkopfkrebs besiegen, ein Wickel aus Spitzwegerichblättern zusammen mit Olivenöl und Majoran Hodenkrebs zum Verschwinden bringen.

Kräuter nach *Kneipp:* Bei *Kneipp* ist unter anderem nachzulesen: „Ich konnte mich selbst davon überzeugen, daß Zinnkraut jeden Tumor zum Stillstand bringt und ihn auflöst." Ein Beleg dafür fehlt.

Auch für andere Medikamente pflanzlicher Herkunft, wie Krallendorntee, Antimalignosyt, Carcivieren, Pestwurz und Bamfolin fehlt der Nachweis ihrer angeblich tumorhemmenden Wirkung.

_Kritik

Weder Aromatherapie noch Pflanzenmittel können gegen bösartige Geschwülste etwas ausrichten. Die Rezepte beruhen höchstens auf Glaube und Hoffnung, jedoch nicht auf Wissen.

Physikalische Krebsbehandlung

Fußreflexzonenmassage (siehe Seite 236)
Überwärmungsbäder nach *Schlenz*
Magnetfeldtherapie nach *Ginsberg*
Neuraltherapie nach *Huneke* (siehe Seite 254)
Mittelhirn-Hypophysen-Mikrowellentherapie nach *Samuels*
Tornado-Mikrowellen-Therapie

_Kritik

Keines dieser Verfahren kann etwas gegen Krebserkrankungen ausrichten. Die suggestive Komponente der Methoden kann unter Umständen das Wohlbefinden Erkrankter heben.

Bekämpfung von spezifischen „Krebserregern"

Antimalariamittel bei Carzinom-Protozoen nach *Weber*
Rovital-Carziviren bei Krebsviren nach *Roka*

_Kritik

Die behauptete Wirkung dieser Mittel ist nicht erwiesen.

Ausschaltung von „geopathischen" Strahlungen

Wünschelrute und Abschirmgeräte: Sie sollen gegen terrestrische Strahlungen und angebliche Strahlungen von Wasseradern, Verwerfungen, Rissen und Erzlagern helfen (siehe Seite 324).
Weitere geopathische Theorien:
Globalnetz atmosphärischer Strahlungen nach *Hartmann*
Diagonalnetz nach *Curry*
Orgon und kosmische Strahlungen nach *Reich*

Kritik

Diese Vorstellungen entbehren jeder Realität. Eine Anwendung der Mittel ist sinnlos, dafür aber kostenaufwendig.

Psychologische Krebsbehandlung

In der Reichweite psychotherapeutischer Methoden liegt es, die seelischen Vor- und Folgeerkrankungen bei Krebs zu behandeln, die Folgen der Krebsbehandlung und die psychosomatischen Leiden zu lindern (siehe Seite 348).

Ob Psychotherapie einen Einfluß auf das Krebswachstum hat, ist nicht restlos geklärt. Gruppengespräche unter der Leitung eines Psychotherapeuten können nachweislich lebensverlängernd wirken.

In jedem Fall können psychosoziale und psychotherapeutische Hilfen die Lebensqualität von Patienten und ihren Familien verbessern. Die Krankheit und ihre Risiken werden besser bewältigt, die Medikamente besser genutzt und vertragen, die seelische Belastbarkeit steigt an, die Beziehungen zu Angehörigen und medizinischen Fachleuten gestaltet sich angenehmer.

Es ist gesichert, daß damit Schmerz und Angst gemildert und der Umgang mit möglichen Rückfällen erleichtert werden.

Erkundigen Sie sich bei den Krankenkassen oder bei Onkologischen Gesellschaften (siehe Adressen, Seite 337) nach wirksamer Psychotherapie.

Auf dem „Psycho-Markt" gibt es eine fast unüberschaubare Fülle von psychotherapeutischen Verfahren, denen die unerschütterliche Überzeugung gemeinsam ist, daß Krebs auf seelische Ursachen zurückgehe und daher Psychotherapie die Behandlungsform der Wahl sei. Einige von ihnen stellen sogar die medizinische Behandlung in Frage.

Seelische Ursachen können bei der Entstehung von Krebs wie bei der von anderen Erkrankungen zwar eine Rolle spielen, eine „Krebspersönlichkeit" gibt es jedoch nachweislich nicht.

Psychotherapien als ursächliche Behandlung von Krebs:

Sophrologie nach *Abrezol*
Autosuggestion nach *Coué*
Stoffwechsel-Psycho-Reflex-Krebs-Therapie nach *Münsterberg*
Psychophilosophie nach *Ruckstuhl*
Autonomiekonzept nach *Grossarth-Marticek* (und Epigonen)

Die eiserne Regel des Krebs nach *Hamer* sagt aus, daß jede Krebserkrankung auf einem seelischen Konflikt beruht. Wird dieser bereinigt, so gehe der Krebs von selbst zurück. Aufgrund dieser Lehre wurden in unzähligen Fällen notwendige Behandlungen versäumt. Die Kranken starben. Dem Arzt Hamer wurde die Approbation entzogen, trotzdem „berät" er weiterhin Krebskranke.

Krisentherapie nach *Le Shan* zielt darauf ab, den Verlust von Hoffnung, Werten und Zukunftsperspektiven wettzumachen durch Selbstfindung, Stärkung des Lebenswillens und persönliches Wachstum im Sinne eines Lebens „nach der eigenen Lebensmelodie".

Imagination nach *Simonton:* Im entspannten Zustand macht sich der Krebskranke eine möglichst aggressive, bildhafte Vorstellung (Visualisierung) davon, wie Chemotherapie beziehungsweise Bestrahlung zusammen mit dem Immunsystem die Krebszellen überwältigen.

Kritik

◆ Nur die beiden letztgenannten Methoden stützen sich auf wissenschaftliche Überlegungen. Die anderen sind spekulativ.

◆ Einige Psychotherapien legen den Krebskranken starke Verpflichtungen auf und erklären sie zu Alleinverantwortlichen für den Krankheitsverlauf, also auch für das mögliche Scheitern.

◆ Manche etablierten psychotherapeutischen Verfahren werden von weltanschaulichen Heilslehren „in den Dienst genommen", aber mit einer Fehldeutung, in der Unmögliches versprochen wird.

◆ Manche überholten Ursachenbeschreibungen und

historischen Krankheitskonzepte kehren verkleidet in wissenschaftlich modernen Methoden wieder und wecken ethisch ungerechtfertigte Heilserwartungen, wie zum Beispiel „das Immunsystem stärken".

_Empfehlung

Seriöse Psychotherapie und psychologische Gespräche zur Begleitung sind empfehlenswert.

Psychologische „Krebsbehandlung" ist dagegen abzulehnen.

Geistheilungen

Der Glaube an Geistheilung, magische Praktiken oder schamanistische Heilung entzieht sich der Bewertung. Kontrollierbare Belege für ihre Wirkung gibt es bis jetzt nicht.

Schamanen „gehen" im Ich des von ihnen Behandelten „auf", um sein Leid selbst zu erleben. Geistheiler sehen sich als Medien, die von einer höheren Kraft geführt werden.

Gemeinsames Ziel von Schamanen und Geistheilern ist es, einen Schock zu provozieren. Das „Böse", Krankmachende wird symbolisch entfernt. Der Patient soll so befähigt werden, aus der passiven Leidenshaltung in aktive Bereitschaft zur Selbstheilung hinüberzuwechseln.

Einzelne Fälle von der Heilung Unheilbarer sind bekanntgeworden. Sie werden als Spontanheilungen eingestuft. Allerdings sind auch einige Todesfälle nach Behandlung durch Geistheiler bekannt geworden und wurden strafrechtlich geahndet.

Die fünf- bis siebentausend Geistheiler, die in Deutschland tätig sind, haben sich 1995 in einem Dachverband vereinigt. Der Verband verpflichtet Mitglieder, keine Heilung oder Linderung zu versprechen, sich nicht als Wunderheiler zu präsentieren, keine Vorkasse zu nehmen und Patienten nicht vom Arztbesuch und von der Medikamenteneinnahme abzuraten.

Etwa 65 000 Kranke pilgern jedes Jahr nach Lourdes. Seit zwei Jahrzehnten begutachtet dort ein 18köpfiges katholisches Ärztegremium jede unerklärliche Heilung. Es hat insgesamt 64 als „Wunderheilungen" eingestuft. Darunter ist nur eine Krebserkrankung: ein Kind mit einer seltenen Krebsart (Ewing-Sarkom). Viele kranke Gläubige verlassen Lourdes zwar ungeheilt,aber gestärkt durch wiedergewonnene Hoffnung.

_Kritik

◆ Geistheiler dürfen ihrem Selbstverständnis nach nicht in den „kosmischen Plan" eingreifen, das heißt auch nicht Leben verlängern, wenn das „nicht vorgesehen" ist, oder Krankheiten heilen, die sie für die geistige Weiterentwicklung des Patienten für entscheidend halten.

◆ Bei einem Test, an dem angesehene holländische Wunderheiler teilnahmen, wurden drei Gruppen von Hochdruckpatienten unterschiedlich behandelt: die eine durch Handauflegen, die andere durch „Fernenergie", der dritten wurde verschwiegen, daß sie keine Therapie bekam. Bei allen drei Patientengruppen senkte sich der Blutdruck gleichermaßen. Dieser Test zeigte auf, daß Wunderheilung einer Scheinbehandlung (siehe Placebo, Seite 20) gleichkommt.

◆ Viele Wunderheiler, zum Beispiel die philippinischen Operateure, zu denen jährlich etwa 50 000 Menschen reisen, sind als Trickkünstler entlarvt worden.

◆ Viele Krebskranke sind zu jedem finanziellen Opfer bereit, um gesund zu werden. Auch Vertreter übernatürlicher Heilung nutzen diese Bereitschaft häufig aus und verlangen hohe Geldbeträge.

◆ Bedenklich ist, daß viele Kranke von Geist- und Wunderheilern psychisch abhängig werden. Es sind einige dramatische Schicksale dokumentiert: Abhängige wurden in den finanziellen Ruin gestürzt, sind erpreßt worden und haben den Weg in den Selbstmord gewählt. Die Wunderheilung erwies sich als Scheinbehandlung (siehe Placebo, Seite 20).

◆ Ein Urteil des Bundesverwaltungsgerichts (AZ 3 C 45/91) stellte 1995 fest, daß jede Person, die andere von Beschwerden befreien will, dazu eine Erlaubnis braucht. Das gilt auch für Geistheiler. Die überwiegende Zahl der Geistheiler hat keine solche Zulassung und bietet trotzdem ihre Dienste an. Da sie auch kaum medizinische Kenntnisse hat, ist das Risiko groß, daß Krankheiten nicht erkannt und notwendige Behandlungen verschleppt werden.

Krebsmittel mit fraglicher Wirksamkeit

Immer neue Krebsmittel werden von Behandlern, in speziellen „Krebskliniken" und auf dem Importweg angeboten. In den letzten zehn Jahren hat sich die Zahl der Krebsmedikamente mit fraglicher Wirksamkeit verdoppelt.

Die Deutsche Krebsgesellschaft läßt seit Jahren unkonventionelle Krebsmittel (Medikamente, Spurenelemente, Lebensmittel usw., die gegen Krebs empfohlen werden) von Wissenschaftlern begutachten. Die folgende Liste und die Bewertungen stützen sich hauptsächlich auf diese Forschungen, auf den Fachbericht der OTA (Office of Technology Assessment) an den Kongreß der USA sowie auf Forschungen von Kliniken in der Schweiz und Holland, die sich seit langem der Auseinandersetzung mit unkonventionellen Krebsmitteln stellen.

Kritik

Über die Biologie der Krebszellen weiß man heute noch sehr wenig, allerdings hat sich gezeigt, daß ein und dasselbe Mittel, je nach Dosis, das Krebswachstum bremsen oder ankurbeln kann.

Wissenschaftler, die alle vorliegenden Studien über die Wirksamkeit der genannten Mittel begutachtet haben, stellten fest:

◆ Für die meisten alternativen Krebsmittel fehlen die elementarsten Prüfdaten über Wirkung und Nebenwirkung. Erfolgsberichte in Einzelfällen gelten nicht als Wirksamkeitsnachweis.

◆ Die meisten alternativen Krebsmittel werden heute als „biologische" oder „immunstimulierende" Zusatztherapie angepriesen. Sie können die Wirkung der Chemotherapie steigern oder hemmen und die Ergebnisse von Tests nach Tumormarkern, die über das Krebswachstum Auskunft geben, verfälschen.

◆ Werden alternative Krebsmittel anstelle einer Krebsbehandlung eingesetzt, kann der Zeitpunkt für den Einsatz einer notwendigen und wirksamen Therapie versäumt werden.

◆ Die biologischen Mittel stellen allein oder als begleitende Behandlung unter Umständen eine Gefahr für den Krebskranken dar.

◆ Für keines der aufgelisteten Mittel ist eindeutig bewiesen, daß es das Wachstum von Krebszellen hemmt. Es ist auch fraglich, ob diese Mittel die Lebensqualität Krebskranker verbessern.

Empfehlung

Krebsmedikamente mit fraglicher Wirksamkeit können nicht empfohlen werden.

Krebsmittel mit fraglicher Wirksamkeit

A-Blastomase
Abnoba-viscum
Actinina
ADI, Adoptive Immuntherapie
AHIT, Autohomologe Immuntherapie nach Kief
A-Mulsin-Hochkonzentrat
Anti-Blasto-A-Injektopas
Anti-Blasto-B-Injektopas
Anticancerlin
Antimalignosyt
Antineoplaston
Asparagin
ATC, Autologe Target Cytokine, Killerzellen
ASI, Aktiv-spezifische Immuntherapie
Bamfolin
Beres-Tropfen
Bromelain 200
Cadmiumsulfat
Carcinom-Nosodenpräparate
Heel: (Alle Präparate in verschiedenen Potenzen erhältlich)
Carcinominum Compositum
Carcinoma bronchium Injeel/ Injeel forte
Carcinoma coli Injeel forte
Carcinoma hepatis Injeel forte
Carcinoma hepatis metastatis Injeel forte
Carcinoma laryngis Injeel forte
Carcinoma mammae Injeel forte
Carcinoma urin
Carcinoma uteri Injeel forte
Carcivieren
Carnivora
Carzodelan forte
Cefaktivon-Novum
CH-23
Chiang Pan
Chiang Pan Injektion
Cobra-Gastreu R 17
Co-Manzan
Coriosta Stoffwechselkonzentrat
CT-Horfervit (Polyerga)
EAP 61
Eisernes Mittel
Esberitox
Eurixor
Extractum eleutherococcus fluidum
Factor AF 2
Flenin
Furfurol
GE 132
Gelée royale
Gelum oral-rd
Germanium-Verbindung GE-132
Gerner Mixtura AD
Gerner Mixtura LI
Ginseng-Präparate
GSH-Kombi
Hämatogene Oxydation
Haemin-Knochenmark-Extrakt
Haifischknorpelpulver
Hanoplex Nr. 26
Harnstoff
Hefepräparate
Helixor A, M, P
Horvi-Schlangen-Reintoxine
IAT, Immuno-augmentative Therapie
Injectio Lymphatica EKF
Intergen
Intergen forte
Isaminblau
Iscador M, P, Q
Iscucin-Viscum
Isorelo
Jomol
JUV 110
Kefir
Killerzellen, ATC
Kombucha
Konstosin
Krallendorntee
Krebiozen
Kroletten
Lachemistol
Laetrile
Lymphaden Injektionslösung
Lymphaden Tropfen
MembranoSOME
Mes-Acton
Mistelpräparate
Mutaflor
Mikroplex Kupfer-Gold-Silber
Naphta B-100-140
Neoblastine
NeyThymun K
NeyTumorin
NeyTumorin „N" Lösung
NeyTumorin Tropfen
NeySanguin
Novantimeristem
Organ-Serum-Thymus
Oxybiotic 816
Ozongemische
Pankreasfermente
Peroxidschwefelsäure
Pestwurz
Petrasch-Anthozym
Petroleum
Physiatrone
Polonin
Plenosol
Polydyn
Polyerga Dragees, Injektionslösung
Protecton
Rabjuven -N Ampullen, -Kur, -Salbe-G
Randen (Rote Bete)
Recancostat comp.
Redox-Injektopas
Regenaplex Tropfen Nr. 39 b, 202, 507
RevitOrgan-Präparate
Rote Bete (Randen)
Rovital-Carziviren
Selen
Selenase
SEN-Medizin
Spenglersan-Kolloid K liquidum
Splen-Uvocal
Squalen
Sterine
Stronglife
Stropheupas forte
TFX
THX
Thymex-L
Thymus-Dragées Wiedemann
Thym-Uvocal
Tp-1 Serono
Trypanosa
Tumoglin
Tumosteron
Ukrain
Veilchensalbe
Viscum forte
Vitamin C
vitOrgan Präparat Nr.1
vitOrgan Präparat Nr.70
Vysorel A, M, P
Wala-Präparate
Wobe Mugos
Xenogene Peptide, Zytoplasmatische Therapie
Zellatmungsaktivator-A Komplex
Zellimmunrevitalisierungstherapie
Zellmedin-Thymus 200
Zell Oxygen Hefepräparate
Zinkorotat 20, 40
Zytoplasmatische Therapie, Xenogene Peptide

Listen

„Alternative" Allergien

Vornehmlich in der Phytotherapie, Homöopathie und Anthroposophie, aber auch bei manchen anderen Verfahren werden Pflanzen als Heilmittel eingesetzt. Unter ihnen gibt es eine ganze Reihe, auf die empfindliche Menschen allergisch reagieren können.

Wir haben zwei Listen erstellt: Eine, die den volkstümlichen Namen, unter dem man die Pflanze im allgemeinen kauft, an erster Stelle nennt, und eine, die den wissenschaftlichen Namen der Pflanzen zuerst nennt, da der bei Fertigarzneimitteln oder Homöopathika auf dem Etikett steht.

In der Tabelle bedeutet

Sensibilisierungskraft: Wie stark die von dieser Pflanze ausgelöste Allergie sein kann.

Häufigkeit: Wie häufig von dieser Pflanze ausgelöste Allergien vorkommen.

Name der Pflanze	Sensibilisierungskraft	Häufigkeit
Alant (Inula helenium)	stark	gelegentlich
Apfelsine, Orange (Citrus sinensis)	schwach	selten
Arnika, Bergwohlverleih (Arnica montana)	stark	häufig
Artischocke (Cynara scolymus)	mittelstark	gelegentlich
Baumwolle (Gossypium hirsutum)	mittelstark	sehr selten
Becher-Primel (Primula obconica)	sehr stark	gelegentlich
Beifuß (Artemisia vulgaris)	schwach	sehr selten
Benediktenkraut (Cnicus benedictus)	stark	sehr selten
Büschelschön (Phacelia tanacetifolia)	stark bis sehr stark	selten
Chrysantheme (Dendranthema)	stark	häufig
Costus (Saussurea lappa)	stark bis sehr stark	sehr selten
„Croton", Wunderstrauch (Codiaeum variegatum)	stark	selten
Cymbidie (Cymbidium)	schwach	selten
Drehfrucht (Streptocarpus)	schwach bis mittelstark	selten
Efeu (Hedera helix)	mittelstark	gelegentlich
Efeutute (Epipremnum aureum)	schwach	selten
Franzosenkraut (Galinsoga parviflora)	schwach	selten
Frauenschuh (Cypripedium calceolus)	schwach bis mittelstark	selten
Garten-Tulpe (Tulipa gesnerana)	stark	häufig
Geranie (Perlargonium)	schwach	selten
Gewürznelke (Syzygium aromaticum)	mittelstark	gelegentlich
Gift-Efeu, Gift-Sumach (Rhus toxicodendron)	sehr stark	sehr selten

Name der Pflanze	Sensibilisierungskraft	Häufigkeit
Goldrute (Solidago virgaurea)	schwach	selten
Hennastrauch (Lawsonia inermis)	schwach	sehr selten
Herbst-Sonnenbraut (Helenium autumnale)	mittelstark	unbekannt
Hortensie (Hydrangea)	schwach	sehr selten
Huflattich (Tussilago farfara)	schwach	sehr selten
Hundskamille, stinkende (Anthemis cotula)	stark	gelegentlich
Inkalilie (Alstroemeria)	stark	gelegentlich
Jasmin, großblütiger (Jasminum grandiflorum)	schwach	selten
Kamille (Matricaria chamomilla)	schwach	sehr selten
Kamille, römische (Chamaemelum nobile)	mittelstark	selten
Karotte, Möhre (Daucus carota)	schwach	selten
Klette, große (Arctium lappa)	schwach	selten
Knoblauch (Allium sativum)	mittelstark	selten
Kornblume (Centaurea cyanus)	schwach	sehr selten
Küchenzwiebel (Allium cepa)	schwach	gelegentlich
Lattich, „Salat" (Lactuca sativa)	schwach	selten
Lavendel (Lavandula angustifolia)	schwach	sehr selten
Lorbeer (Laurus nobilis)	mittelstark	gelegentlich
Löwenzahn (Taraxacum officinale)	schwach	selten
Margerite (Leucanthemum vulgare)	stark	gelegentlich
Mutterkraut (Tanacetum parthenium)	stark	gelegentlich
Osterglocke (Narcissus pseudonarcissus)	schwach	sehr selten
Pfefferminze, Krauseminze (Mentha)	schwach	selten
Philodendron (Philodendron scandens)	schwach	selten
Propolis	mittelstark	selten
Pyrethrum, Wurmkraut (Tanacetum cinerariifolium)	stark	heute selten
Rainfarn (Tanacetum vulgare)	mittelstark	selten
Ratanhia (Krameria triandra)	schwach	selten
Ringelblume (Calendula officinalis)	schwach	sehr selten
Sackmoos (Frullania)	stark	selten
Schafgarbe (Achillea millefolium)	schwach bis mittelstark	gelegentlich
Silbermoos, Rentierflechte (Cladonia stellaris)	schwach bis mittelstark	selten
Sonnenblume (Helianthus annuus)	mittelstark	gelegentlich
Spargel (Asparagus officinalis)	schwach	selten
Tagetes, Sammetblume (Tagetes)	schwach	sehr selten
Telekie (Telekia speciosa)	mittelstark	sehr selten
Vanille (Vanilla planifolia)	mittelstark	gelegentlich
Wasserschnabel, asiatischer (Centella asiatica)	schwach	selten
Wegwarte (Cichorium intybus)	schwach	selten
Zimt (Cinnamomum zeylanicum)	mittelstark	häufig

Name der Pflanze	Sensibilisierungskraft	Häufigkeit
Achillea millefolium (Schafgarbe)	schwach bis mittelstark	gelegentlich
Allium cepa (Küchenzwiebel)	schwach	gelegentlich
Allium sativum (Knoblauch)	mittelstark	selten
Alstroemeria (Inkalilie)	stark	gelegentlich
Anthemis cotula (Hundskamille, stinkende)	stark	gelegentlich
Arctium lappa (Klette, große)	schwach	selten
Arnica montana (Arnika, Bergwohlverleih)	stark	häufig
Artemisia vulgaris (Beifuß)	schwach	sehr selten
Asparagus officinalis (Spargel)	schwach	selten
Calendula officinalis (Ringelblume)	schwach	sehr selten
Centaurea cyanus (Kornblume)	schwach	sehr selten
Centella asiatica (Wasserschnabel, asiatischer)	schwach	selten
Chamaemelum nobile (Kamille, römische)	mittelstark	selten
Cichorium intybus (Wegwarte)	schwach	selten
Cinnamomum zeylanicum (Zimt)	mittelstark	häufig
Citrus sinensis (Apfelsine, Orange)	schwach	selten
Cladonia stellaris (Silbermoos, Rentierflechte)	schwach bis mittelstark	selten
Cnicus benedictus (Benediktenkraut)	stark	sehr selten
Codiaeum variegatum („Croton", Wunderstrauch)	stark	selten
Cymbidium (Cymbidie)	schwach	selten
Cynara scolymus (Artischocke)	mittelstark	gelegentlich
Cypripedium calceolus (Frauenschuh)	schwach bis mittelstark	selten
Daucus carota (Karotte, Möhre)	schwach	selten
Dendranthema (Chrysantheme)	stark	häufig
Epipremnum aureum (Efeutute)	schwach	selten
Frullania (Sackmoos)	stark	selten
Galinsoga parviflora (Franzosenkraut)	schwach	selten
Gossypium hirsutum (Baumwolle)	mittelstark	sehr selten
Hedera helix (Efeu)	mittelstark	gelegentlich
Helenium autumnale (Herbst-Sonnenbraut)	mittelstark	unbekannt
Helianthus annuus (Sonnenblume)	mittelstark	gelegentlich
Hydrangea (Hortensie)	schwach	sehr selten
Inula helenium (Alant)	stark	gelegentlich
Jasminum grandiflorum (Jasmin, großblütiger)	schwach	selten
Krameria triandra (Ratanhia)	schwach	selten
Lactuca sativa (Lattich, „Salat")	schwach	selten
Laurus nobilis (Lorbeer)	mittelstark	gelegentlich
Lavandula angustifolia (Lavendel)	schwach	sehr selten
Lawsonia inermis (Henna)	schwach	sehr selten
Leucanthemum vulgare (Margerite)	stark	gelegentlich

Name der Pflanze	Sensibilisierungskraft	Häufigkeit
Matricaria chamomilla (Kamille)	sehr gering	sehr selten
Mentha (Pfefferminze, Krauseminze)	schwach	selten
Narcissus pseudonarcissus (Osterglocke)	schwach	sehr selten
Pelargonium (Geranie)	schwach	selten
Phacelia tanacetifolia (Büschelschön)	stark bis sehr stark	selten
Philodendron scandens (Philodendron)	schwach	selten
Primula obconica (Becher-Primel)	sehr stark	gelegentlich
Propolis	mittelstark	selten
Rhus toxicodendron (Gift-Efeu, Gift-Sumach)	sehr stark	sehr selten
Saussurea lappa (Costus)	stark bis sehr stark	sehr selten
Solidago virgaurea (Goldrute)	schwach	selten
Streptocarpus (Drehfrucht)	schwach bis mittelstark	selten
Syzygium aromaticum (Gewürznelke)	mittelstark	gelegentlich
Tagetes (Tagetes, Sammetblume)	schwach	sehr selten
Tanacetum cinerariifolium (Pyrethrum, Wurmkraut)	stark	heute selten
Tanacetum parthenium (Mutterkraut)	stark	gelegentlich
Tanacetum vulgare (Rainfarn)	mittelstark	selten
Taraxacum officinale (Löwenzahn)	schwach	selten
Telekia speciosa (Telekie)	mittelstark	sehr selten
Tulipa gesnerana (Garten-Tulpe)	stark	häufig
Tussilago farfara (Huflattich)	schwach	sehr selten
Vanilla planifolia (Vanille)	mittelstark	gelegentlich

Achtung in der Schwangerschaft

Verschiedene „alternative" Verfahren, allen voran die Homöopathie, verwenden Stoffe als Arzneimittel, die dem ungeborenen Kind schaden können. Da Schwangere jedes derartige Risiko so klein wie möglich halten sollten, empfiehlt es sich, solche Mittel während der gesamten Dauer der Schwangerschaft nicht einzunehmen.

In der Tabelle bedeutet
wahrscheinlich: Nach den bisher vorliegenden Informationen muß man es als wahrscheinlich annehmen, daß der Stoff das Ungeborene schädigt.
noch offen: Die vorliegenden Daten geben Hinweise auf eine mögliche Schädigung.

Die Begriffe in Klammern sind Namen, unter denen die Chemikalien in der Homöopathie auch verkauft werden.

Name des Stoffes	Gefährdung
Acidum hydrobromicum	noch offen
Acidum hydrocyanicum	noch offen
Acidum nitricum	noch offen
Aether	noch offen
Anilinum	noch offen
Argentum cyanatum	noch offen
Bromum	noch offen
Carboneum sulfuratum	wahrscheinlich
Carboneum tetrachloratum	noch offen
Chloroformium	wahrscheinlich
Cuprum cyanatum	noch offen
Hydrargyrum bicyanatum (Mercurius cyanatus)	noch offen
Kalium cyanatum	noch offen
Plumbum aceticum	wahrscheinlich
Plumbum jodatum	wahrscheinlich
Plumbum metallicum	wahrscheinlich
Plumbum phosphoricum	wahrscheinlich
Plumbum tannicum	wahrscheinlich
Zincum cyanatum	noch offen

Giftpflanzen als Arzneimittel

Auch mehr oder weniger giftige Pflanzen werden als Heilmittel eingesetzt. Doch nicht immer ist die ganze Pflanze gleichermaßen giftig: Bei manchen sind zum Beispiel die Früchte oder die Wurzeln sehr gefährlich, das Kraut aber nicht.

Ob eine Giftpflanze heilsam wirkt oder gefährlich ist, hängt selbstverständlich von der Dosierung ab. Homöopathische Arzneimittel aus Giftpflanzen sind bis D 3 verschreibungspflichtig.

Ohne Rücksicht auf diese Unterschiede enthält diese Liste Giftpflanzen, die in homöopathischen und anthroposophischen Arzneimitteln vorkommen.

Mittel mit solchen Inhaltsstoffen sollten Sie nur in der Menge einnehmen wie sie der Arzt verordnet hat. Meiden Sie bei der Selbstbehandlung Potenzen bis D 8.

In der Tabelle bedeutet

► **stark giftig:** Die Einnahme kann zu schweren Vergiftungserscheinungen führen.

► **sehr stark giftig:** Schon geringe Mengen sind lebensgefährlich.

Die Begriffe in Klammern sind Namen, unter denen die Mittel in der Homöopathie auch verkauft werden.

Giftigkeit	Pflanzenname
▶ (rot)	Abrus precatorius (Jequirity)
▶ (rot)	Aconitum napellus
▶ (grau)	Adonis aestivalis
▶ (grau)	Adonis vernalis
▶ (rot)	Aethusa cynapium
▶ (grau)	Agrostemma githago
▶ (rot)	Anamirta cocculus (Cocculus)
▶ (grau)	Apocynum cannabinum
▶ (grau)	Artemisia cina (Cina)
▶ (rot)	Arum maculatum
▶ (grau)	Aspidosperma quebracho-blanco (Quebracho)
▶ (rot)	Atropa belladonna (Belladonna)
▶ (grau)	Banisteria caapi
▶ (grau)	Bryonia cretica
▶ (grau)	Buxus sempervirens
▶ (rot)	Cephaelis ipecacuanha (Ipecacuanha)
▶ (grau)	Cheiranthus cheiri
▶ (grau)	Chelidonium majus
▶ (rot)	Cicuta virosa
▶ (grau)	Citrullus colocynthis (Colocynthis)
▶ (rot)	Colchicum autumnale
▶ (rot)	Conium maculatum
▶ (rot)	Convallaria majalis
▶ (rot)	Croton tiglium
▶ (rot)	Daphne mezereum (Mezereum)
▶ (rot)	Datura stramonium (Stramonium)
▶ (rot)	Delphinum staphisagria (Staphisagria)
▶ (rot)	Dieffenbachia seguine (Caldium seguinum)
▶ (rot)	Digitalis
▶ (rot)	Dracunculus vulgaris (Arum dracunculus)
▶ (grau)	Duboisia myoporoides
▶ (grau)	Ecballium elaterium
▶ (grau)	Euonymus atropurpurea
▶ (grau)	Euonymus europaea (Evonimus europaea)
▶ (grau)	Euphorbia cyparissias
▶ (rot)	Gelsemium sempervirens
▶ (grau)	Genista tinctoria
▶ (grau)	Gossypium herbaceum
▶ (grau)	Gratiola officinalis
▶ (rot)	Helleborus niger
▶ (rot)	Helleborus viridis
▶ (grau)	Hura crepitans (Hura brasiliensis)
▶ (grau)	Hydrastis canadensis
▶ (rot)	Hyoscyamus niger
▶ (grau)	Ilex aquifolium
▶ (grau)	Jatropha curcas
▶ (rot)	Juniperus sabina (Sabina)
▶ (rot)	Juniperus virginiana
▶ (rot)	Laburnum anagyroides (Cytisus laburnum)
▶ (grau)	Lactuca virosa
▶ (grau)	Lobelia inflata
▶ (grau)	Lophophora williamsii (Anhalonium lewinii)
▶ (grau)	Mandragora
▶ (grau)	Nerium oleander (Oleander)
▶ (rot)	Nicotiana tabacum (Tabacum)
▶ (grau)	Pausinystasia yohimba
▶ (grau)	Phaseolus vulgaris (Phaseolus nanus)
▶ (rot)	Physostigma venenosum (Calabar)
▶ (rot)	Pilocarpus jaborandi (Jaborandi)
▶ (grau)	Rauwolfia serpentina
▶ (rot)	Rhododendron ferrugineum
▶ (rot)	Ricinus communis
▶ (grau)	Robinia pseudoacacia
▶ (grau)	Schoenocaulon officinale (Sabadilla)
▶ (grau)	Semecarpus anacardium (Anacardium)
▶ (grau)	Solanum dulcamara (Dulcamara)
▶ (grau)	Solanum nigrum
▶ (grau)	Solanum tuberosum
▶ (rot)	Strophantus gratus
▶ (rot)	Strophantus hispidus
▶ (rot)	Strophantus kombe
▶ (rot)	Strychnos ignatii (Ignatia)
▶ (rot)	Strychnos nux-vomica (Nux-vomica)
▶ (grau)	Taxus baccata
▶ (rot)	Thuja occidentalis
▶ (rot)	Toxicodendron quercifolium (Rhus toxicodendron)
▶ (grau)	Urginea maritima (Scilla)
▶ (grau)	Veratrum album
▶ (grau)	Veratrum viride
▶ (grau)	Xysmalobium undulatum

„Alternative Gifte"

Die „sanfte" Medizin setzt auch Gifte als Heilmittel ein. Ob ein solcher Stoff gefährlich ist, hängt selbstverständlich von der Dosierung ab. Ein homöopathisches Arzneimittel, das Gifte enthält, ist bis einschließlich D 3 verschreibungspflichtig. Gemäß den homöopathischen Verdünnungsregeln kann in der 10-ml-Flasche eines frei verkäuflichen D 4-Homöopathikums ein Milligramm Giftstoff enthalten sein.

Einige dieser Stoffe sind zusätzlich zu ihrer Giftigkeit auch noch krebserregend (siehe Seite 362).

Die Weltgesundheitsorganisation (WHO) hat für einige Stoffe Mengenbegrenzungen der täglichen beziehungsweise wöchentlichen Einnahme bekanntgegeben, die nach dem bisherigen Wissensstand toleriert werden können. Hierbei geht es nicht um die sofort tödliche Dosis, sondern um mögliche Langzeitfolgen durch das im Körper gespeicherte Metall. Diese WHO-Zahlen liegen erheblich unter denen, die die giftige Dosis markieren.

Die vom ehemaligen Bundesgesundheitsamt zum Beispiel für Homöopathika angegebenen Dosierungen berücksichtigen diese Problematik. Sie als Patient können aber nicht selbstverständlich darauf vertrauen, daß jeder Arzt oder Heilpraktiker diese Angaben kennt. Noch viel weniger erfahren die Verwender davon, die sich auf eigene Faust behandeln, denn diese Mittel haben keinen Beipackzettel, der Dosierungsgrenzen angibt.

Dazu ein Beispiel: Eine 60 Kilogramm schwere Frau nimmt gegen ihren akuten Darmkatarrh nach den allgemeinen homöopathischen Richtlinien sechs Stunden lang jede halbe Stunde fünf Tropfen Mercurius dulcis D 4 ein. Damit schluckt sie an einem Tag mehr als ein Drittel der von der Weltgesundheitsorganisation in einer Woche für unbedenklich gehaltenen Menge Quecksilber. Sie überschreitet den Wochen-Grenzwert aber höchstwahrscheinlich, weil sie das Metall durch Luft und Nahrungsmittel zusätzlich und ständig unbemerkt aufnimmt. Das Limit ist allemal überschritten, wenn sie die Behandlung ihres Darmes mit dem Mittel fortsetzt.

Nehmen Sie darum von Mitteln mit giftigen Inhaltsstoffen niemals mehr ein, als der Arzt Ihnen verordnet hat. Meiden Sie bei der Selbstbehandlung Potenzen unter D 6.

Verzichten Sie bei den mit „WHO-Grenzwert ja" gekennzeichneten Mitteln auf Potenzen unter D 8.

In der Tabelle bedeutet

- **stark giftig:** Die tödliche Dosis liegt zwischen fünf und 50 Milligramm pro Kilogramm Körpergewicht.

- **sehr stark giftig:** Weniger als fünf Milligramm pro Kilogramm Körpergewicht können tödlich sein.

- WHO-Grenzwert „ja": Für diese Stoffe hat die Weltgesundheitsorganisation Mengenbegrenzungen für die tägliche oder wöchentliche Einnahme angegeben, die noch als tolerabel gelten, aber nicht überschritten werden sollten.

Giftigkeit	Pflanzenname	WHO-Grenzwert
▶ (grau)	Acidum carbolicum	
▶ (rot)	Acidum hydrocyanicum	
▶ (rot)	Acidum hydrofluoricum	
▶ (rot)	Acidum picrinicum	
▶ (grau)	Aethiops antimonialis	●
	(Hydrargyrum stibiato-sulfuratum)	
▶ (grau)	Amylium nitrosum	
▶ (grau)	Antimonium arsenicosum	●
	(Stibium arsenicosum)	
▶ (grau)	Antimonium crudum	
	(Stibium sulfuratum nigrum)	
▶ (grau)	Antimonium sulfuratum aurantiacum	
	(Stibium sulfuratum aurantiacum)	
▶ (rot)	Argentum cyanatum	
▶ (rot)	Arsenum jodatum	●
▶ (rot)	Arsenum metallicum	●
▶ (rot)	Arsenum sulfuratum rubrum	●
▶ (rot)	Atropinum	
▶ (rot)	Atropinum sulfuricum	
▶ (grau)	Barium aceticum	
▶ (grau)	Barium carbonicum	
▶ (grau)	Barium chloratum	
▶ (grau)	Bromum	
▶ (rot)	Cadmium sulfuricum	●
▶ (grau)	Calcium arsenicosum	●
▶ (grau)	Calcium stibiato-sulfuratum	
▶ (rot)	Chininum arsenicicum	●
▶ (rot)	Chininum arsenicosum	●
▶ (rot)	Chloroformium	
▶ (rot)	Colchicinum	
▶ (grau)	Cuprum arsenicosum	●
▶ (grau)	Dinitrophenolum	
▶ (rot)	Ferrum arsenicosum	●
▶ (rot)	Glonoinum (Nitroglycerinum)	
▶ (grau)	Jodum	●
▶ (rot)	Kalium arsenicosum	●
▶ (rot)	Kalium cyanatum	
▶ (grau)	Kalium fluoratum	
▶ (grau)	Kalium oxalicum	
▶ (rot)	Kreosotum	

Giftigkeit	Pflanzenname	WHO-Grenzwert
▶ (grau)	Mercurius auratus	●
	(Hydrargyrum auratum)	
▶ (grau)	Mercurius bijodatus	●
	(Hydrargyrum bijodatum)	
▶ (grau)	Mercurius chromicus oxydulatus	●
	(Hydrargyrum chromatum oxydulatum)	
▶ (rot)	Mercurius cyanatus	
	(Hydrargyrum bicyanatum)	●
▶ (grau)	Mercurius dulcis	●
	(Hydrargyrum chloratum)	
▶ (grau)	Mercurius jodatus flavus	●
	(Hydrargyrum jodatum)	
▶ (grau)	Mercurius phosphoricus	●
	(Hydrargyrum phosphoricum)	
▶ (grau)	Mercurius praecipitatus albus	●
	(Hydrargyrum oxydatum album)	
▶ (grau)	Mercurius praecipitatus ruber	●
	(Hydrargyrum oxydatum rubrum)	
▶ (grau)	Mercurius sublimatus corrosivus	●
	(Hydrargyrum bichloratum)	
▶ (grau)	Mercurius sulfuricus	●
	(Hydrargyrum sulfuricum basicum)	
▶ (grau)	Mercurius vivus	●
	(Hydrargyrum metallicum)	
▶ (rot)	Natrium arsenicosum	●
▶ (rot)	Natrium selenicum	
▶ (grau)	Natrium silico-fluoratum	
▶ (rot)	Nicotinum	
▶ (rot)	Phosphorus	
▶ (rot)	Selenium	
▶ (grau)	Stibium metallicum	
▶ (rot)	Strychninum nitricum	
▶ (rot)	Strychninum phosphoricum	
▶ (rot)	Strychninum purum	
▶ (rot)	Strychninum sulfuricum	
▶ (grau)	Tartarus stibiatus (Kalium stibyltartaricum)	
▶ (rot)	Thallium aceticum	
▶ (rot)	Thallium metallicum	
▶ (rot)	Thallium sulfuricum	
▶ (rot)	Zincum cyanatum	●

Krebs auf „alternative" Art

Gerade gesundheitsbewußte Menschen vertrauen „alternativen" Heilmitteln wie zum Beispiel Homöopathika oder anthroposophischen Medikamenten. Schwangere nehmen das vermeintlich Unbedenkliche, Eltern geben es ihren Kindern – nicht ahnend, daß sie damit vielleicht etwas Krebserzeugendes schlucken.

Von einer ganzen Reihe von Stoffen ist bekannt, daß sie mehr oder weniger stark krebserregend wirken. Der heutige Stand der Wissenschaft erlaubt es aber nicht, zu sagen wie oder wie lange und mit welcher Menge eines solchen Stoffes ein Mensch in Berührung kommen muß, bis sich eine bösartige Geschwulst entwickelt. Das ist unter anderem auch vom Zustand des Immunsystems abhängig und von anderen Faktoren, wie zum Beispiel Arbeitsbedingungen oder Rauchen.

Die Deutsche Forschungsgemeinschaft nennt für derart problematische Stoffe keine untere Grenze, von der man annehmen könnte, daß der Kontakt mit solchen Stoffen bis dahin unbedenklich wäre.

Für Anhänger der „sanften" Medizin leitet sich daraus der Rat ab: Meiden Sie Mittel, die einen der unten angeführten Stoffe enthalten – gleichgültig in welcher Verdünnung.

In der Liste gibt es vier Grade der Gefährdung:

stark gefährdend

gefährdend

Krebsverdacht: Begründeter Verdacht auf krebserregendes Potential.

Überprüfung: Es wird noch überprüft, wie stark gefährdend der Stoff ist und in welche Gruppe man ihn dann einreihen muß.

Die Begriffe in Klammern sind Namen, unter denen die Chemikalien in der Homöopathie auch verkauft werden.

Name	Krebsgefahr
Aethiops antimonialis (Hydrargyrum stibiato-sulfuratum)	Krebsverdacht
Acidum carbolicum (Phenolum)	Überprüfung
Acidum chromicum	Krebsverdacht
Anilinum	Krebsverdacht
Anthracokali	gefährdend
Antimonium arsenicosum (Stibium arsenicosum)	stark gefährdend
Aristolochia clematitis	Krebsverdacht
Arsenicum album	stark gefährdend
Arsenum jodatum	stark gefährdend
Arsenum metallicum	stark gefährdend
Arsenum sulfuratum rubrum	stark gefährdend
Cadmium sulfuricum	Krebsverdacht
Calcium arsenicosum	stark gefährdend
Chininum arsenicicum	stark gefährdend
Chininum arsenicosum	stark gefährdend
Chloroformium	Krebsverdacht
Chromium oxydatum	Krebsverdacht
Cobaltum metallicum	stark gefährdend
Cresolum	Überprüfung
Cuprum arsenicosum	stark gefährdend
Ferrum arsenicosum	stark gefährdend
Kalium arsenicosum	stark gefährdend
Kalium chromicum	Krebsverdacht
Mercurius auratus (Aurum amalgamum)	Krebsverdacht
Mercurius bijodatus (Hydrargyrum bijodatum)	Krebsverdacht
Mercurius chromicus oxydulatus (Hydrargyrum chromatum oxydulatum)	Krebsverdacht

Name	Krebsgefahr
Mercurius cyanatus (Hydrargyrum bicyanatum)	Krebsverdacht
Mercurius dulcis (Hydrargyrum chloratum)	Krebsverdacht
Mercurius jodatus flavus (Hydrargyrum jodatum flavum)	Krebsverdacht
Mercurius phosphoricus (Hydrargyrum phosphoricum)	Krebsverdacht
Mercurius praecipitatus ruber (Hydrargyrum oxydatum rubrum)	Krebsverdacht
Mercurius sublimatus corrosivus (Hydrargyrum bichloratum)	Krebsverdacht
Mercurius sulfuricus (Hydrargyrum sulfuricum basicum)	Krebsverdacht
Mercurius vivus (Hydrargyrum metallicum)	Krebsverdacht
Natrium arsenicosum	stark gefährdend
Natrium selenicum	Krebsverdacht
Niccolum sulfuricum	stark gefährdend
Pix liquida	gefährdend
Plumbum aceticum	gefährdend
Plumbum phosphoricum	gefährdend
Serpentina (Aristolochia officinalis, A. serpentina)	Krebsverdacht

Produktnamen und die dazugehörigen Verfahren

Vielfach bekommen Patienten von Naturheilern Medikamente verordnet, ohne zu wissen, welchem Verfahren diese Produkte zugehören. Aus dieser Liste können Sie ersehen, welchem Verfahren Ihr Mittel zuzuordnen ist.

Abnobaviscum (Mistel-Injektionen)
Anthroposophisches Arzneimittel
Siehe Anthroposophie, Seite 186

Aktinoplexe
Mischungen biochemischer Funktionsmittel
Siehe Biochemie, Seite 214

AP-Präparate
Mischungen aus mehr als drei Einzelmitteln zur Injektion an Akupunkturpunkten
Siehe Homöopathie, Seite 190
Siehe Akupunktur, Seite 165

Arcanum
Spagyrisch hergestelltes Mittel
Siehe Spagyrik, Seite 291

Biochemische Funktions- und Ergänzungsmittel
Homöopathisch potenzierte Mineralsalze
Siehe Biochemie, Seite 214

Elektrizitätsmittel
Spagyrisch hergestellte Mittel
Siehe Spagyrik, Seite 291

Eurixor (Mistel-Injektionen)
Anthroposophisches Arzneimittel
Siehe Anthroposophie, Seite 186

Felke-Complexmittel Fcpl
Mischungen aus bis zu zehn homöopathischen Einzelmitteln
Siehe Homöopathie, Seite 190

Gastreu
Mischungen aus homöopathischen Einzelmitteln
Siehe Homöopathie, Seite 190

Hausmann Komplexe
Mischungen aus bis zu sechs homöopathischen Einzelmitteln
Siehe Homöopathie, Seite 190

Helixor (Mistel-Injektionen)
Anthroposophisches Arzneimittel
Siehe Anthroposophie, Seite 186

Ho-len-Complexe
Mischungen aus homöopathischen Einzelmitteln
Siehe Homöopathie, Seite 190

Ho-fu-Complexe
Mischungen aus homöopathischen Einzelmitteln
Siehe Homöopathie, Seite 190

Homaccorde
Mischungen aus homöopathischen Einzelmitteln zur antihomotoxischen Behandlung
Siehe Homotoxikologie, Seite 241

Homobione, Homocente
Mischungen aus homöopathischen Einzelmitteln
Siehe Homöopathie, Seite 190

Homöopathische Tropfen nach Dr. Stefan
Mischungen aus homöopathischen Einzelmitteln
Siehe Homöopathie, Seite 190

IKH=Iso-Komplex-Heilmittel
Spagyrisch hergestellte Mittel
Siehe Spagyrik, Seite 291

Iscador (Mistel-Injektionen)
Anthroposophisches Arzneimittel
Siehe Anthroposophie, Seite 186

Iso-Bicomplexe
Komplexmittel aus mehreren biochemischen Salzen
Siehe Biochemie, Seite 214

Löwe-Komplexe
Mischungen aus homöopathischen Einzelmitteln, zum Teil vermischt mit Pflanzenextrakten.
Siehe Homöopathie, Seite 190

Magnet-Activ
Mischungen aus homöopathischen Einzelmitteln, zum Teil vermischt mit Pflanzenextrakten und/oder Hefepilzen
Siehe Homöopathie, Seite 190

Nestmann-Komplexe
Mischungen aus mehr als drei homöopathischen Einzelmitteln, zum Teil vermischt mit Pflanzenextrakten
Siehe Homöopathie, Seite 190

Nosoden
Injizierbare Produkte aus Geweben und Organen von Mensch und Tier und aus Krankheitserregern
Siehe Nosoden, Seite 257

Oligoplexe
Mischungen aus fünf bis zehn homöopathischen Einzelmitteln
Siehe Homöopathie, Seite 190

Pentarkane
Mischungen aus fünf homöopathischen Einzelmitteln
Siehe Homöopathie, Seite 190

Pflügerplexe
Mischungen aus homöopathischen Einzelmitteln
Siehe Homöopathie, Seite 190

Plantaplexe
Mischungen aus homöopathischen Einzelmitteln
Siehe Homöopathie, Seite 190

Plenosol (Mistel-Injektionen)
Anthroposophisches Arzneimittel
Siehe Anthroposophie, Seite 186

Regenaplexe
Mischungen aus homöopathischen Einzelmitteln
Siehe Homöopathie, Seite 190

Rufebran
Mischungen aus homöopathischen Einzelmitteln zur Injektion
Siehe Homöopathie, Seite 190

Similiaplexe
Mischungen aus homöopathischen Einzelmitteln
Siehe Homöopathie, Seite 190

Spemann Komplexe
Mischungen aus homöopathischen Einzelmitteln (vornehmlich Urtinkturen)
Siehe Homöopathie, Seite 190

Strath-Präparate
Mischungen mehrerer, mittels Hefe vergorener Pflanzenextrakte
Siehe Pflanzenheilkunde, Seite 115

Suis-Organpräparate
Homöopathisch potenziertes Gewebe von Schweineorganen
Siehe Homotoxikologie, Seite 190

Synergon-Komplexe
Homöopathische Einzelmittel
Siehe Homöopathie, Seite 190

Truw-Komposita
Mischungen aus bis zu zwölf homöopathischen Einzelmitteln; teilweise eine Mischung aus Pflanzenextrakten
Siehe Homöopathie, Seite 190
Siehe Pflanzenheilkunde, Seite 115

Vysorel (Mistel-Injektionen)
Anthroposophisches Heilmittel
Siehe Anthroposophie, Seite 186

Wala-Kompositionen
Anthroposophische Arzneimittel
Siehe Anthroposophie, Seite 186

Weleda-Präparate
Anthroposophische Arzneimittel
Siehe Anthroposophie, Seite 186

Zimpel-Komplexe
Spagyrisch hergestellte Mittel
Siehe Spagyrik, Seite 291

A

B

C

D

E

F

G

H

I

J

K

L

M

N

O

P

Q

R

S

T

U

V